公認水泳コーチ用

水泳コーチ教本 第3版

公益財団法人 日本水泳連盟 編

SWIMMING

大修館書店

まえがき

　公益財団法人日本水泳連盟は，1924（大正13）年に「大日本水上競技連盟」として発足以来，2014（平成26）年に創立90周年を迎えました。

　2020年の東京オリンピック・パラリンピック競技大会の開催が決定した今，競技力向上コーチ委員会と競技・医学・科学の4専門委員会を中心に，競泳・飛込・水球・シンクロナイズドスイミングの4競技委員会が結束して，『水泳コーチ教本』の第3版を発刊できたことは，誠に意義深く，そして大きな喜びであります。

　1962（昭和37）年2月，初めての試みとして水泳指導者研修会が誕生しました。以後，委員会の名称や指導内容も時代の流れとともに変遷し，現在に至っております。その間，水泳にかかわる教本は数多く発刊されてきましたが，4競技種目を集約したものは本書以外になく，「水泳ニッポン」の競技力向上を支える貴重なものです。さらに，本書では，バイオメカニクス（生体力学）・生理学・心理学・メディカルコンディショニング（栄養学・医学・トレーナー）など，水泳にかかわるスポーツ科学をはじめ，医・科学の分野からの情報を幅広く収録し，その内容は水泳界にとって重要な「知識の宝庫」になると確信しています。

　2012（平成24）年のロンドンオリンピックにおける日本チームの活躍はいまだ鮮明な記憶として残っています。今後続く，2016年のリオデジャネイロオリンピック，そして2020年の東京オリンピック，さらにはその先に向けて，コーチとして携わる関係者の皆さんがこの『水泳コーチ教本』を活用して，国際大会で活躍する選手の育成に努力され，"センターポールに日の丸を！"のスローガンのもと，日本水泳界が一丸となって邁進することを切望いたします。

2014（平成26）年10月

公益財団法人日本水泳連盟
会長　鈴木大地

『水泳コーチ教本　第3版』
発刊にあたって

　公益財団法人日本水泳連盟は，創立以来90年の長い期間にわたり，水泳の普及発展と競技力向上を二大目標に掲げ，この達成に不断の努力を続けてきました。と同時に，世界の水泳界も，技術の向上や練習用具・水着等の開発により，めざましい発展を続けています。

　そういった中で日本水泳連盟は，1969年より日本水泳界のコーチ指導力の向上を目的とした「コーチ研修会」を毎年開催し，公認資格制度の充実・推進に努めてまいりました。

　また，2005年には，新たな『公認スポーツ指導者制度』の導入に伴い，本書第2版を発刊いたしました。そして，今回も競技力向上コーチ委員会と競技・医学・科学の4委員会が中心となり，各専門委員会のご協力を得て，競泳・飛込・水球・シンクロナイズドスイミングの4競技種目の『水泳コーチ教本　第3版』を発刊する運びとなりました。

　4競技種目の「競技概説」「バイオメカニクス」「生理学」「心理学」「栄養学」「メディカルコンディショニング」，そして「コーチング法」「トレーニング法」「役割と安全管理」も含めたコーチにとって充実した内容をまとめた最新の教本となりました。

　これからコーチを目指す免除適応校の学生さんや社会人の方，そしてすでにコーチ資格をお持ちの方も，この新しい教本を参考にして知識を広め，『公認コーチ』にふさわしい情報を得て，現場の指導にご活用いただき，国際大会で活躍できるコーチとなり，世界で戦える選手育成に役立てていただくことを願います。

2014（平成26）年10月

公益財団法人日本水泳連盟

常務理事・競技力向上コーチ委員長　設楽義信

執筆者一覧

●編集委員会
委員長：泉　正文　（日本水泳連盟副会長兼専務理事）
委　員：上野広治　（同常務理事・競泳委員会委員長）
　　　：伊藤正明　（同理事・飛込委員会委員長）
　　　：原　朗　　（同理事・水球委員会委員長）
　　　：本間三和子（同理事・シンクロ委員会委員長）
　　　：松井　健　（同・科学委員会委員長）
　　　：金岡恒治　（同理事・医事委員会委員長）
　　　：設楽義信　（同常務理事・競技力向上コーチ委員会委員長）

●執筆者および執筆協力者（掲載順）

鈴木大地	元島清香	成田崇矢
設楽義信	小泉圭介	原　朗
小林徳太郎	八木茂典	榎本　至
青木　剛	地神裕史	大本洋嗣
小倉太地雄	栗木明裕	塩田義法
松田有司	大林弘宗	南　隆尚
水藤弘吏	三富陽輔	岡田　隆
浅井泰詞	濱中康治	大里洋志
村松愛梨奈	広橋憲子	市橋晴江
立　正伸	小沢邦彦	本間三和子
清水富弘	鈴木浩二	伊藤浩志
清水隆一	生田泰志	笹原千穂子
杉浦克己	岩原文彦	花谷遊雲子
金岡恒治	奥野景介	武田大輔
加藤知生	髙橋雄介	滝田理砂子
半谷美夏	森山進一郎	石山加壽美
水谷和郎	加藤浩時	吉田美保
渡部厚一	上野広治	花牟礼雅美
能瀬さやか	藤森善弘	大金ユリカ
加藤秋成	野口智博	榎本　仁
福田裕次郎	桑井太陽	望月浩一郎
髙橋義雄	吉田　章	金井茂夫
清水　顕	吉田理知	三井俊介
辰村正紀	野村孝路	
猪股伸晃	金戸恵太	

CONTENTS 目次

- まえがき　iii
- 『水泳コーチ教本　第3版』発行にあたって　iv
- 執筆者一覧　v

第❶章 水泳コーチ基礎理論　1

1. 水泳競技概説　2
1 水泳競技の特性　2　　2 水泳競技の歴史　2　　3 世界へ挑戦する日本水泳界　3　　4 日本水泳界の現状と課題　14

2. 水泳のバイオメカニクス　16
1 水中環境の特性　16　　2 身体組成と力のつり合い　18　　3 水中における抵抗　19　　4 推進にかかわる力と推進効率　22

3. 水泳の生理学　25
1 水泳の基礎生理学　25　　2 水泳の生理学的指標　32　　3 トレーニングにおける生理学の活用　38

4. 水泳の心理学　46
1 スポーツ心理学の基礎　46　　2 メンタルトレーニング　54　　3 コミュニケーション能力　62

5. 水泳の栄養学　66
1 なぜ栄養が大切なのか　66　　2 水泳と5大栄養素　67　　3 実際の食べ方　73　　4 サプリメントの活用　77　　5 試合に向けた栄養摂取　80

6. 水泳の医学　86
1 メディカルスタッフの役割　86　　2 診療科別にみる疾病・障害と対応・予防　88　　3 水泳選手の健康診断　100　　4 アンチ・ドーピング　105　　5 競技会におけるメディカルサポート　110　　6 遠征におけるメディカルサポート　114　　7 障害の予防対策　116　　8 コンディショニングの実際　137

第❷章 競泳　159

1. 競泳競技概説　160
1 競泳競技の種類と特徴　160　　2 競泳競技の要件　160　　3 競技規則　161　　4 記録の公認　161　　5 競技者に必要な

競技者資格の知識　162　　**6** 競技会運営にあたって　163
2. 競泳の科学　165
1 競泳のレース分析　165　　**2** ストローク分析　169
3 パフォーマンス評価　172
3. 競泳のコーチング　175
1 コーチに必要な資質　175　　**2** チーム作り　178　　**3** 日々のトレーニングにおけるコーチング　181　　**4** 合宿におけるコーチング　184　　**5** 競技会におけるコーチング　184　　**6** 対象および年齢に応じたコーチング　187　　**7** スイミングクラブおよび学校の部活動におけるコーチング　188　　**8** 勝利へのコーチング〜栄光を勝ち取るために〜　191
4. 競泳のトレーニング　194
1 トレーニングの計画　194　　**2** トレーニングの適応　199
3 トレーニングの強度についての考え方　202　　**4** トレーニングプログラムの立て方　206　　**5** トレーニング効果の検証　212
6 泳技術・技能向上のためのトレーニング　216
5. 競泳選手のコンディショニング　218
1 競泳選手に発生しやすい障害　218　　**2** 障害の予防と対応　220　　**3** 競技力向上のためのコンディショニング　223

第❸章 飛込　225

1. 飛込競技概説　226
1 飛込競技　226　　**2** 飛込競技の推移と現状　228
2. 飛込の科学　230
1 踏切動作　230　　**2** 宙返り・捻り動作　232　　**3** 空中姿勢　234
3. 飛込のコーチング　236
1 コーチングの基礎　236　　**2** コーチングのアプローチの実際　237　　**3** 選手育成のポイント　237　　**4** 練習環境の確保　237
5 ジュニア期のコーチング　238　　**6** 基本技術とコーチング　240　　**7** 基本技術からの発展　246　　**8** 競技会へ向けて　251
9 競技会において　252　　**10** 海外遠征において　253　　**11** シーズンオフ中について　254
4. 飛込のトレーニング　255
1 陸上トレーニングの基本と実際　255　　**2** 水中トレーニングの基本　258　　**3** 水中トレーニングの実際　260　　**4** 目的別トレーニングの実際　270

5. 飛込選手のコンディショニング 279
① 飛込選手に発生しやすい傷害　279　② 飛込選手の傷害への対応　281　③ 飛込選手の傷害予防　282　④ 飛込選手の競技力向上のためのコンディショニング　283

第❹章 水球 ——— 285

1. 水球競技概説 286
① 水球競技の現状　286　② 水球競技の特性　287　③ 日本水球の国際競技力向上施策　287

2. 水球の科学 295
① シュートについての科学情報　295　② 体力とその評価の科学情報　298　③ ゲーム分析　302

3. 水球のコーチング 307
① 日本水球の将来のために　307　②「世界で戦う選手」を育成するためのコーチング　308　③ ディフェンスのコーチング　312　④ オフェンスのコーチング　324　⑤ エクスクリュージョンのコーチング　330

4. 水球のトレーニング 333
① 水球の競技特性　333　② トレーニングの時期と目的　333　③ 目標となる大会　335　④ ピリオダイゼーション（期分け）を用いたトレーニング計画　336　⑤ 水球の基礎トレーニング　337　⑥ ゴールキーパーのトレーニング　353

5. 水球選手のコンディショニング 366
① 水球選手に発生しやすい傷害　366　② 水球選手の傷害への対応　367　③ 水球選手の傷害予防　368　④ 水球選手の競技力向上のためのコンディショニング　381

第❺章 シンクロナイズドスイミング ——— 385

1. シンクロナイズドスイミング競技概説 386
① シンクロナイズドスイミングとは　386　② シンクロナイズドスイミングの歴史　386　③ 競技　387　④ 施設・用具　388　⑤ オリンピックとシンクロナイズドスイミング　388　⑥ 競技者育成プログラム　389

2. シンクロナイズドスイミングの科学 390
① シンクロナイズドスイミングの力学　390　② シンクロナイズドスイミングの生理学　392　③ シンクロナイズドスイミング

の栄養学　393　　4 シンクロナイズドスイミングの心理学　395
3. シンクロナイズドスイミングのコーチング ―― 397
1 選手発掘のポイント　397　　2 シンクロナイズドスイミングの基本技術　398　　3 シンクロナイズドスイミングの基本体力　413　　4 国内大会に向けたコーチング　418　　5 国内での大会中のコーチング　421　　6 国際大会に向けたコーチング　422　　7 海外遠征中のコーチング　424　　8 シーズンオフ中のコーチング　426
4. シンクロナイズドスイミングのトレーニング ―― 428
1 シンクロナイズドスイミングの競技力　428　　2 トレーニングの基本原則　430　　3 トレーニング計画　431　　4 トレーニングの構成　432　　5 トレーニングの方法と運動の分類　434　　6 フィギュアとルーティンの技術トレーニングの方法例　435　　7 芸術性のトレーニング　440　　8 陸上（体力）トレーニング　441　　9 成長期におけるトレーニング　441
5. シンクロナイズドスイミング選手のコンディショニング ―― 444
1 シンクロナイズドスイミング選手に発生しやすい傷害　444　　2 シンクロナイズドスイミング選手の傷害への対応　446　　3 シンクロナイズドスイミング選手の傷害予防　446　　4 シンクロナイズドスイミング選手の競技力向上のためのコンディショニング　448

第 6 章 コーチの役割と安全管理 ―― 451

1. 水泳コーチの役割 ―― 452
1 コーチの心得　452　　2 コーチの役割　454
2. 水泳コーチに必要な法律の基礎知識 ―― 456
1 水泳での事故予防　456　　2 スポーツ界における暴力の根絶　473　　3 スポーツ仲裁　479
3. 水泳プールの管理 ―― 483
1 プールの種類　483　　2 プールの施設　483　　3 水質管理　486
4. 応急手当と緊急体制 ―― 488
1 水泳事故と事故防止　488　　2 救命手当と応急手当　491　　3 緊急体制　501

資料編　水泳指導者関係資料　——505

1. 指導者制度 ……………………………………… 506
2. 国際水泳連盟・（公財）日本水泳連盟の機構 ……… 525
3. 水泳における事故と補償 ……………………… 529
4. （公財）日本水泳連盟 加盟団体一覧 ………… 531

※ ［ポイント］［研究問題］［理解度チェック］は，コーチ検定試験の準備にご活用ください。

第1章
水泳コーチ基礎理論

SECTION 1. 水泳競技概説
SECTION 2. 水泳のバイオメカニクス
SECTION 3. 水泳の生理学
SECTION 4. 水泳の心理学
SECTION 5. 水泳の栄養学
SECTION 6. 水泳の医学

水泳競技概説

SECTION 1

1 水泳競技の特性

　水泳競技はスピード・持久性・技術・作戦など人間の能力の限界に近い最高のものを求めたり，競技の楽しさや厳しさを味わいつつ勝利を競うものである。これらはオリンピック大会や世界選手権大会などにみられるように，一方では一国の国力や文化のバロメーターとなったり，他方ではコーチや医・科学，心理学，栄養学の研究者などのスタッフによるチームワークを持ちながら，選手の能力の開発を目指しているといってもよい。

　1964（昭和39）年の東京オリンピック以後，すばらしい進歩を続けてきた世界の水泳界は，近年特にすさまじい勢いで発展を遂げている。つまり，筋力トレーニングの導入，科学的トレーニング方法の開発，スカーリングの法則によるストロークパターンの確立，従来のブレストストロークの概念にメスを入れたナチュラルブレストストローク，またスタート・ターンにおける新しい技術開発，さらに高地トレーニングなど，これからどこまで新しい方法が考えられるか予想がつかないくらいである。

　競技力を向上させるために，運動生理学，スポーツ心理学，力学（バイオメカニクス），スポーツ栄養学，スポーツ方法学などが研究され，トレーニングの原理や泳法の改良，さらにはコーチング技術に応用されている。これらの科学的トレーニングについての各国の研究は日進月歩である。水泳のトレーニングや指導法も，絶えずこの進歩に歩調を合わせていかなければならない。

　ところで，これらの諸科学の研究から新しいトレーニング法や新しい泳法が，直接的に生まれてくるわけではない。むしろ，これらの科学から生まれた原理・原則を生かし，具体化するのは個々の泳者であり，コーチである。一方，天才的な泳者やコーチが，これらの原理・原則にあてはまらないような泳法やトレーニング法を工夫して記録を伸ばし，科学がその後づけをすることが少なくない。関係者には，常に新しいものを創造する意欲と工夫が重要であり，2つの面を互いにかみあわせる努力が必要である。

2 水泳競技の歴史

　水泳の競技が開催されるようになったのは，水泳がスポーツとして行われるようになった19世紀になってからである。

　日本では，1856（安政3）年に講武所の上覧水泳が越中島で行われ，300間（545m強）の競泳が行われたという記録がある。

　日本における最初の国際試合は，1898（明治31）年に水府流太田派と横浜の外国人との間で行われた。

　1914（大正3）年には，日本選手権の前身である全国競泳大会が始まり，1921（大正10）年に学生選手権，1924（大正13）年には日本水泳連盟（以下，日水連）の前身，日本水上競技連盟が創設された。1964（昭和39）年の東京オリンピックを契機として，日本では代々木スイミン

グクラブが事業化されたスイミングクラブの第1号として誕生し、以後全国に広がり、現在では2,000を超えるクラブが活動をしている。

飛込が競技として行われたのは、1922（大正11）年の日本選手権で、1mの飛板飛込が最初であった。1925（大正14）年からは日本選手権種目として国際規則による飛板飛込と高飛込が行われるようになり、1930（昭和5）年から学生選手権の種目となった。

日本における最初の水球の試合は、1915（大正4）年の慶応大学と横浜の外国人との試合であり、1925（大正14）年からは日本選手権の種目となった。1930（昭和5）年から関東学生水球リーグ戦が行われるようになったが、学生選手権の種目になったのは1947（昭和22）年からである。

シンクロナイズドスイミング（以下、シンクロ）の日本選手権大会は、1957（昭和32）年から始まり、日本泳法大会は1956（昭和31）年から行われている。

3 世界へ挑戦する日本水泳界

オリンピック大会と日本水泳界の関わり合いは、その時々の国際情勢や社会状況の強い影響を受けながらも、日本水泳界が強く、たくましく、そして波乱の中を歩んだ歴史そのものである。

①黎明期

●1920（大正9）年
第7回オリンピック・アントワープ大会（ベルギー）

日本の水泳選手が本格的な国際競技会に初めて参加したのは、アントワープ大会である。日本の水泳界は、それまでは技や型に重点を置いた日本泳法が中心で、泳ぎの速さを競うことを目的としていなかった。その日本泳法を修めた内田正錬、斉藤兼吉の2名が選手として出場し、近代泳法のクロールを修めた諸外国の選手とレースを行い、その速さに驚かされた。

●1924（大正13）年
第8回オリンピック・パリ大会（フランス）

世界の状況をみて、すばやく近代泳法を身につけた日本選手団は、パリ大会に高石勝男選手ら6名を出場させ、3種目に入賞する好成績を収めた。それにより、日本選手団は大きな自信を抱き、将来が嘱望された。

②台頭期

●1928（昭和3）年
第9回オリンピック・アムステルダム大会（オランダ）

鶴田義行選手が男子200m平泳ぎで優勝し、日本水泳界は初参加以来、3回目で早くも金メダルを獲得した。さらに、4種目に入賞して、日本の競泳のレベルを世界的な水準にまで押し上げ、国内外の注目を浴びた。

この年に日水連は、国際水泳連盟（以下、FINA。1908年設立）に加盟した。同年、日本人として初めて入江稔夫選手が、男子200m背泳ぎで世界記録を樹立し、FINAに公認された。

この頃から、日水連は、海外との交流に力を入れ始め、極東オリンピック大会を最高の目標とし、中国、フィリピンなどを中心に、国際交流を行ってきた。ついで、ハワイ遠征に行ったり、アメリカの選手を招待しながら、徐々に世界的な視野に立って物事をみたり、考えたりするようになり、FINAへの加盟を機に、最終目標をオリンピック大会に置き替えることを決意した。これはスポーツ界にとっても、大変大きな転換であり、日本の将来を決定づけた。

1931（昭和6）年には、初の本格的な国際競技会である第1回日米対抗戦を行っている。この過程で泳法技術や練習方法など、多くのことを学び、やがて到来する日本水泳界最初の黄金時代を築く基礎を形成していった。

●1932（昭和7）年
第10回オリンピック・ロサンゼルス大会（アメリカ）

男子が競泳6種目中5種目に優勝する好成績

を残した。なかでも，男子100m背泳ぎでは金・銀・銅のメダルを獲得する快挙を成し遂げた。この成果は世界中の関心を集めることとなり，各国はジュニア選手の育成に力を注ぐようになった。

女子選手は，育成に立ち遅れがあったが，前畑秀子選手が女子200m平泳ぎで銀メダルを獲って注目された。

● 1936（昭和11）年
第11回オリンピック・ベルリン大会（ドイツ）

前大会の余勢を駆って，国民の期待は大きかった。男子は6種目中3種目に優勝し，トップの地位をアメリカと分け合った。女子では，前畑秀子選手が，期待どおり200m平泳ぎで日本人の女子選手として初の金メダルを獲り，日本国民を熱狂させ，歴史に名をとどめた。

この時のFINA総会で，安部喜太郎氏が理事に選ばれた。以来，1964（昭和39）年のオリンピック・東京大会まで28年間，副会長，名誉主事等を歴任し，日本の国際的地位の向上に努めた。

③暗黒期

● 1940（昭和15）年
第12回オリンピック・東京大会（日本）
―返上・中止

● 1944（昭和19）年
第13回オリンピック・ヘルシンキ大会（フィンランド）―中止

東京でオリンピック大会が開かれるという夢は破れた。戦争が拡大したため，日本オリンピック委員会（以下，JOC）は開催を返上し，国際オリンピック委員会（以下，IOC）は開催を中止した。

この大会を目指して，練習を積んできた国内外の選手たちの中にも，多数の戦争犠牲者が出た。そのうえ，国内の体育大会開催の制限が厳しくなり，公式には，1943（昭和18）年，すべての体育大会が禁止された。

競泳では，天野富勝選手が男子1500m自由形で世界記録を樹立したが，国際舞台で活躍することはできなかった。

④復興期

1945（昭和20）年8月15日，戦争は終了した。この年の10月には早くも日水連で有志が集まり，再建に踏み出した。

● 1946（昭和21）年

戦後，最初の競技会は7月の早慶戦（早稲田大学 vs 慶應義塾大学）と日立明3大学対抗戦（日本大学 vs 立教大学 vs 明治大学）であった。8月の日本選手権大会（宝塚プール）は，第1回国民体育大会と共催になり，本格的な競技会として再スタートを切った。

● 1947（昭和22）年

古橋廣之進選手（図1-1-1）が，男子400m自由形で世界記録を上回る記録を出して注目されたが，当時日水連は，FINAから戦争責任を問われ，除名処分を受けていたので，記録は公認されなかった。

● 1948（昭和23）年
第14回オリンピック・ロンドン大会（イギリス）

戦後初めてのオリンピック大会は，イギリスのロンドンで開かれたが，日水連は戦争責任を問われ除名されていたため，参加できなかった。

当時の執行部は，ロンドン大会の期日に合わせて日本選手権大会（神宮プール）を開催した。男子400m，1500m自由形で，古橋廣之進選手，橋爪四郎選手らはロンドン大会の記録を大幅に

図1-1-1 古橋廣之進選手

上回る成績をあげて，世界中を驚かせ，日本人の心意気を世界に示した。

● 1949（昭和24）年

6月に日水連はFINAへの復帰が認められ，世界への道が開かれた。

チャンスは古橋廣之進，橋爪四郎ら6名の日本選手を7月の全米屋外水泳選手権大会（ロサンゼルス）に，アメリカ水連が招待するという形で到来した。古橋廣之進選手が男子1500m自由形で18分19秒0という驚異的な世界記録で優勝したのをはじめ，数多くの世界記録を作り，ロンドン大会で勝利した米国勢を圧倒し，国民の期待に応えた。この快挙は，敗戦に打ちひしがれた日本国民に，久しぶりの明るさと復興への勇気と自信を与えた。

また6月の日本選手権大会（神宮プール）には，天皇・皇后両陛下が激励のため行幸啓された。

● 1951（昭和26）年

第3回日米対抗戦が復活し，戦後国内で開催される初の国際大会として，大きな刺激を与えた。選手らは，レースを通し，広く深い世界の存在を体で受け止め，将来に明るさを見出していた。

● 1952（昭和27）年

第15回オリンピック・ヘルシンキ大会（フィンランド）

日本選手団は，戦後初の参加であった。競技成績は男子100m，1500m自由形で，鈴木弘選手，橋爪四郎選手が2位，さらに800mリレーでも銀メダルを得たが，戦争の後遺症もあり，世界の進歩に対し，各所に立ち遅れが目立っていた。

● 1956（昭和31）年

第16回オリンピック・メルボルン大会（オーストラリア）

男子200m平泳ぎで，古川勝選手が潜水泳法を駆使して戦後初の金メダルを獲り，「水泳ニッポン」の復活を内外に示した。

平泳ぎとバタフライは別種目に分離された。

バタフライ種目では，長沢二郎選手によりドルフィンキックが開発されて，新種目として大きく発展していった。

⑤ **苦闘期**

● 1960（昭和35）年

第17回オリンピック・ローマ大会（イタリア）

「もはや戦後ではない」と言われ，日本選手団は充実していた。ローズ選手（オーストラリア）と山中毅選手の対戦が話題を呼び，大崎剛彦選手や800mリレーの奮闘で，3個の銀メダルを獲得した。

● 1964（昭和39）年

第18回オリンピック・東京大会（日本）

1940（昭和15）年の大会返上の無念さや，復興が軌道に乗った新しい日本のアピールを兼ねて，盛大に開催され，大会は成功した。

日本選手団は，地元開催という絶好のチャンスであったが，長期合宿の難しさやコーチの指導路線論争などがあって，チームとしてのまとまりに欠け，十分に力が出しきれず，男子800mリレーの銅メダル1個に終わった。

この時のFINA総会で，日本からの理事は安部喜太郎氏より清川正二氏に交代し，総務主事に就いた。

● 1968（昭和43）年

第19回オリンピック・メキシコシティ大会（メキシコ）

開催国の気候条件を考え，初めて高地トレーニングを導入し，挑戦したが，競技結果はメダルゼロに終わった。

1967（昭和42）年，ユニバーシアード大会が東京で開催された。

1968（昭和43）年，FINA総会で，理事は清川正二氏より古橋廣之進氏に交代した。古橋氏は，2009（平成21）年まで理事を務め，アジア代表の副会長として，FINAやアジア水連（AASF）の運営と発展に大きな貢献をした。また，ユニバーシアード大会（FISU）の副会長としても活躍した。

- 1972（昭和47）年

  第20回オリンピック・ミュンヘン大会
  （ドイツ）

  田口信教選手が男子100m平泳ぎで，青木まゆみ選手（図1-1-2）が女子100mバタフライで，2つの金メダルを獲得した。金メダルはメルボルン大会から実に16年ぶりで，長かった日本水泳界の不振から脱出する機会かと思えたが，層の薄さが目立ち，後輩に引き継ぐことはできなかった。

  大会中，イスラエル選手団の宿舎がテロに襲撃される流血事件が発生した。

- 1976（昭和51）年

  第21回オリンピック・モントリオール大会
  （カナダ）

  選手団の苦闘も報われず，6位入賞者がいない成績に終わってしまった。

  FINA総会にて競技規則が改正され，入賞は，6位から8位に拡大された。

- 1980（昭和55）年

  第22回オリンピック・モスクワ大会（ソ連）
  —不参加

  日本水泳界の新たな出発として，海外交流を図ること，ジュニア選手を強化することの2つの事業が重点事業として取り上げられ，積極的に実行された。それは担当者の思考や経験の範囲でバラバラに行われる程度ではあったが，試行錯誤の中で少しずつ組織化され，新しい芽が育ち始めた。

  しかし，この時，ソ連のアフガニスタン侵攻が始まり，国際的な政治問題となった。それにより，アメリカ，ヨーロッパ諸国からオリンピック大会ボイコット運動が起こり，日本政府も同調し，JOCも論議の末これを承認し，大会は不参加となった。

⑥ **国際交流期**

- 1984（昭和59）年

  第23回オリンピック・ロサンゼルス大会
  （アメリカ）

図1-1-2　青木まゆみ選手

この頃から，日本の選手たちも，アメリカ，オーストラリア，カナダ，日本を軸としたパンパシフィック大会などの国際的なイベントを通し，積極的に国際交流を図っていった。その成果として，技術的な面で，さまざまなことを習得しただけでなく，広く世界各国から多くの情報が収集されるようになった。その中から，多くのことを謙虚に学び，身につけることを覚えた。パンパシフィック大会の隠れた功績である。

ロサンゼルス大会への国民の期待は大きかった。当時の日本チームは好成績を収め，世界的なレベルに手が届きそうなところまできていた。女子200m平泳ぎでは，長崎宏子選手がFINAランク1位の栄冠を得ていて，メダルへの手応えを感じていた。手探りではあったが，高地トレーニングを積極的に導入し，密かにメダルへの挑戦を志したが，モスクワ大会の不参加による経験不足は，選手やチームの気づかないところに，大きなマイナス効果をもたらしていた。

大会では緒戦でのつまずきが大きく，後半に立ち直り，好記録を出したものの追いつかず，リレーの引き継ぎミスもあって，世間的には不振という印象を与えてしまった。

この時から，B決勝方式が導入され，ドーピング検査は厳しさを増してきた。

それでも競技力向上事業の基礎は，着々と形成されていった。シンクロは初参加であったが，元好三和子選手，木村さえ子選手がソロ，デュ

エットでともに銅メダルを獲得した。

1986(昭和61)年,ユニバーシアード・神戸大会が開かれた。

● 1988(昭和63)年
第24回オリンピック・ソウル大会(韓国)

鈴木大地選手が男子100m背泳ぎで金メダルを獲り,16年ぶりに日の丸がメインポールにひるがえった。

ロサンゼルス大会を経験した選手たちは,競技面で活躍しただけでなく,生活面やチームワークでも協力し,チームリーダーとして全体の牽引力となるまでに成長してきた。若い選手は,そのようなチームのムードの中で十分に力を発揮できた。入賞は3種目のみで不満足であったが,身につけた自信は大きく,すべては今後に託すという意味で希望が湧いてきた。

シンクロでは小谷実可子選手,田中京選手が銅メダルに輝いた。

● 1992(平成4)年
第25回オリンピック・バルセロナ大会(スペイン)

競泳,飛込,シンクロに選手31名,役員17名の選手団が派遣された。

競泳では,岩崎恭子選手が女子200m平泳ぎで金メダルに輝いたのをはじめ,入賞数も14種目を数え,飛込でも入賞を果たした。シンクロも奥野史子選手,高山亜樹選手のソロ,デュエットが銅メダルを獲得した。

この大会をもって,日本選手団は一つのピークを形成したようである。国際競技会の参加経験を積み,世界の各地で行われる長期合宿生活にも慣れ,医・科学の協力によるコンディション作りの方法も覚えてきた。コーチ・スタッフが充実し,世界中から情報収集ができるようになり,基礎的な分野での努力が実ってきた。これが成功の要因とみられている。

ジュニア層の強化策は,基礎的で経常的な事業と評価され,その成果として選手層が厚くなり,国内での競り合いが激しくなって,世界をめざす新しい世代が育ち始めてきた。

この大会で日本選手団の力も,目標としたオリンピック大会での決勝進出レベル(8位入賞ライン)に到達してきたので,一つの節目に達したものと考えられた。

次は,金メダルへの積極的な挑戦が目標となった。金メダルという新しい目標に挑戦するには,長年行ってきた全員を1ヵ所に集めて,一律に練習する従来の合宿方式を改め,選手の個性に合わせたトレーニング・プログラムを作り,担当コーチがそれぞれに集中して実施する方が効率的ではないかと考えられた。トレーニングの個別化・専門化・システム化が進行してきたといえる。

本大会の頃より,情報公開の進行によって各国のトレーニング内容が充実し,選手のレベルは急速に高まった。そのため,メダルの分散化傾向がよりはっきりしてきた。また,医・科学や科学技術の進歩によりトレーニング・プログラムに改良が加えられ,選手の高年齢化傾向が進んでいくようにみえた。

この年,アジア水泳連盟(以下,AASF)会長に,古橋廣之進氏が選出された。

図1-1-3 小谷実可子選手と田中京選手

⑦ **激闘期**
● 1996（平成8）年
第26回オリンピック・アトランタ大会
（アメリカ）
1993（平成5）年　第5回パンパシフィック大会・神戸
1994（平成6）年　第12回アジア大会・広島
1995（平成7）年　ユニバーシアード・福岡

国際交流は引き続き活発に行われ，世界との距離を次第に縮めていった。一方，ジュニア選手の育成も，基本から積み上げる一貫指導体制のもとで，競技会とトレーニングシステムが，連携しながらうまく機能し，国際レベルの選手が育っていった。

1996（平成8）年のアトランタ大会では，選考会の成績が良かったことから，選手団の目標は8位入賞でなく，「3位入賞・メダル獲得」に格上げされた。選考会の結果をみると，チャンス到来と思われたが，準備も経験のうえからも体制は整わず，総合的に力不足は否めなかった。

個人もチームも，未熟であった。メダルへの執念においても，メダルへの願望はあっても，獲得するための適切なプログラムをもっていなかった。まだまだ，不十分であったことが，大会後の反省によってわかった。あるコーチは次のように語った。「選考会の結果をみて，メダルが獲れそうに思えた。その時，初めてメダルへの欲が出た。しかし，大会までは4ヵ月しか時間がなかった。本当にメダルを獲るための本格的な準備や心構えを，指導陣も選手団も用意していなかった。それだけでなく，本当に金メダルをねらうには，多くの特別なことを学び，身につける必要があり，それには，かなりの時間も必要であることがわかった」。メダルが獲れる選手と日本選手との違いを，目の前でみせつけられた大会であった。

チーム内には，メダル候補選手と他選手の間に違和感が生まれたり，長期海外合宿からくる心身の疲労や日常生活面でのストレス，人間関係から起こる不満も発生していた。選手に対して十分な支援体制がとれなかったために，チームとして個々のパワーを総合力としてまとめることができず，選手個人の戦いとなってしまった。

しかし，競技内容と結果をみると，メダルは獲れなかったものの，8位以上の入賞13種目は立派なもので，前大会に引き続き，チームの力は高いレベルで維持されていた。日水連では，この結果を大きな飛躍の前の「踊り場」であると位置づけた。

● 2000（平成12）年
第27回オリンピック・シドニー大会
（オーストラリア）
1997（平成9）年　第7回パンパシフィック大会・福岡
1998（平成10）年　第8回世界水泳選手権大会・パース
同年　第14回アジア大会・バンコク
1999（平成11）年　第8回パンパシフィック大会・シドニー

1998（平成10）年の世界選手権大会時に，福岡市で2001（平成13）年に世界水泳選手権を開催することが，古橋廣之進副会長の尽力により，FINA理事会で決定された。

1998（平成10）年の世界選手権大会では，チームは善戦し，メダルも獲得した。オリンピック大会でメダルをねらうためには，各種の国際競技会で8位入賞の経験を積んでおくことが，極めて重要であった。そのことにより，メダルの獲り方を身につけさせるとともに，チームとしても，選手を支援する体制を整えることができるようになった。

2000（平成12）年のシドニー大会のチーム編成方針は，1999（平成11）年の香港での短水路世界選手権の経験により，「少数精鋭」とした。チームの意識をメダルへの挑戦という高いレベルでリードし，常に緊張感がみなぎっているチームの中で，各選手がオリンピック大会を十分

図1-1-4　山野井智広選手（右端）

に戦えるように仕組んだ。さらに，選手の個人的志向に合わせたトレーニング・プログラムも導入された。このことから，チーム内に強い集中力と連帯感が生まれた。

選考に漏れたのを不服として，選手からスポーツ仲裁裁判所（CAS）に提訴があった。裁定は，選考方針とその基準を事前に告知していたかどうかが焦点となったが，日水連の主張が認められた。

競泳では，女子選手の活躍がめざましく，田島寧子，中村真衣，中尾美樹の3選手と400 mメドレーリレーで計4個のメダル（銀と銅）と18種目の入賞という好成績を生んだ。ヘッドコーチの苦心の戦略が実を結んだ。

また，この大会でのイアン・ソープ選手（オーストラリア）の活躍はめざましく，ファンの心に強く印象づいた。日本選手団のメダル4個と入賞18種目の結果は，アメリカ，オーストラリア，ドイツについで世界4位であった。念願であった「メダルのレベル」にも，やっと手が届き，アトランタ大会以後の苦労が実ったと言える。次は，本格的な金メダルへの挑戦となった。

飛込も入賞を果たし，シンクロも立花美哉選手，武田美保選手のデュエットが「限りなく金に近い銀メダル」と高い評価を得た。

ただし，この時の選手たちのマスコミへの対応は，決して望ましいものではなく，役員も含めて多くの反省事項を残した。

⑧ 金メダルへの挑戦
● 2001（平成13）年
　第9回世界水泳選手権大会・福岡

この大会は，アジアで初めて福岡市（日本）で開催され，多目的コンベンション施設である「マリンメッセ福岡」内に世界で初めて公認の50 m特設プールを設置した国際競技会でもあった。大会は，イアン・ソープ選手（オーストラリア）と日本選手が各種目で活躍したことで，15万人もの観客を動員し，テレビも高視聴率を獲得した。共催団体であった福岡市からは，多大な協力を得た。事業規模は45億円に達したが，競技運営も無事に終了し，成功裡に幕を閉じた。

競技では，男子が活躍し，山野井智広選手（図1-1-4），北島康介選手がメダルを獲得した。男子の自由形に明るさがみえてきたといってよい。女子は，シドニー大会での好成績が目立ったためか低調という印象を残し，反省事項も多かった。また，種目によっては，ジュニア層とナショナルチームとの力の差が埋まっていないこと，すなわち，層の薄さがみえた。

日本開催ということでフルエントリーを行ったため，選手団は120名の大型編成となった。シドニー大会とは対照的であり，コーチ・スタッフは運営上の苦労が多かった。

シンクロは，立花美哉，武田美保の両選手がデュエットでロシアを破って宿願の金メダルを獲得し，長年の苦労が実った。チームも銀メダルに輝いた。飛込も，寺内健選手が飛板飛込で，大槻枝美，宮嵜多紀理の両選手がシンクロダイブで銅メダルを獲り，男女ともに初めてメダルに輝いた。水球は不振に終わり，出直しを余儀なくされた。

競泳で，世界記録8個と大会新記録が48個も出たことは，世界の水泳界が上昇過程にあることが証明された。日本選手団も，日本新記録20個を出し，世界と同じ流れに乗っているよ

うにみえたが，世界の上昇テンポは速く，特に中国は2008（平成20）年のオリンピック・北京大会を目指し，この大会より本格的な準備に入った。世界記録を含めた女子記録の更新と，層の厚さには目を見張るものがあった。

このように，シドニー大会と福岡大会を通して，日本選手団は男女ともにメダルのレベルに到達できた。これは，戦後60年の歴史を積み上げた成果であり，幾多の関係者の支援，多くのファンやスポンサーの声援によるものと考えられる。

今後も，ジュニア選手の育成に経常的に力を注ぐこと，スイミングクラブを中心とした一貫指導体制を強化すること，指導者育成を充実させることなど，地道な努力を続けて，選手育成の背景をしっかりと築き上げることが大切である。

● 2002（平成14）年
第10回パンパシフィック大会・横浜

この大会は，1979（昭和54）年の第1回ワールドカップから，1981（昭和56）年，デサント水泳に継ぎ，3回目の1983（昭和58）年に，第1回パンパシフィック大会として，アメリカ，オーストラリア，カナダ，日本を中心（キー）国とする新しい国際競技会として誕生した。それぞれの国内事情もあるが，結束してヨーロッパ選手権大会に匹敵する競技会に育てようと，奇数年（2年ごと）に開くことになった。以来，20年・10回の大会が開催され，日本でも，東京，神戸，福岡，横浜で計6回開かれた。

この大会が日本の水泳界に果たした効果は大変なもので，世界への道を開き，その広さや深さを知らしめた。また，若い選手たちが，世界に羽ばたく窓口にもなり，国際レベルの選手に成長する場となった。日本選手としては，森隆弘選手，北島康介選手，萩原智子選手などの若い選手の活躍が目立った。

しかし，FINAが世界選手権大会を奇数年（2年ごと）に開催することを決めたため，パンパシフィック大会は，偶数年（4年ごと）に開くことになり，大きな変化を強いられた。その意味から横浜大会は，大きな節目の大会になった。次は，2006（平成18）年・バンクーバー（カナダ）で行われるが，日本開催は2020（平成32）年になる。

● 2003（平成15）年
第10回世界選手権大会・バルセロナ

世界選手権・バルセロナ大会は，第28回オリンピック・アテネ大会の前哨戦であり，日程変更した最初の大会であった。

北島康介選手は見事，平泳ぎ・100・200mの世界記録を破っての金メダルであった。それを含めて，競泳では計6個のメダルを獲り，日本記録は12個だった。

シンクロも金1個と銀2個と好成績を収めた。

● 2004（平成16）年
第28回オリンピック・アテネ大会（ギリシャ）

「金メダルへの挑戦」の本番であったアテネ大会，結果は大成功であった。メダルは，金メダルが北島康介選手，柴田亜衣選手で3個を獲り，山本貴司選手，森田智巳選手，中西悠子選手，中村礼子選手と男子400mメドレーリレーで銀・銅のメダルを5個獲得し，合計8個のメダルを得た。

シンクロは，立花美哉・武田美保の両選手で定席とも言える銀2個を，飛込は，寺内健選手（図1-1-5）が8位に入った。

選考は，参加標準記録（半年前に公表）をクリアした選手のみとしたため，少数精鋭の男子10名・女子9名の珠玉のような選手が選ばれ，すばらしいチームが誕生した。選手たちは，代表の座を自らの力で勝ち取ったことで自信と満足感に溢れていた。

これは，選考する立場からみると，選手が記録をクリアするのを待ちながらレースをみているだけで，選手が記録を突破すれば選考されるし，できなければ落選する。どんな選手が，何名選ばれるか，選考会のレースが終わってみな

図1-1-5　寺内健選手

ければわからない。リレーも，このメンバーの中から組んで出場することになった。

　選手にメダルをねらわせるコーチと各専門分野のスタッフは，選手の個性に合わせて作ったプログラムに自信をもっていた。情報収集も，日水連やJOCの公式情報だけでなく，民間企業や個人情報をネットワークした幅広いものになっていた。競技でも，日本に残ったスタッフとぎりぎりまで情報交換を行い，資料の調査・分析・判断のもと，レースを戦って，好成績に結びつけた。

　選手のトレーニング・プログラムは，今後ますます，個別化していくだろう。それを支えるスタッフも，各部門の専門家が集まりシステム化され，チーム化されていくと思われる。

　一方，国際大会を戦う選手団は，短い期間（3～5ヵ月）ではあるが，個別化された選手たちが，最後の過程として選手村に入ればチームメンバーとして共同生活を営みながら，厳しいレースに出場して結果を出さなければならない。そのため，よりいっそうチームマネジメントが重要になる。また，情報も世界中から集まるので，その選択にも決断を必要とする。選手村は，選手にとっても，監督・ヘッドコーチにとっても，最も気を使うところであり，腕の見せどころでもある。この最後のキャンプを上手に切り抜けた選手に栄光は待っている。

　あるコーチは次のように語った。「オリンピックが終わって日本に帰り，冷静になってみると，国内の競技レベルが，基礎的な部門を含めて大変底上げされていることに，改めて気づいた。これを支えてくれた多くの方々の力強い後押しのお陰と思った。これがあって，初めて，オリンピック・チームが高いレベルで存在できたと思った」。

● 2005（平成17）年
第11回世界水泳選手権大会・モントリオール

　メダル獲得数において，金3，銀1，銅4の計8個という過去最高の成績を上げることができたアテネオリンピックを終え，継続的かつより高いレベルのメダル獲得をめざしての船出となった2005年。「アテネオリンピックの勢いを止めるな！」をスローガンに，少数精鋭からの脱却をテーマとし，フルエントリーによる35名のチームづくりに全力を尽くした。前年のアテネの勢いも手伝い，過去最高の9個のメダルを獲得，30種目入賞は大きな収穫であり，チーム全体が自信を得る結果となった。「北京まであと3年」と気持ちも切り替わり，新たな課題や目標を明確にすることができた大会であった。

● 2007（平成19）年
第12回世界水泳選手権大会・メルボルン

　前回大会のメダル数9個を上回ることを目標に掲げ臨んだが，メダル数は7個，入賞数は14種目にとどまる。世界のレベルアップは予想以上で，翌年の北京オリンピックへ向けて危機感を抱く結果となった。さらに外国製水着によって記録を飛躍的に伸ばす他国選手も多く，マテリアルなどの情報にもしっかりとアンテナを張る重要性を知る大会となった。

　またこの年，国立スポーツ科学センター（JISS）に隣接するナショナルトレーニングセンターが設立され，合宿等をより円滑に行える体制ができた。

● 2008（平成20）年
第29回オリンピック・北京大会（中国）

　2008年の日本選手権において31名の北京オリンピック代表選手を選出。リレー種目でのエントリー数も増え，アテネ大会から大幅な増員となった。各国の選考結果を受け，好記録を連発していた外国製の最新型水着着用の是非が問われ始めた頃，渦中の水着を試用してジャパンオープンに臨んだ北島康介選手が男子200m平泳ぎで世界記録を更新するなど，日本新記録も多数樹立される記録ラッシュとなった。それを受け，日水連は水着の選択肢を増やす決断をし，北京オリンピックへ臨んだ。その結果，北京大会では，北島選手2大会連続2冠の偉業を達成し，チームとしても金2，銅3の5個のメダルを獲得し，一定の評価を得ることができた。しかしメダルを獲得した選手は全員がアテネ大会経験者であり，世界選手権直近2大会いずれかでのメダル獲得経験者という結果であったことから，次世代育成という点での課題も残す結果となった。

　また，大会全般として，多くの世界記録が更新され，世界の水準が非常に上がった印象を残す大会となった。

● 2009（平成21）年
第13回世界水泳選手権大会・ローマ

　2009年は過去に類を見ない高速水着が登場し，水泳界が大きく揺れた年であった。高速水着の影響も手伝って，43個もの世界新記録が樹立される異常な大会となった。身体の大きな欧米勢に特に有利とされるラバー素材の高速水着によって，日本人選手の優位性は損なわれたが，古賀淳也選手が男子100m背泳ぎにて金メダルを獲得するなど，金1，銀2，銅1という結果を残した。一方で，これまで継続して獲得してきたリレー種目でのメダル獲得を逃した。この年水泳界を席巻した高速水着については是非が問われ，FINAによって繊維素材に関する詳細なルールが制定された。

　また，北京オリンピックを終え，国策としてのオリンピック選手強化体制にも大きな変化があった。文部科学省の国家事業であるチームニッポンマルチサポート事業が発足し，競泳も8つのターゲット種目に入った。このマルチサポート事業によって，強化に必要なスタッフを現場に配置することが可能となり，人的サポート体制はアテネ期・北京期と比べ，劇的に向上した。また北京オリンピック後，平井伯昌ヘッドコーチ体制となり，ロンドン大会に向けた新たな強化区分として，オリンピック候補・準候補およびジュニアエリートA・Bを新設した。オリンピック候補・準候補は各年度の主要国際大会にて派遣標準記録を突破した選手とし，ジュニアエリートAは高校生以下でインターナショナル標準記録を突破した選手，Bは高校2年生以下で2学年上のナショナル標準記録を突破した選手と定め，世代交代を図るため大きく舵を切った。

● 2011（平成23）年
第14回世界水泳選手権大会・上海

　翌年に控えたロンドンオリンピックの前哨戦，金メダルを含む複数個のメダルを目標に掲げて臨んだ。金メダル獲得でオリンピック代表内定という選考方針を発表したが，残念ながらこの権利を勝ち取る選手は出なかった。結果として，銀3，銅3，計6個のメダルを獲得することができたが，前回大会に引き続きリレー種目でのメダル獲得を逃すなど，ロンドンオリンピックを翌年に控え課題を残す結果となった。

　また，レースに臨む準備として，控え場所などとの利便性からサブプールでのウォーミングアップを多用し，メインプールでの準備不足なども課題として挙げられた。

● 2012（平成24）年
第30回オリンピック・ロンドン大会
（イギリス）

　ロンドンオリンピックは，リレーメンバーも含め27名と北京大会より4名少ない人数での

図1-1-6　萩野公介選手

図1-1-7　瀬戸大也選手

編成となり，個々の能力の最大発揮が課題となった。選考直後の合宿では，日本代表としての心構えやオリンピックまでの110日間で取り組むべき課題について考える機会を設け，選手たちの向上心を刺激した。

大会初日の男子400m個人メドレーで高校生の萩野公介選手が銅メダルを獲得すると，連日のメダルラッシュとなった。結果的には最終日の男女400mメドレーリレーでもメダルを獲得し，戦後最多となる11個のメダル獲得へとつながった。メダル総数では強豪国オーストラリアや中国を抑え，30個のメダルを獲得したアメリカに次ぐ2番手となった。

選手たちの実力向上もさることながら，それを支えるスタッフ体制の充実を図るために発足したチームニッポンマルチサポート事業，そしてメダル獲得のための重点強化策として講じたオリンピック候補，ジュニアエリート制度がうまく機能した結果ともいえる。しかし，11個のメダルを獲得した今大会においても，金メダル獲得という大きな課題が残った。

● 2013（平成25）年
第15回世界水泳選手権大会・バルセロナ

ロンドンオリンピックメダリストに同大会への出場権を付帯したことによって，今大会への選考は1つの枠を複数の選手が争う種目も少なくなかった。しかし，派遣標準記録を突破する選手は期待通りには伸びず，リオデジャネイロ

でのリレー種目強化なども考慮し，31名の選手が選考された。フレッシュなメンバーも多く，ベテラン選手たちの背中をみながら代表チームの中での振る舞い，重要な大会へ臨む姿勢を学ぶ機会となった。オリンピックの翌年ながら，特に女子では世界新記録が連発される種目もあり，レベルの高い大会となった。最終日には男子400m個人メドレーで瀬戸大也選手が待望の金メダルを獲得し，4月の時点では派遣標準記録を突破できていなかった男子400mメドレーリレーでも銅メダルを獲得するなど，金メダルを含む6つのメダルの獲得を果たした。しかし，ロンドンオリンピックメダリストの中でメダルを獲得した選手は8名中2名に留まり，オリンピック翌年の世界選手権への出場枠付帯の是非については課題を残す結果となった。

4 日本水泳界の現状と課題

①競技力向上について

日水連90年の歴史は、競技力向上そのものの歴史であると言っても過言ではない。

現状に至る基礎固めは、1964（昭和39）年の東京オリンピックでの結果に対し反省も取り入れ、担当者も新しい世代に替わってきた1980（昭和55）年前後から始まった。1984（昭和59）年のロサンゼルス大会、1988（昭和63）年のソウル大会に至る期間に、国際交流を活発化し、各種の国際競技会に参加して経験を積んで見聞を広め、世界各国から情報を収集した。なかでも新しく高地トレーニング法を導入したことは大きな転機となり、新しい技術に目を向けさせ、習得する糸口となった。

国内では、ジュニアオリンピック大会（春・夏）を開催し、ジュニア選手に登竜門としての目標を与えるとともに、中央・地域のジュニア合宿や海外遠征などを行い、一貫指導をシステム化して成果をあげた。ソウル大会で3種目に入賞したことは、その方策が正しかったと総括し、自信につながった。

トレーニング方法は、指導者間でも研修会を通じ情報が公開され、よりいっそうの充実が図られた。バルセロナ大会では、岩崎恭子選手をはじめとして計17種目に入賞した。個人として成果をあげただけでなく、チームとしてオリンピック大会で多数の決勝進出者（8位入賞者）を輩出したことは、世界の水泳強国としての地位獲得につながった。

2000年に入り日本の水泳のレベルはさらに向上した。オリンピック4大会（シドニー、アテネ、北京、ロンドン）で、金5、銀6、銅17の計28個を獲得した。北島康介選手が競泳史上初の2種目2連覇を達成し、柴田亜衣選手は女子競泳史上初の自由形での金メダルを獲得し、ロンドンでは2桁のメダルを獲得するなど、日本水泳は大きく躍進した。

また、世界選手権においても7大会（福岡、バルセロナ、モントリオール、メルボルン、ローマ、上海、バルセロナ）で、金5、銀14、銅23の計42個のメダルを獲得している。

1964（昭和39）年の東京オリンピック以降、低年齢から年間を通じて泳ぐ環境が整備され、50年かけて全国を包括するピラミッド型の選手養成システムが構築された。その結果、頂点の活躍がジュニア選手を刺激し、底辺がさらに活気づき、頂点を押し上げ、トップ選手が世界で活躍する好循環が続いている。

また、20代後半から30代まで現役を続行するトップクラス選手が増え、10代後半から20代後半まで、以前より幅広い年齢でオリンピックメダリストが誕生している。

JISSやナショナルトレーニングセンター（NTC）の設立など国のサポート体制が充実し、選手を取り巻くトレーニング環境が改善されてきている。

2020（平成32）年の東京オリンピック・パラリンピック大会に向け、日本水泳の飛躍が期待されている。

②国際大会派遣選手・役員の選考について

[選考]

国際大会に派遣する選手と役員の選考は、あらかじめ設定された選考方法と選考基準に基づき、日本水泳連盟選手選考委員会で行われる。

JOCが派遣する国際総合競技大会は、JOCの編成方針に基づき選考方法と選考基準が決定される。

[選手団の編成]

選考された選手・役員により選手団が編成される。

日本代表選手団となると、日本国民を代表して国際競技大会に参加することになる。競技力とともに、代表選手としての自覚と行動規範が求められる。選手団は、競技大会に参加し、目標達成のため最善を尽くし、参加各国の選手・役員および現地大会関係者と国際親善に努めな

けらばならない。また，選手団を統括する監督・コーチには，リーダーシップとマネジメント能力が求められる。

③合宿地の調査および設営について

各種の国際競技会では長期海外合宿を行うこともある。その際，広く海外情報を収集し，競技会の開催地や合宿地を事前に調査し，合宿を設営することは，海外であるだけに重要な業務である。

また，国際競技会等で好成績をあげるためには，選手団としては，競技に出場するために直接必要な事柄を準備するだけでなく，その国や地域の民族性，風土，文化，慣習，歴史等の基礎的なことを調査し，学び，理解しておくことが必要である。それらは，日常生活を円滑にし，好成績を得るうえで大切なことである。

このような具体的な活動は，チームマネジメントの基礎的部門であり，それが確実にできていないと，選手団は安心して練習に集中できない。

④情報交換・情報収集について

近年は，国内外を問わず，指導者間での情報交換や収集はコンピューターを使って，かなり高いレベルで活発に行われている。トレーニング方法，データ処理，医・科学情報なども，今ではインターネットを通じて内外と交換することが可能である。さらに，映像の活用も活発になっている。今後，こうした機器を活用した情報処理はますます普及していくであろう。

公式機関として，世界・アジアの水泳競技を統括するFINA・AASFや，各国の水泳競技統括団体としての各国水泳連盟などとの交流は，国際交流の基本である。

国内でも，JOCや，日本の体育を広く地方までも組織化し，国民体育の普及に努めている日本体育協会（以下，日体協）などの諸団体とのコミュニケーションは大切であり，貴重なネットワークである。地方加盟団体との情報交換も大切で，評議員会や地域会議などの諸会議を通して行われている。

⑤ジュニア対策について

[ジュニア強化]

ジュニア強化は，競技力向上事業の基礎となるもので，これなくして国際級の選手育成は語れない。また，これはナショナルチームの強化対策の一環であるばかりでなく，水泳競技を普及させるプロジェクトとして，国民の多くに参加を呼びかけながら，広域で経常的に実施すべきものと思われる。

ジュニアオリンピック大会や中学，高校，国体等の競技会と，日水連が行っているジュニア強化事業としての中央・各ブロック（地域）合宿，海外遠征事業を組み合わせている今のシステムは成功していると考えている。

[一貫指導対策]

ジュニア選手を，上手にリードし，水泳競技に関心を向けさせながら，一貫指導の立場から本格的な選手に育てていくのも，地道な活動ではあるが指導者の重要な任務である。

このように，各地で，幼い選手を指導している方々の努力があるので，日本のナショナルチームが世界のトップグループとしての地位を確保していられるのである。

[参考文献]
1) 日本水泳連盟編 (2004)『月刊水泳』2004年11月号.
2) 日本水泳連盟周年誌

［小林徳太郎］
［青木　剛］
［小倉太地雄］

水泳のバイオメカニクス

SECTION 2

1 水中環境の特性

水泳は，水といった特殊環境において運動が実施される。それゆえ水の特性を理解することは，水泳運動の理解につながるといえる。水の特性としては，密度，浮力，熱伝導率を挙げることができる。

①密度

真水の密度は約4℃で1000 kg/m³であり，同温の空気と比べると785倍も密度が高い。水の密度を基準(1.0)として，密度の大きさは比重として表される。ちなみに海水の比重は，1.028(4℃，塩分濃度3.3%)，人体は20歳の男性平均で1.03(息を吐き切った状態)である。

水の密度は空気に比べるととても大きいので，水中を運動する場合，陸上とは条件が大きく異なる。特に抵抗に関して大きな違いが生じる。流体中を移動する物体の抵抗は，物体の密度に比例するので，同じ姿勢で同じ速度で水中を移動すると，陸上より約800倍もの抵抗がかかることになる。それゆえ，水中では陸上ほど速く移動することができない。しかし，一方で抵抗が大きいからこそ，水を押しのけた力の反作用で，前に進むことができるのである。

②水圧

水中では，深く潜ると耳が痛くなったり，圧迫感を感じたりする。これらは水の圧力による作用である。水圧は，物体と水の間にある水の重量によるものであり，水圧は深さが増すにつれて増加する。その原理を図1-2-1で説明する。密度 ρ の流体中で，深さdの地点に半径rの円Aがあるとする。この円には，Aを底面とし，高さdの仮想円柱の容積に等しい水の質量分がのしかかる。この水の質量に重力加速度g ($9.8\,m/s^2$)をかけた値が円Aを押す力として作用する水圧である。圧力は力を面積で割ったものであるから，水圧は，「密度×深さ×重力加速度 ($\rho\pi r^2 dg$)」で表される。同じ環境においては，水の密度と重力加速度は一定の値を表すので，結局圧力は深さに比例して大きくなる。水圧は，物体の面に垂直に作用するので，プールに潜ったりするとどんな方向を向いていても，水面近くより，プールの底の方が大きくなる。水

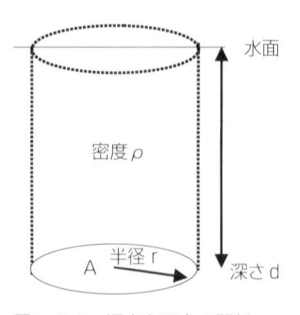

図1-2-1　深さと圧力の関係

中では，水深が10m深くなるごとに，約1気圧ずつ圧力が増加する。ちなみに1気圧とは，海抜0m付近での大気圧を表しており，気温15℃の状態で1cm²あたり約1.0kgの圧力が加わっている状態を表す。

③浮力

浮力とは「個体の全部または一部を流体中にひたすと，その個体が排除した流体の重さに等しいだけの浮力を受ける」というアルキメデスの原理で説明される。なぜ，排除した流体の重量分が全体を押し上げる浮力として働くのかについて図1-2-2で説明をしていく。

圧力と同様に，密度ρの流体中で，ある深さに沈んでいる円柱を想定する（半径r，高さh）。上記で説明したように，水圧は深さに比例して大きくなり，物体の面に垂直に作用する。円柱の上面に作用する水圧をpとすると，上面に働く力は「面積×圧力（$\pi r^2 p$）」で求めることができる。次に下面に働く水圧は，上面より高さh分だけ大きくなるため，「$p+\rho hg$」で表される。ゆえに上面に働く力は「$\pi r^2(p+\rho hg)$」で求めることができる。円柱は鉛直方向上向きに，上面と下面にかかる力の差，つまり$\pi r^2 \rho hg$で押し上げられることになる。これが，物体を排除した液体の重力分に相当し，浮力である。水平方向の力は，深さが深くなっても左右で均等であるので，打ち消しあいゼロになる。それゆえに，液体中で円柱に働く力は鉛直方向上向きの力のみとなる。

アルキメデスの原理を適応した場合，身体の容積が60ℓの人が水中に入ると，約60kgの浮力を受けることになる。また，空気も流体であるので，水中同様浮力を受けていることになる。しかしながら，空気の密度はとても小さいので，浮力をほとんど感じることができない。一方で，海水は真水の約1.02から1.06倍密度が高いので，その分だけ真水よりも大きな浮力を受けることとなり，浮きやすくなる。

④熱伝導率

同じ温度の水と空気では，温度の感じ方が異なる。例えば，30℃の水温のプールに入ると肌寒く感じるが，陸上で気温が30℃であれば暑く感じる。これは，水と空気とで，物質内での熱の伝わりやすさを表す熱伝導率が異なることが原因である。熱伝導率とは，ある物質が1mの厚みをもっていて，その両端で1（ケルビン）の温度差があった場合，1秒間にどれだけ熱量が伝わるかを計算して求めることができる。熱伝導率は0℃の状態で，水が0.56 W/m・K，空気が0.0241 W/m・Kであり，水が約23倍も熱を伝えやすい。それゆえ，人が水中に入った場合，水の温度を敏感に感じることになる。

水は熱伝導率が高いため，水温設定は運動の実施に重要な点となる。激しい運動を行う際には，大量の熱が体内で産生される。水温が高いと，十分に熱が放熱されず，運動を継続することができなくなる。それゆえ，運動強度の高い競泳が開催されるプールの水温は，26±1℃に設定され

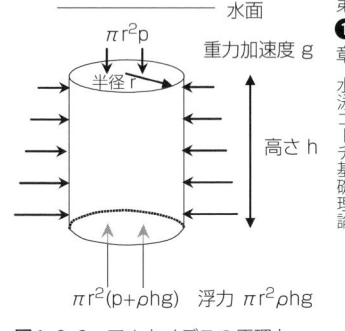

図1-2-2 アルキメデスの原理と浮力

[ケルビン（kelvin，記号K）]
温度を表す単位。すべての分子の運動が停止する絶対零度を0Kとし，1Kを水の三重点の熱力学温度（0.01℃）の273.16分の1と定義される。
〔摂氏（C）とケルビン（K）との関係〕
　C＝K－273.15
　K＝C＋273.15

[ポイント]
・浮力の源は水の圧力である。
・水は空気より約23倍も熱を伝えやすい。

[研究問題]
・アルキメデスの原理をやさしく説明せよ。
・目的とする水中運動に適した水温設定を述べよ。

ている。一方で水中ウォーキングなどが行われる公共のプールでは水温が28〜30℃に設定されている。また，熱伝導率が高いため陸上運動と比較して，多くの熱が水に奪われる。人は体温を一定に保つために，熱産生を行う。それゆえ，水中での運動ではエネルギー消費量が大きくなる。例えば，寒いプールに入った際に体が"ブルブル"と震えるのは，筋を収縮させ，熱産生を高めているからである。

2 身体組成と力のつり合い

①身体組織

人体は，骨，筋肉，脂肪，脳や心臓といった臓器から成り立っている。これらの身体を構成する組織のうちで，骨の比重が2.01と最も大きく，次いで筋肉(1.06)や脳(1.04)の順となるが，いずれも比重が1.0を超え水に浮かない。一方，脂肪は比重0.94であり，唯一水に浮く組織である。身体全体の比重は，これら組織の割合によって個人で異なり，脂肪が多い肥満した人では比重が1.0をやや上回り，筋肉質の人や痩せ型の人では1.0を超える。比重が1.0を下回る場合においては，水に浮くことができるが1.0を超える場合においては水に浮かない。

人体は肺の中に空気を蓄え，容積を変化させることができるので，それによっても比重が変化する。大きく息を吸い込むことによって胸郭が広がり，人体の容積も増大する。空気の比重は水に比べると非常に小さいので，肺に蓄えられた空気の量に応じて身体比重は小さくなる。一般的な体型の人であれば，息をいっぱいに吸い込んだ状態で1.7kg重から3kg重の余剰浮力が発生し，水面ぎりぎりに浮くことができる。また，息を吐き切った状態(それでも肺の中には1.0ℓの空気が残っている)では比重が1.0を上回り，水中に沈む場合が多い。

②浮力と重力

水中環境であっても，人体には重力が，つまり鉛直下向きの力が働いている。にもかかわらず，人が浮くことができるのは，人に浮力が作用しているからである。体が完全に水中に沈み，浮力が重力よりも大きい時に，人は水面方向に移動する。そして，体の一部が水中から出ることで，体にかかる浮力が減少し，重力と等しくなった時に，体は静止する。

足を抱えた状態(図1-2-3)で水中に潜れば，体には重力と浮力がかかる。体全体にかかる重力の合力の作用点を重心(図の●)という。一方，浮力の合力の作用点を浮心(図の△)という。図において，重心は臍付近にあり，浮心は臍よりやや上方に位置する。重心と浮心の位置が直線に並んでいれば，人はその大きさの大小によって力の

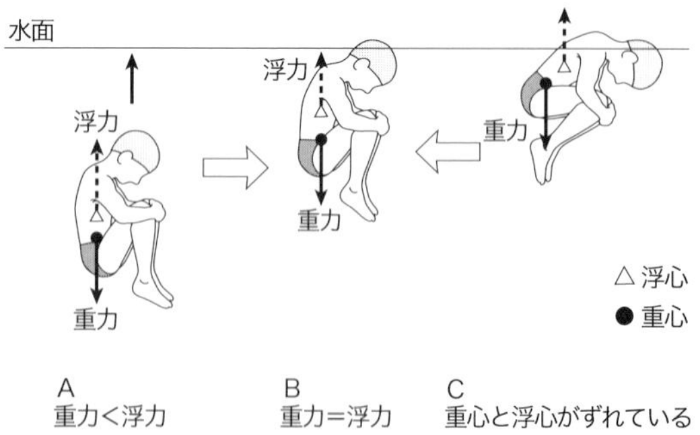

水面
A 重力＜浮力
B 重力＝浮力
C 重心と浮心がずれている
△浮心
●重心

図1-2-3　重力と浮力のつり合い

作用線上を移動する。両者の位置がずれていた場合には，回転が生じる。図中の右の場合は，後方に回転し，重心と浮心の作用線が直線に並んだ時に，体が静止する。重力と浮力はその大きさだけでなく，作用する位置によって体を回転させる働きを有する。

③水平位置での力のつり合い

泳者は水平位置を保ちながら泳いでいる。人が水平位置を保ちながら泳ぐためには，実はさまざまな力が作用している。人が水平に体を伸ばした状態で浮かんでいる場合，浮心位置は重心位置よりも頭側に位置する（図1-2-4-A）。この状態では重心と浮心位置がずれているため，足が下方に回転する力が作用し，足が沈んでくる。また，クロールを泳いでいる時に，手をかくことによる抗力で前方に進んでいるが，抗力は必ずしも進行方向に働くわけではない。特にクロールでは手を下方にかいている時に，手部で発生した力は，足を下方に回転させる作用ももつ（図1-2-4-B）。それゆえ，泳者はキックを打って，足が下がることを防いでいるのである。キック動作は，足が下方に沈むのを防ぐ作用があると考えられている。水泳の競技特性上，進行方向に対する力に着目しがちであるが，体の水平位置を維持する働きについても注目をすることが必要であろう。

[松田有司]

3 水中における抵抗

水中において泳者に作用される力は，重力・浮力があり，移動する場合には推進力・抵抗が働く。これらの力は水中に限らず空気中でも働く。流体中に働く抵抗（R）について流体力学の一般式で表すと下記の式になる。

$$R = \frac{1}{2}\rho C_D S V^2$$

（ρ：流体密度，C_D：抵抗係数，S：投射断面積，V：移動速度）

水中に限らず空気中でも同様であるが，抵抗は流体の密度や移動方向からみた断面積（投射断面積），さらに移動する速度の2乗に比例して大きくなる。したがって，わずかな泳速度の増加であっても，その2乗で抵抗が増加する。そのため，泳者にとってその抵抗に打ち勝つだけでの推進力をさらに発揮することが必要となる。しかし，さらに大きな推進力を発揮することは非常に大変であり，すべての選手やコーチにとって水泳中の抵抗をいかに削減するかは最重要課題といえる。

ただし，泳速度は抵抗の大小によってのみ左右されるのではなく，推進力と抵抗との差によって決定される。したがって，泳者が泳速度を上げるための方法として，3通りの方法が考えられる。1つ目として，抵

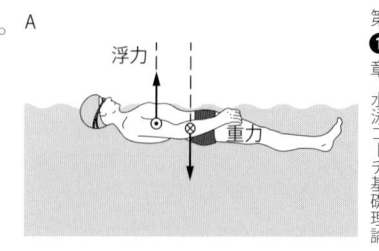

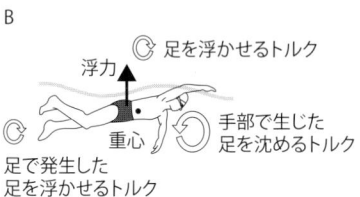

図1-2-4 力のつり合い

[ポイント]
- 身体が水に浮くか沈むかは身体の比重によって決まり，身体の比重は身体組成によって決まる。
- 重心と浮心のつり合いによって，水中での姿勢が決まる。

[研究問題]
- 人体の組織の中で比重が1.0を下回る組織はなにか？
- 安定した「浮き身」姿勢をとるための条件を述べよ。

抗はそのままで推進力を増加させる方法，2つ目，推進力はそのままで抵抗を減少させる方法，最後3つ目として，推進力の増加と抵抗を減少させる方法が考えられる。多くの選手やコーチは，どちらかというと，筋力アップや持久力の向上による推進力の増加に重点を置き，抵抗の削減は後回しにしてきた。しかし，優れた体格をもち，筋力や持久力に大差がない者同士の競い合いにおいては，抵抗のわずかな差が勝敗を決することになる。そのため抵抗を減らすための努力をすることは必須といえる。

①抵抗の種類

泳者に働く主な抵抗は，圧力抵抗，造波抵抗，摩擦抵抗の3種類に大きく分けることができる（図1-2-5）。

実際のレースのように秒速1.5 mを超える速い速度では，圧力抵抗が大きな割合を占める。水中を泳者が進む時，水の流れが泳者の頭部にぶつかり乱れた場合，頭部の前面の圧力が高くなり，後頭部では渦が生じ，圧力が低下する。圧力は高い方から低い方へ力が働くため，この圧力差による抵抗が生じる。この抵抗を圧力抵抗と呼ぶ。理想的な流線型をした物体であれば，水の流れは物体から剥離することなく前縁から後縁へと移動するため，流れが乱れず大きな圧力差が生じない。しかし，人のように複雑な形状をしている場合，水平姿勢をとったとしても，後頭部やお尻の下流で流れが剥離し，負圧（圧力が小さくなる）部分が生じてしまう。さらに，脚が沈み進行方向に対する迎え角が大きくなると，背中での流れの剥離が顕著となり，圧力抵抗の増大につながってしまう。

次に，造波抵抗である。造波抵抗は，泳者が水と空気の境を移動する時に生じる波によって引き起こされる抵抗である。泳者が水を押して波を生じさせると，盛り上がった波は重力によって水面のもとの位置へ戻ろうとして，泳者を押し戻す。この押し戻そうとする力が抵抗となる。造波抵抗は，圧力抵抗と並び，全抵抗に占める割合が大きい。トップレベルの競泳選手が全力で泳いだ場合，造波抵抗と関連が深くなる。泳者周りの流れの環境を表すフルード数の値は，0.45程度といわれている。フルード数と造波抵抗係数の関係から考えると，フルード数が0.50で造波抵抗係数が最大となる。このような状況は泳者にもあてはまるため，波をできるだけ起こさないように泳ぐ工夫をしないと，大きな造波抵抗を受けることになる。

最後に，摩擦抵抗である。摩擦抵抗は，圧力抵抗や造波抵抗に比べると全抵抗に及ぼす影響が小さいと考えられる。摩擦抵抗は，水と泳者の水着や身体表面との摩擦によって生じる。そのため，流れの速度や乱れの程度，表面の粗さによって変化する。トップスイマーが全力で泳いだ場合，摩擦抵抗との関係が深くなる。泳者周りの流れの環境を表すレイノルズ数は，3.5×10^6程度といわれている。一般的に平板表面ではレイ

図1-2-5 泳者に作用する流体抵抗

[フルード数]
流体の慣性力と重力の比で定義される無次元数。流体力学の分野にて，造波による影響を調べるために利用される値のこと。フルード数の増加に伴って造波抵抗は増加する。

[レイノルズ数]
慣性力と摩擦力（粘性による）との比で定義される無次元数。流体力学の分野にて，相似則が成り立つかなど流れの性質を調べるために利用される値のこと。レイノルズ数が小さいと相対的に粘性（摩擦）作用が強い流れ，逆に大きいと相対的に慣性作用が強い流れだといえる。

ノルズ数が$5.0×10^6$を超えて大きくなると，平板表面近くの境界層では層流から乱流へと流れの環境が変化し，摩擦抵抗係数が大きく増加する．泳者の表面でも同様の現象が起こると考えられるため，摩擦抵抗が大きくなるといえる．

このように3つの抵抗のどれをとっても，人が泳ぐ環境は抵抗が増大する要素を含んでいるといえる．したがって，泳者がさらに速く泳ぐためには，どうしてもこれらの抵抗を減らす工夫が求められる．

②抵抗の削減

人の身体各部位の比重は脂肪を除き，1.0を上回る．平均的な体格であれば肺に息を吸い込んだ状態で身体全体の比重は下回り，浮くことができる．この浮く力を浮力といい，浮力が重力よりも上回る場合の浮力を余剰浮力と呼ぶ．成年男子水泳選手を対象とした研究によれば，余剰浮力は，1.7 kg重から3.0 kg重程度と報告されている．しかし，通常の浮き身姿勢をとった場合には，浮力の中心である浮心と重心にずれが生じるため，脚が沈む方向へ回転力が働くことになる（図1-2-4）．水面上に頭が出るとさらに，浮力が低下し脚が沈みやすくなる．脚が沈むと推進方向に対する見かけの断面積が増加し，圧力抵抗の増大につながってしまう．よって，抵抗を減らすために泳者は頭を水中に入れ，脚が沈まないようにキック動作を行うことで，できる限り水平姿勢を保つよう心がける必要がある．

さらに，泳者の身体周りの流れを自らの動きでコントロールすることで抵抗を削減する可能性がある．圧力抵抗は，身体表面において流れが剥離する領域が増大するほど，負圧部分が増大する．前述しているが，圧力は高い方から低い方へ力が作用することから，負圧部分の増大は抵抗増加につながる．そこで，イルカのように全身で波動動作を行うことで，流れの剥離を少しでも防ぐことができれば，抵抗削減に有効と考えられる．実際に泳いでいる時の抵抗が大きい平泳ぎでは，多くの泳者がバタフライのように全身をくねらせるような動作を用いることで，流れの剥離を防ぐようにしている．

造波抵抗は，泳者が水と空気の境目を移動することによって生じる．そのため，造波抵抗が削減する最も簡単な方法は，水面下へ潜ることである．ただし，現在，国際水泳連盟（FINA）の競技規則により，平泳ぎを除く3泳法で15 m以上潜ることが禁止されている．また，低速域では，潜ることによる造波抵抗の削減効果はあまり望めない．一方，毎秒1.9 m以上の高速域では，削減抵抗が大きいといわれている．つまり，スタートにおける飛（跳）び込みやターンといった，通常のストローク局面より速い速度に達する局面では潜った方が効果的といえる．実際，トップレベルの泳者では，ターン局面において壁を蹴った直後の初速が毎秒2.5 mに達すると報告されている．このような状況下では，水中を

[ポイント]
・抵抗は速度の2乗に比例して大きくなる。
・水中における主な抵抗は，圧力抵抗，造波抵抗，摩擦抵抗である。

[研究問題]
・水泳において最も影響の大きい抵抗はなにか？
・3つの抵抗を削減するための具体的な方法を述べよ。

潜行することが有利といえる。ただし，水中を潜行する場合において，最適な水深が存在する。浅すぎると波が生じ，深すぎると水面上へ浮上するのに時間がかかり，結果として泳速度の低下につながってしまう。これまでの研究によれば，水深0.35～0.45 mが最適と報告されている。

摩擦抵抗は，人体表面と水が隣接する境界層と呼ばれる層における速度分布に大きく影響される。そのため，水着の生地表面に小さな溝を作ることや，ラバーやポリウレタンを用いて高い撥水加工を施すことにより摩擦抵抗を削減する試みがされてきた。しかしながら，現在の競技規則では，水着の形状や素材に規制が設けられ，水着による摩擦抵抗を削減することは困難な状況にある。

4 推進にかかわる力と推進効率

①推進力

人が水中を移動すると水の抵抗が加わるため，移動し続けるためには水の抵抗に等しい前向きへの力（推進力）を発揮することが必要となる。そのため，泳者は，腕や脚を動かすことで水から受ける抵抗や揚力を利用し，推進力を得ている。特に，クロールでは，推進力の7から9割を腕によって得ている。したがって，水中の腕の動き（ストローク動作）が泳速の向上に大きな役割を果たしていると考える。

ストローク動作から得られる推進力は手部と前腕により発揮される。特に，肩から遠方にある手部は上肢の中でも移動速度が速いとともに，平板のような形状をしており抗力係数が大きい。抗力は，物体の移動速度の2乗，形状に依存する抗力係数，移動方向に対する投射断面積の積に比例するため，手部では大きな抗力を発揮することができるといえる。また，手のひらを移動方向に対してある角度（迎え角）をもたせて動かした場合，水から受ける力は移動方向と平行にならない（図1-2-6）。この際，力を進行方向に平行な成分と進行方向に垂直な成分に分けて考える。平行な成分は上述している抗力であり，進行方向に垂直な成分は物体を持ち上げるように働くことがあるため揚力と呼ぶ。水中では手のひらを左右後方に動かすことで抗力と揚力が発生し，これらの推進成分が推進力として働く。

抗力に関しては，水に対する手部の相対速度および進行方向への投射断面積を大きくすることが抗力の増加につながる。実際に，泳者の手よりも大きなパドルをつけると大きな手応えがあり，ゆっくりかいても速く進める。これは，パドルにより投射面積が大きくなることで，抗力が大きくなった証拠といえる。ただし，競技規則により実際の競技でパドルを使用することはできない。

また，揚力に関しては，水泳の場合，手部が複雑に移動するため，手部周りの水の流れの状態が一定しておらず，不規則に流れの方向や速度

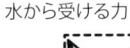

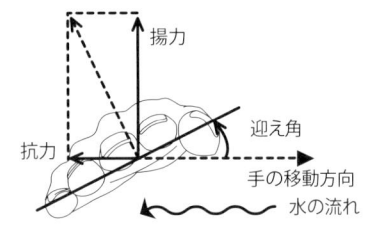

図1-2-6 手の移動と水から受ける力の関係

が変化する。このような状態を非定常と呼ぶ。非定常状態における揚力の発生メカニズムは，定常状態とは異なることが知られている。定常状態においては，翼形に沿った流れに翼周りの循環が加味され，翼形の上下面に流れの速度差が生じる。流れの速度差が生じるとベルヌーイの定理により圧力差が生じ，この圧力差により作用する力が揚力の原因と考えられている。しかし，水泳の場合では，循環的な速度差が生じる前に流れの方向が変わってしまうため，揚力の発生メカニズムを十分に説明できない。そのため，手部に作用する力を評価する方法として，圧力センサーを用いた方法がとられるようになってきた。また，流体中で物体が急に動き出した時に生じる出発渦によって揚力が発生すると考えられており，流体の動きを可視化し，揚力の発生メカニズムについても検討がなされている状況にある。なお，非定常状態の揚力は，定常状態における揚力と比べて大きく，約2倍の揚力が発揮されるとも報告されている。シンクロナイズドスイミングの選手がスカーリングによって，身体を水面上高く持ち上げられるのも，この非定常状態の揚力のおかげと考えられる。

この抗力や揚力はストローク動作中の各局面によって寄与の仕方が異なる。クロールでは，ストローク動作によって推進力が得られる局面としてプル局面とプッシュ局面がある（図1-2-7）。プル局面では主に抗力の貢献が，プッシュ局面では揚力の貢献が大きくなる。また，ストローク後半では減速しないようにすることが大切である。なぜなら，手部速度が減速してしまうと推進方向とは逆方向に力が働き，ブレーキとなってしまうからである。したがって，理想的なストローク動作としては，プル局面では抗力を中心とした直線的な動きで，プッシュ局面では揚力が中心となるような上左右方向へ手部を動かし，かつ減速することなく水から手部を抜いてリカバリー動作に入るのがよいと考えられる。

②推進効率

水中を水の抵抗に逆らって進むためにはエネルギーの消費が必要である。水の抵抗に抗って水中を進むことは，力学的仕事をしたことになり，仕事をするためにはエネルギーが必要となる。同じ距離を泳ぐ場合，必要とされる仕事とパワーはそれぞれ，泳速の2乗および3乗に比例する。このことは，タイムを1%縮めようとすれば必要なパワーの増加はほぼ3%になることを意味している。したがって，よくトレーニングされ記録のよい選手ほど記録の短縮は困難となる。

水中を進む場合の力学的仕事は，筋の収縮活動によってなされる。筋収縮では，筋のエネルギー消費が伴う。筋内で消費された化学的エネル

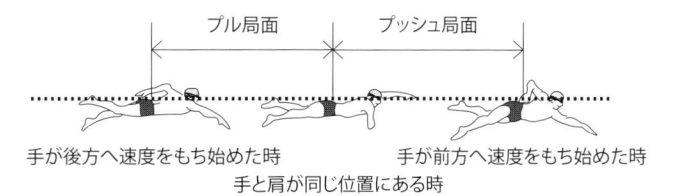

図1-2-7 プル局面とプッシュ局面

[ベルヌーイの定理]
定常状態における流体に関して，速度や圧力あるいは位置が変化しても全体のエネルギーの総和は不変で保存される。そのため物体近傍の流速が増加した場合，物体表面の動圧が低下する。

[ポイント]
・推進力として作用する力には，慣性力，抗力，揚力がある。
・水泳運動の機械的効率は，歩行や走行に比べるとかなり劣っている。

[研究問題]
・水泳中の推進力発生メカニズムをストロークの局面ごとに分けて説明せよ。
・水中の推進効率を上げるための方策を述べよ。

[理解度チェック]
・水中運動の特徴を陸上運動と比較して述べよ。
・水中で運動する泳者に作用する力を取り上げ，それらの相互関係を述べよ。
・水泳中の泳者に作用する抵抗の低減方法を説明せよ。
・水中運動が陸上運動と比べて機械的効率が悪い理由を説明せよ。

[参考文献]
1) 東昭 (1980)『生物の泳法』(ブルーバックス) 講談社
2) 東昭 (1986)『生物・その素晴しい動き』共立出版
3) 木田重雄 (1999)『いまさら流体力学？』(パリティブックス) 丸善
4) 高木隆司 (1983)『スポーツの力学』(ブルーバックス) 講談社
5) 高木英樹 (2001)「競泳で勝つための流体力学」『パリティ』16(8):22-27.
6) 高木英樹 (2002)『人はどこまで速く泳げるか』岩波書店

ギーと，なされた仕事の比を効率と呼ぶ。筋収縮の効率は，運動の種類や筋の質によって若干異なるだけである。したがって，水泳運動中の筋収縮の効率も他の運動と基本的に変わらない。しかし，上述しているように，推進に必要な仕事は，筋収縮による仕事がすべてでない。水中での腕や脚の動作によって生み出されるのは推進に有効な仕事だけでなく，単に水をかき回すだけに使われる部分もある。したがって，筋収縮によってなされた仕事のある部分だけが推進に使用される。そのため，推進効率を改善には，ストローク動作をはじめとする水泳技術の向上に大きく依存する。

［水藤弘吏］

水泳の生理学

SECTION 3

1 水泳の基礎生理学

①水泳と神経系・筋肉
[水泳時の力発揮]
　スポーツ場面で力を発揮するためには，意志による随意運動が必要となる。随意運動は，脳からの興奮が刺激となって運動神経を伝わり，最終的に，筋肉に伝わることで引き起こされる。すなわち，スポーツでは神経系と筋肉の働きが重要となる。水泳においては，呼吸動作，腕のストローク動作，上半身を中心としたローリング動作およびキック動作などが連動し合って効率よく力を発揮することが求められる。これらの動作の習熟には，神経系と筋肉の正確な連携と動作の協応性が不可欠であり，練習で上肢や下肢で感じる水の粘性抵抗や，頭部，四肢，体幹の空間位置などの感覚を意識することが重要になる。その際，コーチの助言やビデオ映像による動作・フォームのチェックは，有用な手段となる。

[筋肉のしくみと組成]
　筋肉の最小単位は，タンパク質分子であるアクチンとミオシンであり，これらによって構成される2つのフィラメント（細い線）が滑り運動を起こすことで筋肉の収縮が発現する。両フィラメントは，束になって筋原線維を形成し，さらに筋原線維が数百から数千本集まって筋線維を形成している。
　筋線維は，その収縮特性から2つに分類できる。太くて収縮速度の速い速筋線維と細くて収縮速度の遅い遅筋線維である。速筋線維にはグリコーゲンが多く貯蔵されており，またエネルギー産生にかかわる酵素の活性が高く，無酸素的にエネルギーを獲得しやすいという特徴をもっている。一方，遅筋線維は，毛細血管が多くあり，ミオグロビンやミトコンドリアを多く含んでおり，有酸素的にエネルギーを獲得しやすい。水泳選手の三角筋の組成を調べた研究では，男女とも約70%が遅筋線維で，約30%が速筋線維であることが報告されている[1]。水泳選手は，トレーニングによって速筋よりも遅筋の割合が多くなる傾向にある。実際

の泳ぎでも各部位の遅筋線維が主体となって力を発揮する。しかし，発揮する力が最大となるレースなどの場面では，速筋が動員される割合も増加するので，普段の練習において速筋を多く動員するような高強度の練習を取り入れる必要がある。

[水泳で使われる主な筋肉]

　水泳で使われる主な筋肉を図1-3-1に示す。水泳のストロークにおけるプル局面は，推進力を生み出す重要な局面であり，腕（前腕屈筋，上腕二頭筋，上腕三頭筋）や肩周り（三角筋，僧帽筋，大円筋，広背筋）の筋肉が活動する。体幹（大胸筋，腹直筋，脊柱起立筋）や下肢（大殿筋，大腿四頭筋，下腿三頭筋）の筋肉も推進や泳姿勢の保持に関与し

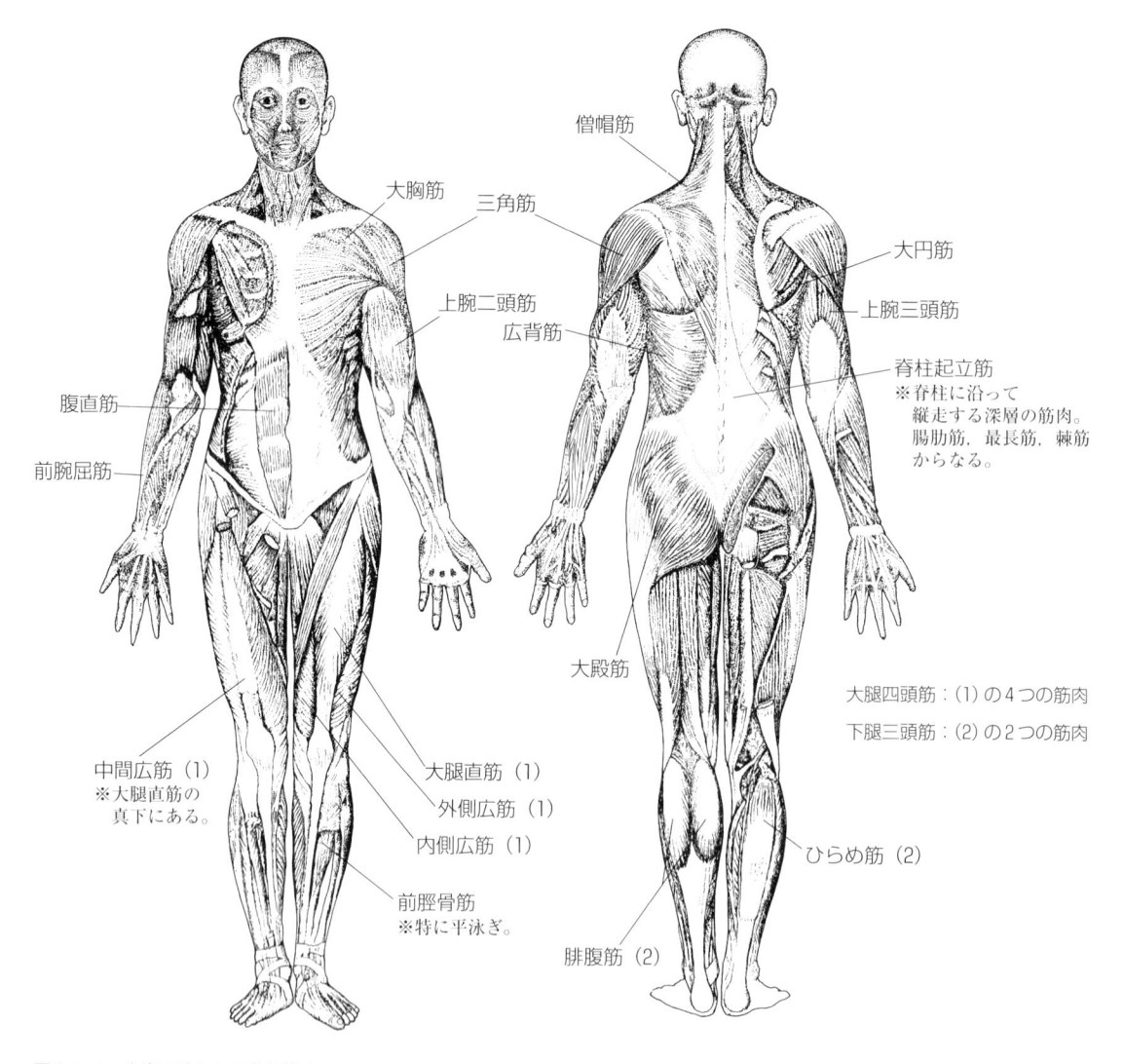

図1-3-1　水泳で使われる主な筋肉
（出典：NSCAジャパン（2003）『ストレングス＆コンディショニングⅠ［理論編］』大修館書店）

動作の習熟により，必要な筋肉にインパルス（脳からの刺激）を送り，動作に重要でない筋肉には，インパルスを送らなくなる。そうすることで，不要な筋の力を緩めた，効率のよい動きとなる。例えば，クロール泳のリカバリー局面で肘を高く保持して手を前方へ運ぶ際には，三角筋や僧帽筋によって腕が挙上されるが，その際に上腕を引き下げるように働く広背筋の力を抜くと手が前方によく伸びる。水泳の初心者は，腕や脚のどの部分にどれだけの力を入れるべきかがよくわからず，動作の妨げとなる筋肉も同時に収縮させるため，エネルギーを浪費してすぐに疲れてしまう。また，選手でも試合の際には緊張して，リラックスさせるべき筋肉にも力を入れてしまうことがあるので，気をつけなければならない。

[筋収縮の様式]

筋肉の収縮は関節の動きを伴う動的収縮と動きを伴わない静的収縮の2つに分けることができる。静的収縮は等尺性収縮とも呼ばれ，筋力発揮時の筋肉の長さがみた目には変化しない。競泳のスタート時の姿勢保持や水中でのグライド姿勢保持などがこれにあたる。一方，動的収縮は等張性収縮といわれ，一定の筋力（張力）を発揮する際，筋肉の長さや関節角度が変化しながら収縮する。水泳競技を含む多くのスポーツはこの等張性収縮で行われる。

等張性収縮では，発揮する筋力が負荷より大きい場合，筋肉が縮む。これを短縮性収縮という。一方，負荷より小さい場合，筋肉が伸ばされる。これを伸張性収縮という。水泳はおおむね短縮性収縮で行われるが，飛び板飛込における着地は伸張性収縮である。

水中では，速く動作しようとしても水の抵抗が大きくなり，速度は上がりにくい。つまり，ある程度速度が維持された等速性の状態で動作が行われる。これを等速性収縮という。

②水泳運動時のエネルギー供給

身体運動は，アデノシン三燐酸（ATP）と呼ばれる化学エネルギーを使って，骨格筋を収縮させながら行われている。ATPとは，アデノシンという物質に3つの燐酸が結合した物質であり，ATPから1つの燐酸が離れてアデノシン二燐酸（ADP）となる時に，筋肉を収縮させるためのエネルギーが得られる（図1-3-2）。

しかしながら，ATPはすべての骨格筋の中に貯蔵されているものの，その量はきわめて少なく，スプリント泳のような激しい運動をすると数秒間で枯渇してしまう。したがって，運動を続けるためにはATPを作り続けなければならない。この時，骨格筋内では3つの異なった方法によってATPが産生されている。以下に，その3つのエネルギー供給系について簡単に述べる。

[研究問題]
・水泳競技に関与する主要な筋肉を挙げよ。

○ エネルギーの発生
 ATP→ADP + Pi + エネルギー

○ CPを利用したATPの再合成
 CP→C + Pi
 ADP + Pi →ATP（ATPの再合成）

○ 乳酸系によるATP産生
 グリコーゲン→ピルビン酸→乳酸
 ↓
 ATP

図1-3-2　エネルギーの発生とATPの再合成のしくみ

[ATP-CP系]

　この系では，骨格筋内に貯蔵されているクレアチン燐酸（CP）の分解によってできた燐酸を利用して，ADPからATPを再合成している。ATP-CP系によるATPの産生は，3つのエネルギー供給系の中で最もすばやく行われるという利点があるが，クレアチン燐酸も高強度運動ではすぐに枯渇してしまうため，エネルギーを産生できる量としてはごくわずかでしかない。

[乳酸系（解糖系）]

　この系では，骨格筋内に貯蔵されているグリコーゲン（糖）がピルビン酸へと変化される過程でATPが産生される。グリコーゲンが変化し続けると最終的に乳酸が産生されることから，この系は「乳酸系」と呼ばれたり，あるいは糖が分解される過程でエネルギーが作られるので「解糖系」と呼ばれたりする。この系においてもATPは比較的すばやく産生され，その産生量もATP-CP系と比べ多い。しかしながら，乳酸産生に伴って筋内のpHが低下すると，グリコーゲンからピルビン酸への化学変化が妨げられるため，結果的にATP産生が限定されてしまうことになる。

　また，ATP-CP系と乳酸系においては，酸素を使うことなくATPを産生するので，両系を称して無酸素性エネルギー供給系と呼ぶ。

[有酸素系]

　この系では，糖質，脂質（長時間の運動になればタンパク質も）をエネルギー基質とし，筋内のミトコンドリアという微小器官内で酸素を使いながらATPを産生する。酸素を使ってエネルギーを産生することから，この系は有酸素性エネルギー供給系と呼ばれている。この系におけるATP産生速度は他の2系と比較すると遅いものの，筋疲労の原因となる物質を伴わないため，エネルギー基質と酸素があるかぎり無限にATPを産生できることが特徴である。

③水泳と循環器系

[水圧と水温の影響]

　水圧は身体に対して垂直に押す力として働き，水深1mでは，体表面積1m^{2}あたり，合計で1tの圧力となる。水圧は生理学的にみれば，循環器系の応答に変化をもたらす。例えば，胸部まで水に浸かっている立位姿勢では，水圧によって脚から腹部にかけての静脈が圧迫されるため，陸上条件に比べて，心臓・胸部に帰る血液量が増える。その結果，1回拍出量（心臓が1回の拍動で送り出す血液の量）が増加する。また，心臓の拍動を制御する自律神経のうち，副交感神経の活動が亢進し，心拍数が減少する。そのため，1回拍出量と心拍数の積である心拍出量には変化がなく，血圧は変動しない。ただし，これは，水に入って安定している状態の応答であり，勢いよくプールに飛び込んだ時には急な水圧負

[研究問題]
・エネルギー供給の3つの系を挙げよ。

荷により，血圧も一時的に上昇すると考えられる。血圧の高い人はゆっくりと水に入るべきである。

循環器系応答は，水温の影響も受ける。浸水時の1回拍出量の増加を基本として，水温が低く，冷たいと感じる時には，末梢血管が収縮し，血圧が上がりやすい。また，心拍数は低下する。逆にジャグジーのような水温が高いところでは，末梢血管が拡張し，循環する血液の量が増え，血圧は若干下がる。

[水泳と循環器系応答]

水泳中には，前述の安静時の循環器系応答に運動の影響が加わる。陸上と同様に，運動強度の上昇に応じて筋組織の酸素需要が増加するので，循環する血液量（心拍出量）が増加する。冷たいと感じるような水温環境では，水泳中の心拍数が減少するが，寒冷反応で末梢血管が収縮して1回拍出量が増えるので，心拍出量には影響がない。

水泳中の収縮期血圧の応答は，陸上と同様，運動強度に比例する。同じ強度では，水温が25℃以下になると高くなる（後述する中立水温との比較）。拡張期血圧は，やや増加するか変化がみられないかのいずれかである。泳ぐことで身体が温まってくると徐々に血圧が下がってくるが，普段から血圧の高い者は，中立温以下の水温で泳ぐのを避けた方がよい。

[心拍数の測定]

心拍数は水泳中に確認できる簡便な循環器系の指標であり，体調やトレーニング強度を把握するのに役立つ。一般的には，運動直後，手首の親指側にある橈骨動脈に，反対側の人差し指，中指，薬指の3本で触れて6秒間の脈拍を数える。そして，その値を10倍して心拍数を求める。心拍数は運動直後に速やかに低下していくので，運動後すぐに計測する。

④ **水泳と呼吸**

[呼吸の特徴とポイント]

水泳では，胸郭を水に沈めた状態で呼吸を行う。胸郭は水深30～50 cmに位置すると考えられるので，0.03～0.05気圧の圧力を受ける。また，水圧の影響で心臓・胸部に多くの血液が流入し，心臓が肺を圧迫することや，肺内血液量の増加により気管を圧迫することなどの影響によって肺活量が減少する。立位姿勢で頸まで浸かった時に，肺活量が8％減少するとの報告がある[2]。これらの物理的な制限は，呼吸筋に対して，水圧に抗して胸郭を開くという負荷を与えるため，水泳トレーニングによって呼吸筋が発達するようになる。

水泳時の呼吸動作は，推進を妨げる動作抵抗となるため，すばやく行わなければならない。水泳選手は，プル動作の初期から鼻と口で少しずつ息を吐き，リカバリー局面で，口を水から出す直前に（水中で）残りの息を勢いよく吐く。一方，初心者は，顔が水中にある時に息を止め，顔を上げてから「吐く・吸う」の両方を行うことが多く，呼吸動作によ

[中立水温]
代謝の変化なしに体温を維持できる水温のことをいう。

[研究問題]
・普段から血圧の高い者が水泳をする際，注意すべき点を挙げよ。

る抵抗を長く受けやすい。また，このように息を止めることは，息こらえ（後述）による胸腔内圧の上昇やそれに伴う心拍数の増加など，心臓や血管系への負担が高まることがあるので，避けるべきである。特に，心血管事故の危険性が高い中高年者のコーチングにおいては，この点に留意しなければならない。

[水泳と息こらえ]

顔を水に浸けると顔面が冷やされ，心拍数が低下する。また，その時に息を止めることで，さらに心拍数が低下する[3]（図1-3-3）。水泳は，呼吸動作以外では顔を水面に浸けているため，このような顔面冷却や無呼吸の影響を受ける。また，姿勢も臥位水平となることが多いため，心拍数が下がりやすい。水泳トレーニングにおいてはこの点に留意して運動強度を設定する必要があり，目標心拍数を10拍/分程度低く設定するとよい。

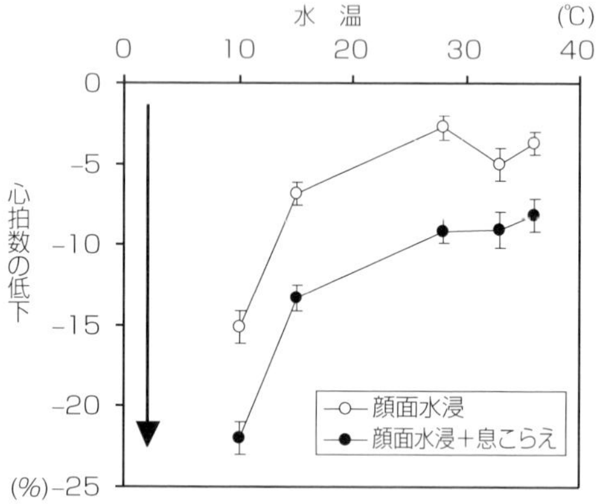

水泳競技における息こらえは，競泳のスタートやターンで4～5秒，シンクロナイズドスイミングの演技中でも30秒ほどである。しかし，潜水泳において距離を伸ばしたり，水中での息こらえ時間を延長させたりする目的で，しばしば息こらえを限界まで行うことがある。その際，息こらえ直前に過呼吸を行って動脈の二酸化炭素濃度を下げることは，息こらえの限界点を遅らせ（呼吸が再開されず），結果として，失神を引き起こすレベルまで酸素濃度（動脈）が減り続ける危険性があるので，絶対に避けるべきである。

図1-3-3 顔を水に浸けた時と息こらえを加えた時の心拍数の減少率 ～水温10, 15, 28, 33, 36℃での比較～
※値は平均値±SEM. 顔以外は水に浸けていない。（出典：文献3の図を改変）

⑤水温が体温および代謝におよぼす影響

[水温と体温]

水は空気に比べて約23倍熱を伝えやすいため，プールなどでは体熱を奪われる可能性が高い。代謝の変化なしに体温を維持できる水温を中立水温といい，安静時で約35℃，水泳などの運動時には約28℃とされている。中立水温を下回る環境では，体温低下を和らげる防御機構が働く。安静時には，脂肪や筋肉による断熱，体表組織の血管収縮による循環調節，および代謝調節（筋活動や「ふるえ」による熱産生，非ふるえ産熱による代謝亢進）などによって体温低下が軽減される。

水温28℃で安静を1時間保つと体温が約0.8℃低下する[4]（図1-3-4）。水温20℃では，それよりもさらに0.5℃（男子）～1℃（女子）体温が低下する。一方，運動時には，強度に比例して体温が上昇する。しかし，運動強度が低いと，体温上昇の度合いが小さい。頭まで水没する水泳では，60％強度の運動でも体温の低下が引き起こされる。

[ポイント]
・水泳に適している環境温は，おおむね気温との和で50℃以上である。

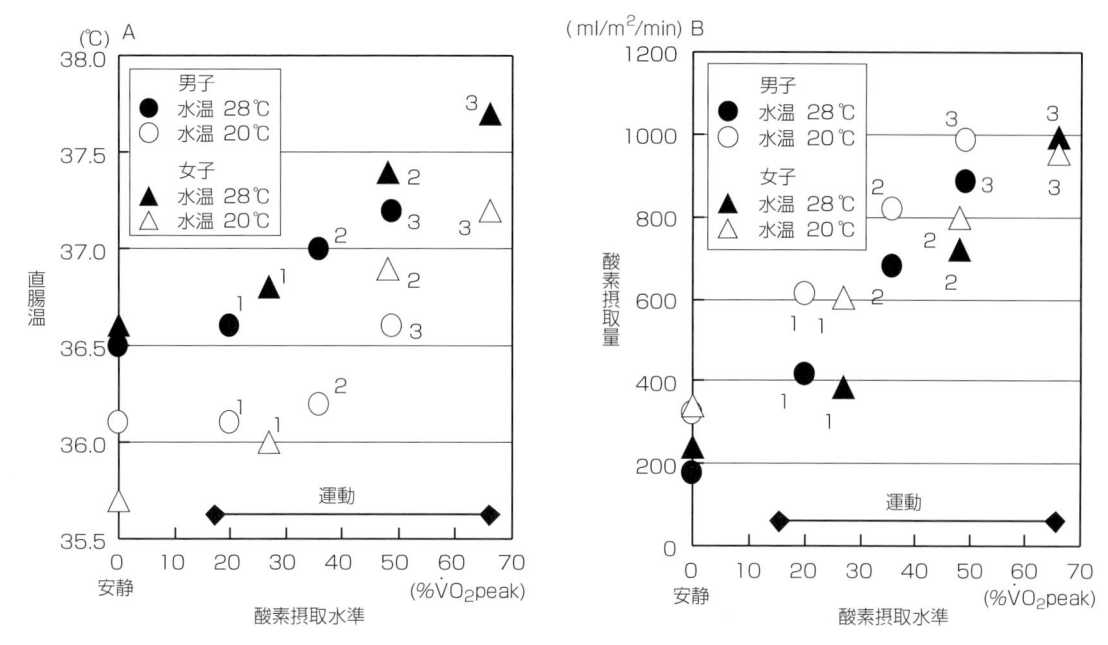

図1-3-4 水温20および28℃で1時間，水に浸かった時の体温と代謝の応答

被験者は，22～23歳の男女各4名。体脂肪率がほぼ等しい男子（16.8%）と女子（18.5%）の2群で比較。安静，運動強度レベル1，2，3の4条件。グラフ内の数値は運動強度レベルを表す。運動は，腕と脚の両方でこぐ，パドル式のエルゴメータを利用。酸素摂取量は，体表面積1m^{2}あたりの指標。（出典：文献4の表より作図）

［水温と代謝］

代謝応答を示す酸素摂取量は，水温28℃に比べて20℃では，安静時，運動時とも高くなる（図1-3-4）。これは，ふるえなどの熱産生によるものであり，低水温環境では運動以外の部分で余分なエネルギーが使われ，運動の効率が低下する。

［水泳に適した水温］

水泳に適している環境温は，体脂肪率，水泳経験，体調などの個人差で異なるものの，おおむね気温との和で50℃以上とされている。体温調節機能が未発達で身体容量が小さい幼児，皮下脂肪の少ない児童や中高年者，妊婦，血圧の高い中高年者などの水泳では，30～32℃の水温で行うのが望ましい。それよりも低くならざるをえない場合には，休憩をこまめにとり，採暖室などで十分に暖まるなどの工夫が必要である。

［浅井泰詞］

［参考文献］

1) Costill DL et al.（1992）『Swimming』Blackwell Scientific Publications.
2) Risch WD et al.（1978）「The effect of graded immersion on heart volume, central venous pressure, pulmonary blood distribution and heart rate in man.」『Pflügers Arch』374：115-118.
3) Paulev P-E et al.（1990）「Facial cold receptors and the survival reflex "Diving Bradycardia" in man.」『Jpn. J. Physiol.』40：701-712.
4) McArdle WD et al.（1992）「Thermal responses of men and women during cold-water immersion: influence of exercise intensity.」『Eur. J. Appl. Physiol.』65：265-270.

2 水泳の生理学的指標

　トレーニングを実施する際には，基礎生理学だけでなく競技種目と生理学的指標の関係を理解する必要がある。ここではエネルギー供給系とそれに関係する指標や，トレーニング効果を評価する生理学的指標を紹介する。

①水泳運動とエネルギー供給系の関係
[距離種目と各エネルギー供給系との関係]

　競泳種目は50 mから1,500 mまでの距離種目によって構成され，トップレベルの選手においても約20秒から15分を要する。運動に必要なエネルギーは無酸素性（ATP-CP系と乳酸系）および有酸素性のエネルギー供給系から作り出されるが，それぞれのエネルギー供給系の重要性は運動強度や運動時間によって大きく異なる。一般的には前者が短距離種目のような高強度短時間運動に，そして後者は長距離種目のような長時間運動に重要性が高い。

　図1-3-5は，15秒，30秒，1分，2～3分，4～5分，8～10分程度で疲労困憊に至る全力泳中に有酸素性エネルギー供給（産生）量（A），無酸素性エネルギー供給（産生）量（B）を実測したものである[1]。各運動時間を競泳競技にあてはめると，それぞれ25 m，50 m，100 m，200 m，400 m，800 mに相当すると考えてよい。

　有酸素性エネルギー供給量（図1-3-5-A）は運動時間の延長に伴い直線的に増加する。このことは，長距離種目ほど酸素を使って大量のエネルギーを作らなければならないことを意味している。また，同じ時間で作り出せる有酸素性エネルギー量（図1-3-5-Aでいうと，直線の傾き）は，その人が酸素を使ってエネルギーを作り出す能力である「最大酸素摂取量（詳細は後述）」の大きさに依存することがわかっている。

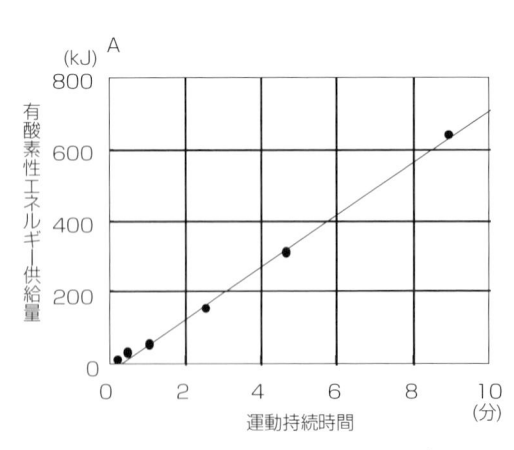

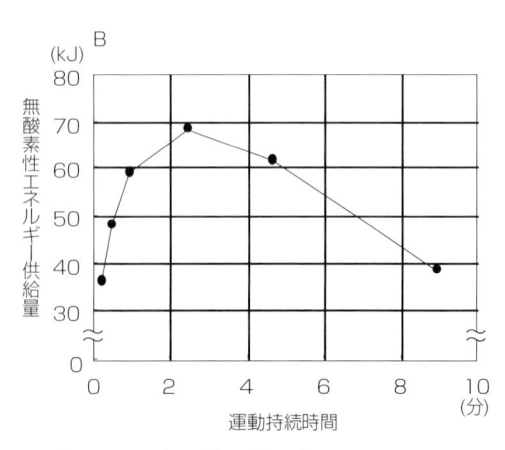

図1-3-5　運動持続時間に対する有酸素性エネルギー供給量（A）と無酸素性エネルギー供給量（B）の変化
（出典：文献1より筆者改図）

したがって，一般的に「長距離選手は最大酸素摂取量の高い方が有利」といわれるのが，このことからも理解できる。

一方，無酸素性エネルギー供給量（図1-3-5-B）は短時間内で急激に増加し，200mのような2～3分で疲労困憊に至る運動でピークに達する。また，1分程度で運動が終了する100mではピーク値の80～90%程度が使われている。したがって，これらの種目では，ATP-CP系，乳酸系の両方がほぼ最大限に動員されていることになり，短距離種目の選手にとって高強度の無酸素性トレーニングは必要不可欠といえよう。また，400mのように4～5分かかる運動では，無酸素性エネルギー供給量も200mより若干低くなり，800mになるとさらに低くなる。

[運動持続時間に伴う有酸素性および無酸素性エネルギー産生量の変化]

図1-3-6は，全力泳中に産生されたすべてのエネルギー量の中で有酸素性・無酸素性エネルギー量がそれぞれ占める割合の変化を経時的に表したものである。これをみると，25～30秒程度で終了する50mでは70～75%が無酸素性エネルギー量によって供給されていることがわかる。一般にスプリンターには高い無酸素性エネルギー供給能力が必要といわれるが，この結果はそれを明示するものである。

また，100mのような1分程度の運動では有酸素性と無酸素性のエネルギーの割合は約50%ずつとなり，さらに，200mのように2分程度の運動となれば有酸素性エネルギーの割合が65～70%にもなる。すなわち，無酸素性エネルギー供給系がほぼ総動員され，無酸素性運動と考えられがちな100mや200m種目においても，実は半分以上が有酸素性エネルギーによってまかなわれていることになる。したがって，これらの種目を専門とする選手においても最大酸素摂取量を高め，有酸素性エネルギー供給能力を向上させるようなトレーニングは無視できない。

もちろん，無酸素性エネルギー産生能力（主として乳酸産生能力）もこれらの種目の競技成績には大変重要であることから，相反する両エネルギー供給機構を同時に向上させるようなトレーニングを行わなければならないことになる。また，400mのように4分以上を要する運動では80%以上が有酸素性エネルギーによって占められているので，長距離種目を専門とする選手においては有酸素性エネルギー供給系の向上に重きをおくことが重要となろう。このように，専門とする距離のエネルギー供給系を理解し，トレーニング内容を検討することもコーチの大切な役割である。

[ポイント]
・短距離では無酸素性エネルギーの重要性が高く，長距離では有酸素性エネルギーの重要性が高い。
・運動時間によって，動員されるエネルギー供給系が異なる。

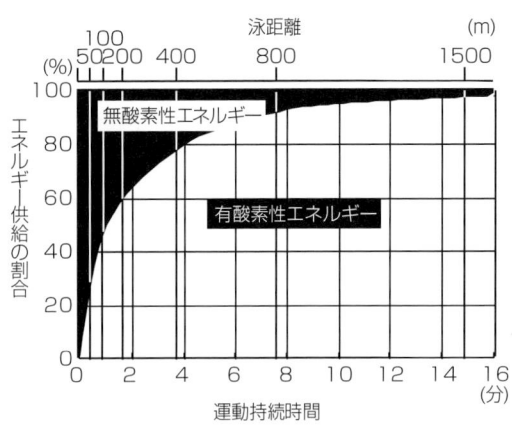

図1-3-6 運動持続時間に対する有酸素性，無酸素性エネルギー供給の割合の変化（出典：文献1より筆者改図）

[ストローク指標と泳速,エネルギー供給の関係]

　泳速は,ストローク頻度(1秒あたり,あるいは1分あたりのストローク数)とストローク長(1回のストロークで進んだ距離)の積として表せる。したがって,より速く泳ぐためには両指標のどちらか,あるいは双方ともに向上させなければならない。また,ストローク指標はその日の体調やストローク技術,トレーニング効果の評価としても有用な指標となる。そのため,これらを測定し,練習やレースにおける目標を設定するなど,戦術を謀るコーチも少なくない。

　図1-3-7は,泳速の変化に伴うストローク頻度,ストローク長の変化を示したものである。これをみると,比較的に泳速が低い範囲では,ストローク長をほぼ維持しつつストローク頻度の増加によって泳速が増すことがわかる。一方,泳速が高くなると,ストローク長を短くしつつそれ以上にストローク頻度を高めることで泳速を増すようになる。したがって,短距離種目でよりスピードを向上させていくためには,いかにピッチを上げられるようになるかが1つの鍵といえよう。

　また,ストローク指標とエネルギーとの関係をみると,速く泳ぐためにストローク頻度を上げると,酸素需要量も比例的に増加すること(図1-3-8-A),また泳速の上昇に伴って1ストロークあたりの仕事量(1ストロークに費やすエネルギー量)も比例して増大することがわかっている(図1-3-8-B)[2]。つまり,泳速,ストローク頻度,エネルギー消費量(産生量)の間には,密接な比

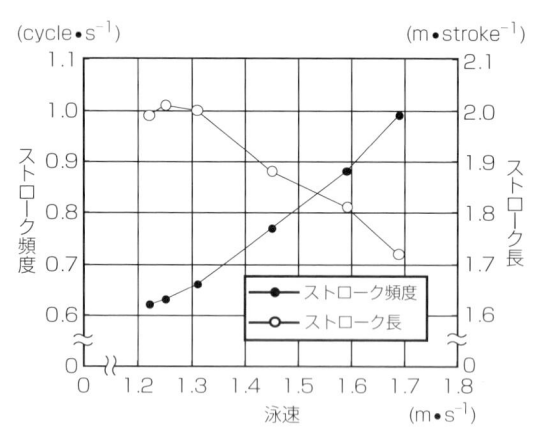

図1-3-7 泳速の変化に対するストローク頻度,ストローク長の変化(文献2より筆者改図)

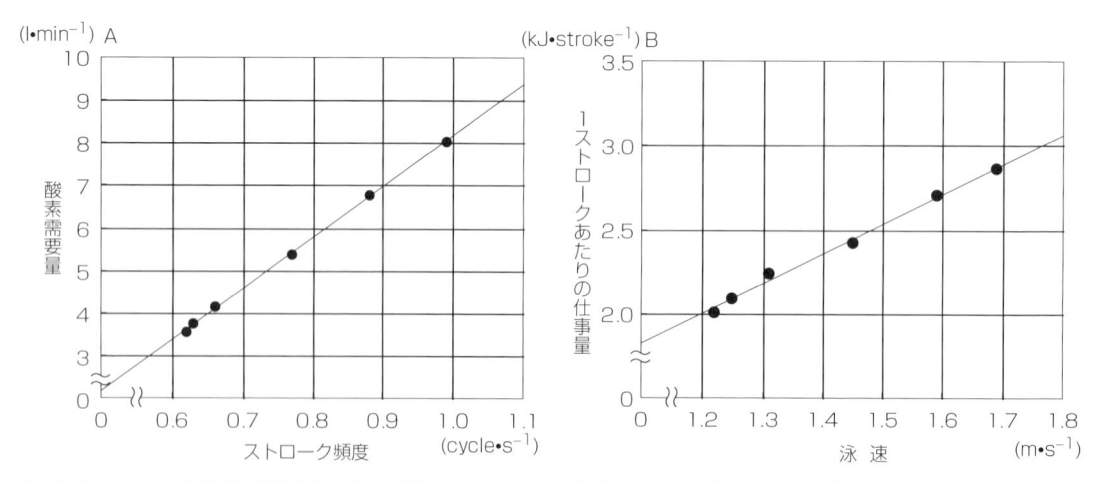

図1-3-8 ストローク頻度と酸素需要量(A),泳速と1ストロークあたりの仕事量と泳速(B)との関係

例関係が存在することになる。

　これらの関係を整理すると，泳速を高めるためには2つの手段が考えられる。1つには，有酸素性・無酸素性の両エネルギー産生能力を高め，1ストロークあたりのエネルギー量，およびストローク頻度を増大させる方法である。もう1つは逆の発想で，ストローク技術の改善，効率のよい泳ぎを身につけ，1ストロークあたりのエネルギー量を少なくてもすむようにする方法である。すなわち，推進効率を高める技術を習得することや，抵抗を小さくするような泳姿勢を習得することが効果的であろう。この時同じ泳速でもストローク頻度が低下するので，逆にストローク長は増大するはずである。

　以上のことから，ストローク指標から泳記録の向上を評価する場合，もしストローク頻度が高まっていればそれはエネルギー供給能力の向上に起因するものであり，ストローク長が伸びた場合には泳技術が改善されたことに起因するものと評価できる。これらのストローク頻度やストローク長などのストローク指標は，日本水泳連盟科学委員会が日本選手権などの大きな大会のレースを対象にしてデータを提供しているため，それらを活用してもよいだろう。

②パフォーマンスと生理学的指標の関連

[最大酸素摂取量]

　最大酸素摂取量とは，その人が1分間に取り込める酸素量の最大値のことであり，古くから持久的運動能力を評価する最も信頼性の高い指標とされてきた。よく鍛錬された水泳選手の場合，最大酸素摂取量はおよそ$60〜70\,ml\cdot kg^{-1}\cdot min^{-1}$くらいである（それ以上の値もまれにみられる）。運動中，同じ時間で供給できる有酸素性エネルギー量はこの最大酸素摂取量の大きさと密接に関係している。

　競泳選手に対しても最大酸素摂取量は持久力を評価する有効な指標ではあるが，技術も泳成績に大きく反映するので，これだけで決まるとは言いきれない。しかしながら，泳技術が同レベルであれば，やはり最大酸素摂取量が高い方が有利には違いない。

[スイミングエコノミー]

　スイミングエコノミーとは，ある速度で泳いだ時の酸素摂取量（エネルギー消費量），あるいは泳速に伴う酸素摂取量の増加率（傾き）で表す指標であり，泳技術，あるいは泳ぎの効率を評価するものである。図1-3-9はその一例であるが，同じ泳速における酸素摂取量はB選手よりもA選手の方が低く，また泳速に対する酸素摂取量の

[ポイント]
・泳速，ストローク頻度，エネルギー消費量（産生量）の間には密接な比例関係が存在する。

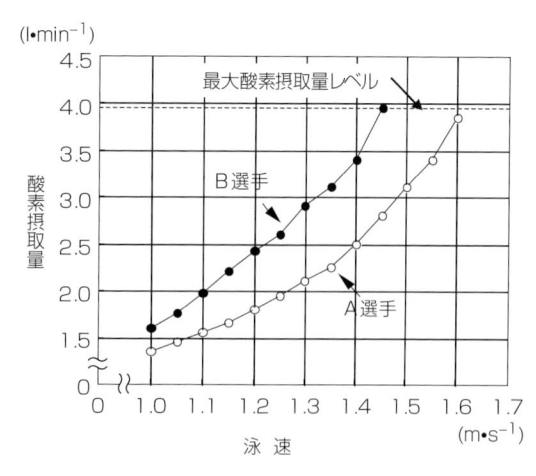

図1-3-9　泳速と酸素摂取量の関係よりみた2人の選手のスイミングエコノミーの比較

増加率もA選手の方が緩やかである。すなわち、スイミングエコノミーがよいということになる。この例では両選手の最大酸素摂取量(最も高い酸素摂取量の値：右端の点)は両選手ほぼ同等であるが、A選手の方がより速く泳げているのはスイミングエコノミーがよいことに起因している。

[血中乳酸蓄積開始点(OBLA)と最大血中乳酸濃度]

活動筋内で産生された乳酸は一部血中へ放出されることから、血中乳酸濃度を測定すれば筋で産生された乳酸の量についておおよそ推定することができる。血中乳酸濃度は必ずしも運動強度に比例して増加するわけではなく、ある運動強度を境に急激に増加する(図1-3-10)。この急増する強度よりも低い時には疲労することなく運動を持続できるが、それ以上の強度では乳酸蓄積に伴うpHの低下が乳酸系からのエネルギー産生を妨げるため、疲労困憊に至ると考えられている。OBLA (Onset of Blood Lactate Accumulation)とは、血中乳酸濃度がおおむね急増し始める「4 mmol/lの時の運動強度」と定義され(安静時は1 mmol/l前後)、OBLAが高いほど疲労せずに高い強度で運動できるということを意味する。したがって、OBLAは持久的運動能力の指標であり、運動持続時間が長いほど、最大酸素摂取量よりもOBLAの方が運動成績と密接に関係することがわかっている[3]。

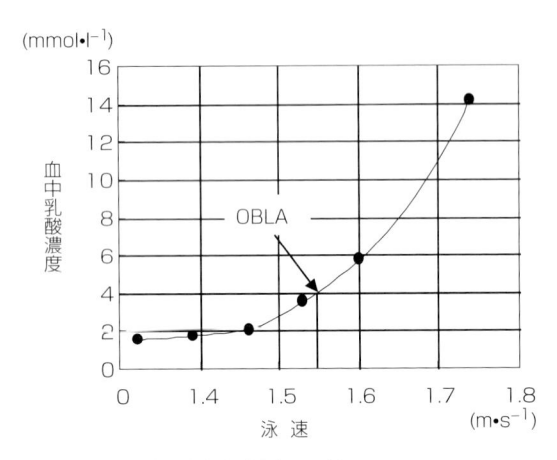

図1-3-10　泳速と血中乳酸濃度の関係
4 mmol・l^{-1}の時の泳速がOBLAである。

また100 mや200 mのような高強度で短時間の運動では、無酸素性エネルギー供給系がほぼ最大に動員される。換言すれば、いかに多くの乳酸を作れるかが泳成績に影響する。実際、短距離種目の泳成績と運動後の血中乳酸濃度との間には相関があることも報告されており、全力泳後に測定される最大血中乳酸濃度は、ある程度無酸素性エネルギー供給能力や短距離種目の泳成績の指標として使えることが示唆されている。ただし、最大血中乳酸濃度を正確に把握するためには、筋と血液の乳酸濃度が均衡するタイミングを考慮して全力泳後に数分ごとに何度か採血することや、測定前に血中乳酸濃度を安静時の値にしておくなど、注意すべき点がいくつかある。

[クリティカルスピード]

クリティカルスピードとは、理論上疲労困憊に至ることなく泳ぎ続けられる(運動を持続できる)上限速度と定義され、持久的運動能力の指標として用いられている。クリティカルスピードは、異なるスピードで疲労困憊に至るまで泳いだ時の泳距離とその持続時間との関係より求め

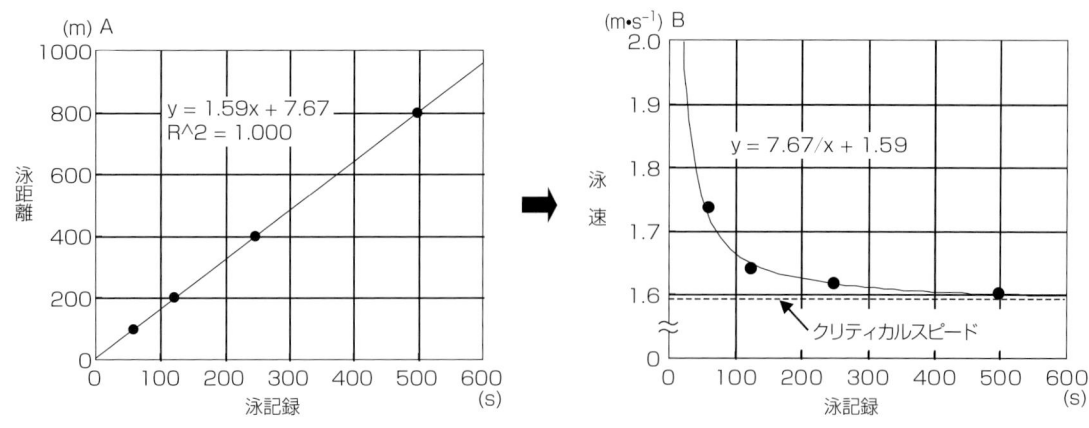

図1-3-11 泳距離と泳記録の関係(A)の回帰式より求められた泳速と泳記録の関係(B)
A図の回帰式の傾き，B図に示した漸近線がクリティカルスピードを意味する。

ることができる。図1-3-11-Aはその例であり，100 m，200 m，400 m，800 mを全力で泳いだ泳記録と泳距離との関係を表している。一見してわかるように，両者の間には直線関係が認められる。

また，図1-3-11-Aの回帰式（$y = 1.59x + 7.67$）において，泳距離を時間で除して泳速度と運動持続時間の関係を表すと図1-3-11-Bの回帰式（$y = 7.67/x + 1.59$）となる。泳速が図1-3-11-Aの傾き（今回の例では1.59が傾き）と等しい時，その泳者は理論上疲労困憊に至らずに泳ぎ続けられることを意味し，この泳速がクリティカルスピードである。

クリティカルスピードは，酸素摂取量や血中乳酸濃度のように高価な測定装置を用いることなく，ストップウォッチのみで測定することができるメリットをもつ。また，最大酸素摂取量やOBLAとも相関があることが証明されており，科学的根拠に基づいた非常に簡便かつ現場的な持久的運動能力の指標である。これまでの検証より，最も簡便かつ妥当性の高いクリティカルスピードの求め方は，200 mと400 mを全力で泳いだ時の泳記録と泳距離の関係から求められることもわかっている。

このようにクリティカルスピードは持久的運動能力の指標でもあり，持久力トレーニングにおいて利用するATペースを見積もる方法として利用されることもある[3]。ATペースを見積もる他の方法は，T-3000（イーブンペースでできるだけ速いタイムで3,000 m泳もしくは30分間泳を実施する方法）などさまざまな方法があるため，指導対象や環境に応じて利用してもらいたい。

[心拍数]

トレーニング時において，最も簡便に持久的運動能力の評価やトレーニング強度の評価ができる方法として心拍数の測定が挙げられる。「水泳の基礎生理学」でも記述されているように，運動直後に速やかに低下

[研究課題]
・水泳パフォーマンスに影響する生理学的指標を挙げよ。

[参考文献]
1) Ogita F. et al. (2003)「Metabolic profile during exhaustive arm stroke, leg kick, and whole body swimming lasting 15 s to 10 min.」『Biomechanics and Medicine in Swimming』IX: 361-366.
2) 小野寺丈晴，ほか (1999)「30秒から5分程度で疲労困憊にいたる水泳中のストローク指標とエネルギー消費量の関係」『水泳水中運動科学』2: 16-20.
3) Wakayoshi K, et al. (1993)「Does critical swimming velocity represent exercise intensity at maximal lactate steady state?」『Eur. J. Appl. Physiol. Occup. Physiol』66: 90-95.
4) E. W. マグリシオ (2005)『スイミング・ファステスト』647-658，ベースボール・マガジン社

していくことや，低強度での運動の場合は誤差が大きいため，選手の能力を評価する場合にはトレーニング内容や計測方法を確認する必要がある。

　また，トレーニング強度の評価に用いられている心拍数とトレーニング強度の対応表も存在する[4]。対応表では，120～140拍/分のトレーニング強度は低～中強度のEN1（ベーシック持久トレーニング），140～160拍/分は中～高強度のEN1，160～180拍/分は高強度のEN2（ATペース），180拍/分 最大心拍数は非常に高いEN3（オーバーロード持久トレーニング）に相当すると記載されている。しかしながら，この対応表は最大心拍数が190拍/分以下の選手にのみ対応していることや最大心拍数の個人差も関係してくるため，最大心拍数からの割合によって強度を表す（％ Maximum Heart Rate）方法や，最大心拍数から特定の値を引いて強度を表す（Maximum Heart Rate －）方法もある[4]。

［村松愛梨奈］

3 トレーニングにおける生理学の活用

①インターバルトレーニングと生理学
［インターバルトレーニングとは］
　インターバルトレーニングは，運動と運動との間に休息期をはさんで繰り返し行うトレーニング方法である。カウンシルマン（Counsilman）[1]は，水泳におけるインターバルトレーニングの構成要素を"DIRT"と表現した。Dは距離（Distance），Iは休息時間（Interval of rest），Rは回数（Repetitions），そしてTはタイム（Time）である。つまり，インターバルトレーニングは，それら4要素によって構成され，個人の能力とトレーニング目的に応じて，それらを最適に組み合わせることが重要となる。

［インターバルトレーニングと血中乳酸濃度］
　図1-3-12は，50 m，100 mおよび200 mのインターバルトレーニング後の血中乳酸濃度を示している[2]。各インターバルトレーニングは，50 m×20本，100 m×10本および200 m×5本で構成され，それぞれに3段階の泳速度と「非常にきつい」「ややきつい」「ふつうである」に相当する3つの休息時間の計9セットで実施した（表1-3-1）。泳速度の基準は，20分間の最大平均泳速度（以下，V_{20min}）とした。このV_{20min}は，無酸素性作業閾値（AT）レベルに相当する泳速度として実践的に活用されている。そのため，テストに用いられた泳速度は，AT以上の強度であった。また，図中の点線は，V_{20min}後の平均血中乳酸濃度である。

　休息時間別に比較した結果，各泳速度における血中乳酸濃度は休息時間の短縮に伴い顕著に増加した。これは，水泳のインターバルトレーニングのプログラムにおいては，その目的に応じた泳速度の設定と併せて，

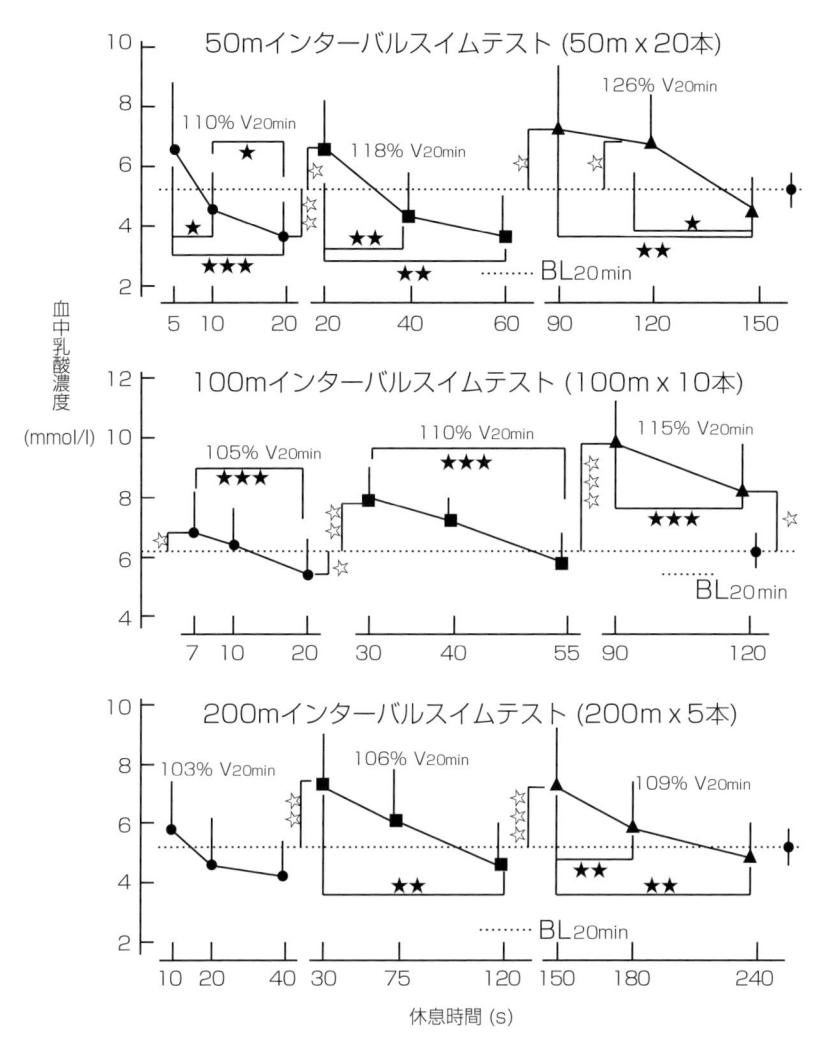

図1-3-12 50 m，100 m および 200 m インターバルテスト時の各泳速度における休息時間別に得られた血中乳酸濃度

運動と運動との間の休息時間の設定が重要であることを意味する。ATレベルに相当する V_{20min} での泳運動は，乳酸の産生と除去による動的な平衡状態が保持されている運動強度であるため，20分間泳後の血中乳酸濃度は，最大乳酸定常値とほぼ等しい。しかしながら，それぞれの泳速度において最長の休息時間でのインターバル泳後に得られた血中乳酸濃度は，20分間泳テスト後よりも低値を示した。これは，V_{20min} よりも高い3段階の泳速度でのインターバル泳では，泳中には，必然的にATP-CP系や解糖系による無酸素性エネルギーも供給され，乳酸の蓄積が生じることになるが，休息時間の延長により，有酸素系のエネルギーによる高エネルギー燐酸化合物の再合成が十分に行われ，それによって乳酸の蓄積が抑制された可能性があると考えられる。これらの現象を

表1-3-1 50m，100m，200mインターバルテストの泳速度とそれに対する休息時間

	泳速度 (% V_{20min})	休息時間 (s)		
		ふつう	ややきつい	非常にきつい
50mインターバルテスト (50m×20本)	110	20	0	5
	118	60	40	20
	126	150	120	90
100mインターバルテスト (100m×10本)	105	20	10	7
	110	55	40	30
	115	120	90	50
200mインターバルテスト (200m×5本)	103	40	20	10
	106	120	75	30
	109	240	180	150

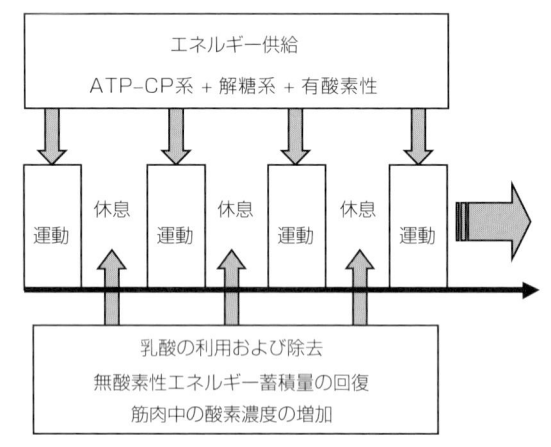

図1-3-13 インターバルトレーニングの運動中および休息中の生理的応答

図1-3-13でまとめた。

[インターバルトレーニングと心拍数]

図1-3-14は，50mインターバルトレーニング中の心拍数の変動を示している。200mの最大努力泳に相当する泳速度で，休息時間を5秒，10秒，15秒および20秒としてインターバルトレーニングを行った。繰り返し回数は30本を上限に行ったが，5秒休息では6本，10秒休息では8本，そして15秒休息では20本で疲労困憊に至った。しかしながら，20秒休息では疲労困憊に至ることなく30本泳ぎきることができた。

心拍数の変化をみると，疲労困憊に至る過程において，繰り返し回数の多い15秒休息の方が，5秒や10秒休息に比べて高い心拍数でトレーニングしていることがわかる。さらに長い休息時間の20秒では，30本繰り返しており，最大心拍数に達している。これらの結果は，同じ泳速

度でも，至適な休息時間が設定され，数多く繰り返すことによって，呼吸循環器系，特に酸素運搬能に関与する心拍出能を高めるトレーニングの実施が可能になることを示している。

[高強度インターバルトレーニングの可能性]

近年，注目されているインターバルトレーニングの様式に，高強度インターバルトレーニングがある。これは，無酸素性作業閾値（AT）よりも高い強度で短時間の運動を繰り返し，この間に短時間の完全休息または低強度運動をはさむものである。その代表的なものとしてTabata法がある[3]。これは，高強度（170% VO_2max）の運動20秒と休息10秒×7〜8セットのインターバルトレーニングを行うものであり，自転車エルゴメータを用いた週5回，6週間のトレーニングにより，有酸素性エネルギー供給系の能力を表す最大酸素摂取量が約15%，無酸素性エネルギー供給系の能力を表す最大酸素借が約28%も改善したことが明らかにされている。

さらに，競泳選手のスプリントパフォーマンス向上を目的として，5秒の全力運動を10秒の休息をはさみながら5回繰り返す，実際の運動時間にしてわずか25秒といった超短時間のインターバルトレーニングを行った例もある[4]。よく鍛錬された競泳選手を対象として，このトレーニングを1日2回，週に5日，4週間行ったところ，無酸素性のエネルギー供給系の能力を表す最大酸素借に20%もの増大が認められ，超短時間のインターバル運動であるにもかかわらず，持久力の指標である最大酸素摂取量も5%増大した。さらに，有酸素性および無酸素性両エネルギー供給能力の向上に起因した最大推進パワーの増大により，ストローク頻度が増加し，50m泳パフォーマンスも向上したことが報告されている。このように，高強度インターバルトレーニングでは，短時間のトレーニングで有酸素性および無酸素性エネルギー供給能力の両方を向上させる可能性があり，今後の発展が期待される。

② 高地トレーニングと生理学

[高地トレーニングとは]

高地などの標高が高いところにいくほど大気圧が低くなる。そのため，体積あたりの酸素の量（酸素分圧）が少なくなる。一例を挙げると，平地では大気中に約21%の割合で酸素が存在するが，標高2,000mの高地では平地の大気中に16.5%の割合で酸素が存在するのと同じ量の酸素しかない状態である。酸素の少ない高地では，呼吸の回数や深さ，心臓の拍動の数（心拍数）や血液を送り出す量（心拍出量）を増加させるが，

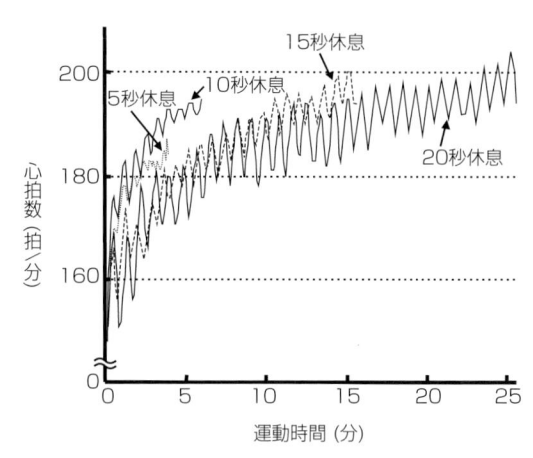

図1-3-14 50mインターバルトレーニング中の心拍数の変動
泳速度は200m最大努力泳に相当。5秒休息では6本，10秒休息では8本，15秒休息では20本で疲労困憊によりストップ。20秒休息では疲労困憊に至ることなく30本泳ぎきる。

[ポイント]
・インターバルトレーニングは，距離，休息時間，回数，時間によって構成され，能力とトレーニング目的に応じてそれらを最適に組み合わせることが重要である。

体内の酸素不足をカバーできず，心臓から体に血液を送る動脈の血中酸素飽和度が低下する．そのため，高地では最大酸素摂取量が低下し，同じ強度の運動を行っても，平地で行った時よりも体に対する負担が大きくなる．例を挙げると，標高2,000 mでは，最大酸素摂取量が約15％低下するため，平地で最大酸素摂取量の70％の強度の運動を高地で行うと，最大酸素摂取量の約82％に相当する負担を体にかけることになる．

　高地トレーニングを通じて，身体が高地環境に馴化していくと，酸素を運搬する血液中の赤血球およびヘモグロビン濃度の増加，筋肉内の毛細血管密度の増加，筋肉内の酸化酵素の活性化などの生理学的な変化が起きる．これらの変化は，主に有酸素性エネルギー供給系からより多くのエネルギー利用を可能とすることから，特に長距離種目の競技力の向上につながると考えられる．

　しかしながら，競泳では，有酸素性エネルギー供給系の能力だけでなく無酸素性エネルギー供給系の能力も重要となる．近年の高地トレーニングの成功例から，この無酸素性エネルギー供給系の能力も高地トレーニングで改善されるのではないかといわれてきている．この理由として，トレーニングにおいて無酸素性のエネルギー供給を平地より多く利用することによる筋の緩衝能の向上が挙げられている．無酸素性エネルギー供給系を動員した運動では，乳酸濃度が増加すると筋収縮が阻害されるといわれており，筋の緩衝能の向上は，この阻害を抑え，運動の持続を可能としてくれる．つまり，高地でトレーニングを行うと，水泳に必要な運動能力である，有酸素性作業能力と無酸素性作業能力を総合的に高めることができるといえるだろう．

[水泳競技の高地トレーニング]

　これまでの水泳のナショナルチームの合宿地をみると，標高1,600 mから2,300 mの範囲で行われている．標高1,600 mのプールで実施された血中乳酸カーブテストの結果をみると，そのトレーニング効果は十分期待できることが判明している．また水泳競技は，陸上競技の長距離レースとは異なり，最長で約15分，また数分以内に多くの種目が集中していることから，標高2,500 m以上の高地となると，レースに求められるスピードでのトレーニングは不十分となり，技術的レベルの低下を招く恐れがある．

　したがって，水泳競技の高地トレーニングの場合，呼吸循環機能の能力に効果的な適応が期待でき，なおかつ十分な技術練習の実施が可能な標高は，1,500 mから2,500 mの範囲となろう．

[高地トレーニングに伴う血中乳酸濃度と心拍数の変化]

　T選手（シドニーオリンピック，400 m個人メドレー銀メダリスト）のデータを用いて説明する（表1-3-2，図1-3-15）[5]．T選手は，シドニーオリンピック前に2回の高地トレーニングを実施（1回目：5月31日〜

表1-3-2 T選手の2回の高所トレーニングにおける血中乳酸テストの結果

回数および日付	場所	本数	タイム(sec)	泳速度(m/s)	乳酸値(mmol/l)	心拍数(拍/分)
1回目 2000年6月2日	フラッグスタッフ(高地)	1st	333.56	1.199	1.8	136
		2nd	314.10	1.273	1.8	153
		3rd	302.68	1.322	3.6	164
		4th	291.30	1.373	7.0	177
2回目 2000年6月16日	フラッグスタッフ(高地)	1st	334.81	1.195	1.1	122
		2nd	311.16	1.286	1.4	136
		3rd	295.05	1.356	3.3	163
		4th	284.02	1.408	9.0	179
3回目 2000年7月28日	北海道(平地)	1st	337.71	1.184	0.8	113
		2nd	307.29	1.302	1.3	128
		3rd	282.99	1.413	2.3	142
		4th	270.13	1.481	10.1	173
4回目 2000年8月10日	フラッグスタッフ(高地)	1st	338.65	1.181	1.2	112
		2nd	321.79	1.243	1.8	130
		3rd	290.68	1.376	5.4	168
		4th	282.55	1.416	10.2	176
5回目 2000年8月19日	フラッグスタッフ(高地)	1st	332.76	1.202	0.8	117
		2nd	307.16	1.302	1.2	122
		3rd	283.34	1.412	5.3	168
		4th	276.35	1.447	11.7	178
6回目 2000年9月2日	フラッグスタッフ(高地)	1st	323.86	1.235	1.3	102
		2nd	300.76	1.330	2.0	115
		3rd	281.68	1.420	6.6	162
		4th	272.73	1.467	12.9	182

表頭：50m×8×4 IM Broken on 12min

6月20日，2回目：8月5日～9月2日）し，高地トレーニング中および前後にわたって泳速度と血中乳酸濃度および心拍数との関係を調査した。測定方法は，T選手の場合，400m個人メドレーが専門種目となるため，50mを8回のブロークン形式（50m間の休息時間が5秒のショートインターバル形式）で行われた。

1回目の測定は，高地トレーニング開始3日目の6月2日に行われた。測定2回目である2週間後の6月16日では，6月2日時点での乳酸カーブに比べて右側にシフトしている。また，心拍数と泳速度の関係においても，同様に右側にシフトした。これらの結果は，高地環境への適応による有酸素的運動能力の向上を意味している。そして，平地で行われた北海道合宿期間の7月28日では，6月16日の結果に比べて，乳酸カーブおよび心拍数の結果とも，顕著な右側へのシフトがみられた。最高努力時の記録をみると，6月2日の時点から20秒以上の短縮が図られている。

2回目の高地トレーニングの結果であるが，高地トレーニング6日後の8月10日のデータは，7月28日に比べ，低い速度では差はみられないものの，高い速度では差が顕著になった。これは，低強度の運動ではエネルギー代謝に差はないものの，速度が増すと，早い時点から無酸素性

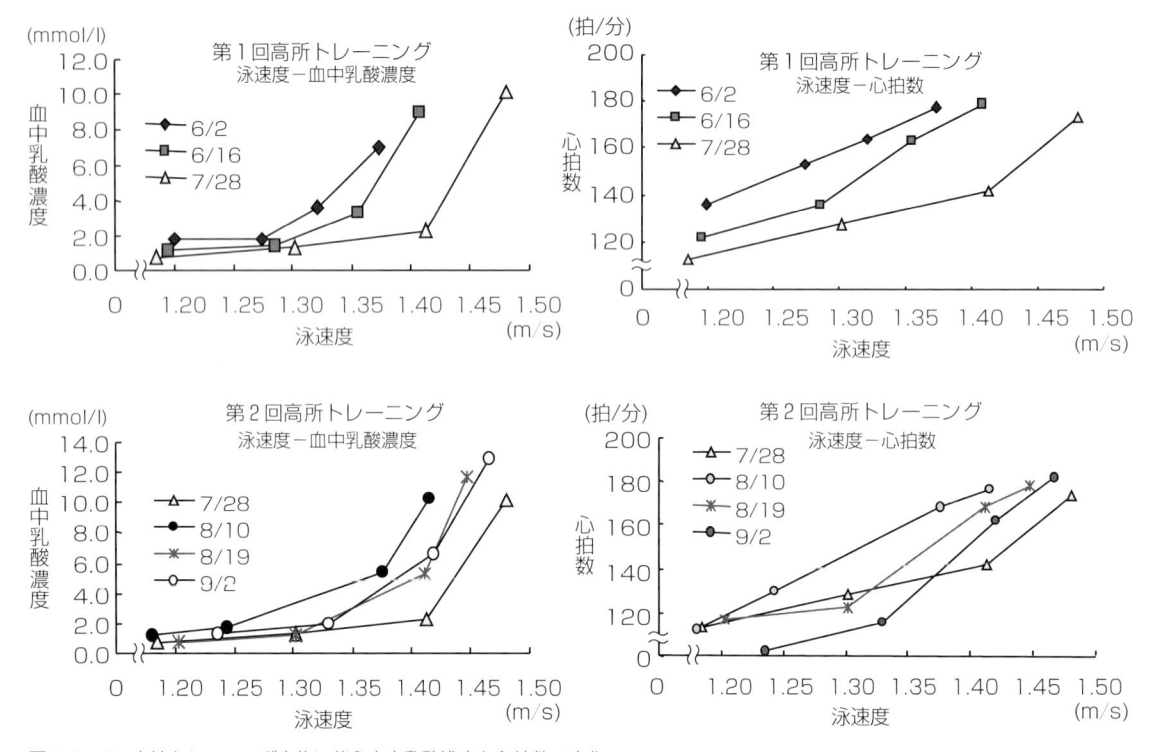

図1-3-15 高地トレーニング実施に伴う血中乳酸濃度と心拍数の変化
T選手の第1回高所トレーニング(上)および第2回高所トレーニング(下)における泳速度と血中乳酸濃度および心拍数の変化(シドニーオリンピック直前合宿)。

エネルギー供給が平地に比べ必要になることを示している。しかしながら,高地トレーニングが進むにつれ,乳酸カーブは右側にシフトし,その効果が表れている。最高記録も,高地トレーニング終了直前では,7月28日に比べ,わずかに2秒6劣る程度であった。

9月3日にシドニーに移動し,オリンピックまでアデレードにて調整のための合宿を行っている。その合宿中,乳酸測定は実施されていないが,同テストで4分28秒14の最高タイムをマークした。本結果は,3ヵ月半の短期間のうちに2回の高地トレーニングを実施することで,持久的運動能力の大幅なアップに成功した例である。

200mを専門種目とする選手の場合,本テスト方法は,200mを4〜6回とし,サークルタイムは6〜8分に設定する。最大努力で泳ぐ前は少々長めに休息を取るとよい。

[高地トレーニングに伴う乳酸カーブテストの変化]

図1-3-16に,高所トレーニング実施に伴うトレーニング目的とそれに応じた理想的な乳酸カーブの変化をまとめた[5]。Aは平地での乳酸カーブとすると,順応期間のBでは,乳酸カーブは大きく左側にシフトすることになる。また,順応期間であるため,最大努力によるテストを

[ポイント]
・高地トレーニングを行うことで,有酸素性エネルギー供給系の能力を高め,競技力の向上を図ることができる。
・また,無酸素性エネルギー供給系の能力も高めることができる可能性がある。

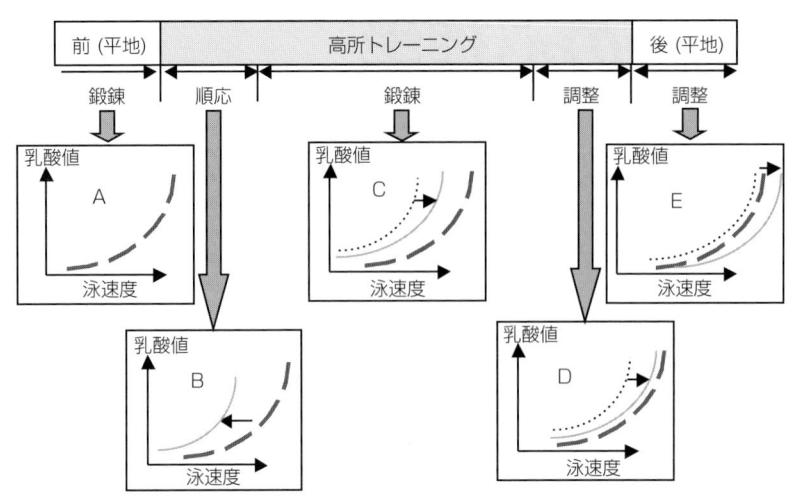

図1-3-16 高所トレーニング実施にともなう理想的な血中乳酸カーブの変化

A：平地鍛錬期間。高所トレーニング前にテストをしておく。200m×4本，400m×4本で実施。
B：順応期間。開始2～3日後に実施。最大努力でのテストはしない。曲線は左側に大きくシフト。
C：鍛錬期間。中間で実施。10日～2週間もあれば，変化がみられる（曲線はやや右側にシフト）。
D：高地調整期間。3～4週間後には，高所トレーニング前の平地レベルに近づく。
E：平地調整期間。高所トレーニング後には，高所トレーニング前の曲線よりも，右側にシフト。

必ずしも含む必要はない。Cの鍛錬期間では，左側に大きくシフトした順応期間の乳酸カーブからやや右側にシフトすることになる。これは，高所トレーニング開始後10日から2週間もあれば十分にみられる変化である。Dの調整期になると，乳酸カーブは，Aにより近づくことになる。そして，Eの高所トレーニング後の平地では，乳酸カーブは，高所トレーニング前のAよりも右側にシフトすることが理想的なパターンとなる。

［立　正伸］

[研究問題]
・水泳競技の高地トレーニングに適した標高はどれくらいか述べよ。

[参考文献]
1) Counsilman J.E. (1977)『Competitive swimming manual』Counsilman Co., Inc., Bloomington.
2) 若吉浩二 (2000)「水泳インターバルトレーニングの泳距離，泳速度，休息時間の関係からみた生理的応答とそのトレーニング処方への応用」『水泳水中運動科学』3：1-7.
3) Tabata I., et al. (1996)「Effects of moderate-intensity endurance and high-intensity intermittent training on anaerobic capacity and VO2max.」『Med. Sci. Sports Exerc.』28 (10)：1327-30.
4) 荻田太 ほか (2010)「スプリントトレーニングにおけるパフォーマンス向上の要因解析」『日本水泳・水中運動学会2010年次大会論文集』：26-29.
5) 青木純一郎，若吉浩二 ほか (2002)『高地トレーニング』pp.36-45. 日本体育協会

水泳の心理学

SECTION 4

1 スポーツ心理学の基礎

①スポーツ心理学とは
[スポーツ心理学の定義]

　競泳，飛込，水球，シンクロナイズドスイミングなどの競技スポーツに関する心理学は，スポーツ心理学(Sport psychology)の一領域とされている。スポーツ心理学は，スポーツを研究対象とした応用科学の1つであり，さまざまなスポーツにかかわる心理学的な問題を研究し，心理学的な事象を明らかにすることにより，スポーツの実践や指導にかかわる諸問題に科学的な基礎を与えることを目的とした学問といえる。今日のスポーツ活動は，競技スポーツだけでなく，レクリエーションスポーツ，健康スポーツ，生涯スポーツとして，日常生活を含め広く取り入れられており，スポーツ心理学の研究の発展に期待されるところは大きい。

　ところで，身体活動を対象とする心理学にはスポーツ心理学，運動心理学，体育心理学等が挙げられる。いずれの分野も身体活動を対象としているので共通する領域が多くみられる。それぞれの分野の特性と関連性についてまとめてみると次のようになる。

　まず，体育心理学についてみると，鈴木(1982)は「体育心理学とは，体育に関する問題を心理学の立場から解明する科学である」と定義している。また体育心理学は教育心理学の一分野として位置づけられている。体育は身体の教育，身体の活動を通しての教育であり，体育で扱う運動の内容が遊戯，スポーツ，ダンス，体操など他の分野と共通するが，体育では教材として取り上げ，教育的な活動として行われている。

　次に，スポーツ心理学についてみると，松田・杉原(1987)は，「スポーツ心理学は体育心理学の一分野ではなく，スポーツ活動を心理学的に研究する独立した分野である」としている。また運動心理学とスポーツ心理学との関係は，運動心理学を上位概念とし，その中にスポーツ心理学が含まれるとしている。運動心理学は，人間の運動行動を心理学的に研究しようとする分野であるといえる。

　さらに，スポーツ心理学で扱うスポーツは，各種の技を競う活動とし

て，活動自体を楽しむものと考え，体育心理学とは別の立場をとっている。一方，運動心理学とは基本的に共通の領域が多く，スポーツを競技スポーツだけでなく広い意味でのスポーツ活動を対象とすると，両者はより接近した立場となる。

このようにスポーツ心理学，運動心理学，体育心理学の三者は，それぞれ異なる分野としての特性をもちながらも，今日のスポーツ活動はより広い意味で社会全体に広がっており，三者の関係はさらに密接になると思われる。

[スポーツ心理学の研究領域]

スポーツ心理学はスポーツに関する心理学的な問題を研究してスポーツ活動での心理学的な機能を明らかにすることである。具体的には以下の領域が含まれると考える。

① スポーツと認知・反応（運動学習，運動と感覚・認知，運動の調整）
② スポーツ技能（技能学習の基礎的条件，技能学習の練習，技能学習の方法）の学習
③ スポーツ技能の指導（スポーツ技能の分類と指導，個人差に応じた指導，技能習熟に応じた指導，言語による指導，視覚的指導，運動感覚的指導）
④ スポーツの動機づけ
⑤ スポーツと発達（発達の要因，基礎的運動能力とその発達的変化，運動の発達段階と特徴）
⑥ スポーツ集団の構造と機能（スポーツ集団の意義，スポーツ集団の構造と機能，集団の目的と意欲，リーダーの役割）
⑦ スポーツマンの性格と態度（性格，態度，運動による性格特性の変容）
⑧ スポーツの心理的効果
⑨ スポーツ・カウンセリング（カウンセラーの資質，カウンセリングの諸技法）
⑩ スポーツコーチの仕事・役割（コーチングの哲学，コーチの資質，コーチングにおける各種問題）
⑪ 指導者，選手およびその家族に関する相互のコミュニケーション（狭義のコーチング）
⑫ 競技力向上を主眼においたメンタルトレーニング（上記①～⑪を応用する）

② スポーツにおける動機づけ

[動機づけの定義]

人はどのようなきっかけで，スポーツを行うのか。きっかけは，興味，関心，努力，意志，意欲などであり，これらが行動を起こす原動力となる。人が行動を起こすのは，生活する中で，さまざまな欲求があり，そ

[ポイント]
・水泳競技に関する心理学は，スポーツ心理学 (Sport psychology) の一領域である。
・身体活動を対象とする心理学にはスポーツ心理学，運動心理学，体育心理学がある。

[研究問題]
・スポーツ心理学の研究領域には，どんなものが挙げられるか。

[参考文献]
1) 今村嘉雄ほか編 (1976)『新修体育大辞典』不昧堂出版
2) 鈴木清，佐藤正，上田雅夫編著 (1982)『体育心理学』実務教育出版
3) 松田岩男，杉原隆編著 (1987)『新版 運動心理学入門』大修館書店
4) 日本スポーツ心理学会編 (1979)『スポーツ心理学概論』不昧堂出版

れを満たそうとするからである。例えば、生命を維持するために必要な基本的欲求として、空腹を満たす、渇きをいやす、睡眠をとる、排便するなどがある。スポーツの次元で考えると、喜び、楽しさ、興奮、爽快感などを得るためや、もしくは他人から認められたいといった欲求も行動を起こす原因となっている。

動機づけとは、行動を起こし、それをある一定の目標に向かって方向づけていく過程をいう。人がスポーツを行うのはなぜか、また、どのようにスポーツとかかわっているのかを理解するには、その人のもっている動機を知る必要がある。

●外発的動機づけと内発的動機づけ

競技、レクリエーションを問わず、スポーツ活動を行う場合に動機づけを考えることはその継続性や発展性から重要である。この動機づけは、内発的動機づけと外発的動機づけに分けられる。外発的動機とは、賞金を手に入れるため、コーチに叱られるからなど、なにかの目的のためにスポーツすることが手段となっている場合であり、内発的動機とは、スポーツそのものに魅力を感じて引きつけられたり、楽しさや爽快感、醍醐味などを求めて活動する場合をいう。

●動機づけの意味

動機づけには「行動を起こさせる」「行動を一定の目標に導く」「目標に到達した時に行動を強化させる」という3つの機能があり、スポーツと非常に強い関係をもっている。

これらの機能は、スポーツ活動への参加、技能・能力の獲得、ピークパフォーマンスの発揮の仕方などといった観点から、運動パフォーマンスに大きな影響を与えるとされている。この3機能について、松田(1987)は次のように示している。

・行動を始発する機能（行動を起こさせる）

　この機能は人を活動状態にさせ、エンジン（活動のスピード、強さといった行動の推進力、エネルギー）の役割を果たすとしている。したがって、人の興奮、緊張の水準を高めるとともに、さまざまな感情をもたらすといえる。

・一定の目標に行動を導く機能（行動を一定の目標に導く）

　人間の行動を一定の目標に向かって規制し、方向づける目標がない場合は、行動が生まれないことがある。例えば、ゲームをやろうとする場合、相手があまりにも下手な時は自分から進んでゲームをしようとする気持ちが起きないことをいう。

　動機と目標は密接な関係にあり、一般に動機が強ければ高い目標をもつ原因となり、目標が高く魅力的であれば強い動機が引き起こされる。

　このように、過去の経験や学習の成果で得られたさまざまな行動

内容の中から,動機を満たすのに適した目標に向かって行動しようとするのである。

・行動を強化する機能(目標に到達した時に行動を強化させる)

行動が終わった時にみられる効果であり,再びその行動を起こす可能性,動機づけは,"なぜ行動するのか"を考えていくとともに,スポーツマンの練習に対する意欲づけや,競技成性が増えたり,減ったりする働きである。例えば,バタフライ泳法が泳げるようになった時には,さらにバタフライでうまく泳げるようにやってみようとする行動が強くなる。

このように,動機づけは「なぜ行動するのか」を考えていくとともに,スポーツ選手の練習に対する意欲や競技成績に影響する重要な問題といえる。つまり,スポーツ行動を理解するには動機づけに関する仕組みを理解することが必要である。

● 動機づけと運動パフォーマンスの関係

図1-4-1は動機づけの強さとパフォーマンスの関係を示したもので,逆U字型理論といわれている。スポーツを行う時に,効果的なパフォーマンスを発揮するには,動機づけの水準が関係している。動機づけは,低すぎると運動の効率が悪くなり,もっている力を十分生かすことができない。また,動機づけが高くなると,運動の効率はよくなっていくが,高くなりすぎると,逆に力を発揮できない状態に陥りやすい。試合でのあがりは,過剰な動機づけが原因の1つと考えられている。

図1-4-2は運動課題の性質と動機づけの最適水準との関係を示したものである。課題の性質によって動機づけの水準が異なっているのがわかる。

[動機づけの方法]

スポーツ活動を行う人にスポーツの楽しさや喜びを経験させ,練習意欲をもたせるために必要な方法として,松田(1979)や西田(1994)は次のように報告している。

● スポーツを練習する意義(価値)を認識させる

スポーツの練習は,そのスポーツが好きだから,苦しさも我慢して練習することがよくある。しかし,時には疑問として,「ほかにやりたいこと,やらなければならないことがあるのに,なぜこんなに練習し

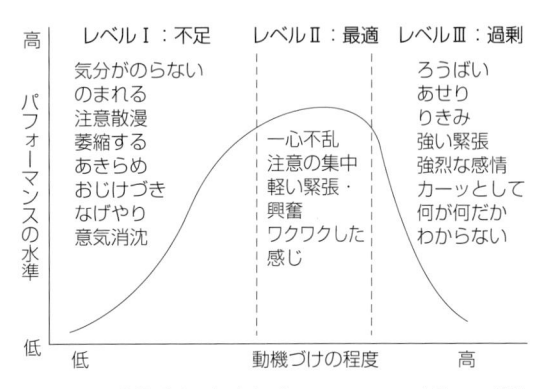

図1-4-1 動機づけの程度とパフォーマンスの水準の一般的な関係,ならびにその時にみられる心理状態(杉原,1987)

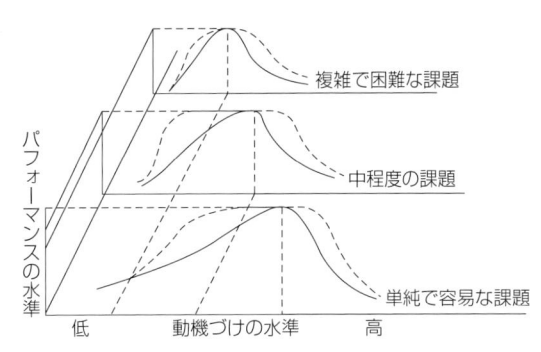

図1-4-2 課題の性質と最適の動機づけの水準との関係の模式図 (杉原,1987)

なければならないのか」と考えることがある。それは，人が自分の価値観を基準にして行動する傾向があるからである。スポーツの練習が，自分にとって大きな価値があると考えると，練習意欲がわいて目標に向かって努力しようとする。そのため，指導する時には，なぜ練習は必要なのかを理解させ，それによって自分自身の成長や，仲間に協力したり共感を得られる喜びなどを認識させることが必要である。

●目標と練習内容を具体化する

目標や練習内容を明らかにして，具体的に示すことが必要である。目標到達への期間については，長期的目標と短期的目標や，さらに試合直前などの目標というように，設定する必要がある。そして，その目標は現時点の個人の状況との関係をみた上で決めるべきである。

また，目標をどのくらいの高さに設定するか，を考えることが必要である。高すぎる目標は，困難であると考え，それを到達しようとする意欲が高まらない。また，低すぎる目標も，それが達成されるのは簡単すぎてあたりまえと考え，意欲が高まらない。一般的には，目標を達成できる可能性が50％くらいの課題に挑戦する時，できるかもしれないという期待が生まれ，意欲が高まり，成績も上がるとされている。練習内容も，具体的にはっきりしていれば，なにをするかがわかり，練習意欲が高められる。また練習計画を立てる時は，一緒に参加させると，人から与えられた練習ではなく，自分が主体であるという意識が高まり，実行しようと頑張るのである。

●練習の結果を知らせる

練習後に運動した結果を知らせることは，練習意欲を高める効果がある。走ったり，泳いだりした後にタイムを知らせることや，試合や泳ぎ，演技などのフォームをカメラやビデオに撮ってみせると，現在，自分の技術はどの程度のレベルであるかを自覚でき，次の練習方法を効率的に考えることができる。並行して，指導者の助言があると，結果がよりはっきりとして，効果的といえる。このような方法をフィードバックという。

フィードバックを与えることは，これからの練習目標や内容，あるいは問題点が明らかになるため，技術の向上を図る上では必要不可欠である。フィードバックの効果的な与え方については，以下のとおりである。

①抽象的な言い方ではなく，選手が理解しやすいように具体的・簡潔に与える。
②初心者はシンプルで明確に，熟練者はある程度詳細に与える。
③練習の初期段階は少なめに，後期段階は多めに与える。
④練習（運動）した後，できるだけ早い機会に与える。
⑤ほめ言葉またはポジティブな態度で与える。

●競争と協同を活用する

　スポーツの楽しさを感じることができる競争は，意欲を高めるのによい方法である。仲間同士や，対戦相手と競争させることや，今までの自分の技能や記録と競争させるのである。また協同は，1人でできないことが仲間との協力で可能になるため，意欲が高められる。互いに励まし合い，練習の苦しさを分かち合うことや，自分を理解してくれる仲間と一緒に練習することによって，意欲的に練習を続けることができる。

●賞賛（ほめること）と叱責（しかること）を人に応じて用いる

　人は，叱られるよりもほめられた方が意欲を高めることは，よく知られている。誰でも，ほめられると悪い気はしない。ところが，叱られると反発したり，逃避したりすることがある。現在の若者たちがよく言う「むかつく」こともあるかもしれない。しかし，人によっては，叱られると逆に「なにくそ」とふるい立ち，強い練習意欲を起こさせることもある。

　これらの効果は，その人の性格や指導者との人間関係（ラポール）によっても違うため，活動者に応じて使い分けるべきであろう。

●成功と失敗のバランスをとらせる

　成功は快感をもたらし，次の目標達成への原動力になりやすい。しかし，成功ばかり経験していると，新鮮みがなくなり単調となって動機づけが低下しやすい。また，失敗ばかり経験していると，自信がなくなり劣等感が増しやすい。したがって，成功と失敗をバランスよく経験させることが重要である。

　また，何度も続けて失敗を経験すると，動機づけの低下だけでなく，場合によっては無力感をもたらすことがあるため，十分注意しなければならない。これは，学習性無力感と呼ばれるもので，失敗の連続によって運動することをあきらめてしまい，絶望感や無力感に陥るという意味である。スポーツでいえば，負けが続くと，頑張れば勝てるような相手や，あるいはうまくできそうな状況であっても，試合が始まる前から「無理だ」「勝つはずがない」「うまくできない」と思い込んでしまうというようなことである。

　このような場合には，ある程度努力すればできるようなあまり難しくない運動，成功すると人に認めてもらえるような目標，個人の能力に適した課題などを与え，自分自身の力でやり遂げた満足感や喜びを与えることが大切である。また，その人の得意な（好きな）運動をさせて成功経験を積ませることも重要なことである。

●成功や失敗の原因を努力に帰属させる

　スポーツの場面で，成功や失敗の原因をどのように考えるかによって次の目標を達成しようとする行動の強さが変わることがある。従来の

[ポイント]
・動機づけとは，行動を起こし，それをある一定の目標に向かって方向づけていく過程を言う。
・動機づけは，内発的動機づけと外発的動機づけに分けられる。
・動機づけの機能には「行動を起こさせる」「行動を一定の目標に導く」「目標に到達した時に行動を強化させる」の3つがある。

[研究問題]
・動機づけを高める具体的な方法を5つ以上挙げてみよう。

[参考文献]
1) 松田岩男，杉原隆編著 (1987)『新版 運動心理学入門』大修館書店
2) 日本スポーツ心理学会編 (1979)『スポーツ心理学概論』不昧堂出版
3) 松田岩男編 (1979)『現代保健体育学大系4 体育心理学』大修館書店
4) 末利博，鷹野健次，柏原健三編 (1988)『応用心理学講座8 スポーツの心理学』福村出版

研究によれば，成功は自分の能力や努力の結果であり，失敗は自分の努力不足によるものであると考えた場合には，成功が自分に対する報酬やプライドとなり，失敗しても次には努力しようと目標に向かって積極的に取り組むであろうとされている。

試合後の反省などでは，勝ったのは自分が中心となって努力したからであり，負けたのは自分の努力不足であると感じていれば，次の試合にむけての「やる気」につながっていくとしている。これをスポーツ心理学の原因帰属という。

試合に勝ったりよい記録が出た時には，「自分に力があったから勝てた」とか「一生懸命頑張ったからうまくいった」というように考えると，その後の動機づけが高まるとされている。勝利や成功が運や偶然ではなく，自分の能力や努力によるものだと考えれば，自分の能力に対して自信や優越感がもてる。だから，「この次も頑張ればできるかもしれない」という期待がもてるため，「もっとやってみたい」という動機づけが高まってくると考えられるのである。

また，試合に負けたり，うまくできなかった場合には，「これまでの練習が足りなかったからミスしたので，これからはもっと練習しよう」というように考えるのがよい傾向であるとされている。負けたり，ミスしたのは自分の能力が足りなかったからではなく，「努力が足りなかったからだ」と考えれば，次は一生懸命頑張るとうまくできるかもしれないといった期待が生まれ，次の行動への動機づけが高くなってくるということである。表1-4-1は動機づけを高める有効な方法としての項目をまとめたものである。

③スポーツにおける目標設定

適切な目標設定は，選手の不安定を軽減したり，自信をもたせたり，集中させたり，満足感を与えたりなど，心理的な面に与える効果は大きい。しかもパフォーマンスの向上に貢献できることが報告されている。すなわち，目標設定は，選手の行動を方向づける内発的な動機づけの役割を果たし，練習の質を高めることに有効に働くと考えられる。やらされる練習から自ら進んで行う練習に意識を変革するのに，目標設定は非常に有効であると思われる。

[目標設定の原理・原則]

目標設定の大きな目的の1つは，外発的な動機づけで練習や試合を行っている選手の動機づけを，内発的な動機づけに選手自身が変容することにある。すなわち，選手自身が決定した目標に向かって努力できるような状態を作り出すことが必要である。それゆ

表1-4-1 動機づけを高める方法　　　（西田，1987）

- 達成可能な目標を設定する
- 自己の力で成功した喜びを感じとらせる
- 行動の主体は自己であるという意識をもたせる
- 目標を明確にして自覚させる
- 学習内容に興味や関心をもたせる
- 目標や運動することの価値を認識させる
- 成功や失敗の原因を努力に帰属させる
- 概念的葛藤*によって知的好奇心を喚起させる
- 成功と失敗のバランスをとる
- 結果の知識を与える
- ほめ言葉で指導する
- 競争や協同を利用する
- 賞罰を適切に与える

*概念的葛藤：物事の本質的な特徴とそれらの関連性がもつれること。

え，目標設定を行う場合，指導者やメンタルトレーナーは，あくまでも支援者としての役割に徹することが必要である。

目標設定は，いわば旅行の予定表の役割を果たすものである。行きあたりばったりの旅も時に楽しいが，旅の目的を達成するために予定表は欠かせない。競技での目標設定にも，この旅の予定表と同じものが必要であり，この予定表の作成が目標設定にあたる。目標設定に関しては，従来から多くの研究が行われており，これらの研究成果をもとに，有効な目標設定を行うための原理・原則が確立されてきている。

石井（1997）は，これらを以下のような項目にまとめている。
①一般的で抽象的な目標ではなく，詳しくて具体的な目標を設定する。
②現実的で挑戦的な目標を設定する。
③長期目標も大切であるが，短期目標を重視する。
④チーム目標よりも個人目標を重視する。
⑤勝敗（順位）目標だけでなく，日々の習慣（行動）を設定する。
⑥目標に対して，その上達度が具体的かつ客観的に評価されるよう工夫する。

[目標設定の方法]

目標設定が有効であることや，有効な目標設定を行うための原理・原則が理解できても，それで目標設定ができたということにはならない。そこには具体的な方法論が必要になる。そこで，ガーフィールド（Garfield）の目標設定の方法論を紹介することにしたい。

●競技スポーツにおける目標設定の方法論（明確化と計画化）
・第1段階：使命の表示
 (a) 今のスポーツ競技を始めた時，達成したいと思ったことはなにか。
 (b) スポーツ競技で最も楽しかった時，あるいは最もうまくいった時，どんな気持ちや感情をもったか。
 (c) 今，自分はどのレベルにいて，最終的にはどうなりたいと思っているか。
 (d) 目標達成から得られるものはなにか。
・第2段階：長期目標の表示
 (a) 長期目標を述べてみよう。
 (b) 具体的には，どのような方法で達成するのか。
 (c) そのプログラムをいつ始めるのか。
 (d) いつ達成できるのか。
 (e) 目標を達成する時の場所，周囲の人，天気，環境など，思いつくまま詳細にリストアップする。
・第3段階：ピークパフォーマンスの評価表
 ピークパフォーマンスとは，過去に行った試合の中で，最もよかっ

[ポイント]
・選手自らが考える目標設定は，内発的動機づけを向上させる。
・現実的で挑戦的な目標を設定する。
・チームよりも個人目標を重視する。
・勝敗（順位）目標だけでなく，日々の習慣（行動）を設定する。

[研究問題]
・競技スポーツ選手にとっての目標設定にはどんな意味があるのか。
・目標設定と内発的動機づけの関係は。
・目標設定における段階とはなにか。

4. 水泳の心理学 | 53

[理解度チェック]
・水泳選手に最も必要な動機づけにはなにが挙げられるか。
・ジュニア期における競技選手の動機づけを高めるために注意しなければならないことはなにか。
・競技歴の長い選手に対し，高い動機づけをもち続けるための環境にはなにが必要か。

[参考文献]
1) 石井源信(1997)「目標設定技術」猪俣公宏編『メンタルマネジメントマニュアル』大修館書店
2) 江川玫成(1989)『実践スポーツ心理学』大日本図書

たと思う結果（気持ち，態度や行動を含む）のことである。このピークパフォーマンスを再現させるためには，なにが必要なのか，すなわち，競技で成功するために必要な能力はなにかを明らかにし，ラップタイムや予測順位など，量的に簡単に測定できる尺度で目標設定を評価する。

・第4段階：トレーニング計画の構成
トレーニング計画を作成するにあたっては，長期目標を設定し，それによって得られるものを記入する。その際，トレーニング項目と段階の2つの水準を区分する。トレーニング項目の内容には，さらに現在の自分のレベルを考慮して，現時点で少し努力すれば達成できる現実目標を具体的な数字で設定する。

・第5段階：目標をメンタルイメージに変える

以上の段階で立てられた目標設定に記入された言葉を，メンタルイメージに変える。イメージ化することによって，達成場面を想像（メンタル・リハーサル）することができ，動機づけを高めることができる。

2 メンタルトレーニング

①競技力向上とメンタルトレーニング
[メンタルトレーニングの定義]
● メンタルトレーニングとは

「メンタルトレーニング（mental training）」とは，「スポーツ選手や指導者が競技力向上のために必要な心理的スキルを獲得し，実際に活用できるようになることを目的とする，心理学やスポーツ心理学の理論と技法に基づく計画的で教育的な活動」である。その内容が心理的スキルのトレーニングであるため，米国では，しばしば，これを「心理的スキルのトレーニング（psychological skills training）」と呼んでいる。

なお，メンタルトレーニングに類する用語として，先に挙げた心理的スキルのトレーニング以外に，「メンタルプラクティス（mental practice：イメージトレーニング，メンタルリハーサル等を含む）」や，「メンタルマネジメント（mental management：メンタルトレーニング，メンタルコンディショニングを含む）」がある。それらの用語は，それぞれが明確に定義づけられ統一的な解釈のもとに使用されているわけではなく，それらが意味する内容は，文献や研究者によってさまざまである。

● 心理的スキルとは

メンタルトレーニングの対象となる心理的スキルには「競技能力を最大限に引き出すことのできる理想的な心理状態を実現するスキル」，

すなわち「試合中のプレーに必要とされる心理的スキル」と，目標設定，技術向上意欲，競技に関する価値観，コーチやチームメイトとの対人関係等，「ゲームのためだけでなく，練習を効果的に行い，競技生活を充実させるために必要な心理的スキル」がある。さらに第3のスキルとして，自主性・自発性，責任感，自己コントロール，自己への気づき（自己認識）など2つのスキルに共通して必要とされる「自己に関する心理的スキル」がある。

まず最初に，ゲーム中のプレーに必要とされる心理的スキルについてレーヤー（1987）によれば，ゲーム中に競技能力を最大限に引き出すことのできる理想的な心理状態（フロー［flow］状態）とは，身体はリラックスしていながら，自信に満ち集中力がみなぎっている状態あるいは高い心的エネルギーを持ち，ストレスのない肯定的な心理状態としている。

さらに彼は，選手たちのフロー状態に関する証言の分析から，共通要素として肉体的なリラックス，落ち着き，不安の解消，意欲，楽観的な態度，楽しさ，無理のない努力，自然なプレー，注意力，精神集中，自信，自己コントロールの12項目を抽出し，それらの条件が満たされている状態がフローであることを見出している。

メンタルトレーニングの実施にあたって，自主性・自発性，責任感，自己コントロール，自己への気づき（自己認識）等，いわば自己に関するスキルの重要性については，レーヤーも非常に強調している。メンタルトレーニングとは，自己コントロール能力を開発し高めることであるという。大リーガーのイチロー選手のように，優れたパフォーマンスをコンスタントに発揮する選手ほど，プレーに関する技能や体力とともに自己コントロール能力を兼ね備えている。彼らは試合で理想の心理状態を再現し，自己への気づきやセルフイメージに優れ，自己の心身を自在にコントロールしているという。

そして，試合や練習において自己コントロール能力を発揮できたかを確認するためのチェックポイントとして，1)試合中，終始100％の努力をし続けたか，2)どんなに難しい局面や重大なピンチを迎えても，積極的な姿勢や態度を崩さなかったか，3)自分のプレーに自分で責任をもったかを挙げている。これらのチェックポイントの確認を通して，競技力の向上に必須である自己コントロール能力という代表的な心理的スキルの開発ができると考えている。

[メンタルトレーニングの導入]
● メンタルトレーニング指導上の注意

高妻（2002）は，メンタルトレーニングを指導する上で重要なことは，以下の点であると述べている。

1)最初の面接の時に，現場のニーズ（要求や目的）を確認する。また，

専門家はなにができ，なにができないのかをはっきり提示する。現在，チームや選手がどのような状態で，いつの試合までに(いつまでに)，どのような強化をしたいのか，また，どのような問題を解決し，どのような方向にチームや選手をもっていきたいのかなどについて，相互に理解する。
2) 選手やチームの場合，練習等を観察して，専門家としての情報収集をし，それをふまえてなにがサポートできるか，明確な提示をすることが必要である。
3) 実際にサポートをする場合，どれくらいの時間や費用が必要なのかを提示し，また，どれくらいの時間がもらえるのか，確認しておく。
4) コーチ，選手，関係者などからのさまざまな情報を収集する。
5) サポートを依頼された場合，選手やチームに目的，意図，効果，知識，方法等を説明し，相手に興味をもたせることが重要である。「やってみたい」「これなら自分が上達する」「試合で勝てる可能性が高まる」，または「問題解決ができそうだ」といった期待感が持てるように説明することも必要であろう。
6) コーチ，選手，保護者，その他の関係者とのコミュニケーションが必要である。
7) 心理テスト，内省報告，記録や試合の成績などを活用した「評価」や，選手やコーチへのフィードバックが必要である。
8) メンタルトレーニングは，トレーニングであるがゆえに，継続が必要である。専門家にとっても継続的なサポートをしていくことで，成果(ニーズに応える)をあげることにつながり，現場からの信頼を得ることができるようになる。

●ジュニア期のメンタルトレーニング

ジュニア期のトレーニングは，どうしてもコーチの指導が中心となるため，メンタルトレーニングにおいてもコーチ主導のサポートにならざるをえない。そのため，コーチに対するメンタルトレーニングに関する情報提供や説明が必要となる。

ジュニア選手に指導する際には，なによりもわかりやすい言葉で具体的に，また子どもたちが興味をもつように面白く，そして楽しみながら指導が受けられるコミュニケーションが必要とされる。

子どもたちに指導する時の基本は，「好き・楽しい・おもしろい」の3点である。例えば子どもたちに興味のあるTVや雑誌等のマンガを活用して，あるスポーツ場面等を設定し，具体的でわかりやすい話をする指導テクニックも必要である。

また，この時期は，熱心な親がチームや選手をサポートしている場合が多い。親のためのメンタルトレーニング講習やコミュニケーションスキル講習などを行って，彼らの理解やサポートを受けることも大変

重要である。具体的には，試合に負けて家に帰ってきた子どもに対して，親はどのように接したらよいか，心理的な準備についての知識や理解を深めてもらうための「親に対するメンタル面のサポートの具体的なプログラム」などもある。子どもへの「言葉がけ」，子どもたちの心の逃げ場をどのように作ってやるか，また親のエゴを子どもに押しつけない，コーチを差し置いて親が試合中の指導をしない，親がコーチの邪魔をしない，親がプラス思考になる，気持ちの切り替え方法，集中力のつけ方などがそれである。

②メンタルトレーニングの技法
[リラクセーション技法]
●リラクセーションの意義と効果

メンタルトレーニングとしてのリラクセーションの重要なことは，自分の身体に注意を向け，自らの主体的努力によってその部位を緊張させ，そして弛緩させていく過程と，その行為に伴う体験である。

本来，リラクセーションとは，リラックスした状態と，その状態をコントロールする主体的な過程の両方を指し，それを毎日繰り返すことによって，構えや気持ちの切り替えができるようになるのである。次に，代表的なリラクセーション技法のひとつである呼吸法を述べる。

・呼吸法

リラックスするための呼吸法として最も一般的なものは，腹式呼吸法であり，次の要領で行われる。

(a) 楽な姿勢をとる。
(b) 「イ〜チ，ニ〜，サ〜ン」と息を吸い込む。
(c) 「イ〜チ，ニ〜」と息を止める。
(d) 「イ〜チ，ニ〜，サ〜ン，シ〜，ゴ〜，ロク」と息を吐き出す。
(e) 以下 (b) 〜 (d) の手順を繰り返す。

この呼吸法は，呼気時（吐く）の心拍数が，吸気時よりも減少するという生理的効果を利用して，交感神経の働きを副交感神経の働きへと切り替えるといった自律神経系の調節を意識的に行うものである。したがって，吸う時以上に，息を吐き出すことを強く意識することを強調している。

また，息を吸う時には腹部全体をふくらませ，吐く時には逆にへこませるように意識することが重要である。まず，この呼吸法を1日約5分間，1週間程度実施してみる。この呼吸法を習慣化することにより，レース前のあがり等が減少することが知られている。

[イメージトレーニング]
●リラクセーショントレーニングの重要性

イメージトレーニングの準備段階として，リラクセーションは重要で

ある。それはまず第1に，リラクセーションがイメージ想起に必要な精神の安定・集中状態をもたらすからであり，第2にイメージトレーニングに必要な心理的心構え（態度）の形成に役立つからである。イメージトレーニングでは，それをどう体験するかが重要であり，その主体である選手のイメージに対する心構えは重要である。

●イメージトレーニングの実際

イメージ想起能力には個人差がある。視覚イメージについても，また運動イメージについても選手の個人差が認められている。また，経験の相違からくる感覚レベル（五感など）の優劣性に関する個人差も考えられる。イメージの基本練習として，比較的イメージしやすい対象（例えば，慣れ親しんだ風景や用具，プールなどの競技場）から始めたり，視覚イメージから筋感覚イメージへと段階的に進めたりといった工夫がなされている。

・イメージトレーニングの手順

イメージトレーニングの初期段階では，イメージする内容をできるだけ詳細に設定することが有効である。

例えば，あらかじめイメージする内容を「イメージストーリー」として枠づけし，これから描こうとするイメージの場面・状況，自身の心身の状態，周囲の様子等を，あたかも脚本のように設定するとよい。その後イメージストーリー全体の流れを吟味し，動作遂行上のチェックポイントをつけ加えていく。イメージトレーニングを継続している選手には，このチェックポイントを「キーワード」として，象徴化して記載する者も多い。

例えば競泳で，後半ペースを上げるためのピッチの切り替えに対して「ギヤチェンジ」といったキーワードを用いることで，そこで求められる身体感覚や心理状態を表現している例などが認められる。もちろん，これらの言葉は，イメージ体験の集約でもあり，その言葉がイメージを促進する引き金になることも期待できる。

イメージストーリーの作成が終わると，リラクセーションへと移行する。イメージトレーニング実施までに，選手はリラクセーショントレーニングを継続していることが条件となっている。したがって，それぞれになじんだ方法で実施するとよい。

心身の十分なリラックス感が得られたら，課題イメージへと進む。ここでは，あらかじめ作成されたイメージストーリーに従って，イメージを思い浮かべていくことが中心である。

イメージ終了後は，そこでの体験を振り返るとよい。一般には，イメージ中の体験をトレーニング・ログに記録していく方法がよく用いられているようである。イメージ体験をありありと記載することもまた，イメージ体験を深め，気づきを生み出す方法である。

図1-4-3 ほとんど動作をともなわない脳主体のイメージトレーニング

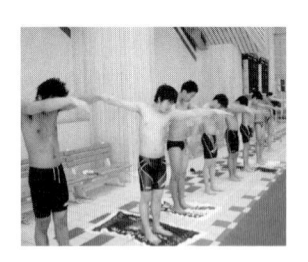

図1-4-4 筋感覚を動員する動作をともなうイメージトレーニング

以上をまとめると，一般的なイメージトレーニングの手順は，以下のような4段階となる。
(a) イメージストーリーの作成，チェックポイントの明確化
(b) リラクセーション
(c) イメージ想起
(d) イメージ体験の振り返り

・イメージトレーニングの展開方法

一般に，イメージトレーニングの初期段階は，課題イメージが中心であるが，展開はさまざまである。例えば，徳永・橋本(1991)は，イメージトレーニングを「イメージの基本練習→課題イメージ」と段階的に発展させることを推奨しており，その課題イメージには，以下のものが組み込まれている。このような取り組みは，体験する内容をあらかじめ焦点づけるために有効な方法と思われる。
(a) 目標設定の確認と達成イメージ
(b) 技術面のイメージ
(c) 体力面のイメージ
(d) 精神面のイメージ
(e) 作戦イメージ
(f) 試合前の心理的準備

[サイキングアップ]

レーヤーは，スポーツ選手の心拍数とパフォーマンスとの関係について次のように説明している。

「心拍数が120〜150拍/分のとき，選手は最高のプレーをしている。150拍/分より高いのは緊張のしすぎか，息が上がっている状態で，決して良いプレーは望めない。120拍/分以下なら気分の盛り上がりが足りないか，ウォームアップ不足で当然最高の動きはできない」。

そして，いずれの場合においても，最適の心拍数にコントロールする働きかけが必要であることを指摘している。試合前でも試合中でも，心理的なエネルギーが十分でないと感じたならば，以下のような方法を実行する必要がある。

● 短く速い呼吸を繰り返す

緊張レベルを上げるためには，腹式呼吸と逆のことをやればよい。ロウソクの火を吹き消す時のように，強く息を吐き出す。それも「フー」と長く吐き出すのではなく，「フッ・フッ・フッ」というように，短く速い呼吸を繰り返す。

● 簡単な身体運動を繰り返す

緊張すると，身体の心拍数が増加する。したがって，心拍数を増加させることによって緊張レベルを高めることができるということになる。軽いジャンプを繰り返すとか，その場で，腕を振りながらもも上げを

[サイキングアップ]
サイキングアップは，練習や試合の前に気持ちを盛り上げたり，リズムにのったりして交感神経を高めることである。テンポのよい音楽を流しながら，楽しく，体を動かし，気持ちを高ぶらせて行う。サイキングアップがめざすものは，メンタルおよびフィジカルの調和・調整であるが，最終的には集中力が高まり，高いパフォーマンスを達成することを目的とする。

する，といった，心臓がドキドキするような運動を行うことで血流が促進され，気持ちも高まってくる。

● 自分の気持ちを高揚させる事柄に思考を向ける

例えば，試合で勝ったり優勝した時の感動や喜びを思い出したり，自分の調子のよかった時の姿をイメージし，その時の気持ちに思いを馳せたりして気持ちを高め，眠っているチャレンジ精神を呼び起こす。

● 積極的な独り言を言う

気持ちを奮い立たせるためには，積極的な独り言を口にし，それも自分に言い聞かせるように言うことが必要である。例えば，「絶対できる！」「チャレンジするぞ！」「必ず良いプレーができる！」といった言葉を，自分に暗示をかけるつもりで言ってみる。

● 最終目標を思い起こして再確認する

自分が最終目標としてもっているものはなにか，スポーツ選手としての自分の夢はなんだったのか，ということを思い出して再確認することも，気持ちを高めることに役立つ。「今，試合しているのは，その目標や夢に近づくためにやっているのだ」という目的が明確になればやる気も出てくる。

● プレーに集中する

緊張レベルが低下すると，プレーへの注意集中も低下することがわかっている。そこで，ひょっとしたらプレーとは関係のないところに向けられている注意を，もう一度プレーそのものに集中し直すことが求められる。水球で「ボールに集中！」「マークを確認しろ！」といったアドバイスを与えることにより，ゲームやプレーそのものに没頭させるようなきっかけを作り，今のプレーに全力を傾注することを思い出させる。

● その他—身体に刺激を与える，大声を出す，アップビートの音楽を聴く

競泳選手の試合前のさまざまな所作の中で，レース時間が近づいたときに，全身の体表面をパンパンと叩く姿がみられる。このように身体の皮膚に刺激を与えることも，気持ちを高める方法の1つである。また，水球選手のように，試合前に，控え室で円陣を組み，声を掛け合う姿もみられる。これも互いの士気を高め合う身近な方法である。これらは，比較的高い興奮レベルが求められるようなスポーツにおいて，よく利用されている。さらに，試合前に，エネルギッシュな音楽を聴くことも気持ちを高めるのによい。

[セルフトーク]

セルフトーク (self talk) とは，「自己への語りかけ」であり (中込，1994)，その目的として，技能習得のためのセルフトーク，悪い習慣を修正するためのセルフトーク，現在に注意を向けるセルフトーク，感情や気分を変えるセルフトーク，努力を増進させるためのセルフトーク，

自己効力感を向上させるためのセルフトークなどがある。

いずれの場合も現実的な課題を達成するために，能動的注意を集中し，意識的に努力することを前提にしていると言えよう。心理的スキルトレーニングの中では，肯定的志向や積極的志向を生み出す技法として紹介されることが多い。

例えば，「プラスのセルフトーク」と「マイナスのセルフトーク」を区別し，物事をどのように解釈するかが情動的反応に影響することがある。つまり，前者は現在のことに適切に注意を集中し続けるのに役立ち，後者は不適切・非合理的なために障害となる場合がある。

[ピーキング（テーパリング）]

ジム・レーヤーは，フロー状態を得るために，試合に向けてのピーキング（水泳ではテーパリングともいう）について以下の15のポイントを示している。

1) 一流選手になりきる
2) ウィークポイントを知っておく
3) イメージトレーニングの導入
4) 目標を長期・中期・短期の3段階に設定
5) 物事をすべて肯定的に考える
6) 難問を好きになる
7) 筋の緊張を解きほぐす方法を体得
8) 心を落ち着かせるメディテーションを行う
9) 呼吸を調整する方法の体得
10) 自己暗示による自律訓練法で体調を調整
11) プレッシャーのもとでのコントロールの仕方の体得
12) 体全体のフィットネス（Fitness）の向上
13) 勝つことだけでなく，ゲームを好きになる
14) 大事なゲームの前には2～3時間ごとに食べる
15) とにかく楽しむこと

また，図1-4-5に示した優秀指導者に対する実態調査結果では，試合に向けては「練習量」は2週間前，1週間前にかなり高くし，試合に向けて徐々に減らして調整している一方で「気持ちの盛り上げ」は，試合に向けて2週間前から徐々に高めていく傾向が報告されている。

また，リラックスも同様の傾向を示していることから，指導者は選手の気持ちを盛り上げていくような働きかけだけでなく，同時にリラックスさせる，すなわち「冷静に燃える」といった言葉で表されるような心理的コンディショニングを計画的に実施していることがわかる。

心理的コンディショニングにおいても，練習量との兼ね合いの中で，どのタイミングで気持ちを盛り上げていくか，リラックス感を体得させ

[メディテーション]
精神を鎮めて，心をひとつに集中すること。一切の雑念を取り払い無念無想の状態に至ることを目的に行う座禅はその一種。心を無にすることによって，なにものにも囚われない，あるがままの域に達成するまで行われるとされているが，スポーツ分野でのメディテーション応用は，イメージトレーニングの導入に用いられるなど実践的に用いられる場合が多い。

[ポイント]
・メンタルトレーニングには，コーチ，選手，保護者，その他の関係者とのコミュニケーションが必要である。
・ジュニア選手に指導する際には，わかりやすい言葉で具体的に，面白く，そして楽しみながら指導が受けられるコミュニケーションが必要である。
・イメージトレーニングの準備段階として，リラクセーションは重要である。
・イメージ中の体験をトレーニング・ログに記録していく方法が有効である。

[研究問題]
・リラクセーションを目的とした呼吸法はどうすればいいのか。
・サイキングアップは，どのような場面で必要とされるのか。
・セルフトークを行うことで期待できることはなにか。

[理解度チェック]
・ジュニア期の選手に対するメンタルトレーニングで最も重要な点を挙げてみよう。
・イメージトレーニング能力を高めるためにビデオを活用するにはどんな工夫が必要だろうか。
・自己コントロール能力を発揮できたかを確認するためにはなにがあるか。
・ピーキングの失敗への対処にはなにが最も必要だろうか。

[参考文献]
1) 日本スポーツ心理学会編(2002)『スポーツメンタルトレーニング教本』大修館書店
2) 猪俣公宏編(1997)『選手とコーチのためのメンタルマネジメントマニュアル』大修館書店
3) 高妻容一(2002)『明日から使えるメンタルトレーニング』ベースボール・マガジン社
4) ジム・レーヤー, 小林信也訳(1987)『メンタル・タフネス―勝つためのスポーツ科学―』TBSブリタニカ
5) ライナー・マートン, 猪俣公宏訳(1991)『メンタル・トレーニング』大修館書店
6) 中込四郎(1994)『メンタルトレーニングワークブック』道和書院

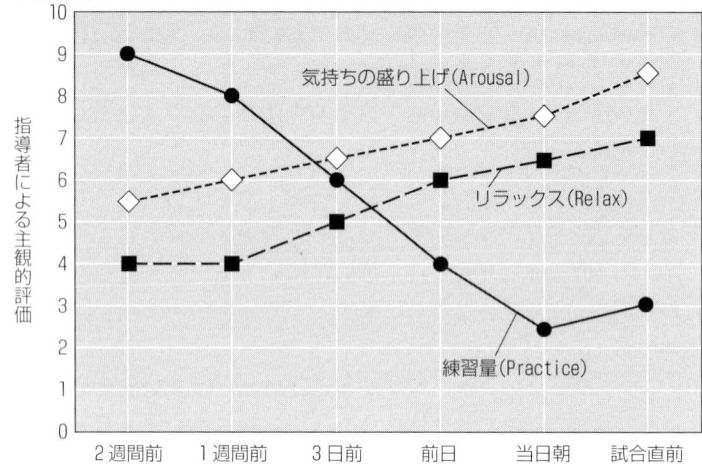

図1-4-5　優秀指導者のコンディショニング計画(男子選手)

るかが重要なポイントとなるであろう。　　　　　　　　　　　　　　　　　[清水富弘]

3 コミュニケーション能力

①コミュニケーションとは

　コミュニケーションとは,「人間が互いに意思・感情・思考を伝達しあうこと。言語・文字・その他視覚・聴覚に訴える身振り・表情・声などの手段によって行う」と定義されている。そのため,情報の伝達が起きればコミュニケーションは十分に成立したと思いがちであるが,指導場面では「意思の疎通」「心や気持ちの通い合い」「相互理解」が起きてはじめてコミュニケーションが成立したと考えるべきである。
　特に指導者と選手という立場を考えた時,指導者側からの一方的な伝達に終わらないためにも,伝達と受容(双方向のコミュニケーション)が必要不可欠なのである。

②コーチングスキル

　「コーチング」は,相手の自発的な行動を促す双方向のコミュニケーションスキルである。コーチング(coaching)の「コーチ(coach)」とは,ハンガリーのコチ(kocs)という町で農閑期の収入源として作られた「四輪馬車・コーチ(kocsi)」に由来し,以後「コーチ」は馬車の代名詞となった。馬車は,「大切な人をその人が望むところまで送り届ける」という意味があり,スポーツコーチングやビジネスコーチングにおいては,双方向のコミュニケーション(対話)によって「相手の自己実現や目標達成を図ることをサポートするスキル」と解釈されている。
　日本のスポーツ指導の場面では,とかく指導者が自分自身の求める選手像に近づけたいという欲求から,教えすぎ(支配型)になってしまう傾向が強くなっている。

支配的な指導者の傾向として，以下のようなことが挙げられる。
A：唯我独尊になり相手の話を聴かない（コミュニケーションをとらない）。
B：相手のタイプや価値観の違いを見分けられない・聴きわけられない。
C：自分の経験則で誰にでも同じ教え方をする。
D：管理しすぎる（教えすぎ・指示しすぎ・怒りすぎ）。

心理学においては上記Dから，選手から大事なものを奪い取ってしまうと言われている。教えすぎると「考えなくなる」，指示しすぎると「指示待ちになる」，怒りすぎると「チャレンジしなくなる」。

つまり，自ら考えチャレンジしようとするのではなく，言われたことはやるが言われたこと以外はなにもしない無個性（受動的）なイエスマンを生み出してしまうのである。

それに対してコーチング（協調型）では「選手が主役」という大前提に立ち，選手の目標（思い）を尊重し，その達成に向かって選手自らチャレンジする姿勢を促すとともに一緒に歩んでいくという姿勢で接するのである。

[ティーチングとコーチングの考え方]
□＋□＝2の2つの□にはどんな数字が入るか？

1＋1，0＋2，2＋0，1.5＋0.5，1.11＋0.89，5＋（－3），1/4＋1.75などいろいろ考えられ，整数・小数・分数などをさらに細分化すれば，そのパターンは無限に存在するというのがコーチングの基本的な考え方であり，人はそれぞれいろいろな考えをもっているということを意味する。

前述の計算式で説明すると，答えの「2」が目標だと考えた場合，そこに到達するプロセスは人の数だけ存在するという前提に立って，相手の目標（思い）を聴き，そこにどのようにして到達しようと思っているかも聴き，その人の考えをリスペクト（尊重）した上で，アドバイスやフィードバックで一緒に歩んでいくということになる。

しかし，ここで考えておかなければならないことが1つある。前述の計算式のパターンが無限に存在することがわかるためには，整数・小数・分数などの足し算を理解している必要があるということである。

つまり，コーチングを機能させるためには，最低限知っていなければならないこと（ルール・マナー・基本技術など）を教え授けるティーチング（teaching）が必要不可欠なのである。「ティーチング＝must（～ねばならない）」と考えるならば，「コーチング（coaching）＝want to（～したい，なりたい）」と考えれば，両方の違いはわかりやすいであろう。

[信頼関係の構築]

　ティーチングとコーチングの線引きが不明確なために「教えすぎ」「指示しすぎ」が発生し，それに従えないことに苛立ち「怒る」というパターンが理解できたであろう。

　しかし，その両方を機能させるためには信頼関係が必要不可欠であることを忘れてはならない。

　人間は「感情の動物」などとよくいわれるが，感情には「正の感情（好き・面白い・楽しいなど）」と「負の感情（嫌い・面白くなさそう・つまらないなど）」がある。正の感情はプラス方向に向かい，負の感情はマイナス方向に向かうといっても過言ではない。なぜなら，正の感情からは「面白そう」→「やってみたい」→「やってみる」→「楽しかった」→「もっとうまくなりたい」→「創意工夫」という流れが生れるが，負の感情からは「面白くなさそう」→「やらされる」→「つまらない」→「もうやりたくない」となり，「創意工夫」まで到達しないのである。

　では，正の感情を引き起こすためにどうすればいいのか。

　そのためには，一にも二にも「やってみたいと思わせ」「やらせてみて」「楽しかった」と言ってもらうことであり，そこには指導者のコミュニケーション能力が必要不可欠になるのだ。なぜなら，指導対象の年齢やレベルを把握し，双方向のコミュニケーションにより「なにがやりたいのか」「なにをすれば興味をもってくれるのか」を知ろうとする態度やしぐさから，指導者はいつも自分（選手）たちをみていてくれるという安心感が生まれ，やがて信頼関係へと発展していくからである。

　これらの考え方をまとめてみると図1-4-6のようなイメージになる。

③潜在能力を引き出すには

　我々は，普段第三者からみられ評価されていると同時に他者をみて評価もしている。このみえる部分が「顕在能力」であり，よいところばかりではない。それに対して，目にみえず「潜んでいる能力」が「潜在能力」であり，これもまたよいところばかりではない。

　このことは，氷山が水面から出ていてみえる部分が「顕在能力」で，水面下に隠れていてみえていない部分が「潜在能力」というように例えられる（図1-4-7）ことが多いが，よいところも悪いところも能力であるということを忘れてはならない。

　では，未だみぬ「潜在能力」を目にするためにはどうすればいいのだろうか？

　それは行動（チャレンジ）させることに尽きる。

　行動（チャレンジ）すれば「よきにつけ悪しきにつけ」結果が出る。にもかかわらず，行動（チ

図1-4-6　信頼関係に基づいたティーチングとコーチング
「根」（信頼関係）を張っているから「幹」（守らなければならないこと）を通して「枝・葉」（創意工夫・チャレンジ）が生まれる。

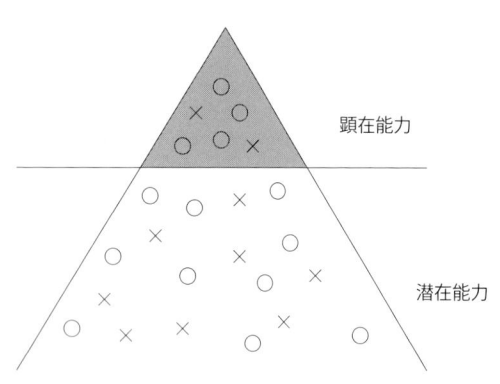

図1-4-7　能力のイメージ

ャレンジ)させないようにしてしまうのが，前出の「教えすぎ」「指示しすぎ」「怒りすぎ」である。

時として図1-4-8のようなことが起こっているのではないだろうか。

よかれと思って，その選手の弱点を強化させる目的で，その点を集中的にかつ強制的に修正させようと努力した結果，本来もっているその選手の長所までも弱くしてしまい，本人の個性・特性を生かせないということが現実にたくさん起きている。

水泳とは違うが，野球でスピードもキレもあるが，コントロールに課題があった投手に，コントロールを強制的に修正する努力を続けさせたため，本来の持ち味のスピードとキレともに失われてしまった。この例は図1-4-8の典型といっても過言ではないであろう。

そこで，本人がどのような投手になりたいと思っているのかを聴いてみたところ，本人はスピードとキレを取り戻したいということであったため，コントロールのことはあまり指摘せず，スピードとキレを復活させるためにいろいろ考えてチャレンジしてほしいと伝えるにとどめた。すると彼はいろいろチャレンジしたことにより「潜んでいた能力」が顕在化（図1-4-9）するとともに，スピードとキレを取り戻したばかりでなく，以前よりコントロールも修正され，安定感のある投手へと変わったのである。

とかく悪い点をみつけ，修正させようとしがちになるが，前述の実例のようにポジティブなチャレンジを促すためには，その選手のよいところをみつけ，そこをさらに伸ばすように動機づけることが重要になる。

行動（チャレンジ）すれば「良きにつけ悪しきにつけ」結果は出る。しかし「結果（過去）は変えられない」という心理学の考え方からすれば，指導者は「チャレンジはほめ，結果には寛容である」という態度で選手に向き合ってもらいたい。

［清水隆一］

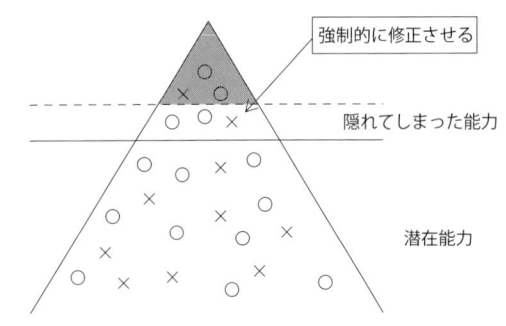

図1-4-8 顕在能力の悪いところを強制的に修正させる

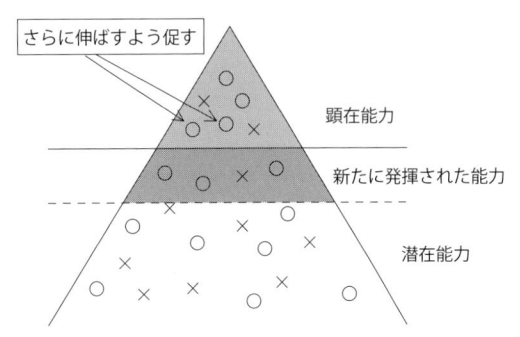

図1-4-9 顕在能力のよいところをさらに伸ばすよう促す

水泳の栄養学

SECTION
5

1 なぜ栄養が大切なのか

　栄養は，健康に生きるために必要な3つの役割，すなわち「身体活動のエネルギー源となること」「身体づくりの材料となること」「体調を調節すること」を担っている。
　水泳選手の場合は，良好な体調でトレーニングを積み，試合で最高のパフォーマンスを発揮することを目的とするため，一般人と同様な日常の生活活動で使われるエネルギーと栄養素だけでは，必要量をまかなうことができない。選手は，第1に，骨格筋のエネルギー源物質を蓄え，筋運動も脳の司令下にあるため，脳のエネルギー源も補給しておかなければならない。第2に，新陳代謝が亢進する（高ぶって進む）ため，身体合成のための材料をより多く摂取する必要がある。第3に，運動に伴う多段階の化学反応の補酵素として働き，さまざまなストレスに対抗する微量栄養素も，不足がないようにしておく必要がある。微量栄養素は，また，汗とともに排泄されるため，その分も考慮して補給しなければならない。特に，トレーニング量が多い選手ほど，速やかに疲労を回復して次のトレーニングや試合に備えるようにしなければ，やがて慢性的に疲労が蓄積してしまう。
　さて，選手の食事についてしばしば言われるのは「バランスの良い食事をしよう」ということである。しかし，競技力の向上を考える場合に，シーズンとしての通常練習期，強化練習期，筋力トレーニング重視期，試合前調整期，試合期等があり，また，選手個人によって減量期，増量期，怪我からの回復期などさまざまな目的があるため，これに応じて，理想的な栄養バランスは変化するはずである。つまり，バランスの良い食事には基本型があるものの，状況に応じて応用を利かせなければならない。
　さらに大切なことは，選手は「栄養バランス」を食べるのではないということである。食事あるいは料理を食べるのであるから，理想的栄養バランスの食材を，いかにおいしく食べるかということも忘れてはならない。なぜならば，食事の1次機能は「健康に生きるために必要な栄

素を摂取すること」であるが，2次機能は「おいしく楽しくリラックスすること」だからである。トレーニング量が多くて疲れている選手ほど，食事に対して2次機能を強く求める傾向が認められるため，個人の食欲，嗜好や直感に任せていると，理想的栄養バランスから著しく逸脱してしまうことさえある。

適切な栄養摂取を行うことのメリットは，国際的にも重視されており，『F-MARCサッカー栄養学〜健康とパフォーマンスのための飲食に関する実践ガイド〜』には以下のようにまとめられている[1]。

- トレーニングプログラムの効果が発揮される
- 練習中・試合中の回復力と，練習間・試合間の回復力が高まる
- 理想的な体重および体格の獲得と維持
- 怪我と病気のリスクの低下
- 試合に向けた準備が万全であるという自信
- 試合で高いパフォーマンスを持続的に発揮できる
- 食事と食事会を楽しめる

一方で，多くの選手は自身の栄養目標に届いておらず，その原因は次のように考えられている。

- 食品と飲料の知識が不足しており，料理が下手である
- 買物時や外食時に選ぶのが下手である
- スポーツ栄養学の知識に乏しいか，知識が古い
- 資金不足
- 忙しい生活を送っているために食品の準備や摂取ができない
- 良質の食品と飲料を入手し難い
- 頻繁に遠征する
- 補助食品やスポーツ食品を過度に摂る

このように，選手の栄養は，健康とパフォーマンスの両面にわたって国際的に採り上げられているテーマである。

そこでここでは，まず栄養の基本となる食事に含まれる5大栄養素，そしてその摂取量について，世代別も考慮してまとめ，次に，最も大事な食事の揃え方について，実践的な方法を紹介する。その上で，何をいつ食べるかについて，トレーニング・試合・回復をより効率的に行なうための栄養学的戦略について，サプリメントの活用も含めて解説する。

2 水泳と5大栄養素

5大栄養素とは，炭水化物（糖質）・脂質・タンパク質・ミネラル・ビタミンを指す。このうち炭水化物（糖質）・脂質・タンパク質はエネルギーを産生する栄養素であり，3大栄養素もしくは主要栄養素と呼ばれる。これらの栄養素はそれぞれ1gあたり4kcal，9kcal，4kcalのエネルギーを持ち，ウィリアムズ（Williams）は，スポーツ選手はエネルギ

ー比換算として炭水化物摂取比が60～70％，タンパク質摂取比が12～15％，残りを脂質から摂取することが望ましいとしている[2]。このエネルギー比率は日本人の食事摂取基準にも概ね当てはまる数値である。

水泳選手にとっては，各種栄養素の摂取量を確保することも重要であるが，それ以上に必要なエネルギー量を確保することが重要である。選手のエネルギー消費量は，女子選手について二重標識水法を用いて研究されており，米国の競泳選手の運動強度の高い練習期（2部練習で1日に17.5km泳ぐ）では5,593kcal，日本のシンクロナイズドスイミングの選手の中等度強度の練習期では，2,738kcalと報告されている[3,4]。水泳選手は，それぞれの必要量（性・年齢・トレーニング量など）に適った十分なエネルギーをバランスの取れた食事から摂取する必要がある。

一方，ミネラルやビタミンについては，直接的なエネルギー源とはならないものの，エネルギーの産生や生体の調節機能，また生体の構成成分としても重要な役割を担っている。水泳選手においては，大量発汗などに伴うミネラルやビタミンの損失量の増大やエネルギー産生に伴うビタミンB群の要求性の増大，またさまざまなストレスに伴うスポーツ障害・外傷の予防や回復時における各種ミネラル，ビタミンの要求性が高まることが推測されるが，現状では水泳選手を対象とした特別なミネラルやビタミンに関する摂取基準となりうる数値は示されていない。そこで，筆者らがこれまでの文献とサポート経験から考案した通常練習期の選手の目標栄養摂取量を表1-5-1に示す。

①炭水化物（糖質）

炭水化物は，炭素と水からなる化合物の総称であり，生体内でエネルギーに変換される糖質と，消化管内で消化吸収されにくい食物繊維に分

表1-5-1　選手の目標栄養摂取量

	男子	女子
エネルギー[a]（kcal/日）	3,700	3,000
タンパク質[b]（g/kg）	2	2
脂肪（エネルギー比率，％）	25～30	25～30
カルシウム[c]（mg）	1,200～1,300	1,200～1,300
鉄[c]（mg）	20～25	20～25
ビタミンA[a]（I.U.）	4,000	4,000
ビタミンB$_1$[c]（mg）	2.0～2.5	2.0～2.5
ビタミンB$_2$[c]（mg）	2.5～3.0	2.5～3.0
ビタミンC[c]（mg）	200	200

Reference, a；長嶺晋吉（1979）『講座現代のスポーツ科学2　スポーツとエネルギー・栄養』大修館書店．p.227.
b；Lemon PWR（1996）『Nutrition Review』54：S169-S175.
c；金子ひろみ（1996）『臨床スポーツ医学』13：299-305.

（出典：杉浦克己（2003）『子どもと発育発達』1：221-226.）

類される。ここでは糖質について解説する。

　糖質は,「甘味」を有する単純糖質と主食(白米やパン,麺類など)に含まれる主成分であるでんぷんをはじめとする複合糖質に分類される。これら糖質は食事からの摂取後に唾液や膵液中の消化酵素(アミラーゼ),小腸粘膜細胞の二糖類分解酵素などにより単糖に分解され,血液を介して全身に運搬される。この単糖にはブドウ糖(グルコース),果糖(フルクトース),ガラクトースなどがあるが,通常の食事ではブドウ糖(グルコース)が主要な糖となる。血液中に出現したブドウ糖は血糖値として表現されるが,食後は血糖値が上昇し,空腹時や長時間の運動後にはこの血糖値は低下する。血糖値が上昇すると,生体では肝臓や筋肉にエネルギー貯蔵物質(グリコーゲン)としてこのブドウ糖を蓄え,空腹時や運動中などは,貯蔵されたグリコーゲンが分解されエネルギーの産生や血糖値の維持に活用される。このように糖質は主要なエネルギー源としての役割を行う。

　水泳選手は,食事から十分な糖質を摂取し,筋肉や肝臓中のグリコーゲン貯蔵量を日常的に高めておく必要がある。実際に選手であれば,1日に体重1kgあたり7～10gの炭水化物(糖質)の摂取が推奨される。体重60kgの選手であれば,420～600gになるが通常の茶碗1杯の白米(ごはん)には約60gの炭水化物が含まれる。もちろんおかずや野菜などその他の食品にも炭水化物は含まれるが,単純に計算すれば1日茶碗7～10杯,すなわち毎食茶碗2杯以上のごはんを食べることが勧められることになる。

　競泳選手の10日間の高強度練習の前・中・後に三角筋のバイオプシー(筋生検)によりグリコーゲン量の変動を追跡した研究では,練習期後半になると筋グリコーゲンの貯蔵が低下し,運動パフォーマンスを維持できなくなり,筋疲労も蓄積してくることが確認されている[5]。試合に備え十分なグリコーゲン貯蔵量を確保するとともに,練習中も休憩を活用し十分な糖質摂取に注意する必要性が示唆される。筋グリコーゲンを高めるための具体的な方策としては,毎日毎食の食事でしっかりと主食を摂ることはいうまでもないが,そのほかにも効率的な考え方がある。1つ目は糖質を補給するタイミングである。一般にグリコーゲン消費を伴うトレーニング後の速やかな糖質補給はグリコーゲン貯蔵量の回復に有効である[6]。そのため,練習後に糖質を含んだスポーツドリンクやゼリードリンクをすぐに摂取することや,その後の食事まで少し時間が空く場合,おにぎりなどを補食として摂取することが重要になる。2つ目は,ある種の食品素材を糖質と同時に摂取するとグリコーゲンの貯蔵量が高まることが報告されている。それは,クエン酸[7],酢酸[8],タンパク質[9]などである。クエン酸はレモンや梅干に,酢酸は食酢などに含まれるが,このような食品を摂取することは,おそらく多くの選手にとっ

て実行可能なことであろう。

②脂質

　脂質は主に調理用油や調味料（ドレッシングやマヨネーズ），加工食品に含まれている。主菜（おかず）の肉や魚，卵，乳製品といった動物性食品などにも含まれる。脂質は1gが9kcalと他の主要栄養素の2倍以上のエネルギーを有するため，食事からの摂取は過剰にならないように注意する必要がある。また，昨今の食生活では動物性脂質の摂取量の増加に加え，加工食品からの脂質摂取量の増加など，むしろ摂取を控える注意が必要になっている。しかし，脂質も細胞膜を形成するリン脂質やある種のホルモン（ステロイドホルモン）の基材となるコレステロールなど生体を構成する上で重要な役割を担い，また食事由来の脂質は脂溶性ビタミン（A，D，E，K）の吸収を促進する働きがあり，さらに体脂肪は浮力に貢献するので，適切な量の摂取は欠かすことができない。

　余剰の脂質は，脂肪細胞に蓄えられる。この蓄積脂肪は低強度の運動時（有酸素運動）のエネルギー基質となる。体重80kgの男性が貯蔵しているエネルギーは筋肉中のグリコーゲンが約350g，肝臓中のグリコーゲンが約85g，血糖として約20gで炭水化物として約450gとなり総計約1,800kcalである。一方で，体脂肪率が10％であったと仮定すれば，脂質の蓄積量は8,000gで56,000kcal（体脂肪は水分を含んでいるため1gを7kcalに換算する）となる。このように脂質は炭水化物に比べ何十倍も多くのエネルギーを貯蔵していることになる。マラソンのような持久的運動であれば，この脂質としてのエネルギーはとても重要な役割を担うことになるが，水泳においても長距離選手はもちろんのこと，泳ぎ込みや長時間の練習において，脂質からのエネルギーを有効に使うことで，試合後半や複数の試合におけるスタミナの維持などが期待される。

③タンパク質

　タンパク質は主菜（おかず）に豊富に含まれる栄養素であり，肉・魚・卵・大豆製品などに含まれる。タンパク質は主食である米やパン（小麦）にも含まれているが，植物性食品に含まれるたんぱく質は動物性食品に含まれるものに比べて栄養価が低いことが知られている。その中でも大豆製品（豆腐や納豆）は栄養価の高い食品に分類されるため，主菜（おかず）の代表的食材としてよく用いられる。

　欧米では，選手の1日のタンパク質の必要量は体重1kgあたり，筋力トレーニング期には1.7～1.8g，持久的運動の場合には1.2～1.4gが推奨されているが[10]，これは健康な日本人の約1.5～2倍の数値となる（一般人は0.925g）。また，日本人の摂取するタンパク質の方が植物性食品由来のものが多いので，栄養価を考慮すると日本人には体重1kgあたり約2gが目安となろう。

　タンパク質はまた，酵素，ホルモン，免疫等の生体調節因子をも形成

する。水泳選手であれば，トレーニングにより汗や尿からの窒素化合物の排泄増加や運動刺激，筋トレや水球のフィジカルコンタクトによる筋微細構造の損傷とその回復，またエネルギー産生に伴うアミノ酸酸化などが起こるため，生体内でのタンパク質代謝を維持するためにも食事から十分なタンパク質を摂取する必要がある。栄養計画を立案する際に，エネルギー量の確保とともに，このタンパク質量を確保することが重要である。

タンパク質は筋肉の増加や肥大に貢献するが，レーベンハーゲン(Levenhagen)らは，10gのタンパク質を含む食事を60分間の運動後に摂取させることで筋タンパクの合成が促進し，その際には運動直後に摂取することがより効果的であることを示した[11]。またティプトン(Tipton)らは，6gの必須アミノ酸と非必須アミノ酸を摂取した場合の筋肉への影響を比較検討したが，筋タンパクの合成には主に必須アミノ酸が関与していることを指摘している[12]。アミノ酸はタンパク質を構成する最小単位であり，約20種類のアミノ酸が存在している。このうちの必須アミノ酸とは生体内で生合成されないアミノ酸のことで9種類（バリン・ロイシン・イソロイシン・フェニルアラニン・スレオニン・メチオニン・トリプトファン・リジン・ヒスチジン）が挙げられ，これら必須アミノ酸が豊富に含まれる食品タンパク質を栄養価の高いタンパク質（肉・魚・卵・大豆製品など）と呼ぶ。

また，筋肉に極度の負荷のかかる運動後の疼痛や筋損傷や筋パワーの回復においてもタンパク質の栄養は重要である。遅発性筋痛（DOMS）を引き起こすような運動時にアミノ酸[13]やタンパク質[14]を摂取することで速やかな筋力の回復や筋損傷マーカーが低減することが報告されている。このため水泳選手であれば日常の食事から，栄養価の高いタンパク質を豊富に含む主菜（おかず）を積極的に摂取することに心がける必要がある。

④ミネラル

生体には，約60種類の元素が含まれ，そのうち酸素，炭素，水素，窒素の4元素で全体の約96％を占める。残りの4％を占める元素をミネラル（無機質）といい，骨や歯など身体の構成成分や生体調節機能（pHや浸透圧の調整や補酵素としての機能など）を有している。これらミネラルの中で，水泳選手にとっては障害や外傷予防の観点からのカルシウムおよび鉄，コンディショニングの観点からのカリウムとナトリウムがとりわけ重要である。

カルシウムは体重の1～2％を占め，その99％がハイドロキシアパタイトとして骨や歯に存在する。カルシウムの摂取量は日本人全体をみても不足の傾向にある栄養素であり，発汗に伴い損失量が増大する栄養素でもあるため十分な摂取が勧められる。カルシウムの摂取不足は骨の脆

弱化をきたし，疲労骨折の原因となることも少なくない。またボディーコンタクトなどの多いサッカーなどにおいては骨折も主たるスポーツ外傷であり，その原因にもカルシウム摂取不足による骨の脆弱化が挙げられている。カルシウムは乳製品や小魚，野菜などに豊富に含まれるため，これらや食品を毎日の食事に取り入れるとともに，カルシウムの吸収を促進するビタミンDの摂取にも心がけたいところである。一方で，加工食品に多量に使用されるリンやフィチン酸やシュウ酸といった成分はカルシウムの吸収率の低下やカルシウムバランスを低下させるため，これら成分が豊富に含まれる食品を一緒に摂取することは控えたい。またカルシウムは筋肉の収縮にも関与しており，カルシウムバランスの不均衡による筋けいれんへの影響も示唆されている。

　鉄は生体保有量の約70％がヘモグロビンとして赤血球に存在し，酸素の末梢組織への運搬に重要な役割を担う。また20〜30％が貯蔵鉄としてフェリチンやヘモシデリンとして肝臓や骨髄などに存在し，残りは筋肉中の血色素たんぱく質であるミオグロビンやチトクロームなどの金属酵素として機能している。食事からの鉄の摂取不足は潜在性鉄欠乏を引き起こし，やがて鉄欠乏性貧血を招く。貧血状態の水泳選手は，エネルギーの産生に必要な酸素の運搬が十分になされずスタミナの低下を引き起こす。鉄は動物性食品としてはレバーや赤身の魚や肉，アサリなどの貝類に，また植物性食品としてはほうれん草や小松菜，海藻のひじきなどに豊富に含まれる。一般に動物性食品に含まれる鉄はヘム鉄として存在し，植物性食品に含まれる非ヘム鉄よりも吸収がよい。非ヘム鉄はビタミンCなどを一緒に摂取することで吸収率が増加し，フィチン酸やポリフェノールなどの食事成分と一緒に摂取することで吸収率は低下する。鉄は食事摂取基準では上限値が設定される栄養素であり，生体内においてもそのバランスが非常に厳密に制御されており，経口摂取による鉄の吸収率は10％前後である。過剰な鉄の摂取はプロオキシダントとして生体酸化を誘発することが危惧される。しかしカルシウム同様，鉄は食事からの摂取が不足傾向にある栄養素であるため，その摂取に十分心がける必要がある。

　カリウムやナトリウムは電解質とも呼ばれ，生体の電位や浸透圧，酸・塩基平衡の調節をしている。生体中のカリウムはその98％が細胞内に存在し，細胞外液にはナトリウムが多く存在する。カリウムは筋肉の収縮にも関与しているが，ナトリウムの摂取量を増加させるとナトリウムと共に尿中排泄量が増加する。果物や野菜にカリウムは豊富に含まれ，これらの食品もしっかり摂るべきである。

⑤ビタミン

　栄養素としてのビタミンは13種類あり，水溶性ビタミンにはビタミンB群（B_1, B_2, B_6, B_{12}, ナイアシン，パントテン酸，ビオチン，葉酸），

Cの9種があり，脂溶性ビタミンにはビタミンA，D，E，Kの4種が含まれる。それぞれのビタミンには役割があるが，とりわけサッカー選手にとってはエネルギー産生に関わるビタミンB群と，さまざまなストレスに対して防御的作用を示す抗酸化ビタミン（A，E，C）が重要であろう。

ビタミンB群のうちビタミンB_1，B_2，B_6は糖質，脂質，タンパク質の代謝に関与するため，食事からのエネルギー摂取量の増加やトレーニングによるエネルギー消費量の増大に伴いこれら栄養素の要求性が高まる。また，ビタミンB群の摂取制限はパフォーマンスの低下を引き起こすことも危惧されている[15]。ビタミンB群は水溶性ビタミンであり体内貯蔵量は少なく，代謝回転が速く，汗からも排泄されるため，日常の食事から継続的に適切な量を摂取する必要がある。

多くのスポーツ選手はスポーツの実施に伴い換気量が増大し，結果として生体内の酸素暴露量が増大することで酸化ストレスを受ける。これら酸化ストレスがスポーツパフォーマンスに及ぼす影響については未だ結論を得ないところであるが，コンディショニングを考えた場合，抗酸化ビタミンの摂取がこの酸化ストレスを緩和することが期待される。ビタミンAとEは脂溶性ビタミンであるため，その摂取量に上限値が設けられている。しかしながらビタミンAでも植物由来の$β$-カロテンは生体要求量に応じて生体内でビタミンAに変換されるため過剰摂取の心配はない。またビタミンCは水溶性ビタミンであるため過剰摂取の心配はそれほど大きくなく，これら抗酸化ビタミンは単独で摂取するよりも併用することで抗酸化力は増大するため，様々な種類の食品をバランスよく摂取することが勧められる。このほか，ビタミンKは内出血や外傷による出血を抑える血液凝固作用を持ち，ビタミンCは結合組織（腱など）に多く発現しているコラーゲンの合成や鉄の吸収促進に関与している。またビタミンDは骨の形成に不可欠なカルシウムの吸収を促進する。これらビタミンが豊富に含まれる食品の摂取も併せて推奨する。

3 実際の食べ方

前項で紹介した5大栄養素を厳密に揃えて食事するには，栄養士や管理栄養士による栄養価計算や献立作りが必要である。しかし，多くの水泳選手にとって日常的な食事をこのように管理された食事として摂ることは困難であろう。さまざまな環境においてもバランスの取れた食事を摂るための考え方を以下に示す。

①「栄養フルコース型」の食事

2005年6月に農林水産省と厚生労働省は健康なカラダを維持するためのバランスのよい食生活をわかりやすく示すために，1日に「何を」「どれ

だけ」食べたらよいかをイラストで示した「食事バランスガイド」を作成した。この食事バランスガイドは，主食，副菜，主菜，果物，乳製品の5つの食品構成からなるものであるが，筆者らは，日本水泳界においても1990年代より栄養指導に「栄養フルコース型」の食事を推奨してきた[16]。これは5つの食品群，主食，おかず（主菜），野菜（副菜），果物，乳製品を毎食揃えるという考え方であり，「食事バランスガイド」に非常に近いものである。言い換えれば，健康なカラダの維持を目的とした食事も，水泳選手にとっての食事もその構成内容はあまり変わらず，摂取するそれぞれの食品の量やタイミングが水泳選手にとっては重要であるということである。

この5つの食品群からなる「栄養フルコース型」の食事では，前項で示した5大栄養素の確保が容易であることが特徴である。主食には炭水化物（糖質）が豊富に含まれ，水泳選手にとって必要なエネルギーの確保が可能となる。おかずや乳製品にはタンパク質，カルシウム，鉄，脂質が豊富に含まれカラダづくりに貢献する。野菜や果物には，ビタミン，ミネラル，そして食物繊維が豊富に含まれるのでコンディショニングに貢献する。野菜には色の薄い野菜（レタスやキャベツなど）と色の濃い野菜（かぼちゃやにんじん，ほうれん草など）があるが，色の濃い野菜にはビタミンが豊富に含まれ，また根菜類（にんじん，ゴボウなど）には食物繊維が豊富に含まれるので，さまざまな種類の野菜をしっかり摂るべきである。また果物にも酸味のある果物（柑橘類など）と酸味がない果物（ももやバナナなど）があるが，酸味のある果物にはビタミンCが豊富に含まれる。果物も野菜同様，同じ食品ばかりに偏るのではなく，季節ごとに旬の食材を積極的に摂取することを推奨する。

図1-5-1には「栄養フルコース型」の食事について，図1-5-2には合宿時の食事メニュー例を示す。

図1-5-1 「栄養フルコース型」の食事

②シーズンと食事

多くのスポーツ選手にとって、試合でのピークパフォーマンス発揮を目指して、長期・中期・短期の目標を立て、シーズンを期分け（ピリオダイゼーション）してそれぞれの体力要素を強化していく。ここでは「オフ期」「体力強化期」「強化練習期」「（調整を含む）試合期」に分けて解説する。体力強化期はオフ期から練習期への移行期でカラダづくりを目的とし、強化練習期は合宿などを指す。個人レベルにおいては、それぞれの期においても体重管理（増量や減量）や障害や外傷からの回復などさまざまな目的があるであろう。

シーズンをこのように期分けしても、そのうえで食事の基本は「栄養フルコース型」であることをまず理解する必要がある。

[オフ期]

この期であれば、活動量は低下するために摂取エネルギー量をコントロールする必要はあるが、摂取すべき栄養素の種類は変わらないため、食事を量で調整する必要がある。著しい体重変動は、その後のトレーニング開始時のコンディショニングを困難にさせる場合が多いため、体重管理をしながら食事量をコントロールしたいものである。

[体力強化期]

この期では筋力の向上と有酸素運動を中心とした持久力の向上を期待するため、食事においてはタンパク質の摂取を意識する必要がある。トレーニングによる活動量自体は強化練習期に比べ低いため、摂取エネルギーはコントロールする必要がある。具体的には脂質の摂取を控えることが望ましく、低脂肪・高タンパク質の食材（脂身の少ない肉や魚、または低脂肪乳の利用）や脂質の過剰摂取を避ける調理法（揚げ物を減らすなど）に基づく食事をすることに心がけたい。

[強化練習期]

この期では、トレーニングの質および量が高まり、消費エネルギーが増えるため、食事全体の量を増やす必要がある。気候や疲労感から食欲が低下したり、また消化機能の低下から、合宿後半になると食事の量が減ってくる選手も散見されるが、高強度のトレーニングを継続する際には、十分なエネルギーおよび栄養素の確保がなされないとトレーニング効果が期待できないばかりか、障害を起こしやすくなる。このため食事では消化吸収を考慮した調理法や、食欲を高める香辛料などを用いた料理を食事に用いることが勧められる。同時に食事からトレーニング開始まで2〜3時間程度の十分な時間を確保することや、補食を上手に取り入れ1日を通じて十分なエネルギーおよび栄養素の確保を目指したい。夏合宿のように暑熱環境下でのトレーニングであれば、水分補給に注意することはいうまでもなく、水分とともに糖質および電解質が摂取できる飲料を用いるべきである。

朝食

昼食

夕食

図1-5-2 合宿時の食事メニュー

[試合期]

　この期では前日までのコンディショニングと試合当日のエネルギー確保が重要であり，主食と果物の摂取が重要になる。前日までの調整では，テーパリングにより活動量が低下することから食事の摂取量をコントロールする必要があり，併せて糖質主体の食事を摂ることが勧められる。試合当日は試合時間に合わせた食事時間を確保することも重要であろう。

③年代別・性別による違い
[成長期の食事と栄養]

　発育・発達期にある選手は食事や栄養に関心をもつ必要がある。生理学的観点からも，成長に伴いエネルギーや栄養素等の要求性が高まる時期である。一般の生活レベルにある身長160 cmの12～14歳の推定エネルギー必要量は2,650 kcalで，これは18～49歳（身長170 cm）と同じ数値である。カルシウムや鉄の目安量や推奨量にいたっては成人よりも高い数値が示される。よって，栄養バランスの取れた「栄養フルコース型」の食事を毎食しっかり摂ることが重要である。

　近年，子どもの生活習慣の乱れや不規則な食生活，また体力の低下が危惧されている。子どもの食事においては孤食の機会が増え，家族から食事のマナーや食に関する知識を享受する機会が減り，また加工食品やファストフードなど栄養バランスの偏った食事による小児肥満の増加の懸念もされている。朝食欠食の割合は，15～19歳男子で昭和50年（1975年）では10.7%であったのが，平成15年（2003年）には14.0%と上昇している[17]。このような傾向は，スポーツに取り組む子どもにおいても同様と考えられる。筆者はスポーツ活動に取り組む子どもたちの食生活について，摂取栄養素レベルでの問題や食教育の問題を挙げ，中学生・高校生世代の日本におけるトップクラスの選手であっても必ずしも十分な食事がとれていないことを指摘している[18]。スポーツ活動は主に学校の授業が終わった後に行われているため，トレーニング終了時刻が夜遅くになる場合もある。スポーツ活動を精力的に取り組むところでは早朝のトレーニングも実施しており，このようなトレーニングに毎日励む子どもは，疲労感や脱力感，また睡眠不足などの体調不良を訴える場合も少なくない[19]。トレーニングが夜遅くまで行われ，夕食の食事時間が遅くなることで，就寝時間がさらに遅くなり，翌朝の起床時間の遅れが朝食の摂取低下につながることも考えられる。また，トレーニングによる疲労や夜遅くの乱れた食生活は，起床時の倦怠感や腹部膨満感を引き起こし，その結果，朝食の摂取意欲を低下させているのかもしれない。このような現状をかんがみ，より一層の食生活や食行動に関する教育や学習の機会を子どもに提供する必要があると考えられる。

　また，1989年から1990年の日本と中国の高校生トップスポーツ選手の栄養摂取状況に関する比較研究では，中国選手の栄養摂取量は日本選

手の栄養摂取量をはるかに上回るものであったことが報告されている[20]。さらに，日本選手の栄養摂取状況は，当時の日本人の栄養所要量（現在の食事摂取基準）と比較しても，ほとんどの栄養素において下回るものであった。食欲の差が競技成績の差になった時代であるが，この報告から20年近くが経過し，スポーツ選手の栄養摂取状況は少しずつ改善されてきたと思われる。しかし，高校生もまだ成長期にあるので，この時期の栄養教育にも充実が望まれる。

[女子選手の栄養]

女子選手の場合，一般女性と同様にやせ願望をもつ場合も多く，適切な食事栄養の摂取を妨げ[21]，摂食障害，月経異常および骨粗鬆症などいわゆる "The Female Athletes Triad"（女子アスリートの3主徴）の発生が危惧される[22]。そのため，女子選手には男子選手以上にボディイメージを含めた栄養教育が必要かもしれない。

女子選手においては，主食（炭水化物を豊富に含む食品）は太るとイメージしがちであり，十分なグリコーゲン貯蔵がなされるだけの炭水化物摂取がなされていない可能性もある。また貧血や無月経，希発性月経を呈する女子選手も少なくないので，貧血には十分な鉄を，また月経異常にはカルシウムとビタミンDが含まれる食品を摂取することが勧められる。

4 サプリメントの活用

近年，スポーツ選手のコンディショニングや最大パフォーマンスの発揮に及ぼす食事や栄養の重要性が認知されるとともに，スポーツサプリメントも普及してきた。サプリメントとはその名の通り「補助」するものであり，食事だけでは不足する栄養素を補う栄養補完の目的がある。とかくタブレットや粉末など特殊な食品形態を想像しがちであるが，コンビニエンスストアやスーパーマーケットで間食（補食）として購入する食品もサプリメントとして考えることができる。合宿中で夕食に乳製品が摂れなかったため，その後フルーツヨーグルトを購入して摂取する選手がいれば，明らかにカルシウム補給を目的に商品購入していると考えられる。このとき，摂取する食品がカルシウムタブレットであってもヨーグルトであっても，選手が期待するカルシウム量を摂取することができれば栄養補完はなされたことになる。一方で，「栄養素」ではないスポーツサプリメントも流通している。その多くは競技力向上を目的として販売されており，欧米ではエルゴジェニック（ergogenics）と呼ばれている[23]。

サプリメントはその利便性や嗜好性などにより選ばれがちであり，また，選手の多くはコーチや友人からの勧めにより摂取するが，サプリメントを使用する際は，適切な摂取方法やその食品成分の有する価値（効

果)について十分認識しておく必要がある。そして，スポーツサプリメントは「食品」であることから，「安全」に摂取されることが最優先されなければならない。海外ではスポーツサプリメントにドーピング禁止薬物が混入されてドーピング違反になった例も報告されている。いわゆる健康(補助)食品においても海外輸入商品に医薬品が混入され，摂取した人の死亡例まで報告されている昨今では，サプリメントの安全性がいっそう問われるようになってきた。日本では2002(平成14)年に日本アンチ・ドーピング機構(JADA)が発足し，ドーピングの観点から安全と認められたサプリメントにJADAの公認マークが与えられている。詳細はJADAのホームページで確認することを勧める。

いずれにせよ，サプリメントを活用することは水泳選手にとって有効であると考えるが，それは日常の食事がしっかりと摂取できていることが大前提であることはいうまでもない。

①プロテイン

プロテインは，最も多く使用されるサプリメントの1つである。原料としては乳タンパク質(カゼイン)，乳清タンパク質(ホエイ)，大豆タンパク質(ソイ)などが市販されている。選手自身が1日に摂取するタンパク質量を把握し，計画的に摂取することが勧められる。トレーニング目的やシーズンによってプロテインの摂り方もさまざまであろう。

体力強化期では，カラダづくりを目的とするためトレーニング計画に合わせて摂取することを勧める。レジスタンストレーニングのように筋肉に負荷をかけるトレーニング時にはトレーニング直後に粉末プロテインであれば，牛乳もしくは低脂肪乳のようにタンパク質が含まれる液体に溶かして摂取すると，牛乳由来のタンパク質も同時に摂取することができる。一方で強化練習期には，ゲーム形式のトレーニングなど活動量が増えてくるためタンパク質栄養の補給に加えて炭水化物(糖質)の補給も必要になる。それぞれ別の形で補給することが可能であればよいが，粉末プロテインを果汁ジュースなど糖質が比較的たくさん含まれる液体で溶かして摂取することで，これら両方の栄養素を摂取することが可能である。運動直後の筋肉中のグリコーゲン回復のための食品として糖質を単独で摂取するよりも，タンパク質を一緒に摂取した方がその回復量が高まることが報告されており[24]，このプロテインと果汁ジュースの組み合わせは効率的な摂取方法の1つであるといえる。また，1回あたりのプロテイン摂取量は，体タンパクの合成量を測定した研究から20～25gがよいとされている[25]。

また，減量のためにプロテインを使用することも有効である。体力強化期や強化練習期でプロテインを食事と一緒に摂取する場合は，食後の摂取が勧められる。これは食前に摂取することで満腹感を感じ，食事全体の摂取量の低下を避けるためである。逆に，減量時には，食前に摂取

[日本アンチ・ドーピング機構]
http://www.playtruejapan.org

することで食事の量をコントロールすることができる。減量中の食事は，エネルギー摂取量を制限しながら，ビタミンやミネラル，そしてタンパク質の摂取量を確保することが重要であるため，市販の粉末プロテインを使うことで食事計画を上手に立てることが可能となる。

②アミノ酸

　タンパク質の構成成分であるアミノ酸がサプリメントとして市販されているが，大別すると混合アミノ酸（もしくはペプチド）と分岐鎖アミノ酸（BCAA；branched chain amino acids）の2つがある。前者は主に疲労回復への効果が期待されている。筋肉に負荷のかかるエキセントリック運動後の筋損傷や筋パワーの回復への効果が報告されている[26,27]。

　後者は3種類の分岐鎖アミノ酸であるバリン，ロイシン，イソロイシンの混合物を指す場合が多い。このBCAAは筋タンパク質の分解抑制効果[26]や筋組織におけるエネルギー源としての効果[27]，また中枢性疲労の軽減効果[28]が期待されている。

　最近では，このように個々のアミノ酸の機能が注目されているが，単一のアミノ酸を過剰に摂取した場合，アミノ酸インバランスや腹痛・下痢（消化管管腔内浸透圧の上昇）を引き起こす可能性があるため注意する必要がある。

③ミネラル・ビタミン

　ミネラルサプリメントやビタミンサプリメントは最も汎用的なサプリメントの1つである。ミネラルについてはカルシウムや鉄が挙げられるがこれら栄養素はいずれも摂取上限値のあるため，摂取量や摂取方法に気をつける必要がある。カルシウムのサプリメントを摂取する場合，フラクトオリゴ糖に代表される難消化性糖質はその吸収を高めることが知られ，ビタミンD同様一緒に摂取することが勧められる。一方で，加工食品に多量に使用されるリンやフィチン酸やシュウ酸といった成分はカルシウムの吸収率の低下やカルシウムバランスを低下させる。鉄はその原料がヘム鉄か非ヘム鉄（無機鉄）かを食品表示で確かめたい。非ヘム鉄はヘム鉄に比べ吸収率が低いが，ビタミンCなどと一緒に摂取することで吸収率が向上する。フィチン酸やポリフェノールなどの食事成分や多量のカルシウム摂取は鉄の吸収率を低下させるので注意が必要である。サプリメントとして鉄とカルシウムを摂取する場合は，これら2種類のサプリメントを異なる時間帯に摂取することを推奨する。

　一方，ビタミンについてはマルチビタミンが一般的である。個別のビタミンとしてはビタミンB群やビタミンC，抗酸化ビタミン（A，C，E）などが市販されている。水溶性ビタミンは体内貯蔵量が少なく代謝回転が速いため，一度にたくさんの量を摂取するよりは適当量を習慣的に摂取することが勧められる。ビタミンBに関しては，B_1やB_2など単体で摂取するよりB群（B_1，B_2，B_6，B_{12}，パントテン酸，ナイアシン）

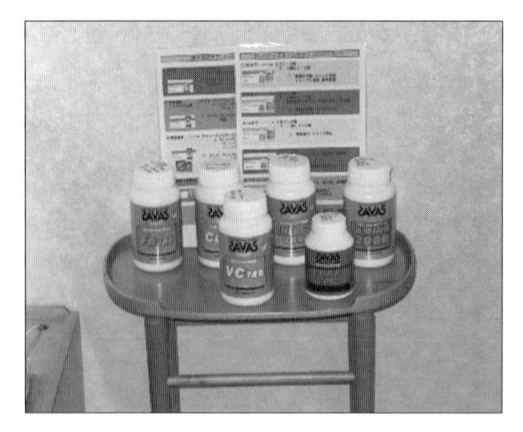

図1-5-3 いろいろなサプリメントとJADA公認マーク
写真のボトルのように，鉄，カルシウム，マグネシウム，アミノ酸（BCAA），ビタミンB群・Cといったものがある。

として摂取した方が効果的である。ビタミンCはストレスにより分解しやすいビタミンであるため，強化練習や試合期には積極的な摂取が勧められる。

④クレアチン

　サプリメントの1種であるクレアチンを摂取することにより，筋中のクレアチンリン酸濃度が上昇し，瞬発力（ATP-PCr系のパワー発揮能力）が高まることがわかっている[23]。クレアチンは食肉中に含まれる成分であり，日本では食品に分類されるので，決められた量を守って摂取すれば，副作用等はない。しかし，有効なサプリメントである反面，パワー出力が増すだけに筋や靭帯等にかかる負担も大きくなり，安易に摂ることで筋肉のけいれん等の不都合な事態を招くとされる。そのため，使用にあたっては栄養の専門家に相談するか，少なくとも，1)食事の質と量を適切な状態にし，2)水分の充分な補給を行い，3)禁煙・節酒，4)ウォーミングアップとクーリングダウンをしっかりと行い，5)信用できるメーカーの製品を選ぶといったことが必要となる。また，筋中濃度を最大にするためのローディング期（1日20gを4回に分けて6日間摂取）と，身体を慣らすためのメンテナンス期（1日5gを1週間以上）の用法・用量を守ることも重要である。

5 試合に向けた栄養摂取

①試合前の食事

　試合に向けた調整期における食事面での注意すべき点は，炭水化物（糖質）の摂取と摂取エネルギーのコントロールである。試合に向けトレーニング量が低下することに伴って食事の量を上手にコントロールする必要がある。

食事の内容としてはグリコーゲンローディングに代表される高炭水化物食を意識すべきである。これは食事エネルギーの70％程度が炭水化物（糖質）を占める食事のことである。炭水化物（糖質）は水泳選手にとっての直接的なエネルギー源となるため十分に貯蔵量を高めておく。具体的には主食と果物を中心とした食事に適量のおかず，野菜，乳製品を組み合わせるのがよい。試合前日の夕食や試合当日の朝食は，特に脂質やタンパク質の多い食品を摂ることは避けたいところである。というのは，これらの栄養素が含まれる食品は，胃内滞留時間が長いため，試合前の食事としてはあまり適当ではないからである。また，野菜の中でも根菜類には食物繊維が豊富で，このような食品をたくさん摂取することも避けたいところである。なお，食品衛生の点からは，摂取する食品は加熱食品であることも重要である。生ものを摂取したことによる食中毒などは絶対に避けなければいけない。

図1-5-4　試合前の軽食
写真は，試合3時間前の軽食例。

　試合当日の朝食は，午前に試合がある場合，少なくとも試合開始3～4時間前までには済ませておきたい。午後の試合であれば，直前の食事を試合開始3～4時間前になるよう準備するのが適当であり，朝食の時間と内容をコントロールする必要がある。試合の時間によっては消化吸収のよいお粥などを主食として摂取することもよいが，お粥は白米を水分で炊き込むため，白米と同じ茶碗1杯でも普通の白米よりはそこに含まれる炭水化物（糖質）量が少なくなっていることも意識しなければいけない。

②試合前の栄養摂取

　ウォーミングアップ開始前やアップ中，アップ後にも適度なエネルギー補給が必要になる場合がある。試合当日の食事は消化吸収を意識した食事のため，若干の空腹感を招くこともある。このようなときは，食品の消化吸収を考慮して，「水分が豊富に含まれる食品」で「炭水化物（糖質）」中心の食品を摂ることを勧める。空腹時は血糖値の低下を引き起こしている場合もあり，集中力を低下させる。勧められる食品としては，具体的にはスポーツドリンク，エネルギー系のゼリードリンク，果物などが挙げられる。一度にたくさん口にするのではなく，よく噛んで，少しずつ，ゆっくり口に入れることが基本となる。一度に大量の糖質を摂取するとインシュリンショックと呼ばれる，一時的な低血糖状態を引き起こす場合がある。このような状況に陥らないよう注意する必要がある。

③試合中，試合間の栄養摂取

　本来は運動中も糖質補給をすることで持久運動時の血糖値の維持とパフォーマンスの持続に有効であることが報告されている[29]が，レースや演技の時には補給はできない。また，多量の糖質補給を期待して糖濃度の高い飲料を摂取した場合，胃から小腸への速やかな移行がなされない。ブドウ糖であれば2.5％以下の薄い糖濃度が推奨されている[30]。しかし

ブドウ糖が5～10個程度結合したマルトデキストリンが含まれる溶液を摂取した場合，10～20％の糖濃度のドリンクを調製しても浸透圧を低く抑えることができ，速やかな消化管での吸収が観察されている[31]。

筆者らはサッカーの試合をシュミレーションし，45分×2回の間欠的運動の間（ハーフタイム）に，水もしくは50ｇのマルトデキストリンか果糖を含む飲料をそれぞれ摂取させ，間欠的運動終了後のスプリントパフォーマンスを評価し，ハーフタイムでの摂取する糖質の有効性を評価した。その結果，マルトデキストリン溶液の摂取が水および果糖溶液の摂取に比べ，高いパフォーマンスを発揮するとともに主観的運動強度（RPE）も良好に保たれる結果を示した[32]。このことから水泳競技においても，1日に何本も泳ぐ場合や，水球の休憩時間など限られた時間をより有効に活かすために，摂取する成分や摂取方法にも留意する必要がある。

④試合後の栄養摂取

試合終了後は，血糖値の低下や筋グリコーゲン量の低下など，生体内のエネルギー貯蔵が低下した状態にある。翌日も試合がある場合や大会で毎日何本も泳ぐような場合もある。試合が終了したそのときから，次の試合に向けた準備がすでに始まっているといえる。このような場合は，試合後の速やかな栄養補給がコンディショニングにおいて重要な役割を担う。

アイヴィー（Ivy）らは，70分間の運動直後に糖液（マルトデキストリン溶液）を摂取したグループと，運動2時間後に同様の液体を飲んだグループにおいて，外側広筋のグリコーゲン量を比較した結果，運動直後に摂取したグループが，摂取後2時間のグリコーゲン量に有意な上昇を観察した[6]。そもそも食後など血糖値が上昇しているときは，筋肉へのブドウ糖の取り込みはインシュリンを介して行われるが，運動直後はインシュリンを介さず筋肉に取り込まれることが知られている。運動後に安静にして糖液を摂取することで，インシュリン分泌も亢進し，それぞれ異なる経路で筋肉にブドウ糖が取り込まれるため，より効率的にグリコーゲン回復が望めるものと考えられる。そのため，できるだけ試合終了直後に摂取することが速やかなグリコーゲンの回復に適していると考えられ，シャワーを浴びる前に摂取したいところである。このような意味において，すぐに摂取可能なスポーツドリンクやゼリードリンクなどは利便性の面からその摂取に意義がある。前述のとおり，グリコーゲンの回復には糖質と一緒にタンパク質やクエン酸を摂取することにより，回復効果が増大することが期待されるので，これら成分が含まれる食品を摂取することも推奨される。クエン酸には，高強度運動後の代謝性アシドーシスの緩和作用（乳酸蓄積が引き起こす局所的なアシドーシスを中和する作用）も期待されるため[33]，試合後の疲労回復には適している

と考えられる。

⑤試合後の食事

試合後の食事を考えた場合,「エネルギーの確保」「消化吸収のよいもの」「十分なタンパク質」の3点に注意する必要がある。エネルギーの確保には炭水化物を中心に摂取し,24時間以内の炭水化物摂取量は体重1kgあたり7～10gを目標とする。これは筋グリコーゲン量の十分な回復を期待する目安量であり,体重70kgの選手であれば490～700g(1,960～2,800 kcal)の炭水化物となる。炭水化物のエネルギー比が55～65％に維持されていれば,約2倍程度のエネルギー摂取(4,000～6,000 kcal)において可能となる。

試合に向けた調整から試合当日までは炭水化物中心の食事であったため,試合後の食事ではしっかりとタンパク質も確保する必要がある。試合の内容によっては,強い負荷が筋肉にかかり,筋損傷が引き起こされる。これら筋肉の回復においてもタンパク質栄養は重要であり,栄養価の高いタンパク質(肉,魚,卵,大豆製品など)をしっかり摂るべきである。

水泳選手にとってパフォーマンスの向上やコンディショニングに食事や栄養が重要であることはいうまでもない。しかし,試合当日など特別な日に,特別な食事やサプリメントを摂っても,本質的には「いい準備ができた」とは言い難い。水泳では,日々「考えながら」トレーニングに励み,その積み重ねによってパフォーマンスやスキルを向上させていくのと同様に,食事や栄養も日々の積み重ねが大事である。

選手自身が自らの食生活を振り返り,問題意識を明確にすること。そして,その問題を解決するための手段を考え,実践・継続していくことが重要である。そのためには自己管理できる能力を身につける必要がある。食事はいつも決まった場所で,決まった時間に摂るわけではない。遠征や合宿では,ビュッフェ形式の食事の場合もある。自分にとって必要な食品を選択できるスキルを身につけておかなければならないし,外食でも嗜好性に依存するのではなく,栄養面をしっかりと考慮した食事を摂らなければならない。このように自分自身を管理できる行動が定着できるよう日々食事と向き合っていくべきである。

また,できるだけ若年時に正しい食事栄養の知識や態度,行動を身につけたいものである。「食育」という言葉は近年身近なものになってきているが,「水泳選手としての食事」の前に,「食について考えたり,体験する」ことも重要である。「いただきます」「ごちそうさま」がしっかりと言えること。残さず食事をすることは,自分自身の栄養生理学的側面だけではなく,食事を提供してくれた人,あるいはその食材の生産者への感謝の気持ちを表すこと。そして食を通じて仲間や家族とコミュニケーションがとれること。このように食事はカラダだけの栄養ではなく

心の栄養にもなることを体験的に理解してほしい。

　なお，選手の心とカラダ，そしてパフォーマンスとコンディションに影響を及ぼすであろう食事については，選手のみならず周囲の支援も必要である。成長期の選手であれば，食事の管理は保護者など選手以外の人に委ねられている場合が多い。その結果，選手自身が意思決定できる機会が少ない。指導者や保護者も含め，選手を取り囲む支援者がよりいっそう食事や栄養に関して理解を深めていただきたい。　　［杉浦克己］

参考文献
1) 杉浦克己 監訳「F-MARC サッカー栄養学～健康とパフォーマンスのための飲食に関する実践ガイド～」(2005年9月チューリッヒのFIFA本部で開催された国際コンセンサス会議での検討に基いて)
http://www.jfa.jp/football_family/pdf/medical/Nutrition_for_Football.pdf（2014年10月1日）
2) Williams C. (1995)「Macronutrients and performance.」『J. Sports Sci.』13：S1-S10．
3) Trappe TA, Gastaldelli A, et al. (1997)「Energy expenditure of swimmers during high volume training.」『Med Sci Sports Exerc.』29：950-954．
4) Ebine N, Feng JY, et al. (2000)「Total energy expenditure of elite synchronized swimmers measured by the doubly labeled water method.」『Eur J Appl Physiol.』83：1-6．
5) Costill DL, Flynn MG, et al. (1988)「Effects of repeated days of intensified training on muscle glycogen and swimming performance.」『Med Sci Sports Exerc.』20：249-254．
6) Ivy JL, Katz AL, et al. (1988)「Muscle glycogen synthesis after exercise：effect of time of carbohydrate ingestion.」『J Appl Physiol.』64：1480-1485．
7) Saitoh S, Yoshitake Y, et al. (1983)「Enhanced glycogen repletion in liver and skeletal muscle with citrate orally fed after exhaustive treadmill running and swimming.」『J. Nutr. Sci. Vitaminol.』29：45-52．
8) Fushimi T, Tayama K, et al. (2002)「The efficacy of acetic acid for glycogen repletion in rat skeletal muscle after exercise.」『J. Sports Med.』23：218-222．
9) Morifuji M, Sakai K, et al. (2005)「Dietary whey protein increases liver and skeletal muscle glycogen levels in exercise-trained rats.」『Br. J. Nutr.』93：439-445．
10) Lemon PWR. (1996)「Is increased dietary protein necessary or beneficial for individuals with a physically active lifestyle?」『Nutr. Rev.』54：S169-S175．
11) Levenhagen DK, Gresham JD, et al. (2001)「Postexercise nutrient intake timing in humans is critical to recovery of leg glucose and protein homeostasis.」『Am. J. Physiol. Endocrinol. Metab.』280：E982-E993．
12) Tipton KD, Ferrando AA, et al. (1999)「Postexercise net protein synthesis in human muscle from orally administered amino acids.」『Am. J. Physiol.』276：E628-E634．
13) Sugita M, Ohtani M, et al. (2003)「Effect of a selected amino acid mixture on the recovery from muscle fatigue during and after eccentric contraction exercise training.」『Biosci Biotechnol Biochem.』67：372-375．
14) Sumi K, Sakai K, et al. (2006)「The effects of soy peptide on isometric performances and serum CK and LDH trends after high intensity repetitive eccentric exercise.」『Jpn. J. Phys. Fitness Sports Med.』55：S257-S262．
15) van Beek EJ, Dokkum W, et al. (1988)「Thiamin, riboflavin, and vitamins B-6 and C：impact of combined restricted intake on functional performance in man.」『Am. J. Clin. Nutr.』48：1451-1462．
16) 杉浦克己 (2001)「スポーツ選手の基本的な食事のあり方」トレーニング科学研究会 編『競技力向上のスポーツ栄養学』朝倉書店．pp.5-11．
17) 健康・栄養情報研究会 編 (2006)『平成15年国民健康・栄養調査報告』第一出版．p.315．
18) 杉浦克己 (2003)「スポーツ活動と栄養」『子どもと発育発達』1：221-226．
19) 小田あずさ，酒井健介，杉浦克己 (2002)「2002茨城インターハイ陸上競技選手の食生活調

査」『日本発育発達学会第1回大会報告』
20) Okano G, Taguchi M, et al.（1993）「A survey comparing nutritional status and exercise training programs between adolescent Japanese and Chinese athletes.」『Jpn. J. Pphys. Fitness Sports Med.』42：446-454.
21) Perron M. and Endres J.（1985）「Knowledge, attitudes, and dietary practices of female athletes.」『J. Am. Diet. Assoc.』85：573-576.
22) American College of Sports Medicine.（1992）「The female athletes triad：Disordered eating, amenorrhea, osteoporosis：Call to action.」『Sports Medicine Bulletin』27：4.
23) Williams MH.（樋口満 監訳，杉浦克己，奈良典子，山口英裕 訳）（2000）『スポーツ・エルゴジェニック　限界突破のための栄養・サプリメント戦略』大修館書店
24) Zawadzki KM, Yaspelkis BB III, Ivy JL.（1992）「Carbohydrate-protein complex increases the rate of muscle glycogen storage after exercise.」『J. Appl. Physiol.』72：1854-1859.
25) Moore DR, Robinson MJ, et al.（2009）「Ingested protein dose response of muscle and albumin protein synthesis after resistance exercise in young men.」『Am J Clin Nutr.』89:161-168.
26) Blomstrand E and Saltin B.（2001）「BCAA intake affects protein metabolism in muscle after but not during exercise in humans.」『Am. J. Physiol. Endocrinol. Metab』281：E365-E374.
27) Lemon PWR, Mullin JP.（1980）「The effect of initial muscle glycogen levels on protein catabolism during exercise.」『J. Appl. Physiol. Respir. Environ. Exerc. Physiol.』48：624-629.
28) Newsholme EA, Acworth IN, Blomstrand E.（1987）「Amino acids, brain neurotransmitters and functional link between muscle and brain that is important in sustained exercise.」『Advances in Myochemistry』ed. BENZIG., pp.127-138, John Libbey Eurotext.
29) Coyle EF, Coggan AR, et al.（1986）「Muscle glycogen utilization during prolonged strenuous exercise when fed carbohydrate.」『J. Appl. Physiol.』61：165-172.
30) Costill DL and Saltin.（1974）「Factors limiting gastric emptying during rest and exercise.」『J. Appl. Physiol.』37：679-683.
31) Vist GE and Maughan RJ.（1995）「The effect of osmolality and carbohydrate content on the rate of gastric emptying of liquids in man.」『J. Physiol.』486：523-531.
32) Sugiura K and Kobayashi K.（1998）「Effect of carbohydrate ingestion on sprint performance following continuous and intermittent exercise.」『Med Sci Sports Exerc.』30：1624-1630.
33) Horswill CA.（1995）「Effect of bicarbonate, citrate, and phosphate loading on performance.」『J. Sport Nutr.』5：S111-S119.

水泳の医学

SECTION 6

1 メディカルスタッフの役割

①チームドクターの役割

　競技の現場において，メディカルスタッフは選手のコンディションを良い方向に向け，最良な状態で競技を行わせることが主な役割となる。コンディションは病的な異常状態からベストコンディションまで連続している。例えば内科的な症状としては軽い順に，食欲低下，疲労感，頭痛，咳，咽頭痛，便秘，下痢，嘔吐，発熱，呼吸困難などがあり，運動器の障害としては軽い順に，運動時のバランス不良，筋のハリ，違和感，引っかかる感じ，痛み，熱感，腫脹，しびれ，麻痺などがある。これらの連続するコンディションにおいて正常と異常の間の線を引くことは難しい（図1-6-1）。病院などの医療施設においては治療を必要とする症状か否かを医師が診断し，治療の対象とならない症状に対しては自然寛解を期待して経過を観察する。しかし，競技の現場においては選手をベストコンディションで競技に向かわせるために，軽微な症状に対してもで

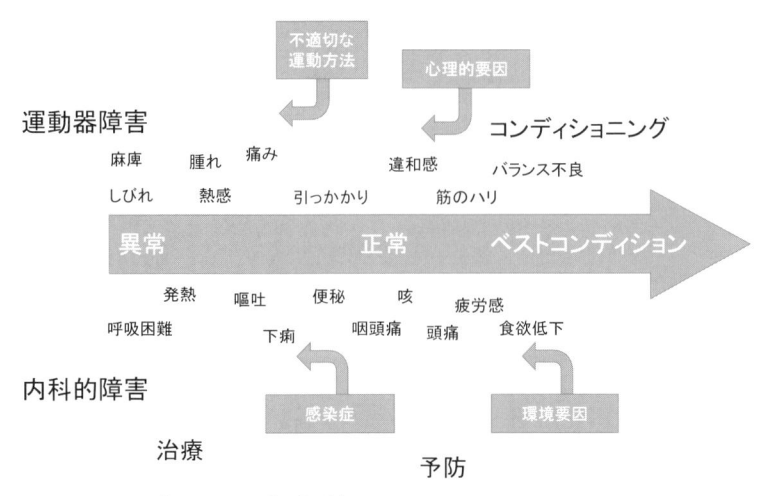

図1-6-1　コンディショニングの線引き

きるだけ積極的に介入していくことが求められる。コンディションを良い方向にするために、何らかの炎症に対しては消炎鎮痛剤が投与されるが、軽い症状に対しては、鍼灸、物理療法、マッサージ、ストレッチなどの手法で対処される。ドクターとトレーナーは連続したコンディションを良い方向に動かす意識を持ち、互いに連携することが重要となる。また内科的な症状に対しては症状が悪化してからの対応ではなく、早期に発見し、早期に対処することに務める。選手に対して、"大丈夫か？"と聞くと、"大丈夫です"と応えがちである。"何かつらかったり、困ったりしている症状はないか？"と些細な症状も話せるような接し方が望まれる。

　コンディションを悪化させる要因としては、不適切な運動方法、感染、時差、気温、食事などの環境要因、心理的要因などが挙げられる。チームドクターは他のスタッフや指導者と連携してこれらの負の要因を減らすように務め、コンディションの低下を未然に防ぐことに留意する。これらの予防策や早期発見・早期対処を心がけることによって選手のコンディションが良好に保たれる。競技会での帯同ドクターはドーピング検査への対処以外は"何もすることがなくなっている状態"が望まれる。

〔金岡恒治〕

②トレーナーの役割

　トレーナーはチームを構成するメディカルスタッフの一員として、主として選手が最高のパフォーマンスを発揮するために必要な身体のケア、コンディショニングを担当する。ここでいうトレーナーとは「チームドクターおよびコーチなどと連携し、選手の健康管理、安全管理、救急処置、スポーツ障害・外傷の予防とケア、アスレティックリハビリテーションおよび競技力維持・向上を目的としたトレーニングやコンディショニングなどにあたる者」ということになる。

　水泳の現場では、従来から疲労回復のためのマッサージが行われてきた。現在では、身体の機能改善目的のマッサージをはじめ、パフォーマンスに繋がるコンディショニング、傷害予防、アスレティックリハビリテーションなど、トレーナーの活動内容は多岐にわたる。

　トレーナーの対応側面を身体面、心理面、環境面に分類すると以下の通りである。身体面では、繰り返される水泳動作により発症する水泳肩や平泳ぎ膝など、種々のスポーツ傷害に対するケアと予防を行う。特に傷害予防では自己管理方法をわかりやすく指導し、選手自身の自覚に基づいて主体的に自己管理が実践されるように指導する事が重要となる。心理面では、大会期間中に精神的なストレスにより、情緒的に不安定になったり、身体面に対する不定愁訴を呈したりする場合がある。そのため、身体面のケアだけでなく、心理面のコンディションを専門家やチームドクター、コーチと相談し、整えていくこともトレーナーの重要な役

割となる。環境面では，遠征地での試合であれば，現地の気候（天候，温度，湿度），宿舎先（ベット・枕の硬軟，風呂，空調）の状況，食事・水，移動時間や時差に関する情報を入手し，移動中や現地での健康管理について対応策を準備することが必要とされる。

　日本におけるトレーナーは，国家資格として確立されていない。ゆえに，理学療法士，柔道整復師，鍼・灸師，按摩マッサージ指圧師，日本体育協会認定アスレティックトレーナー，他トレーナー関連資格など多様な資格を有するトレーナーが存在する。そのため，トレーナーは，必要とされる知識・技術の恒常的な修得は勿論，それぞれの専門性を生かしたトレーナー活動がチームとして機能するように，体制整備することも望まれる。

[加藤知生]

2 診療科別にみる疾病・障害の対応・予防

①整形外科

　水泳競技における外傷・障害は，図1-6-2に示すとおり，種目により異なるものの腰部，肩関節部，膝関節部に多い。また，外傷よりも繰り返し動作による「使いすぎ（Overuse）」障害が多いことが特徴である。
　以下に，代表的な障害について述べるが，症状の誘発テストについては「3-②整形外科的メディカルチェック」の項を，予防対策の詳細については「7障害の予防対策」の項を参照されたい。

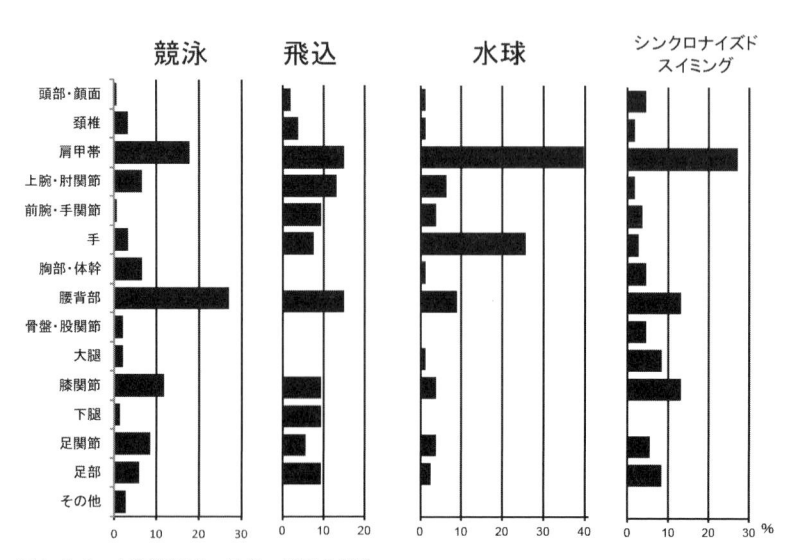

図1-6-2　水泳競技別　外傷・障害の割合
（出典：文献1）より改変）

[腰部]
● 前屈型の腰痛：腰椎椎間板ヘルニア，椎間板障害

　椎間板は，背骨（脊椎）の骨と骨の間にあり，クッションの役割を果たしている（図1-6-3）。このクッションの水分量が減少し，衝撃に弱くなった状態が変性であり，腰痛の原因となることがある（椎間板障害）。また，変性した椎間板が飛び出して神経にさわり，腰痛や下肢の痛み，筋力低下が生じた状態をヘルニアと呼ぶ。一般的に，椎間板のヘルニアや変性では，腰椎を前屈させた時に腰痛が増悪することが多い。前屈時に下肢への放散痛やしびれを認める場合は腰椎椎間板ヘルニアを疑い，MRI（Magnetic Resonance Imaging）等の精査を行う必要がある。また，SLRテスト（Straight leg raising test：下肢伸展挙上テスト（p.102，図1-6-11）は腰椎椎間板ヘルニアの補助診断として有効なテストである。急性期は，安静，練習量の制限や，消炎鎮痛剤の内服等を行う。症状が強い場合には，硬膜外ブロック療法等が有効なこともある。突出した椎間板（ヘルニア）の中には自然に吸収される，もしくは縮小するものもあるため（図1-6-4），治療の基本は保存治療である。症状が長引く場合や再発例，選手がより早期の競技復帰を目指す場合には手術も考慮される。症状の発症予防や再発予防には，体幹深部筋強化が有効と考えられている。

● 伸展型の腰痛：腰椎椎間関節障害，腰椎分離症（関節突起間部の疲労骨折）

　ストリームラインをとることによる腰椎の伸展に加え，自由形の呼吸時の体幹の回旋や，平泳ぎ，バタフライにおける腰椎の過伸展により，椎間関節や関節突起間部といった腰椎の後方要素（図1-6-3）へ負荷が加わり発症すると推測されている。腰椎の伸展時に腰痛が増悪することが多い。Kemp手技（p.102，図1-6-12）が診断に有用である。ストリームラインをとる際に，肩甲骨周囲や胸郭が硬く上肢の挙上制限がある場合や，股関節の伸展制限がある場合には，腰椎を反らす（前弯を増やす）ことで代償するため，伸展型の腰痛発症のリスクが高くなる。したがって，肩甲骨周囲および，胸郭，股関節のストレッチングを行い，腰椎後方要素への負荷が少ない，ストリームラインを保持できるようにすることが大切である。また，骨盤を後傾させ腰椎の前弯を減少させる作用があるとされる体幹深部筋の筋力強化を行うことも，予防および治療につながるものと考える。症状が強い場合には，椎間関節部や分離部へのブロック注射が行われる。

　腰椎分離症は，成長期に発症することがほとんどで，早期であれば骨癒合が期待できる。しかし，骨癒合を得るためには硬性コルセットを常時着用し，3～6ヵ月間競技スポーツ活動の中止を余儀なくされる。成

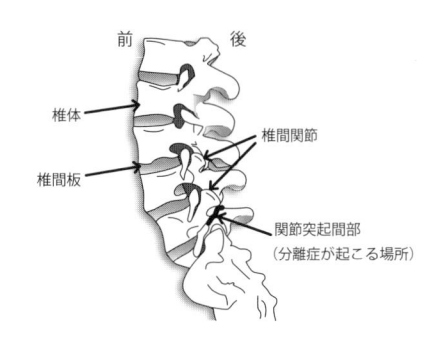

図1-6-3　腰椎の模式図

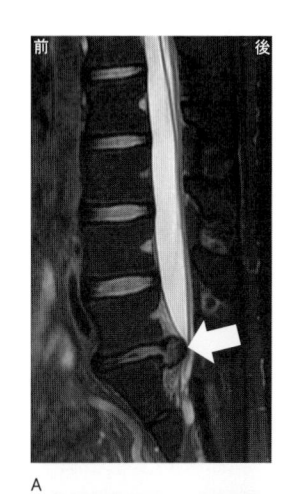

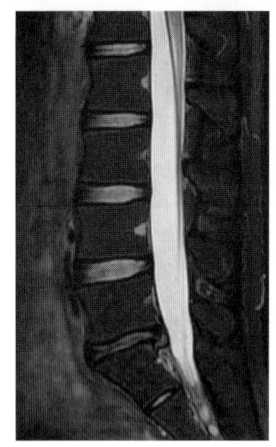

図1-6-4　腰椎MRI　T2強調矢状断像
A　初診時：第5腰椎/第1仙椎椎間板にヘルニア（矢印）を認める。
B　5.5ヵ月後：椎間板ヘルニアは縮小している。

長期のスポーツ活動の中止は心理的ストレスも大きいため，選手本人，保護者，主治医と相談し最終的な治療方針を決定する必要がある。分離部の骨癒合が期待できない時期と診断された場合は，痛みの強い時期はコルセットの装着やスポーツ活動の中止が必要であるが，症状が落ち着けば，体幹筋の強化を継続しながら競技に復帰可能なことが多い。

[肩関節部]

● 水泳肩（インピンジメント障害）

　肩関節の内旋，外転挙上が繰り返され，棘上筋腱と上腕二頭筋腱が烏口肩峰靱帯にインピンジ（衝突）することにより発症する（図1-6-5）。特にハイエルボー位であると発症しやすくなると考えられているが，実際にインピンジメントが生じ，それが障害へと至るには，

1) 肩関節のみならず，胸郭を含めた肩甲骨周囲の可動性の低下
2) 泳動作時の肩関節の不安定性
3) 練習量（ストローク回数）
4) フォーム（ハイエルボープルによるインピンジメント機会の増加）
5) ハンドパドルの使用

等の要因が関与していることが多い。

　水中練習中，練習後に肩関節部の痛みがある場合には水泳肩を疑う。典型的な場合には，烏口肩峰靱帯付近に疼痛および圧痛を認める。症状が出現した際には，練習後のアイシングが有効で，症状に応じて消炎鎮痛剤の投与や肩峰下滑液包へのブロック注射が行われる。

　使い過ぎ障害であるため練習量を軽減することにより症状は軽快する。しかし，インピンジメントしやすい状況を取り除かずに復帰をしても症状が再発することは必至である。したがって，先に述べた障害に至る要因を可能な限り減らすことが治療および予防につながるため，

1) 肩甲骨周囲の柔軟性の獲得：肩関節，胸郭のストレッチングを行

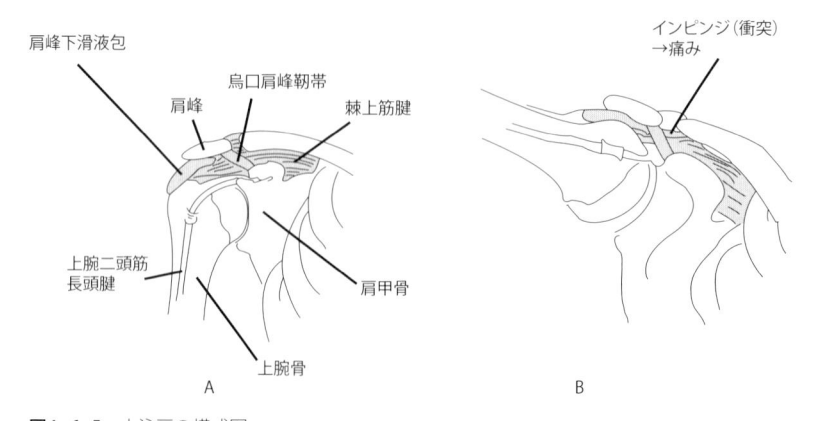

図1-6-5　水泳肩の模式図
A 正常肩，B 上腕を外転し，インピンジメントが生じている状態。

2）肩関節外旋筋群の強化：泳動作時の過度の肩関節の不安定性の軽減と，内外旋筋力の不均衡を改善するために主に肩関節外旋筋群の筋力強化を行う．
  3）フォームの指導：プル初期の過度の肩関節内旋を行わない，手先行のリカバリーとする，ローリングを大きくする，呼吸側を変更するなど，インピンジメントを減少させるためのフォーム指導を行う．

といったことを選手の状態に合わせて行うことが必要である．

[膝関節部]
●平泳ぎ膝

　平泳ぎ選手に多く発症するとされる，膝関節内側側副靱帯の炎症や内側半月板，内側のタナの障害の総称である．そのメカニズムは平泳ぎのキック動作の引き戻しの際に抵抗を減らすために行われるウィップキックにより，膝関節に外反位・伸展負荷が繰り返されるために生じるとされる．練習後のアイシング，運動量の制限，股関節や大腿部内側のストレッチングなどで対応するが，症状が強い場合には，整形外科を受診し症状の主座を明らかにした上で，消炎鎮痛剤の内服や外用を用いる．症状が長引く時は，ウィップキックの頻度を減らすようなトレーニングプログラムへの切り替えや，フォームの調整（ウエッジキックへの変更など）も検討する．

　上記3部位に次いで多い，肘，足関節の障害について以下に記載する．

[肘関節部]
●上腕骨外側・内側上顆炎

　スカーリング動作や，水球でのボールの保持動作などで前腕の筋群を使いすぎると，その筋肉の付着部である上腕骨の内側および外側上顆に炎症を生じる．外側上顆炎（一般的にテニス肘といわれる）は，主に手関節の伸展（背屈）筋群の使いすぎで，内側上顆炎は，手関節や手指の屈曲（掌屈）や前腕の回内筋群の使いすぎで生じることが多い．症状が強くなると，ペットボトルをつかんだり，雑巾をしぼったりする動作などでも痛みが生じるようになる．アイシングや痛みが生じる動作と反対側への前腕の筋のストレッチング（図1-6-6）や，肘関節部のみに負荷がかからないよう肩関節や胸郭のストレッチングが有効である．

[足関節部]
●三角骨障害

　バタ足キック動作時に足部および足関節が繰り返し底屈強制されることにより，距骨後方の三角骨（図1-6-7）が足関節後方にはさまり本障害が発生すると考えられている．バタ足キックで足部，足関節を底屈させた際に足関節後方に痛みが出現し，症状が強くなると練習後にも痛み

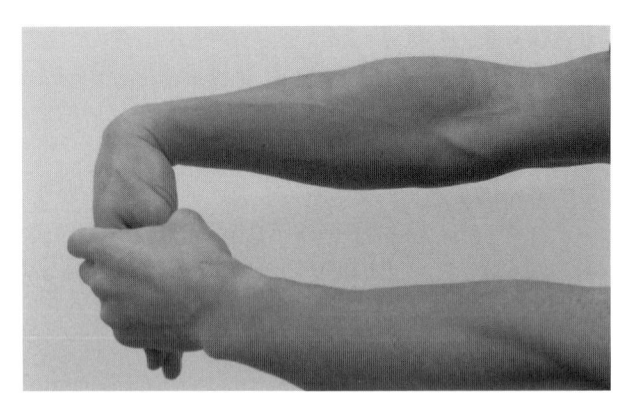

図1-6-6　前腕伸筋群のストレッチング

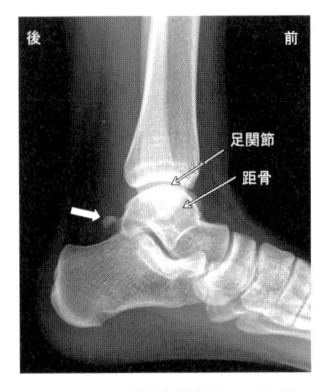

図1-6-7　足関節単純レントゲン側面像
矢印は三角骨

[文献]
1) 半谷美夏　金岡恒治ほか. (2010)「一流水泳競技選手のスポーツ外傷・障害の実態－国立スポーツ科学センタースポーツクリニック受診者の解析－」『日本整形外科スポーツ医学会雑誌』30：161-166.

[理解度チェック]
・水泳選手の三大障害部位を述べよ。
・水泳肩を引き起こす要因として考えられるものを述べよ。

[研究問題]
・腰椎分離症と診断された選手への対応について述べよ。

が持続する。足関節の後方に圧痛を認め，足部および足関節を自動で底屈したり，他動的に底屈強制することで痛みは誘発される（足関節底屈強制テスト〔p.105，図1-6-18〕）。競泳選手はバタ足キックのパフォーマンス向上のため，足部および足関節部のストレッチングを常に行っているため，足部および足関節の底屈可動域が拡大している。その中でバタ足キック動作の繰り返し，フィンを用いての更に負荷の大きいトレーニングにより症状が出現すると考えられる。

初期の対応としては，バタ足キックの制限や消炎鎮痛剤の投与，痛みが強い場合にはブロック注射が行われる。症状が軽快したら，バタ足キックやフィンを用いたトレーニングを制限しながら徐々に競技復帰を目指す。極端な足関節の不安定性を有する場合には，足関節周囲筋の強化が有効である。また，症状が片側の場合には，片側の足部や足関節にのみ過度の負荷がかかるようなバタ足キックを行っていないかを確認し，フォームの修正も検討する。痛みや可動域制限によるパフォーマンスの低下が継続する場合には，三角骨の摘出術も考慮する。　　　[半谷美夏]

②循環器内科

水泳競技に特異的な循環器病は少ない。しかし，頻度は少ないものの，いったん起こってしまうと非常に重篤になる恐れがある。その代表的なものが心臓突然死である。世界水泳選手権（2011年，上海）で活躍した平泳ぎのダーレオーエン（Dale Oen）選手の突然死は記憶に新しい。

スポーツ中の突然死の半数以上は心血管系疾患とされる。欧米では心筋梗塞など動脈硬化に伴う虚血性心疾患が多いが，わが国では不整脈死が多いと推測されている。

突然死の予知は実際のところ困難である。重要なことは失神歴など本人の症状や突然死の家族歴などの予測因子を見逃さないことである（表1-6-1）。特に若年者では，本人が気づいていない場合も考えられ，家族を含めた聴取が有効になる。不整脈の検出は，メディカルスクリーニ

表1-6-1 スポーツ参加前のスクリーニング検査

家族歴	1. 若年者の突然死
	2. 心臓病患者
既往歴	3. 心雑音
	4. 高血圧
	5. 易疲労
	6. 失神
	7. 労作時呼吸困難
	8. 労作時胸痛
理学所見	9. 心雑音
	10. 大腿動脈脈拍
	11. マルファン症候群の特徴
	12. 血圧測定

（出典：American Heart Association 勧告）

ングにとって重要な項目である。定期的な安静時心電図の施行，不整脈がある場合には，ホルター心電図による長時間の測定などが必要になる。しかし，不整脈すべてが危険というわけではなく，単発の期外収縮など重症度の低い不整脈を一様に怖がる必要はない。適切な加療を受ければ，水泳を含めた運動は可能となる。そのためにも，学校（小・中・高校）や地域・企業での検診は必ず受け，必要に応じて専門医療機関を受診することが重要である[注1]。運動時の突然死を防ぐために，心電図などの定期的な検査（できれば年1回以上）を行い，心室頻拍や心室細動など危険な不整脈を見落とさないチェックシステムが必要である。

中高年では，虚血性心疾患や大動脈解離など，動脈硬化に起因する疾患も突然死の誘因となる。病態によっては，競技前に運動負荷試験などを実施することで心事故を未然に防ぐことが可能になる。

万一不測の事態には，すばやく，落ち着いて行動する必要がある。そのためにも，日常から指導者を中心とした救命蘇生が可能なチーム作りが不可欠である。AED（Automated External Defibrillator：自動体外式除細動器）使用を含めた BLS（Basic Life Support：一次救命処置）は，コーチングスタッフ全員が習熟すべきである[注2]。

日本循環器学会では，『心疾患患者の学校，職域，スポーツにおける運動許容条件に関するガイドライン』を配布しており，その中で，循環器疾患のスクリーニングとして「国際大会参加前メディカルチェック」を提案している（p.94，図6-1-8）。これは一般競技者に対しても有用であり，ご参考いただきたい。　　　　　　　　　　　　　　　［水谷和郎］

③呼吸器内科

[かぜ症候群]

喉の痛み，くしゃみ，鼻水・鼻つまり，咳・痰など，喉頭より上部の上気道に生じる感染症である。かぜ症候群は青年期のアスリートでも数

(注1) 大学では検診時の心電図が義務となっていないため注意が必要である。

(注2) 水泳時の AED 使用にあたっては，電極パッドを貼り付ける前に胸部の水分を拭うことを忘れずに行う必要がある。

[研究問題]
・BLS の重要性について述べよ。
・AED 使用時の注意点について述べよ。

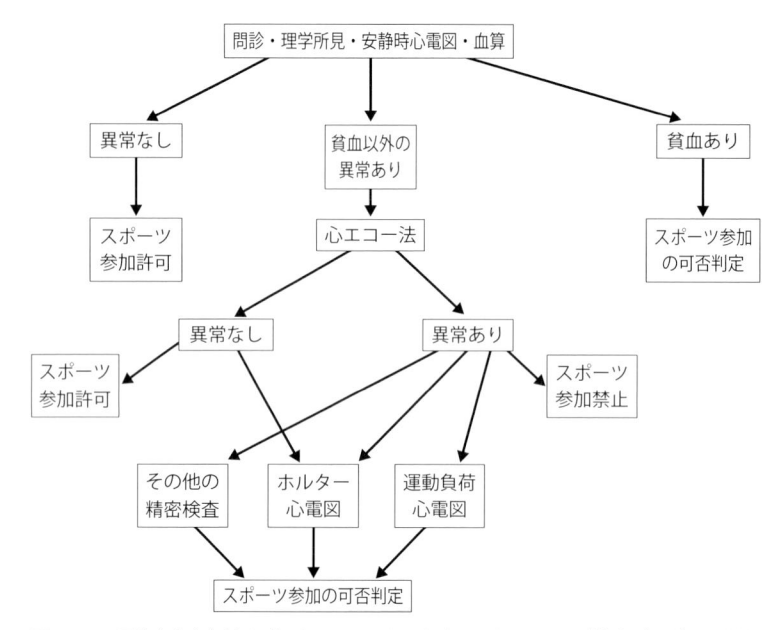

```
                問診・理学所見・安静時心電図・血算
                           │
        ┌──────────────────┼──────────────────┐
        ▼                  ▼                  ▼
      異常なし         貧血以外の            貧血あり
        │              異常あり                │
        ▼                  ▼                  ▼
      スポーツ           心エコー法          スポーツ参加
      参加許可              │               の可否判定
                  ┌────────┴────────┐
                  ▼                 ▼
                異常なし           異常あり
                  │                 │
                  ▼                 ▼
              スポーツ           スポーツ
              参加許可           参加禁止
                  
        ┌─────────┬─────────┬─────────┐
        ▼         ▼         ▼
     その他の   ホルター   運動負荷
     精密検査   心電図     心電図
        │         │         │
        └─────────┼─────────┘
                  ▼
          スポーツ参加の可否判定
```

図1-6-8 国際大会参加前メディカルチェックのためのスクリーニング検査プログラム（案）

ヵ月に1回は罹り5〜7日間症状が続く．また，強化練習や合宿後の疲労蓄積時に罹りやすく，コンディショニングにとって重要である．多くはウイルス性であり，治療は症状の緩和を目的とした対症療法である．消炎鎮痛剤や抗ヒスタミン剤，去痰剤，鎮咳剤，ビタミン剤などを組み合わせるが，市販の総合感冒薬の多くにドーピング禁止物質であるエフェドリン類を含むため使用に注意したい．また，発熱や関節痛，強い全身倦怠感など症状が全身に及ぶ場合，安静にして積極的な休養をとるべきである．インフルエンザは高熱や強い倦怠感など強い症状を伴うことが多い．咽頭ぬぐい液を用いた簡易診断キットが診断に役立ち，発症後48時間以内に抗ウイルス剤を開始すると効果的である．伝染性が強いため集団生活においては，十分な感染対策が必要である．

[気管支喘息]

　気管支喘息は，運動やアレルゲン吸入による気道の炎症と狭窄により，咳・痰，ゼーゼー（喘鳴），呼吸困難などの症状を起こすアレルギー性疾患である．水泳選手では，一般人や他種目選手に比較してより大きな肺をもつとの報告や，温湿度環境が保持されやすいことから，喘息児への水泳の有用性がいわれてきたが，水質管理に使用される塩素系消毒薬の気道への影響が報告され，現在では，水泳は気管支喘息有病率の高いスポーツとされている．治療は，炎症を抑える糖質コルチコイドと気管支拡張作用のある交感神経ベータ2作用薬が軸となるが，両者ともドーピング禁止物質であるため注意を要する．また，周囲の吸入抗原や運動，ストレスは症状悪化に関係するため，練習環境の整備やウォームアップ，

ストレスの調整が重要である。

[過換気症候群]

　過換気とは，過呼吸により必要以上に換気が行われた状態をいう。過換気をコントロールできず，呼吸困難感や呼吸の乱れ，動悸，胸痛，腹痛，意識障害や痙攣，しびれ，めまい，発汗，四肢冷感，疲労感など多彩な症状を伴うものを過換気症候群という。女性に多く，身体・精神的ストレスがかかった状態でパニックとなり発生しやすい。対処法として，息こらえやゆっくり呼吸を整えるようにし，身体・精神的ストレスを取り除く工夫が必要であるが，過換気が気管支喘息発作や急性心筋梗塞，気胸，てんかん等の重大な疾患や熱中症でも生じるため，症状の経過をよく観察し，必要に応じて救急搬送を考慮する必要がある。

[ノーパニック症候群]

　過換気によって換気刺激が抑制されたあとに息こらえを行うと，低酸素による一時的な意識消失を起こすことがある。シンクロナイズドスイミング競技などで発生しやすい。　　　　　　　　　　　　　　　　　　[渡部厚一]

④婦人科

　水泳選手では，月経困難症（生理痛）への対策やコンディション調整目的での月経周期移動を希望し産婦人科を受診するケースが多い。また，月経中の水泳について，水中では，水圧により月経血が水中に流出することはなく，タンポンの使用も必須ではない。腟内へ感染を起こす科学的根拠もなく月経時の水泳を禁止する必要はないが，心理面を配慮し本人の意志に基づいて行われるべきである。

[月経困難症（生理痛）]

　10代～20代前半に多い月経困難症は，子宮内膜から分泌されるプロスタグランジン（PG）による子宮の過度な収縮や子宮頸管の狭小化，月経血の腹腔内への逆流による腹膜刺激が原因である。月経困難症はパフォーマンス低下につながり，不安や痛みに対する恐怖心をもつ選手も多く「生理痛は我慢しなくてよい」ことを説明する。治療は，痛みの原因の１つであるPG産生を抑える鎮痛薬を，痛みが出た際できるだけ早く内服させ，以降は６時間毎に１日３回しっかり内服させることである。しかし，1) 鎮痛薬が効かない，2) 鎮痛薬の使用量が徐々に増えている，3) 月経時以外でも痛みが出る，4) 年齢とともに痛みが強くなっていく場合は，LEP製剤（Low estrogen progestin製剤，いわゆる低用量ピル）による治療を考慮する必要があり婦人科受診を勧めていただきたい。

[月経周期とコンディション]

　月経周期は，月経期，卵胞期，排卵期，黄体期に分類され，ホルモンの変化により様々な症状が出現する。国立スポーツ科学センターの調査では，683名中91％のトップ選手が月経周期とコンディションの変化を自覚しており，1人1人コンディションの良い時期は異なっていた。選

[研究問題]
1. 水泳と気管支喘息の関係について考えてみよう。
2. 過換気症候群の対処法についてまとめてみよう。

[研究問題]
・月経困難症に対し，婦人科受診を勧めるタイミングについて述べよ。
・初経発来の遅発化を含む無月経や月経不順の原因を述べよ。
・月経周期の異常に対し，婦人科受診を勧めるタイミングについて述べよ。

[理解度チェック]
・月経困難症は不必要な我慢をさせず，適切な鎮痛薬の使用を指導するが，1) 鎮痛薬が効かない，2) 鎮痛薬の使用量が徐々に増えている，3) 月経時以外でも痛みが出る，4) 年齢とともに痛みが強くなっていく場合は，婦人科受診が必要である。
・月経周期とコンディションの変化を選手自身が把握し，パフォーマンスへ影響が出る場合は，月経周期移動を考慮する。
・長期間運動量に見合った食事を摂取していない場合，無月経となる場合があり，時に骨量低下や疲労骨折につながる。

[文献]
1) 能瀬さやかほか.(2014)「女性トップアスリートの低用量ピル使用率とこれからの課題」『日本臨床スポーツ医学会誌』22(1):122-127.
2) 能瀬さやかほか.(2014)「女性トップアスリートにおける無月経と疲労骨折の検討」『日本臨床スポーツ医学会誌』22(1):67-74.
3) 日本臨床スポーツ医学会産婦人科部会.(2006)「月経期間中のスポーツ活動に対する指針の検討」『日本臨床スポーツ医学会誌』18(1):148-152.

[ポイント]
・裸眼のままプールで泳ぐと目の充血,かすみ,眼瞼腫脹が起きる。
・水泳時の眼障害の主因は塩素と流水である。
・水泳中の眼障害を予防する最もよい方法は,ゴーグルの使用である。
・感染性眼疾患としては,咽頭結膜熱,流行性角結膜炎が重要である。
・眼感染症の予防には慎重な消毒塩素濃度管理を要す。

[理解度チェック]
・ゴーグルをしないでプールで泳ぐとなぜ目の充血やかすみ等が起きるのか。
・プールが関与するウイルス性眼感染症を防ぐ方法を述べよ。

手に基礎体温や体重の変化,心身の変化を最低2～3ヵ月記録してもらい,月経周期とこれらの変化がパフォーマンスに影響を与える選手では,大会に向けて月経周期移動を考慮する。この際,中用量または低用量ピルを用いるが,まれに副作用が出る場合もあり,初めてピルの使用を検討する場合は,大会の2～3ヵ月前に産婦人科医へ相談するよう説明する。

[水泳選手と月経異常]

エネルギー不足(長期間運動量に見合った食事を摂取していない場合)は,骨,月経,発育,精神面,免疫系,循環器系等にマイナスの影響を与える。初経発来の遅発化や無月経はエネルギー不足の症状の1つであり,無月経が長期間続くと,卵巣からのエストロゲン分泌が低下し,時に骨量低下や疲労骨折をもたらす。水泳選手では,合宿時や大会前の練習量が増える時期に無月経となる選手が多く,この症状は,身体がエネルギー不足であることを示すサインであり,運動量と食事量のバランスを見直す必要がある。また,無月経は,長期間放置すると治療は難治性となり,指導者や保護者等周囲による早い気づきが早期発見,早期治療につながる。1)15歳になっても初経発来がない,2)3ヵ月以上月経がない場合は婦人科受診を勧めていただきたい。　　　　　　　　[能瀬さやか]

⑤眼科

古来,人間の目は空気に接する状態に設計されている。ところが水泳中は水と接するので水流や水の消毒剤による目の障害,また水を媒介する感染症などが起きる。これを軽減する方法はゴーグルの使用であるが,その際も予期せぬ傷害,疾病が発生することを認識しておく。

[プール水の目に及ぼす影響とその予防]

●塩素による結膜,角膜の障害

スイミングゴーグルをしないで水泳をすると目の充血,眼瞼の腫脹,目のかすみなどが出る。これらの症状はプールの消毒に用いる塩素と水流が関与している。塩素は病原性の微生物に対し殺滅効果をもつが,同時に生体に対しても障害作用をもつ。消毒に用いる塩素の濃度が高ければ高いほど,正常眼組織に対して障害作用[1]は強くなる。さらに角膜を保護している涙液層を流水により除去すると,いっそう塩素剤の影響が大きくなる。ゴーグルをしないで1時間以上泳げば目の障害は必発といってよい。

●プール水に起因する眼障害の予防

最も効果的で簡単な予防法は,スイミングゴーグルの装用である。ゴーグルを使用すれば直接プール水と目が接触しないので水流による角膜の涙液層の消失と,消毒用塩素による目の障害を防ぐ[2]ことができる。ゴーグルは目の保護だけでなく水中の視力が著しく改善することからも,小学校低学年から積極的に使用を勧めるべきである。

[プールにおける眼感染症とその予防]

●**咽頭結膜熱**(図1-6-9)

　一般的には子どもの夏風邪に一致するが，別名「プール熱」とも呼ばれている。プール水の消毒が厳格に行われている現在ではプール水が媒介するよりも接触感染が圧倒的に多いと考えられている。病原体はアデノウイルス3，4型が代表的である。主症状は咽頭炎，結膜炎，発熱である。

●**流行性角結膜炎**

　病原体はアデノウイルス8，19a，37型が判明している。眼症状としては充血，眼脂，流涙，眼瞼腫脹が著しく，角膜炎も併発する。また耳前リンパ節腫脹がある。

●**水泳に伴う眼感染症の予防**

　プールを媒介とする眼感染症では，ウイルス感染に対する予防が必要である。そのためには，プール水中のウイルスを不活化[3]させるのに必要な塩素消毒(遊離塩素濃度0.4〜1.0 ppm)の管理が重要である。また目が赤く，眼脂の多い人には入場を控えてもらい，水泳後の洗眼を勧め，タオルや目薬の貸し借りをしないように指導する。

[ゴーグル，コンタクトレンズ使用時の注意]

　アイカップを包むゴムなどによる接触性皮膚炎や，競泳中ゴーグルが外れ目を強く圧迫することによる障害が出ることがある。また子ども同士でふざけて他人のゴーグルを引っ張って放したときにアイカップが目に当たり怪我をしたなど，思わぬトラブルが発生することも念頭に置いておく。コンタクトレンズは水泳中には外し，度付きゴーグルをする方がよい。

[加藤秋成]

⑥**耳鼻咽喉科**

[耳疾患]

●**外耳炎**

　いわゆる耳の穴の感染である。単純にプール水が外耳道に入るだけでは発症せず，外耳道の防御機能を障害するようなこと(しつこい耳掃除，外耳道遺物による機械的刺激，湿疹など)が誘因となる場合が多い。耳垢は水を含むことで膨化し除去を困難にするだけでなく，外耳道を閉塞することにより耳閉感をきたすため，水泳前に耳掃除をしておくことを勧める。

●**中耳炎**

・**急性中耳炎**：鼻副鼻腔などの感染症(いわゆる鼻風邪)に続発し，耳管(上咽頭と中耳をつなぐ管)から中耳に波及して発症する。小児，とりわけ2歳以下の乳幼児において頻繁にみられ，特に集団保育児は反復する傾向がある。耳痛，発熱，耳漏など感染徴候が落ち着くまでは水泳は禁止する。

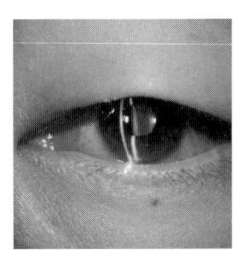

図1-6-9　咽頭結膜熱
結膜の充血，眼瞼の腫脹がある。

[文献]

1) 北野周作，吉村能至.(1985)「プールと眼」『日本の眼科』56(7)：539-546.

2) 加藤秋成.(1991)「スイミングゴーグル，コンタクトレンズと目」『J.J.Sports Sci.』10(7)：460-464.

3) 甲野禮作，吉井孝男.(1980)「プール媒介性ウィルス性眼炎の予防とハロゲン系消毒剤のウィルス殺滅効果について」『日本の眼科』51(5)：413-418.

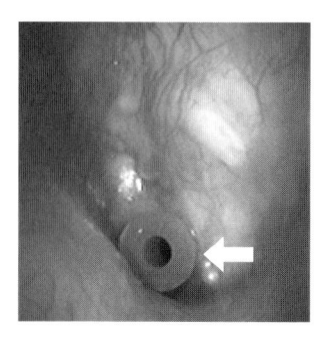

図1-6-10　左耳の中耳炎に対するチューブ（管：矢印）留置中の鼓膜画像

・慢性中耳炎：慢性炎症により鼓膜に穴が開いた状態である。外耳道に入った水が容易に中耳に入り感染を来しやすいため，水泳は禁止する。
・滲出性中耳炎：中耳に滲出液が貯留した状態である。0歳から高齢者まであらゆる年齢で発症するが，幼小児期は特に多い。治療に抵抗性の場合は鼓室チューブ留置術（鼓膜に小さな穴を開ける，細い中空の管を留置し中耳の貯留液の排出をさせる。図1-6-10）を行うことがある。チューブ留置中も，感染徴候がなければ水泳は可能だが，耳に水が入らないよう耳栓を装着することを勧める。

●外傷性鼓膜穿孔
　飛び込みや潜水など急激な水圧変化などで鼓膜に穴が開いた状態である。症状は難聴が多いが，耳鳴やめまいなど内耳障害を伴う場合もある。鼓膜の穴がふさがるまでは水泳は禁止する。

[鼻疾患]
●アレルギー性鼻炎
　くしゃみ，水様性鼻汁，鼻閉を主症状とする，いまや国民病といわれる疾患である。適切にコントロールすれば水泳は十分可能であるが，治療薬（特に内服薬）の中にはドーピング禁止薬物を含んでいることがあるため，治療の際には主治医によく相談しておく。

●副鼻腔炎
　疼痛，膿性鼻汁（色のついた粘っこい鼻汁）が主症状である。症状が落ち着いていれば水泳は可能である。

●鼻血・鼻骨骨折
　飛び込みの際に水面やプールの底で鼻を強打したり，他人の手足やビート版が当たったりすることで鼻血が出ることがある。ほとんどの鼻血は一過性で，鼻翼を両側から指で10分程度圧迫することで止血可能である。骨折をした場合，変形が強ければ整復が必要である。

[福田裕次郎]

⑦皮膚科
　水泳が行われる環境は，残留塩素，紫外線，暑さ寒さなど皮膚にストレスがかかる条件が多く，コーチは選手のさまざまな皮膚障害に遭遇する。コーチは，選手にはスキンケアが必要であるという認識と，正しい知識が必要である。管理者は，浄化槽の不備によって起きる疾病も認識しておく必要がある。

[アトピー性皮膚炎]
　プールの残留塩素による皮膚炎，ゴーグルによるかぶれ，合宿などの共同生活に伴う皮膚障害もあるが，アトピー性皮膚炎（Atopic Dermatitis，以下，AD）には水泳はよい。ADの増悪因子は，ダニ抗原などアレルゲンの侵入である。体育館・屋外での運動に比べ，水泳はアレルゲ

[理解度チェック]
・アレルギー性鼻炎の治療における注意点について述べよ。
・鼻血が出たときの応急処置について述べよ。

[引用文献]
1) 森山寛，岸本誠司ほか．(2003)『今日の耳鼻咽喉科・頭頸部外科治療指針』医学書院

ンが流され，皮膚を清浄化できる．ADでは，スキンケアによるバリア機能の改善が重要である．練習後皮膚の水分は急速に蒸発して逆に乾燥し，バリア機能が低下する．十分にシャワーを使用し，ヒルドイドソフト軟膏®などの保湿剤を，体が乾ききらないうちに使用する．

[伝染性軟属腫（水いぼ）]

水いぼでは，光沢のある小型丘疹を認める．この丘疹に軟属腫ウイルスの塊（軟属腫小体）が入っている．感染は人から人への直接接触と，タオルや衣類などを介する間接接触とがあり，プールの水からは感染しない．子どもたちが裸でぶつからないよう，プールサイドに余裕をとる．水いぼは自然治癒することもあるが，搔破によりウイルスが接種され拡大しやすいため，個疹の数が少ない時の治療が望ましい．治療は摂子で軟属腫小体を除去する．難点は皮膚をつまむために痛く，子どもに恐怖心を与えることである．現在，局所麻酔テープ（ペンレス®）を貼付してから行うことが保険診療で認められ，子どもたちの福音となっている．

[足白癬（みずむし）]

足白癬は，白癬菌というカビによって生じる．水泳選手には小水疱屑型と，趾間が浸軟する趾間型が多い．趾間型は細菌感染の侵入門戸となりやすい．感染は更衣室の床，マットなどに落ちた白癬菌が足に付着・定着することによる．プールは高温多湿で，裸足で歩くため，プールサイド，更衣室の床の清掃は重要である．水泳後足の趾の間をよく洗い，乾かすと感染しにくい．治療は抗真菌剤外用であるが，症状が消失してもさらに2ヵ月の外用を行う．

[日光皮膚炎（日やけ・サンバーン）]

中波紫外線（UVB）の作用で起こる．強い陽射しにあたると，痛みを伴う紅斑腫脹が出現，水疱を形成することもある．治療はステロイド軟膏外用，冷罨を行う．普段屋内で練習している選手が屋外合宿をする場合，短時間ずつ屋外に出て慣れておくと，症状を軽減できる．線量が多い夏季の練習は，正午前後を避け，練習の合間はサングラス，帽子，長袖の衣類，遮光剤を使用する．遮光剤は，水やタオルの摩擦で取れるため，耐水性のものを利用する．紫外線防御機能のある衣料もあり，目的に応じて使う．大量の紫外線暴露は免疫力が低下し，コンディションに影響することが認識され，遮光をする選手は増えている．

[OWS，マリンスポーツによる皮膚障害]

海で泳ぐ場合の皮膚障害は，クラゲ，サンゴ，ウニ，ヒトデ，魚の毒棘による刺傷や，ウミヘビ，サメなどによる咬傷，水着にプランクトンが付着して生じるプランクトン皮膚炎（海水浴皮膚炎）などがある．これらは季節，地形，海流など諸条件によるため，コーチは泳ぐ水域の特徴や状況を事前に把握したうえで計画や被害時の対策を立てる．

[髙橋義雄]

[ポイント]

・アトピー性皮膚炎（AD）では，選手のセルフケア支援を行っていくために，ADに対する病気の理解，家族との情報の共有，環境保全の対策が求められる．

・水いぼの感染には，直接接触による感染と，タオルや衣類などを介する間接接触による感染とがある．プールの水による感染はない．

・水虫の予防には練習・競技後足をよく洗い，充分乾燥させることが大切である．

・紫外線対策として適切な練習計画を立て，不必要に紫外線を曝露しないように遮光する．

・プールの衛生管理者は浄化槽の不備による非定型抗酸菌症などの疾病の危険性を認識し，週に一度は水を取り換え，濾材を滅菌したものに交換するなどの対策をとっておく必要がある．

[理解度チェック]

・足白癬（みずむし）の治療および予防方法について述べよ．

・水いぼの感染経路について述べよ．

・紫外線曝露を避けることで期待される効果について考察せよ．

[参考文献]

1) 武藤芳照 編.（2011）「第Ⅳ部1D皮膚の問題」『新スポーツトレーナーマニュアル』pp.203-209. 南江堂

3 水泳選手の健康診断

①内科的メディカルチェック

　メディカルチェックとは，運動を安全かつ効果的に行うために，その時点での健康状態をチェック・スクリーニングし，さらには運動中の事故や突然死を予防するために行うものである。

　一般に，メディカルチェックの流れとしては病院に受診したときと同じように，現在ある自覚症状（現病歴），今までの病歴（既往歴），家族歴，生活習慣や競技歴などの問診を行い，身長，体重，脈拍，血圧などの計測，視・触・聴診等の理学的所見，血液・尿，心電図，胸部X線，肺機能等の検査所見を総合して判定が行われる。まず運動すること自体が危険でないかを評価し，次に運動の可否および運動機能の評価を行うが，後者については，必要に応じて運動負荷テストを用いることがある。

　定期的に運動している選手こそ，実は詳細な問診が重要な鍵となる。なぜならば，トレーニングへの適応により生じるスポーツ心臓や心電図上の徐脈やブロックの所見は一般人よりも頻度が高く，選手の検査所見はより多彩となって，病的心との鑑別が複雑になるためである。

　問診について，自覚症状では胸痛や動悸，息切れ，失神の有無を安静時から運動時にわたって聴取する。特に失神を認めた場合，他の症状との関連や，持続時間，失禁の有無についても注意深く聴取する。自覚症状を訴えた場合，突然死に結びつきやすい心臓疾患の有無の精査は必ず行うべきである。既往歴ではアレルギー歴や過換気症候群の既往を知っておくとよい。症状が出たときに疾患を容易に想定でき，対応しやすい。

　計測や視診では，高身長の場合，マルファン症候群のチェックのため，親指兆候や手首兆候の有無を調べておき，両兆候で陽性の場合には，心臓血管エコーによる精査を行う。甲状腺腫大や心雑音，呼吸性雑音がある場合も精査が必要である。

　検体検査について，注目すべき事項を表1-6-2にまとめた。貧血はヘモグロビン値(Hb)により判定できる。Hb値が低値の場合，原因が鉄欠乏性かどうかをみるために，MCV，MCHをチェックするとともに，血清鉄(sFe)や貯蔵鉄（フェリチン）および総鉄結合蛋白能(TIBC, UIBC)の評価を行う。AST（GOT），ALT（GPT），γGTは肝障害の指標であり肝炎などで上昇するが，CPK値の上昇と連動する場合には筋損傷を示していることが多い。腎機能を表すBUN, CREは，脱水や体内での異化が亢進している状態ではBUN/CRE比の上昇を認めることがある。筋損傷をあらわすCPK値は，水泳選手の場合，高強度のウエイトトレーニング後などに高値を認めやすいため，結果の解釈についてはトレーニングスケジュールを考慮する必要がある。蛋白尿や血尿が陽性の場合，糸球体腎炎も考慮するが，アスリートの多くは起立性蛋白

表1-6-2 検体検査において注意すべき項目と変化

検体	項目	検査項目の意味	変化	代表的疾患と病態
血液	Hb	赤血球に含まれる鉄結合蛋白を示す，全身への酸素運搬能に関係	低下	貧血
血清	AST ALT γGT	肝臓の細胞が破壊されたときに，血液中に出てくる	上昇	肝炎
	BUN CRE	腎臓の機能を反映する	上昇	腎不全
	CPK	筋肉の細胞が破壊されたときに，血液中に出てくる	上昇	筋損傷，横紋筋融解
尿	蛋白	腎糸球体で血液から漏出すると混入する	陽性	腎炎，運動性，起立性
	潜血	腎糸球体からの漏出や尿路損傷による出血があると混入する	陽性	腎炎，尿路損傷，運動性

尿や運動性蛋白尿，運動性血尿として陽性となることが多いため，採尿時間を考慮にいれる必要がある。通常は，前日の練習を少なめにし，早朝安静時に再検査をすると陰性となることが多い。

　胸部X線では心胸郭比50％以上を心拡大の目安としている。また，呼吸機能検査では一秒率を指標とした閉塞性障害の有無とフローボリュームカーブの形態を評価する。通常は一秒率70％未満を異常とするが，青年運動選手の場合にはそれよりも高い値で評価することもある。

　水泳では，陸上運動と異なり溺水から溺死に至る場合があるが，溺水の原因としては冷水刺激による反射，飲酒，胃の膨満，恐怖感，筋肉痙攣，平衡失調，意識消失が挙げられる。したがって，水泳選手の内科的メディカルチェックでは，スポーツ突然死の原因となる疾患の検索に加えて，可能ならば溺水の原因となりうる生体反応の評価もできると理想的である。例えば，潜水反射（diving reflex）では，潜水や顔面の浸水により強い迷走神経反射が起こり，心拍数が低下する。低い水温でも心拍数の低下が起こり，いずれも徐脈性不整脈の要因となる。これらを評価するために冷水顔面浸水負荷試験や水泳中心電図がある。また，平衡失調は鼻口部からの飲水による内耳機能障害により生じる。いわゆる"耳抜き"に関連する耳管，中耳の機能が十分かについては，耳鼻咽喉科的診察が必要である。
　　　　　　　　　　　　　　　　　　　　　　　　　［渡部厚一］

②整形外科的メディカルチェック

　水泳競技で起こりやすい障害は，「2 診療科別にみる疾病・障害の対応・予防」の「①整形外科」の項で述べたとおり，使いすぎによる障害がほとんどである。したがって，競技力に影響をきたさないようにするためには，早期発見・適切な対処が求められる。そのためにメディカルチェックは必要であり，チェックをする際のポイントを先に述べた順に解説する。

［研究問題］
1. スポーツ突然死を起こす疾患とそのスクリーニング法についてまとめてみよう。
2. メディカルチェックデータの見方について整理してみよう。
3. 溺水・溺死のメカニズムについて考察してみよう。

[腰部]
- 腰椎の屈曲(前屈)テスト

  腰椎の前屈で痛みが増悪したり，以前より痛みのために前屈ができなくなっている場合は，腰椎椎間板ヘルニアや椎間板障害などを疑う。

- SLRテスト(Straight leg raising test：下肢伸展挙上テスト)

  腰椎椎間板ヘルニアで最も特徴的な疼痛誘発テストである(図1-6-11)。下肢後面への放散痛が出現した場合(ヘルニアが神経を圧迫している側のみで症状が出現することが多い)は，ヘルニアを強く疑うため，MRI等の精査が勧められる。時に，ハムストリングスの緊張による下肢痛を訴えることもあるため，左右差を比較するなど，挙上困難な原因がヘルニアによる神経症状によるものか，柔軟性の低下によるものかを判断する必要がある。

- 腰椎の伸展(後屈)テスト

  椎間関節障害や腰椎分離症で腰痛や後屈制限が出ることが多い。

- Kemp手技

  腰椎に伸展・側屈強制を加えて障害側の腰痛の再現性をみる。さらに回旋を加えると腰痛は誘発されやすい(図1-6-12)。腰痛が誘発された場合は，椎間関節障害や腰椎分離症を疑う。

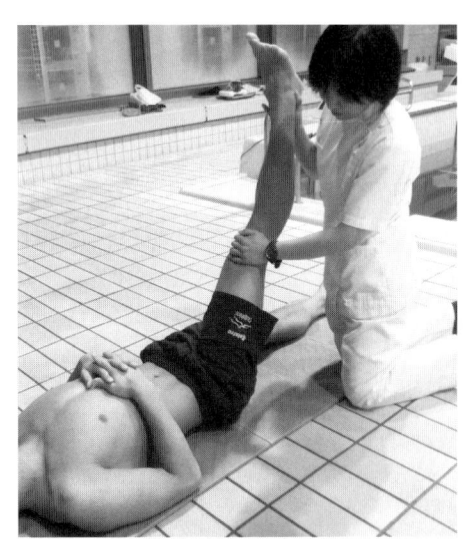

図1-6-11 SLRテスト

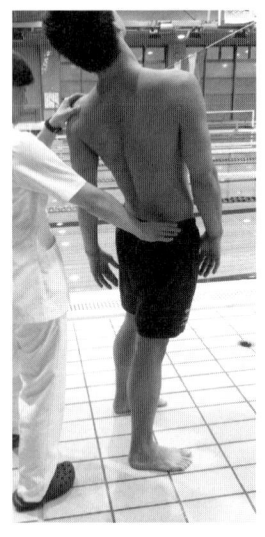

図1-6-12 Kemp手技：回旋を加えている。

[肩関節部]
● 肩甲骨の前傾の有無の確認
　肩甲骨が前傾し，猫背になっていると，インピンジメント障害は発生しやすくなる。
● 烏口肩峰靭帯部の圧痛の確認
　同部位を押して痛みがある場合は，インピンジメント障害が起こっている可能性がある（図1-6-13）。

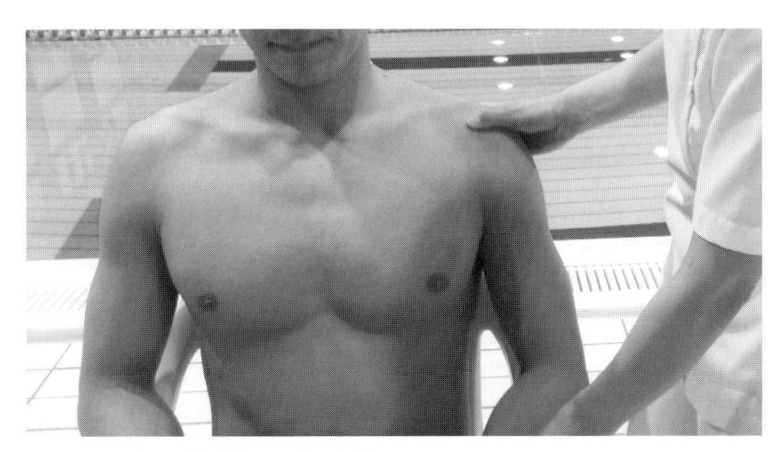

図1-6-13　烏口肩峰靭帯部の圧痛の確認

● インピンジメントテスト
　一般的に水泳肩と呼ばれる状態では，Neerの誘発テスト（肩関節を内旋位にしての挙上強制，図1-6-14）やHawkinsの誘発テスト（肩関節90°屈曲位にて他動的に内旋負荷を加える）で疼痛が誘発される。

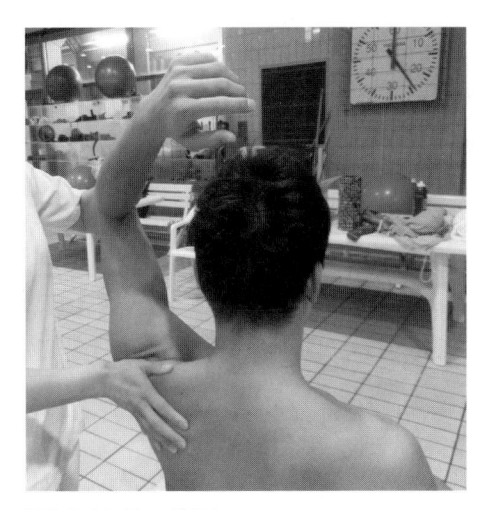

図1-6-14　Neerテスト

[膝関節部]
● 膝関節の内側の圧痛の確認
　関節裂隙や内側側副靭帯に沿った圧痛の有無を確認する（図1-6-15）。

図1-6-15　膝関節内側の圧痛の確認

[肘関節部]
● 肘関節外側上顆部，内側上顆部の圧痛の確認
　外側上顆炎（図1-6-16），内側上顆炎の際には，各々圧痛を伴う。
● Thomsen テスト
　検者の力に抵抗させて，手関節を自動背屈させ，上腕骨外側上顆に痛みを生じた場合は，外側上顆炎を疑う（図1-6-17）。

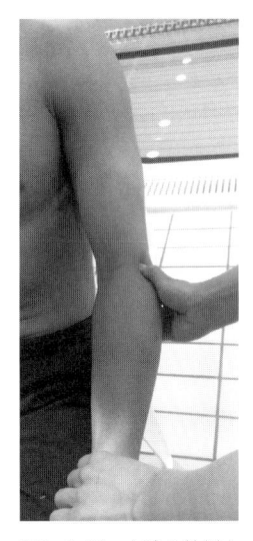

図1-6-16　上腕骨外側上顆の圧痛の確認

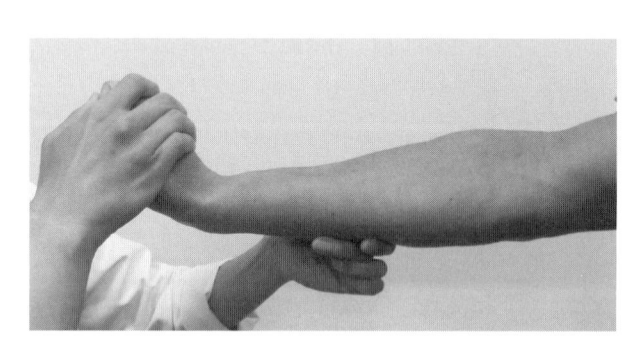

図1-6-17　Thomsen テスト

[足関節部]
●足関節後方の圧痛の確認
　同部位に圧痛を認めた場合は、三角骨障害を疑う。
●足関節底屈強制テスト
　底屈時に足関節後方の痛みを訴えたり、反対側と比べて底屈制限が強かったりした場合には、三角骨障害を疑う（図1-6-18）。

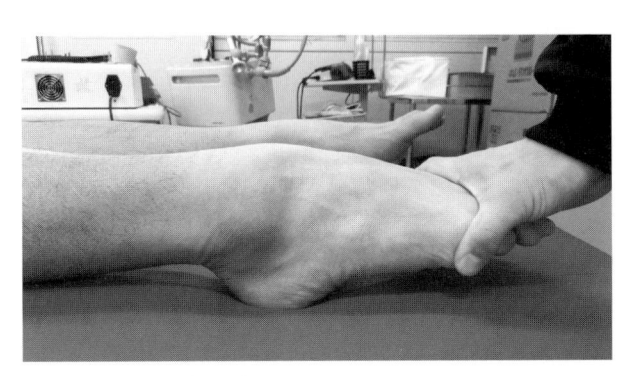

図1-6-18　足関節底屈強制テスト

　これらのチェックのほとんどは、選手本人、指導者でも行うことができるため、シーズン開始前や練習量が多い時期にチェックして、各選手、指導者が状態を把握して、適切に対応することが望まれる。

[半谷美夏]

4　アンチ・ドーピング

①コーチに必要なドーピングの知識
[アンチ・ドーピンング規則]
　公益財団法人 日本水泳連盟に所属する競技者および競技支援要員（コーチ、トレーナー、医師、家族など）は世界アンチ・ドーピング機構（WADA）が作成した「世界ドーピング防止規程」（The World Anti-Doping Code：WADA code）の規則に従う。国際水泳連盟（FINA）や日本アンチ・ドーピング機構（JADA）によるドーピング規則もあるが、ともにWADA codeに準じたものである。

[アンチ・ドーピンング規則違反]
　競技者からの検体に禁止物質が存在すること、禁止物質を使用すること、検査拒否、居場所情報義務違反、検査における改ざん行為、禁止物質の所持、不法取引、また競技支援要員が競技者に禁止物質を投与すれば、競技支援要員も規則違反となる。例えば、飛行機や電車等への時間的都合があって、検査を断ることもドーピング違反になる。
　ドーピング検査において「WADA禁止表国際基準」の「禁止される物質と方法」の使用が明らかになると、それが医学的に妥当なものであ

[理解度チェック]
・腰椎を前屈させた時に、腰痛が出現した際に、疑う障害はなにか？
・腰椎を伸展させた時に腰痛が出現した場合、疑う障害はなにか？

[研究問題]
・SLRテストを行う際に、注意して確認することはなにか？

[世界アンチ・ドーピング機構]
The World Anti-Doping Agency：WADA
https://www.wada-ama.org

[公益財団法人 日本アンチ・ドーピング機構]
Japan Anti-Doping Agency：JADA
http://www.playtruejapan.org

表1-6-4 TUE事前申請が必要な競技大会名

日本選手権短水路水泳競技大会
日本選手権水泳競技大会　競泳競技
日本選手権水泳競技大会　シンクロ競技
OWSジャパンオープン
国民体育大会水泳競技大会
日本選手権水泳競技大会　飛込競技
日本選手権水泳競技大会　水球競技

[国際水泳連盟]
Federation Internationale De Natation：FINA
http://www.fina.org

[ADAMS]
Anti-Doping Administration and Management System。WADAによって作成されたドーピング活動にかかわる世界中の情報を一元的に管理するWEBベースのシステム。

[引退後の復帰期間]
WADAの規定では6ヵ月であるが，FINAの規定では9ヵ月となっているため，日本水泳連盟はFINAの規定に準じて9ヵ月としている。

[公益財団法人 日本水泳連盟]
Japan Swimming Federation：JASF
http://www.swim.or.jp

っても競技者は失格および資格停止などの制裁を受けることになる。

これまで日本水泳連盟所属の競技者で検査陽性例は1人もいない（2014年3月現在）。規則違反が認定されれば，競技結果は自動的に失効され，一定の選手資格剥奪期間が賦課される。さらにFINAやJADAのホームページに氏名，違反内容，処分が掲載される。

[禁止物質，禁止方法]
WADAが世界唯一の「禁止表国際基準」を作成している。これは毎年1月1日に改定される。JADAのホームページから英語原本と日本語版が入手可能である。

[ドーピング検査]
ドーピング検査には尿検査と血液検査があり，競技者は検査員に指定された検査を受ける。また，その競技会に参加したすべての競技者が検査を受ける可能性がある競技会検査と，多くは競技力が一定レベル以上の競技者が検査対象になる競技会外検査がある。未成年の競技者が検査を受ける場合は基本的に成人の付き添い（コーチ，チームメイト，家族，医師など）を1名つけることになる。

●競技会検査について
「国際競技会」のほぼすべてと，日本選手権（競泳，飛込，水球，シンクロ，オープンウォータースイミング），日本学生選手権（競泳），ジャパンオープン（競泳），および国民体育大会（競泳）などの「国内競技会」において競技会検査が行われる。

●競技会外検査について
競技会外検査はFINAやJADA検査対象者に登録され，ADAMSで居場所情報の提出を行っている競技者（RTPA）が受けることが多い検査だが，RTPAではなくとも，特に国際競技会に参加するような競技者の代表合宿などで競技会外検査を受けることもある。RTPAでなければ，競技会外検査を受けることは無いと誤解されることがあるので注意する。

●その他
世界記録を樹立した場合，記録認定にはドーピング検査の陰性証明書が必要になる。

[治療目的使用に係る除外措置（Therapeutic Use Exemptions：TUE）]
禁止物質・禁止方法の使用を要する医学的状態にある競技者が申請して，認められれば，禁止物質・禁止方法を治療目的で使用することができるものである。競技者は承認が必要な日（競技大会など）の30日前までにTUEの申請を行う必要がある（30日前を過ぎてしまったら，受付けてもらえないということではないが，承認が必要な日までに判断がなされない可能性がある）。

TUE申請の規則は，競技者のレベルによって異なる。また「TUE事前申請が必要な競技大会」（2014年3月現在，表1-6-4）では，これらの競技会で禁止物質・禁止方法の使用を必要とする医学的状態にある競技者は全員TUEの事前申請が必要となる。TUEは日本水泳連盟へ提出後，競技者のレベルに応じてFINAあるいはJADAに提出される。

[引退，復帰のルール]
　FINAあるいはJADAから居場所情報の提出を求められている競技者が引退する場合，引退通知の手続きを行う。引退通知をしない限り，次の四半期までの間，居場所情報の提出義務と競技会外検査を受ける可能性が残る。また，一度引退をすると，復帰通知の手続きをしてから一定期間（2014年3月現在は9ヵ月を要す）は競技に復帰できない。

[アンチ・ドーピング全般に関して]
　日本水泳連盟ホームページ内のアンチ・ドーピングに関する項目で「競技者アンチ・ドーピングガイド」「競技者TUEガイド」「主治医先生へのお願い」などの参照を推奨する。　　　　　　　　[清水 顕]

② 使ってよいクスリ，いけないクスリ

病院から処方されたクスリでも，薬局で購入したクスリでも，サプリメントも含めてドーピング違反になることがある。競技者は不注意による禁止薬物使用から，競技支援要員者（コーチ，トレーナー，医師，家族など）は不注意による禁止薬物投与から，それぞれ「ドーピング防止規則に対する違反」とならないように十分注意する必要がある。

なお，毎年1月1日に発効される最新のWADA禁止表（禁止物質と方法）が世界唯一の基準になっている（詳細はWADAやJADAのホームページを参照）。このWADA禁止表の規則に従い，禁止物質となるものが「使っていけないクスリ」であり，その他が「使ってよいクスリ」となる。以下に注意するポイントと，比較的使用頻度の高い「使ってよいクスリ」の例を示す。

[特に気をつけたい一般用医薬品と健康食品・サプリメント]
　「薬剤師のためのドーピング防止ガイドブック2013年版」をもとに，一般用医薬品や健康食品・サプリメントを服用する際の注意点を挙げてみる。

- **胃腸薬に注意**
　禁止薬物である興奮薬（ストリキニーネを含有する生薬ホミカ）が含まれているものがある。

- **滋養強壮薬に注意**
　禁止物質である蛋白同化薬（テストステロン）およびホルモンの関連物質を含む漢方薬やストリキニーネ（ホミカ）が含まれているものがある。

[ポイント]
- 飛行機や電車等への時間的都合があって，検査を断ることもドーピング違反になる。
- 居場所情報の提出を行っている競技者（RTPA）でなければ，競技会外検査を受けることは無いと誤解されることがある。
- TUE申請の規則は，競技者のレベルによって異なる。

[研究問題]
- ドーピング検査対象になった未成年競技者に，成人で付き添いのできる人（コーチ，チームメイト，家族，医師など）がまったくいなかった。この場合，ドーピング検査は受けられるか述べよ。
- 禁止物質の使用を要する医学的状態にある競技者が競技会の3週間前にTUE申請をしようとした。この場合，この先にどのようなことが想定されるか述べよ。

※ベータ２作用薬と糖質コルチコイドに関しては禁止物質でありながら、種類や使用方法により禁止されない場合がある。
・ベータ２作用薬…内服、点滴使用などは禁止。適正使用下であればサルブタモール、サルメテロール、ホルモテロールの吸入はTUE申請の必要なし。
・糖質コルチコイド…経口使用、静脈内使用、筋肉内使用または経直腸使用はすべて禁止。治療目的の使用の場合、TUE申請が必要。それ以外の使用経路は禁止されない。

[Global DRO-JAPAN]
http://www.globaldro.com/jp-ja/default.aspx

・毛髪・体毛用薬に注意
禁止薬物である男性ホルモンが配合されているものがある。
・鎮咳去痰薬に注意
市販の鎮咳去痰薬に含まれるトリメトキノール、メトキシフェナミンには禁止薬物のベータ２作用がある。
・漢方薬に注意
漢方薬を構成する生薬には、それぞれたくさんの成分が含まれており、１つ１つの成分が禁止物質にあたるかどうかを特定することは困難である。また、明らかに禁止物質を含む漢方薬もあり、例として麻黄には興奮薬のエフェドリンやメチルエフェドリン、プソイドエフェドリン、ホミカには前述のストリキニーネが含まれている。
・風邪薬に注意
多くの総合感冒薬（いわゆる風邪薬）には前述のエフェドリンやメチルエフェドリン等が含まれている。
・その他の注意する医薬品
鼻炎用薬、アレルギー内服薬などがある。
・健康食品・サプリメントに注意
健康食品・サプリメントは医薬品ではないので製造・販売の規制が厳しくない。そのため、実際に表示されていない禁止物質が混入されていたり、成分表示が信頼できないものもある。

[使ってよいクスリ：（下記以外にも使用可能な医薬品はたくさんある）]

比較的使用頻度の高い「使ってよいクスリ」の例を挙げてみる。なお、下記に挙げたもの以外にも使用可能な医薬品はたくさんある。

医薬品の相談については、JADAホームページ内に掲載の「薬剤師会ドーピング防止ホットライン」へ連絡したり、「JADA公認スポーツファーマシスト」への相談、もしくはインターネットでGlobal DRO-JAPANを利用して自分で確認するなどの方法がある。

●病院処方薬

<感冒薬>　PL顆粒、トランサミン、ムコダイン、アストミン、メジコン、リン酸コデイン、イソジンガーグル

<解熱鎮痛薬>　カロナール、ブルフェン、インダシン、ロキソニン、ボルタレン、ロルカム、セレコックス、ハイペン、リリカ、トラムセット

<胃腸薬>　アルサルミン、ケルナック、SM散、タガメット、ムコスタ、ガスター、パリエット、タケプロン、ネキシウム、ブスコパン、ナウゼリン、プリンペラン、ロペミン、タンナルビン、ラックビー、ビオフェルミン、酸化マグネシウム、プルゼニド

<抗アレルギー薬>　インタール、ザジテン、アレジオン、アレグラ、

      ポララミン，オノン，シングレア，タリオン
<抗生物質> サワシリン，パンスポリン，セフゾン，フロモックス，クラリス，クラビット，ホスミシン，ネオイスコチン
<気管支喘息治療薬> ベネトリン（吸入のみ可，内服は不可），サルタノールインヘラー，フルタイド，アドエアディスカス，シムビコート
<その他> タミフル，フェロミア，メチコバール，トラベルミン，ミオナール，テルネリン，テオドール，ドオルトン，チラージンS，メルカゾール，プロパジール，リンデロンVG軟膏（軟膏に限り使用可能），ケナログ軟膏

● 一般用医薬品

<総合感冒薬：かぜ薬>
  飲み薬：ストナアイビー（佐藤製薬），新エスタックW（エスエス製薬），新エスタック12（エスエス製薬），コンタック600ST（gsk），パブロン50（大正製薬），新ルルエース（第一三共ヘルスケア）
  ぬり薬：ヴィックスヴェポラップ（大正製薬）

<解熱鎮痛薬：熱冷まし，痛み止め>
  飲み薬：ロキソニンS（第一三共ヘルスケア），バファリンA（ライオン），イブA錠（エスエス製薬），ノーシン錠（アラクス），ナロンエース（大正製薬），タイレノールA（J&J），バイエルアスピリン（バイエル製薬）
  その他：アルピニーA坐剤（エスエス製薬）

<鎮咳去痰薬：咳を軽くする，痰を出しやすくする>
  飲み薬：コンタックせき止めST（エーザイ，グラクソ・スミスクライン），スカイナーせき・たん用（エーザイ），エスエスブロン「カリュー」（エスエス製薬），ストナ去痰カプセル（佐藤製薬），クールワン去たんソフトカプセル（杏林製薬），新ブロン液エース（エスエス製薬），新パブロンせき止め液（大正製薬）
  トローチ：新コルゲンコーワトローチ（興和株式会社），ベンザブロックトローチ（武田薬品）
  うがい薬：イソジンうがい液（Meiji），新コルゲンコーワうがい薬（興和株式会社），ルルうがい薬（第一三共）

[引用文献]
・公益社団法人日本薬剤師会．（2013）『薬剤師のためのドーピング防止ガイドブック2013年版』

[ポイント]
・世界唯一の基準になっているWADA禁止表（禁止物質と方法）は，毎年1月1日に発効される。
・糖質コルチコイドの経口使用，静脈内使用，筋肉内使用または経直腸使用以外の使用経路は禁止されない。

[研究問題]
・ある競技者が漢方薬使用でのTUE申請をした。この場合，使用許可が下りるか否か。また，その理由を述べよ。
・インターネットで購入した外国製のサプリメントを使用しているある競技者が数ヶ月で急に筋肉がついた様子である。サプリメントの成分表に禁止物質の表示は見当たらないという。この場合，どのようなことが考えられるか述べよ。

<抗アレルギー薬：くしゃみ，鼻水，鼻づまり，じんましんなどのかゆみ>
  飲み薬：アレジオン10（エスエス製薬），ザジテンAL鼻炎カプセル（ノバルティス・ファーマ），パブロン鼻炎カプセルZ（大正製薬），レスタミンコーワ糖衣錠（Kowa），アレルギール錠（第一三共ヘルスケア），スカイナー鼻炎N（エーザイ）
  ぬり薬：オイラックスA（第一三共ヘルスケア），メンソレータムメディクイック軟膏R（ロート製薬），レスタミンコーワパウダークリーム（Kowa），ケラチナミンコーワWクリーム（Kowa），ケラチナミンコーワ20％尿素配合クリーム（Kowa），
  目薬：ザジテンAL点眼薬（ノバルティスファーマ），ビュークリアALクール（ゼリア新薬）

<胃腸薬：胃が痛い，お腹が痛い>
  飲み薬：ガスター10（第一三共ヘルスケア），サクロン錠・サクロンS・サクロンQ（エーザイ），パンシロンG（ロート製薬），ブスコパンA錠（エスエス製薬），ブスコパンMカプセル（エスエス製薬）

<便秘治療薬：便が出ない（お腹がはる・痛い）>
  飲み薬：コーラック（大正製薬），ピコラックス（佐藤製薬）
  その他：イチジク浣腸（イチジク製薬）

<整腸薬・下痢止め：下痢，お腹が痛い>
  飲み薬：ストッパ下痢止めA（ライオン），新ビオフェルミンS錠・新ビオフェルミンS細粒（ビオフェルミン製薬，武田薬品），強ミヤリサン（錠）（ミヤリサン），強力わかもと・わかもと整腸錠（わかもと製薬）

<吐き気止め：気持ちが悪い>
  飲み薬：センパア（大正製薬），センパアS（大正製薬）

[清水 顕]

5 競技会におけるメディカルサポート

①現場に必要な医薬品

　水泳競技は競泳，飛込，水球，シンクロナイズドスイミング，オープンウオータースイミングの5競技に種別され，それぞれの競技で生じやすい障害は異なる．詳しくは次項「水泳に伴う事故の実態」を参照して

いただきたい。なお，救護室を訪れるのは選手のみではなく，指導者，役員，観客などに対する医療行為の備えも必要である。

[医薬品と機材]

まず必要になるのは，軽微な擦過創（すり傷）などの創傷処置のための外用剤（消毒薬），創部被覆材（バンドエイドなど）である。さらに，負傷した選手が競技を継続する場合に備えて，細菌感染を予防するための抗菌薬の準備も望ましい。また，打撲や捻挫や骨折に対する固定帯としてのテーピング，シーネなどの準備も必要であろう。

また，使用頻度を考慮すると薬剤は，消化器系（胃薬，止痢剤，制吐剤），呼吸器系（咳止め，気管支拡張剤），循環器系（降圧薬，亜硝酸剤），消炎鎮痛剤などの内服剤のほかに，ステロイド外用剤，抗菌点眼薬などの外用剤が必要であろう。

次項「水泳に伴う事故の実態」にあるように，水泳競技では飛び込みによる頸椎外傷の可能性がある。そのため，重篤な頸椎疾患が生じた場合に備え，固定用カラーの準備が望ましい。さらに，水中で行うという競技特性上，溺者が生じる可能性がある。水中から陸上に引き上げる際の搬送のタイムロスを減らすために必要に応じてフローティングバックボードの準備も行うとよい。

重篤な障害発生時に対する医療機器として，換気用バッグ・マスク，酸素ボンベ，吸引装置，気管内挿管セット，自動体外式除細動器（AED）の調達が望ましいとされている[1]。これらの医療器材を安全に使用するためには全身状態をモニタリングする酸素飽和時計，血圧計などの計器も必要になるだろう。さらに，オープンウオータースイミングなど屋外で長時間の競技が行われる場合には，脱水に対する経口保水液や経静脈補液剤の準備とともに，低体温に備えての毛布や温浴設備などの準備も必要である。

一般に，競技会は短期間で行われる。そのため，医薬品や器材は持ち回りとなることが多い。劣化や損壊を防ぐことが可能で，さらに運搬しやすいような容器の準備も望ましい。

[その他の準備]

現場で必要とされるのは器材だけではない。

選手に対する処置・投薬は「世界ドーピング防止規程」（The World Anti-Doping Code）に抵触してはならない。医療担当者および運営者側はアンチ・ドーピングに対する知識を有していることが望ましく，必要に応じて日本アンチ・ドーピング機構や日本体育協会などのホームページなどで事前確認をしておくべきだろう。

競技会の医学的対応に過失があった場合には，競技会運営側や担当者の法的責任が問われることもあるとされている[2]。競技会開催にあたっては後方医療機関への後方支援の依頼も検討する必要がある。

[参考文献]

1) 中嶋耕平. (2003)「地域スポーツ大会の救護班が用意すべき救急薬品，医療器具などについて」『臨床スポーツ医学』20：807-814.

2) 竹中郁夫. (2013)「救護班担当医師の法的責任」『日本医事新報』4658：88-89.

3) 長田雄大 ほか. (2012)「スポーツと救急救護体制 スポーツ現場における救急科専門医の役割」『救急医学』36：1022-1025.

[参考文献]
1) Katoh, S. et al. (1996)「Sports-related spinal cord injury in Japan (from the nationwide spinal cord injury registry between 1990 and 1992)」『Spinal Cord.』34：416-421.
2) Aito, S. et al. (2014)「Traumatic spinal cord injuries：evidence from 30 years in a single centre.」『Spinal Cord.』[Epub ahead of print]
3) Chen, Y. et al. (2013)「Causes of spinal cord injury.」『Top Spinal Cord Inj Rehabil』19：1-8.
4) Chan-Seng, E. et al.(2013)「Cervical spine injuries from diving accident：a 10-year retrospective descriptive study on 64 patients.」『Orthop Traumatol Surg Res.』99：607-13.
5) Ye, C. et al. (2009)「Pattern of sports- and recreation-related spinal cord injuries in Beijing.」『Spinal Cord』47：857-860.
6) 金岡恒治 ほか.(2001)「脊髄損傷事故予防の実際」『Orthopaedics.』14：1-7.
7) Barss, P. et al. (2008)「Risk factors and prevention for spinal cord injury from diving in swimming pools and natural sites in Quebec, Canada：a 44-year study.」『Accid Anal Prev.』40：787-797.
8) DeVivo, MJ. et al. (1997)「Prevention of spinal cord injuries that occur in swimming pools.」『Spinal Cord.』

さらには，観客が多い競技会などに対しては，マスギャザリング（ある一定の期間，限定された場所・地域において，同一の目的で集合した多人数の集団）という観点から集団災害医療の対応を想定した準備も重要である[3]。

[課題]

最後に問題点を挙げておきたい。医薬品の調達に関しては解決されていない課題がある。それは，市販薬以外は本来，認可された医療機関において処方される必要があるため，医療施設として認可されていない救護室で取り扱う物は市販薬のみとするという対応法である。この考えは合理的であるのだが，一方で傷病者への処置が制限される可能性が残るとも考えられる。

また，医薬品の準備に関しては限りある運営費を圧迫する可能性もある。そのため，参加者の年齢層や競技レベルに応じて準備する医薬品や器材を調整する必要もあるといえるだろう。　　　　　　　　　[辰村正紀]

②水泳に伴う事故の実態

[事故の特徴]

水泳中に生じる一番の問題点は溺水の可能性があることである。これが陸上で生じる障害との大きな違いであり，陸上であれば単なる一過性の意識障害で後遺症を残さず回復するような疾患であっても，水中で生じたがために窒息となり致命的な状態に陥ることが知られている。

警察庁のまとめでは，平成23年中の水難事故は1,396件，1,656人，水死者・行方不明者は795人と近年減少傾向であるが，発生件数に比べ死亡につながりやすいことが分かる。子どもの死亡事故も減少傾向であるのに対し，65歳以上の高齢者の死亡事故件数は増加傾向である。さらに，これらの事故は夏に生じやすいのも特徴である。

また，独立行政法人日本スポーツ振興センターの報告によると，例年課外活動で傷害が多くされる種目の1つとして水泳が挙げられており，平成24年度にも死亡事故が発生している。

[事故の原因と対応]

溺水の原因としては，水中で不整脈などの心血管系疾患やてんかんなどの脳疾患の発作による意識障害が，タイミング悪く生じることが考えられる。また，水泳中に鼻腔から耳管へ水が流入した場合に鼓室内圧の急激な変化が生じ平衡感覚を失ってしまう現象や，冷水への暴露により迷走神経反射が生じて心拍出量が低下する現象などが溺水につながるという報告もある。

また，水中への飛び込みで生じる脊椎骨折・脊髄損傷も重篤な疾患である。脊椎・脊髄損傷を伴うスポーツ障害のうち水泳の飛び込みは，脊髄損傷の原因としてはスポーツの中で最も頻度の高く[1),2)]，若年者に多く，男性に多いとされる[3),4),5)]。プールへの飛び込みによる水底での

衝突事故発生には，水深などの環境要因，飲酒や性別が男性であるなど個体要因，入水後の手関節背屈動作などの技術的要因，指導体制・監視体制など管理要因が関与するとされる[6),7),8)]。

プール以外においても，川底や海岸の砂浜でも水底との衝突による脊髄損傷も報告されている。水底での衝突を避ける飛び込み法として重要であるのは入水角と入水後の手関節の肢位である[9),10)]。そのため，初心者へ飛び込みを指導する場合は入水角度を浅くし入水後に手関節を背屈させるように徹底することが重要である[10)]。

加えて，水泳では着用するのが水着だけである。そのため皮膚の露出が多く，靴も着用しないため，鋭利な物との接触で生じやすい擦過傷がある。また，皮膚の露出が大きくなることによる紫外線による熱傷（日焼け）なども生じやすい。

[種目別にみた事故の傾向]

水泳競技は，それぞれの競技で生じやすい障害は異なる。

競泳はコンタクトスポーツではないため，骨折や捻挫といった外傷の頻度は低い。一方で，水球では相手選手との接触，飛び込みでは水面との衝突，シンクロナイズドスイミングでは演技中にチームメイトとの接触などにより外傷が生じることがある。また，オープンウォータースイミングは競泳と異なりレーンの区分けがないため，選手同士の接触することがある上，屋外で行われ競技が長時間に及ぶために，熱傷や低体温，脱水といった環境暴露による全身への影響が懸念される。競技種目により生じやすい事故も異なることも水泳に伴う事故の特徴の1つといえる。

［辰村正紀］

③競技前後のコンディショニング

ここでは，競技前後における身体的因子に関連したコンディショニングを中心に解説する。コンディショニングの詳細については後掲の「⑧コンディショニングの実際」を参照していただきたい。

競技前には身体が運動しやすいような準備をすること，また競技後には運動による疲労をできる限り早く回復させ，次の競技に備えることがコンディショニングの目的となる。すなわち，競技前後のコンディショニングにおいて，ウォーミングアップおよびクーリングダウンに関する知識は必要不可欠である。ウォーミングアップではスムーズな筋力発揮，筋肉・腱の柔軟性が高まり，関節可動域の増加，酸素摂取率の向上などによるエネルギー効率の向上といった効果が得られ，またクーリングダウンでは疲労物質除去の促進や筋の柔軟性あるいは関節可動域の再獲得，精神的なリラックスといった効果が得られる。

支点が存在しない水中環境下では，筋力や関節可動域のアンバランスが助長されるため，障害発生のリスクやパフォーマンス低下が起こりやすい。したがって，アンバランスを改善する目的で，陸上でコンディシ

35：509-515.
9) 神舘盛充 ほか.(2014)「水中への飛び込み入水角度と頭部最大到達深度の関係」『日本臨床スポーツ医学会誌』22：30-35.
10) 辰村正紀 ほか.(2014)「学校プールでの安全な飛び込み方法の解明」『日本整形外科スポーツ学会誌』34：18-23.

[参考文献]
1) 日本体育協会指導者育成専門委員会アスレティックトレーナー部会監修.(2011)「ウォーミングアップとクーリングダウンの方法と実際」『公認アスレティックトレーナー専門科目テキスト 予防とコンディショニング』文光堂 pp272-279.

[スタティックストレッチング]
反動や弾みをつけずにゆっくりと筋肉を伸ばし，その状態でしばらく静止する最も基本的なストレッチング。「⑧コンディショニングの実際③水泳競技のストレッチングの目的と実際」を参照のこと。

[ダイナミックストレッチング]
関節運動を行いながら動作に必要な柔軟性を向上させたり，協調性を高めたりするストレッチング。「⑧コンディショニングの実際③水泳競技のストレッチングの目的と実際」を参照のこと。

ョニングエクササイズを行うことが非常に有効である。競泳を例に挙げると、レース前、軽運動にて筋温を高めた上で、反動をつけずに行うスタティックストレッチングを用いて筋肉を伸ばし、さらにダイナミックストレッチングを用いて動作に関連した柔軟性を高める。次いでコアエクササイズやファンクショナルエクササイズなどを利用し、筋肉や神経系に刺激を与えながら、泳動作に必要な関節運動や姿勢の確認を行う。レース後にはスタティックストレッチングやマッサージ、物理療法などにより疲労回復、リラクセーションを図る。各選手のエントリー種目や既往症などに留意しながら必要なコンディショニング内容を選択し、複数のレースがある場合には、それぞれのレース前後のコンディショニングとして一連の流れを繰り返す。この時、ストレッチングやエクササイズの内容・負荷量は疲労が残らない程度とし、日常のトレーニングを通して設定していく。競技会におけるコンディショニングが特別なことではなく、日常的なトレーニングの前後に実施しているコンディショニングの延長線上にあることが大切である。また、常にベストコンディションで競技会に臨むためには、可能な限り選手自身がセルフコンディショニングとして遂行するように教育していくことが大切である。そして、独力で対応が困難な場合には、トレーナーブースやチーム専属のトレーナーに指導を仰ぐことも選手のコンディショニングスキルの向上に有効である。

［猪股伸晃］

6 遠征におけるメディカルサポート

①高地トレーニングにおける医学的注意点

　日本水泳連盟での高地トレーニングへの取り組みは、1965年10月に開催されたメキシコ市（海抜2,300 m）での国際競技会参加時に始まるが、当時は1968年のメキシコオリンピックを見据え、高地馴化に焦点を置いていた。競技会での競技力向上を目的とした高地トレーニングが積極的に行われるようになったのは1982年の夏からである。高地では平地と比べ低圧低酸素となり、海抜2,000 mの高地での酸素分圧は平地の約80％程度で、巡航高度に達した飛行機の機内とほぼ同様といわれる。また、この高さでの血中酸素分圧は60 mmHg程度となり、安静時に必要な最低限の酸素量に相当する。これに加えて、高地トレーニングの経験とデータからも、トレーニングが行われる地としてはアリゾナ（米国）、昆明（中国）など海抜2,000 m前後の地が選ばれることが多い。

　一般に低酸素環境におかれた場合、まずは利尿ホルモンによる血液濃縮反応が生じ、肺胞換気量は増加する。そのため、登山直後より脱水が生じやすい。同時にエリスロポエチンが分泌され、最終的には循環血液量やヘモグロビン濃度の増加がもたらされるが、これには週間単位以上の期間が必要となる。現在水泳競技で行われている高地トレーニングの

[コアエクササイズ]
身体のコア（核）となる脊柱や体幹部を意識的・選択的に鍛えるエクササイズ。「8 コンディショニングの実際④筋力トレーニングの目的と方法」を参照のこと。

[ファンクショナルエクササイズ]
人間がスポーツに限らず日常生活でも体を動かすということにおいて、共通した動作の機能を向上させるエクササイズ。「8 コンディショニングの実際④筋力トレーニングの目的と方法」を参照のこと。

[マッサージ]
リンパや血液の流れ、筋肉の走行に沿って、押す・引く・撫でる・さする・揉む・叩く等といった手技を用いることで循環の改善や緊張の緩和といった効果をもたらす手技。「8 コンディショニングの実際⑤マッサージの目的と方法」を参照のこと。

[物理療法]
電気、温熱、寒冷、光線などの物理エネルギーを加えることで治療を行う理学療法の一種。専用の機器を用いることが多い。「8 コンディショニングの実際②物理療法の目的と方法」を参照のこと。

[研究問題]
・担当する一選手について、競技会前後のコンディショニング内容を設定しなさい。

[理解度チェック]
・担当する一選手について、良い結果あるいは悪い結果を収めたときの要因をコンディショニングに関連させて考察しなさい。

期間は3〜4週間程度であるため，トレーニングの目的は，生理学的な変化のみを期待するよりも，平地よりも強い負荷を得やすいという点で総合的なトレーニングの一環としての側面が強いと考えられる。

　高地トレーニングと高地馴化に伴う医学的問題として，いわゆる高山病，高地肺水腫，まれであるが高地脳浮腫が挙げられる。登山後数日で起きる急性期高山病の症状は，頭痛，めまい，悪心・嘔吐，いらだち，不眠など非特異的である。また，肺水腫では，呼吸困難，咳，血性ピンク痰などの症状と頻脈，頻呼吸などを認める。しかし，これらの病態は血中の酸素不足が生じる高度2,400m以上で起こりやすく，トレーニングにおける高度では，トレーニング量と強度を十分に調整していれば，比較的発生しにくいと考えられる。もし発生した場合，その対処法はまず安静にして低地に戻ること（吸気酸素濃度を高めること）であり，必要に応じてアセタゾラミド，ステロイド，酸素投与が使用される。ただし，アセタゾラミドとステロイドはドーピング禁止表国際基準に掲載されていることに注意したい。

　一般的注意点として次の2点が考えられる。まず負荷がかかりやすく，容易にオーバーリーチングに陥りやすいため，選手のコンディショニングを詳細にチェックする必要がある。また，高度が高くなれば気温も一般的に低下する。したがって，感冒対策，齲歯の治療，かかりやすい病気があれば持参薬の準備くらいは整えておきたい。一般的に登山後より唾液中分泌型免疫グロブリンは低下し，1週間前後では感冒や胃腸炎症状が起こりやすい。また，高地トレーニング施設は医療過疎地域にあたりやすいため，医療環境が必ずしも十分とはいえない。精査のために下山を強いられるケースもあり，緊急時の対応については十分に準備しておきたい。

〔渡部厚一〕

②海外遠征における医学的注意点

　近年ではジュニアを含めて国際大会への参加数が増し，海外合宿の機会も多くなっているが，そのすべてにメディカルスタッフ（医師，トレーナーなど）が帯同するものではない。海外遠征とは各人の自覚をもった行動により結果が大きく左右される場と考えられる。

　事前準備として現地の気候や環境（流行性疾患，治安状態など）について把握し，各種ワクチン接種などの準備を行う必要がある。外務省の「海外安全ホームページ」から情報入手が可能である。オリンピックなどでは参加選手全員に対してメディカルチェックが行われ，現地のさまざまな情報が提供される。主に国際大会で医師が帯同する際には出発前に既往歴・服用している薬・現在治療中の怪我・病気についての調査を行っている。常備薬や常に使用しないが使うことのある薬（鎮痛剤，目薬など）を準備することは重要である。

　移動に関しては，時差対策や機内での乾燥対策が必要である。機内の

[研究問題]
1. 高度2,000mでの大気中と動脈血中の酸素濃度はどの程度になるだろうか？
2. 高地トレーニング中のコンディション対策についてまとめてみよう。

[参考文献]
1) 日本水泳連盟．「高地トレーニングに伴う安全管理のガイドライン」http://old.swim.or.jp/11_committee/15_admin/0811281.html（2014年3月17日）

[研究問題]
・出発前に調べるべき現地情報をリストアップせよ。
・時差対策について述べよ。
・遠征先での健康上の問題が発生した場合の対処法を考えよ。

[理解度チェック]
・移動に関する注意点はなにか？
・遠征先での生活上の注意点はなにか？
・起こりやすい疾患に対する注意点はなにか？

[参考文献]
・外務省.「海外安全ホームページ」http://www.anzen.mofa.go.jp/（2014年3月11日）

狭い座席で同じ姿勢が続くと筋疲労を招き，下肢の浮腫も生じやすくパフォーマンスに影響を与える。また，乾燥による脱水，機内の低気圧，同じ姿勢でいることで血管内の血液が固まり血栓を形成し深部静脈血栓症（俗にいうエコノミークラス症候群）を発症することがある。その予防方法には水分摂取，1時間に1回程度は身体を動かすこと，弾性ストッキングを着用することなどが挙げられる。

また，現地では食事・飲料水への配慮が欠かせず，生ものの摂取は慎重にすべきである。飲料水はペットボトルでキャップが開けられていないことを確認し，うがい，コンタクトレンズのケアなどにも水道水を使用しない配慮が望ましい。

大規模な国際大会では仮設プールが利用されることがあるが，滑りやすい場所や，狭く段差が不ぞろいな階段などがあり，足関節捻挫を起こす危険性が高いので注意を要する。屋内プールでは水温，室温ともに日本よりも低く設定されている場合が多いため，暖かい国への遠征でも防寒用具を持参した方がよい。屋外プールでは日陰が少ない場合があり，熱中症や日焼け対策も重要である。

遠征中に生じやすい疾患としては，のどの痛み・咳が出るなどの上気道炎，下痢などの消化器症状が多い。期間が長い合宿では疲労が蓄積する後半にこれらの症状を訴える選手が多くなる。うがい・手洗いの励行，マスクの利用など各自の行動によって予防に努める。虫歯の痛みや歯周病などの歯科関連は対応が難しく，食事も十分にとれなくなりパフォーマンス悪化につながるため，定期的な歯科受診を習慣づけて良好な状態を保つことが重要である。

最後に，渡航先の文化や言語等を学び，各国からの選手たちや現地の人々と積極的にコミュニケーションをとることも大切である。それによって無駄な緊張から解放され，精神的にも良いコンディションを持続させることができるであろう。　　　　　　　　　　　　　　　　[元島清香]

7 障害の予防対策

①腰部障害の予防対策
[水泳における腰痛の発症局面]

水泳の腰痛は伸展型腰痛と屈曲型腰痛に大別され，それぞれに発症メカニズムが異なる。よって，その予防戦略を考える際には，まず腰痛の発症局面が水泳動作のどのタイミングによるかを確認する必要がある。

●伸展型腰痛

キック動作時に腰痛症状が認められる場合，腰椎から骨盤にかけて伸展ストレスが生じている可能性が考えられる。図1-6-19-Aは骨盤が安定した状態でのキック動作を示している。一方，図1-6-19-Bは骨盤が不安定な状態でのキック動作図である。股関節の屈曲伸展運動

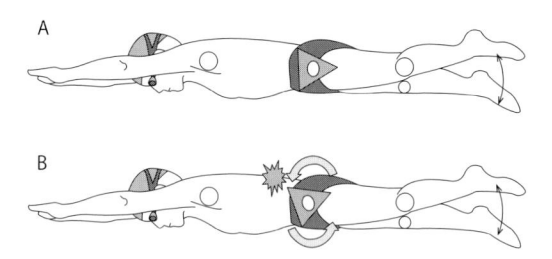

図1-6-19 骨盤の安定性とキック動作
A 骨盤が安定した状態でのキック動作，B 骨盤が不安定な状態でのキック動作

と同時に骨盤の前後傾運動が過剰に生じ，腰椎の過伸展が強制され，L5-S1間に伸展ストレスが生じる。中島らは三次元筋骨格系モデルを用いてキック動作時の腰椎挙動をシミュレーションし，キック動作時には腰椎椎間関節に伸展ストレスが生じるが，体幹深部筋の活動が増加することにより椎間ストレスが軽減することを確認している[1]。
このように，水泳動作は腰椎伸展ストレスの誘因となり伸展型腰痛のリスクを有している動作であり，予防のためには深部体幹筋による骨盤固定作用が必要である。

● **屈曲型腰痛**
スタート台からのスタート，およびターン時の壁蹴り局面にて腰痛発症が認められる場合は，腰部に屈曲ストレスが生じることが想定される。スタート姿勢とターン姿勢で股関節に屈曲制限がある場合，いずれも股関節屈曲位から伸展パワーを発揮する局面で腰椎に屈曲強制が生じる。それによって，股関節屈曲可動域の減少に伴い，腰椎の屈曲ストレスを増加させることになる（図1-6-20）。
また，後述のようにウェイトトレーニングで腰痛を発症するケースも多く，その場合は泳動作では無症状であるにもかかわらずスタートとターンの局面で腰痛が残存することが多い。

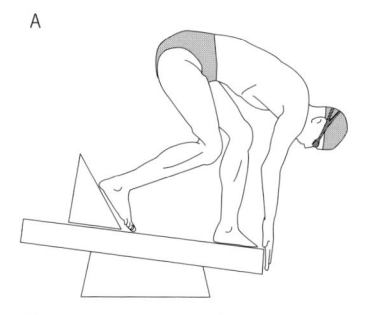

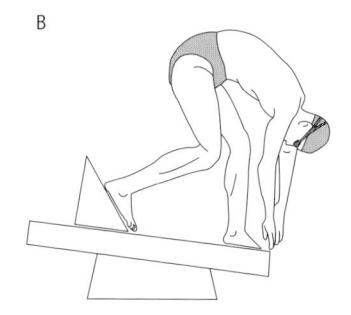

図1-6-20 スタート姿勢と股関節可動域
A 股関節が十分に屈曲したスタート姿勢，B 股関節屈曲可動域が低下し腰部が屈曲強制されたスタート姿勢

このように，水泳において，どの局面で腰痛が発生しているかを知ることにより，腰痛のタイプやそのアプローチが整理されることになる。

[水泳選手が有する腰部障害のリスク]

水泳選手は，文字どおり水中でのトレーニング時間が延長するに従い，陸上での抗重力運動に耐えうる筋バランスを失う傾向が認められる。その代表的な現象が殿筋群の弱化であり，一般に，水泳選手では殿筋の筋力が少なく大腿の筋力が優位である傾向が認められる。この状態で陸上トレーニング，特に高負荷のウェイトトレーニングを実施することにより，脊柱・体幹の傷害を発症するリスクが増加する。アイオワ大学での調査では，部位ごとにその傷害発症機序に違いがみられ，首・腰の脊柱傷害に関しては水中トレーニングではなく陸上トレーニングでの発症が主であったと報告されている[2]。

水泳選手は他競技の選手と比較し椎間板の変性率が有意に高いとの報告もあり[3]，水泳選手は水中の動きのみでなく，陸上での動作においても腰部障害のリスクを有しているといえる。

[ストリームライン]

水泳の基本姿勢であるストリームラインは，水中において最も抵抗の少ない姿勢であり，すべての泳法において重要である。抵抗が少なければ泳速も上がり，かつ効率が良いことから障害発生のリスクも低下する。しかし，理想的ストリームラインの構築は，筋力の低下や，疲労などによる胸部，股関節などの短縮により，阻害されることが少なくない。

図1-6-21-A, Bの場合，なめらかで抵抗の少ないストリームラインの構築を妨げるものであり，非効率なフォームによって腰痛発生の要因になりうると考えられる。

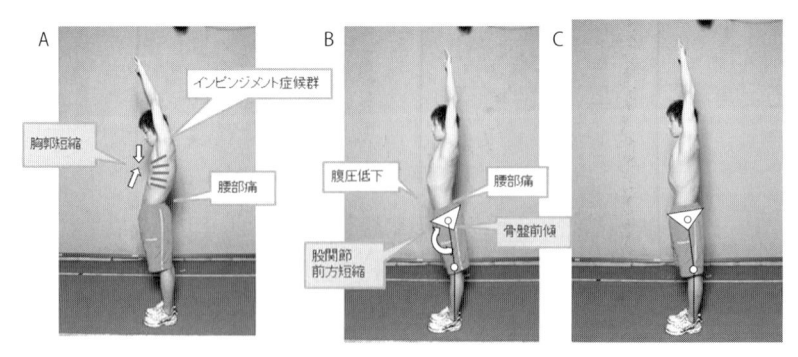

図1-6-21　ストリームライン
A　胸郭前側の短縮を伴ったストリームライン，B　骨盤前傾を伴ったストリームライン，
C　理想的ストリームライン。

[予防プログラム]

●胸郭トレーニングの注意点（図1-6-22）

水泳は他のスポーツと異なり上半身のプル動作によって推進力を生み出す。よって，腕の付け根である肩周辺や背部の筋疲労がきわめて高く，可動性低下が認められる。肩関節の可動域保持のためには，いわゆる肩甲上腕関節のみでなく胸郭も含めた可動性が必要であり，胸郭の可動性が低下することにより腹筋群の収縮も困難になることから，まず胸郭を十分にストレッチし可動性を確保することが重要である。

●体幹トレーニングの原則

水泳競技において重要なトレーニングのひとつが体幹トレーニングであるが，実施する際に留意すべき重要なポイントを2点解説する。

・腹部引き込み動作（ドローイン）

腹筋群は，表面にある腹直筋，外腹斜筋，その内側にある内腹斜筋，そして最も深層にある腹横筋の4種類の筋からなる（図1-6-23）。このうち，深部にある腹横筋と内腹斜筋は脊柱に直接付着しており，脊柱を安定化させる筋肉であることから腰部障害の予防には最も重要な筋である。

図1-6-24は，腹筋収縮時，腹部を引き込んだ場合と引き込んでいない場合の違いをMRIで確認したものである。腹部を引き込まずに腹筋を収縮している場合と比べ，腹部を引き込んだ状態すなわちヘソを

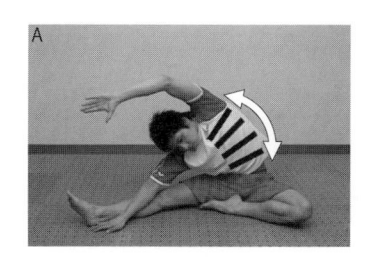

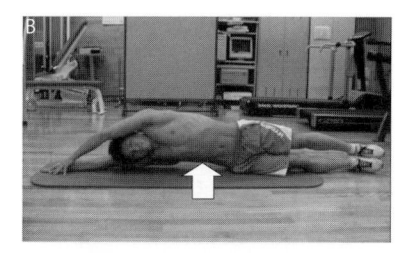

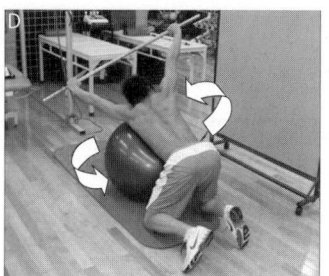

図1-6-22　胸郭のストレッチングとトレーニング
A　下部胸郭ストレッチング，B　体側部アーチ，C　トランクローテーション，D　バランスボール・ツイスト。

腹直筋　　　　　外腹斜筋　　　　内腹斜筋　　　　腹横筋

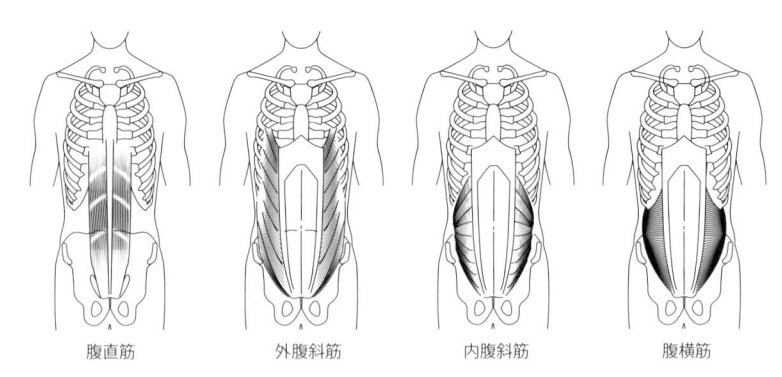

図1-6-23　腹筋群

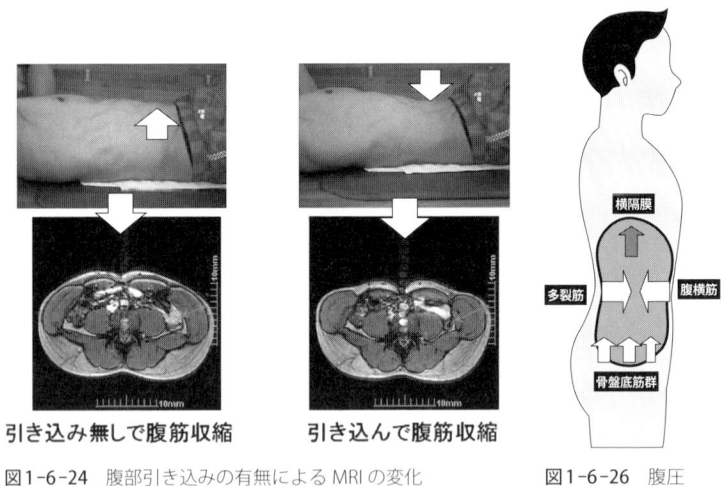

引き込み無しで腹筋収縮　　引き込んで腹筋収縮

図1-6-24　腹部引き込みの有無によるMRIの変化
（腹筋収縮時の体幹筋MRI画像）

図1-6-26　腹圧

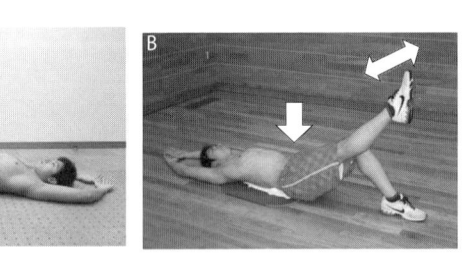

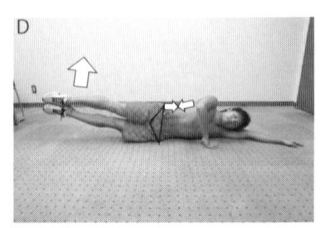

図1-6-25　ドローイン・トレーニング
A　腹部引き込み＆片脚屈曲・伸展，B　腹部引き込み＆片脚外・内転，C　ストレッチポールを基準線としバランスをとりながら片脚屈曲・伸展，D　腹部引き込み＆横向け両脚上げ下ろし

凹まして腹筋を収縮している方が明らかに側腹部の筋収縮が増加している様子が分かる。この部分にあるのが腹横筋，そして内外腹斜筋である。

脊柱を安定化されることに加え，水泳動作は捻じれを止めることが必要であるため側腹部の筋収縮は大変重要である。よって，すべてトレーニングでは腹部を引き込んだ状態で腹壁前面を平坦化し，側腹部にある腹斜筋や腹横筋の活動を意識しながらトレーニングすることが求められる（図1-6-25）。

・フィードフォワード

ホッジス（Hodges）は，非腰痛群に対し腰痛群では腹横筋の活動が遅延するという結果から，手脚の運動の直前に腹横筋が収縮（フィードフォワード制御）することによる体幹固定が腰痛予防には重要であるとしている[4]。

つまり，腕や脚を動かす前に腹筋が収縮するという順番が重要であり，実際のエクササイズにおいてもフィードフォワードの再学習という点からまず腹圧により体幹を固定し，それから次の動作に移るという順番の学習が重要である（図1-6-26）。この学習効果によって，水泳で求められる強度の体幹固定に対応することが可能になると考えられる。

● スタビライゼーションエクササイズの注意点[5]

スタビライゼーションエクササイズの中で水泳のトレーニングとして行われている代表的なフロントブリッジの種類を図1-6-27に示す。また，図1-6-28はスタビライゼーションエクササイズ時の上下肢挙上側と腹横筋活動側の関係を示している。上肢挙上時には同側の腹横筋，下肢挙上時には反対側の腹横筋の活動が増加しており，必ずしもすべての体幹筋が同時に動員されているわけではない。この結果から，例えば右上肢が挙上困難な場合は右腹横筋の活動低下が推察され，活動が優位な側の評価が可能である。

なお，一側上肢と反対側の下肢を挙上した場合，上肢と下肢をそれぞれ挙上した場合の筋活動量が積算されるわけではなく，強度として著明な変化は認められない。よって，対側上下肢を挙上する場合，負荷増の効果は期待できず，主としてバランスエクササイズとしての効果を期待するエクササイズであるといえる。

さらに，図1-6-29はスタビライゼーションエクササイズ時の姿勢の差による変化を示している。Hand-KneeとElbow-Knee，そしてElbow-Toeの3姿勢を比較した場合，一般にはElbow-Toeが最も高強度のエクササイズとして認識されているが，実験結果から各エクササイズ間における深部体幹筋の活動には有意差は認められず，外腹斜筋など浅層筋に有意差が認められた。つまり，トレーニング強度の差は浅層筋の努力量の差であるといえる。水泳選手ではElbow-Toeによ

図1-6-27　スタビライゼーションエクササイズ（フロントブリッジの例）

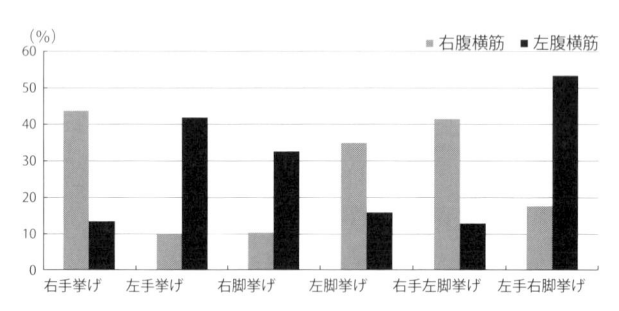

図1-6-28　スタビライゼーションエクササイズ時の腹筋活動量
（出典：Okubo Y et al, 2010より）

るエクササイズを行う際に腹筋ではなく腕や脚の筋肉で支えている選手がしばしばみられるが，このトレーニングでは深部体幹筋を使われていないということになる。よって，体幹のスタビライゼーションを効果的にトレーニングするためにはHand-Kneeから段階的に実施する必要があり，Elbow-Toeを導入する場合には深部体幹筋の活動が確実になされているか（ドローインができているか）の確認が不可欠で注意を要する。

■Hand-knee　■Elbow-knee　■Elbow-Toe

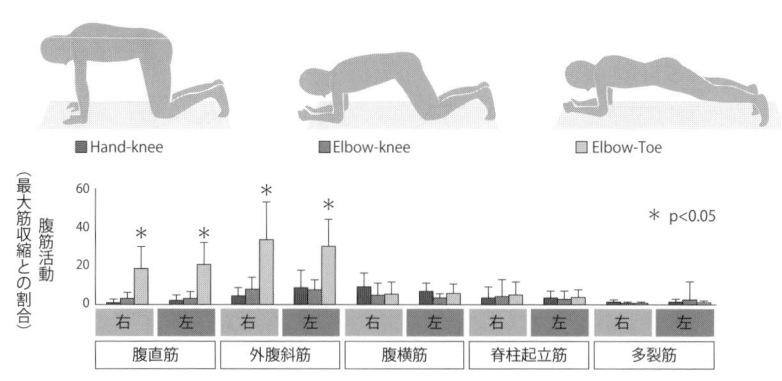

図1-6-29　異なる姿勢をとった時の体幹筋活動

水泳競技で行うスタビライゼーションエクササイズとしては，1) 股関節伸展位で行い，かつ 2) 上下肢に力みを生じさせず，3) 体幹を固定したまま上下肢を動かし続けるといった要素が必要となる。よって，水泳では Elbow-Knee を基本肢位とし，片手・片脚を交互に挙げる方法が望ましいと考えられる。

● 股関節エクササイズの注意点

水中のキック動作では主として大腿の筋が作用し，水中での筋の短縮により股関節の可動性低下が生じやすい。また，殿筋群はあまり推進力としては利用されないが，スタート・ターン動作では股関節の伸展筋力として殿筋群の活動が不可欠である。陸上トレーニングにおける急性腰痛発症のリスクを軽減するためにも，陸上トレーニングや水中練習の前に，股関節周囲のストレッチングと低負荷で確実な殿筋群の

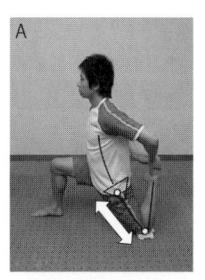

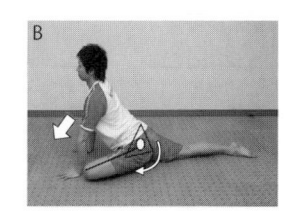

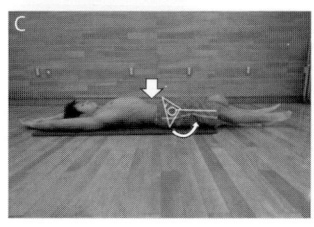

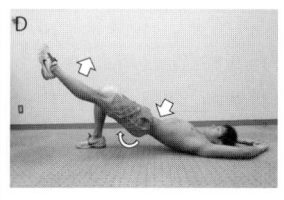

図1-6-30　股関節のストレッチングとトレーニング
A　大腿前面ストレッチング，B　股関節後面ストレッチング，C　大殿筋エクササイズ（背臥位：骨盤後傾），D　片脚ブリッジ

[参考文献]

1) 中島求，三浦康郁，金岡恒治. (2006)「水泳運動における腰椎の負荷と挙動のシミュレーションと実験的検証」『バイオメカニズム』18：45-56.
2) Wolf, BR., Ebinger, AE., Lawler, MP. et al. (2009)「Injury patterns in Division I collegiate swimming.」『Am J Sports Med』37：2037-42.
3) Hodges, PW. et al. (1997)「Contraction of the abdominal muscles associated with movement of the lower limb」『Physical therapy』77：132-144.
4) Hangai, M., Kaneoka, K., Hinotsu, S. et al. (2009)「Lumbar intervertebral disk degeneration in athletes.」『Am J Sports Med』37：149-155.
5) Okubo, Y. et al. (2010)「Electromyographic Analysis of Transversus Abdominis and Lumbar Multifidus Using Wire Electrodes During Lumbar Stabilization Exercises.」『Journal of Orthopaedic & Sports Physical Therapy』：40 (11)：743-750.

収縮を促すトレーニングを実施し，殿筋群の活性化を図ることが重要である（図1-6-30）。

[腰部障害の予防の要点]

スタビライゼーションエクササイズを遂行するために必要な要素としては，以下の3点が挙げられる。

・胸郭の可動性
・股関節の可動性
・体幹の固定性

この3要素が獲得され，良好なストリームラインが構築されることが腰部障害の予防には不可欠である。

水泳では上下肢は推進機構として動くべき部分であり，リラックスして動かなければならない。同時に，体幹もバサロキックやウェーブ動作では滑らかに動く必要がある。よって，水泳動作は必ずしも全身が固定されていればいいというわけではなく，まんべんなく動かすことを留意しなければならない。その結果，ストレスが分散されることで障害発生のリスクが軽減し，同時に効率の良い動作が可能になることからパフォーマンスの改善も期待されると考えられる。　　　　　　　　　　[小泉圭介]

②肩関節障害の予防対策

[水泳選手における肩関節障害]

水泳選手における肩関節障害は，「水泳肩（スイマーズ・ショルダー）」と呼ばれ，高頻度に発生する。水泳選手の障害調査において肩関節障害は，シンクロナイズドスイミング，飛込，水球の選手では第1位，競泳では腰痛に次いで第2位である[1]。競泳選手の69.9%が過去に肩関節障害の経験があり，現在痛みのある選手が23.7%と報告されている[2]。

肩前方の痛みには「烏口下インピンジメント」「上腕二頭筋長頭腱炎」「胸鎖・肩鎖関節炎」などがある。肩側方の痛みには「肩峰下インピンジメント」「インターナルインピンジメント」「肩峰下滑液包炎」「腱板断裂」などがある。上腕部の痛みには「QLS症候群」「胸郭出口症候群」などがある。水泳肩は総称であるので，肩にストレスのかかる部位が異なれば，痛みの生じる部位も異なる。治療や予防するためには，どこが痛みの原因になっているかを特定する必要がある。

[水泳肩のメカニズム]

ウェブスター（Webster）は，肩の痛みの45.2%はプル期前半に生じ，プル期後半では14%，リカバリー期では23%，残りの17.8%はプルまたはリカバリー期全域にわたっていたと報告した。プル期前半では，肩甲骨は大きく挙上・上方回旋し，上腕骨は挙上・内旋する（図1-6-31）。このとき，棘上筋や棘下筋，肩峰下滑液包が，肩甲骨や靱帯と擦れたり，はさみ込まれることをインピンジメントという（図1-6-32）。そ

の結果，炎症や腫れ，部分断裂が生じる[3), 4)]。

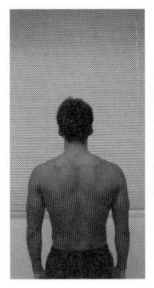

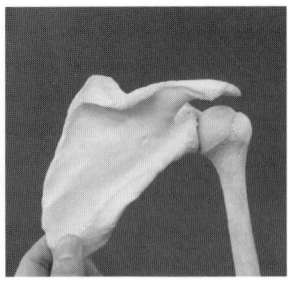

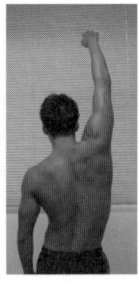

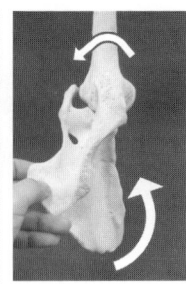

図1-6-31　プル期前半
プル期前半では肩甲骨の挙上・上方回旋と上腕骨の内旋が必要である。

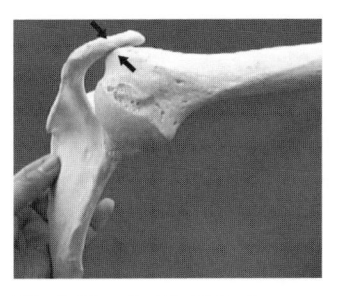

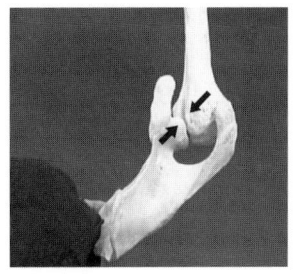

図1-6-32　インピンジメント
左　肩峰下インピンジメント，右　インターナルインピンジメント。

[予防プログラム]
●アライメント（姿勢）不良

　背が丸くあごが前に出た姿勢の選手に対しては，「チン・インエクササイズ[5)]」「肩甲骨寄せ下げ[6)]」「僧帽筋エクササイズ」などを実施する。特に僧帽筋下部線維の機能低下した選手は痛みを生じやすい。

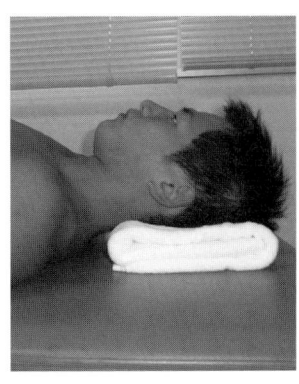

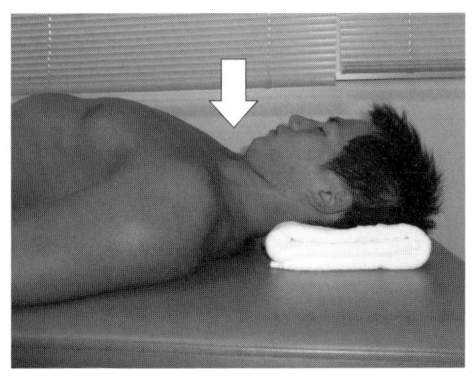

図1-6-33　チン・イン　エクササイズ[5)]
上向きに寝る。あごを引いて，後頭部でタオルを押しつぶす（2×10秒）。

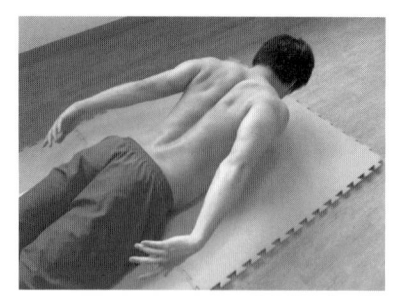

図1-6-34 肩甲骨寄せ下げ[6)]
うつ伏せに寝て、両手掌をお尻の上に置く。肩甲骨を背骨に寄せてから、手で大腿部裏側を触れるように伸ばし、チン・インして胸を張る（1×20回）。

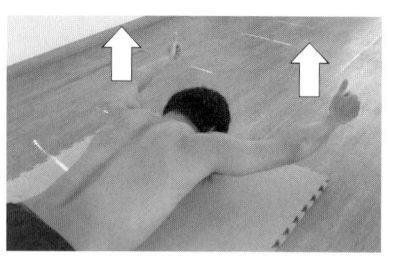

図1-6-35 僧帽筋エクササイズ
うつ伏せで寝る。両手を1mほど開き、親指を天井に向ける。顔、両腕を床から浮かせたまま、リズミカルに両腕を上下させる（2×20回）。

●肩甲胸郭関節の機能不全

　胸郭はストレッチングで伸張するのは難しい。大きく息を吸って肺を膨らませることで肋骨を大きく動かす方法が有効である。胸郭の可動性が不足すると、体幹の回旋可動性が不足しやすい。「胸郭深呼吸」や「胸郭回旋エクササイズ[6)]」を実施する。

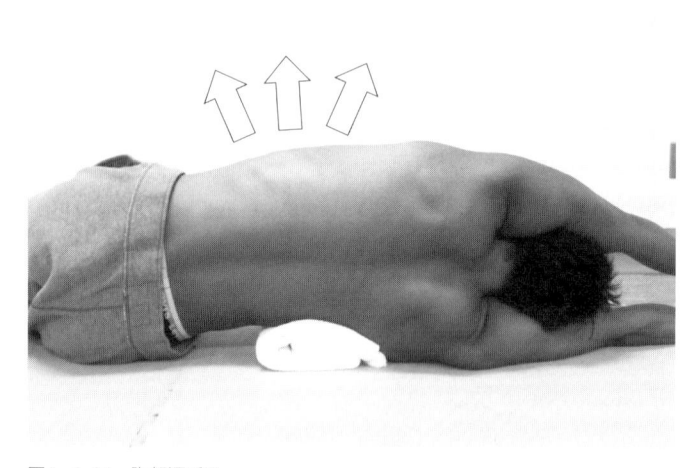

図1-6-36 胸郭深呼吸
脇の下にタオルなど置き、横向きに寝る。深呼吸（鼻で吸って、口で吐く）をし、できるだけ大きく吸って、肋骨を広げる（2 ROUNDS：1分）。

図1-6-37　胸郭回旋エクササイズ[6]
四つ這い位から，右手を耳の後方に触れておく。息を吐きながら，右肘で左脇を触れるようにする。息を吸いながら，肘が天井向くまで回旋させる（2 ROUNDS：20回）。

●関節可動域の不足

　鎖骨や肩甲骨の可動性の不足している選手と，肩関節そのものの可動域が不足している選手がいる。前者には「鎖骨下ほぐし」「肩立て伏せ[6]」を実施する。

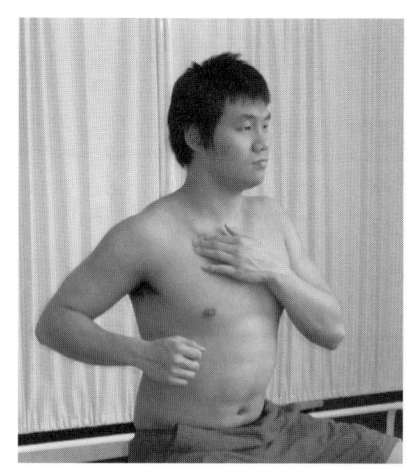

図1-6-38　鎖骨下ほぐし
立位または坐位。左手の指先で右鎖骨の下を強く圧迫する。走るように右腕を軽く前後に20回振る。鎖骨の下に沿って場所を1 cmずつずらして実施する（5～10箇所）（2 ROUNDS：1分）

図1-6-39　肩立て伏せ[6]
四つ這い位から，胸を下げて，両側の肩甲骨を寄せてくっつける。肘を伸ばしたまま，両側の肩甲骨を左右に開き，腕で床を押す。肩甲骨を意識して行う（1×20回）。

● 肩後方の硬さ

　肩関節の可動域が不足している選手は，肩の後方関節包，棘下筋が，硬くなっていることが多い。ここが硬くなるとインピンジメントが生じやすくなる。「肩後方カプセラーストレッチング[6]」を実施後，「棘下筋等尺性収縮」「肩内旋ストレッチング[6]」「棘下筋ストレッチング」を繰り返すと効果的である。

図1-6-40　肩後方カプセラーストレッチング[6]
四つ這い位から右手の上に重心を移動させる。右肘を伸ばしたまま，左肘を脱力して，右肩だけで支える。右肩の後方のストレッチ感や下から突き上げられる感覚を感じる（2ROUNDS：30秒）。

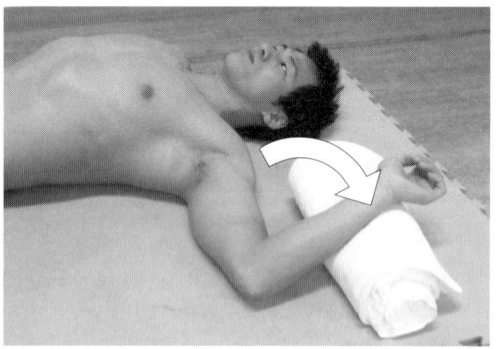

図1-6-41　棘下筋等尺性収縮
上向きに寝る。肩を90°に，肘を90°に曲げる。前腕や手の甲でタオルをギューッと押しつぶす（2ROUNDS：5回×5秒）。

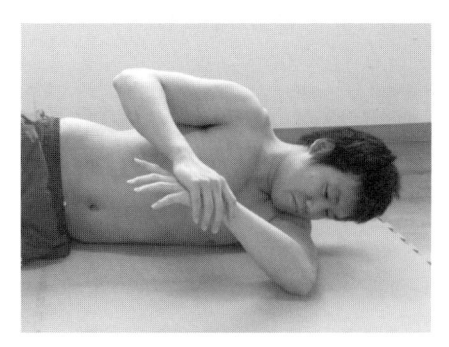

図1-6-42　肩内旋ストレッチング[6]
左を下にして横向きに寝る。左手を前ならえする。左腕の上に左胸を乗せて腕が動かないようにする。左肘を90°に曲げる。右手で左手をへその方へ押す（約45°）（2 ROUNDS：3×10秒）。

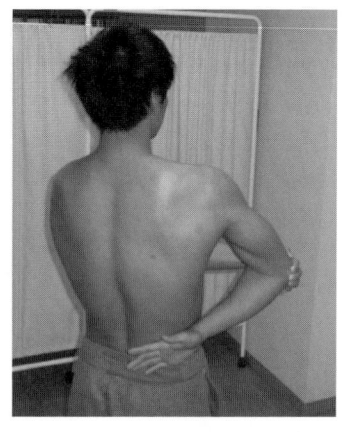

図1-6-43　棘下筋ストレッチング
右手を腰に当てる。左手で右肘を左へ引っ張る（2 ROUNDS：30秒）。

● 筋力のバランス

インナーマッスルの重要性は知られるようになったが，そのエクササイズ方法は正しく普及しているとは言い難い。最も強化しにくい「棘上筋エクササイズ[5]」は，肩の近位に抵抗をかけて実施する。キャッチでしっかり肘を立てる（ハイエルボー）ためには「キャッチ・エクササイズ[6]」，スムーズなリカバリーのためには「ウィンギング・エクササイズ[5]」を実施する。

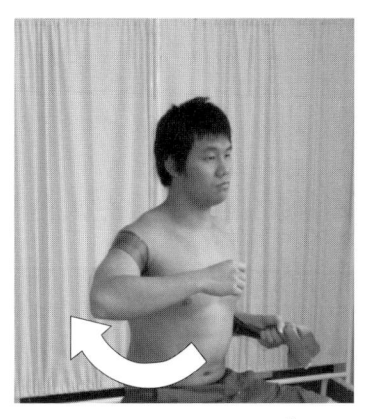

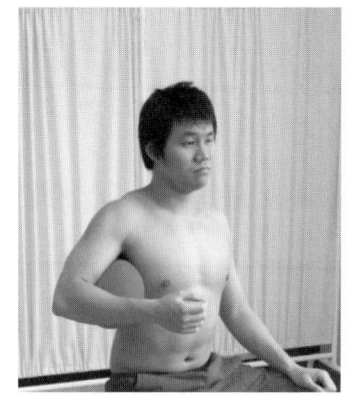

図1-6-44　棘上筋エクササイズ[5]
ゴムチューブを上腕部に当て，背中を回して左手で持つ。脇を開けるように肘を上げ，リズミカルに繰り返す。ボールを脇にはさみ，ギューッと押しつぶし，ポンと緩める方法でも可（2 ROUNDS：2×20回）。

[研究問題]
・肩関節障害の予防プログラムにはどのようなものがあるか，例を挙げて述べよ

[理解度チェック]
・水泳選手における肩関節障害の総称はなんと呼ばれるか。
・水泳選手に肩関節障害は，インピンジメント症候群が多い。インピンジメントとは擦れたり，はさみ込まれることである。治療や予防するためにはなにが原因で生じるのかを特定する必要がある。

[参献文献]
1) 半谷美夏 ほか.(2010)「一流水泳選手のスポーツ外傷・障害の実態.国立スポーツ科学センタースポーツクリニック受診者の解析」『日本整形外科スポーツ医学会雑誌』30：161-166.
2) 武藤芳照.(1982)『水泳の医学』ブックハウスHD
3) 八木茂典.(2007)「水泳」『日本体育協会公認アスレティックトレーナー専門科目テキスト.アスレティックリハビリテーション』pp.286-289.財団法人日本体育協会
4) 八木茂典.(2011)「水泳肩のリハビリテーション」宗田大 編『復帰をめざすスポーツ整形外科』pp.315-319.メジカルビュー
5) 川野哲英.(2004)『ファンクショナル・エクササイズ』ブックハウスHD
6) 高橋雄介.(2005)『クロールが速くきれいに泳げるようになる』pp.91-121.高橋書店

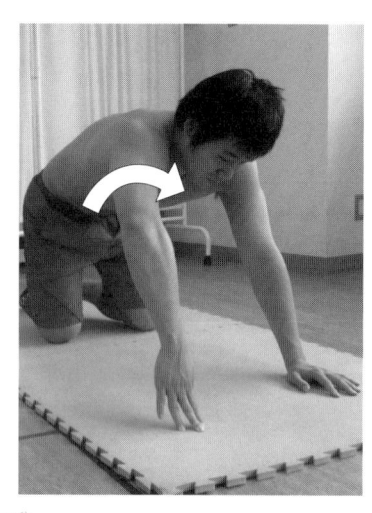

図1-6-45　キャッチ・エクササイズ[6]
四つ這い。手掌を床につけて，肘を回旋させる。中・上級者は，中指の先だけを床につき，肘を回旋させる（2ROUNDS：20回）。

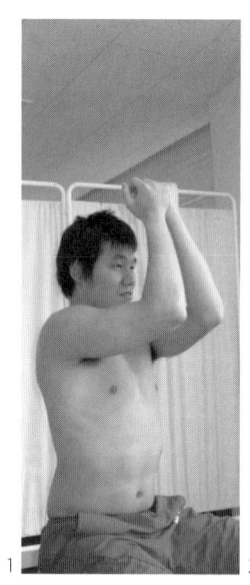

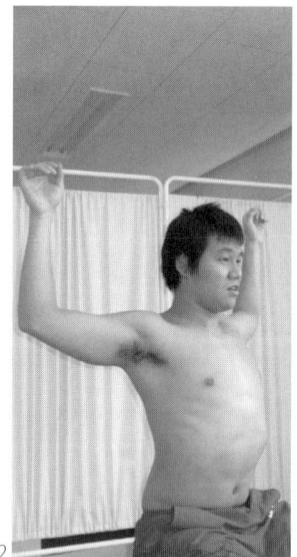

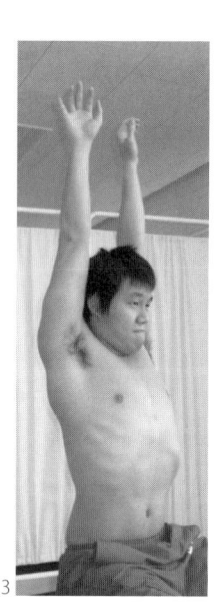

図1-6-46　ウィンギング・エクササイズ[5]
1　両肘を顔の前であわせる。
2　肩甲骨を背骨に寄せ，両肘を開く。肘が下がらないで，肩甲骨を背骨に寄せ，胸を張る。
3　腕が耳に触れるまで両腕を天井へしっかり伸ばす。
（2×10回，1→2→3→2→1で1回）

[八木茂典]

③膝関節傷害の予防対策

　膝関節のスポーツ傷害には，半月板損傷や前十字靱帯（以下，ACL），内側側副靱帯損傷などが挙げられる。しかし，これらの傷害は地上でのジャンプ動作や着地動作，相手選手との衝突など，体重がかかった状態

で生じることが多い。水泳のように体重がかからないスポーツではこれらの傷害はまれで、半谷らの報告からも明らかなように、水泳選手の膝関節の傷害は決して多くはない。水泳における膝関節の傷害の要因は関節の「ゆるさ」や「骨や関節の位置の異常」に伴うものが多い。つまり関節構成体の構造的な問題が起因しているケースが多く、一度傷害が起こると長期化してしまうことが多い。また、近年では水中での練習以外の補強としてドライランドトレーニングを取り入れることが多いが、これらのトレーニングにはジャンプやスクワットのように膝関節に体重がかかる種目が多い。不慣れな選手がこのようなトレーニングにより膝関節の傷害を引き起こしているケースも少なくない。ここでは水泳に多い膝関節の傷害の種類とその予防対策を紹介する。

[膝関節の機能解剖]

膝関節は大腿骨と脛骨からなる脛骨大腿関節と、大腿骨と膝蓋骨からなる膝蓋大腿関節の2つに分かれており、一般的には脛骨大腿関節を膝関節と呼ぶ場合が多い(図1-6-47)。また、正常な膝関節は大腿骨に対して脛骨が外側に170〜175°傾いている(図1-6-48)。この角度を大腿脛骨角と呼び、165°よりも小さい場合をX脚、逆に180°超える場合をO脚と定義することが多い。また膝蓋骨と大腿骨や脛骨との関係はQ-angle（Quadriceps angle）と呼ばれる数値で評価され、一般的には20°以上を異常とすることが多い(図1-6-49)。

膝蓋骨が大腿骨の顆間溝に沿った運動をするのは大腿四頭筋の筋張力による役割が大きい。しかし、外側広筋や外側膝蓋支帯、外側半月膝蓋靱帯の緊張が強いことで外側方向の張力が大きくなった場合に、膝蓋骨

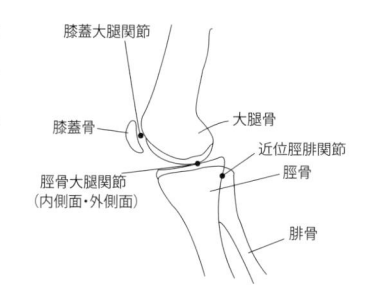

図1-6-47 膝関節の解剖

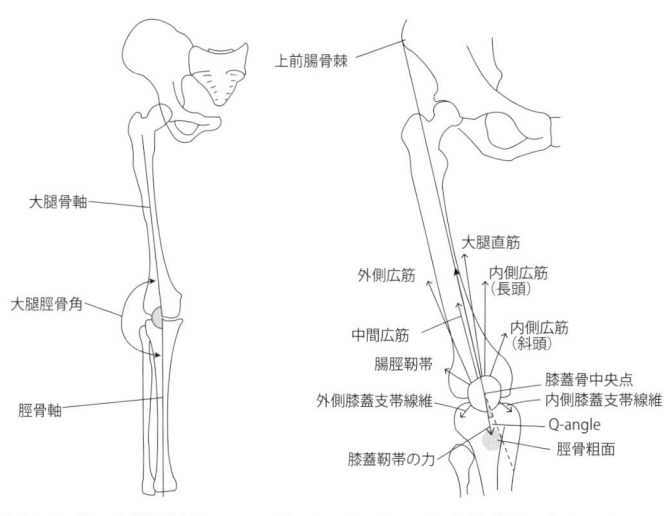

図1-6-48 大腿脛骨角　**図1-6-49** Q-angleと膝蓋骨に加わる力と方向

は正常な運動方向から逸脱する。その結果，膝蓋骨脱臼や膝蓋腱炎などさまざまな傷害が生じる（図1-6-49）。

　水泳における膝関節周囲の傷害は，これらの脛骨大腿関節や膝蓋大腿関節の位置や傾きの異常，膝蓋骨への誤った収縮・牽引方向が背景にあり，その状態で膝関節の屈伸を伴うキック動作を繰り返すことで生じることが多い。

［水泳における膝関節の傷害の種類とその要因］
●膝蓋腱炎
　膝蓋腱に過度の牽引ストレスが加わることで膝蓋腱や付着部の脛骨粗面に炎症が生じ，膝蓋腱周囲の痛みが生じる。水中でのキック動作の増加や，陸上でのドライランドトレーニング（特にジャンプやスクワット動作）の増加に加えて，上述した膝蓋骨の位置異常や大腿四頭筋による牽引方向の異常が複合されたときに生じやすい。

●腸脛靱帯炎
　大腿筋膜張筋や腸脛靱帯の過度の収縮や牽引ストレスにより腸脛靱帯に炎症が生じ，膝関節の外側の痛みを生じる。膝蓋腱炎と同じく水中でのキック動作の増加や，陸上でのドライランドトレーニング（特にジャンプやスクワット動作）の増加に加えて，上述した膝蓋骨の位置異常や大腿四頭筋の牽引方向の異常が複合されたときに生じやすい。特に中殿筋や大殿筋の筋力低下により，大腿外側に過度のストレスが生じていることで生じるケースが多い。

●膝蓋大腿関節障害（膝蓋骨脱臼やたな障害）
　膝蓋骨脱臼は外力や大腿四頭筋による牽引ストレスにより，膝蓋骨が大腿骨顆間溝を乗り上げて脱臼してしまう（主に外側）状態である。また膝蓋骨が上方に変位している膝蓋骨高位や大腿四頭筋の短縮などが要因となって，大腿四頭筋の収縮時（膝関節屈伸時）に膝蓋骨が過度に大腿骨に押さえつけられることや，その状態で膝蓋骨が内側・外側に牽引される（こすれる）ことで，膝蓋骨周囲の滑膜や内側滑膜ひだの炎症（たな障害）を起こし，痛みを生じることがある。たな障害や滑膜炎は痛みの部位を特定しにくく，膝蓋骨の運動時に軋轢音が生じることが多い。

●内側側副靱帯損傷，半月板損傷
　平泳ぎのキック動作では，下腿で水を押す際に膝関節に外反方向へのストレスが生じる。このようなストレスの繰り返しによって内側側副靱帯に伸張ストレスが生じ，痛みが生じる。またジャンプの着地の際に，過度に膝関節外反ストレスが生じることで，内側側副靱帯のみならず内側の半月板損傷を引き起こす可能性がある。着地時やスクワット時に膝が内側に入るような方法で行っている場合は損傷しやすい。

[予防のためのトレーニング]

　ここでは，障害予防のための代表的なストレッチングやトレーニングを具体的に紹介する。

●大腿四頭筋のストレッチング

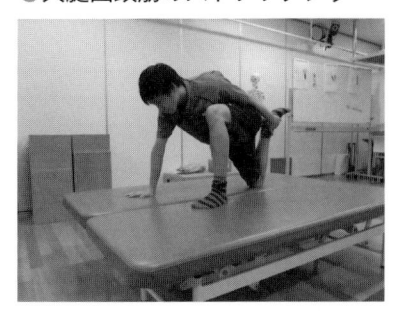

●大腿筋膜張筋のストレッチング

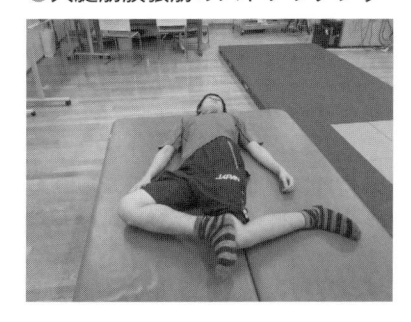

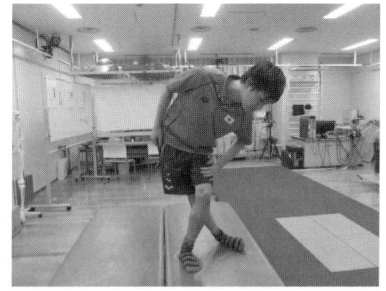

●殿筋のストレッチング 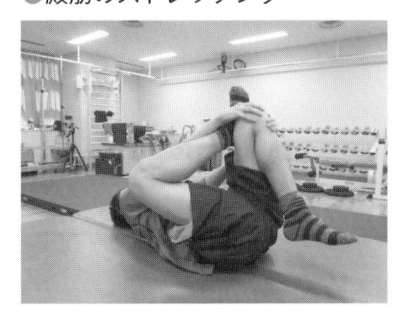　　●内転筋のストレッチング

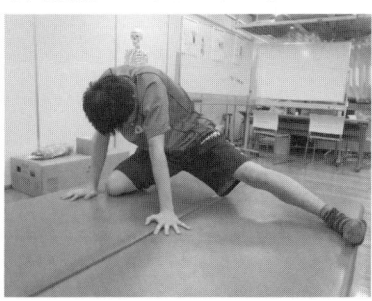

6. 水泳の医学　133

●ハムストリングスのストレッチング

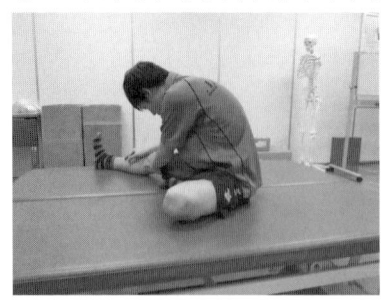

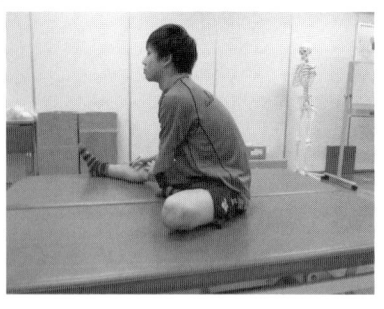

一般的なストレッチ方法（左）のみでなく，骨盤を起こした状態で体を前に倒す方法（右）も行うと臀部に近い部分も伸びる。

●膝関節周囲筋のトレーニング

　Leg extension などのマシーントレーニングにより，膝関節周囲の筋力を増強させると同時に，大腿四頭筋と膝蓋骨，膝蓋腱の運動方向を修正するためのトレーニングが重要である。特に外側の筋や靭帯の緊張を緩めながら，内側広筋の活動を高め，内側への運動を促すようなトレーニングを行う。

・大腿四頭筋セッティング

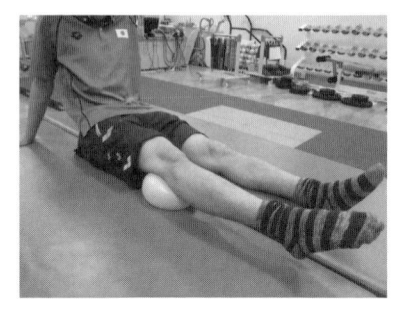

・膝蓋骨の動きを修正しながらの大腿四頭筋セッティング

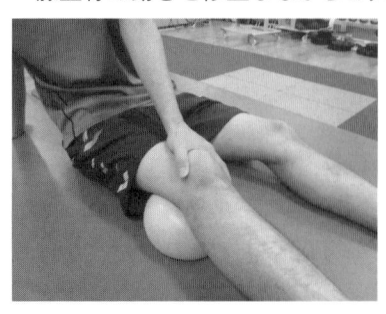

大腿四頭筋の収縮の際に膝蓋骨が外側に動いてしまう場合には，写真のように内側に誘導しながら筋を収縮させる。

●股関節周囲筋のトレーニング

　膝関節の運動方向を調整する上で，股関節（大腿骨）の回旋をコントロールすることは膝関節に加わるストレスを軽減することにつながる。またキック動作で過度に大腿の外側にある大腿筋膜張筋を使ってしまうことで膝関節外側の痛みを生じることがある。これらを予防する上で股関節周囲筋のトレーニングが重要である。

・股関節の外転①（中殿筋）

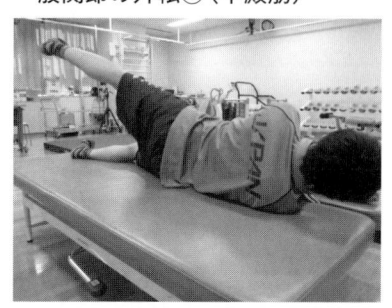

・股関節の外転②＋体幹の安定性（中殿筋と体幹のコアマッスル）

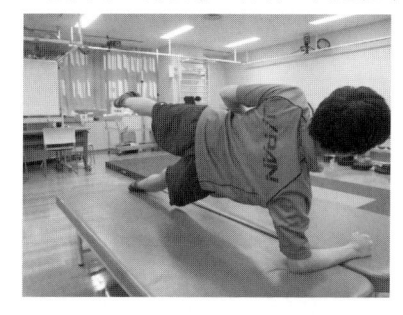

・中殿筋を収縮させた状態で膝の屈伸

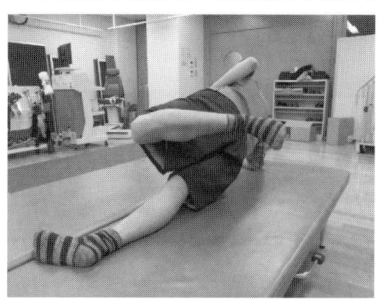

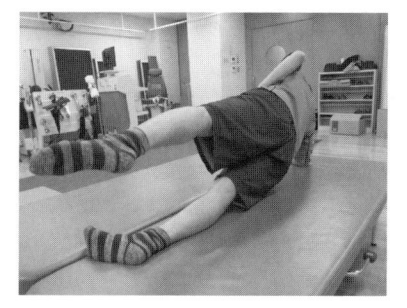

・股関節の外旋と伸展

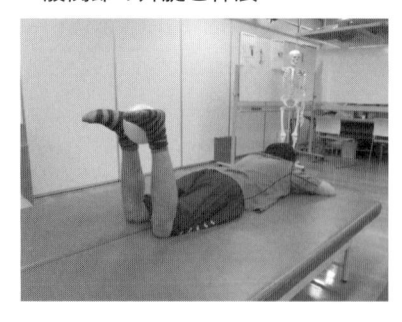

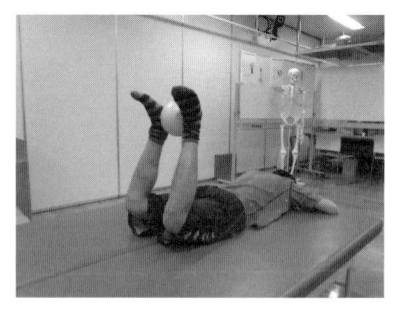

・股関節内旋

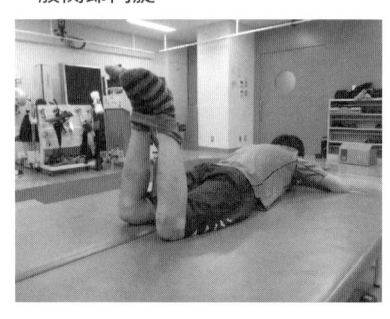

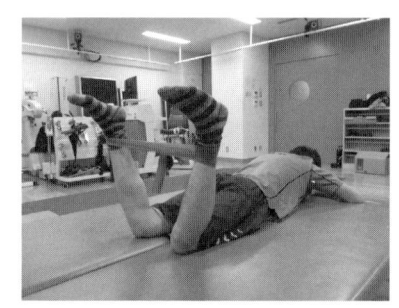

・ダイアナルトレーニング

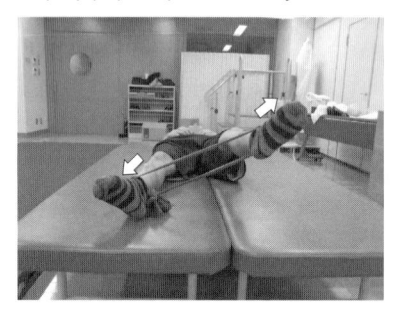

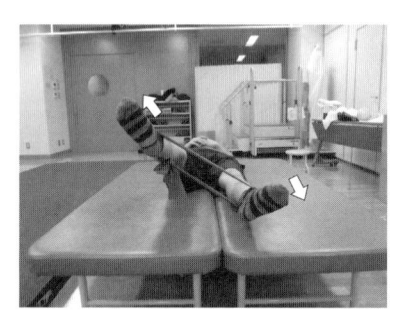

・股関節外旋トレーニング

・サイドステップダイアゴナルトレーニング

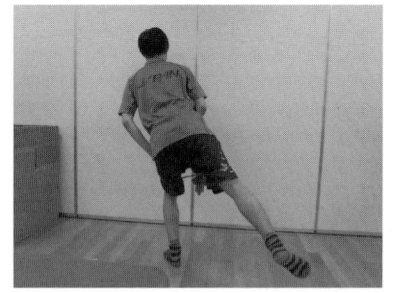

[地神裕史]

8 コンディショニングの実際

①コンディショニングとは
[コンディショニングの定義]

　水泳の現場において「コンディショニング」という言葉は汎用されており，競技力向上の1つの手段として扱われている。これは英語を借用した語句であり，その意味はさまざまなニュアンスを含んでいるため，一義的に定められていない。日本体育協会の定義（表1-6-4）を要略すると，コンディションとは「ピークパフォーマンスの発揮に必要なすべての要因」，コンディショニングとは「コンディションをある目的に向かって望ましい状況に整えること」である。アスリートの最終的な目的は，競技会で"勝つ"ことであり，そのための必要な条件はピークパフォーマンスを発揮することである。つまり，コンディショニングとは現在のコンディションを目的とするコンディションへ近づけていくためのすべての過程を意味し，日常的なトレーニング，試合前のウォーミングアップ，試合期のテーパリングもコンディショニングに含まれる。

　例えば，競泳は与えられたコースの中を自己の体力と技術のみを使って泳ぎ，タッチ板に触れるまでの時間を競うシンプルな競技である。そのため，選手個人の能力が成績に大きく影響する。もし，同じ体力と技術をもつ選手が並んだならば，コンディションの良い選手が有利であることは明らかである。さらに競技レベルが上がると，ライバルとの体力や技術は均衡するため，コンディショニングの重要性は増してくる。

表1-6-4　アスレティックトレーナーからみたコンディショニングの定義[1]

コンディション 　　「ピークパフォーマンスの発揮に必要なすべての要因」 コンディショニング 　　「ピークパフォーマンスの発揮に必要なすべての要因をある目的に向かって望ましい状況に整えること」 　　＝競技スポーツにおいて設定した目標を達成するためのすべての準備プロセス

コンディショニングは前述のようにその範疇は広い。したがって，すべてを一元的に網羅することは不可能であるため，ここではコンディショニングの概念を確認し，効果的なコンディショニングを実施するための一助としたい。

[コンディショニングの要素]

コンディショニングを成功させるためには，競技特性を知り，それを構成する要素を整理しておく必要がある。この要素は身体的因子，環境的因子，心因的因子の3つに分けることができる[1]。

●身体的因子

選手の身体能力に関する因子である。筋力，柔軟性，身体組成，神経系，代謝系，技術などを指し，トレーニング時に特に注目される部分である。例えば競泳選手の場合，他のスポーツ選手と比べて柔軟性が非常に高く，中には関節不安定性の高い選手が存在する。このような身体特性に加えて性別や発育発達を考慮した上で選手自身を理解しなければならない。

●環境的因子

選手を取り巻く環境に関する因子である。気候，標高，時差，食生活，睡眠，用具・器具，組織，施設などを指す。近年の競技会は屋内プールで開催されることが多いため，プール環境が競技に及ぼす影響は小さくなってきているが，遠征先の気候，大気環境，食事等への配慮は重要である。

●心因的因子

選手の心理的なストレスに関する因子である。「あがった」「弱気になった」など反省の弁を良く耳にすることから，その影響力は周知されている。しかし，対策には専門的な介入が必要であることから，現場ではコーチの経験知をもって漫然と対処されていたり，なおざりになっていたりする場合が多い。

[コンディションを阻害する要因]

コンディショニングは未来の目的に向かって行う能動的な作業である。そのため，前述したコンディショニングの要素を阻害する要因を把握し，周到に準備・計画する必要がある。この阻害要因の多くは身辺のストレッサーのことである。

表1-6-5に現場にあるストレッサーとその対応策を示した。これらの中で生理的ストレッサーに含まれる「トレーニング」はコンディションを崩す最も大きな因子である。近年は競技レベルの高度化に伴い，選手には高強度で高頻度なトレーニングが必要とされている。トレーニングの効果とコンディションの維持は諸刃の剣であるため，トレーニング計画の立案はコーチにとって頭を悩ませるところである。しかし，良好なコンディションを維持させることは，良いトレーニングを継続できる

[ストレッサー]
ストレスを引き起こす原因となる刺激のこと。

表1-6-5 現場にみられるストレッサーの分類

ストレッサー	内容	対処法
物理的・化学的	気象条件，大気汚染，水など	遠征先の諸条件の事前確認と対策立案
生理的	過労，睡眠不足，栄養不足，さまざまな疾患，スポーツ外傷・障害など	自己管理の教育と啓発 メディカルチェックと治療
生物学的	ウイルス，細菌，休養，時差，生活パターンなど	トレーニングスケジュールの管理 遠征スケジュールの調整，移動中の管理
精神的	プレッシャー，不安，緊張，人間関係，マスコミ対応など	コーチの理解と対応 スポーツメンタルトレーニング指導士等の専門家の活用

（出典：参考文献1）より引用，作図）

ことにつながり，結果的には良い成果をあげることになる。

[コンディショニングの方法]

　主たる方法は心理系のメンタルコンディショニング，体力系のフィジカルコンディショニング，技術系のスキルコンディショニング，医学系のメディカルコンディショニングなどがある。目的に応じて方法を選択するが，選手の身体特性，競技特性やトレーニング計画に基づいた包括的な視点から実践していかなければならない。

[メディカルコンディショニングとは]

●目的

　健康管理，スポーツ障害の治療，疲労回復，アスレチックリハビリテーションなどを目的とする。

●評価

　基本的にはメディカルスタッフが専門的な評価方法を用いて行うが，現場での即時的な評価はコンディショニングを行う上で非常に有用である。トレーニング時に問題となる「疲労」の評価を例に挙げると，練習量や心拍数，体重，食事量，睡眠時間などは簡便かつ重要な評価指標となる。これらは数値化して記録に残すことができるため，将来的なコンディショニングにとって有力な情報となる。また，普段コーチが察する選手の「表情」「会話」「しぐさ」「動き」なども貴重な指標である。

●方法

　医学的治療，物理療法，ストレッチング，各種トレーニング，マッサージなどがある。各方法の詳細については各項目を参考にして頂きたい。

　コンディショニングの範疇は多岐に及ぶため，「これさえやれば…」といった魔法のような方法は存在しない。普段から選手のコンディションに関心をもち，問題となる因子に対して真摯に取り組まなければなら

[研究問題]

・普段のトレーニング時に実施しているコンディショニングにおいて，どの要素のなにに取り組んでいるか。そして，その目的，評価，方法を整理せよ。

・テーパリング時に実施しているコンディショニングにおいて，どの要素のなにに取り組んでいるか。そして，その目的，評価，方法を整理せよ。

[理解度チェック]

・コンディショニングとはなにか。
・コンディショニングの要素にはどのようなものがあるか。
・コンディションを阻害する要因にはどのようなものがあるか。

[参考文献]

1）日本体育協会（2011）「予防とコンディショニング」『公認アスレティックトレーナー専門科目テキスト（6）』pp.3-5. 文光堂

ない。また，コンディショニングを成功させるには，コーチだけが大きな負担を負うのではなく，スポーツ医科学などのさまざまなスタッフが協同してチームアプローチを行う必要がある。そして，実施していく中で最も重要な過程は選手が「気づく」過程である。自分自身を理解し，競技に対する意識を変革し，普段の生活から考えていくことで効果的なコンディショニングを継続することができるのである。　　　［栗木明裕］

②物理療法の目的と方法

[物理療法とは]

　物理療法とは物理エネルギー（温熱・寒冷・電気刺激など）を外部から身体に対して加える治療法である。物理エネルギーが身体に加わることで，局所または全身の血流などの循環動態を変化させ，腫れ・疲労・疼痛が軽減されたり，筋や関節周囲の軟部組織（靱帯，関節包など）の硬さを変化させ，疲労感やハリ感が軽減されたりといった効果が期待される。練習やドライランドの前後や，練習後の選手の自宅などで，できるだけ容易に実施可能な方法を提示し，その理論的背景，適応の可否や注意点について解説する。

[物理療法の実際]

●寒冷療法

　寒冷療法とは，氷や水などの寒冷物を用いて局所または全身を冷やす治療法である。ここでは局所への寒冷療法であるアイシングについて紹介し，全身に対する寒冷療法については冷水浴として，水治療法の項で述べる。

　アイシングは骨折・ねんざ・打撲などの急性外傷に対する応急処置，水泳肩（スイマーズ・ショルダー）などの関節の痛みの軽減，運動中の体温・筋温の調節，運動後の筋肉痛・疲労蓄積の軽減などを目的に実施されている。

　アイシングの身体への効果として次の3点が挙げられる。

1) 血液循環に対する効果

　体表からゆっくりと冷却することにより，冷却した周囲の血管が収縮し，また血液の粘度が上昇することにより，血流量が減少する。これにより，急性外傷後の腫れを軽減させたり，関節に痛みがある際に起きている炎症を軽減させたりすることができる。

2) 細胞の代謝に対する効果

　細胞は血液を介して，必要な酸素や栄養を受け取っている。しかし，急性外傷などで，一部組織の破壊が起きると，内出血や壊れた細胞組織などで周辺の正常な細胞も圧迫され，酸素，栄養の供給が立たれ，周囲の細胞も破壊されてしまう。これを二次的低酸素障害と呼ぶ。アイシングを行うことにより，組織の温度が低下すると，血流が低下することで正常細胞が圧迫されづらくなるとともに，正常細

胞の新陳代謝が低下し、低酸素、低栄養の状態でも生存できる状態となる。結果、破壊細胞の拡大を防ぎ、外傷の重症化を防ぐことができる。

3) 神経・筋に対する効果

組織が冷却されると、感覚神経、運動神経の伝導速度が低下する。痛覚も鈍麻させるため、疼痛を感じにくくなる。疼痛を感じにくくなると、脳に疼痛刺激の情報が少なくなり、筋肉のこわばり（筋スパズム）を起こすような指令が脳から下ることが少なくなる。また、筋肉の中にある、張力を感知するセンサー（筋紡錘）も感受性も低下される。そのため、筋肉の張り感が解消される。

アイシングの実施方法を次に示す。アイシングは、氷を氷嚢などに詰めたアイスバッグを用いて行うと、効率よく組織の熱を下げることができる。その際、アイスバック内の空気を抜き、アイシング実施部に密着させることで、さらに効率が上がる。痛みや張りを感じている部分に対して、弾性包帯などを用いて固定し、10～20分程度実施する。ねんざ、打撲などの急性外傷に対してアイシングを行う際は、さらに安静、圧迫、挙上を加えたRICE処置（R：Rest, I：Icing, C：Compression, E：Elevation）を実施すべきである（図1-6-50）。なお、体温調節が必要な場合や熱中症への対策としては、太い血管が体表に存在する場所、例えば首筋や、わきの下、鼠径部などを冷やすことが有効である。

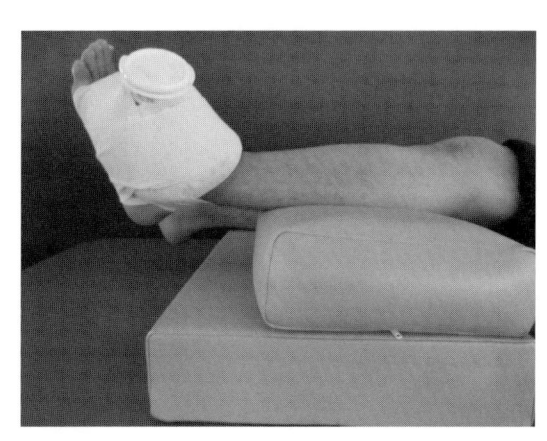

図1-6-50 RICE処置

アイシングは寒冷アレルギーや心疾患など循環器障害を有する者、感覚障害を有する場所には行ってはいけない。実施する際に特に凍傷や神経麻痺には注意が必要である。アイシングを簡便に実施するため、保冷材の入ったコールドパックなどを用いることがあるが、冷凍庫の中から

取り出してすぐに使用すると，温度が低すぎるため，組織が過冷却され凍傷が発生する場合がある。また，30分以上冷却し続けると，凍傷や，神経麻痺の危険性が高まる。時間や方法の選定に気を配り実施されたい。
先に述べたように，寒冷療法は細胞の代謝を下げる効果がある。その効果は，回復しようとしている部位に対しても同様である。患部の熱や晴れ，強い痛みや赤みなど急性期の炎症症状がある場合にはアイシングを実施すべきであるが，その時期を抜け，患部の鈍い痛みやこわばりを感じるような時期に達した場合には次項にて述べる温熱療法を選択する方が代謝の関係から回復を早めると考えられる。

● 温熱療法

温熱療法は温熱物を用いて，局所または全身を温める治療法である。その目的として，精神的・身体的なリラクセーションや慢性的な痛みの軽減が挙げられる。

温熱療法の身体への作用として，次のものが挙げられる。

1) 血液循環に対する効果

先に挙げた寒冷療法での効果とは逆で，身体を温めると，血管は拡張し，血液の粘性は低下する。そのため，身体に流れる血流は増加し，いわゆるこりのような，代謝産物の蓄積による疼痛の軽減につながる。

2) 細胞の代謝に対する効果

組織の温度が上昇すると，加温された組織の栄養や酸素の需要を増大させ，細胞が活発化する。急性期の炎症症状を脱した組織では，細胞が活発化することでその組織修復が早まる。

3) 神経・筋に対する効果

加温により神経伝導速度は上昇する。そのため，ウォーミングアップのように筋肉の反応を向上させる可能性がある。また，全身的な加温により，リラックスを促す副交感神経の活動を促し，身体のリラクセーションを導く。

4) 軟部組織に対する効果

靭帯や腱などの関節の周囲にある軟部組織は，加温されることによって伸張性を高める。温めた後にストレッチングなどを行うと，軟部組織の伸張性が維持され，関節の動く範囲が広がる。

温熱療法の方法を次に示す。一般にはシリカゲルを厚い布袋に入れ湯に浸けたものや電気式のホットパックが用いられているが，熱傷を防ぐためにいずれも皮膚温を42度程度に維持できるようにタオル等を巻いてコントロールすることが重要である。自宅で実施する際には蒸しタオルを用いたり，入浴したりすることでも代用できる。実施時間は，20分程度である。加温の最中には熱傷に注意し，不快感や疼痛が起きてい

ないか常に確認しながら実施していく。

温熱療法は，ねんざや打撲，切り傷など出血や腫れが著しい場所に対して実施すると血流が増加するため，症状の悪化を導く。そのため，受傷後36時間以内については，先に述べた寒冷療法を適応すべきである。

●水治療法

水治療法は水のもつ特性を利用して，疲労回復や疼痛の改善を狙う方法である。ここでは，全身循環を改善し，疲労を除去することを目的とした入浴法を紹介する。

1) 冷水浴

冷水浴は冷たい水に浸かり，全身の循環の改善を狙う治療法である。急激に冷却を行うと，急速な血管収縮ののちに，二次的に血管の拡張が起きる。血管が拡張した際に軽運動を行うと，血液循環が増し，疲労物質の除去が早まるといわれている。2012年に行われた世界水泳バルセロナ大会においてもプールサイドにて冷水浴槽を準備し，競技後に冷水浴を行った。その際には競技終了後，10〜15℃の冷水に1〜2分程度浸かり，その後サブプールにてクールダウンを行った。その結果，疲労感の軽減がみられた選手が多かった。

2) 交代浴

交代浴は温かいお湯と冷たい水に交互に浸かる入浴方法である。温熱による血管の拡張と，寒冷による血管の収縮を繰り返すことで，血流が増加し，疲労物質のすばやい除去につながる。温浴（38〜43℃）4〜5分，冷浴（10〜18℃）1〜2分を1セットとし，3〜5セット実施する。必ず，終了後のリラクセーションのため，温浴から始め，最後も温浴で終了する。

●超音波療法，電気療法

電気や超音波などを生体に流し，その刺激で，疼痛の軽減や外傷部位の治癒を目的とする療法である。いずれも医療機器であるため，医療従事者の指導のもと，実施するべきである。　　　　　　［大林弘宗］

③ 水泳競技のストレッチングの目的と実際

スポーツ傷害の発生には，高強度なトレーニングによって生じる，筋・関節の疲労や柔軟性の低下，身体の筋力不足・筋力のアンバランスなどといったさまざまな要因が関与している[1]。その中でも，柔軟性の改善や疲労の軽減などにストレッチングは効果的であり，水泳にかかわる指導者はストレッチングに対する理解を深めることが重要である。

水泳競技に共通した姿勢は，ストリームライン姿勢を保持することであり，直線的なストリームライン姿勢の保持には，身体の柔軟性の獲得が必要である。直線的なストリームライン姿勢は，不良姿勢などによって起こりうる傷害を未然に防ぐことや，水中抵抗をより軽減できる。また，肩関節や股関節などの柔軟性の向上により，より理想的なストロー

[参考文献]
1) 網本和 編. (2001)『標準理学療法学 専門分野 物理療法学』医学書院
・杉本雅晴 ほか. (2006)「物理療法の有効性とリスク管理」『理学療法ジャーナル』40 (2)：91-130.

[研究問題]
1. 寒冷療法を行ってはいけない対象とはどのような対象か答えよ。
2. 寒冷療法を温熱療法へ切り替える時期と判断基準を答えよ。
3. 交代浴の方法を答えよ。

ク・キック・演技が可能となる。したがって，柔軟性の獲得は障害の予防だけではなく，競技力・パフォーマンスの向上にもつながると考えられる。これらのことから，水泳競技での柔軟性の獲得は非常に重要であり，そのためにストレッチングは有効であり，積極的に実施する必要がある。また，柔軟性の獲得には効果的かつ継続的なストレッチングが必要であり，日々，選手自身が正しく実施していくことが求められる。そのため，指導者やトレーナーは選手自身によるセルフストレッチング，セルフケアや選手同士によるパートナーストレッチングの重要性や正しい方法について指導し，実施していく必要がある。

[ストレッチングの目的と効果]

水泳競技のストレッチングは障害予防，競技力向上，コンディショニング，リハビリテーションなどを主とした目的として行われることが多い。これらの目的の背景にはストレッチングがもたらす生理学的な効果が影響する。

生理学的な効果として，「筋の柔軟性向上」「関節周囲の軟部組織の柔軟性向上」「血液循環の促進」「筋の収縮効率の促進」などが生じ，競技能力やパフォーマンスの発揮に貢献するとともに，傷害の予防にもつながる。また，「筋緊張の緩和」「発痛物質や痛覚増強物質の除去」などの効果から，競技後の遅発性筋痛の予防・緩和や，心身のリラクセーション，筋疲労からの回復も期待される。

[ストレッチングの種類]

ストレッチングには多くの種類や手技が存在するが，その中でも現場で代表的に実施されている3種類の方法を挙げる。また，時期別にストレッチングの種類を使い分けると効果的である（表1-6-6）。

表1-6-6 時期別ストレッチングの選択

ウォーミングアップ（練習前）	クーリングダウン（練習後）	傷害予防（普段）
スタティックストレッチングだけでなく，動きを伴いながら，競技特性に合わせたダイナミックストレッチングやバリスティックストレングを取り入れると効果的である。	競技後で筋緊張が高まっている状態が多いことから，スタティックストレッチングにより，遅発性筋痛の予防，心身のリラクセーションが期待できる。	基本的には柔軟性の向上を目的にスタティックストレッチングを実施するべきであり，日々の継続が最も重要である。

● スタティックストレッチング (static stretching)

最終伸張位でゆっくりと一定時間保持するストレッチング法。一定時間保持することにより，筋の弛緩と伸張が同時に起こる。また，スタティックストレッチングはゆっくり行うことにより，伸張反射が生じにくく，危険性も低く，筋の柔軟性向上や疲労の回復にも効果的である。主として，ウォーミングアップ前や練習後に実施する。

● バリスティックストレッチング (ballistic stretching)
　急激な反復反動動作や弾みをつけて、最終伸張位での保持はしないストレッチング法。この方法は伸張反射を促すものであり、筋や結合組織に微細損傷を引き起こす可能性がある。主として、ウォーミングアップとして実施することが多く、競技特性に合わせた方法でも実施でき、生理学的な反応をより速く引き出せるという利点もあるが、実施の際には注意が必要である。

● ダイナミックストレッチング (dynamic stretching)
　ダイナミックな関節運動を伴いながら伸張したい筋の拮抗筋を収縮させ、相反性神経支配を利用しながら伸張させていき、最後に伸張位でスタティックに保持しながら伸張していくストレッチング法。バリスティックストレッチングに類似しているが、この方法では相反性神経支配を利用し、ダイナミックストレッチングでは反復反動動作は避けながら実施する。

[ストレッチングの方法]
　ストレッチングは効果的かつ継続性をもたせることが重要であり、選手本人が普段から1人で正しく実施可能なセルフストレッチングが基本となる。しかしながら、セルフストレッチングでは正しく効果的に実施できない場合などはパートナーストレッチングを実施することも有効であり、指導者はそれぞれの特徴と注意点を理解しておくことが必要である（表1-6-7）。

[伸張反射]
筋が過度に伸張されると、筋内に存在する筋紡錘が、筋損傷を起こさないために反射的に筋を収縮させる、身体の防御機構の1つである。

[拮抗筋]
筋の収縮時に反対の働きを行う筋。

[相反性神経支配]
主働筋が最大収縮しているときに、拮抗筋に最大弛緩が起こる反応で、スムーズに運動を遂行するためのものである。

表1-6-7　各ストレッチングの特徴と注意点

	セルフストレッチング	パートナーストレッチング
特徴	・1人（セルフ）で実施可能である。 ・過度な伸張による傷害を起こしにくい。 ・継続性が保てる。	・セルフストレッチングより筋を伸張できる。 ・セルフストレッチングでは伸張の難しい部位も伸張が可能である。 ・過度な伸張により、筋線維の損傷が起こる。
注意点	・伸張する筋に意識を集中しないと効果が減少する。 ・正しい姿勢で実施できているかの判断が難しい。	・伸張感や痛みなどを考慮する必要がある。 ・コミュニケーションをとりながら実施する必要がある。
その他	・指導者は選手の身体的な特徴も考慮しつつ、ストレッチング指導を実施する。 ・プールサイドでストレッチングを実施する場合は、マットや毛布、ビート板を使用する。	

　また、水泳競技において腰部や肩甲帯の傷害の割合が高いことが報告されており[2]、考えられる要因のひとつに、隣接される関節（頸部、胸郭、股関節）や周囲筋の柔軟性の低下が挙げられる。それらの傷害を予防するには、正しい姿勢や方法でストレッチングを行い、腰部や肩甲帯にかかる負荷量を分散させる必要があると考えられる。それらの特性を

[研究問題]
・ストレッチングが傷害予防にも寄与する理由を述べよ。
・なぜ運動後にストレッチングが必要なのか述べよ。

[[理解度チェック]]
・ストレッチングは競技力の向上だけではなく、傷害の予防にも効果がある。
・ストレッチングは効果的、継続的に実施することが重要である。

▼セルフストレッチング

| 股関節前面 | 股関節後面 | 大腿後面 |

| 大腿前面 | 股関節後面＋背部 | 胸郭① |

| 頚部後面 | 股関節（バリスティックストレチング） | |

▼パートナーストレッチング

| 胸郭② | 肩甲帯① | 肩甲帯② |

図1-6-51　基本的なストレッチング方法

考慮した基本的なストレッチング方法を示す（図1-6-51）。

水泳競技は，ジュニアからマスターズまで幅広く普及している。その中でも傷害の既往のある選手は少なくないが，日々のストレッチングの継続により，傷害を発生させないような身体作りや姿勢保持をしていくことが重要である。今後，指導者やトレーナーが正しい姿勢，正しい方法で効果的なストレッチングを指導し実施する現場が望まれる。

〔三富陽輔〕

④筋力トレーニングの目的と方法

かつては，体力作りの基本である系統的な陸上での筋力トレーニングを実施せず，水泳トレーニングだけを過度に実施することによって，水泳特有の肩・腰・下肢における使い過ぎ症候群（overuse syndrome）を生じる選手が多かった[1),2)]。その教訓を生かし，競技力向上・障害予防を目的として陸上でのウエイトトレーニングが積極的に取り入れられるようになったが，きちんと管理された環境でトレーニングが実施されているのはごく限られた選手のみで，大半は選手に任せて行うことが多く，その結果，水中環境とは過度にかけ離れたマシーンを使用したウエイトトレーニングによって運動器に新たな障害を来すことも多いのが現状である。

水泳コーチは，選手に「なんのためにこのトレーニングを行うのか」を明確に説明する必要があり，選手もその意義をよく理解して行うことが重要である。そうしないと，適切な期待した効果が現れないばかりか，新たな障害を引き起こし，指導者と選手あるいはサポートスタッフ間での信頼関係を見失うことにつながる可能性がある。ここでは，水泳競技に必要な筋力トレーニングに関して，競技特性を考慮し，指導者に必要不可欠な一般的な解剖学，運動生理学に基づいた理論とその目的，基本的な方法を概説する。

[筋の機能解剖]

人体には400個あまりの骨格筋があり，体重の40～45％を占める。骨格筋は筋の形状によって紡錘状筋，羽状筋，多腹筋などに分類される。また骨格筋には強く速い収縮が可能だが疲労しやすい速筋（FT：first twitch）線維と，主に姿勢保持に動員され疲労しにくい遅筋（ST：slow twitch）線維が存在し，個々の筋によってその割合が異なる。一般的に水泳選手は他のスポーツ選手に比べ速筋線維よりも遅筋線維の割合が大きいとされる（図1-6-52）。水泳選手の中でも速筋線維の割合が大きければスプリント種目に向いており，遅筋線維の割合が大きければ長距離種目に向いている。これらの筋の割合はトレーニングによって変化させることが可能であり，種目や個々の能力に見合った効果的な筋力トレーニングを行う必要がある。

骨格筋を動作中の筋の働きで分類すると，主動筋と拮抗筋に分類され

[参考文献]
1) 河野一郎・福林徹 監修. (2013)『公認アスレティックトレーナー専門科目テキスト6』pp.178-184. 公益財団法人日本体育協会
2) 小泉圭介, 金岡恒治. (2012)「スポーツ障害・外傷とリハビリテーション 水泳」『JOURNAL OF CLINICAL REHABILITATION』21 (3)：291-297

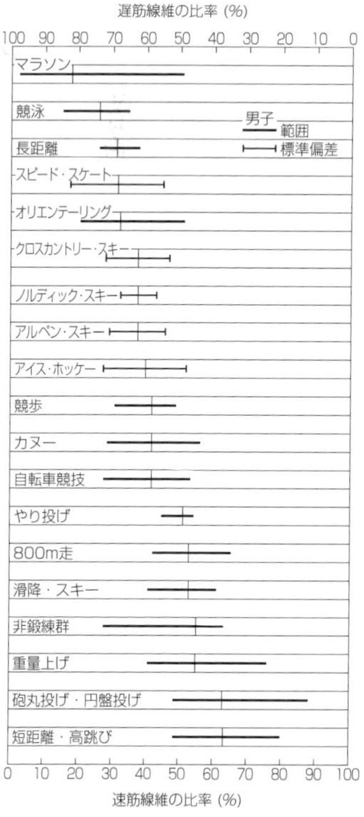

図1-6-52 競技別にみた筋線維の比率

る。なにか動作を行う際に主に働く筋が主動筋で，その運動方向とは逆の方向に働く筋を拮抗筋と呼ぶ。膝を伸ばすという動作を行う際の主動筋が大腿四頭筋であり，その際の拮抗筋はハムストリングスとなる。膝を曲げる動作の場合は動筋がハムストリングスとなり，拮抗筋が大腿四頭筋となるなど，その関係性は動作によって変化する。この主動筋と拮抗筋が協調性をもって収縮・弛緩をすることで円滑な運動が実現されている。

［筋収縮の発生メカニズムとエネルギー代謝機序］

刺激により筋線維の細胞内のカルシウムイオン濃度が増加すると，アクチンやミオシンなどの収縮タンパク質がATP（アデノシン3リン酸）の化学エネルギーを消費して収縮する。その過程でATPがADP（アデノシン2リン酸）＋P(リン)に分解されることでエネルギーを放出する。筋内に蓄えられているATPはわずかで，筋細胞内に存在するPCr（クレアチンリン酸）がADPに作用してATPを再合成する。この反応は可逆的で，ATPが大量にあるとPCrが合成される（ATP-PCr系機構）。

筋活動の初期にはPCr分解によるATP再合成が主たるエネルギー源となるが，この過程は数秒程度で終了する。その後，筋活動が持続すると筋中のグリコーゲンが乳酸に分解され，ATPが生成される（乳酸系機構）。しかし，乳酸が蓄積されると，逆にATPを再合成する反応が抑制され，筋は数十秒で収縮できなくなる。ここまでのエネルギー供給機序は酸素を必要としないために無酸素性機構といわれる。長時間の筋活動を行う場合には，筋肉中のグリコーゲンが分解され，TCA回路（ト

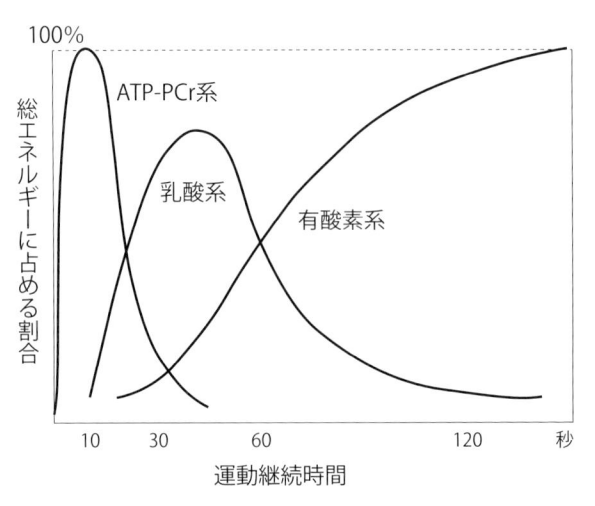

図1-6-53 運動継続時間と主要エネルギー代謝経路
（NSCAジャパン　編『ストレングス＆コンディショニング―理論編―』大修館書店．p.54．2003より引用改変）

リカルボン酸回路）において，血液により筋肉内に運搬された酸素を介してATPを再合成してエネルギーを産生している（有酸素系機構）。

[筋の収縮様式]

筋の収縮様式は，筋収縮に伴う関節運動の有無によって静的収縮（static contraction）と動的収縮（dynamic contraction）に大別され，運動の方向や速さ・負荷の大きさによってさらに次のように分類される（図1-6-54）。実際には，複雑な動作になればなるほど，全身で様々な収縮様式が複合的に組み合わせられている。

●等尺性収縮（isometric contraction）
重力や水圧などの外部抵抗に抗して静止肢位を維持している状態の収縮様式を等尺性収縮という。泳動作において水中でのストリームラインを維持しているとき，全身の筋は等尺性収縮をしているといえる。

●同時収縮（co-contraction）
外部抵抗が加わらない方向で静止収縮を保っている状態を同時収縮という。シンクロ競技で，水面でみられる上半身のポーズは同時収縮をしていることが多く，前述した動筋と拮抗筋をバランスよく鍛える必要がある。

●等張性収縮（isotonic contraction）
負荷を一定にした場合の動的収縮を等張性収縮という。

●等速性収縮（isokinetic contraction）
運動速度が一定の場合の動的収縮を等速性収縮という。この収縮様式は関節運動の速度を一定にコントロールしなければならないため，厳密には特殊な機器を用いる必要がある。

●求心性収縮（concentric contraction）
自由形のキックの際に働く大腿四頭筋のように，抵抗に打ち勝ち，筋の長さが短縮しながら張力を発生させる収縮様式を求心性収縮という。水中では常に水による抵抗を受けるので，推進力を得るための動きは大部分が求心性収縮によるところとなる。

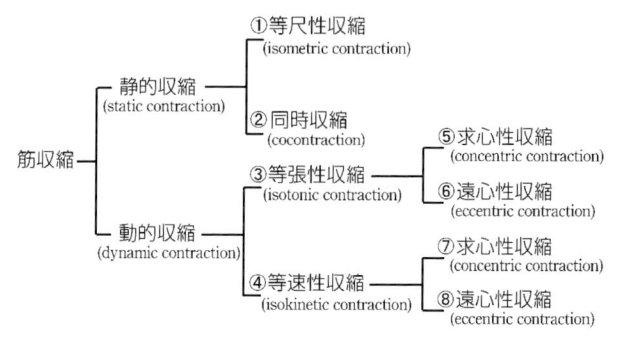

図1-6-54　筋の収縮様式

- ●遠心性収縮（eccentric contraction）

　外部抵抗に抗するために，筋の長さが伸びながら静止肢位を維持しようと張力を発生させる収縮様式を遠心性収縮という。水中ではこの収縮様式をとることはあまりないが，飛込競技において，空中での姿勢変化の際にこの収縮様式をとることがある。

[筋力増強のメカニズム]

　筋が発生する力は筋に含まれる筋線維の横断面積の総和に比例するといわれている。よって，筋力を強化するには筋を肥大させ，横断面積を増加させる必要がある。筋肥大は運動に伴う筋への張力負荷や筋損傷などの機械的ストレスと，運動に伴う二酸化炭素や乳酸などの代謝産物の蓄積による化学的ストレスによって筋衛生細胞（サテライト細胞）が活性化され，筋線維を生成したり融合したりする。また，運動後の筋肉内においては化学的ストレスの増大に伴い，テストステロン等の成長ホルモンなど内分泌因子が放出され，これらが筋に直接作用し筋肥大が生じるといわれる。これらの現象は後述するようにある一定以上の負荷をかけないと効果が現れない（過負荷の原則）。また，筋力の発生には神経系の作用も影響する。大脳皮質の興奮強度や，運動に参加する神経線維の数（recruitment）や刺激インパルスの発火頻度（rate coding）によって筋放電量が増減する。筋力増強過程においては，筋肥大よりも先にこの大脳皮質の興奮性増大や運動に参加する神経線維数の増加，発火強度の増強による筋放電量の増大が生じる。ちなみに筋力トレーニング直後に筋が張る感覚，いわゆるパンプアップされた感覚は，筋肥大が生じた結果ではなく，筋内に代謝産物が蓄積し筋内の浸透圧が変化して，筋が浮腫んだような状態になっているためである。

[筋力トレーニングの目的]

　筋力トレーニングというと，一般的にトレーニングマシンやダンベルを持って行うことを想像しがちであるが，広義には道具や負荷様式にかかわらず，筋力や筋機能を高めるエクササイズが含まれる。欧米では「strength（筋力）training」あるいは身体になんらかの負荷抵抗を与えることの総称として「resistance（抵抗）training」などと呼ばれる。それらは筋力の増強による競技力の向上，筋肥大，身体機能の弱点の補強，スポーツ傷害後のアスレティックリハビリテーション，萎縮した筋や筋力低下をきたした筋機能の改善，体力レベルの維持を目的として実施される。

[筋力トレーニングの基本原則]

　筋力トレーニングを効率よく効果的に進めていくためには，次の原則に従ってトレーニングを行うことが必要である。

- ●特異性の原則（SAIDの原則）と全面性の原則

　特異性の原則はSAID（specific adaptation to imposed demands：生

体は課せられた刺激に応じて適応する）の原則とも呼ばれる。例えば筋の肥大を目的とするのであれば筋が効率的に肥大するプログラムを選択する必要があり，また持久力強化を目的とするのであれば，そのための方法を選択する必要がある。その目的に合致したトレーニングを継続することで形態的・生理的な適応を生じる。

ただし，競技特性に特化した専門的なトレーニングばかりを実施していると，弱い部分が強化されず能力の伸びが停滞するだけでなく，専門的なトレーニングで局所的に酷使される部分に障害が生じやすくなるため，柔軟性，筋力，持久力，平衡性，敏捷性，瞬発力など，全ての体力要素の底上げや拮抗筋の強化についても実施される必要がある（全面性の原則）。

●過負荷の原則と漸進性の原則

生体は，継続する刺激に対して適応する働きがある。トレーニング効果を獲得するためには日常生活内の運動強度にとどまらず，更なる負荷をかける必要がある（過負荷の原則）。また，トレーニングの量や強度は段階的に増加させ，徐々に難易度の高いものに移行することが

表1-6-8 ACSMにより推奨されている筋力トレーニングの指針

		筋収縮	関節運動	順序	負荷	反復回数	休憩時間	速度	頻度
筋力	初心者	遠心性収縮 &求心性収縮	単関節運動 &多関節運動	3群に共通 小→大	1RMの60〜70%	1〜3セット，8〜12回 多セット，6〜12回	3群に共通 コアとして2〜3分 そのほかに1〜2分	低速度，中速度	2〜3×/週
	中級者	遠心性収縮 &求心性収縮	単関節運動 &多関節運動	単関節運動→多関節運動	1RMの70〜80%	多セット，1〜12回〜限界まで		中速度	2〜4×/週
	上級者	遠心性収縮 &求心性収縮	単関節運動 &多関節運動-強調:多関節運動	低強度→高強度	1RM〜限界まで			US〜高速度	4〜6×/週
筋肥大	初心者	遠心性収縮 &求心性収縮	単関節運動 &多関節運動	3群に共通 小→大	1RMの60〜70%	1〜3セット，8〜12回 多セット，6〜12回	1〜2分 1〜2分	低速度，中速度	2〜3×/週
	中級者	遠心性収縮 &求心性収縮	単関節運動 &多関節運動	単関節運動→多関節運動	1RMの70〜80%	多セット，6〜12回-限界までを強調	高齢者では2〜3分	低速度，中速度	2〜4×/週
	上級者	遠心性収縮 &求心性収縮	単関節運動 &多関節運動	低強度→高強度	70〜85%〜限界までを強調しつつ 1RMの70〜100%	しつつ1〜12回	軽-中重量では1〜2分	低速度，中速度 高速度	4〜6×/週
筋パワー	初心者	遠心性収縮 &求心性収縮		3群に共通 小→大	3群に共通 重負荷（80%以上）-強度として	筋力強化と同様 1〜3セット，3〜6回	3群に共通 コアとして2〜3分 そのほかに1〜2分	中速度	2〜3×/週
	中級者	遠心性収縮 &求心性収縮		単純な複合運動→複雑な複合運動	軽負荷（30〜60%）-速度は限界まで	3〜6セット，1〜6回-限界まで		高速度	2〜4×/週
	上級者	遠心性収縮 &求心性収縮		低強度→高強度				高速度	4〜6×/週
筋持久力	初心者	遠心性収縮 &求心性収縮	単関節運動 &多関節運動	3群に共通 多様に組み合わせる	1RMの50〜70%	1〜3セット，10〜15回	3群に共通 回数が多いセットで1〜2分	低速度〜MR	2〜3×/週
	中級者	遠心性収縮 &求心性収縮	単関節運動 &多関節運動		1RMの50〜70%	多セット，10〜15回あるいはこれ以上	10〜15回で1分以下	中速度〜HR	2〜4×/週
	上級者	遠心性収縮 &求心性収縮	単関節運動 &多関節運動		1RMの30〜80%〜限界まで	多セット，10〜25回あるいはこれ以上-限界まで			4〜6×/週

ACSM：American College of Sports Medicine
1RM：1-repetition maximum（最大反復回数），US（unintentionally slow）：意識せず行いやすい速度，MR（moderate repetitions）：中速度の反復，HR：高速度の反復。

重要である（漸進性の法則）。すなわち，筋力強化および持久力強化は漸増的負荷による過負荷の法則に則って実施される必要がある。2002年にアメリカスポーツ医学会（American College of Sports Medicine：ACSM）が推奨する筋力トレーニングの指針を表1-6-8に示す。

● 意識性（自覚性）の原則
筋力トレーニングは短時間で競技に直結した効果が現れるものではないため，選手のモチベーションが高まりにくい。しかし長期的な計画を基にプログラムを作成し，体力作りを行っていくことで間違いなくパフォーマンスも向上する。また，集中力の欠けている状況で筋力トレーニングを行うと，新たな傷害を発生させてしまう危険性がある。よって，コーチは選手が納得するだけの知識を習得し，選手が理解しやすい表現と具体的な資料の提示を行うことで選手のモチベーションを維持させる必要がある。

● 個別性の原則
筋力トレーニングを行う際には年齢や性別，競技特性を踏まえて行う必要がある。つまり身体能力には個人差があり，必ずしも皆が同じトレーニングを行うことで同じ効果が期待できるものではない。
泳法がまだ確立されていない成長期の小中学生が積極的な筋力トレーニングを行うと，ボディーバランスを損ない競技に悪影響を与える危険性があるだけでなく，骨成長の源である骨端部を損傷し，傷害発生の一因となるリスクを伴う。そのため，小中学生には正しいフォームでの低負荷のトレーニングを実施することや，基礎体力全般を向上させるようなトレーニングを実施することが望ましい。また，筋肥大には男性ホルモンであるテストステロンが関係しているため，女性は男性よりも筋肥大が生じにくいことから，女性選手の場合は競技特性や個人のウィークポイントを考慮したトレーニングを行い，使い過ぎに注意する必要がある。

● 継続性（反復性・可逆性）の原則
トレーニングは一時的に行うのではなく，計画的に継続・実施されなければならない。これを継続性の原則という。トレーニングにより得られた効果は，トレーニングの終了後はトレーニング前の状態に向かって変化する（可逆性）。また，短期間で獲得したトレーニング効果は，長期間で獲得した効果よりも短期間で消失するといわれているため，筋力トレーニングはシーズンオフにのみ実施されるのではなく，オフからシーズンを通して計画的に実施されるべきである。一般的に週2〜3回の頻度が多くの競技者に推奨されているが，トレーニングの内容や実施者の鍛錬度に応じて調整する必要があり，適切な回復過程を伴って継続することが原則である。また，一般的にはオフシーズンには比較的低強度高頻度のトレーニングを行うことで全般的な体力

［理解度チェック］
・筋の収縮様式を述べよ。
・筋力トレーニングの目的を述べよ。
・筋力トレーニングを実施する際に配慮すべき基本原則を述べよ。

要素の強化と筋肥大に焦点をあて，インシーズンには高負荷低頻度のトレーニングへと移行することで筋パワー・スピードの強化を行うことが望ましいとされる。

筋力トレーニングに限ったことではないが，偏ったトレーニングは筋力のアンバランスを生じさせ，障害を引き起こすことさえある。個人や競技の特性を踏まえ，トレーニングの目的と時期などによってトレーニングの変数（負荷重量・各セットあたりの反復回数・プログラムを構成する運動日数・プログラムの数・運動の配列順序・セット数・動作のテンポ・セット間の休息時間・トレーニング方法）などをコントロールする必要がある。

[濱中康治]

⑤マッサージの目的と方法

ここ数年，トレーナーが行うマッサージに対する要望が変化してきている。以前は，「疲れを取り去る」ことがマッサージの主目的であった。しかし最近では，「体の動きが良くなるようにしてほしい」という要求が増え，マッサージでその要望に対応している。また，選手が「1日に数レースをこなせるようにしてほしい」という要望も多く，「疲労回復目的のマッサージ」も，同一日での複数レースに参加できるよう「短時間で即効的に疲労を取り去る」ことが必要とされている。

選手が体の不調や痛み，疲労を訴えてきた場合，「それがどこから来ているのか？」を，マッサージを始める前に，慎重に見極める必要がある。「肩の動きが悪い」「キックに違和感がある」と訴えてきたから，必ずしも肩甲帯や下肢に原因があるとは限らない。全体的な動きの連鎖や，筋肉の表面を覆って全身的につながっている筋膜，深部にある深層筋，インナーマッスルなど幅広い観点から「真の原因」を見つけ出す必要がある。したがって，マッサージも時に表面の筋膜や深部インナーマッスル等にもアプローチして，選手がベストな状態になるように行う。

合わせて，選手がマッサージを受ける際，自分の状態をどの程度把握しているのか，気にかかる部位や原因について選手と協力して確認する。このことにより「他人任せでなく，自分自身の身体状況を知り，手入れをする習慣」を選手が身につけるよう誘導，教育する。

［マッサージの目的］

●（心身の）疲労からの早期回復

パフォーマンス向上のために，練習や試合で蓄積した疲労をできるだけ早く取り去る必要がある。次のレースや練習に集中して取り組めるよう，身体と精神の両方の疲れをマッサージで取り去るのである。

●障害の予防

運動前後のマッサージにより，ウォーミングアップ，クーリングダウンの効果が期待できる。また，マッサージは，身体に直接触れて行う

[参考文献]

1) 石川知志 ほか.（2005）「水泳における肩の動き」『整形災害外科』48：487-494.
2) 加藤知生.（2003）「上肢のスポーツ障害リハビリテーション実践マニュアル 各論-2 水泳」『MEDICAL REHABILITATION』33：84-92.
3) 日本体育協会.（2007）『公認アスレティックトレーナー専門科目テキスト 第6巻 予防とコンディショニング』pp.52-118. 文光堂

ので，症状が出る前に，その予兆を見つけ出せることがある。その際には障害を起こさないよう選手に，ストレッチングや筋力トレーニングなどをアドバイスすることが大事である。

●障害からの早期回復
水泳では外傷は比較的に少ないが，オーバーユースによる肘や肩，腰，膝などの障害はとても多い。痛みや拘縮，動きの悪さへの治療法としてマッサージを行い，早期回復を図る。

●コンディショニング
特に，疲労や痛みがなくても，選手の体や精神状態をできるだけ良い状態にもっていくために行う。また，「水がうまくキャッチできない。体のキレが悪い。力が入らない」などさまざまな具体的，時に抽象的な訴えにもマッサージで対応し，選手とともにベストなコンディションを実現する。

●精神状態の適正化
マッサージは体だけでなく精神状態にも働きかける。不調の主な原因が，精神的なものである場合，選手の精神的な疲労を取り去り，リフレッシュされた状態にし，次のレースに集中できるようにする。

[マッサージの種類]
●目的別
マッサージの種類には目的別に「医療用マッサージ」「スポーツマッサージ」さらに「美容マッサージ」がある。

・医療用マッサージ
肩や腰，膝などの痛み。頭痛，眼精疲労，精神的ストレス。女性の便秘，冷え性や更年期障害など。故障や手術などによる硬縮の早期回復。身体状態を良くするため，幅広いジャンルで行われている。

・スポーツマッサージ
スポーツパフォーマンスの向上。動きの改善。障害や怪我の予防，治療。疲労の早期回復などを目的にスポーツ現場で行われているマッサージ。

・美容マッサージ
顔面や痩身のために行われている美容目的のマッサージ。

●オイル使用別
マッサージを行うにあたり，オイルを使うか否かで次の2つに分けることができる。

・ノンオイルマッサージ
オイルを使わず衣服の上から，もしくは皮膚に直接触れて行うマッサージ。

・オイルマッサージ
オイルを使ったマッサージを時に行うことがある。身体全部にでは

なく，部分的に行うことが多い。
　特に，「体の深部を調整する」必要があるときに，オイルを用いると「無痛でインナーマッスルなどに施術」ができる。例えば，水泳で大事な股関節や腰，骨盤の動きを良くするため，深部にある「腸腰筋」を調整したい時，オイルを用いれば無痛でしっかり腸腰筋にアプローチできる。同時に，オイルを用いるとマッサージがリズミカルになるので，身体のみでなく，精神的な疲労回復にも優れた効果がある。

［マッサージの基本手技］
　マッサージの手技は主に次のように分けることができる。
●軽擦法，強擦法
　体を擦る方法。マッサージの最初と最後には，軽擦法が良く行われる。
●揉捏法
　パン粉の生地をこねるように，身体を揉みこねる方法。
●叩打法
　拳や手の平で叩く方法。強く，弱く，速く，ゆっくりといったようにさまざまなバリエーションがある。
●震せん法
　術者の指や手掌，肘を体に密着させ細かく震わせる。
●圧迫法
　指や拳，肘などで圧迫する方法。
●伸展法
　体を引き延ばすストレッチ法。
●運動法
　自動，他動，抵抗運動を行い，身体状況を改善する。

［マッサージの効果］
　マッサージは次のように多様な効果がある。
●循環系
　全身の血液，リンパ循環の向上。疲労物質の早期除去。
●神経系
　神経伝導路活動を活性化。神経の筋肉への伝導を良くする。
●自律神経
　睡眠障害，神経安定などに有効。
●消化器
　胃腸の働きを良くする。便秘にも有効。
　消化機能亢進，食欲増進（合宿や大会時，疲労による食欲減退によい効果がある）。
●筋肉
　筋の収縮力，弾力性を増加。

運動時の協調性を高める。
- ●関節

関節可動域を広げる。

滑液分泌を促し，運動を滑らかにする。
- ●呼吸

呼吸筋や胸郭，肋骨などの動きをマッサージで良くする。呼吸筋の動きが良くなり，胸郭の拡張力を増し，肺活量を増加させる。

［オイルマッサージの実際］
- ●足首の動きを良くする

足背の伸筋支帯（足首の前面を押さえているバンド）を強擦する（図1-6-55）。これだけで足首の動きが良くなることも多い。また，前脛骨筋が硬いようであれば，筋繊維に直角に強擦する（オイルを付けていないと，痛みが出てしまう）。
- ●アキレス腱自体をマッサージ

アキレス腱を指で圧迫し，そのまま足関節を屈伸する（図1-6-56）。オイルが塗ってあるので，無痛でアキレス腱自体の動きを改善できる。
- ●膝の動きを良くする

選手を仰臥位にさせ，膝蓋骨と大腿骨の間（大腿膝蓋関節）を小指側の側面か親指で強擦する（オイルが塗ってあるので強く擦っても痛みが出ない）。大腿内外側の膝蓋骨への筋付着部も念入りに指で強擦すると，膝の動きが良くなる。
- ●股関節，腰，骨盤の動きに大事なインナーマッスルを調整する

選手を仰臥位にさせ，股関節と膝関節を屈曲する。腸骨窩の内側に向けてジワーと指を沈めていく。

選手にゆっくりと膝の曲げ伸ばしをしてもらう（指先でズズーと腸腰筋が動くのが分かる）。左右比べ，動きが悪い方や，張っている方にマッサージ等をして左右のバランスを整え，腸腰筋の動きを良くする。
- ●肩の動きを良くする

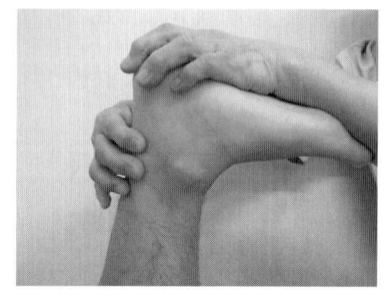

腕と胸部，背中は1つのユニットである。腕の動きの改善には，特に肩甲骨の動きが大事である。肩甲骨の裏へのマッサージには，オイル

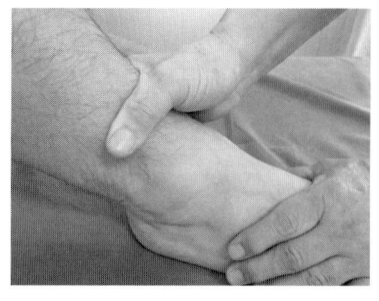

図1-6-55 足首の動きを良くする　　図1-6-56 アキレス腱自体をマッサージ

図1-6-57　肩の動きを良くする①　　図1-6-58　肩の動きを良くする②

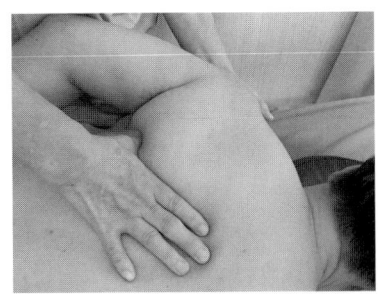

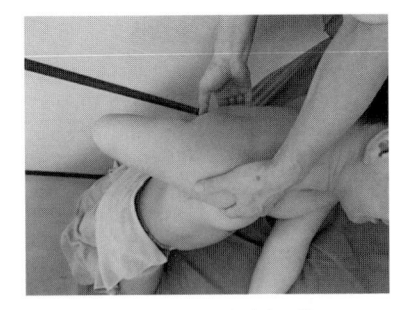

を使ってアプローチする。

選手を腹臥位にさせ，施術側の手を腰に当ててもらう。この動作によって，肩甲骨の内側縁が良くわかるようになる。内側縁から肩甲骨の裏をめがけて指で強擦する（図1-6-57）。

オイルを使うので，痛みなく行うことができる。肩甲骨の動きが良くなるので，肩関節，上肢の動きが良くなる。最後に側臥位になってもらい，両手で肩甲骨を掴んで，肋骨から剥がすように持ち上げて揺するのも効果がある。左右に行い動きを調整する（図1-6-58）。

[指圧式マッサージ]

日本水泳トレーナー会議では，トレーナーが習得すべき基本技術として「指圧式マッサージ」と称する指圧の変法を行っている。

指圧の目的には，筋疲労の回復，外傷・障害からの早期回復と予防・コンディショニングなどがある。マッサージは身体の末梢から中枢へ求心性に行う"撫で擦る"手技で，疲労物質を含む静脈血を心臓に送るように行う。一方，指圧は身体の中枢から末梢へ遠心性に"押圧する"手技で，身体の深い所を通る動脈にアプローチし酸素や栄養を含んだ動脈血の流れを良くする手技である。

指圧の利点として，身体の深部まで圧を浸透させることができることが挙げられる。その方法として，母指だけでなく，母指・四指・手掌部全体を皮膚に密着させ圧を入れる方法と，前腕部・肘頭部全体を皮膚に密着させて，筋繊維に対して接面積を大きく当て意識は点でほぐしていく方法がある。また，筋繊維への負担を少なく，かつ疲労を抜く方法として，従来のゆっくり圧をかけ，ゆっくり圧を抜く方法（漸増・漸減）よりも，瞬間的に圧を入れ，瞬間的に圧を抜き手数でほぐしていく方法が効果的であり時間短縮にもなる。

マッサージや指圧の行う時期は，大まかに分けて，トレーニング期・シーズン期，試合期に分類される。強度の高いトレーニングを行っている時期には，練習による疲労の回復，外傷・障害の治療と予防，コンディショニンの維持を主な目的として行う。一方，シーズン期には，疲労回復，外傷・障害の治療予防，競技会で良いパフォーマンスを発揮でき

るためのコンディショニングを主目的として行う。その際，筋肉を完全にリラックスさせず，筋肉の張り（テンション）を少し残す程度になるように調整することも必要である。さらに，試合期には，練習や競技前における，ウォーミングアップの補助として，競技間，競技後に疲労した部位の回復を主な目的として行う。

　疲労の除去はもちろんのこと，怪我や故障をしてからケアをするのではなく，マッサージや指圧を行うことにより，患部や全身の疲労回復，柔軟性を高めることにより外傷・障害の予防することと，自分の身体の状態を把握し，マッサージや指圧に頼り切らず，日々のストレッチングや補強トレーニングをしっかり行った上で，マッサージや指圧を上手く活用することが大事であり，レベルアップにつながると考える。

〔広橋憲子・小沢邦彦〕

第 ❷ 章

競泳

SECTION 1. 競泳競技概説
SECTION 2. 競泳の科学
SECTION 3. 競泳のコーチング
SECTION 4. 競泳のトレーニング
SECTION 5. 競泳選手のコンディショニング

競泳競技概説

SECTION 1

1 競泳競技会の種類と特徴

　競泳競技会とは，（公財）日本水泳連盟（以下，日水連）が定める「競泳競技規則」が適用される競技会をさす。競技会には，公式競技会（日水連または加盟団体が主催する競技会）と公認競技会（日水連または加盟団体が公認する競技会）の2種類がある。公式・公認競技会には，外国から招へいした競技者が参加する国際的な競技会も含まれる。

　一方，わが国の選手が国を代表し，参加する国際競技会はこれらとは異なり，国際水泳連盟（以下，FINA）の定める競技規則が適用される。これらの国際競技会の主なるものとしては，次のような競技会がある。

　オリンピック，ユースオリンピック，世界選手権大会（50 m・25 m），世界ジュニア選手権，アジア大会，アジア選手権，アジアエージグループ選手権，東アジア大会，ユニバーシアード大会，ワールドカップ，パンパシフィック選手権，ジュニアパンパシフィック選手権

2 競泳競技会の要件

　日水連または加盟団体による公式競技会ならびに公認競技会は，次の要件を備えなければならない。

1　開催日程，会場，競技の内容，参加資格等の要項は，競技会初日の3週間前までに一般に公表すること。
2　日水連または加盟団体の特別の承認がない限り，競技者は日水連の競技者資格規定により登録された者に限られていること。
3　競技施設は，日水連のプール公認規則に基づき公認されたものであること。
4　プールのコンディションは，競技会の期間を通じて次の条件を満たされていること。
　①プールの水は淡水であり，かつ，競技中は静水であること。
　②水温は，25〜28℃を基準としていること。
　③水位は，満水の状態で一定の高さが保たれていること。
　④互いに隣接するレーンを仕切るレーンロープは，1本でその直径は10 cm以上15 cm以下であること。レーンロープは，壁の両端に接続具によって固定され，水面上にたるむことなく張られていること。
　・レーンロープの色は，8レーンの場合
　　1レーンと8レーンは緑色（2本）
　　2，3，6，7レーンは青色（4本）
　　4，5レーンは黄色（3本）
　スタート側および折り返し側の壁から5 mまでは赤色としていること。
　⑤15 mマークならびに50 mプールにおいて25 mを示すマークは，隣接するフロートと異なる色とすること。
　フライングロープ，背泳ぎ用5 mフラッグが設置されていること。

3 競技規則

　日水連では，FINAが定める規則を基に日本国内の実情に合わせ，「安全であること」「公平であること」「泳形を守ること」という概念に基づき，競泳競技規則を定めている。以下は各泳法規則以外の概要である。

1. すべての個人競技は，男女別に行わなければならない。
2. 競技者は，単独で定められた全距離を泳ぎ切らなければならない。
3. 競技者は，スタートしたレーンと同じレーンを維持し，ゴールしなければならない。
4. 折り返しの際は，泳者は各泳法の規則に従い，プールの壁に体の一部を接触させなければならず，折り返しは壁で行わなければならない。
5. 自由形競技またはメドレー競技の自由形に限り，プールの底に立つことは失格とならないが歩くことは許されない。
6. 競技中にレーンロープを引っ張ってはならない。
7. 泳者が他の泳者の妨害をしてはならない。
8. 競技中にその速力・浮力または耐久力を助けるような仕掛けもしくは水着（例えば，水かきのある手袋，フィン等，粘着性のあるもの等）を使用したり，着用してはならない。ただし，ゴーグルは着用してもよい。審判長の承認がなければ，身体上のいかなるテープも許されない。
9. 競技に参加していない競技者は，すべての泳者が競技を終了する以前に水に入った場合，その競技者はその競技会における以後の出場資格を失う。
10. リレーチームは4人で構成されなければならない。混合リレーは男女各2名で構成される。混合リレーの第1泳者の記録は公認されない。
11. リレー競技においては，前の競技者が壁にタッチする前に次の競技者の足がスタート台を離れた場合は，そのチームは失格となる。
12. 泳いでいないチームメンバーが，すべてのチームのすべての泳者がレースを終える前に入水した場合，そのリレーチームは失格となる。
13. リレーオーダーは競技前に提出しなければならない。リレーチームのメンバーは1つの競技に1回のみ参加できる。リレーチームの構成は予選と決勝で変更してもよい。ただし，メンバーはその種目に正式登録した者とする。提出されたリレーオーダーどおりに泳がなかったリレーチームは失格となる。交代は，緊急の傷病が発生してそれが文書で証明された場合のみ認められる。
14. 個人競技，リレー競技の際，泳ぎ終わった泳者は，他の競技者の妨げにならないよう，速やかにプールから出なければならない。
15. 競技者が他の競技者の行為によって，不利益を被った場合，審判長はその競技者を予選のときは次以降の組に出場させ，B決勝・準決勝，決勝，もしくは予選最終組のときは競技のやり直しを命じることができる。
16. ペースメーカーとなる装置の使用や，サイドコーチ等のペースメーカーとなるような行為をすることは許されない。

　その他，各泳法に係わる規則は「競泳競技規則」を参照のこと。

4 記録の公認

　競泳はいうまでもなく，競争する選手が同一スタートラインから定められた距離を泳いで，その速さを競うものである。種目は，自由形，背泳ぎ，平泳ぎ，バタフライ，個人メドレー，フリーリレー，メドレーリレーがある。これら

の種目はさらに定められた距離を泳いで記録を争うことになる。50 m プールならびに 25 m プールでの記録が，世界記録および日本記録，公認記録として認められる。

競技は男女別に行われるが，男女各2名で行う混合リレーが加わった。

計時の方法は，国際大会をはじめ日水連主催の主要競技大会および多くの公式・公認大会で，全自動審判計時装置によって行われている。本装置はスタートピストルの信号により計時を始め，ゴールはタッチ板に選手が触れタッチ板を作動させた瞬間を信号として捉え，記録を計測する。本装置は 1/1000 秒まで計測することができるが，1/100 秒までを採用している。1/100 秒まで同記録の場合は，同着として扱う。スタート台には圧力を感知するセンサーを内蔵し，スタート直後のリアクションタイム，リレー競技の引き継ぎ判定に使用されている。また，タッチ板が作動しなかった場合のバックアップとして，「半自動装置」あるいは「ハイスピード デジタルバック アップカメラ」などを使用する。さらに長距離種目においては，水中ラップカウンターで周回を知らせることもある。

公式・公認大会の記録は次の基準で公認される。

1　記録（長水路・短水路）
　長・短水路での記録は男女とも，次の種目・距離で認められる。

　　自由形　　　　50 m・100 m・200 m
　　　　　　　　　400 m・800 m・1500 m
　　背泳ぎ　　　　50 m・100 m・200 m
　　平泳ぎ　　　　50 m・100 m・200 m
　　バタフライ　　50 m・100 m・200 m
　　個人メドレー　100 m（短水路のみ）・
　　　　　　　　　200 m・400 m
　　フリーリレー　4×50 m*・4×100 m・
　　　　　　　　　4×200 m
　　メドレーリレー　4×50 m*・4×100 m
　　混合フリーリレー　4×50 m*・4×100 m
　　混合メドレーリレー　4×50 m*・4×100 m
　　（＊長水路での 200 m のリレー競技は世界記録の対象とはならない。）

2　世界記録のリレーのメンバーは同じ国籍であること。

3　競技会は少なくとも 3 日前に公表されたものであって，すべての記録は対等の個々の競技で計測されたものであること。ただし，競技会中に実行委員会がタイムトライアルとして認めた個々の競技は 3 日前に公表されなくてもよい。

4　プールのそれぞれのレーンの長さは測量士や実行委員会が認めた資格者によって公認されていること。

5　世界記録の場合，可動式の壁が用いられるときは，レーンの長さは競技の終わりに確認されること。

6　すべての記録は，FINA が承認した水着を着用した競技者であること。

7　1/100 秒まで同じ時間は同記録と見なし，その記録を達成した競技者は同記録保持者となる。
　優勝者の記録だけが新記録の申請ができる。競技会で同記録が出た場合は，記録を達成したそれぞれの競技者が優勝者となる。

8　淡水で樹立された記録であること。

9　混合リレーを除き，リレー競技の第 1 泳者の記録は新記録に申請することができる。リレーの第 1 泳者が違反なく泳ぎ終えれば，続く泳者に失格があったとしても，第 1 泳者の記録は無効にはならない。

10　オリンピック，世界選手権，ワールドカップで樹立されたすべての記録は，自動的に公認される。

5　競技者に必要な競技者資格の知識

1　競技者は，競技資格を有する者でなければならないことは前記の通りである。日水連が主催・共催，あるいは主管する競技会の

申し込みは，競技者資格規則による。競技者資格規則のうち，次の各項に該当すると認められたときは，処分を受け，事前に発覚した場合は競技会に参加できない。
①競技者資格規則に基づくスポーツマンシップに違反したとき。
②日水連および日水連の加盟団体，日本体育協会，日本オリンピック委員会が禁止した競技会等（記録会，模範演技会，試泳会その他水泳競技および演技を含む一切の行事をいう。）に許可を得ずに参加したとき。
③国籍の如何を問わず，日水連が競技者資格を認めていない者が参加する競技会に，その事実を知って参加したとき。
④日水連に届け出て承認を得ることなしに，競技者資格規則に基づく商行為をしたとき。
⑤競技者資格規則の禁止される商行為をしたとき。
⑥その他日水連および日水連の加盟団体の名誉を著しく傷つけたとき。
2 また，日水連に登録した競技者は，規則を順守しフェアプレイを展開すること，全力を尽くして自己記録の向上に挑戦することを競技会参加の基本理念におかなければならない。競技者が次の禁止された行為に反した場合，それぞれ罰則が適用される。
①競技者は，ドーピング規則に規定されている薬物を用いてはならない。違反があった場合は，違反のあった競技者（またはチーム）の記録を抹消の上，処罰する。
②競技者は，意図的に，自己の競技能力を低下させてはならない。日水連が，作為により自己の競技能力を低下させたと認めた場合は，競技者資格を停止させることがある。
③競技者は，傷病または不測の事態等の正当な理由なく競技出場権を放棄してはならない。

図2-1-1 競泳競技スタートの様子（トラックスタート）

競技会開催要項に棄権料納入の定めがある競技会では，予選，B決勝・準決勝，決勝を問わず，出場権を放棄した競技者に対し，罰則として，放棄種目ごとに所定の棄権料納入を課す。
この場合，所属する登録団体は，放棄競技者（またはチーム）に棄権料を納入させる責任を負う。
④競技者は，日水連の定める「競技会において着用，又は携行することができる水泳用品，用具の商業ロゴ等についての取り扱い規定」に違反する物品を着用，携行して宣伝・広告の媒体となってはならない。違反があった場合は，出場を停止させることがある。
⑤競技者は日水連の定めに則った水着を着用しなくてはならない。水着は，見苦しいもの，不謹慎な水着の着用を禁ずる。競技者の水着が透けているもの等，規定にあてはまらないときは，その競技者の出場をやめさせる。

6 競技会運営にあたって

日水連では円滑な競技運営を期して以下のような方針をもって取り組んでいる。
1 国際大会と同様の競技運営を目指す

日本の競技会運営については世界でもトップレベルにあり，高い評価を受けている。日水連では，国内での競技会についても国際大会と同様の競技会運営を目指している。そのために以下のようなことに取り組んでいる。

①国際大会の招致

　日水連では，日本国内で世界のトップレベルの選手が参加する国際大会を積極的に招致している。2020年の東京オリンピック・パラリンピックの開催も決定し，それに向けた国際大会の開催も計画的に推進している。

②国際大会への競技役員の派遣

　競技役員の資質向上のため，日水連では国際大会に多くの競技役員を派遣している。オリンピックや世界選手権等に競技役員を派遣して，国際大会における競技運営についての最新情報をいち早く入手して，国内大会に反映させている。

③FINAとの連携強化

　国際大会での審判を養成するために日水連からFINA主催の講習会に積極的に競技役員を派遣している。また，国内大会にFINAの競技役員を招へいして競技力向上に努めている。

2　全国で共通した競技会運営を目指す

　選手が日本国内のどのレベルの大会に参加しても安心して競技に集中できるように日水連では全国で共通した競技会運営がされることを目指している。そのために以下のようなことに取り組んでいる。

①日本選手権等への加盟団体からの役員派遣

　日水連主催の日本選手権等の大会に各加盟団体から競技委員長等を競技役員として派遣していただき，実技研修として大会運営に携わっていただいている。日本のトップレベルの選手が競う大会の運営に直接競技役員としてかかわることで，その運営のノウハウを各加盟団体に持ち帰っていただくことを目的としている。

②全国大会への日水連からの役員派遣

　国民体育大会，日本学生選手権，全国高等学校選手権，全国中学校水泳競技大会等の全国大会には，日水連から役員長，審判長，競技進行，泳法・折返審判員等の主要な部署に競技委員会から委員を派遣して，大会運営の指導に当たっている。

③全国競技委員長会議の開催

　毎年4月の日本選手権期間中に「全国競技委員長会議」を開催し，競技会運営の共通事項の確認やルール改定に関する情報提供等を行い，周知徹底を図っている。

3　選手・観客のための競技運営

　すべての競技会は，選手が安心して参加でき競技に集中してより良い結果を出すことが目的となる。そのためには競技会の運営はすべて選手主体に考えなければならない。選手がリラックスしてレースに集中できる環境を作り出すように努めることが大切である。競技進行はもちろん，選手の導線や招集所のセッティングやプールコンディションに至るまで選手中心に考える必要がある。また水泳を愛し応援していただく観客の方々にも配慮した大会運営が求められている。電光掲示板や大型映像提示装置などを駆使して臨場感と迫力ある大会運営を行うことで会場全体が盛り上がるように工夫をしている。最近では選手の紹介についても入場ゲートを設けたり，レース中に音楽を流すなどの演出も取り入れている。

〔競技委員会委員長　鈴木浩二〕

競泳の科学

SECTION 2

1 競泳のレース分析

①レース分析の必要性

　競泳レースの勝敗は，ピストルの号砲から選手が壁にタッチするまでの所要時間，つまり「記録」によって決定される。この「記録」を速くするためには，泳ぎの速さを高めることが最も重要である。しかし，スタートやターンの技能に劣る選手あるいはゴールタッチを失敗したケースなどでは，泳ぎでは群を抜いても順位が覆ることもある。したがって，レースに勝利するためには，泳ぎだけでなく，スタートやターンあるいはゴールタッチに関する技能向上についても考えなければならない。つまり，競泳の競技力向上を考える際には，泳ぎを評価するだけでなく，レースを構成する要素を1つ1つ抽出し，客観的に評価することのできるレース分析に関する研究が必要となる。

　1990年代前半には，外国人選手に比べて日本代表選手はスタートやターン局面に劣ることが指摘されてきた。しかし，2000年のシドニーオリンピック以降，日本水泳界の国際競技力向上に伴い，以前とは逆にスタートやターン局面が優れていることで国際大会において好成績を収める選手もみられるようになってきた[1,2]。その一方で，泳ぎでは世界一でもスタートやターンに劣ることで残念ながら順位を落としたケースもみられた[1,2]。これらの結果より，日本選手がスタートやターンに劣っているのではなく，その取り組み（トレーニング等）によっては世界のトップレベルに到達できることが明らかとなった。さらに，国際大会において勝利を獲得するためには，スタートやターンに劣ることは致命的であることも再確認された。

②レース分析の概要と目的

　競泳のレース分析プロジェクトは1987年より開始され，日本水泳連盟科学委員会の一事業として，日本選手権やジャパンオープン，さらには国内で開催された国際大会等において現在まで継続的に実施されている。方法論には違いがあるものの，日本以外にも水泳の強豪国であるアメリカやオーストラリアをはじめ世界数ヵ国で行われている。また，

[SWIM.EE]
http://www.swim.ee/

2000年以降にヨーロッパで行われた大会の結果については，SWIM.EEというウェブサイトから得ることができる。

このプロジェクトでは，レースを〈スタート〉〈ストローク（泳ぎ）〉〈ターン〉〈フィニッシュ〉の4局面に分類している。これまでの研究結果や競技規則の変更等を勘案し，全種目に共通して，表2-2-1に示したように各局面は定義されている。スタート局面はスタート地点から15mまで，ターン局面は，ターン前5mからターン後15mまでの20m区間，フィニッシュ局面はゴール前の5m区間である。それら3つの局面を除いた区間がストローク局面であり，純粋に泳ぎの部分だけが抽出されている。

分析は，観客席上段に設置した複数台のビデオカメラの映像を元に行われ，選手の頭部が各局面を通過する時間や3ストローク・サイクルに要した時間および50mごとのストローク数が計測される。それらの結果をコンピューターに入力し，各局面の通過時間や所要時間，ストローク局面における泳速度，ストロークタイム，ストローク長およびストローク数といったレース情報が求められる。これらの情報は，コーチングに役立てることを目的として選手やコーチに提供されている。

③レース情報の活用方法

レース情報を競技力向上に活用する方法として，「過去の自分」や「他者（目標とする選手等）」と比較するとよい。具体的には，大会期間中では「レースの反省」や「次のレースの組み立て」に，大会終了後では，これまで取り組んできた「練習成果の評価」，次の大会に向けての「目標の設定」や「トレーニングの立案」，あるいは選手の「特徴把握」や「可能性の推定」等に活用されている。

そのためには，表計算ソフト等を用いて独自にシートを作成すると効果的である。例えば，日本代表選手には，表2-2-2のような個人シートを作成し，1人1人に対して情報をフィードバックしている。

まず，「1. 時間情報」からは，比較対象レースとの記録差がレース進行に伴い，どの地点で生まれたのかを知ることができる。次に，「2. スタート・ターン・フィニッシュタイム情報」からは，記録の差に泳ぎ以外の局面の成否がどの程度の影響を与えたのかが判断できる。さらに「3. ストローク情報」からは，純粋に泳ぎの違いを比較することができる。特に，泳速度，ストロークタイムおよびストローク長の比較はグラフ化しているので，泳速度の変化した要因がストロークタイム（ピッチ）の変化によるものか，それともストローク長の変化によるものかが

表2-2-1 レースの局面分類

スタート局面	ターン局面	フィニッシュ局面	ストローク局面
スタート台から15m	ターン前5mからターン後15m	ゴール前5m	スタート，ターン，フィニッシュ以外の局面

把握しやすくなっている。

④簡易レース分析法

日本代表選手の国際競技力向上に伴い，国内大会だけではなく海外で実施される国際大会においてもレース情報を収集し，指導へ活用することの必要性が生まれてきた。そこで，簡易レース分析法を考案し，2002年釜山アジア大会で初めて実施した[3]。その後，日本代表チームへの科学サポートの一環として簡易レース分析を実施することは定着し，オリンピック2大会連続で平泳ぎ2種目2冠を達成した北島康介選手の偉業達成も後押しした[4]。

この方法は，日本選手権等で実施されている大掛かりな準備を必要とするレース分析法とは異なり，市販のデジタルビデオカメラやコンピューターを用いて実施することができる。まず，撮影については手振れを防ぐために一脚や三脚を使用し，1人の選手のレースを1台のカメラで追従撮影する。次に，コンピューターやストップウォッチを使用し，録画された映像を用いて，各局面の通過時間やストロークタイムを計測する（図2-2-1）。最後に，表2-2-2のような個人シートを事前に作成しておき，公式結果（50mごとの通過時間と正式記録）と測定結果を個人シートに入力する。

図2-2-1 レース分析の様子

注意すべき点としては，スタート合図を確定するために，ピストルの号砲を撮影すること，あるいは選手の離台時を撮影した上でリアクションタイムから推定することが挙げられる。また，通過時間の測定にはコースロープのマーク（5，15，25，35，45m）を距離基準として利用するために，選手が泳ぐレーンの両端のコースロープは必ず撮影しておく必要がある。

このような点に注意を必要とするが，この方法であれば，かなり手軽にレース分析を実践できる。昨今，デジタルビデオカメラだけでなくスマートフォンやタブレット端末等の普及により容易に映像撮影ができるようになった。その結果，独自に工夫してレース分析を実施しているチームや指導者も増えてきた。レース分析は，選手が最高のパフォーマンスを発揮するレースを客観的に振り返り，その後のトレーニン課題を明確にすることを可能にする。ぜひ，多くの指導者に取り組んでいただきたい科学サポート活動の1つである。

[生田泰志]

[参考文献]
1) 生田泰志.(2001)「Australian Institute of Sport研修報告」『水泳水中運動科学』4：44-48.
2) 生田泰志 ほか.(2002)「第9回世界水泳選手権大会福岡2001における競泳のレース分析」『トレーニング科学』13(3)：167-172.
3) 立正伸.(2004)「第14回アジア大会におけるレース分析報告」『水泳水中運動科学』6：45-47.
4) 岩原文彦.(2009)「レース分析から見えてくる泳法分析とその改善」『バイオメカニクス研究』13(1)：24-30.

表2-2-2　日本代表選手への提供シート例（日本水泳連盟科学委員会）

氏　　名：　日本　一郎
種　　目：　100mバタフライ

1. 時間情報

レース	15m通過	25m通過	35m通過	45m通過	50m通過	65m通過	75m通過	85m通過	95m通過	100m通過
'11ジャパンオープン　予選	5.97	11.34	16.88	22.54	25.25	33.33	39.09	45.11	51.45	54.58
'12日本選手権　準決	5.74	11.11	16.68	22.31	24.83	32.98	38.82	44.74	50.88	53.70
'13ジャパンオープン　決勝	5.69	11.01	16.43	21.96	24.54	32.52	38.22	44.04	49.97	52.78
'14日本選手権　決勝	5.69	10.96	16.27	21.67	24.17	32.17	37.67	43.33	49.18	51.83

レース	ラップタイム（秒）					
	0-25m	25-50m	0-50m	50-75m	75-100m	50-100m
'11ジャパンオープン　予選	11.34	13.91	25.25	13.84	15.49	29.33
'12日本選手権　準決	11.11	13.72	24.83	13.99	14.88	28.87
'13ジャパンオープン　決勝	11.01	13.53	24.54	13.68	14.56	28.24
'14日本選手権　決勝	10.96	13.21	24.17	13.50	14.16	27.66

2. スタート・ターン・フィニッシュタイム情報

レース	RT	スタート 0-15m	ターン 45-50m	ターン 50-65m	フィニッシュ 95-100m
'11ジャパンオープン　予選	0.66	5.97	2.71	8.08	3.13
'12日本選手権　準決	0.64	5.74	2.52	8.15	2.82
'13ジャパンオープン　決勝	0.63	5.69	2.58	7.98	2.81
'14日本選手権　決勝	0.69	5.69	2.50	8.00	2.65

3. ストローク情報

レース	ストローク数	
	0-50m	50-100m
'11ジャパンオープン　予選	19	23
'12日本選手権　準決	18	22
'13ジャパンオープン　決勝	18	22
'14日本選手権　決勝	17	21

レース	泳速度（m/秒）						
	15-25m	25-35m	35-45m	65-75m	75-85m	85-95m	
'11ジャパンオープン　予選	1.86	1.81	1.77	1.74	1.66	1.58	
'12日本選手権　準決	1.86	1.79	1.78	1.71	1.69	1.63	
'13ジャパンオープン　決勝	1.88	1.84	1.81	1.75	1.72	1.69	
'14日本選手権　決勝	1.90	1.88	1.85	1.82	1.77	1.71	

レース	ストロークタイム（秒）					
	15-25m	25-35m	35-45m	65-75m	75-85m	85-95m
'11ジャパンオープン　予選	1.11	1.13	1.16	1.19	1.21	1.28
'12日本選手権　準決	1.11	1.18	1.21	1.18	1.18	1.19
'13ジャパンオープン　決勝	1.07	1.10	1.15	1.13	1.13	1.12
'14日本選手権　決勝	1.08	1.12	1.15	1.16	1.15	1.11

レース	ストローク長（m）					
	15-25m	25-35m	35-45m	65-75m	75-85m	85-95m
'11ジャパンオープン　予選	2.06	2.04	2.05	2.07	2.01	2.03
'12日本選手権　準決	2.06	2.13	2.15	2.02	1.99	1.94
'13ジャパンオープン　決勝	2.02	2.03	2.07	1.98	1.94	1.90
'14日本選手権　決勝	2.04	2.11	2.13	2.10	2.03	1.90

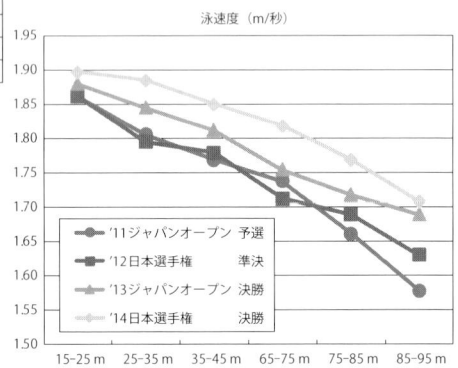

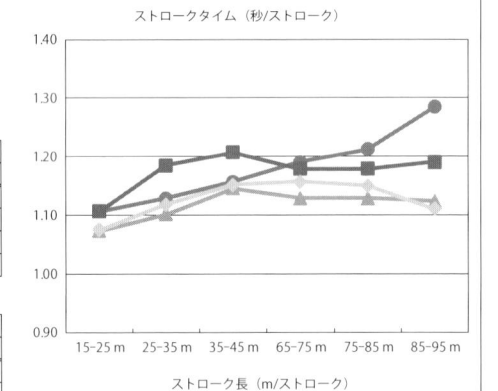

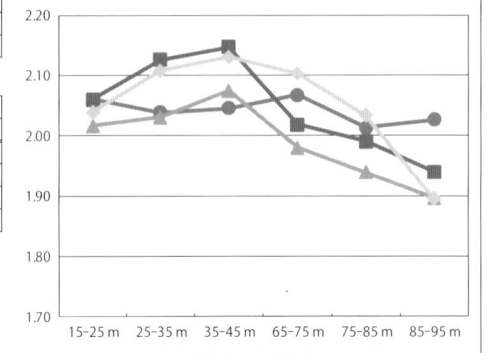

2 ストローク分析

①ストローク分析とは

　競泳は，ある一定距離の重心の移動の速さを競うスポーツといえる。この重心は，泳者がスタート台や壁，水に対して手や脚を使って力を発揮することにより，その反作用で移動することとなる。前述のように，競泳ではレースを各局面に分けることができ，その中でもレースの大部分を占めるストローク局面の時間短縮は，パフォーマンスに大きな影響を与えることになる。このストローク局面で行われる動作は，競泳の基本動作の「泳ぎ」になり，手で行う「プル」動作と脚で行う「キック」動作，息を吸う「呼吸」動作等からなる。この基本動作は連続運動になり，一連の動作を繰り返し行うことにより，水中を移動していく。この1回のプル動作，キック動作および呼吸動作中には，必ずしも推進力だけが発生するとはかぎらず，時には前進することにマイナスとなる抵抗も発生してしまうことになる。このように，泳動作中には絶えず加速・減速が起こっており，パフォーマンスの向上には，加速を最大限にし，減速を最小限にすることが求められる。この加速を増やし，減速を少なくするための科学的なアプローチの1つにストローク分析がある。

　このストローク分析は，泳者を側方から水中カメラで撮影し，泳者の重心もしくはそれに近似した腰側部（大転子点もしくは水着の切れ目）をサンプリングし，座標化させ，その変移と時間の関係より水平（進行）方向への速度曲線を描かせ，1ストローク中の加速・減速を確認することができるものである。速度曲線と水中映像を同期させ，加速している時の動作や減速している時の動作や姿勢等を確認することにより，加速局面をより多く，減速局面をより少なくするといった試みができるようになる。これは，闇雲にトレーニングを行うよりも，より効率的にパフォーマンスを向上させることができる。

②種目別による速度曲線の特徴

　図2-2-2にバタフライのストローク分析の平均的な速度曲線を示す。バタフライは，両腕と両脚をそれぞれ同時に動かす泳法になる。よって，加速・減速が大きくなる。この泳法は，両腕のエントリーとほぼ同時に行われる第1キックで加速し，ストリームラインをとった後，キャッチ動作からのプル動作と第2キックのタイミングで急激に加速し，速度はピークに達する。その後，フィニッシュ動作と共に呼吸動作が行われることにより減速し始め，腕のリカバリー動作によって急速に減速することとなる。バタフライの泳ぎの特徴は，推進力を生み出す第1キックと姿勢や上半身とのバランスをとる第2キックの打ち分けが必要となることや，顔を前に上げて呼吸することにより，姿勢が立ってしまい大きな抵抗を生んでしまうことにある。

図2-2-3に平泳ぎのストローク分析の平均的な速度曲線を示す。平泳ぎは，バタフライと同様に両腕と両足をそれぞれ同時に動かす泳法になる。この泳法は，4泳法の中で最も加速・減速が大きな泳法であり，エネルギー効率も悪い泳法となる。平泳ぎは，両脚を臀部にひきつけて後方に蹴り出すことで大きく加速する。次に，ストリームラインをとった後に，手を左右に広げ，内側にかき込むことでさらに加速し，速度はピークに達する。その後，リカバリーとして腕を前方に伸ばす動作と脚をひきつける動作によって大きな抵抗が生じ，急激に減速する。平泳ぎの特徴は，キック動作が推進力を生み出す割合が多いことにある。この脚のひき方を工夫することによって，パフォーマンスに大きな影響を及ぼすこととなる。大きな推進力の獲得には，強いキック動作が欠かせない。この強いキックを打つために脚のひきを大きくしてしまうと股関節の角度が90°近くになり，大きな減速となってしまう。大腿部で受ける抵抗をできるだけ少なくし，キックによる推進力を最大にするための股関節の角度は120°付近が最適とされている。

　図2-2-4に自由形（クロール）および背泳ぎのストローク分析の平均的な速度曲線を示す。先に述べた2つの泳法が両腕と両脚をそれぞれ同時に動かす泳法であるのに対し，この泳法は左右非対称の泳法になり，一度のストロークやキックでの推進力は大きくはないが，片方の腕で加速した後に，もう一方の腕ですぐ加速できるので加・減速が少なく効率的に泳ぐことができる。また，ストロークの際に左右別々の動きをするので体は回転（ローリング）するが，この動きが大きくなりすぎないようにキック動作によって抑えることもできる。

　自由形（クロール）の特徴は，4種目の中で最も効率よく，速く泳げる種目である。この泳法は，腕の入水後のキャッチが他の種目よりもし易いことが挙げられ，推進力を大きくするには，多くの水を早いタイミングでキャッチし，できるだけ逃がさないように後方へ送り出すことがポイントとなる。一方，キック動作によって脚の位置が高く保たれることから，抵抗の少ない姿勢をとり続けることができ，長距離を泳ぐ際に選択される泳法でもある。

　背泳ぎの特徴は，唯一，仰向けになりながら泳ぐ種目であることである。速度曲線は，クロールとほぼ同じような波形を描くが，力が入りにくい後ろ向きにプル動作が行われるため，クロールよりも少し遅い泳速での推移になる。腕の入水後，掌と前腕を使って後方に水を送り出すことがポイントとなる。また，仰向けの泳ぎであることから，呼吸動作による影響を受け難いが，プル動作やキック動作に合わせた一定の呼吸リズムを取ることが重要となる。

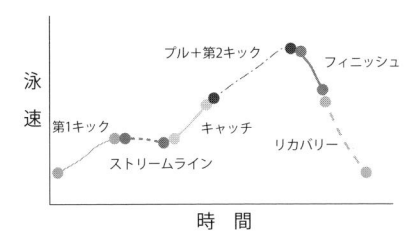

図2-2-2 バタフライの1ストローク中の速度変動図

図2-2-3 平泳ぎの1ストローク中の速度変動図

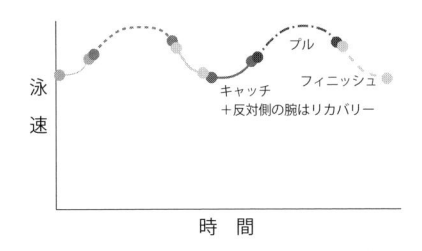

図2-2-4 自由形・背泳ぎの1ストローク中の速度変動図

③現場への活用

　図2-2-5に日本代表レベルの平泳ぎ選手の1年目と3年目のストローク分析の結果を示す。この選手は，1年目の速度曲線（破線）の結果から世界ランキング上位者と比較してプル動作によるピークの速度が低いこととキックの蹴り始めの速度の立ち上がりが鈍いということが判明した。この結果を受けて，プル動作中のかき込み動作の速度を上げるために上肢の筋力アップとキックの蹴り出し時の膝関節の屈曲角度における筋出力の向上を目的にトレーニング計画を立てた。その結果，3年目の速度

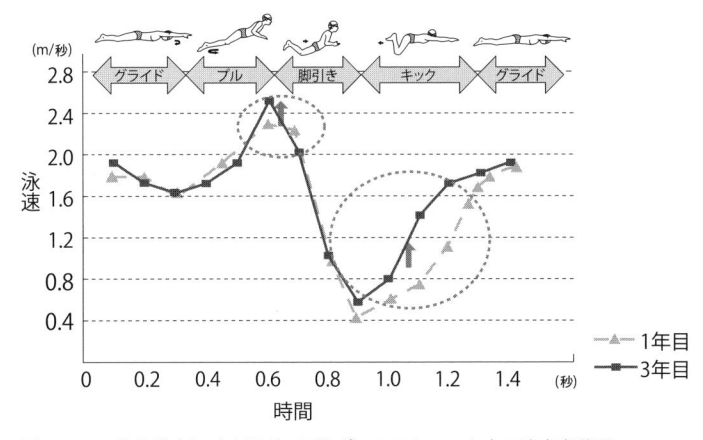

図2-2-5 日本代表レベル選手の平泳ぎの1ストローク中の速度変動図

2. 競泳の科学　171

[参考文献]
1) 窪康之.(2012)「競泳選手に対するバイオメカニクス的サポート事例」『トレーニング科学』24(1):11-16.
2) 窪康之, 岩原文彦.(2013)『DVD レベルアップ水泳4泳法完全マスター』西東社

曲線（実線）に示されているように，目的の動作時の泳速度が向上し，100 m のタイムが約1秒短縮された。これにより，その後の国際大会で優秀な成績を収めることができた。このように，ストローク分析を活用することによって，トレーニングの目的が明確になり，より確実にパフォーマンスの向上が期待できるようになる。

[岩原文彦]

3 ─ パフォーマンス評価

①競泳競技の特性

競泳競技は自由形，平泳ぎ，背泳ぎ，バタフライ，個人メドレー等の泳法ごとに種目が設定されている。各種目の泳距離は 50 m から 1500 m までであり，男女合わせて合計で26種目が行われている。これらの競技に要する時間は約20秒〜約15分である。したがって，各競技種目に対する運動時間は異なる。荻田（1999）は競泳競技における運動持続時間に伴う有酸素性および無酸素性エネルギー供給量を算出している。図2-2-6 に各種目の各エネルギー供給量の割合を表した。

50 m（約30秒の運動）では70％が無酸素性に供給されるが，100 m（1分相当の運動）ではそれが50％，200 m（2〜3分の運動）では約30〜35％，さらに400 m 以上（4分以上の運動）では20％以下となる。したがって，200 m 以下の種目が多い競泳競技では無酸素性エネルギー供給系のトレーニングが重要な課題であることがわかる。また，短距離種目であっても有酸素性エネルギーの供給の割合は意外にあることもわかる。つまり，競泳競技に関しては，スタミナとパワーを兼ね備えた選手が高いパフォーマンスを発揮できるといえる。言い換えれば，トレーニングの場面では，持久力（スタミナ）と瞬発力（パワー）をバランスよく向上させるようにトレーニングを組み立てる（全面性の原則）必要がある。この持久力と瞬発力を測定することで選手の状態を把握することが可能となり，パフォーマンスを評価することができる。

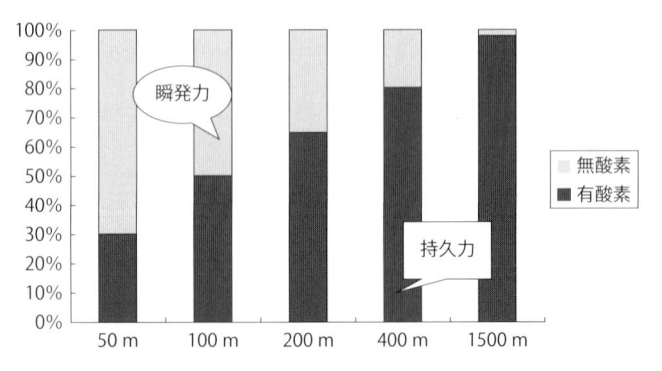

図2-2-6 競泳競技の特性（エネルギー供給の視点から）

②評価テスト

その評価法の1つとして，ラクテイトカーブテスト（LCT）が競泳競技のコーチングでは一般的になっている。一例として，200mを4～5本実施し，徐々に泳スピードを上げていき，それぞれ泳ぎ終った後で血中乳酸濃度を測定する方法がある。一般に運動強度が高くなるにつれて血中乳酸濃度は上昇する。この特性を考慮した評価テストが競泳のトレーニングの場面では用いられている。持久力の評価としては，いかに乳酸の産生を少なくして速く泳げるかをみる。一方，瞬発力の評価としては，乳酸をできるだけ多く生成できるかをみる。すなわち，最大下の運動ではいかに乳酸を蓄積させないで速く泳ぐか，全力泳ではどこまで自分の限界まで追い込めるかが要求される。

LCTの方法としては，各持久力のタイムはベストタイムかそのテスト時点での最も速いタイムに対して，およそ80％，85％，90％，95％および100％の泳速度を目安に泳ぐ（図2-2-7）。また，血中乳酸濃度と泳速度の関係から4mmol/lに相当する泳速度を算出し，持久力を評価する指標として利用することができる。これを3ヵ月もしくは半年に1回程度定期的に実施することによってトレーニングの進行状況を把握することができる。

図2-2-8ではLCTの測定モデルを示した。グラフの変化をみると，トレーニングの開始時とトレーニング後で右側にシフトしているのがわかる。これはできるだけ低い乳酸濃度で速く泳げるようになったことを表し，持久力が向上したと評価することができる。また，グラフが右上方向にシフトすると，より高い泳速度で泳ぎ，かつ多くの乳酸濃度を生成できるようになったことを表し，瞬発力が向上したといえる。

[ラクテイトカーブテスト]
選手のスピード，持久力などを総合的に評価する方法で，乳酸値や心拍数の計測を伴うコントロールテスト（第2章4節競泳のトレーニングにて詳解あり）。

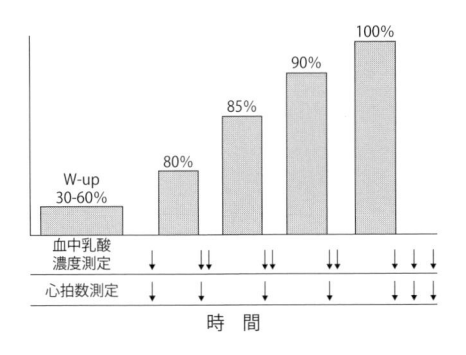

図2-2-7　LCTの実施方法例

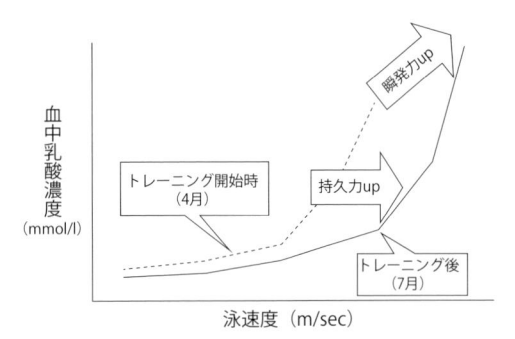

図2-2-8　LCTの測定モデル

③現場への活用

上記の方法で得られたトレーニングの指標を用いて，競泳競技に必要なパフォーマンスを向上させるトレーニングを計画する。それは，次の

[スレッシュホールド・トレーニング]
いわゆる無酸素性作業閾値（AT）の強度でのトレーニングを指す。運動を継続すれば乳酸が産出されるが，同時に除去も起こっている。このレベルのトレーニングでは乳酸の産生と除去の比が1：1となるものであり，乳酸の蓄積が伴わない強度である。すなわち，血中乳酸濃度が定常状態にあり，一般的には4 mmol/l 程度のものである。

[参考文献]
1) 荻田太. (1999)「水泳中の無酸素性エネルギー供給動態」『水泳水中運動科学』2：47-56.
2) 奥野景介. (1999)「競泳トップアスリートのトレーニング計画（2）」『コーチングクリニック』7：65-68.

トレーニング方法によって構成されるのが一般的である。
・スプリント・トレーニング
・乳酸産生トレーニング
・耐乳酸性トレーニング
・最大酸素摂取量向上トレーニング
・スレッシュホールド・トレーニング

　これらのトレーニング中の所要時間，平均タイム，心拍数，単位距離あたりのストローク数，ストロークタイム（1ストロークサイクルあたりの所要時間）などを測定しながらパフォーマンスを評価していく。そして，実際のレースでの出来と日常のトレーニングとの関連を分析しながら競技力向上に結びつけることが重要である。しかしながら，パフォーマンスを向上させるためには，選手の泳ぎを改善する必要があり，それは推進力のおよび抵抗の減少が課題であり，そのために泳ぐ技術，パワー，体力の各要因についても把握する必要がある。

［奥野景介］

競泳のコーチング

SECTION 3

1 コーチに必要な資質

①コーチの語源

コーチ（coach）の語源は15世紀のハンガリーの馬車であり，当時は，作られた地名（Kocs）を由来として"Kocsi"と呼ばれていた。その後，16世紀中頃に英語に取り入れられて「coach」となったとされている。英語における「coach」には，馬車や車両，長距離バスなどの意味がある。また，これらの言葉が「乗客が望む目的地へ運ぶ」という性質を有していることから派生して「指導を受けるものを運ぶ道具」としての指導者という意味も含まれるようになった。

②コーチの役割

コーチとして最も大切なことは，選手の夢を叶えるために努力できる「情熱」である。また，コーチは，選手に夢をもたせ，それを実現させるための勇気を与えなければならない。すなわち，コーチは常にリーダーである必要がある。選手を指導する上では，コーチは先頭に立って選手を引っ張りながら前へ進む時，逆にしんがりの役割となって後ろから選手の背中を押しながら前へ進む時などさまざまな場面がある。しかし，あらゆる場面においても，選手に対して「愛情」をもって接することが大切である。

また，コーチは，選手の目標を達成するために克服すべき問題をみつけ，それを解決しなければならないが，目標達成への問題の抽出および解決は，常に選手のレベルやコーチの欲求に応じて変化するものである。そのためコーチは，指導現場におけるさまざまな問題をあらゆる角度から分析して処理していく能力が求められる。世界の頂点を極めた選手を多く輩出している，いわゆるトップコーチは，自分自身の強い信念，リーダーシップ，あくなき探究心，そしてすばらしい人間性をもっている点が共通している。しかし，コーチは，何事においても過度な指導が選手に悪影響を及ぼす可能性があることを注意しなければならない。なぜなら，強すぎる信念，リーダーシップおよび探究心は，コーチの自己満足に終わる可能性があるからである。

コーチは選手とともに夢に向かって進んでいく必要がある。しかし，指導現場ではすべてを把握して選手に対して常に「教える」立場にいるわけではない。コーチは，自分自身が選手に対して「なにを教えることができるか」を考え，時として選手から教えを請い，最終的に問題提供されたものに対してどのように解決していくのかを考える必要がある。すなわち，コーチが選手を指導する上での基本は，「教える」「教わる」「問題解決をする」という3つの要素に集約される。

●「教える」こと
　教えるとは，選手が認識していないことに対して，コーチが選手に言葉や態度などで気づかせることである。しかし，教えた結果，必ずしも良い方向へ進むとはかぎらず，逆に悪い方向へ進んでしまう場合もある。教えた結果，良い方向へ進まない場合には，教えた内容が選手の現在の段階に適していない可能性がある。教える時には，常に選手を取り巻くさまざまな要因の現状や選手自身の考え方および技術的なレベルをコーチは把握した上で，適切な言葉を伝えることが大切だろう。
　一方で，コーチが教えることに対して選手が拒む場合もある。これは，選手とコーチの信頼関係が構築されていない場合が多い。どのような指導をする場合においても，選手とコーチの信頼関係は根本的な問題である。選手とコーチの信頼関係のほかにも，選手の自信の有無や考え方なども，コーチが教えたことの伝わり方に影響する。また，コーチがある結果を見て選手に伝えるのは簡単なことだが，その言葉の捉え方も選手個人によって千差万別である。
　以上のことから，コーチは選手の個性を把握した上で指導することが大切であり，より的確な言葉がけをするためにも数多くの選手と真剣に向き合う経験が必要である。

●「教わる」こと
　教わるとは，考え方や泳ぎ方などの面でコーチがこれまで知らなかったことを選手から気づかされることである。この「教わる」ことは，コーチとしてベテランになるほどに重要である。なぜなら，コーチは多くの経験を積み重ねることで自身の考え方が確立されるが，その一方でまわりの意見を受け入れにくくなる可能性が高いからである。選手の泳ぎ方や考え方には，コーチが「まさか」と思うようなところに可能性が隠れている場合があり，選手はその「まさか」という部分を生かすことで力を発揮している場合が多々ある。加えて，その「まさか」は他の選手に応用できる場合もあることからも，コーチは，自分自身の経験したことのない問題に直面した時こそ冷静に現状を分析すべきである。そうすることで，コーチ自身の新たな可能性を広げることにつながるだろう。

●「問題解決をする」こと
　問題解決をするとは，コーチの3つの基本において最も難しいことで

ある。時には思うように解決できないこともあるだろう。しかし，目の前の問題に対して真剣に向き合った経験は，コーチにとっても選手にとっても大きな糧となる。問題解決は，技術面や精神面の内容が非常に多い。その解決方法は，問題の内容や実際に問題を解くコーチおよび選手によってさまざまだが，いかなる状況でも冷静に落ち着いて対処するべきである。例えば，選手に対して泳ぎのフォームを指導した結果が思わしくない場合には，コーチは元のフォームに戻す勇気を持つべきである。しかしながら，コーチの権威が前に出ると「これだけ言っているのになぜできないのか」となり，その結果，さらに悪くなってしまい，コーチも選手もわけがわからなくなってしまうことがある。

以上のことからも，問題解決にあたり，コーチは，選手の現状と現在ある能力との調和を保てるような指導の流れを作ることが大切である。コーチは，選手を指導する上で細かく目標を区切って進めつつ，その選手が最終的に到達する目標を常に見据えているべきである。

コーチは，選手が夢を叶えるため，不可能を可能にする大きな成長を遂げるために，指導現場で選手になにを要求すべきかを考える必要がある。苦に対して強い選手，弱い選手などさまざまだが，いずれの選手に対しても言葉によって理解させて挑戦させることは非常に大切である。しかしながら，一筋縄でいかないことも多々ある。そのような場合に，コーチは選手の懐へ入り，どのような言葉を与えたらこの選手が理解できたり，勇気を出させたりできるのかを考える必要がある。選手を頑張らせるための最も確実な方法は，選手が常に良い結果を出し続けられるような指導をすることである。良い結果がでれば，選手はどんな苦に対しても挑戦意欲が湧いてくるだろう。逆に，厳しい練習に耐えたのに結果がついてこなければ，意欲は湧かないだろう。

したがって，コーチは選手と密な信頼関係を築きあげ，「教える」「教わる」「問題解決をする」という3つを基本として指導にあたり，選手が夢を実現できるように導くことが，コーチにとって最も重要な役割である。また，コーチに従順な選手であっても，その選手が完全にコーチの指導に対して受け身であるという状況は好ましくない。そのような状況の中では，コーチは，自らの存在価値を得るだろうが，泳いで結果を出すのは最終的に選手である。選手が自らの意思でコーチの助言の必要性を感じ，自らの夢を本気で叶えようとする自主性を促すようなコーチングが理想的であろう。

③選手の見分け方

選手の資質は，大きく技術面と精神面に分類でき，さらに筋肉の質などの身体的な面が関係する。

技術面からみると，泳ぎは「腕主体」「脚主体」「腕と脚のバランス主

体」の大きく3種類に分類できる。いずれの部位が主体であっても，1ストロークで進む距離の大きい選手は効率のよい泳ぎとみなせる。選手の泳ぎをどのように判断して強化するかは，コーチの見極めが非常に重要となる。例えば，続けて長くかつ速く泳げる選手に優れた持久力が備わっているとは限らず，泳ぎの技術的な質の良さで無駄なエネルギーを使わずに泳いでいる場合もある。優れた泳技術をもつ選手は，トレーニングをあまり好まない場合がまれにあるが，その一方で将来大きく成長する可能性が高いともみなせる。しかし，そのような選手に対して「お前はサボりや」などと，精神的に悪影響を与えてしまうことは，才能の芽を摘むことになってしまう。また，効率よく泳いでいるために大きくゆっくりとしたストロークの選手に対して，無理にピッチを上げさせるようなことはいわゆる「ごまかしの泳ぎ」となる可能性があるため，そのような指導はすべきでない。効率の良よい泳ぎを自然と身につけた選手は必要なポイントにだけ力を入れているため，のんびりと練習をこなしてきていることが多く，練習の頑張り方を知らない場合が多々ある。このような場合，コーチは，その選手の泳ぎを崩さないまま，その泳ぎに対応できるような心肺機能や筋力の向上を図り，強化するべきである。

　また，精神面において，好奇心旺盛であることは，忍耐さやまじめさなどの心の強さと同等かそれ以上に大切である。まれに，コーチが投げた些細な質問に対し，ものすごく興味を持ち，表情や身体全体を使って表現してくる選手がいる。さらに，コーチのアドバイスの受け方，聴き方が優れていたり，なにより表情が輝いていたりするのもポイントとなる場合がある。

2 チーム作り

①選手のチーム化

　競泳は個人競技だが，チームとして苦楽をともにすることで，1人では出せない力が出せるようになる。一個人をチームとして機能させるためには，成員である選手1人1人がチーム目標を理解し共有することから始まる。そして，コーチは，チーム全体の現状を把握した上で，チームの進むべき道を定める。ここで，コーチが焦って選手を仕上げようとすることは，選手に無理を生じさせ，その結果，チームの崩壊につながることもある。そのため，コーチは，チームを無理のない基本から始め，目標を少しずつ高度化するよう導くことが望ましいだろう。

　選手同士にかかわり合いをもたせてチーム化を図る方法として，ペアになって行うストレッチング（パートナーストレッチング。本章5節を参照のこと）がある。パートナーストレッチングは，2人組になってストレッチングを行い，お互いの身体の状態を把握したり，触れ合うことでコミュニケーションを図ったりする。選手同士がお互いのことを尊重

し合えるようになれば，チームワークは自然と確立されてくる。そのため，コーチは，相手に対する思いやりをもたせるような指導が必要となってくる。この点の注意として，コーチは，コーチ自身を主体としたチームを作るのではなく，選手が中心としてまとまりをもたせるよう努めることだろう。また，コーチは，選手全員を平等にみつつも，個人を尊重し認められるような環境を作る必要がある。このような，チーム全体の平等と個人の尊重を同時に行うことは非常に難しいが，チームを全体としてまとめつつも，個人が活きてくるチーム作りが理想である。

②**スタッフのチーム化**

チームには，栄養士，コンディショニングコーチ，フィジカルコーチやメンタルコーチなど，そのチームの状況に応じたサポートスタッフが必要となる。そこで，スタッフに必要なことは，サポートするチームの方向性に賛同し，ヘッドコーチと同じように選手に対する情熱や愛情をもっていることなどである。このようなサポートスタッフを選出する方法はさまざまだが，確実なのはヘッドコーチ自らが探すことである。例えば，コンディショニングコーチ（主にマッサージなど）であれば，ヘッドコーチ自身が実際に施術を受けてみるのもよい。なぜなら，ヘッドコーチ自身が満足できなければ，選手に自信をもって紹介することはできないからである。また，多様な選手の要望に対応するために，可能なかぎり同一分野で2名以上のスタッフがいるとよい。加えて，スタッフ同士が切磋琢磨して高め合うことにもつながる。しかし，ここで注意すべきこととして，スタッフはあくまでチームをよい状態で競技に臨ませるようサポートすることがすべてであり，スタッフ個人の利益を考えてはならないということである。

③**ミーティング**

ミーティングは，シーズン初め，シーズン中，競技会前および競技会中などさまざまな時期に実施され，チーム全体で行う全体ミーティングと選手およびコーチとの1対1で行う個別ミーティングに分けられる。時期や形式にかかわらず，ミーティングは，参加者の考えていることを理解し，場合によっては論議して1つの方向へつなげることが目的となる。すなわち，ミーティングでは，「聴くこと」「話すこと」が大切であり，単にコーチや特定の人間のレクチャーの場ではない。

[**準備期におけるミーティング**]

新しいシーズンの開始時に行うミーティングは，非常に重要であり，後の鍛錬期および試合期への土台として，大きく「チームの方向性を定めること」，そして「目標を明確にすること」という2つの課題に取り組むことが望まれる。チームミーティングの例としては，選手一人一人が昨年の反省と今年の抱負やチームの一員としての考え方と自分自身の考え方などを全員の前で発表し，それに対してコーチが質問をする，な

どの方法がある。特に，コーチが話すだけのミーティングはよくありがちだが，このようなミーティングでは話し手のコーチが満足したとしても，聴いていた選手が満足するかどうかは疑問である。そのため，ミーティングは，話をしながら，常に聴き手とのやりとりができるように確認をしながら進めていくのがよいだろう。これに関連して，コーチが選手に対して目標を掲げる場合は，選手の考えているより少し上に目標を設定することが，選手の動機を高めることにつながる可能性が高い。コーチの掲げる目標は，選手にとって高すぎても低すぎてもよくないので，コーチは選手およびチーム全体の状態をよく把握しておく必要がある。また，シーズン最初には，チーム全体に対するミーティングだけでなく，選手全員との個人ミーティングも大切である。全体ミーティングで発言する選手はある程度決まってくる。しかし，チームの中には，なにかを思っていてもなかなか全体の前で発言できない選手もいるものである。このような選手に対しては，個人ミーティングが有効である。また，チーム内でうまくいっていない選手を発見した時には，できるかぎり早めの処置としての個人ミーティングを行うとよい。特に女子だけのチームでは，男子だけと比較して人間関係が難しくなる場合があることから，コーチはチーム内の様子について気配り目配りを入念に行う必要がある。いずれにしても，コーチは，常に選手の気持ちを理解できる状態でなければならない。

[日々のトレーニングにおけるミーティング]

日々のトレーニングにおけるミーティングは，トレーニング内容の目的を明確にし，選手の動機を高めるために実施する。選手は，日々のトレーニング内容をプールに入る前に理解することで，より質の高いトレーニングの実施が可能となる。また，コーチと選手の考えている方向が少しずつずれてきていると感じた時にミーティングを実施することで，望ましい方向へ修正できる場合もある。この場合，コーチが一方的に選手の向いている方向を転換させるのではなく，選手が自主的に方向転換できるような状態にもっていくことが大切である。

[競技会とミーティング]

競技会が近づいてきた時のミーティングは，例えば過去の競技会のビデオをみせるなど，選手の士気を高めるような演出が効果的な場合もある。また，競技会におけるミーティングでは，結果の良よかった選手を称えたり，残念な結果だった選手をみんなで励まし合ったり，次の動機づけへとつなげることが望まれる。競技会後は，レースを振り返っての反省と次への目標立てを主とした個別ミーティングを行うことで，今後の方向性を定めるとよいだろう。

3 日々のトレーニングにおけるコーチング

①選手とのコミュニケーション

　通常，日々のトレーニングでは，選手とコーチが毎日プールで接することになる。選手とコーチのコミュニケーションは，お互いのことを理解し，信頼関係を築いていく上で大切なことである。コーチが選手とコミュニケーションをとる上で最も気をつけるべきことは，選手との距離のとり方である。特に，言葉遣いや接し方を公平にすることが大切である。また，コミュニケーションでは，選手によって求めてくる度合いがさまざまであり，目を合わせたり軽いボディータッチをしたりするだけでコミュニケーションが成り立つ選手から，細かくさまざまなことを話すことによってコミュニケーションが成り立つ選手もいるため，コーチは選手個人の性格を把握した上で接することが必要となってくる。いずれにしても，できるかぎり毎日，チーム全員の選手となんらかの形でコミュニケーションをとることは大切である。

②選手個々に対するコーチング

　選手が目標を達成するための最も簡便な方法は，物事の良し悪しを考えずにがむしゃらに，時には叱責などを含めて指導することである。しかしながら，そのがむしゃらな頑張りは，選手およびコーチに無理な負担となり，心が満足することがないために，後にしわ寄せが来る。そのため，トレーニングでは，選手が自らの課題を明確にし，選手とコーチが十分理解した状態およびその課題克服への選手自身の挑戦意欲が必要である。しかし，選手とコーチがお互いに課題を理解した上での取り組みであっても，うまくいかない場合もある。なぜなら，言葉や内容の理解は個人によってさまざまだからである。その解釈ができていない選手に対して，コーチは手助けをして解釈できるような指導をする必要がある。選手は，自分自身の課題を克服した時に初めて「できた」と認知する。コーチは，この「できた」と選手が感じられるようにうまく誘導できるだけの指導法が必要である。選手は，プールに行ってただ泳いでいれば目標が達成できると考えている者が意外と多い。コーチもなんとかして選手の目標を達成させようと常に思っている。しかし，日々のトレーニングにおける具体的な課題を目標にして練習できている選手およびコーチは意外と少ない。そのためコーチは，選手に課題を与え，それを克服するための手助けをしたり，できているかできてないかを判断および評価したりする必要がある。以下に実際の指導現場で起こった話を紹介しよう。

　トレーニングが始まる前に，ある選手が「もうできません」と判断し訴えてきた。それに対して，コーチは「私はできると判断しているよ。君は，肉体的に疲労困憊でもう泳げないと思うんだよね。でも，この状

態でも，君が今日の課題をクリアできると私は思っているんだ。今日，ウォーミングアップをやってみて，自分と向き合ってみて，自分で苦しい状態の体から，自分をどんどん高めていき，自分に正直になってやってみなさい」と話をした。その結果，選手は良いタイムで泳ぐことができた。しかし，選手自身の心の中には「どうしてできたのだろう？」という疑問が残る。自分自身が不可能だ，と判断した状況の中で不可能を可能にしたことは，選手の中に貴重な経験として残り，後の自信へと必ずつながる。コーチは，選手が自分自身の精神的限界と生理的限界の50％まで頑張って「もう限界だ」と判断していることを「70，80％やってもまだ頑張れる」ということに変える必要がある。火事場の馬鹿力という言葉があるように，コーチは人間の隠された力の存在をよく知り，選手が何％限界まで追い込めるかを正しく判断し，トレーニングを積むことによって何％上げられるようになったかを選手に経験させるべきである。精神的な限界が高まれば高まるほど，生理的限界まで追い込めるようになる。しかし，実際にはそれらがなかなかできず，選手もコーチも妥協してしまうことは珍しくない。また，競技会では，選手やコーチにとって想定外のアクシデントが起こる可能性がある。そこで，選手自身が「もう無理だ」と思った瞬間にすべてが終わってしまう。しかし，現実として自分が無理だと判断した状況から課題を克服し，「こんな状態でも自分はやれる」という経験を積ませることによって，コーチは，不測の事態に選手が対応できるための心の強さをどう練習の中で作り上げるかを導き，その意味を言葉で教えるとよいだろう。

③チームに対するコーチング

　チームを指導する上では，全体をよくみて選手を叱ることができる人間が必要である。最近では，叱れる指導者が少なくなってきていると言われている。基本的にチームのビジョンに関係あることには厳しく，それ以外については必要以上に細かく指導する必要はないだろう。選手を叱った場合は，叱りっぱなしではなく，そのフォローや注意によってどのように変化するのかを見届ける必要がある。また，コーチはその場の感情だけで叱るのではなく，選手自身が叱られたことに対して自分自身どういうところが悪かったのかを気づかせることが必要である。コーチは，選手をなにが良くてなにが悪いか，というしっかりした物の分別をつけられ，社会に対応していける人間に育成するために，時として選手を厳しく叱る必要があるだろう。逆に，良いことは，褒め称えるべきである。例えば，選手の行動面について，無意識の中で出てきた人に対する優しさなどの行動は褒めることが望ましいだろう。人間的な成長は，競技力の向上に必ずつながるものである。

　「褒めること」や「叱ること」は，コーチが選手を良い方向へ導くために必要なコーチ自身の心の表現である。この選手には叱った方がよい，

この選手には褒めた方がよいなど，選手にはさまざまなタイプがある。頭ごなしに言っても聞かない選手には，親身になって話を聞く必要も時としてある。しかし，同じことを何度も指導されている選手に対しては，チーム全体の前であえて注意することによって，チーム全体にわからせる方法もある。その場合は，精神的に極端に弱い選手や信頼関係の築けていない選手を対象にするべきではない。コーチは，対象となる選手を競技力向上のためや人間性を成長させるためにどのようにして指導するべきかを常に考えることが大切である。上述したように，コーチは，選手をただ速く泳げるようにするだけでなく，社会に通用するような人間的成長を促すことが必要である。はじめからなにもかもがよくでき，すばらしい考え方をもった選手などいない。選手の心は，コーチの指導によって少しずつ改善していけばよい。コーチは，頭ごなしに価値観を押し付けるだけではなく，時期をみて，年齢および成長に合わせて指導をしていく必要がある。

　コーチは，選手を日々みていることによって，選手の変化に敏感になることもあれば逆に鈍感になってしまうこともある。そのため，コーチは日々の練習の中で選手一人一人その日のトレーニングに臨む顔つき，目つきや意欲といった精神面および泳ぎの細かい技術的な面をしっかりみて，コミュニケーションをとることによって，少しの変化も見落とさないように心がけるべきである。

④選手の家族とのコミュニケーション

　コーチにとって，選手の家族とのコミュニケーションも大切なことである。チームを活性化させるためには，家族を取り込むくらいの姿勢が必要となることもある。ただし，強制的にではなく，あくまで家族の意向が第一となるが，選手との距離の保ち方を家族も知っておく必要があるために，家族を対象としたミーティングを実施することも大切である。現実問題として，寮などに入るなどしている一部の例外を除いて，選手が日々の生活で大半をともにするのは，家族である。そのため，選手の親を対象として栄養セミナーを開くなど，選手の競技力向上のためのサポートとして必要なことをミーティングで家族に伝えているチームもある。

　例外的な場合として，特に問題を抱えている選手の親と個人面接的な形でのコミュニケーションをとることにより，その選手の問題解決を図ることもあるだろう。しかしながら，それはあくまで例外であり，原則的には一定の距離感を保ちつつ，公平に接することを心掛けるべきである。また，現在はソーシャル・ネットワーキング・サービス（SNS）などを利用して手軽に情報を公開できる時代でもあるため，そういったツールで，例えば親元を離れて寮生活などでトレーニングを行っている選手の普段の様子などを選手の家族に伝えることなどもできるだろう。と

[ポイント]
- コーチが選手を指導していく上での基本は、「教える」「教わる」「問題を解決する」という3つの要素に集約される。
- コーチングにおいて、選手とコーチのコミュニケーションは、お互いのことを理解し、信頼関係を築いていく上で大切なことである。

はいえ、個人情報の扱いには十分に配慮すべきである。

時には保護者からさまざまな場面で意見を受け取ることもあるだろうが、そういったことにはできるかぎり真摯な態度で1つ1つ丁寧に受け答えをすべきである。そこに改善点が埋もれている可能性も十分考えられる。なにより、意見を伝えてくれる相手は強力なサポーターとなるものである。

4 合宿におけるコーチング

合宿の実施上の留意点は、「期間」「タイミング」と「場所」である。合宿はコーチと選手が共同生活をすることとなるため、さまざまな新しい発見、気づきがお互いに起こり、短期間にレベルアップできる可能性がある。合宿地は、合宿の目的を達成するために条件の整った場所を選ぶ必要がある。合宿では、選手は、普段と違う環境で練習を行うことに対して積極的になったり緊張したりするものである。また、合宿の目的にかかわらず、おいしいものを適切に摂取でき、安らぎを得て精神的に落ち着け、よく眠れて、トレーニングに集中できるような環境が望ましい。合宿は、選手およびコーチが自然との調和で対応できる必要があるため、コーチはそういった面を考慮しつつ、合宿地を選定するとよいだろう。

国外で合宿を実施する場合、冬の日本から真夏のオーストラリアなどに行くとよい。選手は、気持ちが非常に縮まるような冬から、真夏の太陽の下に行くことによって体が目覚めて生き生きしてくる。同じ真夏でも強化がまだできてないなら、多少涼しいところを選ぶようにし、帰国してから十分闘えるようなコンディションを作れるようにする。すなわち、合宿は、自然を無視して実施するのではなく、目的を達成しやすい場所を選ぶとよい。

5 競技会におけるコーチング

①競技会前のコンディショニング

主要な競技会前には、入念なコンディショニングいわゆる「テーパー」を行う。テーパーとは、レースに向けて気持ちを高め、泳ぎの感覚を研ぎ澄まし疲れを抜いていく、すなわち心技体を1つにすることである。テーパー期で大事なことは、怪我や病気を絶対にしないことであり、それ以前の問題としてよりよいコンディショニングを行うための生活リズムをテーパー期に入る前に身につけておくことが大切である。しかし、あまりに細かく生活を規制することは、逆に選手の精神的負担になる可能性があるので、コーチは必要最小限のポイントだけを選手が理解できるように説明すればよいだろう。

テーパー期における心技体のコンディショニングで最も難しいことは、

心の問題である。コーチは，競技会前に選手個人の陥りやすい問題を把握しておき，いつでも対処できるような準備しておくとよい。最終的に，競技会では「自分の敵は自分」であり，コーチはこの意味を選手に十分話して理解させておくべきである。大事な競技会前には，いろいろな不安が選手に襲ってくることが多いので，コーチはその時の処理できる考え方を選手に教えておく。

　例えば，自分の指導している選手のライバルが予選で予想外にレベルの高いタイムを出したとする。コーチも選手もライバルに勝てるだけの十分な練習を積んできていれば余裕がもてるはずだが，逆に選手自身が絶対勝てないと理解することによっても，ライバルのタイムに振り回されることがなく，心に余裕がもてることもあるだろう。コーチは，選手自身のもっている力を無理なく発揮できるような気分にさせ，いわゆるマイペースで戦えるようにさせることが大切である。今の選手の潜在能力以上の無理な要求や指示をすることは，選手を追い詰めることにしかならない。これらのことから，コーチは，日々のトレーニングにおいて選手の潜在能力を見極め，選手に心に生じる不安の1つ1つを除去するきっかけを与えることと同時に，選手が自分のペースで泳ぐことの大切さを教え込んでいくとよいだろう。これが「自分の敵は自分」ということである。選手自身が，自分の敵を知らずに，ただ根拠のわからない不安ばかりと戦っても問題は解決しない。

　コーチと選手は，目標とする競技会が大きなものになるほど，欲が出てくる。しかし，過度な欲は，選手に大きな負担となり，調整段階でのオーバートレーニングを誘発しかねない。テーパー期で最も気をつけるべきことは，仕上げの段階で練習をやりすぎないことである。

　競技会前の選手の精神的状況を見極める方法の例として，ウォーミングアップがある。コーチが選手にウォーミングアップを「自由にやりなさい」と指示すると，自分のレース展開を含めて覚悟のできている選手はあまり長い時間かからない。しかし，なにかしらの不安があり，覚悟のできていない選手は必要以上に長い時間かかる。コーチは，選手がどのような状況にあるのかを見極め，必要に応じた対処をして選手に自信を与え，安心させる必要がある。しかし，なかにはコーチが選手の不安と同調してしまい，お互いに悩み不安な気分に陥り，なかなか覚悟を決められずにウォーミングアップや練習が必要以上に長時間に及んでしまう場合もあるので，注意する必要があるだろう。

　また，競技会が近づくと，力む選手も多くみられる。そのためコーチは，必要以上に力が入ってしまった状態から余計な力を抜くための方法を知っておく必要がある。上述してきたように，選手が現在もつ力を最大限に発揮するためには，心技体を1つにすることが必要であり，コーチはそのために必要なことを選手に教えていく重要な役割がある。

3. 競泳のコーチング　185

②ウォーミングアップ

　ウォーミングアップの目的は，筋肉の温度を高めることや呼吸循環系の活動を活発にすることによりレースに向けて身体的および精神的準備を整えることである。また，過度に強度の高いウォーミングアップは，グリコーゲンの減少や血中乳酸の蓄積から疲労状態に陥ってしまい，パフォーマンスの低下を引き起こす可能性があるため避けるべきである。

　また，競技会におけるウォーミングアップは，選手が独断で行うのではなく，コーチの的確なアドバイスに基づいたものであることが望ましい。ウォーミングアップは，実際のレースをどのような展開で行うのかを決めた上で行い，選手は常に最高のイメージで泳ぎ，コーチは選手の泳ぎを確認する。その際，コーチは仮に選手の泳ぎの中で気になる点をみつけたとしても，レース直前に泳ぎを修正することは，かえって選手を混乱させる可能性があることを忘れてはならない。

③**レースへの送り出し方**

　コーチは，レース前に選手に対してレース展開の指示を与えることがある。レース展開の指示を与えるタイミングは，レースの状況に応じてさまざまであり，日々の練習から常に意識させる場合やレース当日もしくは直前の場合もある。

　また，競技会においてコーチが選手を送り出す際には，必要最小限のポイントをわかりやすく明確に選手に伝える必要があるが，場合によっては，敢えて大きな重圧をかけることによって気持ちを引き締めることも大切である。このようなレース直前の選手への指示は，選手の性格やその時の状況によって変えていくべきである。いずれにしても，最も大切なことは，レースに臨む選手に自信と勇気与えることだろう。

④**レース後の迎え方**

　選手は，レースの結果が良かった場合でも悪かった場合でも，その時のコンディションの中で全力を尽くしている。そのため，コーチはレースの結果にかかわらず，同じ態度で迎えることが望ましい。そして，選手自身がレースについて話し始められるような接し方をする。レースの結果が思わしくなかった選手に対しては，次の種目に向けての修正を行う場合もある。この場合は，次の種目に向けて，疲労回復を促進するためにもできるかぎりクールダウンを早めに入念に行わせる必要がある。もし，次の種目がなければ，次の競技会に向けて選手自身に自己反省させたり，チームメイトの応援をさせたりする中で，選手自身が自分に足りないことや課題とすることをみつけられるようにすることが理想である。また，コーチは，良い結果も悪い結果も，チームに伝わり広がっていくことを知っておくべきである。特に悪い結果だった選手が涙を流すことでチーム全体に暗い雰囲気が漂うこともある。逆に，爆発的に良い結果を出した選手が1人でも出てくると，チーム全体が活気づくことも

ある．コーチは，1人の選手の結果が，チーム全体に影響する可能性があることを覚えておくとよいだろう．

6 対象および年齢に応じたコーチング

①ジュニアからシニアまで

　選手は，ジュニアからマスターズまで年齢層が幅広い．そのため，年齢に応じた指導が必要となる．

　ジュニア期について，特に幼児から小学生の選手に対しては，まず水泳が楽しいと感じる指導を第一に心掛けることが大切である．この時期では，神経系の機能の発達が最も著しいので，4泳法だけでなく，水中での逆立ち，でんぐり返しや後ろ向きに泳いだりスカーリングで鬼ごっこをしたりするなど，遊びの中で水に対する感覚を養い，水中での身体の動かし方を身につけさせることが最も大事である．このような泳法指導だけにとらわれない指導内容は，子どもたちに水泳は楽しいものと認識させることにもつながる．しかし，遊びの部分ばかりだと子どもの保護者から「もっと泳がせてほしい」などのクレームがくる可能性もあるために，コーチは遊びと心肺持久力を少しずつ強化するためのトレーニングをバランスよく取り入れる必要があるだろう．小学生の選手に対しては，神経系を高めるために，水泳以外の種目を陸上トレーニングの一環として取り入れることも有効である．その後，中学生および高校生と選手が成長するにつれて，特に持久的なトレーニングを中心に実施しながら泳力を高めていくことが望ましい．また，専門種目の決定は，高校生になってからでも遅くはないため，できるかぎり4泳法をバランスよく取り入れるのが望ましい．その中で，専門種目は自然と速く泳げるようになっていく可能性が大きいだろう．さらに，小学生から高校生あたりまでのジュニア期では，さまざまな競技会に出場させることによって，競い合うことの楽しさを実感させる必要もある．また，選手が成長するにつれ，コーチは，選手のトレーニングの変化だけでなく，選手との接し方の変化も変える必要がある．

②マスターズ

　マスターズのコーチングでは，第一にその選手の生活に無理を生じさせないようにすることが大切である．人間は，成長の早さが人によってさまざまであることと同様に，年齢を重ねることによる身体特性も個人によって大きく異なってくる．そのため，高齢者や運動を久々に開始する者などは，メディカルチェックを受けるなど健康面に注意を向ける必要がある．

　競技力向上を目指す選手とマスターズ選手の大きな違いは，目指しているところであり，トレーニング内容は異なってくる．そのためコーチは，マスターズ選手に対してトップ選手を対象に実施している内容のト

レーニングをそのまま与えるのではなく，個人に適した内容に組み替えるべきである。さらに，マスターズ選手は，学ぶことに対して非常に興味を抱いている場合がとても多いため，コーチは正しい知識を正確に伝えなければならない。近年では，インターネットや雑誌などのメディアの発達のため，情報の取捨選択には専門的な知識をもっている必要がある。そのためにも，コーチは，水泳を取り巻くさまざまな面について勤勉でなければならない。マスターズ選手を満足させられるコーチングを展開するためには，コーチが選手に負けないだけの情熱および知識が必要である。

7 スイミングクラブおよび学校の部活動におけるコーチング

①それぞれの現場におけるコーチ

　スイミングクラブと学校の運動部活動（以下，部活）におけるコーチの大きな違いは，水泳の指導をすることによって報酬を得ているかどうかということである。スイミングクラブのコーチは，クラブの営業を含めて水泳を指導することによってお金を得る，いわばプロのコーチである。一方，部活のコーチは，クラブ活動のみを指導するために雇われた専門的な者を除いて，学校の教員という形でお金を得ており，部活の指導はその延長上にあるということから，ボランティアのコーチともいえる。しかし，実際の競技会では，プロもボランティアも，スイミングクラブも部活も関係なく，同じ土俵で戦うことになる。ここで最も大切なことは，双方が理解し尊敬し合う精神をもつことである。すなわち，スイミングクラブのコーチは，コーチングのプロとしての自覚をもちつつも部活のコーチのようなボランティアの精神をもって指導に臨むことも必要であり，逆に部活のコーチは，ボランティアという意識の中にスイミングクラブのコーチのようにプロの精神と責任をもって指導に望むことが理想である。

②それぞれの現場におけるコーチングの実際と違い

　スイミングクラブは，クラブ営業が第一であり，選手強化が第一ではない。そのため，スイミングクラブのコーチが選手指導を継続するためには，選手を強くしてクラブの名前を広めることではなく，クラブ営業を成り立たせることが大前提となる。例として，コーチが選手強化に当てられる時間は3〜4時間であるのに対し，営業に当てる時間はその倍以上といえよう。一概には言えないことだが，一般的なスイミングクラブを考えると，コーチが選手強化に力を入れたければ，まずはスイミングクラブとしての売り上げを上げて実績を作ることが第一である。また，コーチはクラブ内のスタッフや上司から信頼をもたれるような人間性をもっていなければならない。いくら売り上げが良くても，コーチに対するクラブ内からの評価が高くなければ，コーチのやりたいように体制が

変わることはない。すなわち，コーチは売り上げを上げることと，クラブ内での信頼を得ることの両方ができて，初めて選手強化に費やす時間を増やすことができる。部活には，上述したようなスイミングクラブにみられる営業面での利益を上げる必要はない。しかしながら，コーチが周りの人から信頼を得なければならない点は当然必要である。選手からみたコーチは，スイミングクラブであっても部活であっても変わらないからである。

③選手強化に必要な環境作り

選手を強化するためには，環境の整備として情熱をもったコーチングスタッフ，練習スペース（プールおよび体操室など）および練習時間の確保が求められ，さらに施設内外での安全確保が絶対的に必要である。例えばスイミングクラブの選手コースは，児童や成人コースの後の遅い時間帯に練習を実施する場合が多い。あるいは部活であっても，追加練習などを行うことにより，練習時間が延長して選手の帰宅時間が遅くなることがある。そのような場合にコーチは，必ず家庭に連絡を入れるべきである。一方，施設内での安全確保という面で特に代表的なこととして，スタート練習が挙げられる。台上からの飛び込みスタートによる事故が多く発生する中で，日本水泳連盟が「プール水深とスタート台の高さに関するガイドライン」を発表するなど，さまざまな対策がとられてきた。スタート事故は一瞬の出来事であり，スタート事故を未然に防ぐためには指導者の監督の下，正しい指導法でスタート技術を習得させる必要がある。一度のスタート事故は，クラブの存続に影響をおよぼしたり億単位の金額で賠償金が生じたりするだけでなく，なによりも尊い命が奪われる可能性があるという深刻な問題である。このため，スタート練習は，対象にかかわらず，まずはプールの水深とスタート台の高さがガイドラインに準じている環境であることが大前提となり，その上でスタート練習時には必ずコーチが現場に立ち会い，正確な指導の下で行われなければならない。

④オフの考え方

通常，シーズンを締めくくる大会としては，ジュニアであれば全国中学校選抜，全国高等学校体育大会やジュニアオリンピックカップ夏季大会が，シニアであれば日本学生選手権や全日本実業団などが挙げられる。また，年齢に関係なく，国民体育大会も挙げられる。シニア選手であれば，その多くがシーズンのメインイベント後は，2週間から4週間程度の休養期間（オフ）をとっている。このオフ期は，心も体もリフレッシュして，次のシーズンへの準備とする期間である。諸外国のトップスイマーをみても，オリンピック競技会など非常に規模の大きな競技会の後は数ヵ月から1年程度のオフをとるのは珍しいことではない。昔は，「1日休んだら3日遅れる。3日休んだらもう取り返せない」ともいわれ，

トレーニングの中断は，生理学的な身体機能にさまざまな影響を及ぼすものと考えられてきた。しかし，それ以上に，競技力向上に対する高いモチベーションを長い競技者生活の間持続し続けていくための精神面のコンディショニングは非常に重要だろう。以上のことは，多くのコーチが理解していることだが，現実問題として特にスイミングクラブでは大きな競技会の後に1ヵ月程度もオフを取ることは簡単ではない。なぜならば，スイミングクラブに所属するほとんどの選手は，一部の特例を除いてほとんどが月謝を支払っているからである。保護者が月謝を支払っているにかかわらず練習がまったくない，ということに理解を示させるためには，コーチは相当詳細な説明が必要となるし，物理的にお金を受け取っている以上，1ヵ月間の休みを取ること自体困難である。また，選手コースの運営には，選手登録や競技会参加などの面からも多額の費用を要するため，選手からの月謝という財源はとても重要である。以上のことから，日本では大きな競技会後に長期的な完全休養期間としてのオフを取ることは難しい。そこで，コーチは，それぞれの指導現場の状況に応じたオフ期のトレーニングを考えなければならない。例えば，チームワークを向上させたいと考えていれば，プールでできるボールゲームなどの団体競技を取り入れたり，あるいは単純に気分転換をさせたければ，競技のあるシーズンにはあまり行わないようなトレーニングを取り入れたりすることができる。オフは，心身のリフレッシュという面だけでなく，特にジュニアであればその時期に別の運動に取り組んだり，シーズン中は特に時間を割くことのできない別のことに時間を費やしたりすることによって，競技を続けていくモチベーションの維持・向上にもつながる貴重な時期である可能性があると考えられる。そのため，コーチは，チームの現状に合わせて，効果的なオフ期のトレーニングについて熟考すべきだろう。

　競泳のコーチング現場は，大きくスイミングクラブおよび部活の2つに分類でき，それぞれの現場におけるコーチングの諸問題と留意点について述べてきた。しかし，どのような環境であったとしても，最終的に選手が育つかどうかは，指導者によって非常に大きく左右されるといっても過言ではない。すなわち，スイミングクラブであろうと部活であろうと，良いコーチが指導すれば，必ず良い結果に結びつくものである。スイミングクラブでは営業の片手間に選手指導を行っているコーチは数多くいるが，仮にプールの状況が混雑していたとしても，優秀なコーチは，そのような状況の中で勝つために効果的な練習の方法や形態を作り出すはずである。学校において，公務がどんなに忙しかったとしても，選手との信頼関係をうまく築いて選手が自立して目標に向かって本気に取り組めるようにできるはずである。コーチにとって最も大切なことは，現在の指導現場がどのような状況であったとしても，今みている選手た

[研究問題]
・コーチが選手を良い方向へ導くために「叱ること」や「褒めること」をどのように行えばよいかを具体的に説明せよ。
・テーパー期と競技会でのコンディショニングにおいて，良い結果を出すためのコーチングを具体的に述べよ。
・オフシーズンのコーチングを自分の場合と比較検討し，適切な方策を述べよ。

ちに夢と希望をもたせ，そしてそれを実現させるための最良の方法を考えだすことである。コーチは選手を育成するためのあらゆる努力が必要であり，その努力の積み重ねは良い結果につながり，少しずつ自分の理想とする環境を作ることにつながっていくのである。たとえ選手強化のためのすばらしい環境が与えられたとしても，選手を育成するための悩み，苦労や努力を経験していなければ優秀選手育成は不可能である。なぜなら，選手を強くするために試行錯誤した経験がないからである。選手やコーチには，現在の能力に応じた環境が必要であり，成果を上げることで少しずつさまざまな要求が可能となってくるものである。この「成果を上げる」ことが「さまざまな要求の実現」につながることは，スイミングクラブも部活も同様のことである。

8 勝利へのコーチング　～栄光を勝ち取るために～

ここでは，オリンピックのメダリストを輩出したコーチの考えについて，実際の体験談から述べていく。

①理想とするトレーニングを取り巻くさまざまな環境

トレーニング環境は，トレーニング計画によってさまざまだが，どのような場合でも常に考えるべきことは，「プールの水温」「コース幅」そして「選手の数」である。プールの水温は，高すぎても低すぎても効果的なトレーニングを実施することはできなくなる。また，コースの幅が狭いと，選手が安全にトレーニングを実施できなくなる可能性が出てくる。特にバタフライの選手には非常に大きな影響を及ぼすだろう。しかし，競技会は，会場の状況によって変化するため，どのような環境にも適応できるようにトレーニングを積んでいく必要はある。すなわち，理想のプール環境はあったとしても，贅沢をいえないのが現状であるため，コーチは，日々のトレーニングにおいて，選手がどのような環境におかれた場合でも対応できるようにしておく必要がある。ある特定の条件を克服するための方法は，1つとは限らない。そのため，少なくとも選手とコーチが現在もっている経験や知識で，さまざまな状況に対応していく必要がある。まれに競技会場において「いつもやっている○○ができなかったから，今日の結果は良くなかった」という言葉を耳にすることがある。これは，選手もコーチもその会場における最善の方法を見出すことができなかった結果の1つの形だろう。そのため，上述してきたように，日々のトレーニングの中で，選手とコーチは，どのような環境におかれても最高のパフォーマンスを発揮できるような課題克服方法を見出す必要がある。

また，コーチが担当する選手の数は，少なければ少ないほど個別に対応することができるが，1人のコーチが指導しきれる人数は多くても20名程度だろう。ナショナルレベルでの理想は，コーチ1人に対して選手

は5~6名程度である。しかし，アシスタントコーチなどのスタッフがいれば，このかぎりではない。サポートスタッフは，ドクター，トレーナーやシャペロンなどが挙げられ，総勢でチームの選手数の1/4~1/3程度いるのが理想的だろう。また，ドクター以外のそれぞれの担当分野では，最低2人以上いることが望ましい。なぜなら，選手によって合う，合わないという問題があったり，スタッフ同士がお互いを高め合えたりするからである。

②困難の克服

　トップコーチであっても，選手およびチームスタッフ間のビジョンの統一や人間関係には苦労しているものである。コーチが選手に対して真剣に取り組もうと思うほどに，さまざまな問題が生じてくる。しかし，コーチとして最も大切なことは，どんな困難な局面であっても，勝つために全力を尽くすことである。コーチを続ける上での苦労は数え切れない。しかし，苦労するのは当たり前，と思うことで，苦労が苦労でなくなる。

　失敗は，全力で努力し続ける中で当然コーチに付きまとうものである。しかし，失敗は次への糧になる。失敗を恐れない気持ちをもつことは，コーチとして非常に大切なことである。人間は失敗をしたくない，という気持ちが常に頭の中にある。しかし，思い切ったことを実行した上での失敗は，なぜ失敗してしまったのかを自分自身で分析することができる。ポイントは失敗をただの失敗に終わらせるのではなく，その失敗から次につながるものをみつけ出せるかどうか，という点にある。まれにコーチは，失敗を恐れるがゆえに，無難な方法を選んでしまうことがある。勝負は，無難な方法を選ぶほどに負けが接近してくるものである。勇気をもって挑戦することが，信じられないような大きな成功を収めることにつながる。コーチは，失敗に対する心構えを持ち，失敗した結果をどのように受け止め，失敗したことがどれだけ自分の心にのしかかってくるかを考える必要がある。例えば，競技会前に限らず，失敗を恐れている場合の練習内容は，前回の成功したメニューを繰り返し行うことにつながる場合がある。ところが，練習スケジュールは，今現在コーチ自身が向き合っている選手の状況をみて作るべきものであり，コーチや選手が過去の成功体験を引きずり，現状を把握しないで「あの練習は良かった」という理由で選択したことが失敗につながることは多々ある。過去の成功体験にだけ頼ることは，現状がみえない状態で競技会に向けて仕上げていったことと同じである。このことは，選手もコーチもお互いにしっかり気にとどめておくべきだろう。

③オリンピックメダルの価値

　オリンピックのメダルは，それを目標とする選手が獲得することもあれば，目標としていなかったのに獲得する選手もいる。目標とした人間

がメダルを取ったということは,「夢がかなった」ことになる。夢は,絶対にあきらめてはいけない。あきらめたら夢は消える。メダルは,自分の夢を実現させるための努力をした賜物である。また,オリンピックのメダルの意味は,単に獲得した瞬間に終わるわけではない。メダルを獲ったことで後の人生に花を咲かせるかどうかは,そこから先の行動によって大きく変わる。増長して悪い方向へ進めば,メダルは花と散るし,逆に謙虚にしつつも誇りをもつなど良い方向へ進めば,新たな花を咲かせることにもなる。すなわち,オリンピックのメダルとは,獲得することにだけ意味があるのではなく,獲得した後も自分自身がその意味を探しながら,夢を叶えることのすばらしさ,夢を追い続けることの楽しさを多くの人に語ることによって意味が深まっていく。

　水泳は,団体競技とは違い自分の努力の結果が自分のタイムにそのまま表れる。競技会では,相手と勝負しているように見えるが,実は自分自身との戦いでもある。他の選手との勝負や大きな競技会への出場権を得るための標準記録にばかり固執しすぎると,勝負に勝った時や目標を達成した時は充実感を感じるだろうが,そうでない時に非常に苦しむ可能性がある。競技スポーツに携わる以上,さまざまな形で勝負することになるが,本質的に勝負するのはいつだって自分自身である。自分自身に勝つことができた結果が,ベストタイムの更新につながる。コーチは,指導する選手の最終的な目標を見据え,そこに向かっての筋道の作り方を選手とともに考え,選手が目標を達成できるように導くべきである。水泳をいつまでも愛し続けるためには,やはり水泳の楽しさを理解させる必要がある。そのためにも,コーチは単に選手の競技力を向上させるだけでなく,人間性をも育成するコーチングにあたるべきだろう。

〔高橋雄介・森山進一郎〕
〔協力　加藤浩時・上野広治・藤森善弘〕

[理解度チェック]

・チームを全体としてまとめつつも,個人が生きてくるチーム作りの方策を述べよ。
・不測の事態に選手が対応できるための心の強さをどのように練習の中で作り上げるかを述べよ。
・コーチングにおいて,ジュニア期の選手とマスターズ選手における注意点を説明せよ。

競泳のトレーニング

SECTION 4

1 トレーニングの計画

①ピークに対する考え方

　トレーニングは，英語で「Training」と書かれ，語源は「Train」であることから，一過性でなく，競技を継続する以上は延々と続くものであると解釈できる。日々のトレーニングは，試合でのパフォーマンス向上を目的とし，そのパフォーマンスのある部分に分化した能力を育んでいるかのように考えられる。しかし，試合でのパフォーマンスは身体的条件だけで発揮されるわけではなく，精神的，物理的条件なども含めて発揮されることから，複雑で総合的である。ゆえに，日々のトレーニングにおいてどれだけシンプルに課題設定をして，実際にその課題どおりにトレーニングを実施できたとしても，次の大会で狙ったとおりに効果を上げられる保証はどこにもない。なぜなら，その日のトレーニングは，試合でのパフォーマンス全体の中の，ほんの一部分の改善にしか過ぎず，

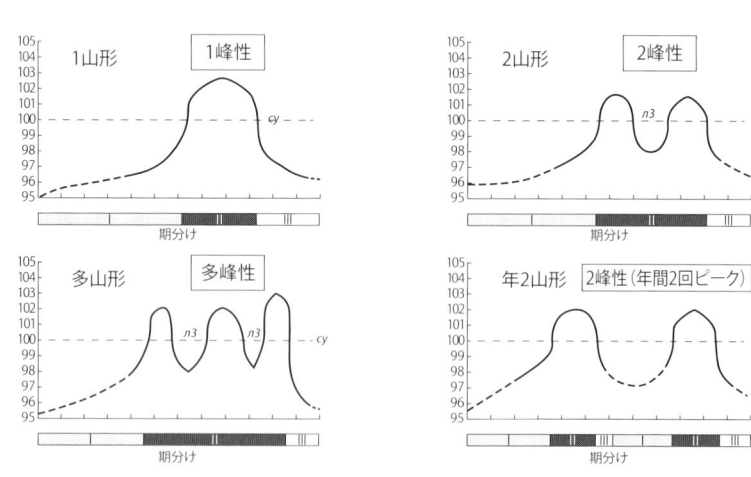

図2-4-1 マトベーエフ（Matwejew, 1972）による年間平均記録を100%とした試合でのパフォーマンスを示したもの（日本語文字は筆者による加筆）
図中のⅠ，Ⅱ，Ⅲはそれぞれ，Ⅰ：形成段階（準備期），Ⅱ：維持段階（試合期），Ⅲ：一時的消失段階（移行期）を表している。ちなみに競泳のナショナルクラスのコーチングでは，よく右下の「2峰性」が用いられることが多い。

それも常に継続して練習がうまくこなせるとは，限らないからである．

マトベーエフ（Matwejew, 1972）は，年間の平均試合記録を100％とし，それを「競技的状態」として，年間でそれをどの程度超えられたかを調べたところ，「1峰性」「2峰性」「多峰性」「年2峰性」に分類できたという（図2-4-1）．これを日本の競泳競技にあてはめてみると，多くはこの「年2峰性」が用いられてきたように思われる．これは，日本の水泳界が，春に日本選手権，夏から秋でインターハイ，全国中学，インターカレッジが行われるというスケジュール的な背景がある．しかしながら，近年はジャパンオープン，ワールドカップ等，比較的大きな競技会が高い頻度に行われるようになってきたことから，ピンポイントでピークを作るような期分けより，ある程度高い競技力を，ある一定の期間発揮し続けられるような計画の立て方が求められているといえよう．ここでは以下，通常の「2山形」のようなピーキングを一般的な「線形の期分け」とし，もう一方の方法を「非線形期分け」と定義して示す．

②トレーニング計画が必要な理由

競泳競技の多くは，その距離にかかわらず多少なりとも有酸素的作業能力がパフォーマンス発揮に求められる．運動時間と有酸素・無酸素的エネルギー供給比率の関係をみると，競泳で最も短時間で行われる50m種目にあたる30秒程度の運動時間でも，総エネルギー供給の約2割は有酸素的エネルギー供給によって賄われている．100m種目にあたる1分程度の運動でも，およそ50％が有酸素的エネルギー供給によって賄われる（Ogita, 2003, 図2-4-2）．

加えて，泳効率の面からみてみると，短距離泳者よりも長距離泳者の方が，機械的効率，運動効率が高いことから，ある程度の距離を泳げる

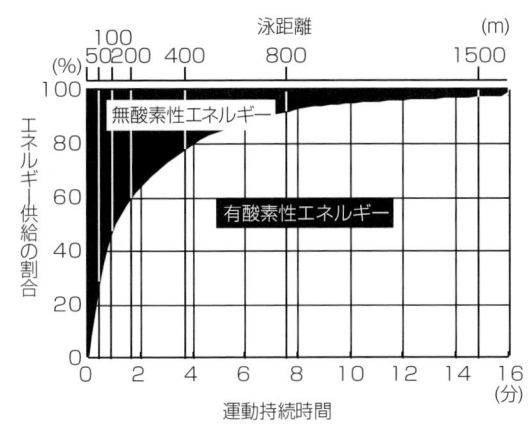

図2-4-2 運動持続時間に対する有酸素性，無酸素性エネルギー供給割合の変化（Ogita et al. に筆者加筆）

コーチは常に，エネルギー供給比率は運動時間に依存することを頭において，インターバルトレーニングの反復距離をコントロールする必要がある．

選手の方が，いわゆる「良い泳ぎ」が作りやすいという背景もある（野村，2005）。そのような背景を理解した上で，バルセロナ，アトランタオリンピック50 m，100 m自由形金メダリストであるロシアのアレキサンドル・ポポフ選手が，実際にバルセロナオリンピックに向けて遂行したトレーニングプランをみてみると，オリンピック期間にピークを合わせ，「準備期」「量的トレーニング期」「質的トレーニング期」「調整期」が明確に作られている（図2-4-3）。さらに，年間泳距離のおよそ7割が有酸素的トレーニングにあたる運動強度で行われていることがわかる（表2-4-1）。

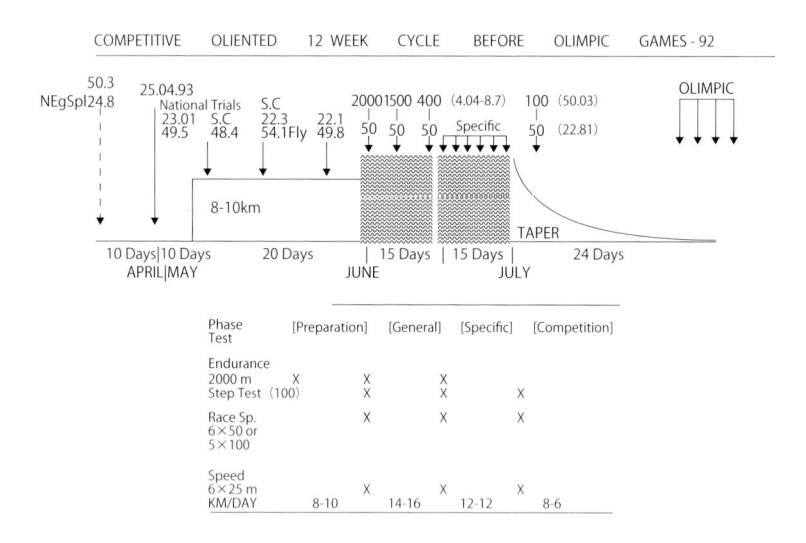

図2-4-3 トレツキー（Touretsky, 1994）による，1992シーズンでアレキサンドル・ポポフ（Alexandre Popov）選手が金メダルを獲得した際のトレーニングの期分け
横が時間軸，縦がトレーニング量を示す。矢印は大会やテストセットを行ったことを示す。この図から，オリンピックを狙った1峰性の期分けであったことがわかる。
（出典：平成5年度公認上級・一種コーチ研修会講演集〔日本水泳連盟・競技力向上コーチ委員会編〕より）

表2-4-1 トレツキー（Touretsky, 1994）による，1992シーズンでアレキサンドル・ポポフ（Alexandre Popov）選手が金メダルを獲得した際のトレーニングプログラムの強度別の内訳
A1からATまでの，低・中程度強度が全体の6割から7割を占めていることがわかる。

Period	1991年10月〜1992年2月1日 km（％）	1992年2月2日〜5月10日 km（％）	1992年5月11日〜7月25日 km（％）	合計
(A1 + A2)	228 (24%)	150 (20%)	66 (22%)	444 (22%)
(AT)	437 (46%)	353 (47%)	135 (45%)	925 (46%)
(MVO$_2$)	228 (24%)	188 (25%)	69 (23%)	485 (24%)
(LT)	33 (4%)	37 (5%)	20 (7%)	90 (5%)
(SP)	24 (3%)	23 (3%)	11 (4%)	57 (3%)

（A1：アネロビクス1，A2：アネロビクス2，AT：アナロビック・スレッショルド，MVO$_2$：最大酸素摂取量レベル，LT：ラクテート・トレランス，SP：スプリント）

このようなスタイルで強化を進めていこうと考えた場合，試合から遠ざかった時期に，ひたすら長距離系のトレーニングを行うことが必要となる。そのため，ポポフ選手のトレーニングの期分けは，図2-4-3に示されたようななだらかな線形の期分けなっていることがわかる。
　逆に，無酸素的エネルギー代謝の向上を目的とした運動強度でのトレーニングを軸として行う選手もいる。そういう選手は，年間泳距離こそ比較的少ないものの，常にトップスピードでレースを運ぶことができるという特徴をもつ。それでも，高強度のトレーニング適応期間になると，スピードトレーニングを重ねた疲労やエネルギー枯渇などから，パフォーマンスが低下することは避けられないため，「鍛錬—疲労回復」のサイクルを第一に考えたトレーニング計画を作り，トレーニングを運営している。これは，特に100m種目までを専門とするベテランの選手によくみられる。
　他方，こういった期分けを作るもう1つの理由がある。特にチームとして運営されている部活動やクラブチームにとっては，チームマネジメント上，それぞれの目標に向けて個々に泳がせるのではなく，チーム全体としてある1つの目標に向けた強化を軸としたチーム作りが必要となる。その軸の中で，個々の競技力に応じて（例えば日本選手権参加標準記録突破者と非突破者など），中間の試合に向けてどの程度量を落として疲労を抜くかといった対応を行う方が，指導者はトレーニングを運営しやすくなる。しかしながら，その方法では当該選手が100%実力を発揮できるかと言えば，必ずしもそうではないとも考えられる。
　競泳という個人競技において，その選手の実力を十二分に発揮させることを考えると，個々に必要な能力の向上を第1にした計画を組む必要がある。一方で，「チームスポーツ」という枠組みの中で，単に競技力向上のみならず，さまざまな教育的指導や，例えば学校部活動であれば人材育成といったことも考慮して指導しなければならないという目的を併せ持つ組織であれば，チーム全体で1つの目標を置くような期分けが必要であろうと考えることができる。
　これが，ジュニアオリンピック予選や地域大会など，1つ1つの試合でベストパフォーマンスを発揮させるスイミングクラブの強化スタイルと，インターハイまたは全国中学，ジュニアオリンピックと国体など，ある程度ターゲットを絞って強化を行う学校水泳部の強化スタイルとの相違点であると考えることができる。
　いずれのスタイルにしても，ある1つの計画をもって強化活動を行うということは，選手とコーチ自身が，試合で好成績を挙げるためのコーチング行動（選手の場合はコーチングを必要として求める行動など）の全体像を把握することに役立つ。また，コーチングスタッフやサポートスタッフが複数いる場合は，試合までの計画を共有することで，その

時々で起こり得る問題に対応するため事前準備をするなど，問題解決の対処に影響を及ぼす。さらにはその後の問題解決の道筋を立てることもできてくるため，トレーニング計画の立案は，コーチングにとっては大変重要な役割を果たすことを認識しなければならない。

③一般的なトレーニングの期分け

トレーニング計画を組む際には，2つの方法がある。

1つめの方法としては，まず出場大会スケジュールを組み，特に重要と思われる大会から逆算して，最も遠い時期から「準備期」「基礎泳力期」「持久力鍛錬期」「スピード鍛錬期」「調整期」の順で，おおむねどれも3週間程度の期間を設定するものがある（図2-4-4）。

この方法のメリットとしては，各期ごとに重点を置いて強化するポイントが明確になることが挙げられるが，「持久力期（量的鍛錬期）」にスピードが一時的に低下したり，逆に「テーパー期（調整期）」に持久力が低下する可能性を含んでいるところに，コーチの技量や個々の現状の能力を見極める力などが試されると考えられる。

もう1つの方法としては，6月から夏場に大会が集中する中学生や高校生や，さまざまな競技で開催されている「ワールドカップ」など，毎週のように試合を行い転戦するようなアスリートが行っている方法で，「非線形期分け」と呼ばれる方法（Steven J. Fleck, 2013；Prestes et al., 2009）がある。2～3週間を1つのサイクルとし，その中で持久力，スピードなどをバランスよく入れながら，1つ1つのトレーニングを，以前より高い強度，または長い距離をこなせるように仕向けて行く方法である。主要大会前には，それらのトレーニングにおける総泳距離を低下させながら疲労回復を優先させるところは，従来の期分けと似ているが，まとまった期間泳ぎ込むような従来の線形の期分けとは異なる。詳細は後掲の「トレーニング強度の考え方」の項を参照いただきたい。

この方法のメリットとしては，村木（2007）のいうトレーニングの相補性を考慮した点にあろう。指導の現場でよくいわれる「スピードを鍛

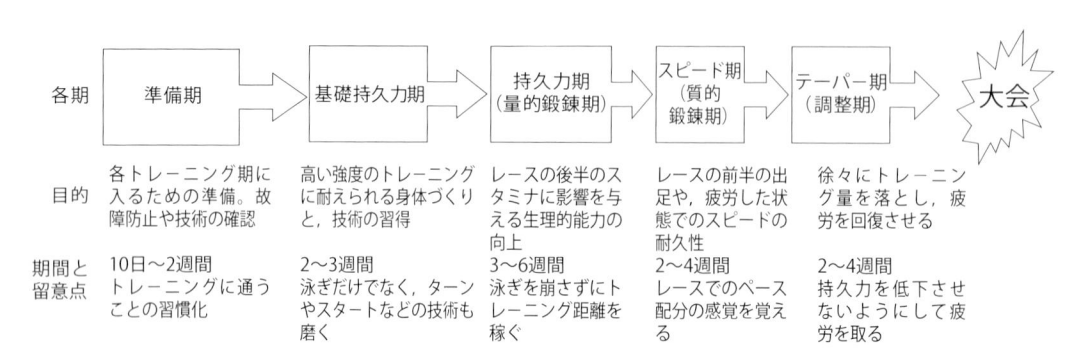

各期	準備期	基礎持久力期	持久力期（量的鍛錬期）	スピード期（質的鍛錬期）	テーパー期（調整期）	大会
目的	各トレーニング期に入るための準備。故障防止や技術の確認	高い強度のトレーニングに耐えられる身体づくりと，技術の習得	レースの後半のスタミナに影響を与える生理的能力の向上	レースの前半の出足や，疲労した状態でのスピードの耐久性	徐々にトレーニング量を落とし，疲労を回復させる	
期間と留意点	10日～2週間 トレーニングに通うことの習慣化	2～3週間 泳ぎだけでなく，ターンやスタートなどの技術も磨く	3～6週間 泳ぎを崩さずにトレーニング距離を稼ぐ	2～4週間 レースでのペース配分の感覚を覚える	2～4週間 持久力を低下させないようにして疲労を取る	

図2-4-4 一般的線形期分けによるトレーニング期の構成と，各期の目的，期間および留意点

えている間に持久力が低下する」とか，「泳ぎ込みの時期を長く取りすぎてスピードが鈍った」といった現象を避けやすいという点である．また，段階的な強化が進めやすいという利点もある．しかし，2〜3週間が1つのパッケージとなるため，その間に練習を欠く事象が生じた場合，従来の期分けであればその分を後日付け足しながら不足分をある程度は解消することができるが，数日のトレーニング休止により多くの運動強度レベルのトレーニングに影響してくるため，練習を欠いた分をどのように補填するかというところに，コーチの技量が必要となる．

2 トレーニングの適応

①トレーニングと遺伝子発現

　トレーニングによって身体のなにが変化して行くのかということについては，乳酸カーブテストや，クリティカルスピードテスト，T-30，2000m泳，ロングレストのインターバル泳といったコントロールテストを設けて，トレーニングの適応状態を把握するようにするのが一般的である．仙石(2011)によると，一定期間持久力的なトレーニングを積んだ男子大学生競泳選手の乳酸カーブテストの結果から，トレーニング期後に，同程度の泳速度で泳いでも血糖値の動態に変化がないものの乳酸値は低くなるという．このように，乳酸値と泳速度の関係の変化については多くの文献が同様の結果を示しており，トレーニングによってエネルギーコストが改善されるなどの適応が，選手の体内で起こっている可能性が示されている．また，八田(2001,『乳酸を活かしたスポーツトレーニング』pp.79-86)によると，持久的トレーニングによって遅筋線維への乳酸の取り込みに必要なMCT-1（モノカルボン酸トランスポーター1）を増加させることができ，スピードトレーニングによって，速筋線維内のMCT-4（モノカルボン酸トランスポーター4）が増加させることができるという．すなわち，筋内の糖代謝によって生成された乳酸は，このMCT-4によって速筋線維から血管壁を抜け出して，MCT-1によって遅筋線維に取り込まれ，再合成されてATPの再生産に役立てられるとしている．そういった適応が起こり，同じスピードで泳いでも多くの乳酸が残りにくくなるという適応が表れることも示されている．

　近年，遺伝子解析の研究が世界各国で取り組まれるようになったが，トレーニングと遺伝子発現の関連についても徐々に明らかにされようとしている．

　ラーセン(Lausen, 2010)は，高強度トレーニングも量的なトレーニングも，実施後にその経路は異なるものの，両者とも最終的にPGC-1α（Peroxisome proliferator-activated receptor gamma, coactivator 1 alpha）という転写反応をコントロールする遺伝子を発現させ，その後，

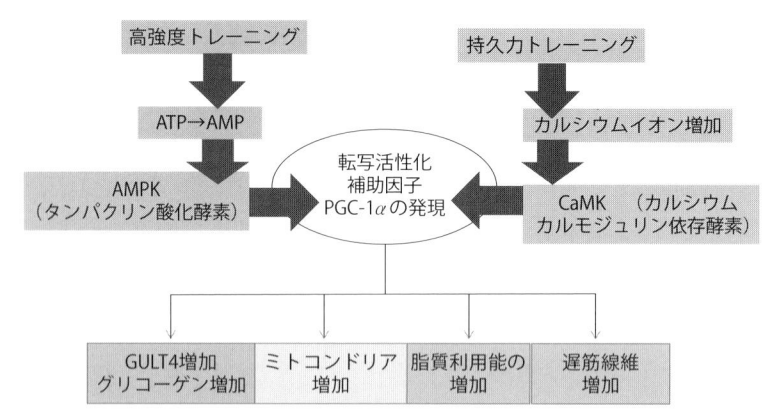

図2-4-5 転写活性化補助因子PGC-1αの発現（Laursen, 2010に加筆）
高強度のトレーニングでも持久的トレーニングでも，強い刺激や長時間にわたる身体的ストレスにより，使用した筋において転写活性化補助因子であるPGC-1αが発現し，その後，行った運動様式に見合った適応がなされることが明らかとなっている。

使用した筋に対してミトコンドリア量の増加や筋グリコーゲン貯蔵量の増加などの適応を促すことが示されている（図2-4-5）。このように，どのようなトレーニングを処方しても，スイッチとなる遺伝子は同じだが，裏を返せば，そういった遺伝子発現が起こるような質や量がこなせなければ，処方したトレーニングはその目的を達成できないということが，明らかにされたともいえよう。

この遺伝子発現にどの程度個人差が影響しているかは，現時点ではまだ明らかにされていない。しかし，例えばウエイトトレーニングの指導をしていると，少しのトレーニングですぐ筋肥大できる，いわゆる「Easy gainer」が存在していることは周知の事実である。また，より競技力が高く鍛錬された選手になればなるほど，トレーニング効果を得るのが困難であることも経験的に知られているため，そういったアスリートには，より強い刺激のトレーニングが，PGC-1αなど筋の適応に関与している遺伝子発現に必要であることも推測できる。

②トレーニング適応の具体例

では，具体的にトレーニング適応とはどのように行うのが良いのかということについて，2週間12回（6日トレーニング，1日オフのリズムで行うとする）のスイムトレーニングを，非線形期分けのトレーニング計画を例に取って説明していく。

まず，全12回のトレーニングを，「①低強度，②中程度の強度（以下，中強度），③高強度」のトレーニングサイクルを4サイクルと捉える。次に，1サイクルごとに，段階的にメインスイムの強度または量を増やしていくが，①の低強度はキック・プルを中心とした基礎持久的トレーニングとして，残りの②と③でメインスイムのセットのトレーニング計画を組む。②のトレーニングをインターバルで行うとすると，以下のよ

1週目	月曜	火曜	水曜	木曜	金曜	土曜	日曜
トレーニング強度	①低強度	②中強度	③高強度	①低強度	②中強度	③高強度	OFF
メイン・インターバル内容	キック・プル中心	100m×10回 1分30秒サイクル（平均タイム1分10秒）	50m×10回 1分30秒サイクル（平均タイム30秒）	キック・プル中心	100m×14回 1分30秒と40秒サイクル（平均タイム1分9秒）	50m×8回 1分45秒サイクル（平均タイム29秒）	

2週目	月曜	火曜	水曜	木曜	金曜	土曜	日曜
トレーニング強度	①低強度	②中強度	③高強度	①低強度	②中強度	③高強度	OFF
メイン・インターバル内容	キック・プル中心	100m×14回 1分25秒サイクル（平均タイム1分11秒）	50m×12回 1分20秒サイクル（平均タイム31秒）	キック・プル中心	100m×10回 1分40秒サイクル（平均タイム1分8秒）	50m×10回 2分サイクル（平均タイム28秒）	

図2-4-6　非線形期分けによる，メイン・インターバルトレーニングの組み方
休息時間と反復回数をコントロールして変化をつけながら，徐々に泳スピードに慣れさせていく。

うに設定することができる（図2-4-6）。
1サイクル目：100m×10回，1分30秒サイクル（平均泳タイム1分10秒）
2サイクル目：100m×14回，7回まで1分30秒，残り7回を1分40秒サイクル　（平均泳タイム1分9秒）
3サイクル目：100m×14回，1分25秒サイクル　（平均泳タイム1分11秒）
4サイクル目：100m×10回，1分40秒サイクル　（平均泳タイム1分8秒）

　これらの展開は，インターバルトレーニングを構成する「強度」「運動時間」「反復回数」「休息時間」の関係から，以下の原則をもとに構成されている。
・インターバルを長くしたら泳タイムを速くさせる。
・インターバルを短くしたら泳タイムを若干落とす。
・反復回数を増やしても泳タイムは同じ。

　非線形期分けの場合，2週間から3週間のトレーニング期を1つのパッケージとするので，上記のサイクルを数回繰り返す中で，トレーニング進行に従い，最初の「100m10回，1分30秒サイクル」をテストセットとして，毎回の最初だけ一定にすると，トレーニングの進行もモニタリング（観察）しやすくなる。2サイクル以降はその選手の到達度によってインターバルや反復回数，泳タイムを段階的に高めて行くことが望ましい。

同様に，高強度トレーニングにおいても例を挙げると次のように設定することができる。
1サイクル目：50 mを10回，1分30秒サイクル　（平均泳タイム30秒）
2サイクル目：50 mを8回，1分45秒サイクル　（平均泳タイム29秒）
3サイクル目：50 mを12回，1分20秒サイクル　（平均泳タイム31秒）
4サイクル目：50 mを10回，2分サイクル　（平均泳タイム28秒）

　もちろん，25 mのセットや，100 mのセット，あるいはそれらをミックスしたセットを行うなど，バリエーションはコーチの発想や，セットを構成する泳距離のバランスによってコントロールされるべきである。例えば50 mのセットばかりこなすと，有酸素的エネルギー供給と無酸素的エネルギー供給の比率が1：2となる運動時間でのトレーニングばかりに偏るため，無酸素的エネルギー供給系についてはよくトレーニングされるものの，有酸素的エネルギー供給系については，改善が比較的難しくなると考えられよう。実際のレースにおけるエネルギー供給はそのように線引きできるものではないにしても，レースがさまざまなエネルギー供給系によって賄われていることを考慮した場合，50 mばかりで継続的にセットを構成することが有効ではないことは，想像に難くない。

　したがって，段階的にインターバルや泳タイムなどに変化をつけることに加えて，泳距離にもある程度の幅を持たせて，2週間のトレーニングメニューを構成することが求められる。

3 トレーニングの強度についての考え方

①トレーニング強度管理の必要性
　トレーニング強度の分類の仕方は，乳酸カーブテストを用いた方法や，持久泳の平均タイムから求める方法等，古くからさまざまな方法が実行されている。また，トレーニングを強度別にカテゴライズして管理するという方法は，競泳だけでなく，スキーのクロスカントリー，スピードスケート，マラソンなどの他競技でも行われている。
　一般的なトレーニング強度の分類方法は表2-4-2に示したとおりであるが，コーチの指導方針によって，その区分けを細かくするか大雑把にするかは，指導対象者がどの程度トレーニング強度に対する理解があるかによっても変わってくる。例えば，ジュニアオリンピックにも出場したことのない小学校4年生の選手に対して，トレーニング強度を15段階に分けて提示する必要はない。しかし，ベテランの選手や競技力の比較的高い選手は，日々オーバーワークとオーバーロードの間を行き来するようなトレーニングを行っているため，適切なトレーニング処方ができたかどうかを，常にモニタリング（観察）できるようにしておく必

表2-4-2　基本的な運動強度の分類方法
①②が低強度．③～⑤が中程度強度．⑥以上は高強度に分類される．あくまでもここに示したのは一般的な分け方であるため，担当している選手の競技レベルや理解度によって，大雑把にしたり細かくするのが望ましい．

強度		用途	運動強度・セットの総時間，1回の距離	総距離の目安
①	Aerobics1	ウオームアップ，クーリングダウン，リカバリースイム	心拍数100～130程度，5～15分，距離は用途によりさまざま	用途により100～800 m 程度
②	Aerobics2	低いスピードでのキック，プル，ドリルや，連続泳のスイム	心拍数120～140程度，30分～60分，長距離の選手は長めの距離を反復	1,000～3,000 m
③	Endurance1	ややきついレベルでの持久的インターバル	心拍数130～150程度，30分～60分，心拍数が設定範囲を大きく超えない程度の距離	1,000～4,000 m
④	Endurance2	持久的インターバル（1500 m のレーススピード）	心拍数140～160程度，30分～60分，心拍数が設定範囲を大きく超えない程度の距離	1,000～4,000 m
⑤	Endurance3	酸素摂取能力を高めるインターバル（400～800 m のレーススピード）	心拍数160以上，20分～50分，心拍数が設定よりも高く上げられる距離	1,000～3,000 m
⑥	Speed1	乳酸耐性を高めるインターバル（100, 200 m のレーススピード），かなり高いスピードでのキック，プル	心拍数170以上，20分～40分，心拍数が設定よりも高く上げられる距離	500～1,500 m
⑦	Speed2	より高い乳酸の蓄積に耐えるトレーニング（50～100 m のレーススピード）	最大心拍数，20分～30分，短距離選手は 25～100 m，中距離・長距離は 100～200 m	200～1,000 m
⑧	Power	瞬発的なトレーニング	最大努力，10分程度，10～25 m	200 m 程度

要がある．それによって，トレーニングの強度や量を管理し，オーバーワークに陥らないようにトレーニング全体を管理・運営する必要がある．また，高地など環境の変化によって，生理的負担度が変化する可能性がある場合は，なおさらこういった強度管理をしながら，トレーニング遂行の障害となる事象（例えばコンデイションの悪化など）を予防する必要がある．

このように，トレーニング強度の設定や管理は，コーチが担当している選手の年齢や競技レベルによって，その必要性を十分に認識し，指導に反映させることが必要である．

②低強度トレーニング

ここでは便宜的に，血中乳酸濃度で3 mmol/L 以下のレベルのトレーニングを指して低強度トレーニングとする．

低強度トレーニングの特徴としては，連続泳による持久泳で構成されることが多い．また，エネルギー効率が悪いと生理的負担度が高くなるため，パドルやフィンなど，泳効率が高くなるような練習用具を用いて行うことも多い．

こういったトレーニングを一定以上の期間行うことで期待される効果は，脂質代謝能の向上，毛細血管網の増加，遅筋線維のミトコンドリア量の増加による筋の酸素消費量の増加などが挙げられる．

経験的には，この強度のトレーニングが十分に行えた場合のみかけの

反応として，末端への血流量が増えるために身体が膨らんでみえたり，背中や頬が紅潮したりする傾向がある。

③中強度トレーニング

ワッサーマン（Wasserman, 1973）らが提唱した Aerobics Threshold（AT），あるいは OBLA（Onset Blood Lactate Accumulation）レベルのトレーニングを，ここでは便宜的に中程度の強度（中強度）と定義する。この強度での運動は，長時間継続できるレベルの運動強度を指すとされ，例えばマラソン選手のパフォーマンスなどには密接な関連があるとしている。競泳では，1500 m や，オープンウオーターのパフォーマンスに関連する可能性がある。

このトレーニングは，長距離選手では連続泳で，短距離選手はインターバル泳で構成されることが多い。ここで，インターバルトレーニングでこの強度のトレーニングを運営する場合に気をつけなければならないのは，反復泳距離の設定である。

先に述べたとおり，反復泳距離から1回の運動時間を考慮すると，例えば 100 m のインターバルばかりでこの強度のトレーニングを行うと，有酸素的エネルギー供給と無酸素的エネルギー供給比率が 1：1 の状態でのトレーニングを継続することとなる。したがって，有酸素的エネルギー供給系を改善できる可能性もあるものの，その効果は，こなした総泳距離の半分程度の効果しか得られない可能性も生じる。

しかしながら，特に短距離泳者は，長い距離を良いフォームで継続して泳げる能力が乏しい傾向があるため，有酸素的代謝能力を高めることを目的に1回の運動時間を長くしたい場合には，フィン等のアイテムを用いて，水平姿勢維持のサポートを施したりしながら，十分な運動時間を確保しつつ，インターバルを構成するといった工夫が求められる。反対に，長距離の選手は，この強度で 200〜400 m のインターバルトレーニングを行い，その平均泳タイムの向上がパフォーマンス向上に良い影響を及ぼす可能性もある。しかしながら，中強度のトレーニングは，平均泳タイムばかりを追い求めると，必要以上に強度が高くなりすぎる場合もあるため，平均泳タイムを変えずに，休息時間をどれだけ短くできるかとか，反復回数をどのくらい延長できるかに，時折挑戦のベクトルに変化を持たせることも必要だと考えられる。

④高強度トレーニング

ここでは，最大酸素摂取量に到達する強度以上のトレーニングを高強度トレーニングと定義し説明する。

この強度では「より速く泳ぎ，それを何本継続できるか？」を追い求める必要がある。したがって，反復に用いる距離は，短距離選手では 25, 50 m が，中距離選手で 50, 75, 100 m が，長距離選手でも 100, 150, 200 m といった距離が適当で，比較的長くレスト（休憩）を取るよ

うなインターバルトレーニング（またはレペテイションとも言われる）が用いられることが多い。目安としては，血中乳酸濃度は10 mmol/Lを超え，最大酸素摂取量の150～200％の強度に達するくらい，多くの酸素を必要とする運動強度に達していなければならない。

　しかし，高強度のトレーニングで注意しなければならないのは，追い込んで行くとどうしても「ピッチ依存」の泳ぎになるため，「泳ぎが詰まる」現象が起きやすくなる。

　村木（2008）によると，陸上競技の短距離においても，全力疾走の際にスピードの頭打ち傾向について「このスピードの頭打ちの傾向がみられるピッチ・ストライド関係は，全力発揮時に特有の『抑止現象』と呼ぶもので，緊張の汎化等の内部抵抗の増大によって力みが発生する傾向にあったものとみられる」と言及している。競泳でも，個人内では泳速度を高めるにつれて，泳ぎがピッチ依存になり，ストローク長が短縮されていくことは確認されている（鈴木，大庭ほか，2009）。特に競泳では，ストロークによる加速回数を増やすことで，推進中に高い泳速度を発揮する頻度を増やし，高い泳速度を維持させようとしたものであると考えられる。また，平泳ぎやバタフライでは，ある程度以上の泳速度になると，キックやプルの力発揮をコントロールすることは難しく，グライド時間によってストローク頻度をコントロールし，泳速度を調整していることが明らかになっている（大庭，2009）。これらの情報は，さらなる検証が必要ではあるものの，おおむね泳者の感覚に合った情報であることは言うまでもない。

　しかしながら，ジュニア期の選手には自重が軽いためハイピッチで泳がせることができるが，成人以降にその能力をつけさせることはパワーの向上が伴わなければ困難であるため，あまり泳ぎの大きさにとらわれる必要はないが，高校生以上で，比較的競技力の高い選手を有するチームでは，高強度トレーニングを行う場合には，ストローク長（あるいはストローク数）も管理し，詰まった泳ぎのままトレーニングを進行させないようにする必要があると考えられる。

⑤間欠的高強度トレーニング（High Intensity Training：HIT）

　近年，スプリントトレーニングのサーキット形式のような方法で，より高い強度を短いインターバルで，より多くこなすようなトレーニングが，特に短距離のパフォーマンス改善に有効であるとされている。Tabata Protocolとも呼ばれ世界的にも知られるインターバルトレーニングは，自転車運動で，20秒の最大酸素摂取量170％の高強度運動を，10秒のレストを挟み，6～7セットで疲労困憊に至るまでこなすというトレーニングによって，最大酸素摂取量の増加などのトレーニング適応がみられたとしている（Tabata et al., 1997）。また，荻田ほか（1999）による流水プールを用いたトライアルでは，最大酸素摂取量，最大酸素借，

一回拍出量,最大新拍出量が増加したことが報告された。荻田はその後もエリート競泳選手を対象に,週5回,10秒程度維持できる泳速度での高強度運動5秒を,10秒の休息をはさみ5回繰り返すHITの効果を検証した結果,50m全力泳の泳速度,そのときのストローク頻度,25m全力プル泳速度の有意な増加があったことを示し(荻田ほか,2010),さらに常圧低酸素よりも低圧低酸素環境下でよりトレーニング効果が期待できることを示した(荻田ほか,2011)。

HITのメリットとしては,短時間高強度の運動を短時間休息で反復することで,より大きな酸素負債を負った状態で高強度の運動を繰り返すことができる。それによって体内の速筋線維における酸素需要は高まり,その状態を定期的に繰り返し,運動負荷に適応させることによって,高強度で持続できる体力資質を養おうというものである。

競泳に応用すると,15mや25mの距離のスプリントトレーニングの反復によって行うことができると考えられるが,より高い筋力を有するナショナルレベルのスイマーであれば,牽引泳などでこういったセットを構成することも,有効であると考えられる。

また,ウェストガース・テイラーら(Westgarth-Taylorほか,1997)は,60分間自転車運動中の仕事量の系時的変化をHITトレーニング前後で比較したところ,最大仕事量に対する比率が,トレーニング後に有意に高くなり,60分の運動中の仕事量も有意に増加したこと等から,伊藤(2013)は,近年では長距離においてもHITがパフォーマンスの改善に貢献できる可能性があるとしている。長距離の選手でも,ある一定の期間,HITを取り入れて心拍出量等の生理的能力を改善させることによって,より質の高い持久的トレーニングを行えるようにできる可能性があると考えることができるだろう。

これらの試行は,超最大努力運動中のエネルギー需要が,どこまで高くでき,さらにそれを何度反復させることができるかということが重要であるため,コーチの処方術のみならず,選手側の高い意識と集中力も求められるといえよう。

4 トレーニングプログラムの立て方

①トレーニングの構成

従来型のトレーニング計画に基づいた期分けによって行われるトレーニングも,非線形期分けによって行われるトレーニングであっても,競泳のパフォーマンス改善に必要な諸能力を高めるためには,必ず週単位のトレーニング計画を作り,運動強度的に偏ったトレーニング処方とならないよう配慮する必要がある。

そこで,日々のトレーニングプログラムを作成する以前に,1週間,または向こう2週間程度のトレーニング計画を作成する必要がある。表

2-4-3）には，1週間に6回の頻度でトレーニングを行う一般的なスイマーのトレーニング計画の例を示した。6回のトレーニングを3回×2セットと捉え，初日に基礎泳力とスプリント，2日目に中程度の強度，3日目に高強度，4日目にはまた基礎泳力に戻しフォーム確認をした上でスプリントトレーニングを行い，5日目に中程度の強度，最終6日目には高強度のトレーニングとし，それぞれにメインセットで行いたいトレーニング内容を記している。

このようにすると，その1週間のトレーニングの流れの全体像を把握することができ，その中で日々のトレーニングの達成度合いなどから，インターバルの距離や休息，反復回数などをコントロールすると，トレーニングが進めやすくなる。

表2-4-3　週間計画作成の手順
メインテーマを決める（練習開始曜日と，低強度，高強度のトレーニングから入れる）　　週8回の場合

曜日と練習時間	月	火 (PM 1.5h)	水 (PM 2h)	木 (PM 1.5h)	金 (PM 2h)	土 (AM 1.5h PM 2h)	日 (AM 2h PM 2h)
練習テーマ (AM) メインセット サブセット (1) サブセット (2)	Off	Off	Off	Off	Off	Speed	
練習テーマ (PM) メインセット サブセット (1) サブセット (2)	Off	Basic		Lactate	Basic		Lactate

Basic：ベーシック（基礎持久力）トレーニング　　Speed：スピードトレーニング
Lactate：耐乳酸トレーニング　　Endurance：持久的トレーニング

②ウオーミングアップ

トレーニングの始めはウオーミングアップが行われる。ウオーミングアップは，主運動の事前に軽運動を行うことで，交感神経を高めて集中する心理的な準備をさせたり，血流量を高めるのと同時に筋温も高め，運動中に末梢の代謝調節が行えるような身体の準備をさせる。さらに，ある程度の関節可動域を確保し，関節障害を予防させる必要がある。また，その日のメインセットで満足のいく泳ぎをするための感覚調整をすることも，ウオーミングアップの重要な意義の1つである。

これらのニーズには，単に水中で一定距離を泳ぐだけでは満たされない。特に水中環境においては，体温より低い水温の中での活動となるため，休息時間が長いと筋温の上昇というウオームアップの目的が満たされないこともあり得る。筋温を上昇させるためにある程度の距離を泳いだとしても，主たるトレーニング前に一定以上のエネルギーを消費してしまうのは，非合理的であるとも考えられる。

そこで，一般的なウオーミングアップと，専門的なウオームアップを

組み合わせることを推奨する(有賀，2004)。

　「一般的なウオーミングアップ」は，アスリートとして共通する最低限必要な身体的な準備や，また競泳によくみられる故障に対する予防や補強という目的が十分達成されやすい，陸上環境で行う方が望ましい。プログラム内容は，関節可動域の確保のためのストレッチング，狙った筋や関節に対して直接的にアプローチする自重負荷によるエクササイズやゴムチューブを用いたエクササイズ，バランスボールなどのトレーニング用具を用いたエクササイズが用いられることが多い。さらに，腰痛予防のための体幹のスタビライゼーショントレーニング等が推奨されている。特に近年は，トップスイマーには肩関節障害よりも腰椎・椎間板障害が多いとの意見もあるため，腰椎，胸椎，頸椎のアライメントを調節したり，腰椎周辺の筋群，すなわち，腹筋，腹斜筋，腹横筋などの筋群の鍛錬や，腹圧をかけることによる腰椎のアライメント矯正などが行われている。特に体重が著しく増加する思春期前から，このような取り組みを習慣づけることで，体重増加に筋力強化を伴わせることが可能となる。

　水泳選手にとっての「専門的ウオーミングアップ」は，実際に水中に入って行うものであり，全身泳または分習法を取り入れて行われている。ある一定のルーテインワークを行い，その時の左右のストロークのバランスや，泳いだ直後の心拍反応などから，その日の選手の調子を見極めようとするコーチもいる。逆にバリエーション豊かにさまざまな動きを取り入れながら，動作学習のための感覚習得の機会として，有効にウオーミングアップの場を用いる方法もある。いずれにしても，選手がその日の泳ぎの感覚を知り，その日のトレーニングをどのようにこなすかの戦略を練る場でもあるため，そのことを熟慮した上で，プログラムを組む必要がある。

③**メインセット**

　メインセットは，その日のトレーニング目的に見合った強度(泳スピード)，反復距離，運動時間，休息時間の条件設定を行い，なおかつウオーミングアップで確認したその日の選手の調子なども加味しながら，プログラムを遂行する。

　メインセットの多くはインターバル形式で行われることが多いが，大抵のコーチは，そこでタイム計測や心拍数計測を行っている。タイム計測は，ストップウオッチを用いて全体のタイムやラップタイムを計測し，インターバル中に選手へフィードバックすることで，前・後半のタイム差などを考慮しながら，ペース作りに役立てることができる。また，泳いだ直後に心拍数を計測させることで，トレーニングの目的に見合ったペースで泳いでいるかを確認した上で，ペースの上げ下げを指示するのが望ましい。

さらに，泳いでいる間のストローク数や，テンポ（ストロークタイム），ストロークレイト（1分あたりのストローク数）を計測することで，泳技術やパワー発揮の参考にすることができる。

持久的なトレーニングでは，ストローク数をできるだけ抑えるように促し，泳技術が崩れないように長時間の運動を遂行させることができる。逆に，HITや長時間休息でのレースペースで泳ぐような，スピードの持続を目指したトレーニングや，スプリントトレーニングにおいては，ストローク頻度が低下しないように注意しながら，1本1本の反復が，より質の高いものになるように促すことが可能となる。

④部分練習

競泳のトレーニングの特徴として，キック，あるいはプルといった，部分練習によるトレーニング構成が可能なところがある。

コーチの考え方や，選手のおかれている状況やコンディションなどによって，その使用法はさまざまではある。

表2-4-4　よくみられるトレーニング構成パターン

トレーニングの目的が同じで，メインセットの距離，インターバルも同じだが，最初にメインセットをもってくる場合（②）はウォーミングアップで少しスピードを出しておき，メイン前までに代謝反応を促して筋温を上げておく必要がある（②表内，上の下線部）。また，後半のメインの前にも，レディネスを促すために技術練習などを入れ（②表内，下の下線部），メインの主運動に順応させておく必要がある。他にもさまざまなパターンが存在するが，コーチがその日のトレーニングでなにを主眼に置き，各ワークアウト・プログラムがどのような「企て」「意図」をもつかを説明し，実行されることが望ましい。

①一般的な例		トレーニングの目的：持久力（Endurance）		日付：2014.＊.＊	
	内容		強度	距離	開始時間
SKPS	800 m＊1　200 Swim-200 Kick-200 Pull-200 Swim		A1	800	18:00
Kick	400 m＊1　フィンつき　ドルフィンキック		A2	400	18:15
Kick	50 m＊8　1分30秒サイクル　奇数イージー　偶数ハード　専門種目　フィンなし		AN1 A2	200 200	18:23
Pull	200 m＊4　3分サイクル　クロール　呼吸制限100 mずつ 1/3-5-7-9　パドルつき		EN1	800	18:37
	50 m＊8　1分15秒サイクル　奇数イージー　偶数ハード　専門種目　パドルなし		AN1 A2	200 200	18:51
Swim	100 m リカバリー		A1	100	19:01
Swim	{800 m＊1　10分サイクル　クロールで 25 イージー・25 ハード，50 イージー・50 ハード，75 イージー・75 ハード， 100 イージー・100 ハード，75 イージー・75 ハード，50 イージー・50 ハード，25 イージー・25 ハード		A2 EN2	400 400	19:05
Swim	{200 m＊3　3分サイクル　デイセンデイング（1本ずつスピードを上げる） 個人メドレーで		A2 EN2 EN3	200 200 200	19:15
Swim	{100 m＊8　2分サイクル　2本ハード・1本イージーを繰り返す。ハードは専門種目		EN3 A2	600 200	19:24
Easy	400 m＊1　200 Easy Kick + 200 Swim		A1	400	19:40
			Total	5500	

②前半にもメインスイムを置く例		トレーニングの目的：持久力（Endurance）		日付：2014.＊.＊	
	内容		強度	距離	開始時間
SKPS	{400 m＊1　100 Swim-100 Kick-100 Pull-100 Swim		A1	800	18:00
Swim	{50 m＊8　1分サイクル　個人メドレー 2本ずつ　25 イージー・25 ハード		A2 EN2	200 200	18:08
Swim	{800 m＊1　10分サイクル　クロールで 25 イージー・25 ハード，50 イージー・50 ハード，75 イージー・75 ハード， 100 イージー・100 ハード，75 イージー・75 ハード，50 イージー・50 ハード，25 イージー・25 ハード		A2 EN2	400 400	18:18
Swim	{200 m＊3　3分サイクル　デイセンデイング（1本ずつスピードを上げる） 個人メドレー		A2 EN2 EN3	200 200 200	18:28
Swim	100 m　リカバリー		A1	100	18:27
Kick	400 m＊1　フィンつき　ドルフィンキック		A2	400	18:31
Kick	50 m＊8　1分30秒サイクル　奇数イージー　偶数ハード　専門種目　フィンなし		AN1 A2	200 200	18:39
Pull	200 m＊4　3分サイクル　クロール　呼吸制限100 mずつ 1/3-5-7-9　パドルつき		EN1	800	18:52
	50 m＊8　1分15秒サイクル　奇数イージー　偶数ハード　専門種目　パドルなし		AN1 A2	200 200	19:04
Swim	{25 m＊8　40秒サイクル　ドリルワーク		A2	200	19:14
Swim	{100 m＊8　2分サイクル　2本ハード・1本イージーを繰り返す。ハードは専門種目		EN3 A2	600 200	19:20
Easy	400 m＊1　200 Easy Kick + 200 Swim		A1	400	19:36
			Total	6100	

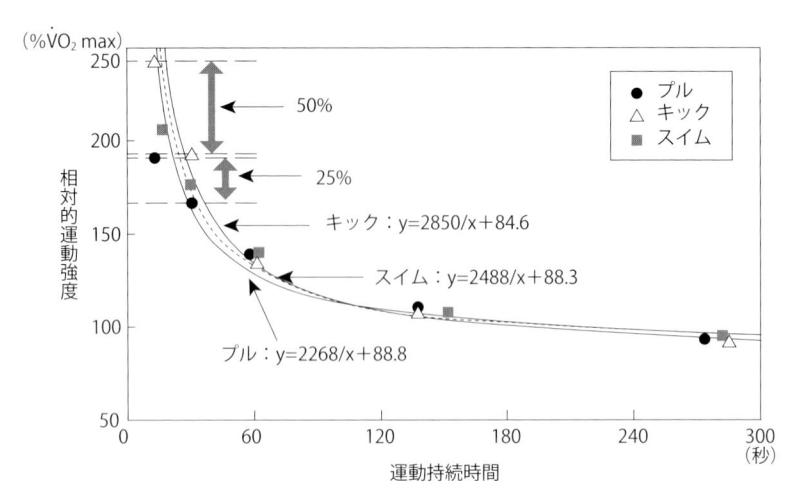

図2-4-7 荻田ほか（2002）による，キック，プル，スイムの運動時間と，最大酸素摂取量を基準とした相対的運動強度との関係を比較したグラフ
コーチングの際には，トレーニングの中での部分練習の位置づけを明確にして，選手に行わせる必要がある。

　競泳のコーチング現場でよく行われている方法をまとめると表2-4-4のとおりとなる。1つ目は一般的な方法で，ウオーミングアップが終わり，キック，プルなどの部分練習で十分に部分的な負荷を与えてから，メインセットを行うパターン。2つ目はウオーミングアップ後にもメインセットを行うパターンである。
　これらのパターンを選択する際には，部分練習が一体どの程度の生理的負担で行われているかを，十分に知る必要がある。
　図2-4-7に示したのは，荻田ほか（2002）による，キック，プル，スイムの，運動持続時間（横軸）と相対的運動強度（縦軸：最大酸素摂取量に対するパーセンテージ）の関係を比べたものである。よくみると，30秒前後の運動持続時間における相対的運動強度はキックが最も高く，次いでスイム，プルの順になることが明らかである。30秒前後の運動持続時間においては，キックが180% $\dot{V}O_2$ Max レベルにあるのに対し，スイムが170％レベル，プルが160％レベルとなっており，図中にはキックとプルで25％の開きがあると示されている。運動継続時間をもっと短くして比較してみると，10秒から20秒前後だとその差はさらに開き，キックが250% $\dot{V}O_2$ Max まで追い込めているのに対し，スイムだと200％超えるくらいで，プルでは200% $\dot{V}O_2$ Max まで届かず，キックとプルの間にはおおよそ50％の開きがあるとされている。運動継続時間が60秒に達するとその3者は並ぶが，短い運動時間では，酸素摂取量に大きな違いが出ることを考慮しなければならないことが明らかである。
　これらのことを考慮すると，ウオームアップの延長のような形で持久

的な部分練習を課す場合には，メインセットの前でも後でも問題はないと考えられる。しかしながら，部分的に高強度で追い込むことを目的に，キックで60秒以内の運動時間でのインターバルトレーニングを行う場合，メインセットの質を落とさないようにするためには，先にメインセットを行うことが望ましいといえる。逆に，先に身体になんらかのトレーニング刺激を与えてから，メインセットで「どこまでこなせるか？」のチャレンジをさせる場合は，そのかぎりではなく，特に量的な鍛錬期の場合には，先にキックで高強度の追い込みを行ってから，メインスイムで持久的な運動を行うといった方法で，トレーニング中の総エネルギー需要量を高めることも有効であると考えられる。

加えて，水泳選手の年代や技術の完成度の違いによって，この部分練習による追い込みを戦略的に使うことも勧められる。例えば，幼児や小学生にとってスイムの動作は比較的複雑であるため，スイムのダッシュトレーニングなどで十分に心拍数が上がらず，無酸素性作業能力を高められないことがある。

そういった水泳選手たちには，かえって板キック，あるいはフィンを用いたキックによる単調な動作の方が，子どもにとっては習得が速く，筋量の比較的多い脚部を瞬発的に，かつある程度以上の負荷での反復が可能なため，最大酸素摂取量を向上させるためには有効な手段である。

他方，肩関節を故障した水泳選手が，肩関節治療中に，どうにかして酸素摂取能力を低下させないようにして，競技復帰の準備をしたいというケースもある。そういった場合にも，フィン等を多彩に使い分け，十分なキックによるインターバルトレーニングを行うことで，酸素摂取量を低下させないようにしながら，競技復帰の準備を促すことも可能であることも，コーチの知恵として加えておく。

⑤クーリングダウン

クーリングダウンの効果としては，筋内の疲労物質の除去などが挙げられており，乳酸値の低下率などによって検証されているケースが多い。また，クーリングダウンの量や強度に関する研究も多く，総じて中程度以下の泳スピードで400 m～1,000 mの距離を，連続泳またはインターバル泳で行ったり，部分泳をミックスしたりする方法が取られていて，その必要性は周知され，どこのコーチング現場でも当然のように実施されている。

近年では，200 m全力泳後に陸上運動（ウオーキングなど）によるクーリングダウンを行っても，泳ぐクーリングダウンに比べると乳酸値の低下率はそれほど高くないものの，クーリングダウンなしよりは乳酸値の低下が顕著であったことも報告されている（佐藤ほか，2013，『水泳水中運動科学』pp. 106-109）。クーリングダウンを泳いで行うためには，サブプールの設置が必要となるが，地域によってはそのような条件が整

わない場所でレースが行われるケースも多々存在するため，こういった手法が有効であるということを，コーチは理解して実施する必要があると考えられる。

しかし，クーリングダウンによる乳酸除去，あるいは疲労物質の緩衝や除去が，その後のパフォーマンスにどの程度影響するかについては明らかでない。

それはおそらく，次のパフォーマンスまでの筋内の疲労物質代謝に影響する生理的資質に，個人差があることや，グリコーゲンの回復によるエネルギー貯蔵などもまた，2回目のレースや全力泳のパフォーマンス発揮に密接に関連するからではないかと考えられる。特に近年は，グリコーゲン回復のためのさまざまな栄養学的な措置が講じられたりしていることから，一見すると，クーリングダウンよりも，そういった栄養学的措置の方が，次のパフォーマンス発揮には重要にも思える。

しかしながら，筋疲労の蓄積は，その後のパフォーマンスの善し悪しをダイレクトに規定するのではなく，その蓄積の度合いによっては関節障害や肉離れなどの遠因となりかねないということを，コーチや選手は十分に認識すべきである。そういったことを勘案すると，クーリングダウンは，次のレース，あるいは次のトレーニングでのパフォーマンスを左右するという考え方よりも，アスリートとして，レースやトレーニングで得たダメージをできるだけ速やかに軽減させ，疲労の蓄積を防ぎ，故障を予防するための有効な手段であると考えた方が，現段階では妥当であろう。

5 トレーニング効果の検証

①さまざまな指標を用いたテスト

トレーニングが適切に遂行されているかは，当然のことながら普段のトレーニングを継続する過程で，平均タイムが上がっていたり，回れなかったサイクルで回れたりすることで，トレーニング効果を知ることはできる。

しかしながら，スピード，持久力等，鍛えるべき能力が細分化されて行けば行くほど，それぞれの強度におけるトレーニング効果のモニタリング（観察）を行う必要がある。なぜなら，レースではトレーニングのすべてが総合的に結果として示される一方で，なぜその結果に至ったかについては，レースの結果からすべてを明らかにすることは困難だからである。

ここでは，トレーニング効果を検証するためのテストとして，指導の現場でよく用いられている方法を紹介する。

[ラクテートカーブテスト]

コントロールテストの中では最も一般的な方法であるこのテストは，

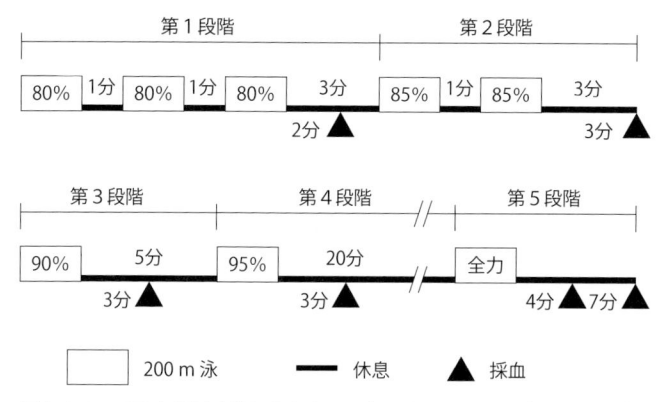

図2-4-8 1990年当時実際に行われていたラクテートカーブテストのプロトコル（野口，1994）
旧東ドイツで行われていたものとほぼ同様のプロトコルであった。

　漸増負荷方式で，一定距離を長めの休息をはさんだデイセンディング泳を行い，試泳後に血中乳酸濃度と心拍数を計測し，泳速度との関係をグラフ化して，トレーニングによってどのように生理的な反応が変化したかを調べるものである。このテストにはさまざまな種類のプロトコルがあるため，その代表的なものを2つ紹介する。

- 200m×8本　最初の3本はベストタイムの80％程度。次の2本は85％程度。6本目は90％，7本目は95％，最終の8本目には最大努力で泳ぐ。各試泳間の休息は，最初の5本は1分程度，その後の3本は5分から20分程度の休息を置く（図2-4-8）。
- 300m×4本　前述の200mのような形で，1本ずつ泳速度を高くしていく。試泳間は5～10分程度の休息を置く。

　これらの結果から，泳速度と血中乳酸濃度の関係，血中乳酸濃度と心拍数の関係をグラフにプロットし，そこから乳酸値レベル別の泳速度，心拍数を算出することで，トレーニング期後に同じ乳酸値レベルでの泳速度が上がったかどうか，あるいは同じ乳酸値レベルで心拍数が上がったかどうかなどを調べることができる（第1章3節「水泳の生理学」を参照）。一般的には，同じ乳酸値レベルで泳速度が高まれば，合目的的にトレーニング適応がなされているとされている（八田，2002）。

[クリティカルスピードテスト]

　トレーフィン（Treffin, 2009）によって広められた方法で，ラクテートカーブテスト同様，デイセンディング泳を行い，試泳後に心拍数を計測し，泳速度と心拍数の対応関係によって，トレーニング中の心拍数の設定を行う（図2-4-9）。

　血中乳酸濃度の計測等が困難な現場では，比較的容易にできるテストであるといえよう。

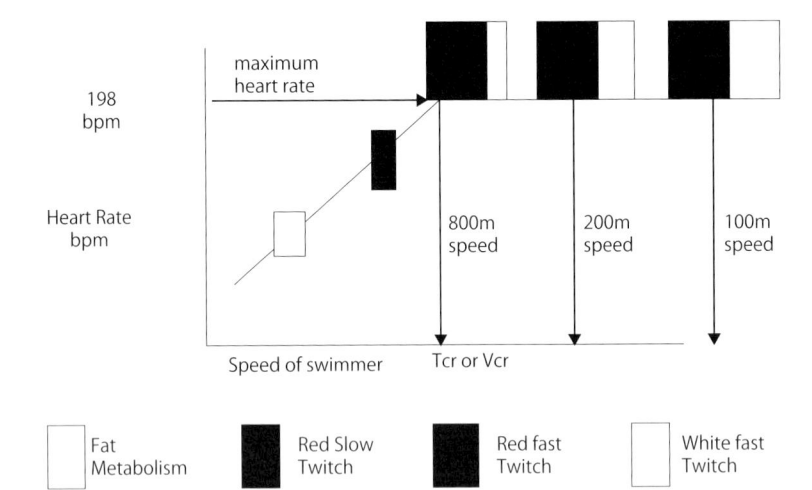

図2-4-9 クリティカルスピード（最大酸素摂取量に達する泳速度）の求め方（最大心拍数198拍の選手の例）
200m×5本 5分サイクルのデイセンデイング泳の，各後半100mの泳速度（横軸）と心拍数（縦軸）をプロットし，心拍数の上限を求める。上限に達した速度の90〜95％がいわゆるAT，OBLAレベルの泳速度であるとされている。
（出典：2009年東京都水泳協会研修講義〔トレーフィン博士による〕配布資料に野口加筆）

ちなみに，トレーフィンの方法と，従来型のラクテートカーブテストで得られたOBLAレベルの泳スピードとの関係をみると表2-4-5のとおりとなる。これは，従来のラクテートテストから算出されたATレベルの強度よりも，トレーフィンの方法の方が，実際に泳いで乳酸値を計測すると，やや乳酸値が高くなることが示されている。このように，非侵襲的な方法は，実際に計測された生理的負担とは若干の誤差があることをコーチは理解しておく必要がある。

しかしながら，いずれの方法でも，トレーニング過程の定点観測としては有効であると考えられるものの，選手個々の代謝的な特徴や，食事等の生活環境が色濃く結果として反映される。そのため，コーチは選手の特性や，食事・休養の状況など，テストに至るまでのバックグラウンドをよく理解し，できるだけ近い条件でコントロールテストを行い，結果の比較や評価をすることが望ましい。

②トレーニングの一環として処方できるコントロールテスト

血中乳酸濃度の測定や，心拍計を用いた心拍数計測が困難な指導現場では，それに代わるテストとして，一定のインターバル泳を用いたコントロールテストを行うことが多い。持久的な能力を計測するものとしては，アーバンチェック（Urbancheck）によって日本に紹介された「T-30」と呼ばれる30分泳のテストと，トレッキー（Touretski, 1994）によって紹介された2000m泳が一般的であるといえよう。両者とも，その泳距離や泳タイムから，平均泳速度を算出し，その平均速度から若干の

[参考文献]
・青木範一 ほか．(2006)「高強度運動トレーニングが間欠的運動時の運動パフォーマンスおよび代謝循環応答に及ぼす影響」『体力科學』55(6)：652．

表2-4-5 通常のラクテートカーブテストで求められたOBLA強度の目標泳タイムと，トレーフィン（Treffine）方式で求められた目標泳タイムの比較と，実際にトレーフィン方式で算出されたタイムで泳いだ際の血中乳酸濃度
この表から，トレーフィン方式の方が若干乳酸値が高く出ることがわかる。コーチは，採血などを行わない測定方式を用いる場合，実際の生理的反応との間に若干の誤差が生じる可能性があることを，あらかじめ理解して使用する必要がある。

Subject	Stroke	Optimal training speed estimated from blood testing	Critical maximum velocity calculated by Treffene's method	The estimated blood lactate concentrations of the subjects when swimming at Treffene's critical maximum velocities
M.D.	Backstroke	2:08.5	2:07.4	5 mM
G.H.	Backstroke	2:17.4	2:10.8	6 mM
B.B.	Butterfly	2:11.8	2:07.7	6.5 mM
G.G.	Freestyle	1:59.5	1:55.6	7 mM
T.M.	Freestyle	2:03.0	1:55.4	7 mM
M.O.	Freestyle	2:00.0	1:53.1	7.8 mM

（出典：E. W. Maglischo et al., unpublished research report; R. J. Treffene, 1979.）

プラスマイナスを算出して，持久的なトレーニング強度を数段階に分けて処方するものである。また，30分泳の泳距離と，2000mの泳タイムは，それぞれ選手にとっては自身の持久的能力を推し量る基準となることから，トレーニングの一環としても有効に使われているといえよう。

また，インターバル泳では，中・長距離選手では150～400mのインターバルトレーニングの平均泳タイムが，パフォーマンスに比較的強く影響する。特に，400m泳タイムと，OBLAレベルの泳速度および，最大酸素摂取量を基準としたATレベルの酸素摂取量の間には，有意な相関関係があるとされていることから（Wakayoshi, et al., 1992），そういったトレーニングタイムを指標にすることで，選手の酸素摂取能力を推測し選手にもフィードバックしながら，トレーニングを進行できるともいえよう。

短距離選手では25～100mのインターバルトレーニングの平均泳タイムも，パフォーマンスに関連する指標として用いられている。元日本代表監督の小柳清志さんは，1960年代にすでに50mのインターバルにおける泳タイムと，100mのレースタイムとの間に関連性を見出していた（平均タイムの倍に何秒プラスするとレースタイムになる…という計算式）。それ以降脈々と，その方式に改良が重ねられ，現代の日本の競泳のトレーニングのコントロールテストの基盤を構築してきたといっても過言ではない。

もちろん，短距離選手においても持久的な能力の判断材料として2000m泳を行うこともあり，長距離選手においても無酸素性作業能力の指標として50mのインターバル泳を行うこともある。大切なことは，運動時間とエネルギー供給比率の関係を十分に把握し，選手個々のスピ

- 有賀雅史．（2004）「ウオーミングアップとクーリングダウン」NSCAジャパン 編『ストレングス＆コンディショニングⅡ エクササイズ編』127．大修館書店
- 伊藤静夫．（2013）「マラソンにとっての高強度トレーニングとは」『体育の科学』63(9)：719-724．
- 荻田太．（2002）「水泳の代謝特性とトレーニング」平野裕一，加賀谷淳子 編『トレーニングによるからだの適応』164-172．杏林書院
- ────── ほか．（2010）「競泳スプリントトレーニングが最大推進パワーおよびストローク指標に及ぼす影響」『日本体育学会予稿集』(61)：135．
- ────── ほか．（2013）「低圧環境かにおける競泳スプリントトレーニングが力学的指標およびストローク指標に及ぼす影響」『日本体育学会予稿集』(64)：167．
- ゲナデイー・トレツキー．（1994）「トレーニング法のモデル他」日本水泳連盟 編『平成5年度公認上級・一種コーチ研修会講演集』93-175．
- 佐藤大典．（2013）「ジュニア競泳選手におけるクーリングダウン方法の検討～クーリングダウンができない環境を仮定して～」『日本水泳・水中運動学会 年次大会』106-109．
- 鈴木淳也 ほか．（2010）「競泳国内ランキング上位選手における主観的運動強度と客観的出力との関係～高強度領域のクロール泳について～」『日本スポーツ方法学会 年次大会』
- 野口智博．（1994）「競技スポーツにおけるエンデ

ュランストレーニングの実際と課題・競泳」トレーニング科学研究会 編『エンデュランストレーニング』34－40. 朝倉書店
・―――.（2010）「ロバート・トレーフィン博士の講演，実践的運動生理学」『月刊スイミングマガジン』1月号：80-82.
・八田秀雄.（2001）「乳酸の案内人〜乳酸トランスポーター〜」『乳酸を活かしたスポーツトレーニング』76-86. 講談社サイエンティフィク
・村木征人.（2007）「相補性統合スポーツトレーニング論序説：スポーツ方法学における本質問題の探求に向けて」『スポーツ方法学研究』21（1）：1-15.
・―――.（2008）「体力・技術の相補性からみたトレーニング期分け論の再考」『スプリント研究』（18）：18-32.
・Laursen, P, B. (2010)「Training for intense exercise performance: high-intensity or high-volume training.」『Scand. J. Med. Sci. Sports.』20（Suppl. 2）：1-10.
・Matwejef, L, P. (1972)『Periodisierung des sportchen Trainings 』Bartels & Wernitz.
・Ogita, F. et al. (2009)「Metabolic profile during exhaustive arm stroke, leg kick, and whole body swimming lasting 15 s to 10 min.」『Biomechanics and Medicine in Swimming.』IX：361-366.
・Prestes, J. et al. (2009)「Comparison of liner and reverse liner periodization effects on maximal strength and

ードと持久力のバランスを把握した上で，適切な時期にさまざまなコントロールテストを課すことである．

6 泳技術・技能向上のためのトレーニング

①ドリルワークの意義と限界

近年，さまざまな動画教材が出版されたり，専門誌によって各トップコーチの選手育成で使われたドリルワークが紹介されていることから，実に多くの種類の技術習得法が提案されている．それらの目的は，大別して姿勢保持やストローク，キック各動作の感覚改善にあるといっても過言ではない．

しかしながら，多くのドリルワークは，実際にレースで泳ぐスピードよりも低いスピードで行われるため，動作のイメージや，手・足の軌跡を把握することはできても，レーススピードでの努力泳で，直接「使える」感覚に変換されることは稀少である．なぜなら，レーススピードでの泳技術は，レーススピードで泳がないかぎり改善しようがないからである．

そこで重要なのは，泳者自身がどのような感覚変化をドリルワークによって知覚し，それをレーススピードでの努力泳で発揮できるかということであり，その繰り返しを行うことによって，ドリルワーク時に違和感のあった感覚が，レーススピードでの努力泳で適応される．しかし，そうなるまでにはそれなりに時間がかかるので，その日のうちに良くなったようにみえたり，良くなったように思えても，そこが到達目的ではないということを，コーチは自覚すべきである．

また，泳技術をより良いものにしていくためには，選手自身が動きの違いを，体感的に自覚できるようにすることも必要である．例えばクロールであれば，100m自由形ではおおむね左右合計60〜70ストロークも腕の動きが反復される．その１つ１つを，その時の身体の疲労の度合いに併せて，どの程度最大限に泳速度を生み出すフォームで泳げるかが，パフォーマンスを決めるといっても過言ではない．しかも競泳は，レース中はコーチの細かな指示が一切聞こえない状態で，レースが運ばれる．そのため，選手自身が，レース前の極度に高い緊張感や，レース後半に身体に迫りくる疲労を感じる中で，どのように泳ぎの感覚を保ち（あるいは変換させ）ながら，ストローク中に生み出す推進力を維持させるか．また，「だんだん腕が押せなくなってきた」「キックが浅くなってきた」という感覚を察知し，それを補償するような動作に移行できるかどうか．あるいはそれに必要な感覚を養っているかどうかが，パフォーマンスを左右するといえるだろう．

これらのことから，ドリルワークの目的は，単にその時の泳ぎを改善することではなく，さまざまな動きを行うことで泳者の感覚を磨き，レ

```
ここでできた動きが…        ここでできるのか？
ゆっくりした動き            レースペース
・動作感覚の把握     ⟹    ・動作感覚の違い
・筋感覚の把握              ・筋感覚の違い
・水の感触の認識            ・水の感触の違い
                    このサイクルの繰
・片手スイムなど    り返しにより，感   ・ブロークンスイム
 （ストロークドリル） 覚を洗練させてい   ・長時間休息のレペティション
・片足キックなど    く作業が必要。     （レースペース練習）
 （キックドリル）   ⟸               ・スプリントトレーニング
・各種スカーリングや                   （アシステッドトレーニングなど）
 けのびなど                          ・パワートレーニング
 （基礎技術系ドリルワーク）             （牽引泳のトレーニングなど）
                                   ・部分練習のハードセット
                                    （キックやプルなど）
```

図2-4-10 ドリルワークの基本的な考え方
ドリルワークを行うことで「選手の何が変えられるのか？（あるいは何を変えたいのか？）」の「企て」を明確にし，泳ぎ手自身の感覚を重用視して用いるのが望ましい。

ース中に起こり得る緊張や疲労による状態に左右されないで，より高い泳速度を発揮する，あるいは維持させるための感覚作りであると捉えられるため，図2-4-10のような概念のもとに利用するのが望ましい。

②泳技術の評価

泳技術を客観的に評価するためには，ストローク頻度，ストローク長の計測が必要である。これらは，ストップウオッチと計算機があれば即座に算出できる。

しかし，現場で指導中にそのような計算をする手間はないため，一般的にはスタートから浮き上がりの位置が一定と仮定し，ストローク数を数えることで技術の評価とする場合が多い。

また，近年は動画撮影が比較的簡易に行えることから，チームによっては，撮影した水中映像を，泳いだ直後に大画面で確認できるようなシステムをもつところもある。動画そのものを使用した技術練習が，即時的にレーススピードでの泳技術の変化を促すことは稀だが，毎回のトレーニングでの感覚の変化と実際の動きの変化を観察しながらトレーニングを進めることは，泳技術の変化を促すためにかなり有効な手段であることは想像に難くない。

さらに，近年はタブレット端末が流行しているため，その動画撮影を使用してフォームチェックをすることも可能になってきている。また，内蔵アプリやタグ機能などを用いて，選手自身の泳いだ時の感覚と映像を保存することもできる。コーチはこういったアイテムを有効に活用し，選手の泳ぎや身体の動きに対する感覚を洗練させ，個々の体型や個性に見合った，より推進効率の良いベストな泳ぎを追求してほしい。

[野口智博]

body composition.」『Journal of Strength & Conditioning Research』(23)：266-274.

・Steven, J, F. (2013)「Non-liner periodization the latest research review.」『NSCAジャパン第13回総会基調講演集』

・Sengoku, Y. et al. (2011)「Glucose response after ten-week training in swimming.」『J. Sports Med.』Nov. 32(11)：835-838.

・Tabata, I. et al. (1997)「Metabolic profile of high intensity intermittent exercises.」『Med. Sci. Sports Exerc.』Mar. 29(3)：390-395.

・Urabanchek, J. (2012)「Middle-Distance Training for All Strokers.」Dick Hannula, Nort Thornton Edit.『Swim Coaching Bible Volume II』：235-250. Human Kinetics.

・Wakayoshi, K. et al. (1992)「Determination and validity of critical velocity as an index of swimming performance in the competitive swimmer.」『Eur. J. Appl. Physiol.』64：153-157.

・Wasserman, K. et al. (1973)「Anaerobic threshold and respiratory gas exchange during exercise.」『J. Appl. Physiol.』35：236-243.

・Westgarth-Taylor, C. (1997)「Metabolic and performance adaptations to interval training in endurance-trained cyclists.」『Eur. J. Appl. Physiol. Occup. Physiol.』75(4)：298-304.

競泳選手の
コンディショニング

SECTION 5

1 競泳に発生しやすい障害

①競泳の競技特性

　水泳競技の中でも競泳は，競争する選手が同一スタートラインから決められた距離を泳いでその速さを競う競技である。

　種目は，自由形，背泳ぎ，平泳ぎ，バタフライ，個人メドレー，フリーリレー，メドレーリレーがある。これらの種目において，さらに決められた距離を泳いでタイムを競うことになる。距離は，各種目50 mの短距離種目から1,500 mの長距離種目まである。泳法の特性に加え，身体にかかる負荷は泳速によって変化する。つまり，水の抵抗には造波抵抗と圧力抵抗，摩擦抵抗があり，水中では（空気中でも）抵抗は流体の密度や断面積に比例して大きくなり，速度の2乗に比例して大きくなる。わずかに泳速度が増加してもその2乗で抵抗が増加するため，抵抗に打ち勝つ推進力を発揮する選手の身体負荷は増加していくという特性がある。

②競泳の障害実態

　競泳では，慢性的な障害，いわゆる「使い過ぎ症候群」（Overuse Syndrome）に代表される障害の頻度が高い。小泉らは，トップクラスの競泳選手における障害既往の実態調査（有効回答数　男子93名，女子107名の計200名）の中で，過去に練習継続困難なレベルでの障害既往を有した選手59.0％の中で最も既往率の高い部位は腰で29.1％，次いで肩21.9％，膝21.1％と報告している（図2-5-1）。泳法別の比較でも5種目中3種目で腰部障害の既往率が最も高く，高い競技成績の維持を困難にする1つの要因が腰部障害であることを示唆している[1]。

　過去15年間における競泳選手の障害既往調査においても，腰部疾患の数が最も多いことがわかっている（表2-5-1）。

　また，金岡らは浮力の影響を受ける水泳競技は，陸上と比べ重力の影響が少ないため外傷の頻度は少ないが，競技力の高い選手では練習量の多さからオーバーユースやマルユースの頻度が高いと述べている[2]。

　半谷らは国立スポーツ科学センター（JISS）クリニックを受診した水

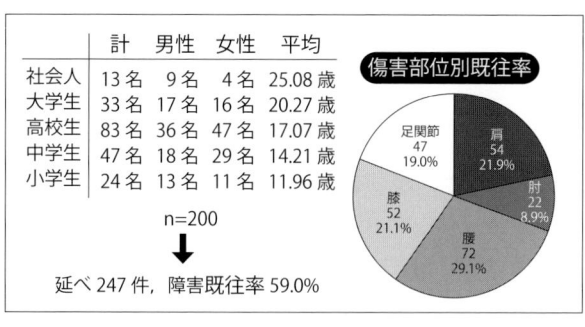

図2-5-1　障害・外傷の発生状況
（出典：文献1より）

表2-5-1　15年間における競泳選手の障害調査（部位別）

	武藤ら (1989)	片山ら (2000)	半谷ら (2010)
競泳	腰 37.1%	腰 24.3%	腰 27.0%
	肩 31.4%	肩 20.1%	肩 17.8%
	膝 20.2%	膝 18.0%	膝 11.8%

泳選手の外傷・障害罹患部位を種目別に比較検討している[3]。それによれば，競泳では「腰・肩・膝」，飛込では「腰・肩・肘」，水球では「肩・手・腰」，シンクロナイズドスイミングでは「肩・腰・膝」の順で障害数が多い結果となっている。すなわち，水泳競技4種目を通じて，腰，肩の障害発生率が高い傾向が示され，その内容として腰部は非特異的腰痛が最も多く，一般に競技レベルの高いスポーツ選手では，椎間板変性ヘルニア，腰椎分離症の発生率が高いとされており，水泳選手においても椎間板変性割合が高いことが報告されている[4]。

③競泳の障害要因

　まず，腰の障害の発症要因として，椎間板変性を促進している可能性のある動作として水泳のキック動作が挙げられる。水泳のキックはうつ伏せの姿勢で股関節を起点に下肢を上下に動かす動作が基本となり，4泳法によってその基本動作は異なる。金岡らは，うつ伏せのキック動作時の股関節の屈曲伸展運動と同時に骨盤の前後傾運動が過剰に生じ，腰椎の過伸展が強制され，L5-S1間に屈曲と伸展ストレスが生じることを脊椎挙動解析装置の実験結果から示唆している[5]。

　また，肩の障害の発症要因として，肩関節の負荷動作が挙げられる。3〜4秒で肩関節のストロークを1回行うとして，25mでは約10ストローク動かす。泳ぎ込みの時期では1回の練習で5,000〜6,000m泳ぐため，1日10,000〜12,000mを練習する計算にすると，肩関節のストローク運

動を1日に4,000〜5,000回行う計算になる。

　これらが腰・肩の障害発生の要因として考えられる。

2 障害の予防と対応

①入水前ウォーミングアップの実践

　練習時，試合時ともにプール入水前にウォーミングアップを行う。ウォーミングアップには，筋温度上昇による筋柔軟性の獲得，関節可動域の拡大，神経筋伝達速度の向上などの効果が認められており，障害予防だけでなく，競技力向上のトレーニングとしても現場で取り入れられている（図2-5-2）。

　ウォーミングアップの内容は大きく2つに分けられる。1つは，ストレッチングを中心とした準備体操のエクササイズ（図2-5-3）であり，もう1つは，筋力発揮を伴う補強運動としてのエクササイズ（図2-5-4）である。

②練習後のリカバリーコンディショニング

　練習後には，疲労部位に対するリカバリーとしてセルフストレッチングを行う（図2-5-5）。ストレッチングは練習後時間を空けずに，プールサイドなどで実施するとよい。

図2-5-2　入水前のウォーミングアップの様子

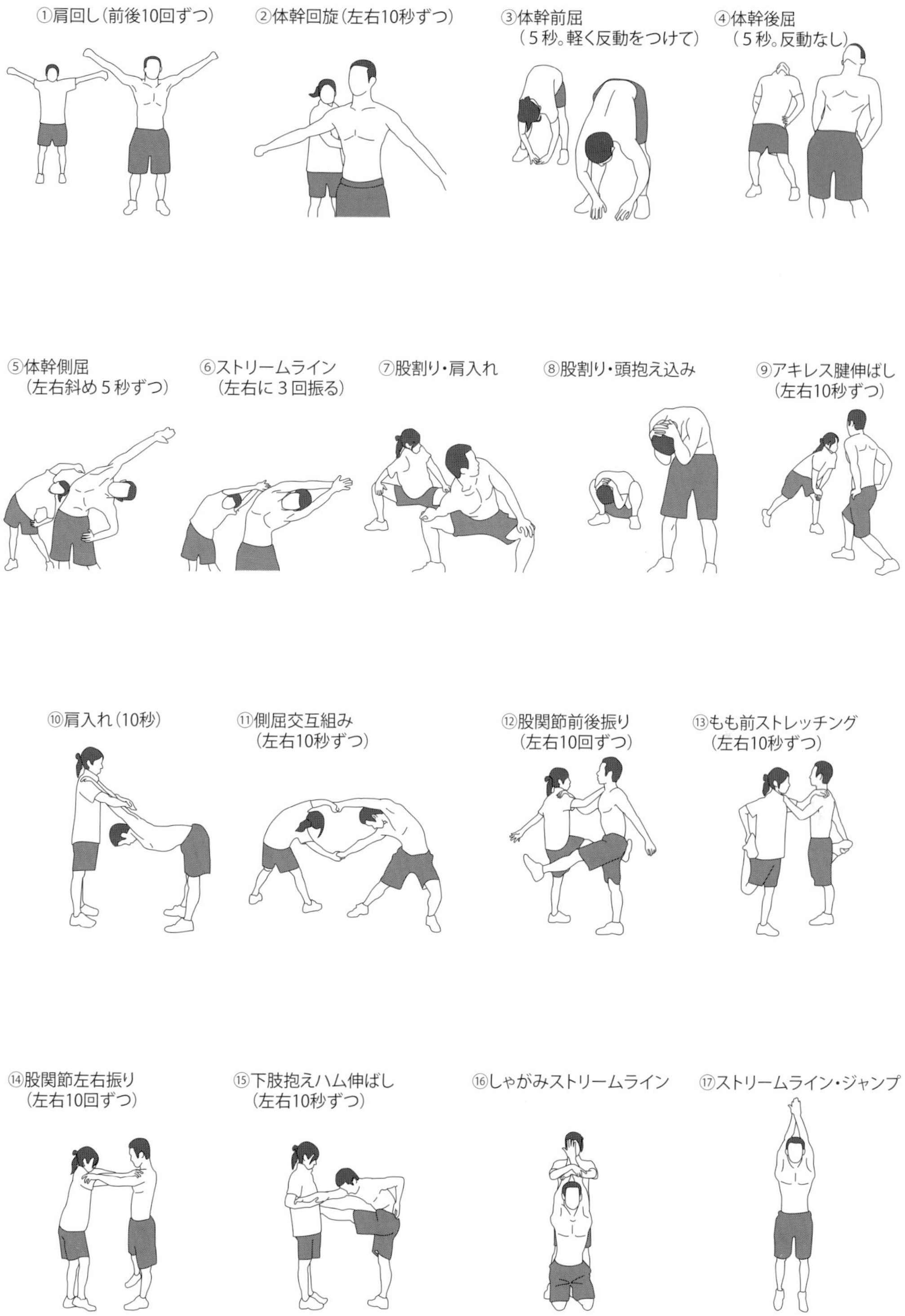

図2-5-3 ストレッチングを中心とした準備体操のエクササイズ
上段（①〜⑨）はセルフ，下段（⑩〜⑰）はパートナーと組んでのエクササイズ。

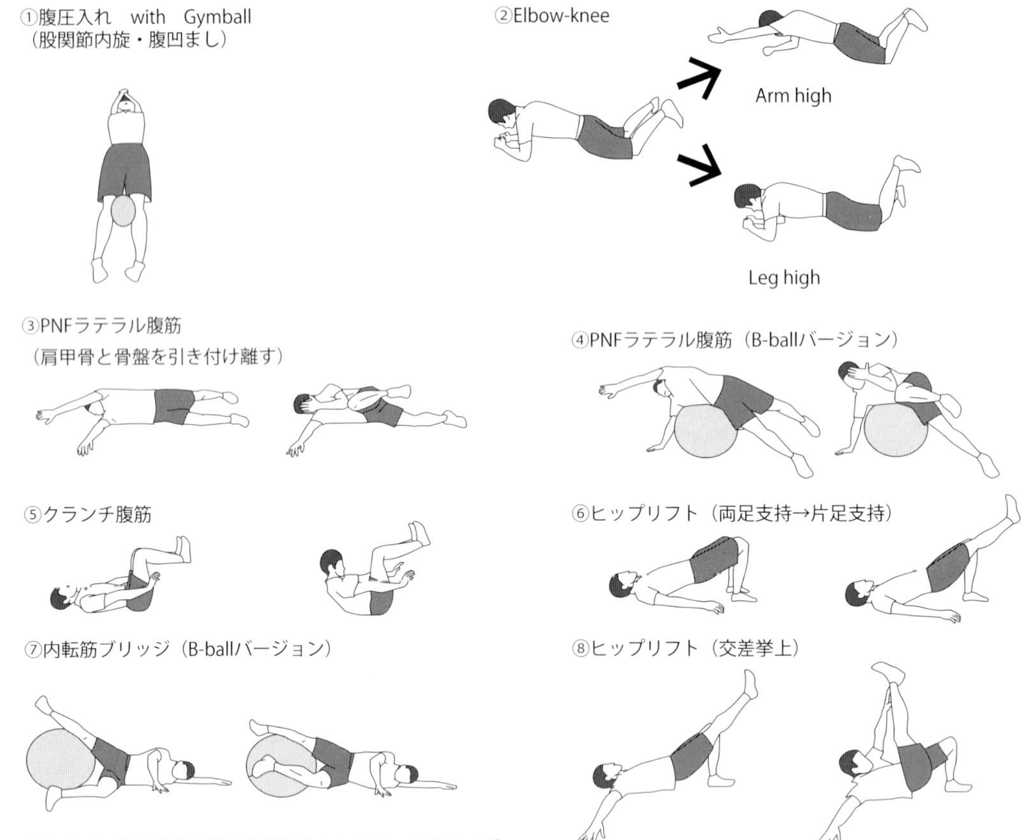

①腹圧入れ　with　Gymball
（股関節内旋・腹凹まし）

②Elbow-knee

Arm high

Leg high

③PNFラテラル腹筋
（肩甲骨と骨盤を引き付け離す）

④PNFラテラル腹筋（B-ballバージョン）

⑤クランチ腹筋

⑥ヒップリフト（両足支持→片足支持）

⑦内転筋ブリッジ（B-ballバージョン）

⑧ヒップリフト（交差挙上）

図 2-5-4　筋力発揮を伴う補強運動としてのエクササイズ

①首前面のストレッチング
（頭を少し反対側に捻りつつ，ゆっくり倒して首の前側を伸ばす。）

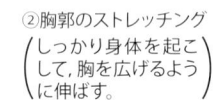

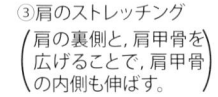

②胸郭のストレッチング
（しっかり身体を起こして，胸を広げるように伸ばす。）

③肩のストレッチング
（肩の裏側と，肩甲骨を広げることで，肩甲骨の内側も伸ばす。）

④肩・上腕三頭筋のストレッチング
（この場所が硬くなると，手が上がりにくくなるので，しっかり伸ばす。）

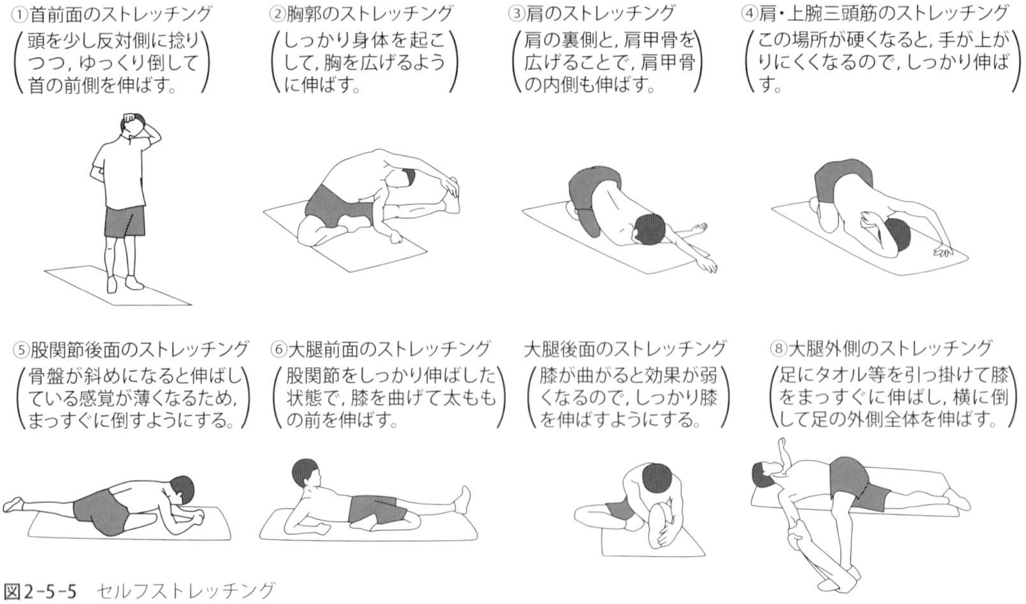

⑤股関節後面のストレッチング
（骨盤が斜めになると伸ばしている感覚が薄くなるため，まっすぐに倒すようにする。）

⑥大腿前面のストレッチング
（股関節をしっかり伸ばした状態で，膝を曲げて太ももの前を伸ばす。）

⑦大腿後面のストレッチング
（膝が曲がると効果が弱くなるので，しっかり膝を伸ばすようにする。）

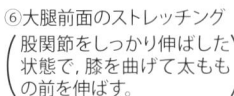

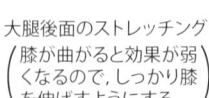

⑧大腿外側のストレッチング
（足にタオル等を引っ掛けて膝をまっすぐに伸ばし，横に倒して足の外側全体を伸ばす。）

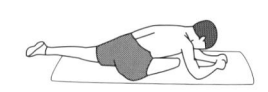

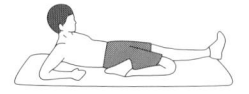

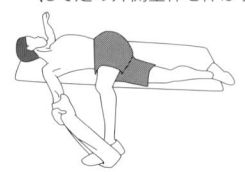

図 2-5-5　セルフストレッチング
自分の伸ばしたい部位・伸びている部位を確認しながら行う。

3 競技力向上のためのコンディショニング

①パートナーストレッチング

　身体各部位の柔軟獲得は競泳におけるパフォーマンスにおいて重要である。前掲のセルフストレッチングだけでなくパートナーストレッチングをさまざまな姿勢で実践する（図2-5-6）。プールサイドにおけるマット上で臥位姿勢（図2-5-7）だけでなく，立位姿勢（図2-5-8）での実施も取り入れていくとよい。

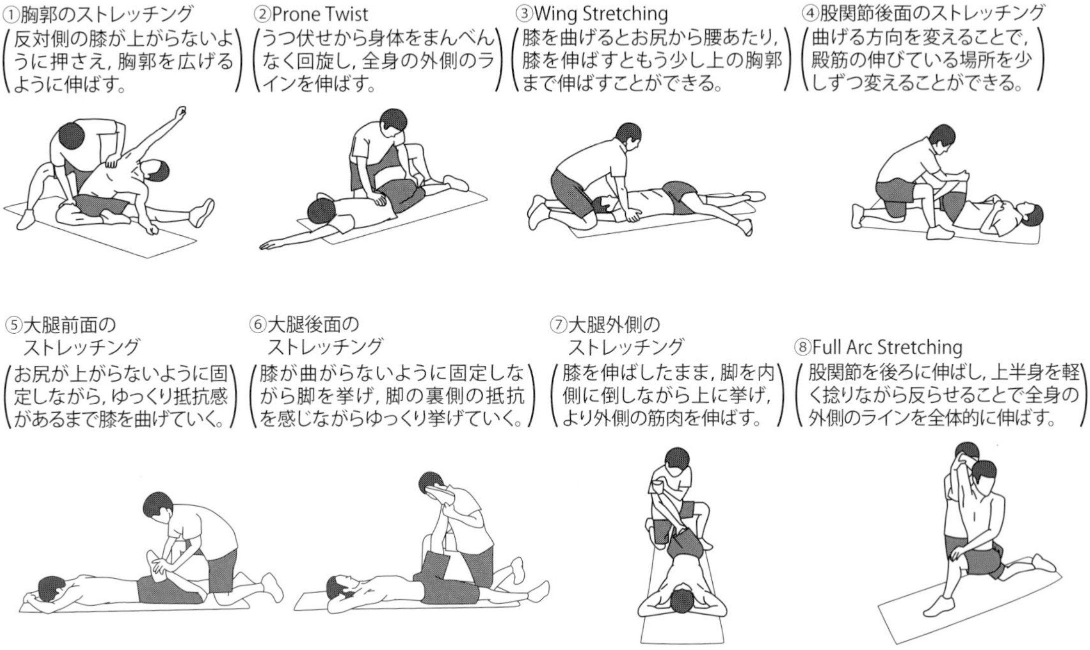

①胸郭のストレッチング
反対側の膝が上がらないように押さえ，胸郭を広げるように伸ばす。

②Prone Twist
うつ伏せから身体をまんべんなく回旋し，全身の外側のラインを伸ばす。

③Wing Stretching
膝を曲げるとお尻から腰あたり，膝を伸ばすともう少し上の胸郭まで伸ばすことができる。

④股関節後面のストレッチング
曲げる方向を変えることで，殿筋の伸びている場所を少しずつ変えることができる。

⑤大腿前面のストレッチング
お尻が上がらないように固定しながら，ゆっくり抵抗があるまで膝を曲げていく。

⑥大腿後面のストレッチング
膝が曲がらないように固定しながら脚を挙げ，脚の裏側の抵抗を感じながらゆっくり挙げていく。

⑦大腿外側のストレッチング
膝を伸ばしたまま，脚を内側に倒しながら上に挙げ，より外側の筋肉を伸ばす。

⑧Full Arc Stretching
股関節を後ろに伸ばし，上半身を軽く捻りながら反らせることで全身の外側のラインを全体的に伸ばす。

図2-5-6　パートナーストレッチング
相手の伸びている感覚を確認しながら，ゆっくり行う。

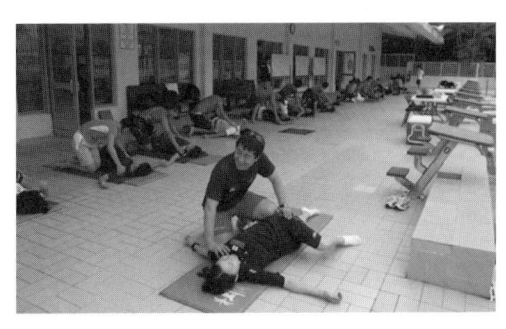

図2-5-7　パートナーストレッチの実際（臥位姿勢） 　　図2-5-8　パートナーストレッチの実際（立位姿勢）

②補助器具を用いた筋バランスエクササイズ

　従来のバランスボール，ストレッチポールなどのエクササイズ器具に加え，最近では，(図2-5-9)のような補助器具で自体重を用いたエクササイズを行うことも多い。「サスペンショントレーニング」といわれるこの類いの器具は多くの会社から製品が出ており，持ち運びが簡単で重力と自重を活用するため，簡単に負荷の調節ができ，機能的な複数のエクササイズが可能である。

　水泳に必要なバランス，柔軟性，体幹安定性を同時に鍛えるために，現在では水泳現場で工夫し取り入れられている。

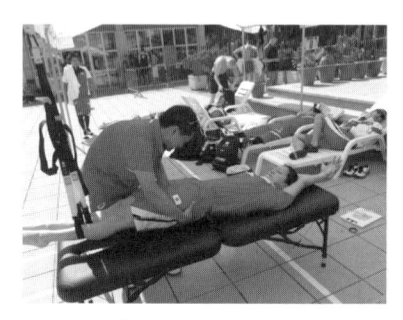

図2-5-9　補助器具で自体重を用いたエクササイズの実際

［桑井太陽］

[参考文献]
1) 小泉圭介, 半谷美夏, 金岡恒治, 奥脇透. (2010)「一流競泳選手に対する世代別・泳法別障害既往調査」『日本臨床スポーツ医学会誌』18(4)：5170.
2) 小泉圭介, 金岡恒治. (2012)「水泳」『JOURNAL OF CLINICAL REHABILITATION』21(3)：291-297.
3) 半谷美夏 ほか. (2010)「一流水泳競技選手のスポーツ外傷・障害の実態　国立スポーツ科学センタースポーツクリニック受診者の解析」『日整外スポーツ医会誌』30(3)：161-166.
4) Hangai, M. et al. (2010)「Relationship between low back pain and competitive sports activities during youth.」『Am J Sports Med』38(4)：791-797.
5) 金岡恒治 ほか. (2007)「微少重力環境における脊椎挙動解析」『宇宙環境利用に関する地上研究の公募　研究成果概要』(http://www.jsforum.or.jp/)

第 3 章

飛込

SECTION 1. 飛込競技概説
SECTION 2. 飛込の科学
SECTION 3. 飛込のコーチング
SECTION 4. 飛込のトレーニング
SECTION 5. 飛込選手のコンディショニング

飛込競技概説

SECTION 1

1 飛込競技

　飛込競技（Diving）とは，飛込台から空中に舞い，水面に没するまでの演技の完成度を競い合うスポーツ種目である。それらは演技の美しさ，豪壮さ，正確さの観点から総合的に評価され，各演技の合計得点によって順位が決定される。

　スポーツ競技としては，採点種目としてのシンクロナイズドスイミングやフィギュアスケートなどと共通する部分も多く，卓越した技とともに表現される美しさは"みるスポーツ"としての価値を高め，多くの人々に感動と憧れを提供することができるスポーツである。

　また採点種目としての特性から，演技の習得段階より常に客観的な視点による観察と指導が必要となるスポーツでもあり，その点においてもコーチの重要性が強調される。さらに数あるスポーツ種目の中でも，恐怖心の克服をはじめ，スポーツとしての安全性確保の上においてコーチの果たすべき役割は大きく，その専門性は高く認識される必要がある。

①競技種目

　飛込競技は，堅硬な固定台（Platform）から踏み切って飛び込む「高飛込」と，弾力のある飛板（Springboard）から踏み切って飛び込む「飛板飛込」とに大きく分けられ，それぞれ男子と女子に分かれて競技が行われる。

　「高飛込」は，水面からの高さが5 m，7.5 m，あるいは10 mの所に設けられた固定台から行う飛込で，この高さを利用したダイナミックな演技ができるところに特徴がある。

　「飛板飛込」は，水面からの高さが1 m，あるいは3 mの所に設けられた飛板を使用して行う飛込で，飛板がもつ弾性を巧みに利用して優美で力強い演技ができるところに特徴をもつ。

　2000（平成12）年のシドニーオリンピックからは，選手2人が同時に演技し，その同調性も含めて採点する「シンクロナイズド・ダイビング」が新種目として採用された。これは1996（平成8）年のアトランタオリンピックを控えた時期に，その組織委員会がすべての種目に対して，テレビ視聴率向上の観点からの改善を指示したことによる成果として生まれたものである。

　また，2013（平成25）年には，国際水泳連盟（Fédération Internationale de Natation：FINA）主催の世界水泳選手権バルセロナ大会において，男子27 m，女子20 mの高さからの「ハイダイビング」が正式種目として実施された。他の種目は競技施設としての飛込プールで行われるが，この大会では自然の地形を利用した場所で行われた。また，2014（平成26）年から，新たに「チームダイビング」の種目が設けられた。これは男女1名の組み合わせで，3 m飛板と10 m飛込台の両方を使用し，それぞれが交互に3演技ずつ行ってチームの総合得点を競い合うものとして位置付けられた。

②演技の種類

　飛込の演技については，FINAが定める競技規則により，以下のグループ分けによる演技種

目の整理がなされている。

[飛込の「群」]

演技を開始する際の踏み切りの向きや方法と，飛び込む方向によって，次の6つのグループに分けられている。

● 第1群・前飛込 (Forward Group)

台または飛板から前向きで踏み切り，続いて前方向に回転して飛び込む種目。

● 第2群・後飛込 (Back Group)

台または飛板の先端に後ろ向きに立ち，踏み切った後，続いて後ろ方向に回転して飛び込む種目。

● 第3群・前逆飛込 (Reverse Group)

台または飛板から前向きで踏み切るが，続いて後ろ方向に回転して飛び込む種目。

● 第4群・後踏切前飛込 (Inward Group)

台または飛板の先端に後ろ向きに立ち後方に踏み切るが，続いて前方向に回転して飛び込む種目。

● 第5群・捻り飛込 (Twist Group)

踏み切った後に，空中で捻り動作(身体縦軸の回転)が加わった演技種目。

● 第6群・逆立飛込 (Armstand Group)

高飛込のみでの群であり，台の先端に逆立ちをした姿勢から演技を開始する種目。

[飛込の「型」]

演技のフォームについては以下の型に分けられており，それぞれの演技は必ずいずれかの型によって演技されなくてはならない。

● A：伸型 (Straight Position)

腰や膝を曲げることなく，身体を手先から足先まで常に伸展させた型。

● B：蝦型 (Pike Position)

身体を腰の部分で深く折り曲げて蝦のような姿勢をとり，膝と足先はよく伸ばした型。

● C：抱型 (Tuck Position)

腰と膝を深く曲げ，脚を揃えて抱え込み，身体全体をできるだけ小さくまとめた型。この場合も足先だけはしっかりと伸ばすようにする。

● D：自由型 (Free Position)

宙返りを伴った捻り飛込の演技のみに用いられる型で，演技の途中いずれの時期においても伸型，蝦型，抱型を自由にとることができる。

[種目番号と難易度]

飛込競技におけるすべての演技種目には，3桁もしくは4桁の数字とアルファベット1文字の組み合わせによる固有の番号が付されており，それらは群番号，途中宙返りの有無，宙返りの回数，捻りの回数，演技の型を表している(図3-1-1)。

飛込競技では，審判員によって10点満点で評価される評点に，各演技種目の難易度を表す係数を乗じて得点としている。この難易度は，宙返り，空中姿勢，捻り，踏切，入水といった要素よって構成されており，1.2 (101C：前飛抱型)～4.8 (309B：前逆宙返り4回半蝦型)の範囲で個々の演技種目ごとに明示されている。

この難易度は，選手として競技会に出場する場合の作戦として必要なことであるとともに，競技を観戦する上でも興味を高めるものである。

③ 競技会

国際大会をはじめ通常の公式競技会では，男女ともに10mの高飛込と3mの飛板飛込を中心として行われることが多い。男子の演技種目は，飛板飛込・高飛込ともにすべての群より選択された異なる6演技種目で構成され，女子の演技種目は，飛板飛込ではすべての群より選択された異なる5演技種目，高飛込では異なる群より選択された異なる5演技種目で構成される必要がある。なおこれらについては，各競技会規則によって異なる場合もある。

演技は審判長の指示のもとに行われ，審判員は，1)開始の姿勢とアプローチ，2)踏切，3)空中演技，4)入水，の各要素を考慮して演技全体の印象にもとづき，以下の基準で採点を行う。

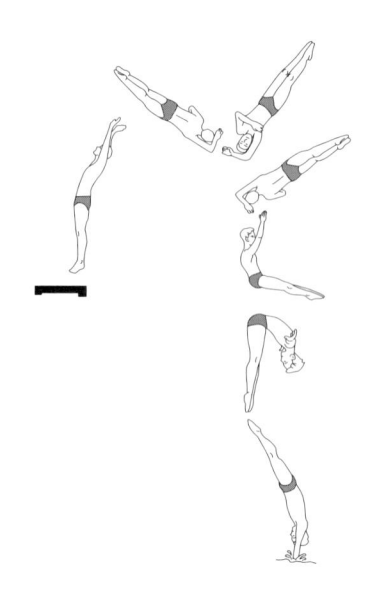

（種目名）　後宙返り1回半1回半捻り自由形（難易度2.5/5 m）
（種目番号）　5　　2　　3　　3　　D
　　　　　　群番号　踏切　回転数　捻り回数　型

図3-1-1　種目番号の構成と演技種目例

〈採点基準〉
・完璧なもの（Excellent）　　　　　　　10点
・非常に良好なもの（Very good）　8.5～9.5点
・良好なもの（Good）　　　　　　　7.0～8.0点
・完成したもの（Satisfactory）　　　5.0～6.5点
・未完成なもの（Deficient）　　　　2.5～4.5点
・失敗したもの（Unsatisfactory）　　0.5～2.0点
・全く失敗したもの（Completely failed）0点

複数（5～7人）の審判員による採点から上下の点数を省き，3名の合計点に難易度を乗じたものが得点となり，各演技ごとにアナウンスされて競技会は進行する。なお「シンクロナイズド・ダイビング」では11名（同調審判5名，演技審判3名＋3名）を基本とした方式で行われる。

2 飛込競技の推移と現状

①国際的状況

飛込競技がオリンピック大会において最初に正式種目となったのは，第3回となる1904（明治37）年のセントルイスオリンピックであり，男子10 mでの高飛込が行われた。続く1908（明治41）年のロンドンオリンピックでは男子3 m飛板飛込が加わり，1912（大正元）年のストックホルムオリンピックで初めて女子10 m高飛込が行われるようになった。1916（大正5）年のベルリンオリンピックは中止となり，1920（大正9）年のアントワープオリンピックから女子3 m飛板飛込が加わって現在の4種目の基礎ができたといえる。その後1973（昭和48）年からは世界選手権大会，1979（昭和54）年からはワールドカップが開催されるようになり，現在ではその他にも多くの国際大会が開催されている。

国際的な競技力に関して，これまでのオリンピックにおけるメダル獲得者数および総獲得メダル数で比較してみると，次の3ヵ国がトップ3であり飛込強豪国といえる。なかでも2008

(平成20)年の北京オリンピックでは，飛込競技全体で8個の金メダルのうち7個を獲得した中国の競技力には目を見張るものがある。

〈オリンピックにおけるメダル獲得者数および総獲得メダル数〉

	（男子）	（女子）
1位 アメリカ合衆国	46人 70個	40人 62個
2位 中国	21人 30個	15人 29個
3位 ドイツ（東ドイツ含む）	15人 15個	12人 15個

②**国内的状況**

わが国においては，1917（大正6）年に東京YMCAで第1回の競技会が開かれ，1m飛板飛込が行われた。1924（大正13）年には大阪の茨木中学校に5mの固定台ができ，翌1925（大正14）年には東京玉川プールに国際規定による飛込台が設置され，第2回明治神宮大会兼日本選手権大会として初めての本格的な競技会を開催した。国際大会へは，1928（昭和3）年の第9回アムステルダムオリンピックから参加するようになった。オリンピック大会では，第11回のベルリンオリンピックにおける柴原恒男選手の男子飛板飛込第4位，大澤礼子選手の女子高飛込第4位の成績が日本飛込界の頂点であり，オリンピックではいまだにメダルを獲得していない。

近年では競技力向上の成果もみられ，第25回のバルセロナオリンピックで金戸恵太選手が男子高飛込において64年ぶりに8位入賞，第26回のアトランタオリンピックで元渕幸選手が女子飛板飛込において戦後36年ぶりに6位入賞，第27回のシドニーオリンピックでは寺内健選手が男子飛板飛込8位，高飛込5位入賞を果たした。翌2001（平成13）年に福岡で開催された世界選手権大会においては男子飛板飛込で寺内健選手が銅メダル，女子高飛込シンクロで宮嵜多紀理・大槻枝美の両選手が銅メダルを獲得し，初の世界大会でのメダル獲得となった。2012（平成24）年のロンドンオリンピックでは，中川真依選手1名の代表出場であったが決勝進出には至らなかった。種目特性の観点からは日本人に適性の高い種目であると考えられ，選手層の開拓，指導者の充足，設備の充実，指導方針の整備等，全体的な強化システムの新たな構築が求められる。　　　　　　［吉田　章］

[参考文献]
1) 日本水泳連盟飛込委員会 (2014)『飛込競技規則』.
2) 日本水泳連盟 (2005)『水泳コーチ教本［第2版］』大修館書店
3) 吉田章. (1987)「飛込競技」日本体育協会 監修.『最新スポーツ大事典』pp.893-897. 大修館書店
4) FINA. (2013) DIVING MEDALLISTS AND STATISTICS. (http://www.fina.org/H2O/docs/histofina/HistoFINA_DV.pdf)

飛込の科学

SECTION 2

　地球上のすべての物体は地球の重力の影響を受け，運動の法則に従って運動する。飛込選手も1つの物体として考えれば，地球上に働くさまざまな力の影響を受けることになり，またその力を利用して演技が行われる。そのため，運動力学の法則を理解してそれを指導に生かすことは，選手を安全に指導するために必要不可欠なことであり，理論的に指導する上でとても大切なことである。ここでは，飛込競技の一連の演技を，「踏切動作」「宙返り・捻り動作」「空中姿勢」と分けて考えることにし，それぞれの局面において，運動力学の法則がどのように働いているかを簡単に説明し，それらを指導の場面でどのように生かしていくことができるかを考察する。

1 踏切動作

　「踏切動作」とはここでは，飛板やプラットフォームを踏み込んでから足が離れるまでの動作のこととする。踏切動作で最も求められるものは，高さのある演技を行うための動作である。高さのある演技は審判員からの評点が高いのはもちろん，滞空時間が長くなるので，より難易度の高い種目にも対応できる。高さのある演技を行うためには，飛板やプラットフォームに，より大きな力を加えることである。2つの物体が互いに力を及ぼし合う時，一方に作用する力は他方に作用する力と大きさが等しく，向きは反対であり，これを運動の第三法則「作用反作用の法則」という（図3-2-1）。つまり，飛込選手が飛板やプラットフォームをある方向に押したとすると，それと同じ力で真逆の方向の力を選手は受けることになる。高飛込の踏切の場合，この力と重心の力の方向への移動距離をかけたものが，選手が受け取るエネルギーとなる。

　エネルギーの変化量＝外からした仕事＝力×重心の移動距離

　選手が受け取ったエネルギーはエネルギー保存の法則より，形を変えても一定に保たれるので，

　高さによる位置エネルギー＝9.8（重力加速度）×質量×高さ

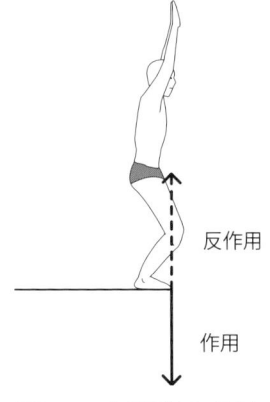

図3-2-1　作用反作用の法則

以上の関係式から，高さは受け取ったエネルギーに比例することとなる。つまり，高く飛び上がるためには大きな力でプラットフォームを押すか，力を加えている間の重心の移動距離を増やす（深くしゃがみこんで，長く押し続ける）ことが必要となる。

　飛板飛込の踏切の場合，弾力性のある飛板を利用して演技が行われる。飛板は，自然の状態から押し下げられると，それを押し戻そうとする力（反発力）が働き，この力を利用して選手は高く飛び上がることができる。飛板は，ばねと同様の性質をもち，飛板をより深く押し下げれば飛板のもつ反発力はより大きくなるという，フックの法則（次の関係式）が適用できる。

　飛板の押し返そうとする力＝ばね定数×変位

　ばね定数は，飛板の性質によって異なるが，1つの飛板ではローラーを最もプール側の目盛「1」にした時が一番大きく，ローラーを最も飛板の支点側の目盛「9」にした時が一番小さい。つまり，飛板の反発力をよりたくさん獲得するためには，ばね定数を大きくして（ローラーを目盛の小さい方に合わせる），飛板をより深く押し下げることであるが，飛板を押し下げる距離が同じである場合に必要な力は，柔らかい飛板（ローラーを目盛の大きい方に合わせる場合）の方が力は少なくて済むので，選手の脚力に合わせたローラー位置の選択が重要である。また，飛板を深く押し下げるためには重力を利用することも大切な方法であり，踏切動作の予備動作として，助走の伴う演技ではより高いハードルステップから踏切動作に入ることと，後踏切などの静止した状態から踏み切る場合には，踵を上げてつま先立ちになり，重心の位置を高く保ったところから踏切動作に入ることで，飛板をさらに深く押し下げることができる。

　また，高さのある演技を行うための踏切動作は，飛板やプラットフォームにぶつかる危険性のない，安全な演技を行うためにも大切である。運動の第一法則「慣性の法則」より，物体は外力が働かないかぎり，静止しているか，等速度運動を続けるという性質がある。重力や空気抵抗のない宇宙空間において，一定の速度をもった物体は一直線上を同じ速度でいつまでも動くこととなる。一方，地球上における飛込選手が，飛び出して空中にいる間には，重力という外力が働く（空気抵抗による力は無視できると考えてよい）ため，鉛直方向には等加速度運動を行い，水平方向には等速度運動を行う。つまり，飛び出す瞬間の鉛直方向と水平方向の速度ベクトルによって，演技の高さや，飛板やプラットフォームからの距離が決定される。ここで，水平方向の速度ベクトルが等しく，鉛直方向の速度ベクトルが異なる場合の踏切を考えてみると，鉛直成分の速度ベクトルが大きい演技の方が，放物線の頂点は飛板やプラットフ

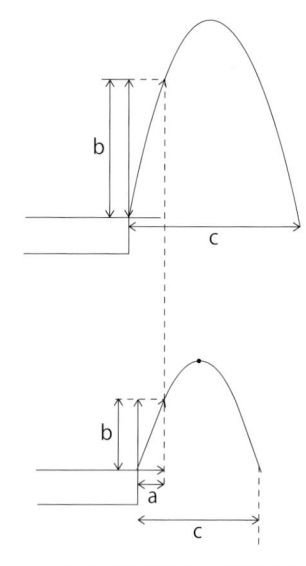

図3-2-2　飛び出し時の速度ベクトル
飛び出し時の水平方向の速度ベクトル (a) が同じでも，鉛直方向の速度ベクトル (b) が大きければ，飛板や台からの距離 (c) は大きくなる。

［理解度チェック］
・作用反作用の法則
・フックの法則
・放物運動

［研究問題］
・高さのある演技を行うことはなぜ重要であるか。また，高さのある演技を行うためにはどのようなことが必要であるか。

ォームの先端よりも離れていく（図3-2-2）。つまり，高さのある演技ができるということは，飛板やプラットフォームにぶつかる危険性の少ない演技ができるということでもある。そのため，難易度を上げるために回転数を増やすことよりも前に，まずは飛板やプラットフォームからの距離が十分ある，高さのとれた飛出しの練習をしておく必要がある。

2 宙返り・捻り動作

①宙返り動作

物体を回転させようとする働きのことを力のモーメント（トルク）と呼び，次の関係式で表すことができる。

トルク＝力の大きさ×回転軸（重心）と力の作用線との距離

もし，力の作用線が重心を通る場合は，トルクは発生しない（並進運動となる）が，力の作用線が重心を通らない場合はトルクが発生し，回転運動が生じる（図3-2-3）。飛板やプラットフォームからの反力の作用線上から，重心の位置をずらして距離をとるようにすると，トルクが生じて回転が始まる。この時の力の作用線は足の部分を通過している。より多くの回転を得ようとするためには，大きなトルクが必要なので，重心の位置を回転したい方向に大きくずらすか，より大きな反力を得るために，飛板を深く押し下げたり，プラットフォームに大きな力を加えたりする必要がある。

前宙返りの場合は，腕をしっかり伸ばし，背骨を曲げないようにするために目線は前方に向けて宙返りをかけることで，重心の位置を力の作用線からずらすことができる。また後ろ宙返りの場合も，腕を頭上に挙げた状態で身体を後方へしっかりと倒すことで重心の位置をずらすことができるが，膝が曲がらないように飛板やプラットフォームを足先まで使って押し切ることが大切である（図3-2-4）。後踏切前宙返りや前逆宙返りの場合の回転のかけ方も同様であるが，水平方向への力も加えることで，その反作用として斜め上方への力を得て，安全な距離と逆方向への回転力を得ることができる（図3-2-5）。

また，どの方向への宙返りにも共通することとして，飛板やプラットフォームから足が離れるまでに，トルクを得るための宙返り動作は完了させておく必要がある。回転している物体の勢いの尺度を角運動量といい，それは外部からの力のモーメントが働かないかぎり一定である（角運動量保存の法則）。つまり，飛び出してしまってからいくら宙返り動作を行ったとしても，回転の勢いは変わらないということであり，高飛込の場合では，プラットフォームに力を加えている（押している）間に宙返り動作を行い，飛板飛込の場合では，飛板を最も深く押し下げたところから飛板から足先が離れるまでの間に宙返り動作を行っておくこと

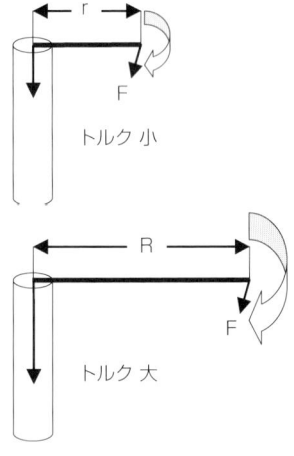

図3-2-3 力のモーメント
加える力の大きさが等しい場合，回転軸から作用線までの距離が大きい方がトルクが大きくなる。

[理解度チェック]
・トルク
・角運動量保存の法則

[研究問題]
・前宙返り1回半と前宙返り3回半では，どちらの方が身体を前に倒さなければならないか。
・空中に飛び出してから角運動量を増やすことはできるか。

図3-2-4 姿勢の違いによるトルクの違い
上の図よりも下の図の方が重心と力の作用線との距離が大きいのでトルクも大きくなる。

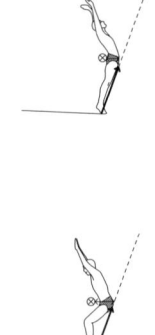

図3-2-5 前逆宙返りと後踏切前宙返りのトルクの発生メカニズム

が効率のよい宙返り動作であるといえる。特に飛板飛込では、飛板を最も深く押し下げた時に腕が頭上にあり、飛板の跳ね返りに合わせて宙返り動作が行えているかを指導のポイントに置くとよい（図3-2-6）。

②捻り動作

捻りのメカニズムにはいくつかあるが、大きく分けて飛板やプラットフォームに足がついている間に捻る方法と、空中に飛び出してから身体の姿勢を変化させて捻る方法がある。選手はどちらか一方の方法によって捻り動作を行うわけではなく、両方の方法を使って捻り動作を行っている。

[飛び出すまでの捻り]

これは足または腕（逆立ちの捻り）が飛板やプラットフォームから離れるまでに捻りの動作を開始して、トルクを得る方法である。ルール上は、飛び出すまでに捻りの動作を開始してはならないが、例えば腕の振りの左右のずれや、ほんの少しの胸のねじれといったように、身体の一部分が左右非対称になることであり、体全体が捻り出すものではない。しかし、この捻り動作の出現のタイミングが早すぎると、宙返りの角運動量が不十分となり回転不足となったり、宙返りの軸が水平ではなくなり、身体が傾いて入水してしまったりすることがある。

[空中における姿勢の変化による捻り]

この動作の1つ目としてあるのが、前宙返り系の捻り動作によく用いられる動作である。この場合には、股関節を屈曲した状態で、まず上半身を捻る。もし身体を伸展したままであれば、下半身の縦軸まわりの慣性モーメント（回転する物体の回しやすさ・回しにくさを表す量）は小さい（回しやすい）ので、上半身を捻ろうとしても下半身が逆方向に回転してうまく捻ることができない。しかし、股関節を屈曲しているので、上半身の軸に対する下半身の慣性モーメントはかなり大きく、上半身を

図3-2-6 トップダイバーによる飛板を最も深く押し下げた時の姿勢

[研究問題]
・後ろ宙返り系の捻り動作の方法を2つ挙げよ。

図3-2-7 空中姿勢の変化と捻り

捻ってもその反作用による回転は小さい。このようにしてまず上半身を捻り，次に下半身を捻るというようにして捻り動作が発生する方法である（図3-2-7）。

次に，後ろ宙返り系の捻り動作によく用いられる方法が，宙返りの角運動量の分解による捻りである。回転している時に，左右対称の姿勢からどちらか片方の腕を振り下ろして左右非対称の姿勢を作ると，身体の回転軸が傾き，捻りが生じる。例えば，後ろ宙返りにおいて頭上にある左腕を体側に沿って振り下ろすと，回転軸は右側へ傾き，捻りが生じる。空中では角運動量は保存されるが，このような状態では宙返りの角運動量は身体の横軸まわりの成分（宙返りの成分）と縦軸まわりの成分（捻りの成分）に分けられ，2つの回転軸まわりに身体が回転することになる（図3-2-8）。

3 空中姿勢

前述のとおり，空中に飛び出した選手の角運動量は一定に保たれる。角運動量は次の関係式で表すことができる。

角運動量＝慣性モーメント×角速度（回転速度）

慣性モーメントは，同じ質量の物質でも，回転軸から遠くにあれば慣性モーメントは大きく，回転軸から近くにあれば慣性モーメントは小さくなる（図3-2-9）。慣性モーメントを関係式で表すと次のようになる。

慣性モーメント＝質量×(回転軸からの距離)^2

この式からも分かるように，慣性モーメントは質量よりも回転軸からの距離に大きく影響され，回転軸からの距離が2倍になれば，慣性モーメントは4倍になる。飛込競技の演技において，伸び型よりも蝦型の方が，蝦型よりも抱え型の方が回転しやすいのはそのためである。また，同じ型でも体の締め方によって回転のしやすさは大いに変わってくる。例えば，腰背部が丸くなって頸部も前屈した状態で蝦型の姿勢を作った場合と，腰椎から頸椎までがまっすぐな姿勢で腰を中心に2つ折りになったような状態での蝦型の姿勢を比べてみると，回転軸の中心は身体重心であるので，腰背部が丸まった姿勢の蝦型の方が軸の中心は腰部側になってしまう。そのため，回転軸（身体重心）と足先までの距離が大きくなるので，慣性モーメントも大きくなってしまう（図3-2-10）。また，そのような蝦型の姿勢で宙返りを行った場合，飛板やプラットフォームに足をぶつけてしまう危険性がある（図3-2-11）。

トルクによって得られた角運動量は，空中にいる間は一定である。前述の角運動量の式から，空中姿勢（慣性モーメント）を変化せることによって，角速度（回転速度）を変えることができる。フィギュアスケー

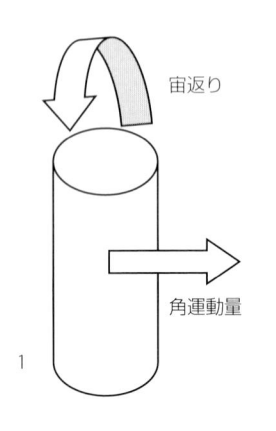

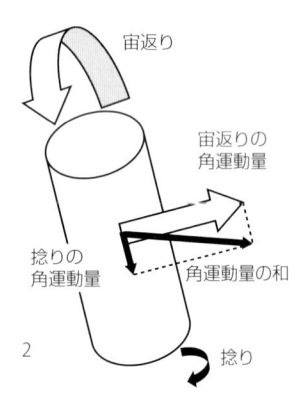

図3-2-8 宙返りの軸
1は捻りなし，2は捻りあり。

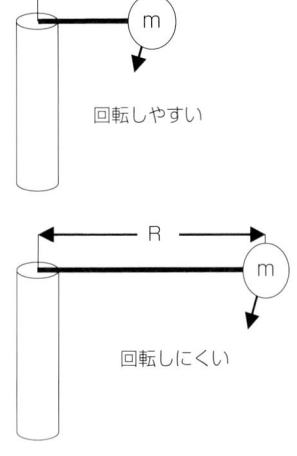

図3-2-9 慣性モーメント
質量が等しい場合，回転軸からの距離が小さいほど慣性モーメントが小さく，回転しやすい。

図3-2-10 空中姿勢の違いによる身体重心位置の変化（その1）

図3-2-11 空中姿勢の違いによる身体重心位置の変化（その2）

同じ放物線を身体重心が通ったとしても，台から足先までの距離は姿勢の違いによって変化する。

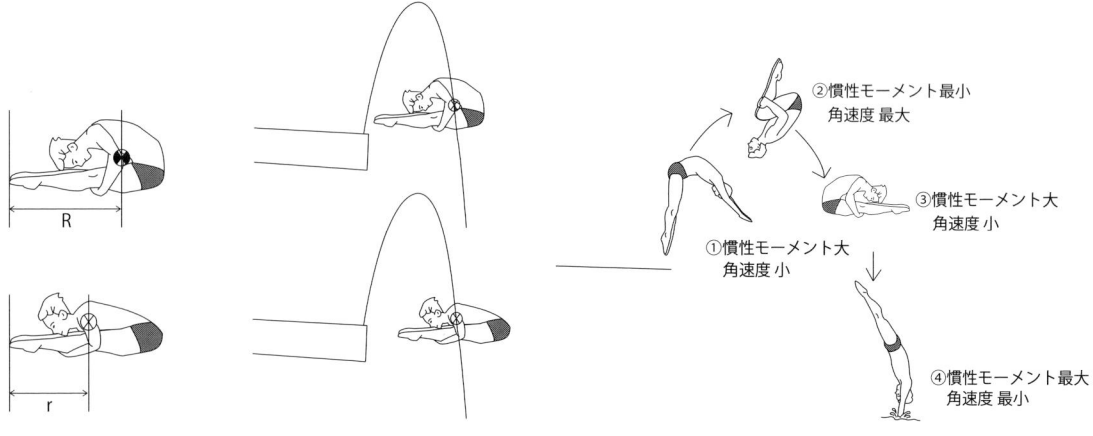

図3-2-12 慣性モーメントと角速度の関係

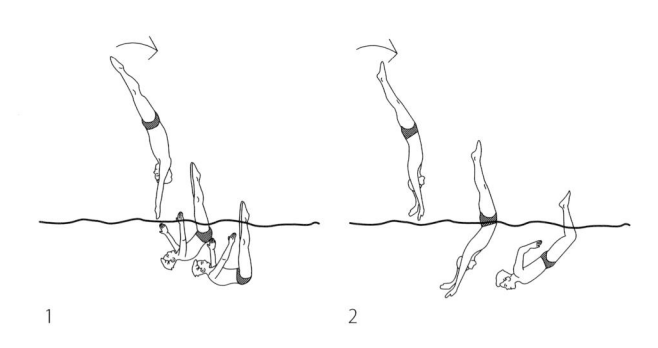

①慣性モーメント大　角速度 小
②慣性モーメント最小　角速度 最大
③慣性モーメント大　角速度 小
④慣性モーメント最大　角速度 最小

図3-2-13 アンダーウォーターテクニック（セービング）
1は前方回転の入水，2は後方回転の入水。

トのスピンでは，腕を大きく広げると回転がゆっくりとなり，腕を胸に抱え込むようにすると回転のスピードが増したりするように，空中に飛び出したらすばやく回転半径の小さい姿勢を作って（慣性モーメントを小さくして）角速度を増し，入水する前に身体を大きく伸ばして（慣性モーメントを大きくして）角速度を小さくして入水できるように角速度をコントロールしたりすることができる（図3-2-12）。ただし，着水する時には角速度が完全に0になるわけではなく，回転方向に身体は傾いていく。そのため，入水した際に水中で身体を折り曲げたり，膝を曲げたりして，まっすぐに入水しているかのようにコントロールすることが必要となる（図3-2-13）。

［吉田理知］

[理解度チェック]
・角運動量
・慣性モーメント

[研究問題]
・伸び型，蝦型，抱え型での慣性モーメントを小さい順に並べよ。
・回転速度を増すために，空中に飛び出してから大切なことはなにか。

飛込のコーチング

SECTION 3

1 コーチングの基礎

　コーチングの基礎となるのは，選手のやる気と自主性を引き出すコミュニケーションスキルである。

　ここでいう「やる気」とは，高い目標を掲げ，苦しいことやつらいこと，飛込での恐怖心に打ち克ち，自分から進んで，目標を成し遂げようとする意欲のことである。コーチはこのやる気を認識した上で，選手と一緒に適切な目標を設置し，選手の「やりたい」や「やれる」を引き出しながら，選手の目標達成と自己実現を支援することが大切である。その際，飛込の高次の楽しさを追求する人ほど，技術，体力，心理面のレベルが高く，練習量やスポーツ実施程度が高くなることを踏まえなければならない。

　アメリカの心理学者，アブラハム・マズロー（A.H. Maslow）が「人間は自己実現に向かって絶えず成長する生き物である」と仮定し，「欲求段階説」を主張した。これによると人間の基本的欲求とスポーツの目的設定は密接にかかわっている。

〈マズローの欲求段階説と飛込競技の実際〉
　1）生理的欲求
　　本能的・根源的欲求（スポーツの観戦や応援，レクリエーションなどの楽しさの追及）。
　2）安全の欲求
　　安全性，経済的安定性，良い健康状態の維持，運動欲求の充足。
　3）所属と愛の欲求
　　人間関係（チームメイトや指導者）の向上や所属（チーム）との安定。
　4）承認の欲求
　　自分が集団から価値ある存在と認められ，尊重されることを求める欲求（「優勝したい」「金メダルがとりたい」）。
　5）自己実現の欲求
　　自分の可能性や限界への挑戦（演技種目の完成度，高難易率種目の挑戦）。

[ポイント]
・コーチングの基礎となるのは，選手のやる気と自主性を引き出すコミュニケーションスキルである。
・選手の可能性を認め，環境を整え，能力を最大限化するのがコーチとしての役割である。

選手は誰でも可能性をもっている。その可能性を認め，環境を整え，能力を最大限化するのがコーチとしての役割である。

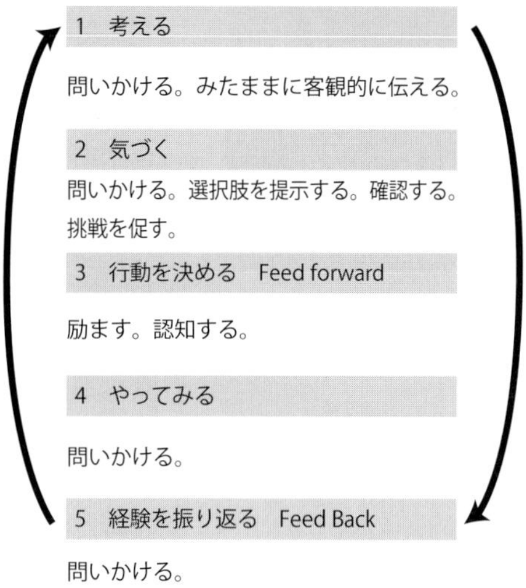

2 コーチングのアプローチの実際

選手の練習に際し，どのタイミングでコーチング的アプローチをするのかが非常に重要である。

そこで考えるのが学習のサイクルである。図3-3-1のように，選手自身が考えたり，気づくといった学習のサイクルを考慮した上で，タイミングよくコーチが問いかけたり，選択肢を提示したり，励ましたりすることが，選手の成長を促すことになる。

3 選手育成のポイント

飛込選手を育成するということは，飛込競技に適した身体的能力および技術力を伸ばし，より難易度の高い種目の完成度を高めていくことへと導いていくことが土台となる。

飛込競技は技術スポーツである。短期間で選手が成長することは稀であり，日々地道に鍛錬を重ねることが選手・コーチに求められる。

もちろん，飛込競技に適していると思われる，恐怖や不安に負けないポジティブな強い精神力と，手足の長いプロポーションに柔らかく強靭な筋力をもった選手を初心者向けの教室などで発掘したり，他競技（体操・トランポリンなど）の指導者などと技術的メソッドを共有したり，選手を紹介してもらうなどすることは，よい選手を育てる近道ではある。日本の現状として，さらに他競技との連携を深めるべきであるが，しかし飛込独自で選手の欠点を克服させる技量を身につけさせることは最も大切な指導の役割である。

なお，指導の重点として柔軟性や姿勢，筋力の改善が大きな割合を占めている。これらのトレーニングは時間をかければかなり矯正されるが，ジュニア期に行わないと年齢をある程度重ねたところから矯正することは難しいと考えられる。

4 練習環境の確保

飛込競技という特殊なスポーツに子どもたちをかかわらせるのには練習環境の確保は不可欠である。ここ最近増えてきたと思われる飛込の施設だが，公営の施設が圧倒的に多いという現状からまだその利用に際しては制約が多く，年間を通じて効率のよい練習を積ませるのにはさまざまな方面からの協力を得ることが大切である。

さらに近年FINAのルール上，ドライランドの併設が不可欠とされ

1	考える

問いかける。みたままに客観的に伝える。

2	気づく

問いかける。選択肢を提示する。確認する。挑戦を促す。

3	行動を決める　Feed forward

励ます。認知する。

4	やってみる

問いかける。

5	経験を振り返る　Feed Back

問いかける。

図3-3-1　学習のサイクルとコーチングの実際

[ポイント]
・選手の学習サイクルを考慮した上で，タイミングよくコーチングすることが重要である。

図3-3-2 中国・西安におけるドライランドの施設

[ポイント]
・飛込競技は特殊な競技であるために選手育成には適した人材を発掘するということも重要なポイントである。
・特殊な競技ということは練習環境を確保するのにもさまざまな方面への働きかけや協力が必要となる。
・選手育成，環境確保ともに理想と現実をみきわめ，ベストな道を常に探求することが現在の日本の指導者には求められている。

ている。プールでの練習のみならず，陸上での動き作り，感覚作りは競技力向上の観点で重要であり，そのための施設整備はまだまだ遅れている（図3-3-2）。

また，選手を取り巻く環境として保護者の理解と協力も挙げられる。競技力を向上させるのには幼い時期からの積み重ねが重要である。このことは他のスポーツでも周知の事実で，練習場への行き来や経済的な負担等は避けられない。そのため，選手にいくらやる気があっても家族が同じ価値観をもっていないかぎり，長期的な練習を積むことは難しい。選手だけでなく親とのコミュニケーションも密にし，競技への理解を深め，喜びを共有してもらうことが大切である。

さらに，選手の所属する学校をはじめとする関連団体も考えなければならない。飛込のクラブをもっている学校は少ないことから，飛込の練習，大会等に参加するという活動を認めてもらう必要が生じる。そのため，常に学校関係者，中学校・高等学校体育連盟，学生委員会，各水泳連盟などと情報を共有し合う関係を保つことに配慮しなければならない。

5 ジュニア期のコーチング

ジュニア期といっても幅が広すぎる観もあるが，ここでは初心者も含めて扱うことにする。

①興味をもたせる

当たり前のことであるが子どもたちに興味がなければ競技を始めることもない。特に飛込のような特殊なスポーツはまず知ってもらうということから始めなければいけないので，さまざまな形態を利用して体験してもらう機会を作るということが第一歩である。

そして，恐怖や不安に打ち勝つだけのおもしろさ，楽しさ，充実感を体験させることが長く競技を続けさせるポイントでもある。特に子どもたちには，時に飛込以外のことや普段と変えた練習を取り入れることで，楽しさやさまざまな感覚を身につけてもらうことも大切なことである。

②目標をもたせる

飛込を始めたら常につきまとうのが「種目作り」である。

飛込はよほど熟練し，その選手にあった高難易度の種目で固まるまで常に限界の種目に挑戦しつづけなければならない。そのためには「○○で勝つためにはこの種目をマスターすることが必要だ」「全国大会に出場するためにはこの技術を習得することが必要だ」といったような目標の設定は大切である。

③選手の声に耳を傾ける

飛込は採点スポーツである。したがって，本人が実行しているつもりでも審判の目に映らなければなんの意味もない。そのため，演技している選手とみているコーチの感覚やポイントが合ってなければ改善してい

くことは難しい．選手の声に耳を傾け，選手たちが使っている言葉，使わなくなっている言語に気をつけて適切な言葉を用いたコーチングを行うことが重要である．

④マナーを守らせる
　基本的なことであり，初心者からベテランまで共通したことであるが，飛込は時には危険を招くこともあるので下記のマナーをしっかり守らせることが大切である．
　1）前に飛び込んだ人が入水位置にいないことを確認してから飛び込む．
　2）台上でふざけない．騒がない．
　3）飛板上には1人だけ上がる．
　4）前の人が飛び込んだら，速やかに台に上がる．
　5）飛び込んだら，飛んだ台方向にまっすぐ速やかに戻る．

⑤ウォームアップの徹底
　飛込のウォームアップには競技特有の技術練習を入れたものが多い．そのため，ウォームアップとはいえ，「すでに練習中である」という自覚をもたせ，身体的，精神的な準備，さらには練習内容・目的の把握も含めて進めていくことが怪我の予防にもつながる．

⑥体作り
　飛込演技は速いスピードで動くことと，体を固めて保持することの繰り返しで行われるものである．それらを踏まえ，次のようなことが飛込に適した体作りのポイントとなる．
　1）ボディアライメントのための体幹部の筋力強化．
　2）動作・フォームの効率アップからの柔軟性の向上．
　3）美的感覚の点からの柔軟性の向上．
　4）メリハリの利いた動きができるようなトレーニングメニュー．

⑦感覚作り
　飛込に適した感覚作りには，次のようなことがポイントとなる．
　1）飛込は非日常的な動きであることの理解と，さまざまなトレーニングの積極的な取り組み．
　2）トランポリン，陸上板，宙返り練習のできるマット，それらにスパッティングを合わせた練習での宙返りの感覚，目視による確認，空中感覚および空中での姿勢保持の学習．
　3）陸上での踏切動作や入水動作の反復練習．

⑧恐怖・不安の克服
　飛込競技において恐怖感は切っても切れないものである．それゆえ，恐怖・不安とどのように向き合い，克服していくかを学ばせることはとても重要なことである．そのなかでも，"なぜ怖いのか？"を理解させることは早い段階で行うべきである．
　多くの失敗演技は，踏切や空中における恐怖感から正しい動作を行う

[ポイント]
・興味をもたせる。
・目標をもたせる。
・選手の声に耳を傾ける。
・マナーを守らせる。
・ウォームアップの徹底。
・体作り。
・感覚作り。
・恐怖・不安の克服。

[研究問題]
・選手育成のための環境作りを含めたポイントを述べよ。
・初心者指導にあたり気をつけなければならないと思われることを述べよ。

ことができなかったために起こるものがほとんどである。そのため，冷静に判断させ，いくら高いところから落ちてもまったく痛くなかったり怪我をしないことがわかっていれば怖くない。「高いから怖いのではなく，失敗すると痛いから怖いのだ」ということをまず理解させておきたい。

次に，失敗するための技術の習得でなく，「習ったとおりのことを怖さに負けずに行うこと」が失敗を防ぎ，痛い思いをせずに演技を完了させることができるということを心に納め，なすべきことに集中できるような"頭の回路作り"をしてあげることが重要であり，コーチは選手に極力痛い思いをさせないことを常に頭に置くべきである。

6 基本技術とコーチング

①陸上練習のポイント

最近の演技種目の高等化に合わせて演技の80％以上が踏切で決まるといわれている。近代の飛込競技の陸上からプールへの一連の練習は切っても切り離せない密接な関係とされている。

陸上練習は，水中に比べて効率よく反復練習ができるという利点に加え，補助ができるので矯正が容易であるという最大のメリットがある。

理想としては陸上で作り上げた動作を忠実に踏切時に意識しなくても自動化することを目指さなければならない。しかし，プール練習では台に上がると高さや種目への恐怖心からできなくなることも珍しくない。誤った動きを長く続けると悪習になってしまうこともある。

ゆえに，コーチは陸上練習をあくまでも飛び込むための補助練習（分習）であって，陸上練習そのものが演技ではないということを選手に理解させ，練習を行う際にしっかりと台に上がって演技するイメージをもたせることが重要である。

［踏切の練習］

踏切動作には，1群（前飛，前宙返り：図3-3-3），2群（後飛，後宙返り：図3-3-4），3群（前逆飛，前逆宙返り：図3-3-5），4群（後踏切前飛，後踏切前宙返り：図3-3-6）がある。

高飛込ではこれに6群（逆立ち）が加わり，前方向（逆立ち前宙返り：図3-3-7），後方向（逆立ち後宙返り：図3-3-8），前逆方向（逆立ち前逆宙返り：図3-3-9），のそれぞれ3方向に分かれる。

5群（捻り）の演技は上記の6つの群の踏切動作から行われるが，一般的には1群，2群，3群，6群（逆立ちからの捻り演技は6群に分類される）がよく使われている（図3-3-10, 11, 12, 13）。

これらの動作はそれぞれの回転数によって腕を振るタイミングとスピード，飛板や台を蹴るスピードや重心移動スピード等の変化があるが，基本的な姿勢や動きをトランポリン，陸上板・仮設の台などから着地用

図3-3-3　1群
(ホビー・ビリングスレイ：ダイビングイラストレイティド, 1990 より)

図3-3-4　2群
(1993年第1回ワールドダイビングコーチスセミナー資料より)

図3-3-5　3群
(1993年第1回ワールドダイビングコーチスセミナー資料より)

図3-3-6　4群
(ホビー・ビリングスレイ：ダイビングイラストレイティド, 1990 より)

図3-3-7　前方向（逆立ち前宙返り）
(Ronald O'Brien. Springboard and Platform. Human Kinetics. 2003 より)

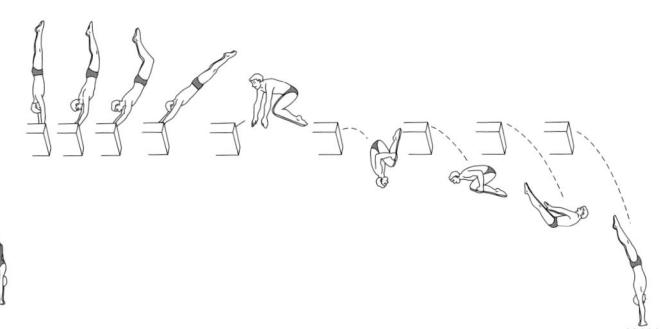

図3-3-8　後方向（逆立ち後ろ宙返り）
(Ronald O'Brien. Springboard and Platform. Human Kinetics. 2003 より)

図3-3-9　前逆方向（逆立ち前逆宙返り）
(Ronald O'Brien. Springboard and Platform. Human Kinetics. 2003 より)

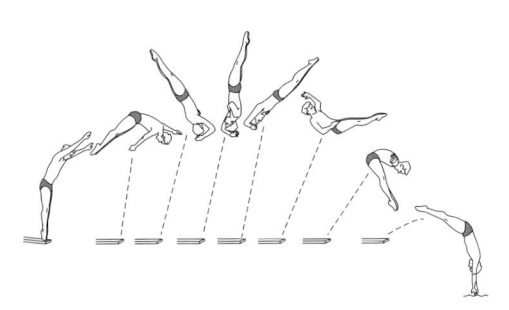

図3-3-10　1群（前宙返り1回半1回捻り自由型）
(Ronald O'Brien. Springboard and Platform. Human Kinetics. 2003 より)

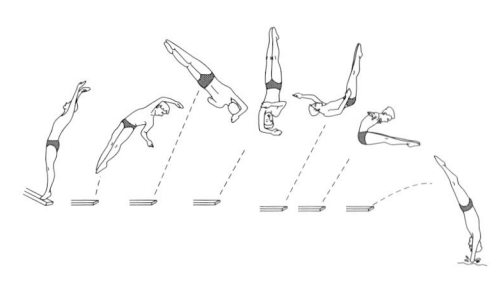

図3-3-11 2群（後宙返り1回半1回半捻り自由型）
（Ronald O'Brien. Springboard and Platform. Human Kinetics. 2003 より）

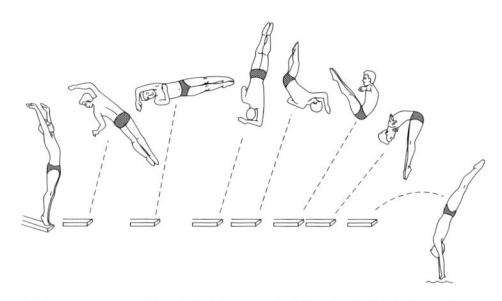

図3-3-12 3群（前逆宙返り1回半1回半捻り自由型）
（Ronald O'Brien. Springboard and Platform. Human Kinetics. 2003 より）

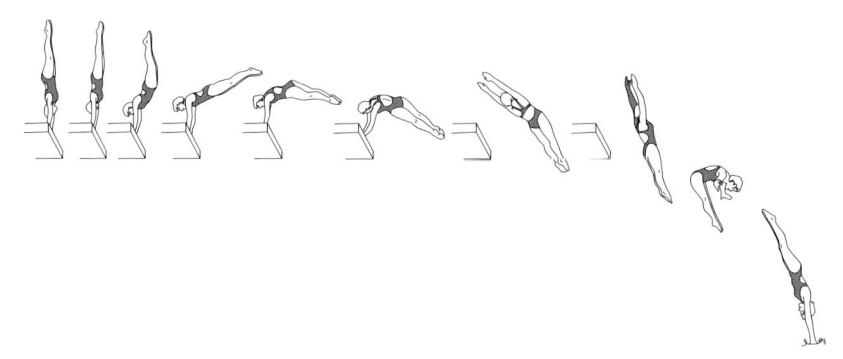

図3-3-13 6群（逆立ち後宙返り1回半捻り自由型）
（Ronald O'Brien. Springboard and Platform. Human Kinetics. 2003 より）

のマットに向けて踏切の練習を繰り返し行い，基本技術を習得しレベルアップするものである。段階を経て各群の宙返りへと移行するが，この時にスパッティングやコーチの手による補助を入れることにより，より安全にレベルアップが図れる。これらの補助は上級者においてもその選手のレベル以上の種目やスピードを体感させるのにも有効である。加えてこれらの練習では各種目において飛板，台からの距離感をしっかりとつかませることも安全に演技種目を習得するためには重要なポイントである。

［入水練習のポイント］

多くの種目を完成させる最後のポイントは入水である。現在の飛込競技の最大の見せ場ともいえる。演技の80％は踏切で決まると前述したが，採点の80％近くはこの入水で決まるといっても過言ではない。もちろん細かい採点基準があり入水だけでは演技の善し悪しを判断することは本来ならば難しいのであるが，飛込競技を知らない人にも一番わかりやすいポイントであるとともに完璧に垂直で美しいラインをしたノースプラッシュ（水しぶきの上がらない入水）は本当に採点を左右し，み

ている人々を惹きつける魅力をもっている。

このノースプラッシュ入水を行うためには手先から足先までのストレートラインを作ることがなによりも重要でこのラインが美しくなければ例えノースプラッシュが出たとしても高得点は望めない。この姿勢作りには踏切の姿勢作りでも重要なボディアライメントの能力が関係してくるので，前述した体幹部の筋力強化や柔軟性が密接に関係してくる部分でもある（図3-3-14, 15）。

図3-3-14　前入水のための陸上練習

[助走の練習]

助走は飛板飛込と高飛込の両方に存在するがまったく異質なもので，高飛込においては1群と1群の宙返りから行われる捻りの演技にしか使用しない。飛板飛込においては1群，3群および両群の宙返りから行われる捻りの演技に使用される。飛板飛込，高飛込双方において助走はより高いジャンプをするのに必要不可欠であるが，飛板飛込においては使用頻度の高さに加え，飛板を利用してさらに大きな反発力を生めるので非常に重要な部分を占める。反面，大きく揺れる飛板を利用するということは小さなブレも最終的には演技に大きく影響してしまうので陸上練習において反復練習を行い，精度を高めることは非常に重要なポイントである（図3-3-16, 17）。

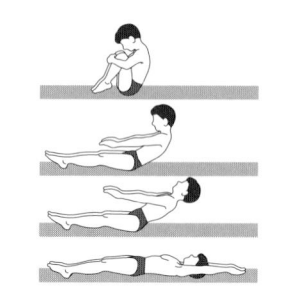

図3-3-15　後入水のための陸上練習

加えて，最近ではハードルステップでのより強い反動を求めてラストステップをジャンプしてから入るステップ（ジャンプ）ハードルを利用する選手も増えてきている。

②**基本技術**

飛込を始めて最初に習得すべき最も基本的な技術としては，前棒飛，後棒飛，前入水，後入水が挙げられる。

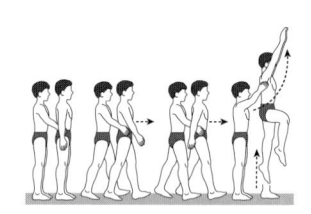

図3-3-16　アプローチからハードルまでの陸上練習の例
（カナダ飛込連盟編：ダイビングインストラクションマニュアル，1975より）

[前棒飛]

前棒飛は，単に前方にジャンプして足から水に入るというものである（図3-3-18）。これは陸上で容易に練習できるのでイメージもしやすい。陸上で練習をしたら，プールサイドから行い，それができたら1m飛板へと移行する。初めは先端から直立の姿勢から行い，その場での1回ジャンプ，2回ジャンプ，複数回ジャンプ，さらに慣れてきたら飛板は助走をつける。

前棒飛の役割は，前方に飛板や固定台から安全な距離を保ちながらより高いジャンプを行い，この時にバランスを崩さずスムーズに腕の振りや下半身の締めを覚えるということにある。

ポイントとしては踏切時に目線を前方に向け，腕の振りと下半身の動きを同調させ，体のラインが崩れないように飛び出すことである。また，タイミングとしては板の揺れ幅が最下点に達した時の姿勢と手の位置がつま先の上でほぼ一直線になることが大切である。

図3-3-17　ハードルジャンプの陸上練習の例
（カナダ飛込連盟編：ダイビングインストラクションマニュアル，1975より）

伸型を習得させたら次に抱型，そして蝦型と移行していく。この時に

図3-3-18 前棒飛

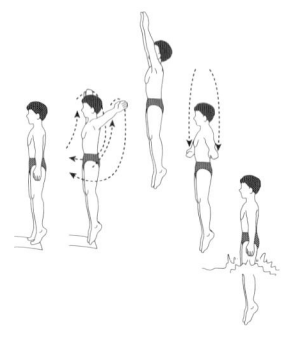

図3-3-19 後棒飛の伸型
(カナダ飛込連盟編：ダイビングインストラクションマニュアル, 1975より)

正確なフォームを取らせるだけでなく，正確なキックアウト（下半身の伸ばし）を行うように指導することが後に種目を習得していく段階で重要になってくる。

[後棒飛]

後棒飛は，前棒飛と同じことを後ろ向きに立って行うもので，日常的にあまり経験のない動きのため，多少なりとも初めは恐怖感があるが，前棒飛において技術をある程度確立していればさほど難しいことではない（図3-3-19）。

ポイントは前棒飛とほぼ同じだが，目線は台の付け根辺りをみるのが主流であり，立つ時に足を半分ほど出すことが特徴的である。いわゆるつま先立ちの状態で立つため，特に飛板ではバランスを取りながらスムーズに飛板を踏み込むことが初めの課題となるであろう。前棒飛同様，踏切時に腕の振りと下半身の動きを同調させ，体のラインが崩れないように飛び出すことである。また，タイミングとしては板の揺れ幅が最高時に達した時の伸び上がりの方向と，最下点に達した時の姿勢と手の位置がつま先の上でほぼ一直線になることが大切である。

後棒飛も前棒飛と同じく伸型を習得させたら次に抱型，そして蝦型と移行していく。この時も正確なフォームを取らせるだけでなく，正確なキックアウト（下半身の伸ばし）を行うように指導することが大切であるが前棒飛に比べて後ろに飛び出す分，フォームを取ろうとして腰を引いてしまい十分にジャンプできないことがあるため，その点に注意し，しっかりとジャンプしてからフォームを取るようにさせることも大切である。

[前入水]

前入水は，飛板や固定台の先端から前方下の水面に向かって，倒れむようにしてジャンプをせずに逆さに水中に入る練習のことで，習得しよ

図3-3-20 前入水の第1の方法
（1993年第1回ワールドダイビングコーチスセミナー資料より）

図3-3-21 前入水の第2の方法
（1993年第1回ワールドダイビングコーチスセミナー資料より）

図3-3-22 前入水の第3の方法
（1993年第1回ワールドダイビングコーチスセミナー資料より）

うとしている種目に応じてさまざまな型がある（図3-3-20，21，22）。

　最初は陸上練習を十分に行わせ，次にプールサイドから逆さに水中に入っていく感覚をつかませてから低い台または飛板から行わせる。この時，組んでいる手が水面に当たったら水中で水をかくように開かせ，速やかに前方に体を回していく。これは水面上に残る下半身をより垂直に入水させるためのセービングといわれるアンダーウォーターテクニックである（p.235の図3-2-13）が，肩や腰の故障の予防にも効果がある。

　実際に演技を行うと入水時にあれこれと考えるのは難しいので，入水練習でしっかり入水時の入水ライン（図3-3-23）と体幹部の締め，手の組み方（図3-3-24），そして水中での動きを習得させる。選手には5mから伸型，抱型，蝦型の入水を一通りこなすことをはじめの目標にさせる。

[後入水]

　後入水は，飛板や固定台の先端から踵を出して立ち，後方下の水面に向かって倒れ込むようにしてジャンプをせずに逆さに水中に入る練習のことで，前入水と同じくさまざまな型がある（図3-3-25，26）。

　後入水も陸上練習を十分にさせてから行うが，あまり低いプールサイドからでは角度がつかないので，高めの固定台もしくは1m飛板から後ろ向きで逆さに水中に入っていく感覚をつかませ，その後，高い台へと移行する。後入水は前入水と違い，水面に達するまで入水ポイントをみずにラインを作り水面で垂直になるように落としていかなくてはならない。したがって，演技をイメージし，水面に達するまでの自分の体の位置を確認し，景色をみて判断・調節できるように意識させることが重要である。

図3-3-23　入水時の入水ライン
（Ronald O'Brien. Springboard and Platform. Human Kinetics. 2003 より）

図3-3-24　手の組み方
（Ronald O'Brien. Springboard and Platform. Human Kinetics. 2003 より）

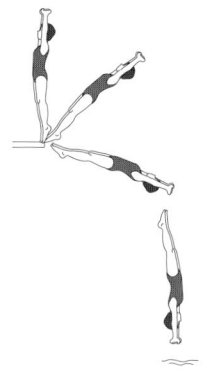

図3-3-25　後入水の腕を組んだままのラインナップ
（1993年第1回ワールドダイビングコーチスセミナー資料より）

図3-3-26　後入水の例
（1993年第1回ワールドダイビングコーチスセミナー資料より）

[ポイント]
- すべての基本技術は陸上練習との組み合わせが重要である。
- 前，後棒飛び，前，後入水の伸び，蝦型，抱型を速やかに習得させることが大切であり，その習得レベルがその後の選手の成長に影響を与えるのでより丁寧に指導する必要がある。

[研究問題]
- 前，後棒飛，前，後入水の指導ポイントを述べよ。

後入水も組んでいる手が水面に当たったら水中で水をかくように開かせ，速やかに後方に体を回していく。しかし前入水とは違い体を後屈させて行うため，水面下では前に比べ緩やかなライン（図3-3-27）を描かせる。後入水もなるべく早い段階で5mから伸型，抱型，蝦型の入水を一通りこなすことを初めの目標にさせる。

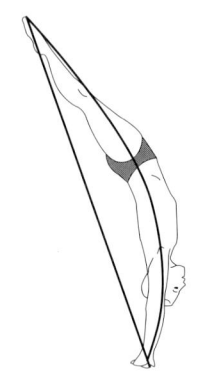

図3-3-27 後入水ライン
(Ronald O'Brien. Springboard and Platform. Human Kinetics.2003より)

7 基本技術からの発展

①基本種目の習得

前述した基本技術を習得させ，それらを応用して速やかに基本種目の習得を行う。

例を挙げると，前棒飛抱型と前入水抱型を組み合わせて，飛び出してから少しだけ上体を前方にかぶせるようにして抱型を作れば前飛抱型になるというイメージを選手に作らせ，低い飛板や固定台から行わせる。この時にトランポリンやマット付きの固定台などで踏切の練習をし，スパッティングを利用して入水までイメージを作らせるとよりスムーズかつ安全に種目作りができる。

この手順を踏み，前飛，後飛，前逆飛，後踏切前飛の各型を習得させるのであるが，この過程で分習的なものを組み合わせていけば種目ができあがっていくことをよく選手に理解させておくことが，後に高等種目を習得しようとする時にも応用できる（表3-3-1）。

②高等種目への応用

コーチングの項とトレーニングの項で述べている基礎種目を経て高難易度種目に挑むわけであるが，高等種目に挑戦していく過程で体幹部の締め，踏切での顔，腕，足のタイミング，空中でのフォームの締めなどは，より高いレベルに引き上げておくことがより早く高難易度種目に到達するポイントである。なお，2014年3月時点における世界の情勢からは，筋力的な部分も相当強化しないと世界についていくには難しくなってきている。

1996年のアトランタオリンピック以降，新しい演技種目を計算式に当てはめ難易度を算出し採用できるシステムになり，演技種目の高等化は急速に進んだといえる。それまで主流であった誰かが演技している種目を既存の技術によってこなすだけでは世界では戦えなくなってきていることは周知の事実で，これからのコーチは今までにない演技種目，みたことのない演技種目を選手と話し合い，手探りで取り組んでいくという新しいスタイルが必要になっている。

③世界の情勢

[1群（前宙返り）]

男子では，3mの飛板で前宙返り4回半抱型，10m高飛込で前宙返り4回半蝦型まで進んでいる。

表3-3-1 基礎から基本種目習得までの段階的指導例

陸上	トランポリン・陸上板	プールサイドかかり台	1m飛板	3m飛板	5m固定台
前棒飛び	スイングなしストレートジャンプ		経験値		
	ストレートジャンプ	前棒飛び			
	ストレートジャンプ (A/B/C)		前棒飛び (A/B/C)		
後棒飛び		後棒飛び			
			前棒飛び (A/C)		
入水練習 (手の組み方，前入水姿勢)					
		前入水 (手組んで B)			
			前入水 (B．A 手を組んで)		
入水練習 (後ろ入水姿勢)					
			後入水 (A 手を組んで)		
板助走練習 (1歩)	板助走練習 (1歩から)				
	板助走練習 (A/B/C)				
	板踏み練習		助走付前棒飛 (A/B/C)		
	トランポリン基礎 (背，腹，腰，四つん這い姿勢着地)			前棒飛 (A/B/C)	
				後棒飛 (A/C)	
				助走付前棒飛 (A/B/C)	
前入水練習 B				前入水 B, A 手は横	
後入水練習 A					
				後入水 A 手は上，下	
					前棒飛
					後棒飛
					前入水 B
				前入水座り C	
					前入水 座り C
					前入水 座り B
	スパッティング 101 C, B	ジャンプ入水 101 C			
			101 C, B		
				101 C, B	
後入水練習 C, B					
				後入水 C	
					後入水 C
					後入水 A
					後入水 B
			401 C, B		
	スパッティング 201, 301 C, B			401 C, B	
			201 C		
				201 C	
			301 C		
				301 C	
マットで 201 B, 301 B					
		201 B, 301 B			
			201 B		
				201 B	
			301 B		
				301 B	
			3m固定台 101 B, C		
					101 B, C
			3m固定台 401 B, C		
					401 B, C
			3m固定台 201 C		
					201 C
			3m固定台 301 C		
					301 C

第3章 飛込

10m高飛込の4回半となると踏切の練習（いわゆる"かかり"）は3mの固定台から2回半か，7.5mからの3回半となるのが主流であるが，3mだと2回転少なく，7.5mからだと余裕がありすぎてイメージが作りづらいので，スパッティングを利用して練習しておくことはかなり有効になる。

女子の10m高飛込ではまだ4回半まで到達していないが3回半は必須，3m飛板でも3回半が主流となり，蝦型をこなせることが大切である。

[2群（後宙返り）]

2013年時点の世界レベルの男子では3m飛板で後宙返り3回半抱型を行う選手が2，3名おり，それに伴った難易度の変更も行われた。10m高飛込では後宙返り3回半蝦型を行う選手が決勝の半数を占めるところまで進んでいる。全般的にいえることであるが，技術の進歩というよりも筋力アップによる進歩といった印象が強い。今後の見通しとして，後宙返り4回半抱型も視野に入れている。

女子は3m飛板では2回半蝦型が主流であり，10m高飛込では3回半抱型が決勝の半数以上，3回半蝦型を選択し男子レベルの高難易度を備えた選手の台頭もうかがえる10m高飛込の3回半のためには5m高飛込の2回半が不可欠であるが，5m，7.5m高飛込からの3回を行う選手も少なくない。

いずれにせよ10mで行う前の段階で宙返り中の水面の位置を確認できるようにしておかないと，安全かつ確率のよい演技の習得が難しくなる。男女ともに先を見越した強化は必須である。

[3群（前逆宙返り）]

1，2群に比べると種目としての進歩は少ないようにみえる群であるが，男子では3m飛板，10m高飛込ともに3回半が主流となり，10mでは決勝ほぼ全員，3m飛板では蝦型をこなす選手も出てきている。しかし，前宙返りでの1m飛板で2回半をこなしたら3m飛板では3回半，という流れを考えれば，1m飛板で前逆宙返り2回半をこなす選手が珍しくなく，蝦型をこなせる選手もいることを考えれば別段驚くこともないかもしれない。

女子はさすがに3m飛板では2回半蝦型が主流で，3回半を選択する選手が世界で数名いる程度にとどまっている。10m高飛込においても数名の選手が3回半をかなり高いレベルで行っている。3群も2群と同じく10m高飛込の3回半のためには5m高飛込の2回半が不可欠であるが，2群と違うのは5m，7.5mからの3回を行う選手も少ない。しかし3群も2群と同じく，10mで行う前の段階で宙返り中の水面の位置を確認できるようにしておかないと，安全かつ確率のよい演技の習得が難しくなる。

[4群（後踏切前宙返り）]

3群と同じく1, 2群に比べると種目としての進歩は少ないようにみえる群であるが，男子では3m飛板，10m高飛込ともに3回半が主流となり，10m高飛込では3回半蝦型，さらに4回半抱型を行う選手もいる。3m飛板の世界で上位進出するためには3回半をより高い位置で終了させ確実に決めることが求められてきている。

女子では3m飛板の2回半蝦型が増えてきている。10m高飛込で国際レベル上位に食い込むには，3回半を選択しても高い成功率が要求される種目である。

[5群（捻り）]

5群は6群とならび，近年大きく変化した部分であるといえる。2000年くらいまでは1回半の回転に対して捻りを増やしていくことが主流であったが，近年2回半の回転に対して捻りを入れていくことが主流になってきている。

男子では3m飛板での前宙返り2回半2回捻り蝦型，さらに2回半3回捻り蝦型，後宙返り2回半1回半捻り蝦型，前逆宙返り2回半1回半捻り蝦型，さらに2回半2回半捻り蝦型が主流になってきている。また10m高飛込では後宙返り2回半2回半捻り蝦型などが主流になっている。

古くからある自由型の種目の中には3回半捻りを選択する選手もいるが，これらの種目に比べ宙返りが2回転以上の種目は蝦型を選択すると難易度が0.2加えられることから，今後もこのルールが適用されるかぎりは前述したような複数の回転に捻りを加える種目が主流になるであろうと思われる。

現在の男子トップレベルの能力を考えると，3m飛板での前逆宙返り2回半2回半捻り蝦型や，3m飛板，10m高飛込からの前宙返り2回半3回捻り蝦型などは不可能とは思えなく，近い将来みることができるであろうと考えられる。

女子では3mでの前宙返り2回半1回捻り蝦型，前逆宙返り1回半2回半捻り自由型が主流であるが，前逆宙返り2回半1回半捻り抱型を行う選手も出てきている。10mでは圧倒的に後宙返り2回半1回半捻りが主流であるが，それ以上の難易度が与えられている種目に着目する必要はある。

[6群]

近年の高飛込において得点合計の高騰化の一役を担ったのがこのグループである。男子では逆立ち後宙返り3回蝦型，逆立ち後宙返り2回1回半捻り自由型，逆立ち後宙返り2回2回半捻り蝦型が主流であるが，捻りの演技に関してはさらに2回半捻る選手がほとんどになると思われる。

女子に関しても逆立ち後宙返り3回はさすがに抱型だが，逆立ち後宙

返り2回1回半捻り自由型，逆立ち前宙返り2回1回捻り蝦型をこなす選手は増えてきている。2012年のロンドンオリンピックの決勝では半数以上が逆立ちを選択し，メダリストは全員逆立ちの演技を行っていた。特徴的なのは女子選手の中で体操経験者が多いことである。

④高難易度種目の構築
[高等化に対応するための9つの観点]

2012年の世界コーチカンファレンス（メキシコ大会）において，近年の種目の高等化に準じ，対応するためには次の9つの観点が必要であると報告された。それは次のとおりである。

1) 選手の質の重要性。ポテンシャルの高い選手の発掘。
2) メンタル面の準備。
3) 無駄な動きをなくし，重要な動きを抽出する。
4) 2回転・3回転種目を経験させる。
5) 重要な動きを経験させ，簡単であることを意識づかせる。
6) いろいろな話題でコミュニケーションを密にとり，意識の刷り込みを大切にする。
7) 選手のプロモーションを作成し，上達度をフィードバックする。
8) 常に高いモチベーションを維持する。
9) ベルト，ハーネス，バブルマシーンなどの練習器具や施設が必要である。

図3-3-28 種目作成手順のワークショップ
（写真は Mr. Michel LAROUCHE［CAN］。2012世界コーチカンファレンス・メキシコ大会より）

また，選手が5～12歳期に高難易度種目を習得するための計画を立案するとよい。そのための準備期として，心身ともにサポートし，結果は求めないことが大切である。特に，心理的側面を重要視することが大切であり，「常にしなければならないこと」を選手に考えさせ，競技者として教育することが求められる。そのため，コーチは選手とのコミュニケーションを大切にし，選手に「どう思うか」を尋ね，自信をもたせるよう導くようにすべきである。

コーチとして，選手のポテンシャルについていくことが求められ，コーチングの工夫が必要となる。もし練習に行き詰ったら基本練習に戻り，モチベーションを尋ねることを心がける。選手としての責任や義務を意識させ，もっとも自信を尊重するように対応する。選手自身がトラブルに立ち向かう精神的な強さを養うよう心掛けるとよい。

なお，直感を大切にし，創造性豊かな練習を工夫することも求められる。加えて，健康であることが最も重要なことである。

[高難易度の種目を成功させるための効果的な過程]

最大の効果を生み出す，すなわち高難易度の種目を成功させるためには次に挙げる効果的な過程が必要である。

1) イントロダクション：簡単な技術の確認，目的意識の定着。2～3

週間が目安である。
2）全身の筋力アップを狙ったストレングストレーニングの実施。これにより最大パワーの高揚を狙う。
3）トランポリン・陸上板で技術の確認を行う。この過程が非常に重要である。
4）ビデオや絵図を使用し，イメージ化を図る。
5）試合に合わせてトライアル（試合形式の練習）を行う。
6）上記過程をマクロ化し，セパレートな練習を行う。小さいスキルの積み重ねが大きな成果を得る。

〈高難易率種目の実際〉
・メキシコナショナルチームの目指す課題演技（男子）

109B	4.1	高飛込	前宙返り4回半蝦型
407B	3.5	3m飛板飛込	後踏切前宙返り4回半蝦型
5156B	3.8	高飛込	前宙返り2回半3回捻り蝦型
5257B	4.2	高飛込	後宙返り2回半3回捻り蝦型

〈109B 練習過程例 （マクロ化・セパレート練習の例）〉
・ドライランド
　陸上宙返り（タンブリングマット）　　102B　104B
　トランポリン　　　　　　　　　　　　108B
　スパッティング　　　　　　　　　　　109B
・プール
　5mプラットフォームあるいは固定台　　101B
　3mプラットフォームあるいは固定台　　105B
　7.5mプラットフォームあるいは固定台　100A　107B
　10mプラットフォームあるいは固定台　 109B

8 競技会へ向けて

　飛込選手の競技会へ向けてのコーチングで重要な点は，選手の性格などをよく理解しその心理状態をうまくコントロールさせ，競技会へ向けての準備を着実に行わせることである。選手によるが，競技会前ということで「気合」が入りすぎてしまう選手や不安から練習がやめられないタイプの選手には，オーバーワークの危険を説明し理解させ気持ちを抑えさせることを指導しなければならないし，逆に気分が盛り上らない選手や体調不良，故障などで集中力に欠けている選手にはその競技会の大切さやその競技会が将来どこにつながっていくかなどを説明し緊張感を与える必要がある。
　モニタリングを事前に行い，ビデオやトライアル（試合形式の練習）やメンタルトレーニングを利用し，選手には競技会までに十分なイメー

[ポイント]
・世界の情勢に常に目を向けて最新の種目や技術の情報を手に入れるように心掛けなくてはいけない。
・経験のないような新しい種目でも選手と話し合い，研究，挑戦していくという，以前にはなかった種目作りのスタイルがこれからは必要になってくる。

[研究問題]
・将来，世界で戦うことを想定し，今までにない演技種目を考え，それを完成させるためにはどのようなトレーニングを積み，どの高さでどのような「かかり」を行うかを考えて述べよ。

ジトレーニング行わせることが，選手の能力を競技会で最大限に引き出すポイントとなる。

また，競技会に向けての不測の事態に対応するため，リスクマネージメントを想定することにより，大会時での高いパフォーマンスの発揮がより確立される。

練習内容としては競技特性からか，より難易度の高い演技種目を競技会で選手に行わせたいという気持ちから競技会直前まで新しい種目に取り組み，よく練習も積まない種目で競技会を迎えてしまうというケースを目にすることは少なくない。しかし，選手にベストの演技をさせてあげることや，事故や怪我の予防の面から考えても競技会で行う演技種目は1～2ヵ月前には演技できるようにしておきたい。怪我に強くあまりトレーニングスケジュールが狂わないタイプの選手であれば，競技会1ヵ月前に演技種目を揃えることを目標にさせればよいが，怪我や故障が多いタイプの選手には，練習を休ませたり減らしたりすることも想定に入れて2ヵ月前に演技種目を揃えることを目標にさせるとよいであろう。

そして，競技会へ向けて徐々に練習量を減らし，疲労を抜き体調を整え競技会に備える。その際，試合時間などに合わせて練習させるというのもよい手段である。

一般にテーパリングはトライアルの向上を促し，小さなミスを補う。それゆえ，個人競技では特に行うべきである。男女間で違いがあるが，およそ期間は8日～14日間必要であり，トレーニング量の40～60％とされ，強度と頻度でトレーニング効果を維持させる。トレーニングの間隔を増やし，選手の疲労を回復させる。

現在の日本の練習環境ではこのような準備を行うことが不可能な場合も多いが，コーチは選手のために少しでも理想的な練習を行わせられるように努力すべきである。

9 競技会において

競技会においては監督者会議などでよく大会スケジュールを確認し，選手とよく相談して試合前に適切な練習ができるように準備させておくことが大切な第一歩である。

試合前の練習においてはすべての演技種目を一通り行わせ，その日，その時点での感覚をつかませておくことが大切であるが，昨今の大会では試合前に十分な練習時間が取れないことも多い。そのことを含めて事前に選手と話し合い，試合前にどのような練習をするか決めておくことは重要である。加えて不測の事態に備え，その練習の中でも優先順位をつけておくとよいであろう。

競技会中は，次のようなことに気をつけておきたい。

1) 選手の動向に目を配り，表情が固いようであれば鏡などで自分の

[ポイント]
・競技会に向けて心と身体のコンディション作りはとても大切であり個々に応じたスケジュールが必要になってくる。
・スケジュールは不測の事態にも対応できるようにしておくべきである。

[研究問題]
・競技会に向けて1人の選手を題材にスケジュールを立て，気をつけなければならない点を述べてみよ。

表情をチェックさせて，顔の筋肉をよく動かすなどは有効な手段である。
2) 選手からもすぐにみつけられる場所にいることも大切である。そして過緊張に気をつけ，選手に無駄なプレッシャーを与えぬようゆったりと構えられるようにしたい。
3) 演技ごとにアドバイスを与える際はあまりたくさんのことを要求せず，ポイントを絞って与える。その際，コーチ側の意見だけではなく，選手がより集中しやすいようなポイントを与えることも大切である。選手にイメージ動作を行わせ，ポイントとなる言葉を伝えることも有効な手法である。
4) 選手の失敗にも動揺せず的確にその演技を解説し原因を伝え，次の演技に向けて切り替えやすいように導くように心掛けたい。
5) 不測の怪我，故障に対しても慌てず対応し，適切な判断，処置ができるように日頃から準備しておくべきである。

10 海外遠征において

海外遠征において気をつけなければならないことは，大まかに分けて3つある。

①時差と気候

これは海外遠征とは切っても切り離せないものである。特に国内に時差のない日本人は，個人差はあるが特に時差に弱い部類に入ると思われる。さすがにこればかりは機内食を食べない等の時差調整はあるにしても"慣れるしかない"というのが実際のところであろう。よく心の準備をさせて，現地に着いたらつらくても現地時間の生活を心掛けるようにするしかない。気候についても同様であり，事前に情報を得ておき，心の準備とともに衣服の準備を入念にしておかなければならない。

②食事

日本人は比較的食生活に繊細な民族ようであり，現場で起こる食事にまつわる問題は，時差などよりも圧倒的に多い。補食を用意してもっていくにしても限界があるので，現地の食材・食品を食べられるように心掛け，選手と一緒になって不服や愚痴ばかりいわないように気をつけなくてはならない。食べられない物の話題が現場では多く取り上げられるが，一方で，食べすぎによる体重の増加などにも気をつけるべきである。

そして，海外の食事でもどのような栄養素がどれだけ必要であり，それを得るためにはどの食品をどれだけ食べればよいかを適切に指示できるような栄養学の知識も必要である。

③言語

これは国際化が進んだといっても，まだ多くの選手たちに立ちはだかる壁の1つでもある。飛込競技は1つの会場ですべての選手とコーチが

飛込台とプールを共有しながら練習していくのが常であり，その中で選手もコーチも自分のポジションを確保することは採点競技においては重要な要素である。そのことを考慮すると，プールで使われる言語で，最低限の英語は選手・コーチともに理解し，発言できるように準備しておくべきである。

上記したことを念頭におき，選手がストレスを溜めぬように気を配り，逆にリラックスしすぎぬようにも気をつけ，バランスよく生活させてあげられるように努めなければならない。

競技会そのものにおいては国際大会特有のものもあるが，身構えすぎた時点で"普段と違うこと"をしてしまうことになり，それがマイナスに働くことが多い。そのため，国内の競技会に参加している段階から臨機応変にさまざまなことに対処できるようにしておき，国際大会のビデオをみたり，経験者から話を聞くなどして雰囲気などをつかませ，心の準備をさせておけばよいであろう。

11 シーズンオフ中について

室内プールが増え，冬でもプールでの練習ができるところが増えてきた。とはいえ，まだまだ環境の整備が不十分な日本国内においては冬場の競技会が現時点ではないことからもわかるように，シーズンのオンとオフがはっきりしている。しかしながら，シーズンオフをうまく利用することにより飛躍的なレベルアップも不可能ではない。

そのためには，まず，選手とシーズン終了後にそのシーズンについて話し合う場をもち，反省点をはっきりさせ，来シーズンに向けての目標を立てることから始めなくてはならない。可能ならば，何年も先の長期の目標を立て，そこからさかのぼるようにして現在の課題を決めていくことが望ましい。

そして，作った課題をもとに，故障箇所の治療や，体力づくりから基礎の見直し，悪いイメージの払拭や筋力アップに伴うイメージの変更等を行っていくことで次シーズンにつなげていくとよい。特に筋力アップを目的としたトレーニングは，大会が行われないことで高等種目を練習する必要がないシーズンオフの時期にこそ大胆なメニューが組めるので大きな効果が期待できる。

［野村孝路］

［ポイント］
・海外遠征のポイントは時差と気候，食事，言語である。
・それら以外は日本の競技会と変わらないということをよく理解させておく必要がある。

［研究問題］
・海外遠征中に気をつけなければならない点を挙げ，その対処方を述べよ。

［ポイント］
・選手とよく話し合い，反省点をみつけ，次なる目標を設定する。
・シーズンオフこそ，綿密なスケジュールを組むべきである。

［研究問題］
・シーズンオフの計画を自分に与えられている環境に応じて作成して述べよ。
・生涯の目標から10年後，5〜1年後とさかのぼって，1年以内は月刻みで目標を設定してみよ。

飛込のトレーニング

SECTION 4

1 陸上トレーニングの基本と実際

①飛込競技の陸上トレーニング

飛込競技における陸上トレーニングには次の4つの目的がある。

まず1つめは効率のよい動きをつくるための柔軟性の向上をねらいとするトレーニングである。ここでは体幹部と各関節の可動域を広げることによる怪我の防止と美しいラインづくりを定着させるねらいがある。

2つめは姿勢保持，フォームづくりをねらいとするトレーニングである。

そして，3つめは筋力・パワーの維持，または向上をねらいとする補強トレーニングである。筋力・パワートレーニングは，プールサイドで器具を用いないで行うトレーニングもあるが，昨今では器具を用いる専門的なトレーニングも活用することが必要になってきたと考えられる。

最後に，4つめは技術の向上をねらいとする陸上での模擬練習である。模擬練習は，技術の習得を安全に，しかも効率よく行うために，陸上宙返りやトランポリン，陸上板に，宙返りや捻り用のベルトとロープを組み合わせたスパッティング練習が主である。

飛込競技は，頭から水中に入ることによってフィニッシュするスポーツであり，本来は実際に水に飛び込まなければ練習にはならない。しかし，踏切動作や飛び出し動作，そして宙返りや捻りなどの空中動作までは，陸上練習として行うことが可能であり，練習による選手の疲労度を考えると水に濡れない分だけ疲労が少なく，しかも短時間に頻度を上げて集中して行うことができるため効率的である。

②柔軟性を高めるトレーニング

飛込競技は入水時の抵抗により体に受けるストレスは計り知れないものがある。そのために生じる怪我は頻繁に起こり得るものであり，その防止に努めなければならない。柔軟性を高めることは非常に重要な意味合いがある。さらに，飛込競技は美しさを競う採点競技である。そこではより洗練された体の動きが必要とされ，そのためのラインづくりに柔軟性の向上は欠くことのできないものである。

図3-4-1　パイクフォーム

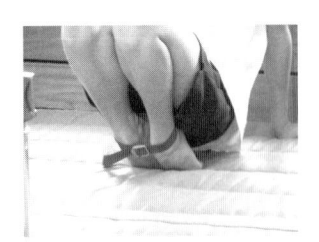

図3-4-2　つま先ストレッチング（上），膝ストレッチング（下）

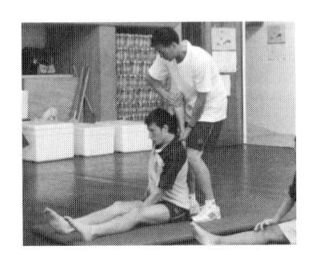

図3-4-3　肩甲骨周辺のパートナーストレッチング

図3-4-4　倒立姿勢

　股関節の前屈動作に関する柔軟は，正しいパイク姿勢（フォーム）をつくる上で欠くことのできない要素である。頭から背中にかけたラインをまっすぐ伸ばしたままで，腹筋でフォームを締めて小さくつくることが重要である。正しいパイクフォームをとることにより回転動作を速めることが容易になり，入水姿勢もつくりやすくなる。したがって，入水で成功する確立が高くなるわけである（図3-4-1）。

　次につま先や膝の足の関節の柔軟も，美しいラインを印象づける上で非常に重要である。しかし過度のトレーニングは関節を痛める原因ともなりうるので配慮しなければならない。特に正しい関節方向の動きを意識させる必要があり，捻転させた動きに負荷のかかることのないよう配慮しなければならない（図3-4-2）。

　肩関節周囲筋の可動範囲を高めるトレーニングは，特に入水時の衝撃に適応できるだけの柔軟性の向上をねらうものである。さらにその可動域を高めることで入水やアプローチの動きをバランスよくスムーズに行うことができる。肩関節のストレッチングにはセルフストレッチングとパートナーストレッチングが行われている。特にパートナーストレッチングによって，図3-4-3のように肩甲骨の可動範囲を広げることを重点的に取り組む必要がある。

③姿勢保持・フォームつくりのためのトレーニング

　飛込競技において正しいボディアライメントを体得することは非常に重要なことである。そして飛板飛込や高飛込のアプローチやテイクオフ時，さらに入水時にその姿勢を保持することは高いパフォーマンスを得るために不可欠な要素である。

　まず，姿勢保持のトレーニングでは立ち姿勢と倒立姿勢の2つがある。立ち姿勢は背筋優位の立ち方にならずに腹筋を意識し，骨盤の前傾を締めることで平らに寝かせる必要がある。このような姿勢が保持できると，立ち姿勢時の重心の位置が踵ではなく前加重のポジションが得られスムーズな飛び出しにつながる。さらに腰痛を予防する効果もある。背筋優位で踵重心の立ち方をしている場合は横からみた場合，背中の広背筋の盛り上がりと背筋のアーチが見受けられ，腹部の緊張はみられない。さらに頭の位置が前方にせり出すことでバランスをとっていることになる。これはコーチがみれば一目でチェックできるものである。

　飛込競技の姿勢の重要な2つめのポイントは，倒立静止姿勢である。倒立静止は高飛込み第6群種目を選択する上でとても重要な技術である。さらに，綺麗なラインで静止できることは入水の場面で必ず生きてくる力なので，毎日取り組まなければならないトレーニングの1つでもある。倒立姿勢は耳点から肩峰点，大転子，膝，つま先までが一直線になることが重要である（図3-4-4）。

　練習過程としては背中を壁に向けた壁倒立，続いてお腹を壁に向けた

倒立，さらに振り上げ足を前方へ出し，つま先だけを壁につけ，蹴り足を後方に残したY字倒立，パートナーとの補助付きの練習から最後に1人での静止まで段階を踏む必要がある。

④プールサイドで行う補強トレーニング

補強トレーニングには，入水で使用される肩関節や腕の筋力強化のための腕立て伏せや倒立などのトレーニングや，体幹部の筋力強化のための腹筋・背筋のトレーニング，スピードジャンプ，宙返り，足関節と下肢の強化のためのカーフレイズ，などがプログラムとして挙げられる。

これらは，プールでの練習の前あるいは後に行うことができる。しかし，その種目数やセット数に関しては，選手各個人によってそれぞれ異なったものとすべきであり，また，各種目の回数については，シーズンの初めから徐々に回数を増やしていくか，あるいはそのトレーニングを行う時間を決め，その時間内にできる回数を徐々に増やしていく方法をとるのが望ましいと思われる。

⑤トランポリントレーニング

トランポリントレーニングは，主に飛板飛込のトレーニングとして用いられるが，空中での回転や捻りの感覚を習得するためには最適のトレーニングである。以前は，プールサイドにトランポリンが設置されているプールは非常に少なく，シーズン中にトランポリントレーニングはできなかったが，最近では設置されているところが増えてきており，シーズン中にも回転や捻りの練習を陸上で行うことができ，非常に有効なトレーニングとなっている。ここでのトレーニングで重要なポイントはストレートジャンプである。

実際のスプリングボードよりもバランスがとりやすく，空中でのつま先から指先までの一直線のフォームをつくるには最適である。さらに，手のスウイング動作からセット姿勢までの一連の動きを，バランスやタイミングよく体得するにも効果的である。

また，タックアウトやパイクアウトからの腹落ちや背落ちでの安全な着地を習得できていることにより，実際の種目のかかり練習にもつながっていく。

⑥スパッティングトレーニング

このトレーニングは，近年高度化し続けている高難易度の種目を習得する上で非常に重要な役割を担っており，選手により安全に種目動作の定着や感覚つくりをするためには必要不可欠なトレーニングである。選手の腰にラバーパッドを巻き，その上にロープがついた宙返りや捻り用の安全ベルト（図3-4-5）をつけて，コーチがそのロープを引いたり止めたりすることによって，選手に回転や捻りの感覚を身につけさせるものである。このトレーニングによって，腕の振り上げ方，踏切動作，視覚的ビジョン，キックアウト（脚を蹴り出すようにして回転を止める動

[ポイント]
- 飛込競技のシーズン中の陸上トレーニングは，柔軟性の向上，姿勢保持・フォーム作り，筋力・パワーの向上をねらいとするものと，技術の向上をねらいとする模擬練習の4通りがある。
- 柔軟性を高めるトレーニングの重点は股関節，つま先，膝関節，肩関節周囲筋である。
- 姿勢保持のトレーニングには立位姿勢と倒立姿勢の2つの重点がある。
- 筋力・パワートレーニングは器具等を用いた専門的トレーニング，プールサイドではあまり器具を用いない補強トレーニング。
- 模擬練習は，トランポリンや陸上板を用いたスパッティング練習。

図3-4-5　スパッティングベルト

作), そしてラインアウト (抱型や蝦型から伸ばした身体を水面に向けていくために身体の動き) というような, 回転の制御の仕方や入水姿勢のつくり方までの練習を行うことができる (図3-4-6)。そのため, コーチはスッパティングの技術に習熟する必要がある。基本的には選手のジャンプに合わせてロープが撓まないように, 引き上げタイミングを図らなくてはならない。しかしながら, 宙返りのスッパティングでは次の2点に注意しなければ回転がかからない。まず, 後宙返り系では選手がマットからジャンプする時にロープを引き上げ, その後, 回転をかけるために選手の腰の重心がまっすぐから前方に上昇する瞬間をとらえて, 力をロープに加える必要がある。また, 前宙返り系では選手の腰の重心がまっすぐから後方に上昇する時に回転がかかるため, その瞬間に力をロープに加える必要がある。いずれもコーチ自身が何度も練習し, そのコツを体得する必要がある。その際, 引っ張る腕の位置は必ず頭の上で, しかも常にロープをゆるめないことに留意しなければならない。さらに, ロープは1回ごとに捻れを直してやる必要があり, 必ず引く時には手袋をしてロープの摩擦から手を保護するべきである。

　このトレーニングは, 陸上板や実際のプールでも用いることができる。トランポリンで技術の習得ができた後, 陸上板で確かめ, プールでも同様にスパッティングを使用することで選手の恐怖心を和らげることが可能になる。その際, トランポリンでは回転ごとに引っ張るのに対し, 陸上板やプールでは1回強く高く引っ張ってやり, 徐々に自力に任せていくようにすることが大切である。特にショートで降りてきた場合, 水面ぎりぎりで止めてあげれば強く打つことがなく, オーバーの場合でも止めてあげることにより足からの入水となり, 安全に着水できる。

　このように回転や捻りのメカニズムをトランポリンで練習するよりも, 実際の踏切動作を併せて練習することができるため, 陸上板やプールで用いた方がより効果的な技術練習となる。

2 水中トレーニングの基本

①飛込競技の水中トレーニング

　飛込競技における水中トレーニングは, 飛板飛込・高飛込ともに, 演技種目の習得と完成を目的とするものである。飛込選手は必要な筋力トレーニングを陸上で計画的に行いつつ, 水中トレーニングを進めなければならない。

　その水中トレーニングの内容は, 最終的には競技会で演技しようとする種目の習得と完成を目指すわけであるが, 完全に演技を習得するまでは, 段階的に以下のように3部分に分けて行われる。

　1) 助走および踏切練習 (ボードワークとテイクオフ)
　2) かかり出しの練習 (リードアップ)

図3-4-6　陸上板スパッティング (上), トランポリンスパッティング (下)

[研究問題]
・飛込競技のシーズン中の陸上トレーニングには4通りあるが, それぞれどのようなことをするのか具体的に述べよ。

3) 伸ばしから入水の練習（ラインナップとエントリー）

　シーズン初期の"鍛錬期"には前述した3部分練習をそれぞれ独立させて「分習法」で行い，シーズン中期の"準備期"には，それらをまとめて1つの演技種目として飛び込む練習をする総合的な「全習法」へと切り替えていく。そして"試合期"には，1つ1つの演技を繰り返し練習し，完成されたものへと仕上げていくことになる。

②水中トレーニングの内容
[助走および踏切練習（ボードワークとテイクオフ）]
　助走および踏切は，その後に行われる空中演技と入水に多大な影響を与えるため，基本トレーニングでは最も重要視されるべきである。飛板飛込の場合は特に，金属製のしなる飛板を使用して行うため，高飛込に比べて不安定な要素が多く，相当の時間をかけて反復練習を行うべきである。飛板飛込の場合，演技する種目によって微妙に踏切の仕方が変化するため，前および後棒飛や前飛および後飛，さらに前逆飛や後踏切前飛のような基本種目だけでなく，演技するすべての種目に対して，まず1mで練習を行う必要がある。

　また，高飛込の場合は固定台であるため，飛板飛込よりは安定して踏切を行うことができるが，飛板からの力を受けないためにすばやい動きで踏切がなされなければならない。飛板が押し下げられ，跳ね返る間に時間が排除されるため速い動きにするべきである。そして高さによる恐怖心が伴っていくので，固定台から身体を倒す量が大きくなり，ジャンプ時の脚の蹴りが遅くなる結果，コントロールを失うことにつながっていることに配慮しなければならない。したがって，どんな高さであっても力強く大胆に固定台からジャンプするよう指導するべきである。そのためにも種目ごとにそれぞれの踏切動作を「かかり台」や3m，5mという低い高さで練習をしておくことが重要である。

[かかり出しの練習（リードアップ）]
　飛込の演技は，すべて回転運動であるが「かかり出し」の部分は，踏切動作から回転に入るまでの動作の移行部分であり，種目の回転数によって，踏切後の身体の動きの方向（角度）やスピードが変化するものである。そのため，1段低い1mの高さでこの踏切後の「かかり出し」の練習を行うのである。さらに近年の高難易度の種目に挑戦する場合，そのかかり出しの練習は非常に複雑になってきている。特に高飛込のかかり出し練習は3m，5m，そして7.5mといろいろな高さが必要になってきている。ここで身につけられる基礎技術を使って，正しいコントロールとバランスと空中感覚を身につけることに集中する時間を十分に取って練習することで，高難易度の種目でも安全にダイブを行うことができ，成功すると考えられる（図3-4-7）。

[ポイント]
・水中トレーニングは，鍛錬期においては，「分習法」として助走および踏切練習，かかり出しの練習，伸ばしから入水の練習の3部分を行うこと。
・準備期から試合期へと移るにつれて，「全習法」へと移行すること。

図3-4-7　かかり出し練習の例
（1993年第1回ワールドダイビングコーチスセミナー資料より）

図3-4-8 伸ばしから入水練習の例
（1993年第1回ワールドダイビングコーチスセミナー資料より）

[研究問題]
・飛込演技の「分習法」として用いる3つの部分を述べ，さらにそれぞれについて動作を説明しなさい。
・飛込演技の「全習法」とはどういうことか述べよ。
・飛込演技完成までの手順を簡単に述べよ。

[伸ばしから入水の練習（ラインナップとエントリー）]

　入水動作は，回転を制御し，水面に向かって身体を一直線にしていくラインナップという部分を含んでいる。したがって，単純に頭から水中に没するという，入水練習だけではそれらの動きを練習することはできない。また，「伸ばし」と呼ばれているカムアウトの動きからのラインナップは，演技種目の回転数や型によって変えなければならない。基本トレーニングにおいては，水しぶきを上げないノースプラッシュ入水の練習と並行して，それらの演技種目に対応できるような練習をしておかなければならない（図3-4-8）。その際，次の5つのポイントに注意すべきである。
　1) 体のラインと手の組み方。
　2) ラインアップのタイミング。
　3) 上半身と下半身のバランス。
　4) 入水角度のコントロール。
　5) 入水時の進行方向。

3 水中トレーニングの実際

①スケジュールの立て方

　飛込競技は，最終的には高難易度種目の習得と完成を目標としているため，スケジュールを立ててトレーニングや演技種目作りを計画的に行っていく必要がある。その際，コーチは次のポイントを考慮し計画しなければならない。
　1) 技術の習得：踏切時のバランスや安全な距離をいつも確保し，十分な空中感覚をもち正しいメカニズムを身につかせる。
　2) 身体的な準備：正しい技術を習得するためには，優れた筋力と敏捷性をもたせる必要がある。
　3) 精神的な準備：ダイブや技術を行うことへの恐怖心を解消する能力や，喜んで挑戦することができる自信をもたせる必要がある。

　これらは個々の選手によって能力が異なるため，習得までの課程が一律ではない。よってスケジュールは選手の個人差を考慮して立てるべきである。
　スケジュールには年間計画，月間計画，週間計画そして毎日の練習計画が必要である。
　年間計画では大きくシーズンとシーズンオフに分け，あるいはインドアシーズンとアウトドアシーズンと練習環境によって，それぞれ期間分けを設定し，陸上トレーニングと水中トレーニングの割合やその内容についてまず決めていく（表3-4-1）。
　月間計画は試合の時期や学校の定期試験・行事などをある程度考慮に

表3-4-1 飛込競技の年間計画の例

	9月	10月 11月 12月	1月 2月 3月 4月	5月	6月	7月 8月
	オフシーズン		プレシーズン	シーズン		
	移行期	鍛錬期	準備期	鍛錬期	準備期	試合期
体力面	活動的休息 リラクセーション	基礎体力の向上 筋力トレーニング	専門体力の向上 パワートレーニング	コンディショニングと傷害の予防 サーキットトレーニング		
技術面		陸上練習 トランポリン 陸上板 スパッティング 固定台 マット運動	陸上練習から 水中練習へと 徐々に移行する	水中練習 基本演技種目 分習法による 各部分練習	水中練習 制限選択飛 自由選択飛 全習法による 演技種目の通し練習	水中練習 練習量・時間 の調整 テーパリング

入れ，常に1～2ヵ月先を見越して1ヵ月単位で内容を決めていく。週間計画は月間計画よりもさらに細かく，1週間で何曜日に飛板あるいは高飛込の練習を行うのか，あるいは何曜日に休みをとるのか，などの練習のパターンを決めていく。毎日の計画では，どの演技種目を何本ずつ飛ぶのか，あるいは練習時間に制限がある場合には，どの部分練習を何分ずつに分けて行うのか，などを細かく決めていく。

　練習を行う際にコーチが注意しなければならないことは，1つの演技種目の練習に執着し過ぎて，予定していた他の演技種目をほとんど練習することができなくなってしまうことである。スケジュールは，あくまでも原則のようなものであり，必ず守らなければならないというものではないが，飛込競技のようなさまざまな演技の総得点を競う競技では，全体的に演技に欠点のない選手を育成していかなければならない。

②**各部分練習**
[助走と踏切の練習]
●**飛板飛込の助走**

　飛板飛込で前助走を用いるものは，前飛群と前逆飛群，そしてそれぞれに捻りを加えた捻り群である。それらの練習は，特に姿勢に気をつけて行うことが大切である。選手は多くの種類の難しい種目を飛ぼうと試みる前に，高いレベルで助走が行えるようになるまで練習し続けなければならない。選手は次の5つの過程を経て練習していくことが望ましい。

1) **床の上での練習**

　床の上で正確にアプローチを測り，各ステップを起こすべきポイントとハードルが着地すべき飛板の先端のポイントに印をつける。そこでステップ，ハードル，そしてフロントジャンプの動き全体をゆっくりと歩き，ステップごとに止まりながら，バランス，ボディアライメント，そして腕の位置等をチェックする。

　その際ステップを行い，腕を振り上げて，ハードルへと足をもっていった後に静止し，ドライブレッグ（軸足）でバランスをとりながら正しいハードル姿勢を学習する。2～3秒間このハードルの踏切姿勢の

バランス練習をした後，飛板の先端を示すマークにハードルレッグの足先をもっていき，腕を頭上に上げたまま両足を閉じ合わせていく。この動作はハードルが頂点に上がっていく間に行う動作である。次に身体が跳躍姿勢へとしゃがんでいくのに合わせて，腕が身体下方への動きが終わった時に腰の横にくるように，後方，そして下方から振り下ろす。その腕は身体の前から上に，そして水平より45°の位置に振り上げ続け，その後，腕を伸び上げていきながらジャンプを行う。

これらの一連の動作が段々と正確に行えるようになったら，スピードを上げることや実際にハードルジャンプを入れて，通して歩く練習へと移行する。

2）鏡を用いての練習（ミラーワーク）

上記の練習を等身大の鏡の前にて練習する。これにより本人のフィードバックを自分の目で確かめ，バランス，ボディアライメント，腕の位置などを確かめることができる。そして精度を増した段階でスピードを上げ，実際のアプローチ動作に近づけていく。

3）ラストステップの幅

助走アプローチで失敗する大きな要因には，ラストステップやハードル幅が不安定という傾向がみられる。その改善策としては陸上板やプールでラストステップの幅をマーキングし，足を正しくどこに着けばよいのかという視覚的な合図を与える必要がある。

4）膝を伸ばすタイミング

ハードルレッグの膝の動きは，ハードル踏切のポイントでできるだけ速く脚を正しい位置にもっていき，ハードルの頂点へと身体を上昇させるためにすばやく伸ばし始めるべきである。この動きを学習するためには地面からやや高いベンチなどの台に着地させると効果的である。着地面の高さは着地前にちょうど足先が閉じ合わさる高さがベストで，選手の筋力に応じて選択されるべきである。

5）腕のタイミング

選手の多くは，ハードルの頂点で腕を長く止めすぎるという一般的な傾向がある。これにより踏切までの時間内に腕を下ろし，腰の横を通過させ，再び頭上に戻ることができずに，セットが遅れる欠点をもっている。

この失敗を緩和させるために，高飛込の助走練習やハードル頂点で要求される腕の位置にしたまま歩く練習をし，身体が落下すると同時に腕を後方，下方向に回し始める。その際，つま先が地面に触れた地点でちょうど腰の横にくるようなタイミングをとることが重要である。選手の筋力や技術により異なるが，セットのタイミングは前宙返りでは板のしなりが最大になった時点で腕が頭上に位置し，セットを完了していなければならない。また後宙返り系でも前宙返りよりもやや遅

図3-4-9 フォワードアプローチ
（出典：DIVING-Springboard & Platform-）

めではあるが，セットは早めに完了することが，その後理想の放物線にのり，回転を生み出すことが可能となる（図3-4-9）。

● 前踏切

踏切動作においては，演技しようとする種目によってその飛び出しの角度や姿勢に微妙な差が出てくるため，注意して練習を行う必要がある。前助走の基本的な踏切動作の練習には，前飛群では前飛抱型や蝦型を行い，前逆飛群では前逆飛抱型や蝦型などを用いる。これらの練習では，前飛群においては，回転が増すごとに回転をかけることに気をとられて頭部が踏切の早い時期に下がらないようにすること，前逆飛群では，胸部が前方に流れる踏切や後傾した姿勢にならないようにすることが，最も重要なポイントである。

● 飛板飛込の後踏切

後踏切を行うものは，後飛群と後踏切前飛群，そしてこれらに捻りを加えた捻り群である。

後飛の踏切姿勢は前逆飛のそれとほぼ同様であるが，腰をわずかに後方に押し出した姿勢を用いる。後踏切の場合，肩の後方への傾きが演技を大きく後方に飛ばしてしまうことになるため，この姿勢は非常に重要である。ただ飛板を押さえ込む時に踵が飛板線上よりも下に下がらない状態になるような膝や腰の位置で飛板を押さえ込むことも必要である（図3-4-10）。なぜなら，踵が下がった状態で飛板を押さえるということは後ろへ倒れていることの現れであり，飛板から後方へ演技が流れてしまう結果となるからである。さらに，前踏切の時と同様に後宙返りも後踏切前宙返りも，その回転数によって微妙に飛び出す角度や姿勢が変化するため，振り上げる腕の方向はその種目によって異なるものであり，その点についても注意して練習しなければならない。

初心者には2つの部分からなる後踏切り（2パートバックワード）を用

図3-4-10 飛板飛込の後踏切の姿勢

図3-4-11　2パートバックワード
（出典：DIVING-Springboard & Platform-）

いるのもよい（図3-4-11）。
1) 腕と足首を上方向に，同時に動かし始める。両腕が体側に反って横から水平より上の45°の位置に上げた時，わずかに体のラインを前傾させ，選手はこれ以上，上げられない位置まで上げる（トップオブプレス）。
2) 体を腰と膝で曲げながら，腕を後方，そして下方に回し下ろし，体重を飛板に向けてかけ始める。この姿勢が終わった時，選手の両腕は腰の横を通り過ぎ，身体の前で振り上げ始められるが，その時，踵は水平よりもわずかに高い位置のままの状態である必要がある。両腕を平行に開いて，できるだけ肘を伸ばしておく。その後身体は伸び始め，飛板は選手を上方に押し上げるため跳ね返る。

　上記の2パートプレスはバランスの維持と飛板からの距離を確保するのに苦心する初心者には比較的簡単な方法である。しかしながら，さらに飛板の跳ね返りを強く意識しようとすると，非常に速く動き出してしまいパート1で力を使い切り，パート2ではほとんど力を発揮できなくなる傾向がある。そのため，選手が適度なバランスとスキルのレベルに到達してから，次の4パートに移行することが望ましい（図3-4-12）。
1) 身体の他の部分をまったく動かさずに，踵をできるだけ高く上げる。
2) 次に最初の開始姿勢に戻るように踵を下ろし始め，その間に身体のラインをわずかに前傾させて，腕を体側から横に肩の高さまで上げていく。これは足首と腕の動きが反対の方向に動くことがポイン

図3-4-12　4パートバックワード
（出典：DIVING-Springboard & Platform-）

トとなる。

3) 身体を前傾させながら，両腕を水平より上の 45°の位置まで上に動かし続けながら，再びこれ以上，踵を上げられない位置まで上げる。この姿勢は 2 パートのトップオブプレスの姿勢と同じである。
4) 身体を踏切姿勢へとしゃがませながら，腕を後方，そして下方に回しながら振り下ろす。その後は 2 パートの飛び出し動作と同じである。

　この一連の 4 パートの技術習得により，腕と踵を同時に上げる時に生じる早すぎる動きからくるバランスの崩れを防ぐことができる。腕と足首の反対の動きを用いることによって，遅い腕のモーションを得ることができるためである。それは腕をトップオブプレスで頭上にくるように動かした際に，踵は下がって，再び上がってくるのを待たなければならないからである。またこの時に腕を身体のラインよりわずかに前に保持することにより，選手は踵が下がり，板が下方に動いている間にバランスをとることができる。
　したがって，選手がトップオブプレスに到達するまでに行うすべての動きは，リズムとバランスを得るためのものであり，加えて板を押し下げるため加重し，腕の振りを加速するための準備としての身体の引き上げとストレッチを確保しておくためのものである。

●高飛込の前助走
　高飛込の前助走の動作には，歩く・走る方法や 3，4，5 ステップなどの異なったアプローチを用いる。しかし，その中でも基本的には自分に合ったリズムで頭の高さを保持し，アプローチすることが重要である。さらに高飛込の前助走で最も大切なことは，台の先端に走りつく前に，腕が肘を伸ばした状態で平行にアライメントして頭上にきていることである。また高飛込の前助走にも「ハードル」があるが，飛板飛込のそれに比べて「低く，長く」行うことが大切である。力強い飛び出しをするためには，固定台の先端を音がするように足の裏で叩くようにすばやく飛び出さなければならない。固定台の表面との接触時間が少ないほど助走の勢いを回転に生かすことができるのであり，先端でしゃがむような姿勢をとってはならない。
　高飛込の前助走を練習するには，かかり台で前棒飛を行ったり，5m から前飛蝦型や前宙返り 1 回半抱型あるいは蝦型などを行う。走っている間は腕をリラックスさせ，肩に力を入れないようにし，頭の上下動を抑えて流れるような助走にすることが大切である。また助走の際の目の位置は，台の先端に着地する時の足先をみるのではなく，固定台の先端をみながら走り，徐々に前方へ視線を上げていかなければならない。

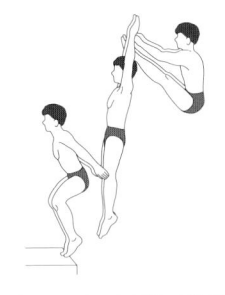

図3-4-13　高飛込の後踏切の姿勢

図3-4-14　高飛込の前逆飛の踏切姿勢

● 高飛込後飛群の踏切動作

　前助走と同様に，後踏切の動作にも単に腕を上に振り上げるものや，腕を振ってリズムをとりながら踏み切るものなど多くの方法がある。概して前述した飛板飛込の後踏切の2パートプレスの技術を用いることができる。しかしながら，その動作中に安全な距離を確保することが最も重要となる。そのためには次の2通りの方法がある。
　1) しゃがむ時にやや後方へ少し腰を出し，飛び出し方向を修正する。
　2) しゃがみ姿勢から立ち上がる際に，手のスイングを頭上より後方に振り込み，若干肩の位置を後方に移動させる。

　いずれの方法も台を踏む動作をする時には，飛板の場合のように飛板がこれ以上下がらないという状態から脚部でさらに深く踏み込み，よりジャンプ力を得るというタイミングの要素がないため，踵が固定台の水平ラインよりも下に下がらないようにしなければならない（図3-4-13）。
　後飛群の踏切動作を練習するためには，低い台で後棒飛を行ったり，5mから後飛抱型や蝦型を行い，踏切時にはあまり膝を深く曲げすぎないようにして，すばやく飛び出すようにする。

● 前逆飛群の踏切動作

　高飛込の前逆飛の踏切は後踏切の場合と同様であり，2パートプレスの方法を用いる。高飛込の前逆飛での一般的な失敗は，胸が前方に動いてしまうことであり，そのため踏切から飛び出して伸びるまでの動作ではリズムとタイミングを考えることが重要である。特に適度な距離に飛び出せるように，バランスの中心は，足底部中心（もしくは後方）のしゃがみ込みから前部に移行していく。さらにスムーズな前逆飛ができる準備ができたならば，かかり出し（リードアップ）の技術としてかかり台で棒飛を行う。足が固定台から離れる直前に，身体を反って前逆方向の回転をいくらかかけておくことで，股関節を前方，そして上方に動かすことによって距離と高さを確保し，固定台に対しておよそ45°後傾した角度で足先から入水する（図3-4-14）。
　前逆飛群の踏切練習は，かかり台で前逆飛のための前棒飛を行うか，3mあるいは5mから前逆飛抱型や蝦型を行う。この踏切時に注意しなければならないことは，上体からではなく下半身の動きでジャンプを行うということである。

● 後踏切前飛群の踏切動作

　高飛込の後踏切前飛群の踏切では，コントロールとバランスと適度な距離を習得させることが最も重要である。そのためには膝と足首の動きの速さに重点をおいて行うべきであり，その時のしゃがみ込む量と方向，そして踵の位置にも注意を払う必要がある。それは選手の脚力と敏捷性によって異なってくるが，適度な量の下方へのしゃがみ込みは最高の踏

切をする上では必要なことである。踵が下がったところで踏切を行うと，動きのスピードが落ち，演技に高さがなくなるという失敗につながる。しかしながら，踵を上げたまま身体の姿勢を動かすということはかなり難しい動きであり，時間をかけて練習を行うべきである。また踏切前から飛び出す前には，できるだけ重心を身体の上方におくことも強調しなければならない。重心が身体の上方にあれば，身体を倒さずに動きを起こすことができるからである。ジャンプの前の上下の動きの間に，選手の重心は前にも後ろにも動かずに，母趾球の上にバランスを安定させておかなければならない（図3-4-15）。

　高飛込での後踏切前飛群の踏切練習には，かかり台で後踏切前飛のための後棒飛を行ったり，5mから後踏切前飛蝦型を用いるが，踏切時に腕の位置が下がったり，胸が出た姿勢にならないよう注意して行う。

図3-4-15 高飛込の後踏切前宙返りの踏切姿勢

[かかり出しの練習]
●飛板飛込
　飛板飛込の場合，3mで行う演技種目のために1mで「かかり」として回転のかけ方を練習する。この「かかり」練習を行う場合に，最も注意しなければならないことは，回転をかけるまでのリードアップの姿勢と回転のかけ方，水の見方，目標となるポイントを決めて，回転している時にそのポイントを確認させることである（図3-4-16）。かかり出しの練習には陸上練習でのトランポリンのスパッティング，次に陸上板の順で練習をすることが望ましい。視覚的にポイントがとらえることができてからプール練習につなげることが重要である。1mで視覚的に回転の確認ができないまま3mに上がってしまうと，カムアウトはコーチの「声」等に頼ってしまうことになり，その後も自分の勘が頼りとなってしまい安定した演技を望むことはできない。また，十分に選手が回転に対して自信をもたないまま3mに上がって失敗すると，コーチとの信頼関係やその後のその種目に対する恐怖感が高まってしまう危険性があるため，3mで演技させる時には慎重に行わなければならない。

図3-4-16 飛板飛込のリードアップ姿勢

●高飛込
　高飛込の場合も飛板飛込と同様，陸上練習と組み合わせて行う必要がある。その際リードアップの姿勢と回転のかけ方，水の見方，目標となる視覚的ポイントを確認させることが重要である。高飛込が飛板飛込と根本的に異なるところは，3mの飛板飛込よりも3倍以上の高さがあるために，種目に対する恐怖心に加えて高さに対する恐怖心もあるということである。したがって，10mの演技は飛板よりもさらに慎重に行い，技術の定着と精神的な安定を得られてから行うべきである。主に10mで行う演技のために3m，5mの固定台，あるいはかかり台で「かかり」練習を行う必要がある。近年，種目の顕著な高度化が進む中で，段階的に技術の習得をめざすことに注意しなければならない。

[入水練習]
●入水

　入水技術はテイクオフの技術と同じくらい高いパフォーマンスにかかわっている要素であるので，しっかりと身につけなければならない。練習の過程としては，陸上での模擬動作を十分に定着させてから行うことが効果的である。入水の練習の際に注意しなければならないポイントは次の3点である。

　まず1つめはラインアップのタイミングである。入水角度を調節するには腰の位置が重要であり，到達ポイントに達してからラインアップを開始することである。到達ポイントとは身体を伸ばしたり，手を組んだりしてもよい位置，つまり上体を動かさなくてもラインアップした時点で水面に対し垂直方向に移動可能な腰の位置を示している。概して入水角度の失敗には，カムアウトの時に上体を動かすことが原因となるケースが多く見受けられる。例えば首の動きが大きく，その反動で入水時に首が下に向くようになりラインがつぶれてしまうことである。また手を組む時に肩や頭が上がってしまい，まっすぐなライン取りができない場合である。

　2つめは水中の動き（セービング）の技術である。一般にコーチは入水姿勢や入水角度に視点を置くが，水中の動きにも目を向けるべきである。これにより入水時の角度調節や怪我の防止につながるからである。ここでは手，肩，頭が同じ方向に移動することが重要なポイントとなる。水の中で上半身や顔が上がり，前方に移動してしまう傾向がある。水中の中では身体が前に流れることなくその場で回らなくてはならない。またそのタイミングも水の中に入ってから手を横に開き，回ることが効果的である。

　3つめは台から身体を離すタイミングである。身体を一直線にした伸びの上体では，つま先を早く離しすぎれば浅い角度（ショート）に，逆につま先を残しすぎると深すぎる角度（オーバー）になる。座っての入水は尻を前に出し，倒す前のフォームをしっかり腹で締めて肩の力が抜けていることが重要であり，その腰掛けた深さで調節することができる。

●前入水

　5mあるいは7.5mからの前入水では6種類ほどの練習方法がある。

　1つめは，立ってオープンパイクの姿勢をつくり，足先から手先までのラインナップの練習をするものである（図3-4-17）。

　2つめは，伸型で立ったまま倒れていく方法で，初心者に一直線のラインナップを習得させるためには有効な入水の練習方法である（図3-4-18）。腕を横に開いてほんの少しだけ前におき，爪先立ちで前飛伸型のフォームをつくり，身体のラインを崩さないように行うのがポイントである。

図3-4-17 前入水の第1の方法
（1993年第1回ワールドダイビングコーチスセミナー資料より）

図3-4-18 前入水の第2の方法
（1993年第1回ワールドダイビングコーチスセミナー資料より）

図3-4-19 前入水の第3の方法
（1993年第1回ワールドダイビングコーチスセミナー資料より）

図3-4-20 前入水の第6の方法

図3-4-21 後入水の腕を横に開いてのラインナップ
（1993年第1回ワールドダイビングコーチスセミナー資料より）

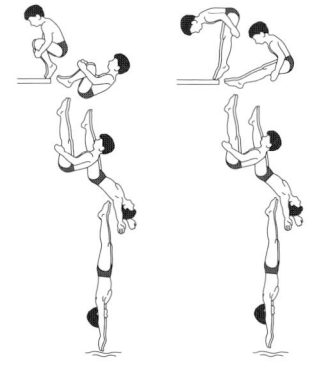

図3-4-22 後入水の例
（1993年第1回ワールドダイビングコーチスセミナー資料より）

　3つめは，先端に座り抱型の姿勢をとって行う方法であり，抱型の回転のカムアウトを習得させるのに有効な練習方法である（図3-4-19）。

　4つめは，3つめの方法と同様に座って蝦型の姿勢をとるもので，蝦型の回転からカムアウトの習得に有効な練習方法である。

　5つめは，回転をより意識した練習として，立ち踏切からジャンプをして入水するものであり，前飛抱型や蝦型などの種類がある。

　6つめは，これらに回転を加えたもので，宙返りからのカムアウトとラインアップを練習するのに有効である（図3-4-20）。

●後入水

　後入水の方法には，伸型，抱型，蝦型の3種類の方法がある。

　伸型の入水では，基本演技のために腕をまっすぐ横に開いたもの，選

[ポイント]
・トレーニングを行う際には，年間，月間，週間そして毎日の練習スケジュールを立てておくこと。
・実際の部分練習としては，助走と踏切の練習，かかり出しの練習，そして入水の練習を行うこと。
・助走と踏切練習では，特に姿勢とタイミング，バランスに注意すること。
・かかり出しの練習では，リードアップ姿勢と視覚的な回転の確認ができているかどうかに注意すること。
・入水の練習では，カムアウトからラインナップ，そして入水までの一連の動きに注意すること。

[研究問題]
・飛込競技の練習計画作成上の留意点をいくつか述べよ。
・飛板飛込の助走と前踏切の指導上のポイントを述べよ。
・飛板飛込の後踏切の指導上のポイントを述べよ。
・高飛込の助走と前踏切の指導上のポイントを述べよ。
・高飛込の後踏切の指導上のポイントを述べよ。
・かかり出し練習の指導上のポイントを述べよ。
・入水練習の指導上のポイントを述べよ。

択種目のために腕を組んだままで行うものがある（図3-4-21）。

抱型の入水は，膝を抱えて座り，キックアウトでその姿勢を伸ばして入水するもので，このタイプの入水を行う時には，台の上で身体を揺らして回転をかけることが重要である（図3-4-22）。

蝦型の入水では，後宙返り1回半や2回半の蝦型でカムアウトをするように，腕で脚を抱き抱えるようにして行う。これによって腕の動作の練習やカムアウトの時点をみる練習になる。次に，立ち踏切からジャンプをして後飛抱型，蝦型を行う。蝦型の場合，腕は体側を通してから横に開いてカムアウトする方法と，腕を胸の前を通して行う方法の2通りがある。また，3m飛板の先端に後ろ向きに座り，抱型や蝦型で後方へ倒れながら足の蹴り伸ばしと同時に腕を動かす方法で練習することもできる。これは，後宙返り2回半や前逆宙返り2回半のキックアウトからラインナップを練習するのに有効である。

●前逆飛群の入水

前逆飛のための入水練習は，3m，5mで前逆飛の抱型と蝦型を行い，蝦型の場合は，後入水の場合と同様に，2種類の異なった腕の動作を練習する。

●後踏切前飛群の入水

後踏切前飛群のための入水練習は，3m，5mで後踏切前飛蝦型と後踏切前宙返り1回半を行い，7.5で回転からのラインナップへの移行動作を習得するために，後踏切前飛蝦型と後踏切前宙返り1回半抱型または蝦型を行う。

4 目的別トレーニングの実際

①柔軟性のトレーニング

柔軟性のためのトレーニングには主にストレッチングを用いる（図3-4-23）。ストレッチングは，多くのコーチや初心者はとかくなおざりにしがちなトレーニングであるが，パフォーマンス向上と怪我の防止のために，飛込競技においては最も重要なトレーニングの1つとして取り組まなければならない。そのストレッチングの効果には表3-4-2のようなものが含まれている。

ストレッチングは1つの種目において，最大の効果を上げるために約30秒間の姿勢保持が必要である。そしてストレッチングを行うタイミングは，飛込のトレーニングのアップ時間にすべきである。それは，ストレッチングを行うことで筋温を高め，そして筋運動を準備し，しかも傷害を予防する役割も果たすからである。その一方で疲労回復，故障の予防をめざしたクーリングダウンに用いることも効果的である。トレーニングによって蓄積された疲労物質を除去する役目も兼ね備えている。よって，ストレッチングは飛込選手の生活の一部とされるべきもので，

図3-4-23 飛込選手のためのストレッチングの例
（Rick Early：Stretching for Divers, U. S. Diving 資料より）

運動の前にするばかりでなく，1日のうちのいつでも，特に朝と夜に家でも行うべきである。

　ストレッチングは，飛込というスポーツのように，個別性・一貫性・独自性・継続性が必要な活動であり，各飛込選手自身によって発展させ習慣化されるべきものである。飛込選手の傷害において，腰背部と肩関節部が最も頻繁に発生する部位であるため，これらの筋肉群のストレッチング（図3-4-24）には多くの時間を割くべきである。そして次に，蝦型を締めるために，足先と脚部，そして首のストレッチングに時間を割くべきである。また高飛込の練習を行った後，飛込選手が最も多く使用する上腕三頭筋のストレッチングをすることも必要である。

　ストレッチングを行う際に注意しなければならないことは，筋肉そのものを伸ばそうとしていることを忘れてはならないということである。つまり，伸ばされている筋肉に意識を集中するのである。ストレッチングは，痛みを感じるほどすべきものではなく，わずかに緊張を感じる程度に行わなければならない。痛みを感じる場合は「オーバーストレッチング」すなわち伸ばし過ぎであり，しかもその目的から離脱している。さらに，ストレッチング中に弾みをつけることは避けるべきである。弾みをつけると，かえって筋肉を痛める原因となるからである。

表3-4-2 ストレッチングの効果

1) 関節可動域の増大，柔軟性の向上
2) 傷害の予防
3) 容姿の改良
4) 筋肉の緊張の緩和
5) 身体運動の認知能力の向上
6) 気分の向上

図3-4-24 肩関節のためのストレッチングの例

優れたストレッチングの技術を習得するためには，正しい知識と練習が必要である。ストレッチングが飛込演技の得点の0.5点を占めていると考えれば，飛込選手にとってストレッチングに時間を割くことは非常に価値のあるものになるはずである。ストレッチングは，飛込演技の得点を向上させることもできるし，傷害からくる痛みを解消することもできるので，飛込選手は必ずトレーニングとして行わなければならない。

②筋力トレーニング

飛込競技では主にプールサイドで器具をほとんど用いないタイプのトレーニングを行うが，その目的は筋力・パワーアップであり，コンディショニングであり，また傷害の予防のためでもある。その際行われるトレーニングは全面性と個別性を重視したものであり，次にその代表的ないくつかの例を紹介する。特に初動負荷のトレーニングが飛込には適していると考えられる。

●プローン

腰を含む下半身を強化するために，プローンを行う。選手をベンチにうつ伏せにさせ，ベンチを抱え込み脚部を垂直に持上げた後，床と水平の位置で体幹と脚部の締めを意識させ制止させる。この動作は急激には行わず，ゆっくりとした速度で毎日30回3セットずつ行う（図3-4-25）。

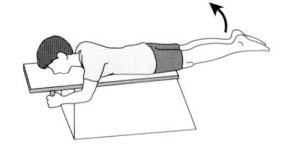

図3-4-25 プローン

●フェースダウン

頭の上に腕をおき，うつ伏せになって上半身を水平位置で制止し，さらに左右の旋回を行うものである。この動作は，脚部をゆっくり上げるのと同じ原理であるが，腰部の傷害を避けるために，背部を反らしてはならない。これは腰部の伸展運動にもなり，毎日30回3セット行う（図3-4-26）。

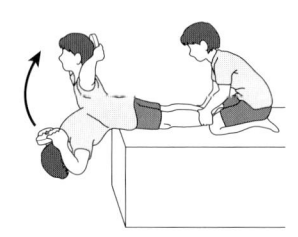

図3-4-26 フェースダウン

●カールアップ

これは仰向けで横になり，足を揃えて椅子に乗せて行うもので，腕は胸の前におき，できる限り前方へ身体を起こす。腹部の上部の筋肉だけを強化するためのものであり，また脚部を椅子の上におくことによって，腰部の傷害を予防することができる。これは毎日30回3セット，全体として100回程度行う（図3-4-27）。

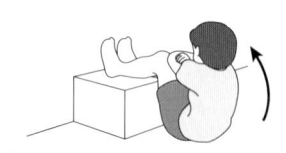

図3-4-27 カールアップ

●首のトレーニング

首を保持する筋力は入水時の衝撃に耐え，正しいボディアライメントを体得するためには非常に大切である。しかしながら慎重に負荷をかけなければならない敏感な部分なので，オーバートレーニングにならないよう十分注意するべきである。

以下の3種目を10回（もしくは10秒間）3セット程度行うことが望ましい（図3-4-28）。

1）頭部を一方へ回し，手の平を頭部側面にあてて，頭部を中央へ戻

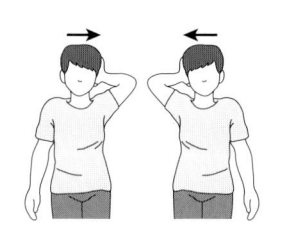

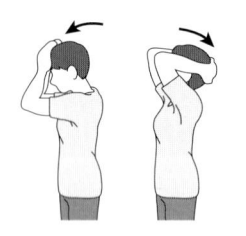

図3-4-28 首のトレーニング

すようにする。反対側も同様に行う。
2) 頭部前面に手をあてて，頭を下げる。
3) 首の後に手をおき，後方に頭を押す。

●手首のトレーニング

入水時の手首の負担に対し，ノースプラッシュの高いパフォーマンスと怪我の防止のためにリストカール（図3-4-29）を行う必要がある。このトレーニングは，手で下から上へ巻き上げる動作をした後に，手を軽く離してロープを垂らし，床に下ろしたところでしばらく待つ。飛込の入水時に必要な筋肉は，前腕では橈側手根屈筋のみであるため，この動作は両方向には行わない。用いるウエイトの重さは，女子で2.0～4.5kg，男子で4.5～7.0kgで，1回巻き取ったら下ろす動作で1セットとし，2セットから始めて5セットまで回数を増やしていく。

●肩関節のトレーニング

飛込では肩関節の傷害も多くみられるが，それは高飛込の入水の衝撃が強いために起こるものと，より高難易度の種目を演技するようになるにつれて，入水時の姿勢が不十分になるために起こるものがある。その種類には，関節が炎症を起こすものと関節の亜脱臼がある。前者は腕のオーバーユース（使い過ぎ）によるものであり，後者は主に高飛込の入水の瞬間に腕が不自然な方向に引っ張られて外れてしまうものである。

前者のような使い過ぎによるオーバーユースの傷害は，運動によって予防することは難しいが，後者のような傷害はトレーニングによって予防することが可能である。いずれもアウターマッスルの強化ばかりでなく，インナーマッスルの強化をベースに予防することがポイントである。肩関節のトレーニングには，直径1cmほどのチューブを使う4種類のトレーニングがある。強い負荷を速く動かすことでアウターマッスルに刺激を与えることができ，逆に軽い負荷をゆっくりと動かすとインナーマッスルを鍛えることができる。

1) 外側へのローテーションと呼ばれるもので，単純にゴムチューブを握り，肘を固定して外側に腕を広げる（図3-4-30）。
2) 内側へのローテーションと呼ばれるもので，柱に巻きつけた2本のゴムチューブを握り，腕を身体から45°の角度に開いて立ち，できるかぎり2本のゴムチューブを胃の前で交差するように引く。この時には，単独の動きをするように心がけ，肘を固定して肩関節だけを使うようにする（図3-4-31）。
3) 技能的ターンと呼ばれている動きであり，肩関節のわずかな部分を使って腕を前に出すように動かす。ドアのノブにゴムチューブを巻き付け，そのドアを背にして立って引っ張るが，最初は腕を体側につけておき，親指をゴムチューブからはずして立てた状態にし，他

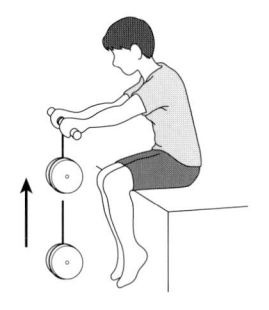

図3-4-29　リストカール

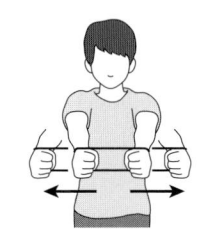

図3-4-30　外側へのローテーション

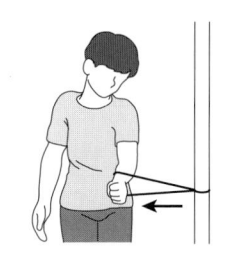

図3-4-31　内側へのローテーション

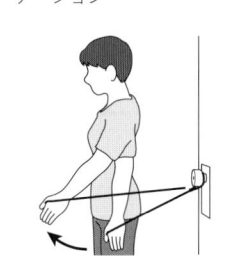

図3-4-32　技能的ターン

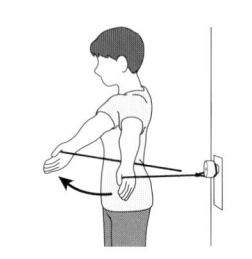

図3-4-33　ローテーターカフ

図3-4-34　パイクアップオンカーブドサーフェイス
（出典：DIVING-Springboard & Platform-）

図3-4-35　レッグリストトゥーバー
（出典：DIVING-Springboard & Platform-）

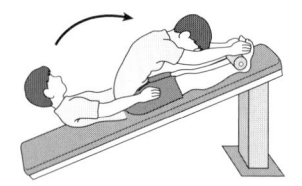

図3-4-36　逆シットアップ

図3-4-37　バーティカルパイクアップ

の筋肉を使わない範囲でできるだけ前に出す（図3-4-32）。
4）肩の一部であるローテーターカフのために行うもので，親指を下ろし，45°の角度に腕を身体から離し，片方の腕をまっすぐ頭上に上げる（図3-4-33）。
5）2人組で倒立静止し，補助者はつま先を支えておきながら下方向に押す。倒立者は足を支えられた状態で腕，肩を突き上げる。その際あごを引いておくと効果的である。
6）2人組で倒立静止を行う。この場合，体のラインを意識させ，補助者は足を少し倒し，オーバー，ショートの状態にする。

●体幹部のトレーニング
体幹部は入水やテイクオフ，宙返りなどあらゆる場面でのボディアライメントで重要な役割を占めている。そのため体幹部のトレーニングは年間を通して毎日行うことが望ましい。

1）パイクアップ
　マット上に横になり脚部と上体が触れるまで両方を持ち上げる。身体を蝦型にするには，2つの主要な筋群，腹筋群と背筋群が必要であり，これらの筋群を強化するためには，パイクアップを10秒間に10回以上のスピードで3セット以上こなせるだけの筋力が必要である（図3-4-34）。

2）鉄棒脚挙上
　鉄棒や肋木等に肩幅でぶら下がり，体幹部や脚部をつま先まで締める。その後すばやく頭上の棒につま先が触れるまで脚を上げる。その際，反動は使わず，あくまでもボディアライメントに注意しながら行わなければならない。20回以上連続して行える筋力が必要である（図3-4-35）。

3）逆シットアップ
　頭を下にして脚部を上げて行う。このトレーニングでの動きは，飛板の先端において脚部の動きが止まった時に起こる動きであり，飛板からの力をためるところである。このトレーニングは，20秒間のインターバルで行い，1セットから徐々に増やしていく（図3-4-36）。

4）垂直へのパイクアップ
　飛板の上に斜めに腰掛け，頭よりも上に脚部を持ち上げる（図3-4-37）。このトレーニングも20秒間のインターバルで行う。

●シーズンオフとプレシーズンのトレーニング
シーズンオフとプレシーズンの時期では，別のタイプのトレーニングを行う必要がある。シーズンオフにおいては，10週程度のウエイトトレーニングを行い，プレシーズンにおいてはパワートレーニングを行う。このウエイトトレーニングは，飛込には関係なく基礎的な身体

の筋力向上を目的として行うものである。一般的な全身の筋力アップをねらいとしたプログラムを使用し，徐々にウエイトを増していく方法で，動作をゆっくりと行う。シーズン直前のプレシーズンの時期において行うパワートレーニングは，ウエイトトレーニングのいくつかの運動をウエイトを軽くして，できるだけ速く動くようにする。腹筋運動，あるいはパイクアップ，シットアップ，レッグプレスといったようなパワートレーニングは，スピードを重視して行うべきである。これらに加えて，パイクアップと同じように20秒間のインターバルで，スピードのためにプッシュアップ（図3-4-38）を行う。さらに，1週間のうちの3日間，スピードジャンプ（図3-4-39）によるレッグエクササイズを行う必要もある。20秒間のインターバルで，1セットから5セットへと上げていく。また，スピードジャンプを行う3日間以外の日は，安全マットの上で宙返りを行うことも必要である。パワートレーニングの初期においては，前宙返りを10回，そして後宙返りを10回で始める。毎週3日宙返りを行い，2回ずつ回数を加えていき，最終的に3群（リバース）や4群（インワード）もできるようになるべきである。

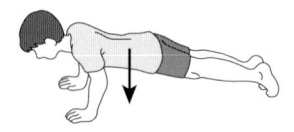

図3-4-38　プッシュアップ

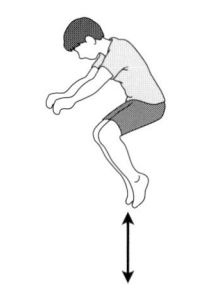

図3-4-39　スピードジャンプ

これらのトレーニングは，「宙返り」という意味ではパワートレーニングではあるが，技術練習でもある。パワートレーニングとしては，できる限り速く動いているということであり，技術練習としては，選手が飛板上で使おうとしている実際の動作を行っているということである。これらは，コンディションの調整法でもある。

さらに「デプスジャンプ」，すなわち人が台の上に立ち，マットに着地すると同時にすばやくジャンプし，前方に歩くという練習も行う。この「デプスジャンプ」を行うことにより，選手の演技の頂点が高くなり，足で飛板を押さえる大きな力を生み出せるようになり，さらに回転力も得られるようになる。これらは宙返りをするときの1つの要素にすぎないが非常に重要なものである。

これらのトレーニングプログラムは，目標とする試合の6週間前くらいにピークがくるように設定し，確実に基礎体力としての筋力・パワーが身についた上で，技術的な練習と合わせてテーパー期に入り，選手を休ませながら演技が向上するようにさせることが重要である。飛込選手の筋力トレーニングで，特に注意しなければならないことは，シーズンに入り，技術練習の量が多くなるにつれて，オフシーズンに付けた筋力が，部分的に低下していくことである。したがって，コーチはトレーニングと練習量のバランスを考えなければならない。

また，飛板の改良や技術の進歩から演技種目の高難易度化が進み，助走や踏切動作においてより高いレベルのボディコントロールが要求されてきている。そのためにジュニア期から通年で取り組むべきである。こ

[ポイント]
- 飛込選手のためのトレーニングには，柔軟性，コンディショニング，傷害予防，筋力，パワー，の5つのタイプがある。
- ストレッチングは，柔軟性の向上だけではなく，傷害予防の観点からも，常に重要なトレーニングである。
- シーズンオフ中には，基礎体力の向上のために，ウエイトトレーニングとパワートレーニングが必要である。

[研究問題]
- 飛込競技選手のためのトレーニングのタイプを5つ述べよ。
- ストレッチングの効果を4つ以上述べよ。
- ストレッチングを行う際の注意事項を述べよ。
- 飛込競技選手のための筋力トレーニングの目的を述べよ。

こでは軸作りのためのトレーニングメニューの例を挙げておく（表3-4-3）。

［金戸恵太］

表3-4-3 軸作りのためのトレーニングメニュー

踏み込みのための軸作りのトレーニング例

1	腹筋 下から10×1 上からロール10		・手順：膝を曲げて腰が浮いてこないように骨盤をまっすぐにして仰向けになる。頭から順番に上体を起こせるところまで上げ、ゆっくり元の位置まで戻る。両手の足の裏全体を地面につけて上から順に上がれるところまで上がってゆっくり降りる。2セット目は骨盤を立てて座った姿勢からお臍周りに力を込めて倒していき背骨を1つずつ地面につけるようにして体を下げていく。 ・ポイント：腹圧が抜けて腰が反らないように注意する。首が辛ければ頭の後ろで手を組んで支えて行う。肩が前に出ないように胸を張って動く。
2	サイドベンド 下半身 左右交互10		・手順：仰向けに膝を立てて寝転がり、お腹に力を入れて腰が地面から浮かないようにし、片側に両膝を倒す。上のお腹とお尻で引っ張り、下の内腿で押しながら膝を元の位置に戻して、反対に倒していく。できるようになってきたら両肩甲骨を同じ高さで少し地面から離して実施。 ・ポイント：膝はくっつけて開いてこないようにボールを挟んでもよい。反動をつけずに臀部と腹筋で引き上げるようにして上体を起こす。腰が反ったり、体を捩らないように両骨盤を地面につけて動く。
3	仰向けヒップアップ 足入れ替え 左右交互10		・手順：仰向けに膝を90°に曲げて寝転がり、腰が反ってこないように骨盤を地面と平行にする。片足を少し上げて地面についたと同時にお尻から膝までを直線にしてすばやく上げる。上げている膝を胸の方に引き上げて一度静止し、ゆっくりと足を下ろしてから臀部を下ろす。 ・ポイント：骨盤は地面と平行に保ち、脚を動かした時にお尻が下がらないようにキープする。地面につくのとお尻を上げるのを同時にすばやく行う。まっすぐに上下するように体幹にも意識。
4	スーパーマン hipAdd+add 15		・手順：うつ伏せに寝て、お尻をしめて両足を5cmほど浮かせる。肩甲骨を引き寄せて肩を上げる（顔は下を向いて、胸は地面につけて腰を反らないように）。足の高さをキープして真横に両足同時に5cm開いて、内腿に意識して閉じる（内腿同士をつけるまでしっかり閉じる）。一度肩と足を地面に下ろし、この運動を15回繰り返す。 ・ポイント：辛くなっても腰が反らないように腹部には意識する。股関節を動かし足だけがバタバタするのではなく脚全体を動かす。
5	肘＆膝ヒップアップ Add+Flex 10+10左右		・手順：膝を90°に曲げて耳から膝までを一直線にして横向きになり、下の肩から膝までが一直線になるようにお尻を上げる。この時、上の肩から膝までが地面と平行になるように足を横に上げる運動を10回繰り返したら、次にアップの姿勢をキープして膝だけを前にもっていき、股関節を屈伸する運動を10回繰り返す。 ・ポイント：下の肩から膝までが一直線になるようにしっかりお尻を持ち上げる。おへそは常に前を向いているように骨盤を固定する。体側の側屈にならないように体幹は固定する。
6	片足立ち オーバーヘッド		・手順：両足に50%ずつ体重をかけ、万歳姿勢を作る。骨盤、肩のラインは地面と平行を保ったまま片足を上げる。 ・ポイント：中臀筋をしっかり締めて地面を踏みしめ、足の内アーチは潰さないように母子球、小子球、踵の3点に体重を均等にかけて立つ。
7	アームサークル 片足立ち 5前後周り 左右×2		・手順：片足立ちになり、両手を肩の高さまで上げるところからスタート。片手を前回り、もう片手を後ろ回りにして大きく回す。 ・ポイント：肩甲骨をしっかり動かし、腕だけの動きにならないようにする。体幹を固定し、腕の動きと一緒に骨盤が左右に広がっていかないように意識する。
8	フロントランジ 15左右		・手順：膝と股関節が90°になるようにして1歩前に踏み出し、前足のお尻で地面を押すようにして立ち上がり、同時に後ろの足の膝を胸の方に引きつける。片足でバランスをとったらゆっくりと浮いていた足を後ろにもっていき、スタートポジションに戻る。 ・ポイント：軸は直立で骨盤が開いたりお尻が落ちたりしない。上半身の前後傾がないように体幹は固定する。
9	フロント＆バック ステップ 10左右		・手順：股関節を屈曲し、中腰姿勢を作ったらなるべく軸が外れないようにして片足を上げる。軸足の股関節を伸展させて地面を押し、前へ小さくステップし、反対足で着地してスタートポジションを作る。次は着地した足で地面を押して後ろへステップして反対の足で着地する。体幹はしっかり固定して、前後にぶれたり左右に体が倒れないようにする。 ・ポイント：つま先が離れるまで地面を押しながら踏み切る。スタートの膝を曲げた時になるべく膝がつま先よりも前に出ないように、股関節での屈曲を意識する。着地時に膝が内に入ったりしないように臀部でコントロールする。
10	サイドランジ 足固定 20左右		・手順：足を大きく開いて肩甲骨を引き胸を張る。股関節を屈曲させて片方の足、膝、腰、肩が直線になるまで腰を落としていく。上半身が前後、左右にぶれないようにしながら出した方の臀部と足の裏で地面を押しながら立ち上がる。 ・ポイント：サイドに行った時に肩、腰、膝が一直線になるようにする。背中が丸くなったり、お腹が反ったり、上半身が前傾しないように体幹に意識する。
11	サイドランジ プッシュアップ 10左右		・手順：足、膝、腰、肩が前から見て地面と垂直に直線になるように真横に1歩出す。上半身が前後、左右にぶれないようにしながら出した方の脚で地面を押し切り、一度足を浮かせてスタートポジションで着地する。 ・ポイント：踏み出した脚の膝、つま先は常に前を向いている。骨盤が開いたり、上半身が左右に動かないようにする。
12	グーパージャンプ 10		・手順：肩の高さでチューブを持ち、肩甲骨を引き胸を張る。大腿が地面と平行になるように大きく足を開いて中腰姿勢を作る（膝はつま先と同じ方向を向いているようにする）。地面を押すように立ち上がり、足を閉じて着地したらすぐにジャンプして、スタートのように中腰姿勢で着地する運動を繰り返す。 ・ポイント：中腰姿勢では一度静止し、足を閉じての着地の時はなるべく接地時間を短くパンっと地面を蹴るようにする。上半身はなるべく前後に動かないように固定し、膝＆股関節は空中で伸展するように伸ばす。

4. 飛込のトレーニング

	ジュニアの軸作りのトレーニングメニュー例		
1	足指 グーチョキパー		・手順：足の指を大きく動かし，グーチョキパーを作る。 ・ポイント：足の指までコントロールできるようにし，足裏，足関節を効率よく動かせることで捻挫や疲労骨折などの予防，踏ん張りがきくことによる競技力向上をめざす。
2	内アーチの確認		・手順：立った姿勢から一度足指を全部上げて，内アーチを潰さないようにして指全体を床につけるようにして下ろす。内側アーチをくずさずに体重をかけ，片足でも同じようにして立つ。 ・ポイント：親指の付け根と踵の真ん中，小指の付け根で地面を押すようにする。指が丸まったり，床から浮かないように注意。
3	ヒップ IR+ER 0° &45° 10×2種×2角度 左右×2		・手順：膝を曲げて横向きに寝る。膝を90°に曲げる（耳，腰骨，くるぶしは一直線になるように）。足を下につけて，30cmの位置をキープしてゆっくり膝だけを上げてゆっくり戻す。股関節が0° 45°でそれぞれ行う。 ・ポイント：運動中は骨盤はまっすぐに前を向いていて，脚を広げた時に広がってこないようにキープ。
4	脚引き寄せ 横向き 10左右×2		・手順：横向きに肘立ちになり，股関節，膝関節を90°に曲げる。両膝をくっつけたままで膝を胸の方に向かって上部に引き上げる。 ・ポイント：胸を張り，背中が丸くなったりお尻が後ろに引けないようにして腹部を使って膝をしっかり上に引き上げる。下の体側も落ちてこないようにまっすぐに上げておく。
5	ハイキング 10+10左右×2		・手順：仰向けに膝を90°に曲げて寝転がり，背中が地面から浮かないようにお腹に力を入れる。腹圧をキープしたまま片足のお尻で地面を押し，肩から膝までが一直線になるまで持ち上げる。同時に反対の膝を胸の方に引き上げる運動を10回繰り返したら，お尻をアップしたままキープして脚の引き上げだけを10回繰り返す。 ・ポイント：骨盤は地面と平行に保ち，脚を動かした時にお尻が下がらないようにキープする。
6	レッグサークル 横向き膝屈曲 10外＋内周り 左右		・手順：体をまっすぐにして横向きに寝転がり，上の膝を90°に曲げる。上にある方の膝は90°に曲げて地面と平行に前90°に出してから横に開き，真横に戻ったらゆっくり膝を下ろす（10回）。次に真横に開いてから前に出すように反対回りで10回股関節を動かす。 ・ポイント：おへそから上は動かないように良い姿勢をキープし，脚が移動する時も身体を前傾したり骨盤が開いたりしないように注意する。
7	肘立ち（横向き） ロール 10左右×2		・手順：肩の真上に肘がくるように横向きに肘立ちになる。上の脚を身体と直線になるまで上げ，前から見て顔からお尻までがまっすぐになるようにお尻を上げる。腕を上，前に遠くに伸ばすようにして大きな円を描きながら下の脇の下を通して後ろに引っ張られるところまで移動していく。 ・ポイント：上から見て，耳，肩，お尻，踵が一直線になるように保つ。腕が動いている時にお尻や股関節がぐらぐらしないようにする。運動中に腰が下に落ちないようにキープする。肩が上に上がってきたり，背中が反らないように腹部は固定する。
8	ロールアップ腹筋 3ロール×10		・手順：膝を抱えて寝転がり，肩からお尻まで地面につけながら背中をロールさせて3回目に足を地面につけて止まる。できるようになってきたらそのままお尻を地面から離してしゃがみこむ姿勢を作って止まる。 ・ポイント：なるべく膝が胸から離れないようにして背中を丸めて動く。足をおいてしゃがむ姿勢で一度静止する。
9	膝伸展腹筋 BB蹴る 10×2		・手順：仰向けに寝て，膝と股関節を90°に曲げる。お腹が抜けず背中，腰が浮いてこないようにキープしたまま，膝と股関節を伸ばして足斜め45°くらいに伸ばす。腹圧が抜けて腰が浮いてこないギリギリのところまで徐々に足を下げられるように運動を繰り返す。 ・ポイント：息を止めずに実施する。始めから足を下げなくてよいのでしっかり腹圧をキープできる位置で運動する。
10	パートナースクワット 10×2		・手順：パートナーと背中（肩とお尻）を合わせて腕を組んで座る。2人で同時に背中を押し合いながら立ち上がる。 ・ポイント：掛け声をかけて2人同時に立ち上がる。

飛込選手の
コンディショニング

SECTION 5

1 飛込選手に発生しやすい傷害

　10 m の固定台からの演技では入水速度は 51 km/h に達し，入水直後には瞬時に 33 km/h まで減速し，入水時の衝撃はおおよそ 400 kg 重と大きく[1]，身体への負荷は大きい。このため，入水時の衝撃による外傷，入水の繰り返しによる障害が多く発生する。また，固い固定台からの踏切や飛び板の反力を伴った板上でのジャンプ動作は，下肢に負担をかける。このため，傷害部位は，頭部から足先までと全身に及ぶ。2003～2011年度のナショナルジュニア合宿中にナショナルジュニア代表選手（高校2年生以下）を対象に行った傷害調査の結果を以下に示す[2]（図3-5-1）。

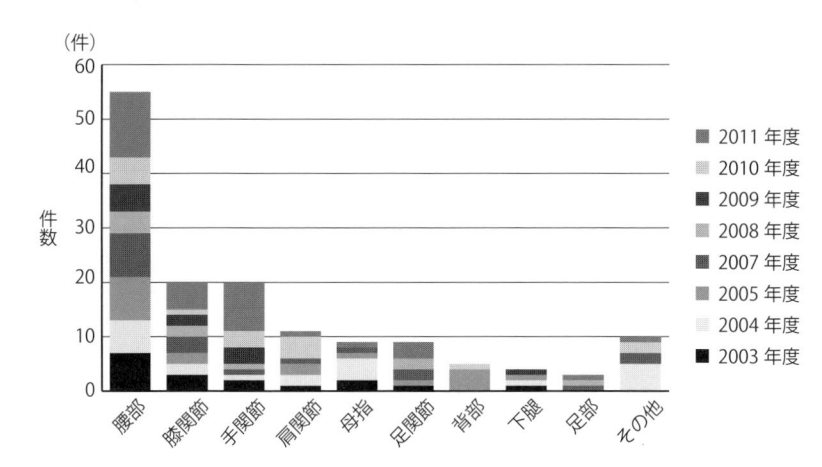

図3-5-1　ナショナルジュニア合宿中の疼痛部位

　この調査の対象者141名中，疼痛部位の総数は141件であり，腰部が55件（39.0％）と最も多く，次いで膝関節20件（14.2％），手関節20件（14.2％）であった。このことから，ジュニア選手は，腰痛を抱えながら競技を行っている選手が多いこと分かる。ここでは，最も多い腰痛に関して述べていく。

図3-5-2　腰痛発生状況

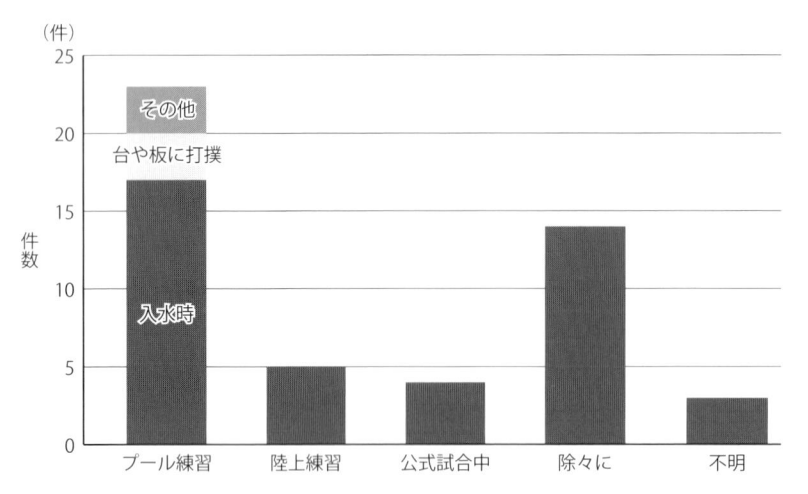

図3-5-3　後方回転種目の入水姿勢

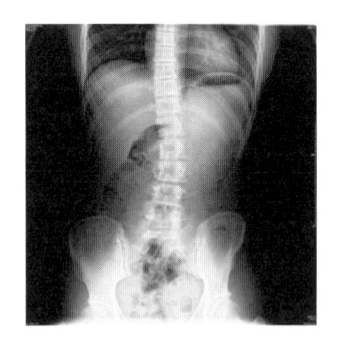

図3-5-4　側弯を有する女子選手のX線（レントゲン）画像

①飛込選手の腰痛発生状況

　飛込選手の腰痛発症には，さまざまな因子が関連していると考えられる。飛込競技では，前方回転種目（1，4群）の飛び出し時，入水時，空中での体幹の屈曲時に腰椎の前方構成体に，圧迫ストレスがかかる。また，後方回転種目（2，3群）での入水角度が垂直より小さい入水（ショート）時，前方回転種目（1，4群）の入水角度が垂直より大きく回った（オーバー）際に腰椎が伸展を強制され後方の構成体に負荷がかかると報告されている[3]。筆者らの調査では，後方回転種目の入水の際に，腰椎を過伸展し，腰痛を発生した者が多いことが明らかになっている[2]（図3-5-2，3）。

②飛込選手の腰椎器質的変化

　飛込選手に対し，MRIにて腰椎の器質的変化を調べた研究では，18人中12人（67％）になんらかの異常がみられ，その原因は腰椎が脆弱している成長期に飛込競技の入水ストレスがかかることと推測している[4]。筆者らのX線画像による調査では，腰椎器質的変化は66.6％に認められ，側弯は39人中12名（30.8％）と高い発生率を認めた。特に女子選手は16名中9名（56.3％）と高頻度に認め，飛込選手は側弯を有する者が多いことが示された[5]（図3-5-4）。これは，入水時の衝撃による座屈現象により，体幹が弯曲することが原因だと考える。側弯を有していると，一部分にストレスが集中しやすいため，腰痛の1要因になっていると考える。

③飛込選手の腰痛の特徴

　筆者らの調査では[2]，腰部に痛みを有する者43人中34人（79.1％）に動作時痛を認めた。そのうち，伸展時のみに痛みを有した者は，19人（55.9％）と最も多く，前後屈の両方に痛みを有した者が13人（38.2％）屈曲時のみに痛みが出現した者は2人（5.9％）であり，ほとんどの者が

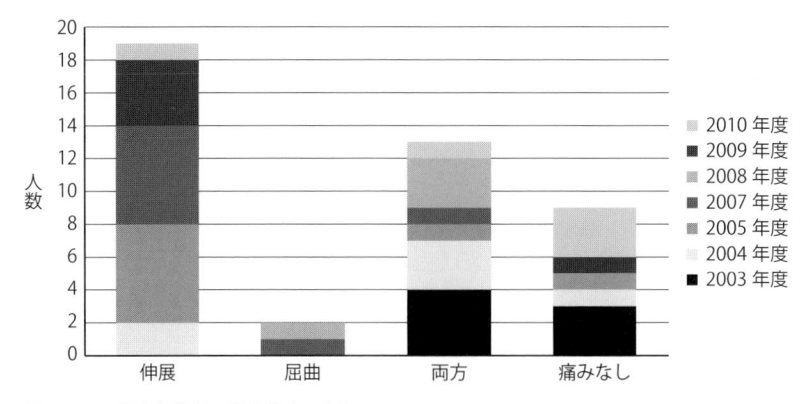

図3-5-5　腰痛有訴者の動作時痛の有無

伸展時に腰痛を有していた（図3-5-5）。
　また，側弯の有無にかかわらず女子選手は，仙腸関節部に痛みを有する者が多い。これは，側弯を有している選手は板飛込での片足ジャンプをする際に，片側の仙腸関節のストレスが大きいこと，飛込競技は股関節の柔軟性求められること（図3-5-6），演技に捻り技が含まれていることが理由であると思われる[6]。

2 飛込選手の傷害への対応

　飛込選手の傷害への対応の流れとして，疼痛除去，可動域改善のための徒手療法，その後，良い状態を保つためのトレーニングが大切である。可能であれば，上記のような対応前に，医師による病態診断，選手に対する病態説明が行われることで，選手の病態理解が進むことにより，より高い治療効果が期待される。
　ここでは，入水時に腰椎を過伸展し，よく発生する腰椎捻挫（椎間関節性疼痛）が起こった場合の症状と対応

図3-5-6　柔軟トレーニングの様子

について述べる。基本的な対応は初期，慢性期，他の関節であっても共通している。徒手療法により，疼痛や可動域改善を図り，その状態を保つためのトレーニングに移行する。

①腰椎捻挫：椎間関節性疼痛
[症状]
　選手は，どのように腰椎が強制されたか，受傷起点を理解していることが多い。多くは入水時に伸展または側屈を強制され，受傷する。症状は，受傷時方向へ動かした際に，腰痛が誘発され，可動域制限が起こる。また，疼痛期間が長い者ほど，疼痛部位周囲の筋緊張は高くなっている。
[対応]
　慢性疼痛に移行する者は，椎間関節の損傷だけでなく，入水時の衝撃

による関節の位置異常が起こり，そのことが改善されない場合に慢性疼痛が引き起こされると考えている。このため，筆者はマリガンコンセプトのSNAGS（Sustained Natural Apophyseal Glides）テクニック[7]を用いて，疼痛除去，関節の位置異常を改善する（図3-5-7）。

動作時痛，可動域制限が改善した後，その状態を維持するためのトレーニングを行う。後述する胸椎可動性向上トレーニング，体幹トレーニングを行う。

3 飛込選手の傷害予防（腰痛）

①肩甲帯可動域向上トレーニング

筆者らのこれまでの調査により，肩関節・肩甲帯の可動性の低下が腰痛リスクになることが明らかになっている[8]（後方回転種目の入水時に要求されるため）。このため，胸郭の可動性も含めた肩関節，肩甲帯の可動性向上トレーニングを行う必要がある（図3-5-8，9）。また，飛込の練習を繰り返すと肩甲骨は前外方になっていることが多い。肩甲骨が正常に動くためには，普段の状態での肩甲骨の位置がとても重要となる。ここでは，肩甲骨の位置を正常化するトレーニングを紹介する（図3-5-10）。

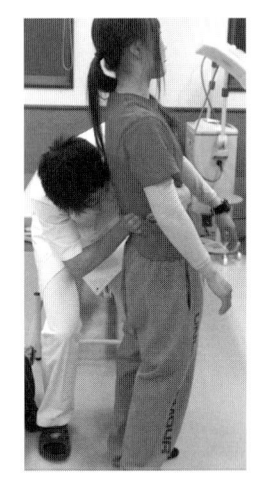

図3-5-7 マリガンコンセプトのSNAGSテクニック[7]

図3-5-8 胸郭可動性向上トレーニング
起き上がることにより，後方回転種目の入水姿勢に近いところでの腹筋群のトレーニングにもなる。

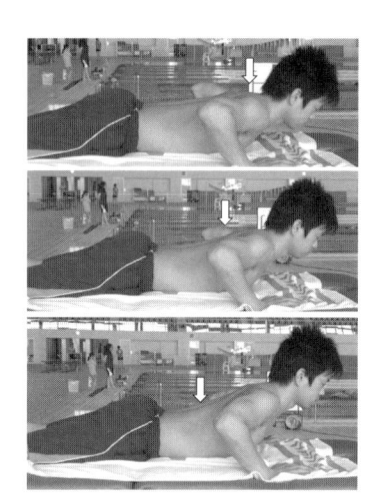

図3-5-9 胸椎自動運動トレーニング
矢印のところを意識して上から順に分節的に動かす練習をする。

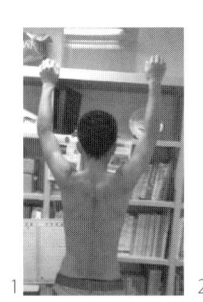

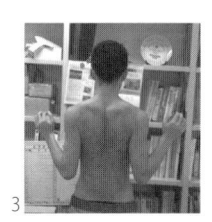

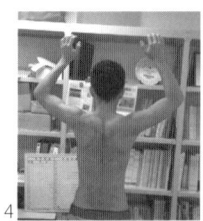

図3-5-10 肩甲骨の位置正常化トレーニング
肩甲骨を下方内側にもってくる筋肉（僧帽筋下部線維）をトレーニングしている。1 肩関節屈曲，2 肩甲骨を下部内側に寄せる，3 肘を引く，4 肩甲骨を寄せたまま肩関節挙上。

②**体幹安定性向上のためのトレーニング**

　飛込競技は入水時の衝撃がとても大きい。これに耐えうる筋力を有さなければ、前述したように側弯が発生し、その後腰痛、仙腸関節痛につながってくると考えている。軸圧に拮抗するためには、呼吸を止めた腹筋トレーニングと背筋トレーニングが重要となる。ここでは、飛込競技の競技特性に応じたトレーニングをいくつか紹介する（図3-5-11、12）。

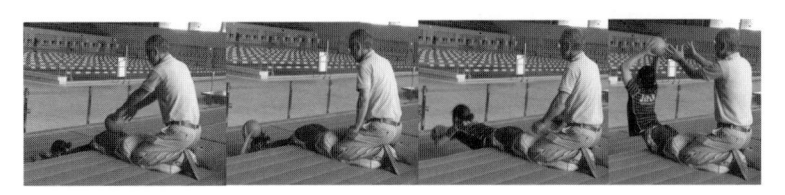

図3-5-11　背筋トレーニング
飛込競技では支点のない空中での動作を要求されることから、なるべく上半身を台から出して行う。また、分節的な体幹伸展可動性も意識して行うことが大切である。

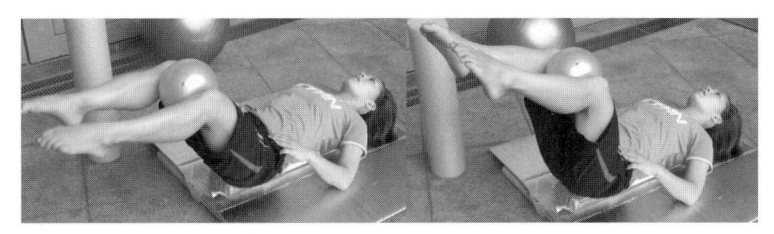

図3-5-12　ハーフカットストレッチポール上での下部腹筋群トレーニング
空中では股関節のコントロールも要求される。トレーニングの際には、足を伸ばしていく遠心性の収縮を意識し、下肢を伸ばした最終位では、呼吸を止め保持すると効果が高い。

4 飛込選手の競技力向上のためのコンディショニング

　飛込競技は、踏切時のパフォーマンスが演技構成上とても重要である。このため、演技前には、選手がイメージする踏切ができるようコンディショニングを行うことが大切である。具体的には、踏切をする際に、上半身（特に背筋）が有意にならないように、腹筋群の賦活化（図3-5-13）、股関節と膝関節が自由に動くように（大腿外側筋が緊張しないように）、大殿筋下部内側線維の賦活化（図3-5-14）を行っている。この、大殿筋の下部内側線維の賦活化は、仙腸関節痛の予防においても有効な方法である。
　次に、ブリッジにて大殿筋下方内側線維が主に収縮し、運動ができるかを確認する。可能であれば、片足ブリッジ→その状態でのSLR等運動負荷を高めていく（図3-5-15）。
　ここでは、飛込選手のコンディショニングとして傷害予防のトレーニングと競技力向上のトレーニングを別に記したが、これらはほとんど共通している。つまり、飛込選手のコンディショニングには、肩甲帯（胸

図3-5-13 腹筋トレーニング
腰椎を後弯（腰部を下に押し付ける）後，体幹を上げ，骨盤を後傾する。この状態で10秒間，呼吸を止めて保持する。

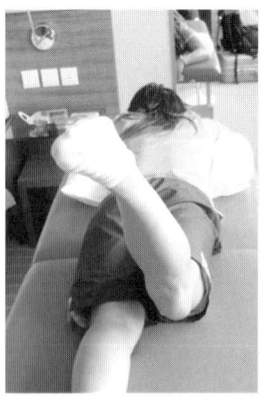

図3-5-14 大殿筋トレーニング
お尻を収縮し，股関節を内転させた後に，伸展すると下部内側線維が収縮しやすい。他の部分が緊張しやすい場合には，まずその部分の緊張を落とした後に，行うと下部内側線維が収縮しやすい。

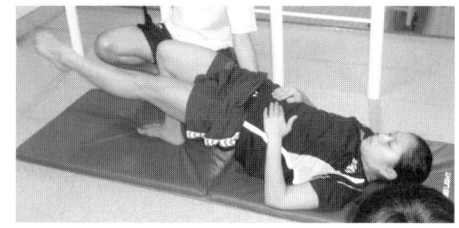

図3-5-15 片足ブリッジ
骨盤や体幹の傾き，体幹筋の活動状態を確認することに加え，大殿筋下方内側線維の収縮を確認することが大切である。

椎・胸郭を含めた）可動性，腹筋群の緊張（体幹の安定性），効果的な大殿筋の収縮が必要だと考える。もちろん，身体的な要素だけでなく，心理面や疲労等の全身コンディションは重要であるため，これらに対する心配りも必要となる。

[参考文献]
1) Le Viet DT et al. (1993)「Wrist and Hand Injuries in Platform Diving.」『J Hand Surg』18：876-880.
2) 成田崇矢 ほか. (2011)「飛込競技における全日本ジュニア選手の傷害発生状況について」『日本水泳・水中運動科学』14（1）：1-6.
3) Badman, BL., Rechtine, GR. (2004)「Spinal injury considerations in the competitive diver a case report and review of the literature.」『The Spine Journal』4：584-590.
4) Adad, Baranto. et al. (2006)「Back pain and degenerative abnormalities in the spine of young elite divers.」『Knee Surg Sports Traumatol Arthrosc』14：907-914.
5) 成田崇矢 ほか. (2013)「飛込選手の腰椎器質的変化—側弯に注目して—」『日本臨床スポーツ医学会誌』21（1）：125-130.
6) 成田崇矢. (2013)「飛込み」小林直行 ほか 編『女性アスリートのための傷害予防トレーニング』医歯薬出版．pp.124-127.
7) Brian R Mulligan. (2002)『マリガンのマニュアルセラピー』(細田多穂 ほか 監訳)．協同医書出版社.
8) Narita, T., Kaneoka, K. et al. (2013)「Critical factors for the prevention of low back pain in elite junior divers.」『Br J Sports Med』Published Online First.

［成田崇矢］

第 4 章

水球

SECTION 1. 水球競技概説
SECTION 2. 水球の科学
SECTION 3. 水球のコーチング
SECTION 4. 水球のトレーニング
SECTION 5. 水球選手のコンディショニング

水球競技概説

SECTION 1

1 水球競技の現状

①国際現状

　水球競技は，1900年の第2回パリオリンピックから正式種目として確固たるワールドスポーツ種目としての地位を確保している。国際競技会は，オリンピック，世界選手権，大陸選手権だけではなく，オリンピック中間年にワールドカップ，さらには毎年ワールドリーグが賞金付きで開催されている。また欧州では，各国の水球クラブ間でユーロカップやユーロリーグが開催され，トップ選手の生活環境はプロ化によって経済面が整備され，選手間の競争も激しくなり，技術レベルが急速に向上している。特に欧州トップクラブでは世界のトップ選手が多数所属して，国内リーグを盛り上げている。この流れは世界各地域に及んでいて，今後急速に国際競技力のレベル向上が予測される。

　国際水泳連盟(Fédération Internationale de Natation：FINA)では，水球競技を観客がみてわかりやすく面白いスポーツ競技にするため，競技のスピード化と得点チャンスの増加を目的に，近年ルールの変更や判定基準の見直しをたびたび行っている。その施策として，毎年各大陸においてレフリースクールを開催し，FINAの目的に沿った判定基準の統一を図っている。

　選手育成面では，20歳までの2歳刻みでユースとジュニアに年齢区分されたカテゴリーにおいて，大陸選手権，世界選手権が毎年開催されている。また欧州各国では，国内トップリーグにおいて，チーム内にジュニア選手を一定数入れなくてはならないルールを制定し，才能あるジュニア選手によりレベルの高い環境を経験させている。これらの施策により，ジュニア選手の経験値が飛躍的に増加して才能ある選手が育成されている。

②国内状況

　わが国では現在，小・中学校の児童・生徒は地域クラブで，高校・大学においては学校単位で水球競技が行われている。近年，中・高校生の全国大会で上位進出するためには，小学生から高校生までの一貫指導体制を整えることが条件となっている。そのため，小・中学校の児童・生徒が所属する地域クラブと高校チームの交流は急速に進んでいる。一方，大学においては専任の指導者がいるチームは少なく，十分な練習が行われていないのが現状である。また社会人においては，水球クラブは増加傾向ではあるものの，目的を楽しむこととするチームが多く競技レベルは低い。

　一方，国際競技力向上については，日本水泳連盟が主体となり，ジュニアからの一貫指導による選手の発掘，育成，強化事業と，指導者育成を目的とした研修会を毎年実施して最新の情報を伝えている。

　日本の水球界の将来に向けての課題は，全国各地域において才能ある高校生と社会人で編成されたクラブを育成することである。そして都道府県の地域クラブによるリーグを創設して，選手の発掘，育成，強化を図っていく環境作り

が求められている。

2 水球競技の特性

①体力特性

水球競技は，運動量が多く，1試合すべてに出場した場合には総移動距離が約2,000 mになる。1回に泳ぐ距離は約20 m程度であり，間欠的にスピードに変化をつけて繰り返し移動するという特性がある。なお，移動に際し，高いスピードを要求される移動は，総移動距離の約10%である。

また，全体の試合時間の約25%がスイムポジション（水平姿勢）であり，残り75%はスタンディングポジション（立位姿勢）である。そのため，手足を使ったフロート（浮力）能力が要求される。さらに，プレーの際に身体接触が多く出現するため，コンタクト能力が重要となる。

②技術特性

水球の技術を大きく分類すると，スイムポジション（水平姿勢）とスタンディングポジション（立位姿勢）の2姿勢と，ボールを保持した技術と保持しない技術とに分けられる。実際の試合では2姿勢を連動させた応用技術に発展する。先に述べたように，試合ではスタンディングポジション（立位姿勢）での技術頻度が圧倒的に多い。またスイムポジション（水平姿勢）でのボールを保持した技術は難度が高い。

また，特に重要な基礎技術としては，スローイングとシューティングが挙げられる。これらの技術においては，若年層から十分な時間をかけて繊細な指導が必要である。

③戦術特性

水球の戦術は，個人とチームにおいて，下記の6つの展開に分けられる。

1) 6：6防御
2) カウンターアタックの防御
3) 6：5防御
4) 6：6攻撃
5) カウンターアタック
6) 6：5攻撃

戦術については，チーム能力が低い段階では，カウンターアタック時の攻防戦術が重要であり，レベルが高くなるに比例して，6：5の攻防戦術の重要度が増してくる。また防御戦術は，チーム力を上げるため，そして試合に勝つために重要となる。

3 日本水球の国際競技力向上施策

水球競技では，一貫指導型競技者育成プログラム（Long Term Athlete Development Program for Water Polo）が行われている。

この「一貫指導プログラム」とは，長期一貫指導型競技者育成プログラムを指す。すなわち，水球競技と出会うジュニア期からシニア期に至る長い年月をかけて，世界に通用する国際競技力を育成する長期的なプランである。欧米ではLong-Term Athlete Development（LTAD）として多くの国々で活発に導入され，成果を上げている。その事業規模が大きいために，単独のチームやクラブで成し遂げることは容易ではない[注1]が，そのコンセプトや具体的な取り組みを知ることは，各チームで日々指導にあたる指導者にとって重要かつ有意義である。ここでは，LTADについて概説を行うとともに，2003年より日本水泳連盟水球委員会によって策定され

図4-1-1 スタンディングポジション（ボール保持）

た「水球一貫指導プログラム」の具体的内容について紹介する。

① 「水球一貫指導プログラム」策定の背景

日本の競技スポーツの国際競技力は1964年の東京オリンピックをピークとして低下傾向をたどっており，文部省（当時）は2000年9月，国際競技力を回復させるための国策として「スポーツ振興基本計画」を発表した[6]。このなかでも「政策目標達成のため必要不可欠な施策」として明確に取り上げられた課題は，次の4項目である。

・一貫指導システムの構築
・トレーニング拠点の整備
・指導者の養成・確保
・競技者が安心して競技に専念できる環境の整備

特に「一貫指導システムの構築」に関しては，従来の学校教育主導型の指導環境では長期的かつ計画的な指導は行われにくいと分析し，優れた競技者がその指導者や活動拠点にかかわらず，一貫した指導理念と個人の特性や発達段階に基づいてトップレベルの競技者へと育成されるシステムを各競技が構築しなければならないと提唱している。

日本オリンピック委員会（以下，JOC）はこれを受け，「JOCゴールドプラン」戦略において，「競技者育成プログラム」の策定を項目化した[10]。ここではJOC傘下団体の中から7競技9種目を選抜し，スポーツ振興法に準じた一貫指導システム構築に着手した。これは2004年までに試行期間を終え，2005年からはすべての競技団体において競技者育成プログラムの実践化が開始された。

日本の水球競技の国際成績は，1984年のロサンゼルスオリンピックの出場を最後に2012年のロンドンオリンピックに至る20年以上もオリンピックから遠ざかっている。その原因としては，外国人選手との体格差，国際経験そのものの不足，社会人選手にとっての競技環境の不整備，といったさまざまの理由が考えられる。また，長期的な視点に立った選手育成プログラムの開発および環境の整備が立ち遅れていた点は否定できない。

こうした背景のもと，日本水泳連盟水球委員会（以下，水球委員会）は，日本の水球競技の国際的競技能力を立て直す長期プランとして，2003年に「日本水球競技の長期一貫指導型競技者育成プログラム（以下，水球一貫指導プログラム）」を策定した。

② 「水球一貫指導プログラム」の展開

[選手の発達段階の認識]

長期スパンで選手を育成するにあたっては，発育・発達段階に関する科学的知見が不可欠になる。スキャモン（R.E. Scammon）は人間の発育・発達を一般型，リンパ型，神経型，および生殖型の4つの側面から捉えた。これによると，神経型は乳児期から幼児期にかけて急速に発達し，小学校入学時には大人の約90％に及ぶ[12]。その一方で，骨や筋肉，呼吸器や循環器などの発育を示す一般型は少年期に入って一度ゆるやかになり，少年期の後期から再び急成長するため，少年期の一般型の成長は成人の約50％に過ぎない。このことから小学校の低学年までは，動きの器用さ，調整力といった能力を刺激するのに適した時期であり，体力的要素の大きな向上を期待するのは時期尚早と考えられる。また，心身の成長速度は個人差が極めて大きく，単なる暦年齢で選手を区切って練習プログラムを提供することには慎重でなければならない。アール（Earle）は，同じ暦年齢であっても骨年齢は個々で異なるので，身長をはじめとして大きな個体差が生じることが多く，スポーツ指導者は注意しなければならないと訴えている[4]。

バリー（Balyi）は，スポーツ競技種目を早期完成型（早熟型）と長期完成型（晩熟型）に分類し，それぞれについて発達段階に応じたモデルを開発した[2]。それによると球技は晩熟型に分

表4-1-1　晩熟型競技における6段階の育成モデル

	ステージ1	ステージ2	ステージ3	ステージ4	ステージ5	ステージ6
名称	ファンダメンタルの段階	練習を学習する段階	トレーニングを練習する段階	競技のトレーニング段階	勝利を目指したトレーニング段階	リタイア期
目的	あらゆる基本的な運動スキルの学習	あらゆる基本的なスポーツスキルの学習	持久力と筋力の基礎作り	競技に必要なフィットネスの最適化	フィットネスとスキルにおいて競技人生最大レベルの確立	コーチや役員としての貢献
男子	6歳から9歳	9歳から12歳	12歳から16歳	16歳から18歳	18歳以降	
女子	6歳から8歳	8歳から11歳	11歳から15歳	15歳から17歳	17歳以降	
概要	競技に特化した技術を指導する以前に，さまざまな基本的な運動スキルを学習させる。活動はすべて積極的かつ楽しみをもって行えるように工夫されなければならない。スポーツのABC（アジリティ，バランス，コーディネーション，スピード）をあらゆる活動を通して発達させる。	長期育成が必要なスポーツにおける早熟化はさまざまな弊害をもたらす。ステージ1を十分に開花させた後で，スポーツ技術についての学習をさせるべきである。	持久力が加速して成長する時期である。スピードやスキルは引き続いて育成するが，身長増大速度がピークになる時期であることを考慮し，持久的な能力の地盤を固めることが重要。この時期の練習において過度に競技に時間をかけてしまうと十分な発達が期待できない。	試合を強く意識したトレーニングの時期である。ポジションや試合スケジュールなど，より個人の状況に配慮した質の高いトレーニングを年間を通じて行う。選手は，すでに学んださまざまな能力を，どんなコンディションの下であっても発揮できるようにトレーニングされる。	培ったパフォーマンスを最大に発揮させるために，すべてのトレーニングを計画する。国際大会で最大の能力を発揮できるようにする。	引退後は多くの選手が指導者，競技役員，マスターズ，個人経営などでその競技にかかわる。
活動頻度	専門種目の活動は週に1〜2回にとどめ，他のスポーツを積極的に週3〜4回行う。	練習と競技の割合は7：3程度が望ましい。	練習と競技の割合は6：4程度。	練習と競技の割合は5：5程度。	トレーニングと試合の割合は1：4になり，あくまでも競技が中心となる。	
発達段階	5秒以内の敏捷性が急激に開花。	スピード，柔軟性への配慮。	体格の急変に伴う柔軟性に配慮。			

（出典：Balyi，2004に基づき著者作成）

類され，競技の導入から引退に至るまで6段階のステージを経て育成するべきとされている（表4-1-1）。またJOCは「競技者育成プログラム策定マニュアル」の中で，従来型の「選手選抜・強化」という単純な強化の図式ではなく，「成長と発育の段階をふまえ，個々の競技者の能力を最大限に開発するための発掘→育成→強化」という綿密なプログラムの構築が不可欠であると訴えている[11]（注2）（図4-1-2）。

こうした点からかんがみると，日本における競技スポーツは，クラブ活動を中心とした学校教育システムの枠内において発展したものが多い。したがって，ややもすると多年度にわたる

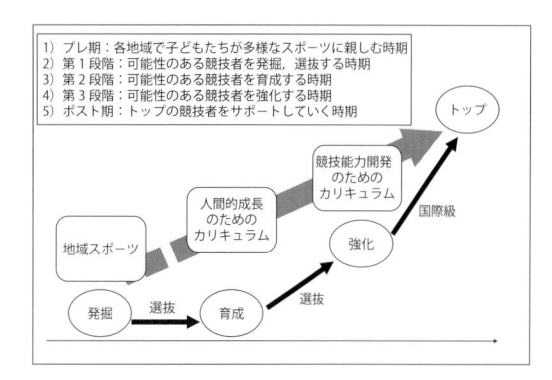

1) プレ期：各地域で子どもたちが多様なスポーツに親しむ時期
2) 第1段階：可能性のある競技者を発掘，選抜する時期
3) 第2段階：可能性のある競技者を育成する時期
4) 第3段階：可能性のある競技者を強化する時期
5) ポスト期：トップの競技者をサポートしていく時期

図4-1-2　一貫指導システムの基本的な考え方
（出典：JOC，1998を，著者改編）

個々の選手の発達段階を意識した指導が影を潜めてしまい，数年間の中で選手を育成しチームとして完成させることを指導目標の中心に据えなければならないため，個々の技術や戦術に対する各選手の十分な発達が期待できない可能性がある。より効果的にプログラムを運用するためには，実際に指導にあたる学校教育における指導者の養成と各チームの指導者による一貫指導プログラムへの理解が不可欠である。

[国際試合と日本の課題]

カナダ男子チーム監督のクシコス（Csikos）は，2003年のカナダチームの強化の成功要因として，目標としていた年間40試合の国際試合経験に対して35試合もの試合数を確保したことを指摘している[8]。また，ユース年代における強化指針の1つとして，年間20試合以上の欧州水泳連盟（LEN）管轄による国際大会への参加の必要性を強く指摘している。またオーストラリア水球協会は，「strategic plan 2004-2007」の中で，代表チームをオリンピックや世界選手権といったメジャーイベントに向けて強化するためには年間最低40試合の国際試合への参加が準備として必要であるとしている[1]。

水球競技において実力的にも組織的にも世界をリードしている欧州では，シニアチームの実力にかかわらず，多くの国々がユース世代から2年刻みで代表チームを構成し，彼らに数多くの国際試合を経験させている。世界の国々が若年代からの国際試合の経験の有効性を強く認めていることからも，国際交流の活発化は，地理的に欧米から離れている日本にとっては欠かせない育成上の課題と考えられる。

[日本の「水球一貫指導プログラム」における指導指針および指導内容]

表4-1-2に，日本の「水球一貫指導プログラム」における具体的な指導内容を示した。この内容をベースにした育成施策は，2002年より運用が開始されている。

[水球一貫指導プログラムにおける環境整備]

指導プログラムの整理は，一貫指導における重要な課題ではあるが，それだけではシステムとしては調和がとれていないといえる。すなわち，指導内容を確実に次世代の選手達に伝達するための環境整備をもプログラムの中に包含しなければならない。

●「水球一貫指導プログラム」におけるタレント発掘

日本の従来の代表選手選抜システムでは，高校生および大学生年代において初めて日本代表選手に選抜されるケースが多かった。したがって，才能ある中学生年代以下の選手たちの中には，日本代表選手選抜への具体的なモチベーションが得られないケースや，所属チームの競技成績が低いために日本代表監督などのセレクションスタッフに見出されるチャンスを逸してしまう可能性があった。この欠点を是正するために，「水球一貫指導プログラム」では育成段階を年代別に3ステップに分類した。すなわち，ジュニア（20歳以下の選手から構成される），ユース（18歳以下の選手から構成される），およびカデット（16歳以下の選手から構成される）の3クラスを男女ともに作り，選抜開始年齢を従来よりも大幅に引き下げ，若年代からシニア代表の予備軍として育成することとした。ジュニア，ユース，およびカデットの各カテゴリーに対しては，選手選別システムをそれぞれに用意した。具体的な選抜手順は以下のとおりである。

まず，カデットクラスでは，毎年2回実施されるジュニアオリンピック競技会の予選会と本大会を対象としてスタッフによる視察を行い，有望選手をリストアップした。選抜スタッフは国内各地域に数名委嘱し，選抜合宿における指導もその担当とした。この結果，「水球一貫指導プログラム」に準じた共通の選抜基準に準じて視察活動が行われるため，全国各地域の視察スタッフによってより多くの選手に目が行き届

表4-1-2 長期一貫指導型水球競技選手育成における課題

フットワーク	細かくすばやい「けり足」で移動できるように
	動作を開始する際には，すばやい「二段げり（けり足を2回続ける）」の後にビートを行う
	ボール動作（シュート，パスなど）後に動作を開始する際にも，二段げりの後にスタートダッシュを行う
	コンタクト後に動作を開始する際にも，二段げりの後にスタートダッシュを行う
	移動する際には不用意に泳がずに，水面から手を出さない移動ができるようにする
	泳がない，水面から手を出さない移動後，垂直動作を加える
	高く飛ぶことより簡単に落ちない意識をもったフットワークを行う
	ボールキープしての前後左右の移動能力を高める
	ボールキープしての前後左右の移動後，垂直動作を加える
	ボールキープしてのコンタクトプレーを練習する
ボールハンドリング	左右の手を有効に使ってボールキャリーを行う
	水面にあるボールの処理を巧みに行う
	状況判断できるボールキャッチング
	パステンポを変化させても体勢を維持する
	多様なパスを使い分ける
	正しい姿勢からのボールキャッチングとボールスロー
	ウエットパスの重要性
	ディフェンダーをかわす，押さえ込むキャッチング
	ディフェンダーを押さえ込んだスローイング
シューティング（基本オフェンス）	ドリブルシュート（移動，コンタクトを組み合わせる）
	ドリブル後，横移動してシューティング
	対角線，センターなど多方向からパスをもらってのシューティング（さまざまな状況設定）
	センターポジションの多彩なシューティング（ユース以降は負荷をかける）
	けり足を使ったフェイク
	ゴールキーパーのタイミングを崩すフェイク
	フェイク後，横移動したシューティング（2：2，3：3）
	まわし込んだ後，シューティング（ドリブル・パスアンドダッシュ）
	2対1から4対3までのさまざまな状況設定でシューティング
	1対1から4対4までのさまざまな状況設定でシューティング
	（クイックリターン・5mシュート・回し込み・フェイク・横移動など）
	GKをおいてシュートする
	ゲームに近い状況を設定した応用練習を行う
	出現するシュート場面の頻度を考える
基本ディフェンス	シュートセーブ（ゴールキーパーの経験をフィールドプレーヤーにも与える）
	ボールキープしたオフェンス選手に対するディフェンス
	ファウルをした後のディフェンス
	スタンディングでボールキャッチングをしようとするオフェンス選手に対するディフェンス
	ドライブでボールキャッチングをしようとするオフェンス選手に対するディフェンス
	センターポジションに対するディフェンス
	GKとコンビを組んで両手を有効に使ったシュートセーブ
	2対1から4対3までのさまざまな状況設定でディフェンス
	1対1から4対4までのさまざまな状況設定でディフェンス
	ボディコンタクトに慣れる
6：6オフェンス	C. 6人のフィールド選手は，バランスよく位置し常にシュートを狙う
	U. 6人のフィールド選手は，バランスよく位置し全員がシュートできる位置を力強く確保する
	J. 相手のディフェンス状況を判断してオフェンスセットを変形する
6：6ディフェンス	C. シュート圏内でボールキープしているオフェンスに対し，常にプレッシャーをかける
	U. マンツーマンを基本として，一部ゾーンディフェンスを使う
	J. 状況に応じて，マンツーマンとゾーンを使い分ける
カウンターアタック	C. 4-2の形を作り，シュート圏内まで全員がアタックする
	U. 対角線のボール運びにより，チャンスを生かす
	J. チャンスがつぶれた後すばやくアタックする（二次速攻，強いポジショニングで退水を誘発）
カウンターディフェンス	C. すばやく全員が状況判断し，シュート圏内のディフェンスポジションに帰る
	U. 相手カウンター発生時，ディフェンス最終ラインの3ポジションに常にかためる
	J. 相手カウンター発生時，3-2の形を形成してディフェンスする
6：5オフェンス	C. EX発生時，最初にパスをキャッチしたオフェンスは攻撃的にすばやくアタックする
	U. 二箇所の三角形を生かし，得点チャンスを作る（特にゴールに近いポストでチャンスを作る）
	J. 4-2から3-3，3-3から4-2など，さまざまに攻撃の形を変化させる
6：5ディフェンス	C. すばやく3-2のディフェンス隊形を作り，ボール保持者に対し，常にプレッシャーをかける
	U. ゴールの位置を意識し，両手を有効に使い，GK動作を積極的に使う
	J. 状況判断し，ディフェンス隊形を変化させる（退水を恐れず，積極的に守ることが大切である）

注）C：カデットクラス　U：ユースクラス　J：ジュニアクラス
（出典：日本水泳連盟水球委員会作成による未発表資料，著者改編）

き，十分にチェックされることになった。また，ユースおよびジュニアに関しても，各年代における当該の国内試合において適宜視察活動を実施している。これによって，カデット世代では着目されにくかったが，その後急成長を遂げたいわゆる「遅咲き」の選手もチェックすることができる。

● 「水球一貫指導プログラム」における年間指導計画

選抜された選手は，男女それぞれ年に1回開催される国内合宿に招聘し，育成および成長度の確認を行う。またこの合宿では，対象選手の所属チームから指導者を選手とともに招聘し，「水球一貫指導プログラム」の指導内容および指導方法の研修を実施している。カデットに続くユース，ジュニアの各年代においても同様に年に1回から2回の国内合宿を実施し，育成および各選手の成長度をスタッフにより確認することとしている。また，合宿にて実施したトレーニング内容を視聴覚教材に編集し，全国の指導者を対象とした研修会にて教材として用いている。これらは「水球一貫指導プログラム」の内容をより多くの指導者で共有する狙いがある。このようにカデット世代においては，国内学習形式により育成プログラムを勧めている。

一方，ユース世代においては，年に1回の国際大会を経験させ，そこでは以下を目的とする。

ⅰ．大型外国人と対等に戦うための攻防技術の獲得
ⅱ．国内研修において育成した世界標準の戦術による諸外国との実践
ⅲ．ⅰとⅱを通じたシニア代表チームの準備段階としての国際経験の獲得と蓄積

● 国内競技会の再編

国内競技会は，育成段階における重要な位置を占める。特に，小学生から高校生に至る全世代のチームを一堂に集めて開催するジュニアオリンピックは，若年代における選手にとって最大の目標である。ここにも水球一貫指導プログラムのコンセプトを色濃く反映させている。すなわち，

・勝負にこだわるトーナメント戦
　→ゲーム経験を重視するリーグ戦
・勝たせるための上意下達型指導
　→自発的に考えさせる指導
・チーム戦術の過剰意識
　→オフェンス：ディフェンスの1：1の攻防を重視
・小型GKに対する遠距離シュートの過剰使用
　→オフェンス：ディフェンスの1：1の攻防を重視

といった考え方を反映する競技会運営とルール改正を考えている。

● 残された課題：プレカデット年代のための「アクアゲーム」

カデット世代は，「水球一貫指導プログラム」の最初のステップに当たる。すなわち，ここで選手は初めて，国際選手を意識した水球の技術および戦術を指導されることになる。先述したバリー（Balyi）は，6〜9歳は"Fundamental stage"であり，楽しみながらその競技におけるあらゆる基本要素を学ぶべき時期としており，9〜12歳の"Learning to train stage"すなわち，その競技の専門的なトレーニングを導入する時期とは明確に分別している[2]。しかしながら日本国内ではこのような分別は一般的ではなく，多くの競技においては"Fundamental stage"が十分に行われないまま，次の"Learning to train stage"に入ってしまうケースが少なくない。

諸外国を俯瞰してみると，水球競技への導入段階においてさまざまなプログラムが用意されている。イングランドやオランダにて実施されているMinipoloは，水球競技の導入を目的とした簡易ルールによるスポーツであり，ボールの大きさや人数を調整することで初心者でも水球競技に手軽に親しむことのできる競技になっ

ている[3]。また，オーストラリアとニュージーランドで行われているFlippaBALL[7),9)]も，ルールは若干Minipoloと異なるものの，初心者や低年齢のプレイヤーを対象としたリードアップゲームとしての基本的性格は同一である。また，これらはそれぞれの国における統括団体である水球協会が主体となって，指導者の派遣や競技会のプロデュースといったマネジメント事業を展開しているという共通点がある。

水球委員会では，こうした国外の背景を受けこのプレカデット年代におけるプログラム充実を急務とし，新たな水中ボールゲームとして「アクアゲーム」の開発に着手し，2014年現在では，全国各地でイベント型の普及事業を展開している（図4-1-3）。

図4-1-3　アクアゲームを用いた低年齢層への普及事業

(注1) 長期にわたる育成システムの効果的な開発と運用は当該競技団体の責任下で実施すべきと提唱するベルギーテニス協会のディレクターであるAkenによると，競技団体に課せられた課題は次のように整理される[5)]。
1) 世界レベルのトップパフォーマンスの獲得を目標とした長期プログラムの開発
2) トレーニング目的，トレーニング時間，試合数，戦術目的，および技術目的の年代別設定
3) ドロップアウトを防止する適切なトレーニング量の設定
4) より質の高い経験を与え，自己管理能力を形成する若年代からの国際経験の設定

彼はまた，刻々と移り変わる世界トップレベルの競技構造に柔軟に対応するためには，一貫指導プログラムの質の高さがきわめて重要であり，それを担うテクニカルセクションの能力がその国の競技団体の命運を分かつものであるとしている。

(注2) JOCの定義によると「一貫指導」とは同じ場所で同じ指導者によって一貫してスポーツ指導を受けるというものではなく，異なる環境下においても指導理念の一貫した最適プログラムを選手に対して提供すべきというものある。具体的には選手の育成段階として以下の5つのステージが用意されている。
1) プレ期：各地域で子どもたちが多様なスポーツに親しむ時期
2) 第1段階：可能性のある競技者を発掘，選抜する時期
3) 第2段階：可能性のある競技者を育成する時期
4) 第3段階：可能性のある競技者を強化する時期
5) ポスト期：トップの競技者をサポートしていく時期

さらにJOCでは，こうした具体的展開を支えていくためには，心的資源（指導者・サポートスタッフ），物的資源（施設・用具），知的・文化資源（指導プログラム），そしてそれらを有機的に連携し運営するマネジメント機能が必要であるとしている。

[ポイント]
・スポーツ競技種目は早期完成型（早熟型）と長期完成型（晩熟型）に分類され，球技は晩熟型に属している。したがって競技の導入から引退に至るまで6段階のステージを経て育成するべきである。
・ジュニア期における心身の成長速度は個人差が極めて大きく，単なる暦年齢で選手を区切って練習させるべきではない。

[研究問題]
・「タレント発掘」によって改善が期待される点とはなにか。
・「ユース世代」における海外試合経験の狙いとはなにか。
・一貫指導に残されている課題とはなにか。

[理解度チェック]
・水球競技の一貫指導の背景にある「スポーツ振興基本計画」における「政策目標達成のため必要不可欠な施策」とはなにか。

●引用文献・資料
1) Australian Water Polo Incorporated,「Strategic Plan, 2004-2007」.
　http://www.waterpoloaus/（2003年12月14日）
2) Balyi I,. Hamilton A. (2004)「Long-Term Athlete Development: Trainability in Childhood and Adolescence. Windows of Opportunity.」『Optimal Trainability.』Victoria: National Coaching Institute British Columbia & Advanced Training and Performance Ltd.
　http://www.sportdevelopment.org.uk/html/balyi2004.html（2005年5月1日）

3) Britishswimming
   http://www.britishswimming.org/vsite/vnavsite/page/directory/0,10853,5026-142819-160035-nav-list,00.html（2005年5月1日）
4) Chris, Earle.（2004）「You've got me – now keep me! Putting the LTAD model into practice: institute of sports and recreation management conference 2004」（Conference presentations.）
   http://www.isrm.co.uk/conference/present.htm（2005年5月1日）
5) Ivo Van Aken.（2001）「The Belgian Tennis Learning Path-The logic behind the path More details on the content」『6th National coaching forum』
   http://www.nctc.ul.ie/Forum/Forum6/index.htm（2005年5月1日）
6) 文部省.（2000）「スポーツ振興基本計画」
   http://www.naash.go.jp/sinko/keikaku_all.html（2005年5月1日）
7) New Zealand Water Polo
   http://www.waterpolo.org.nz/flippaball/（2005年5月1日）
8) WaterpoloCanada, National Team Committee, 27-28, sept, 2003
   http://www.waterpolo.ca/（2003年12月14日）
9) Western Australia Water Polo Association
   http://www.waterpolowa.asn.au/Flippa.cfm（2005年5月1日）
10) 八木祐四郎.（2001）「JOC GOLD PLAN JOC国際競技力向上戦略」．日本オリンピック委員会
11) 日本オリンピック委員会.（2003）「競技者育成プログラム策定マニュアル」
    http://www.tennis.or.jp/national/p07_joc_info/shidoprog/joc_shidoprogsakuteimanual.pdf（2005年5月1日）
12) 日本テニス協会「強化指導指針」
    http://www.tennis.or.jp/national/p00_main/kyokahoshin/0303.html（2005年5月1日）
13) わかりやすいアクアゲーム〜ルール，指導マニュアル
    http://www.aquagame.jp/AGmanualnewPDF.pdf（2014年3月7日）

［原　　朗］

水球の科学

SECTION 2

　水球競技は，水中環境においてシュート，ジャンプ，スプリントダッシュ，対人コンタクトプレーなどの高強度運動が連続する，身体の負担度の高いボールゲームである。こうした運動を高い技術レベルで修得するためには長期にわたるトレーニングが必要である。カナダ水球協会では「恵まれたタレントをもった選手が一流選手に成長するためには1日に3時間以上の計画的なトレーニングやゲームを10年間以上行わなければならない」という［1万時間の法則］を育成強化指針の基本に据えている（Water polo Canada, 2010）。

　また，近年の水球競技においては，より攻撃的なゲーム展開を促し，スポーツビジネスとして新たなファンを取り込むための模索が始まっている。2014年に行われた第1回 FINA World Water Polo Conference において，国際水泳連盟（FINA）のマルクレスク（Marculescu）常任理事は「改革を恐れることなく，新しい取り組みによって，この五輪最古のチームスポーツである水球を前進させよう」とコメントしている（FINA, 2014-1）。今後の水球競技の方向性として，攻撃性とスピードの要素がさらに前面に出てくることは必至である。ひるがえって日本は，FINA が公表している世界水球ランキング（2009〜2012）では男女ともに15位につけており，2020年の東京オリンピック開催に向けた国際的躍進が国内外から求められている（表4-2-1）。今後，日本の水球を世界トップレベルに押し上げるためにも，そして日本の水球選手が世界で活躍する基盤をより強固にするためにも，指導者，選手，その他の関係者とスポーツ科学者が連携を保ちながら強化を推進しなければならない。ここでは，こうした背景を踏まえ，水球競技のシュート，体力，ゲームについて科学分析に基づいた情報を具体的な事例を挙げながら解説する。

1 シュートについての科学情報

　水球選手は，1回の練習においてオーバーヘッドからの投動作実施回数を400〜800回行う（Melchiorri, et al., 2011）。このことから，水球選手にとって投動作はきわめて中核的かつ重要な技術であるといえる。投動作の中でも水球競技におけるシュート動作の大きな特徴は，陸上にお

けるシュートのような足場を得られないことである。そのため，身体のポジションを安定させるためには脚による浮力の獲得が必要になる点である。この特殊性のため，世界のトップレベルの選手を対象としたさまざまな測定と分析が行われ，その特徴が明らかにされてきた。

①男子一流選手のシュートの特徴

男子スペイン代表選手19名を対象として，5mペナルティラインから打ったシュートスピードを，1)ゴールキーパー無し，2)ゴールキーパーあり，3)身体を90°捻りながら，という3条件で測定した結果をポジション別に比較すると，いずれの条件においてもセンターバックの選手はセンターやドライバーの選手に比較して高速度でシュートを打つ傾向にあった。また握力では，センターの選手が他のポジションの選手よりも高い値を示した(Ferragut. et al., 2011)。なお，3)によるシュート速度に変化がみられなかったことから，一流選手は試合を想定したさまざまな姿勢からであっても，同じように高速のシュートを打つ能力をもつことが示された(表4-2-2)。

表4-2-1 FINA 水球 国際ランキング上位20ヵ国 2009-2012

男子			女子		
順位	国名	ポイント	順位	国名	ポイント
1	セルビア (SRB)	441	1	アメリカ (USA)	440
2	クロアチア (CRO)	430	2	ロシア (RUS)	322
3	イタリア (ITA)	329	3	中国 (CHN)	301
4	スペイン (ESP)	317	4	オーストラリア (AUS)	294
5	モンテネグロ (MNE)	302	5	ギリシャ (GRE)	282
6	アメリカ (USA)	280	6	イタリア (ITA)	244
7	ハンガリー (HUN)	216	7	カナダ (CAN)，スペイン (ESP)	230
8	ルーマニア (ROU)	198	9	ハンガリー (HUN)	224
9	オーストラリア (AUS)	196	10	オランダ (NED)	150
10	ドイツ (GER)	166	11	カザフスタン (KAZ)	90
11	カザフスタン (KAZ)	158	12	イギリス (GBR)	86
12	中国 (CHN)	146	13	ドイツ (GER)	80
13	カナダ (CAN)	136	14	ブラジル (BRA)	69
14	イギリス (GBR)	122	15	**日本 (JPN)**	**62**
15	**日本 (JPN)**	**116**	16	ニュージーランド (NZL)	54
16	ブラジル (BRA)	88	17	キューバ (CUB)	42
17	マケドニア (MKD)	80	18	ウズベキスタン (UZB)	40
18	南アフリカ (RSA)，ロシア (RUS)	50	19	南アフリカ (RSA)	38
20	クウェート (KUW)	48	20	プエルトリコ (PUR)	36

※ポイントは，主な国際大会における順位をFINA独自の計算方法により積算。

(出典：Fina, 2013より筆者作成)

表4-2-2 男女の世界トップ選手の年齢, 形態, 筋力とシュートスピード（平均±標準偏差）

| チーム | ポジション | 人数 | 年齢, 形態, 筋力 ||||| 5mラインからのシュートスピード (km/h) ||| 公式試合のシュートスピード (km/h) ||
			年齢 (才)	身長 (cm)	体重 (kg)	BMI	握力 (kg)	GK無し	GK有り	90度捻り	最高値	平均値
男子スペイン代表*	センター	5	24.8±7.4	192.1±4.4	102.3±11.0	27.7±2.3	54.4±3.7	73.4±1.1	73.2±1.9	73.2±1.8	測定せず	測定せず
	センターバック	5	21.0±1.6	186.7±2.9	91.4±10.2	26.3±3.4	46.7±6.6	76.0±4.8	72.2±5.3	72.8±3.6		
	ドライバー	9	25.1±4.7	184.4±8.7	82.0±7.4	24.1±1.0	44.4±5.5	73.0±4.6	71.9±3.3	73.2±3.7		
	全体	19	24.0±5.1	187.1±7.1	89.8±12.2	25.6±2.6	47.7±6.6	73.9±4.1	72.3±3.5	73.1±3.1		
男子イタリア代表**	センター	12	21.0±1.3	190.0±4.6	104.0±3.3	28.8±1.1	測定せず	87.5±5.0	測定せず	測定せず	測定せず	測定せず
	センターバック	14	22.6±2.5	188.6±4.6	88.2±7.0	24.8±1.3		88.6±4.7				
	ドライバー	15	21.2±3.6	190.8±6.3	87.9±6.7	24.1±1.4		91.1±8.3				
	キーパー	12	25.8±4.2	198.3±6.4	93.8±3.8	23.9±0.7		78.1±1.1				
	全体	53	22.8±3.0	192.0±5.6	93.0±5.4	25.2±1.2		86.8±5.4				
女子スペイン代表***	フィールダー	10	23.5±2.1	171.0±6.5	64.2±5.2	22.0±1.6	27.4±7.6	56.5±5.8	55.4±4.3	測定せず	66.2±11.9	52.6±5.0

（出典：* Ferragut. et al., 2011；** Melchiorri. et al., 2011；*** Alcaraz. et al., 2011 より筆者作成）

また一方，53名のイタリア代表歴（過去2年以内に10試合以上の代表試合出場歴）のある選手を対象にビデオ撮影から彼らのシュートスピード等を調査し，ポジション別の特徴を検討した報告によれば，フィールドプレーヤーの中ではドライバーの選手が最も高い値を示した（Melchiorri. et al., 2011）（表4-2-2）。男子スペイン代表と男子イタリア代表のシュートスピードに差がみられるのは，測定方法の違いが影響している可能性（スペイン代表はスピードガン，イタリア代表はビデオ解析による）もあるが，いずれにせよトップ選手の貴重なデータといえよう。

②女子一流選手のシュートの特徴

　2000年からオリンピックの公式競技となった女子水球選手のシュート能力についても，近年徐々に明らかにされてきている。2008年の欧州選手権で銀メダルを獲得した女子スペインチームのゲーム中のシュートスピードを測定した報告によれば，女子代表選手の握力は男子選手の約60％，シュートスピードは男子選手の約76％であった。これは，男女におけるボールのサイズと重量の差異も影響しているだろう。またゲーム中に打たれたシュートの最高速度は練習時の120％に相当し，平均速度は練習時の93％に相当した。このことからも，エリート選手は試合中常に全力でシュートを打つのではなく，状況に応じてスピードをコントロールしていることもうかがわれる。個々の選手が自分のシュートスピードをトレーニングにより高めることは重要であるが，水球選手のシュート能力をシュートスピードだけで考えることはできない。スピードという課題だけにとらわれることなく，「第4節　水球のトレーニング」の「5-⑤シュートトレーニング」の項（p.341）を参考し，総合的にシュートトレーニングに取り組むべきである。

2 体力とその評価の科学情報

　水球競技は高い持久力を必要とする競技である。2006年に改訂された国際ルールにより，試合時間が従来の7分×4ピリオドから8分×4ピリオドに増大し，一方で1回あたりの攻撃時間が35秒から30秒に減少し，さらにコーナースローの機会が減少してターンオーバー回数が増大したことによって，プール内を行き来するその激しさには拍車がかかることとなった。一方で，交代が自由に認められている水球選手の公式試合における出場時間は，選手のポジション，体力特性およびその試合の特殊性（重要度や他選手の怪我等）によって大きく異なる。指導者にとって目前のゲームで勝利を収めるための選手起用策の重要性はいうまでもない。しかしながらそれのみならず数日間〜2週間にわたるトーナメントや，数ヵ月にわたるリーグ戦を制するために，選手の体力要素と現在のコンディションを的確に把握しながら，適切な選手起用によって

[研究問題]
・シュート能力に含まれる要素は，シュートスピード以外にどのような要素が考えられるか。またそれらの要素を高める習熟課題はなにか。

個々の選手の短期的および中長期的な体力低下をコントロールする必要性が高まっている現在，指導者にはより高度な戦略性が要求されるようになってきた。

①一流選手の体力科学の特性

試合中における選手の体力要因の変動については，2005年のルール改正以前より研究成果がみられる。ギリシャ1部リーグの選手を対象として，試合中における選手の体力変化を検討した報告によれば，ポジションにかかわらず，第1ピリオドよりも第2ピリオドの心拍数が高かったものの，その後は第4ピリオドに向けて徐々に低下傾向にあった（Platanou Geladas, 2006）。すなわち試合前半の心拍数は155〜160拍/分であったが，後半には153〜155拍/分まで低下していた。この結果を選手の最大心拍数を100％とした相対的な運動強度別のプレー時間で示したのが表4-2-3である。このことから，4ピリオドを選手交代無しでプレーを続けた場合，いかに体力要因が低下するかが明らかであろう。

また，水球競技は，長距離走のようにほぼ同じペースで移動する持久型のスポーツではなく，低速から高速まで移動スピードがめまぐるしく変化する間欠的運動（インターミッテントエクササイズ）である。イタリアリーグの登録選手77名を対象として公式試合における移動距離と移動速度，さらに血液中の乳酸濃度を計測した報告によれば，平均移動距離はセンターの選手が1,317 m，センターバックの選手が1,816 m，そしてドライバーの選手が1,676 mであった（Melchiorri. et al., 2010）。全ポジションの平均移動距離は1,613 mであり，1分間あたりの移動距離が約55 mとかなり遅いペースである印象を受けるが，1.8 m/秒以上の高速度での移動時間が全体の約25％を占めている。

さらに，ゲームにおける水球選手の運動は水平方向の移動だけではなく，水平姿勢と垂直姿勢の頻繁な姿勢変換が1試合あたり120回以上にも及び，アタック，ジャンプ，ハンドアップ，ダッシュなど様々な動きが加わることになる。これら1つ1つの動作は，数秒〜20秒程度で次の動作に切り替わり（表4-2-4），運動と休息の時間的比率は，選手やポジションにもよるものの，「1：0.6〜1：2.6」とされている。この「運

表4-2-3　試合における相対的運動強度別のプレー時間構成（単位：％）

心拍数による運動強度	第1ピリオド	第2ピリオド	第3ピリオド	第4ピリオド	全体
96〜100％	19.0±3.7	24.4±4.8	17.3±4.0	13.9±3.2	18.6±3.3
91〜95％	27.0±3.3	22.7±2.8	19.1±2.6	17.3±2.4	21.5±1.9
86〜90％	16.0±1.9	19.6±1.7	20.0±1.9	20.7±1.5	19.1±1.3
85％以下	38.0±5.6	33.3±4.5	43.6±5.3	48.1±5.3	40.8±4.3

（出典：Platanou, 2005 より筆者作成）

表4-2-4　高強度動作と低強度動作の各1回の運動時間，および1試合の運動時間：休息時間比

	高強度動作	低強度動作	運動：休息比
男子ゲーム*	14秒以下	データ無し	1：0.6～1：2.6
男子ワールドカップ，欧州選手権**	4.9±4.6秒	6.0±5.3秒	データ無し
男子ギリシャリーグ*	2.6～12.4秒	7.4～11.4秒	データ無し
女子ワールドカップ*	6.2±3.5秒	5.3～8.7秒	1：1.6±0.6

（出典：＊ D'Auria and Gabbett., 2008；＊＊ Enomoto. et al., 2010 より筆者作成）

動：休息比」は，他のスポーツと比較するとバスケットボール（1：1.12）に近く，休息時間の多いサッカー（1：12）やラグビー（1：7～1：28）とはかなり異なるものであった（D'Auria and Gabbett, 2008）。こうしたことから，トレーニング計画の構築においては，個々の高強度運動の継続時間と，運動：休息の比率について十分に考慮に入れる必要がある。

　さらに，試合中の強度の目安となる血中乳酸濃度については，上述のイタリア代表歴を持つ選手を対象とした調査によれば，センターの選手が11.2 mmol/lと，センターバックの選手（6.7 mmol/l），ドライバーの選手（5.3 mmol/l）に比較して高い値を示した（Melchiorri. et al., 2010）。男子イタリア代表チームのスタッフでもあるメルチオーリ（Melchiorri）は，試合中の移動距離と血中乳酸濃度から，水球選手に必要なコンディショニングトレーニングでは，短時間かつ高強度のトレーニングを重視すべきと主張している。また，ポジション別のトレーニングはトップレベルでは不可欠であり，センターバックの選手は高速で長距離を移動することがポジション特性として求められているので，インターミッテントかつ高強度な持久トレーニングが必要であり，一方でセンターの選手は移動距離については短いもののポジション争いのために激しいコンタクトプレー等の高強度運動を要求されるポジションであるので，短時間かつ高強度のトレーニングをより重点化して行うべきであるとしている。これまで述べたように，水球選手に関する科学的トレーニングの理論と方法はこのように進歩してきており，さらに最近では，低酸素環境を利用した持久力向上のトレーニングの試みも始められている[注1]。

②体力評価のテスト

　選手と指導者にとっては，日々のトレーニングの成果が計画通りに現れているか正しくチェックすることが必要である。そのため，各国で水球選手のコンディションを評価するためのさまざまなテストが開発されている。

　メルチオーリ（2009）は，イタリアの水球コーチたちに古くから行われているテストとして水球選手の運動能力を評価するためのテスト（Shuttle Swim Test：SST）を紹介し，その妥当性と信頼性について明

［研究問題］
・体力向上を目的としたトレーニングメニュー作成時に注意すべきポイントとその根拠について述べよ。

らかにした。これは10mの幅をもたせた2本のコースロープを設定し，ロープ間を折り返しながら40m×1回，20m×2回，10m×4回の120m全力泳（各全力ダッシュ泳間の休息時間は運動時間とほぼ同一の，それぞれ21～22秒，10～11秒，5～6秒）を，90秒の休息をはさんで2セット実施するものである。イタリア代表選手を対象として調査した結果，この成績が優れている選手ほど，ゲームの移動距離の中で，より長い距離を高速度で移動できる傾向にあると報告している。さらに，イタリア代表，イタリアジュニア代表，イタリアアマチュア選手といったさまざまなグループを対象にSSTを行い（240mの平均タイムはイタリア代表が131.9秒，イタリアジュニア代表が136.4秒，イタリアアマチュア選手が147.2秒），血中乳酸濃度が4 mmol/lの泳スピードとSSTの成績の関係性が強いことも明らかにした。つまり，SSTの成績が良い選手であるほど，疲労蓄積を伴わずに泳げるスピードが高いことが示唆された。

　また，オーストラリアスポーツ科学研究所とオーストラリア代表チームでは，水球選手の持久力を評価するためのテストとして，定められた距離間を，信号音に合わせて速度を徐々に高めながら泳ぐシャトルスイムテストを2種類（Multistage Shuttle Swim Test：MSST と Waterpolo Intermittent Shuttle Test：WIST）開発している（Rechichi, C. et al., 2000；Mujika, I. et al., 2006）（表4-2-5）。MSSTは，10mの間隔を設定し，50mを55秒という比較的低速度からテストを始め，シャトル間の休息時間はほとんどない。一方WISTは，10mの間隔を設定し，MSSTよりもやや高速度である50mあたり48秒のスピードから始め，15m泳ぐごとに10秒間の休息時間を設けている。いずれの手法においても，一度に多くの選手を同時に測定できる，乳酸値や心拍数等の測定を特に必要とせず手軽に実施できる，というメリットはあるものの，各選手の限界まで挑戦させるためにモチベーションの設定が難しい，センターの選手においては競技パフォーマンスとの関連付けが難しい，というデメリットがある。したがって，こうしたコンディショニングテスト

［シャトルスイムの信号パターンをオリジナルに作成するソフトウェア］
例えば，http://www.topendsports.com/testing/team-beeptest/index.htm などがある。

［研究問題］
・選手の体力コンディションを確認するための運動能力評価テストは，シーズンのどのような時期に実施するべきか。

表4-2-5　シャトルスイムテストの方法と基準値

テスト名称	シャトル距離とシャトル間休息	初速（秒/50m）	初速ステージのシャトル数	第2ステージ以降の速度上昇パターン	男子ジュニアエリート	男子エリート	女子エリート
MSST（多段階シャトルスイムテスト）*	10m片道 休息0秒	48秒→36秒	4シャトル	35秒→32秒×7シャトル，その後は8シャトルごとに0.05 m/秒上昇		575±167 m	409±117 m
WIST（間欠的シャトルスイムテスト）**	7.5m1往復 休息10秒	55秒	5シャトル	1分ごとに0.05 m/秒上昇	550±176 m		

（出典：＊ Rechichi, C. et al., 2000；＊＊ Mujika, I. et al., 2006 より筆者作成）

の実施に際しては，これらの注意点を把握した上で行うと良いだろう。また，指導者が自分自身でオリジナルシャトルスイムの信号パターンを作成するソフトウェアも出回っており，こうしたツールを用い，チームの事情に合わせた独自のテストを作成することができる。

③ゴールキーパーの体力科学の特徴

防御の最後の砦であるゴールキーパーは，ゲームの勝敗を決する上で極めて重要なポジションであることはいうまでもない。しかしながら，ゴールキーパーに必要な体力要素についてはいまだ不確定な部分が多い。

ギリシャ1部リーグに所属する8名のゴールキーパーを対象としてゲーム中の心拍数およびビデオによる動作分析を同期した研究によれば，ゴールキーパーはゲーム時間の23%においてシュートの危機にさらされており，その際には1回あたり17秒～24秒の高強度運動を行っていた（Platanou, 2009）。ゲーム中の平均心拍数では，ゲーム時間の85%はAnearobic threshold以下の比較的低い強度であるものの，残る15%の時間では最大心拍数に近くまで運動強度が高まるケースもみられた。また1ゲームを通じて平均心拍数は一定しており，フィールド選手のようにゲームの後半で疲労による心拍数の低下がみられなかった。このことからゴールキーパーに求められる体力水準はフィールド選手より低く，ベテラン選手でも高い競技力を発揮する可能性があるといえるだろう。

3 ゲーム分析

水球競技におけるゲーム分析は，ゲーム中に出現するシュートや退水などのさまざまな事象を積算し分析することにより，チームや選手の特徴を明らかにする方法であり，コンピューターテクノロジーの発達により，近年大きく進歩を遂げている。データの収集に際しては，ゲームを観察しながらデータを集計する方法もあれば，オリンピックや世界選手権などの国際試合の公式スコアはインターネット上で公開されていることが多く，こうしたデータをゲーム分析に活用することも可能である。特定のライバルチームや選手の特徴を詳細に分析する場合にも，あるいは大会全体の傾向をつかみ取る場合にも有効である。コーチや選手自身がゲーム分析を行う場合もあれば，アナリストと呼ばれる専門家が分析を担当することもある。いずれにせよ，混沌としたゲーム展開を，ある切り口でシンプルに数値化することによって，時に指導者の予想を確かめ，時に新たな発見をすることが，ゲーム分析のねらいである。したがって重要な点は，なにを明らかにしたいかという目的を明確にしてから，それにあった分析方法と分析項目を工夫することにある。

①国際試合の勝因分析

2007年から2010年にかけて行われた世界選手権と欧州選手権の男子の試合230試合を対象としてゲーム分析した結果，予選リーグ，順位決

表4-2-6　国際試合の各カテゴリーにおける勝敗を決定する要因

種別	予選ラウンド		順位決定ラウンド	ファイナルラウンド
攻撃	シュート数（＋） （総シュート，カウンター，センター，アクション，退水，5m）		アクションシュート数（＋）	
	アシスト数			
	ターンオーバーファール数（－）			
防御	シュート防御数（＋） （総シュート，キーパー総シュート，キーパーアクションシュート，キーパーセンターシュート，キーパー退水シュート，キーパー5mシュート）		キーパーアクションシュート防御数（＋）	キーパーシュート防御数（＋）
	スティール数（＋）			
その他	センターボール獲得数（＋）			
	タイムアウト数（－）			
要因数	17		2	1

（出典：Escalante, Y. et al., 2013 より筆者作成）

定ラウンド，そしてファイナルラウンド（準決勝，決勝，および3位決定戦）と試合が進むにつれて，勝者と敗者を分ける要因の数が減少していることが報告された（Escalante, Y. et al., 2013）（表4-2-6）。つまり，国際大会とはいえども予選ではチームの実力差が大きく，勝敗を分ける要因も多いが，徐々にチームの実力が均衡してくることによって，勝敗を分ける要素が絞り込まれてきた。最終的にファイナルラウンドでは，ゴールキーパーのセーブ数のみが，勝敗を分けることが明らかにされた。

②欧州リーグのレベル分析

欧州の水球は，特に男子では世界をリードしており，欧州各国では優れたクラブチームによる国内リーグ，そしてそれらのチャンピオンを決するユーロリーグ）が毎年開催されている。これらのリーグの違いによる戦い方の特徴を検証した興味深い研究がある。図4-2-1に示したのは，2005～2006シーズンのユーロリーグ，イタリアセリエA，およびイタリアセリエBの3つの実力の異なるリーグにおいて，シュートの位置の特徴を明らかにしたものである。これをみると，セットオフェンスにおいても，また退水ゾーンにおいても，セリエBではゴール前からのシュートが多い傾向にある。これはユーロリーグとセリエAではディフェンスの能力が高く，ゴールに近いエリアからは容易にシュートを打つことができないことを示している。関連して，これらのリーグより実力が劣ると考えられるアメリカの女子大学NCAAのゲームにおいては，セットオフェンスにおける5m以内からのシュートが42～55％とかなり高く，5m以内におけるディフェンスの弱さが原因と考えられる（Lupo, C. et al., 2011）。

次に，これらの実力の異なるリーグにおけるセンターの選手の役割の

[研究問題]
・ゲーム分析の必要性と，分析を行う際に注意すべき点について，それぞれ根拠とともに述べよ。

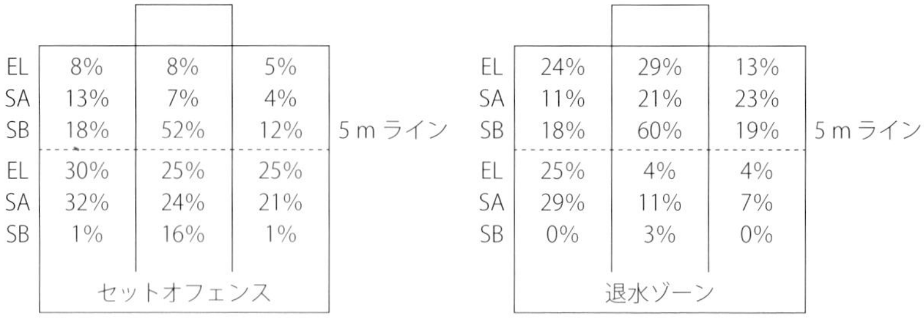

	セットオフェンス		
EL	8%	8%	5%
SA	13%	7%	4%
SB	18%	52%	12%
EL	30%	25%	25%
SA	32%	24%	21%
SB	1%	16%	1%

5mライン

	退水ゾーン		
EL	24%	29%	13%
SA	11%	21%	23%
SB	18%	60%	19%
EL	25%	4%	4%
SA	29%	11%	7%
SB	0%	3%	0%

5mライン

図4-2-1 ユーロリーグ（EL），セリエA（SA），セリエB（SB）における，6つのゾーン別のシュート構成比

（出典：Lupo, C. et al., 2010 より筆者作成）

違いについて検証を行った結果，上位リーグの試合であるほど，センターの選手に攻撃のラストパスを送ることが多く，かつ，下位リーグのセンターはラストパスをシュートに持ち込む傾向があり，逆に上位リーグのセンターは，ラストパスを退水に持ち込むという違いがみられた（Lupo, C. et al., 2012）。以上のことからトップチームの特徴としては，退水による得点を重要視しており，そのため，センターの選手の役割は，シューターというよりも退水を誘発するプレーヤーとして活躍している傾向がうかがわれた。

しかしながら，攻撃の目的を退水誘発とするトップチームの傾向は，今後新たな観客を水球に取り込むというスポーツビジネスという面で生き残りをかけた視点からは疑問視する意見もある[注2]。これについては，世界の動向に常に視点をおき，長期的にこのスポーツの発展の方向性を見定めることはもちろんであるが，国際スポーツ界に積極的に意志と意見を提言することによって，日本水球の目指す方向性を世界の水球の方向性に積極的に重ねていくアイデアと実行力が重要であろう。

(注1) **低酸素環境でのトレーニング**
水球選手を対象とした低酸素環境を利用したトレーニングについては，未だ途についたばかりといえる。そんな中でも，2012年のロンドンオリンピックで銅メダルを獲得した女子オーストラリア代表選手は，1日のうち14時間を人工的な低酸素環境で生活し，トレーニングは通常環境で実施する"LIVE-HIGH TRAIN LOW"の生活を間に休息期間をはさみながら30日間送り，血液中のヘモグロビン濃度が8%上昇した。また，持久能力の目安として測定したシャトルスイムテストと血液中のヘモグロビン濃度にも相関関係がみられた。

(注2) **ルール改革の機運**
世界各国で，観客へのアピールを高めるための新ルール改革の試みや提言がみられる。元スペイン代表監督のイバーン（Ibern）は，2013年世界選手権男子準決勝以上の12試合における得点分布を分析し「6対6の同人数での得点が34%で，6対5の退水時の得点が55%，これがわれわれのスポーツのあり方なのだと主張する関係者もいるだろうが，ファンはそうだろうか？　退水時には選手はほとんど動くことはなく，スペクタクルなゴールは望めない。もっと攻撃的で，アクションゴールが現在の2倍に増えるような，観客をより引きつける水球をプロモートすべきではないのか」と主張している（FINA, 2014-2）。またハンガリー（Magyar Vízilabda Szövetség 2014）やオーストラリア（Water Polo Australia 2014）で

は，ジュニアカテゴリーに限定してはいるものの，退水した選手はロープタッチ後，速やかに再入水できるルールを策定し，公式戦においてトライアル的に採用している。

[**参考文献**]

1) Water Polo Canada.「Long term athlete development」
http://www.waterpolo.ca/admin/docs/clientuploads/ltad/ltad_v1.2.pdf (2014年3月16日)
2) FINA. 2014-1「Conclusions of the Conference FINA World Water Polo Conference」
https://www.youtube.com/watch?v=VXG35LxhvSc (2014年3月16日)
3) FINA. (2013)「FINA Water Polo World Rankings」
http://www.fina.org/H2O/index.php?option=com_content&view=article&id=3531&Itemid=1437 (2014年3月16日)
4) Ferragut, C, J A Abraldes, H Vila, N Rodríguez, F M Argudo, and R J Fernandes. (2001)「Anthropometry and Throwing Velocity in Elite Water Polo by Specific Playing Positions.」『Journal of human kinetics』27 (1)：31-44.
5) Melchiorri, G, E Padua, J Padulo, S D'ottavio, S Campagna, and M Bonifazi. (2011)「Throwing Velocity and Kinematics in Elite Male Water Polo Players.」『The Journal of sports medicine and physical fitness』51 (4)：541-46.
6) Alcaraz, Pedro E, J Arturo Abraldes, Carmen Ferragut, Nuria Rodríguez, Francisco M Argudo, and Helena Vila. (2011)「Throwing Velocities, Anthropometric Characteristics, and Efficacy Indices of Women's European Water Polo Subchampions.」『Journal of strength and conditioning research/National Strength & Conditioning Association』25 (11)：3051-58.
7) Platanou, T, and N Geladas. (2006)「The Influence of Game Duration and Playing Position on Intensity of Exercise During Match-play in Elite Water Polo Players.」『Journal of sports sciences』24 (11)：1173-81.
8) D'Auria, Shaun, and Tim Gabbett. (2008)「A Time-motion Analysis of International Women's Water Polo Match Play.」『International journal of sports physiology and performance』3 (3)：305-19.
9) Enomoto, I., Maeda, A., Yamamoto, M., Nishizono, H. (2010)「Time-motion Analysis of Topnotch Water Polo Players in Inter-national Competition.」(15th Annual Congress of the European College of Sports Science, TURKEY)
10) Melchiorri, Giovanni, Carlo Castagna, Roberto Sorge, and Marco Bonifazi. (2010)「Game Activity and Blood Lactate in Men's Elite Water-polo Players.」『Journal of strength and conditioning research / National Strength & Conditioning Association』24 (10)：2647-51.
11) Melchiorri, G, V Manzi, E Padua, F Sardella, and M Bonifazi. (2009)「Shuttle Swim Test for Water Polo Players：Validity and Reliability.」『The Journal of sports medicine and physical fitness』49 (3)：327-30.
12) Melchiorri, G, E Padua, F Sardella, V Manzi, V Tancredi, and M Bonifazi. (2010)「Physiological Profile of Water Polo Players in Different Competitive Levels.」『The Journal of sports medicine and physical fitness』50 (1)：19-24.
13) Rechichi, Claire, Brian Dawson, and Steven R Lawrence. (2000)「A Multistage Shuttle Swim Test to Assess Aerobic Fitness in Competitive Water Polo Players.」『Journal of Science and Medicine in Sport』3 (1)：55-64.
14) Mujika, I, G McFadden, M Hubbard, K Royal, and A Hahn. (2006)「The Water-polo Intermittent Shuttle Test：A Match-fitness Test for Water-polo Players.」『International journal of sports physiology and performance』1 (1)：27-39.
15) Platanou, T. (2009)「Physiological Demands of Water Polo Goalkeeping.」『Journal of science and medicine in sport/Sports Medicine Australia』12 (1)：244-50.
16) Escalante, Yolanda, Jose M Saavedra, Victor Tella, Mirella Mansilla, Antonio García-Hermoso, and Ana M Domínguez. (2013)「Differences and Discriminatory Power of Water Polo Game-related Statistics in Men in International Championships and Their Relationship with the Phase of the Competition.」『Journal of strength and conditioning research/National Strength & Conditioning Association』27 (4)：893-901.
17) Lupo, Corrado, Antonio Tessitore, Carlo Minganti, and Laura Capranica. (2010)

「Notational Analysis of Elite and Sub-elite Water Polo Matches.」『Journal of strength and conditioning research / National Strength & Conditioning Association』24（1）：223-229.
18) Lupo, Corrado, Antonio Tessitore, Carlo Minganti, Barry King, Cristina Cortis, and Laura Capranica.（2011）「Notational Analysis of American Women's Collegiate Water Polo Matches.」『Journal of strength and conditioning research / National Strength & Conditioning Association』25（3）：753-757.
19) Lupo, Corrado, Carlo Minganti, Cristina Cortis, Fabrizio Perroni, Laura Capranica, and Antonio Tessitore.（2012）「Effects of Competition Level on the Centre Forward Role of Men's Water Polo.」『Journal of sports sciences』30（9）：889-897.
20) FINA 2014-2「A view from the Water Polo leaders FINA World Water Polo Conference」https://www.youtube.com/watch?v=-AKXqP1jKRU（2014年3月16日）
21) Magyar Vízilabda Szövetség 2014「Water Polo Experimental Rules – Komjádi Cup 2013」https://www.youtube.com/watch?v= WRejxZBRw&feature= youtube_gdata_player（2014年3月16日）
22) Water Polo Australia 2014「Under 14 Modified Rules」
http://www.waterpoloaustralia.com.au/news-media/news/news-article/article/2014/january/modified-rules-in-place-for-14-under-club-cships/（2014年3月16日）

［榎本　至］

水球のコーチング

SECTION 3

1 日本水球の将来のために

　サッカー元フランス代表監督ロジェ・ルメールの「学ぶことをやめたら教えることをやめなければならない」という言葉はあまりにも有名である。当時，世界最強チームを率いていた彼の言葉は，彼にとってはごく当たり前のことを口にしただけではあろうが，己のコーチング力を高めるため日々学び続けることは難しく，実践しているコーチは数少ない。
　大半のコーチは多くの時間を費やし，日々の練習に懸命に取り組んではいるものの，「経験」と「勘」といった主観に大きく依存したコーチングを行い，その手法も自らが育ったチームや他の強豪チームの模倣をしているに過ぎないといわざるを得ない。
　そもそもコーチングとは不確定要素が多く，決まりや正解はないものであり，画一的にすれば発展は望めないという性質を持ち合わせている。また，競技レベルやカテゴリー別にコーチングのアプローチは異なり，コーチの持つ哲学的要素が大きく反映されるものである。コーチングにおいて，「経験」と「勘」は極めて重要なファクターであり，最先端の情報や科学の導入をすることだけが優れたコーチングを可能にするとは限らない。しかし，強化方針のマイルストーンを設定し，目的に応じた指導内容と根拠を示せなければ，選手の貴重な時間を奪っているだけと評されても反論はできない。コーチは情報収集を怠たらず，広い視野を持ち，柔軟な発想でさまざまなコーチングを学び，取り入れ，知見を深めていく努力をしなければ選手を導く資格はないのである。
　他の競技では考えられないことだが，水球にかかわる指導者や選手たちの多くは世界の水球のトッププレーヤーのことを知らないだけではなく，憧れの存在であるはずの水球の日本代表選手の名前や顔さえも知らないのである。自分たちが一生懸命取り組んでいる競技のトッププレーヤーを知らずに，サッカーや野球選手の方が詳しいというのが日本水球の現実であり，この事態を招いたのは，子どもたちに夢を与えられず，世界に目を向けさせることをしようとしない水球関係者や指導者の責任

といえるだろう。

　情報収集が容易な現代において，世界のトレンドや日本代表の潮流を知ろうともしない，学ぼうともしないような狭小な思考のコーチは無限の可能性を持つ子どもたちを導く資格はない。「井の中の蛙」のままでは日本水球に未来はないという危機感を日本のすべてのコーチが共有していなければならないのである。1984年以降オリンピック出場を逃してきた日本にとって，いつの間にかオリンピック出場は非現実的となり，コーチ，選手がオリンピックを目指せなくなった中で，普及や強化に尽力してきた関係者の苦労は想像に余りある。しかし，競技スポーツにかかわるのであれば目標をオリンピックでのメダル獲得にシフトチェンジすることは大命題であり，実現に向けて今何をすべきかをコーチ1人1人が本気で考えて行動を起こさなければ，将来の日本水球の存続は厳しいものとなる。

　競争力が低いマイナー競技ゆえに成り立っている居心地のよい楽な現状にあぐらをかいたまま何もしないでいるのか，競争力が高いがゆえに，さらに高みを目指すロジェ・ルメールのような生き方を目指すのかによってコーチ自身のあり方，日本水球の将来は大きく変わる。

　日々練習に取り組んでいる純粋な選手の人生がコーチの資質によって大きく左右されるということを今一度肝に命じ，我々コーチは真の意味での「アスリートファースト」を実現するための努力を惜しんではならないのである。

2 「世界で戦う選手」を育成するためのコーチング

①ジュニア期のコーチングの重要性

　水球はチームとしての「習熟性」「協調性」「戦術理解」や個人としての「泳力」「パワーアドバンテージ」などさまざまな能力が求められるスポーツである。世界に通用する選手を育成するには，「練習環境の整備」「競技人口増加のための多角的アプローチ」「指導者養成・コーチングスキル向上プログラムの制定」などさまざまな取り組みが必要となるが，ジュニア期のトレーニングプログラムの確立やタレント発掘が重要項目の1つだということは，あらゆる競技スポーツの共通認識である。コーチが子どもの才能を見誤った不適切なコーチングを行えば，その子どもの成長を妨げるだけではなく，競技全体の競技力を長期間低下させることにもなるので慎重に取り組まなければならない。

　他の球技団体の話ではあるがタレント発掘育成事業で強化したジュニア選手の中で日本代表選手になれたのは5％しかいなかったというショッキングな報告がある。これは日本代表選手の大半がジュニア期にNF（国内競技連盟）から注目されていないことを意味しており，育成事業が強化に結びついたとは言い難い。それだけではなく不適切なコーチングに

よって将来有望な選手を潰したかバーンアウトさせた可能性の方が高い。

　大人顔負けのプレーができる選手，いわゆる「早熟な選手」はコーチの目に留まり指導に力が入ることは仕方がない。しかし，その選手が巧みさ以外は持ち合わせていない可能性や，「将来性，伸びしろ」が少ない可能性も否定できないし，年齢に合わない誤ったコーチングで「伸びしろ」を奪うこともある。コーチは目先の成果や練習の高レベル化実現による自己満足を求め過ぎるあまり，子どもたちの育成という本来の目的を見失しなわないように細心の注意を払わなければならない。

　言うまでもないが，世界に通用する選手を育成するために大切なことは，今ではなく将来どのような選手になれるかである。子どもたちのモチベーションを高め，喜びを与えるために試合での勝利を目指すことは自然なことではあるが，勝利至上主義による「過度の組織プレー重視」や「自己犠牲の精神」は自由な発想の芽生えを阻害し，競技力向上の妨げとなる。礼儀やマナー，心得などのスポーツマンとして必要なことについての教育は必要であるが，競技場面での強要的コーチングは「決められたことしかできない選手」をつくるか「バーンアウト」を助長するかになりかねない。

　コーチとは長期的な展望と広い視野をもち，日々選手と向き合い，地道に指導にあたる立場にある。子どもたちに従順さだけを求めるのではなく，手を取り合い，お互いを尊重して高め合う関係作りを志ざすことが責務となる。「アスリートファースト」「内的欲求の達成がコーチのやりがい」などスポーツ本来の楽しさを理解できないコーチは競技スポーツの素晴らしさを子どもたちに伝えることができず，世界で活躍するために必要な想像力（imaginative power）と創造力（creative power）に富んだ魅力的な選手を育てることはできない。

　ジュニア期に学ぶべきことは喜びや挫折感などの結果だけではなくプロセスである。コーチ自らが心にゆとりをもち「水球の楽しさ」「努力の素晴らしさ」を教えることに努め，その環境下で選手が「観察力」「認知力」「判断力」「思考力」「発言，伝達力」を身につけることができれば世界に通用する選手育成の可能性がみえてくる（表4-3-1）。

　料理の世界では，一流の料理人は素材の味を引き出し，二流の料理人は手を加え過ぎて味を落とすといわれる。私たちコーチも素材と向き合い，素材に応じた火加減で，時には手を加えない方が素晴らしい料理になるということもあるということを頭に入れて，試行錯誤を重ねながら世界に通じる逸品を作り上げるための努力を惜しんではならないのである。

②固定概念を捨てリスクを恐れず選手の個性を生かす

　水球はヨーロッパ発祥のスポーツで，現在も強豪国はヨーロッパ中心である。激しいコンタクトスポーツでパワーアドバンテージの占める割

表4-3-1 系統的な強化を進めるためのジュニア年代の年齢別練習メニューのアウトライン

年齢	練習メニューのアウトライン
〜8歳	球技としての楽しさだけを伝える．夢を持たせる（ボール遊び，アクアゲームなど）
〜10歳	基本技術習得（パス，シュート，ボール処理，フットワーク技術やスイム練習・ミニゲームなど）
〜12歳	基本技術向上（上記＋ゲーム形式練習・状況設定したケースでの判断力）
〜15歳	パフォーマンス向上・応用技術習得への取り組み（上記＋レベル別トレーニング・戦術理解）

合が高いがゆえ，体格で劣る日本人は長い間その高く強い壁に阻まれてきた．日本人でも稀に190 cm近い選手もいるが，平均身長では約15 cm，体重では20 kg以上の差があり，将来を見据えても体格で海外チームと並ぶことは不可能といってもよいだろう．

　日本にあるチームは，これまで諸外国の取り組んでいるシステムを模倣しスタンダードとしてきたが，大きな選手向きに開発されたシステムが日本人に適応するとは限らず，むしろ日本人には合わなかったということは日本水球の歴史が証明している．そもそも欧米型システムの模倣が優れているという根拠はない．オーソドックスなシステムは理解しなければならないが，コーチが考えるべきことは選手の特徴に合った戦略構築であり，決められたシステムに選手をはめ込むことではない．諸外国のように大型ゴールキーパー（以下，GK）やセンターフォワード（以下，CF），センターバック（以下，CB）がいれば欧州のシステムで戦うことができるが，日本では大きいとされる180 cm〜185 cm程度の身長は世界では並以下なので，その選手でさえ海外のシステムは適さないということになる．過去に日本代表チームも平均身長184 cmで構成したことがあるが，結局は体格差をあらためて痛感したのである．

　日本人選手の特徴はスピードである．水球が日本に伝来して100年以上が過ぎ，これまで試行錯誤を重ね現在に至るが結果は出ていない．そろそろ考え方を改め日本独自のシステム構築をしなければならないということは自明の理である．これは日本代表だけの思考ではなく，すべてのチームの課題でもある．

　新たなシステム構築する際にネックとなるのは固定概念である．球技のシステムは負けないこと念頭に置いて作られていること，すなわちシステム化しやすいディフェンスシステムが多いため，どうしても新システム構築の際にはリスクに目が向いてしまう．しかし，競技スポーツはリスクなしでは勝利することはできない．練習で十分にリスクマネジメントに取り組むことで有効なシステムとなりうる．競技力向上の可能性が少しでもある限り，新しい試みにチャレンジすることがコーチの務め

であり，その取り組みがコーチ自身の成長の機会ともなる。繰り返しになるが，コーチングに答えはない。日々学び，柔軟な発想を持ち自分自身で考え，失敗を恐れない勇気をコーチ自身がもたなければならない。

③リアリティのあるトレーニングプログラムを構築する

いうまでもないが，試合で選手のパフォーマンスを最大限発揮させ勝利に導くことがコーチの役割である。そのためには効果的なトレーニングが欠かせないが，プログラムの目的や狙いを選手に明確に伝えることができなければ成果は望めない。

同じ練習項目でも「基礎段階の技術習得練習」なのか，「試合を想定したタフな条件下での精度向上練習」なのかなどテーマ設定を明確にしなければならない。例えば，シュート能力の低い選手に高強度の攻防練習を繰り返してもシュート技術向上は望めないし，低強度下での技術練習やシステム練習の反復だけでは試合時の高強度下でのパフォーマンス発揮は見込めない。パフォーマンスを発揮するには，基礎技術を身につけ，習得した技術を実戦で発揮するために，タフな状況下でのトレーニングが必要となる。技術だけでもタフさだけでも試合で技術発揮できなければ無意味である。「練習のための練習をしても意味がない」といわれるが，コーチが試合でのパフォーマンス発揮を常にイメージしたトレーニングプログラムを作れなければ選手が意識することは難しい。

トレーニングに必要な知識をもつことは研究者でも評論家でもできることであり，誰がプログラムしてもみた目のメニューに大きな違いはない。コーチに求められる能力はプログラム実践力であり，最も難しいことは試合と同様の強度や緊張感の中で駆け引きやせめぎ合いなどがリアルに感じられる練習環境を作り出すことである。高いモチベーションを維持させて高レベルのトレーニング環境を提供できることがコーチの条件となる。

④スカウティングシートの活用

ビデオを用いてのゲーム分析は一般的に行われているが，実際に試合に出た選手の意見を集計し，ゲーム分析に役立てる作業はほとんど行われていない。ここで提案するスカウティングシートは，簡単な作業で手間も費用もかからないが情報収集には大変効果的である。

用意するシートは対戦チームのキャップナンバーの横にポジション，オフェンスの特徴，ディフェンスの特徴，その他の4項目の記入欄があれば十分である。方法は試合直後に選手にシートを配布し，マッチアップした選手の特徴を自分の言葉で記入させるだけである。

日本代表チームでも導入しているが，「力が強くポジショニングが上手い」「シュートはすごいが守らない」「常にGKをみている」「攻撃参加なし」「攻撃の起点」「ラフプレーが多い」「ドライブのディフェンスが下手」「この選手が入るとチームの雰囲気が変わる」「有名だけど平

凡」などのプレーに関する意見から「ひげを生やしている」「優しい顔」「いつも監督に怒られている」「同い年」などさまざまな記入があり，興味深い情報が多く記される。コーチングスタッフが考える選手情報と実際に対戦した選手の感想にギャップもあり，新たな所見を得ることもある。

　ゲーム分析はスタッフ主導で行うが，スカウティングシートで選手目線の情報が得られることで，より充実したデータベース化が可能となる。また，選手にとっても相手を観察する習慣が身につき情報収集能力が高くなることや，記入することで試合を振り返る機会となり，次の対戦に向けての資料となるなどのメリットがある。

　日頃の練習でも活用すればチーム内での選手同士による相互評価ができる。さらにコーチは記入内容から選手の競技に取り組む姿勢や思考レベルなどの個人の特徴を推察することができて指導の参考にすることが可能となる。

⑤選手間プレゼンテーション

　コーチは選手に対して「いつも同じ注意を繰り返しているな」「返事はするが理解しているのかな？」「話を聞いているのかな？」と感じていることも多いだろうが，その背景には「先生に従い言われたことを真面目に取り組む」「指示されたこと以外はやってはいけない」などという国民性が少なからず影響していると考えられる。しかし，選手がコーチに依存しすぎると，自らが考え行動するというスポーツで最も大切なことを見失う危険性があり，さらには自発的意識の欠如を招くことにより練習をやらされていると感じることにもつながりかねない。

　ミーティングはコーチ主導で行うことが多いが，選手間プレゼンテーションは選手ミーティングではなく，コーチが選手をグループ分けしてテーマを与え，数日後にプレゼンテーションを行い，コーチも参加する形式で行う。

　テーマは「水球の基本」「チーム課題」「トレーニング」「対戦相手分析」「他の球技との比較」など時期やチーム方針によって変える。プレゼンテーションは20分，質疑応答10分程度とし，場所はプールサイドではなく教室や会議室でビデオやスライド，配布物等を用いて行う。

　選手間プレゼンテーションは選手自身の思考力が必要となるので自発意識が高まり，モチベーション向上効果が期待できる。また，グループで協力して情報収集を行い，自由で柔軟な発想で議論することで，チームの目指すべき方向性や解決策を選手が見出すことが可能となり，チーム内の結束力が強まり意思統一を図ることにも役立つ。

3 ディフェンスのコーチング

　球技においてはディフェンス力が競技力を表すと表現されることもあ

り，ディフェンスはコーチングの最重要項目とされている。

　ハイレベルの試合ではロースコアになることも多く，総攻撃回数からみた得点率は10〜15％程度という試合も少なくない。ひとつのディフェンスミスが勝敗を決定付けるといっても過言ではない。

　オフェンスは積極性が求められ，その特性上ミスは必然であるが，ディフェンスミスは許されない。ディフェンス力を高めるためには長い時間を要し，コーチや選手には強い集中力と忍耐が求められる作業となる。しかし，作り上げるイメージで達成感もあるオフェンス練習だけに目を向けるのではなく，ディフェンスの駆け引きや奥深さにも楽しさを見出す努力をしなければならない。ディフェンス力に不安があれば積極的なオフェンスができなくなるので，結果としてオフェンスも楽しめなくなる。コーチは目に見えるシンプルなミスや，選手自身がミスを自覚しているプレーを事後に指摘，注意するようなコーチングではなく，その先にあるディフェンスまでを想定した総合的なコーチングを心掛けなければならない。

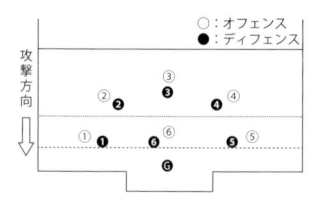

図4-3-1　ポジションナンバー

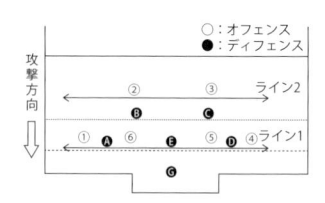

図4-3-2　退水時ポジションナンバー

①ディフェンスの考え方
[オフェンスに実質攻撃時間の付加を許さないことを考える]

　水球はバレーボールやテニスのような一定の得点に達したものが勝利する競技ではなく，サッカーやバスケットボールのように一定の試合時間内での得点を競う競技である。時間内で競う球技においてはボール支配率を高めること，すなわち相手の攻撃時間を減らすことが勝利確率を上げる。水球は攻撃権を得てからシュートクロック30秒以内にシュートしなければならないが，ファウルによってシュートクロックは止まるので，デッドタイム (dead time)＊1 を含むと実質攻撃時間は40秒を超えることがある。時間のスポーツという基本概念を無視して，不要なファウルをして相手に攻撃時間をプレゼントする非合理的なプレーが水球のセオリーと勘違いしているチームが多くあり，そのことに疑問すら感じないコーチも多数いる。

　「オーディナリーファウルは何度してもいい」「ファウルする方がディフェンスしやすい」などの短絡的で誤った概念を捨て，相手に実質攻撃時間の付加を許さないノーファウルディフェンスを追求していくことがディフェンス力向上の課題であることを認識しなければならない。

[パスを展開させないポジショニングをする]

　バスケットボールやサッカーなどのボールゲームと異なる水球の特徴は，ドリブルで相手を抜き去ることが困難なこととボールスピードとプレーヤーの移動スピードの差が大きいことである。このことから水球はボール保持者 (on the ball) の動き (on the ball skill) よりも非保持者 (off the ball) の動き (movement off the ball) とパスが重視される球技だと言うことができる。そのため，パス展開を自由にさせなければオフェンス

(注1) デッドタイム：試合中のタイマーが止まっている時間のことでファウル判定からフリースローが終わるまでの時間を指す。

（注2）ボールライン：ボールと両サイドラインを結ぶ線。

（注3）インライン：オフェンスプレーヤーとゴールを結ぶ線。ディフェンダーがオフェンスプレーヤーよりインサイドにポジショニングすること。

の成立は難しいと考えることができる。

ディフェンスポジションはボールライン*2とインライン*3を基本とすることがセオリーとされているが，インラインにポジショニングしてもパスを許せばオフェンスは成り立つ。インラインにこだわらず，センターフォワード（CF）や決定的なシーンにパスが通らないように，パスレーンを遮断するポジショニングを取り，ゴールを守るのではなくパス供給を絶つためにパスレーンを守るという発想でディフェンスする。

[受け身にならない]

「CFにパスさせないようにドロップバックして，ミドルシュートはハンドアップで守る」など組織でディフェンスすることは必要不可欠ではあるが，シュートミスを期待するオフェンス主導型思考ではなく，ディフェンスにおいてはディフェンス主導思考を持たなければならない。「守る」と考えるのではなく，「攻撃してくる相手に対して攻撃する」という意識を持つことがディフェンス主導思考であり，成功の鍵となる。

コーチがシステム依存しすぎると個人判断力の低下を招き，プレーヤーの役割や責任が曖昧になることもあるので留意しなければならない。「策士策に溺れる」という諺があるが，システムはシステムによって打ち砕かれてきたものであり，過度のシステム依存は目指すべき本質を見失う危うさを持ち合わせる。ディフェンスはマンツーマンが大前提であることを忘れずに，個人スキル向上を追求することこそが大きな柱となることを頭に入れてコーチングしなければならない。

②ディフェンスのコーチングの実際

[カウンターアタックに対するディフェンス]

カウンターアタック（CA）は，攻防転換（トランジション：transition）で生じた数的優位（アウトナンバー：out number）を生かして攻め込む速攻のことである。アウトナンバーは1on 0から6on 5まであるがここでは6on 5について記す。カウンターアタックに対するディフェンス練習はディフェンスの重要項目であるが，泳いでいる状況下での判断が求められるため難しく，トップレベルのチームでも十分な反復練習が必要となる。

●カウンターアタックに対するディフェンスのポイント

1) センターフォワード（CF）は，センターバック（CB）に毎回抜かれると想定する。
  CFのカバーリングは原則として⑤，⑤が攻め込んでいる時は①が行う。①は攻撃時間終盤でチャンスメイクできない時は早めにカバーリングを考える。

2) 攻防転換時に自分のマークやCBだけではなく，逆サイドを含むフィールド全体の状況を把握する。

3) ゴールキーパー（GK）からのリードパスを狙い，簡単にパスをさ

せないように間合いを詰める（図4-3-3A）。リードパスを狙う時は後方のアウトナンバー，オフェンスの広さを確認してパスプレッシャーかコンパクトに帰陣するかを判断する。リードブレイクに引っ張られて後方から抜けてくる選手をノーマークにしてはいけない。ボールラインとアウトナンバーラインをみて，自陣に近いラインの選手をマークする（図4-3-3B，C）。

4) 中盤から自陣10mに帰陣するまでにアウトナンバーディフェンスの最終型である3-2を決定する。考え方はエクスクリュージョン（退水時：EX）ディフェンス（後述）と同じである。ライン1の3名（EX時のA，E，D）を早く決めるために帰陣の際にGKとライン1のプレーヤーはバックストロークも使い声を掛け合う。この時点での状況把握と意思疎通が重要である（図4-3-2）。

5) ライン2の2名のディフェンダー（B，C）がライン1に引っ張られてライン1に4名がマークするとライン2が2-1になり，ゴール正面の絶好の位置からのシュートを許すことになるので特に注意する。先に帰陣しているライン1の3名とGKがライン2に指示する。ライン2のプレーヤーは顔を上げ帰陣する（図4-3-2）。

6) GKからのパスがハーフライン手前で中継された場合はパス精度が上がるので，両リードブレイクマークはインターセプト狙いで深追いはせずにギャップを意識しながらコンパクトに帰陣し，エリアディフェンスに移行する。ボール保持者に対してはフェイントを使い，パス回数を増やさせるなど早く攻め込まれないように動く。

7) ①（②）から④へアシストされた時にDが④へアタックに行き当たりきれずにシュートを打たれて失点することがあるが，アウトナンバー時はEXと同様のディフェンスなのでアタックではなくハンドアップでシュートコースに入る。この時点でのシュートは②から打たせる。

8) アウトナンバーが解消されるまでの時間は5秒ほどなので焦らない。

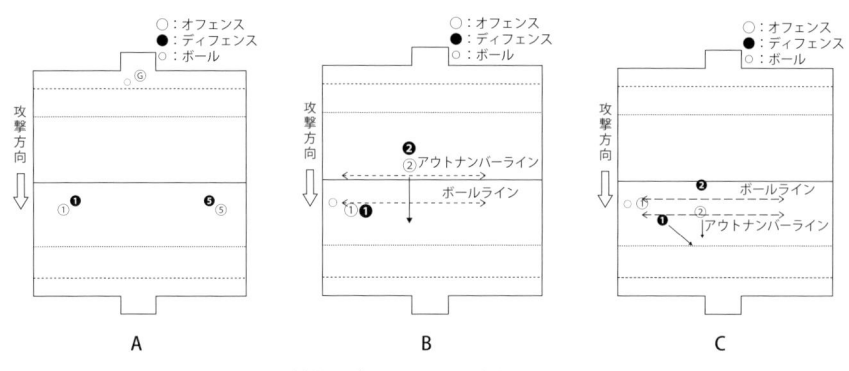

図4-3-3 カウンターアタックに対するディフェンスの動き

9) アウトナンバーが解消されてマンツーマン移行時のマークチェックは確実かつ迅速に行い，プレスに入るためにすばやくパスレーンにポジションを上げる。曖昧なマークチェック，追いついたことによる油断はオフェンスに攻め込む機会を与えるので注意する。
10) 原則としてノーファウルだが，5ｍ線内などではGKの指示でファウルしてアウトナンバーの不利をしのぐケースもある。

[セットディフェンス]

センタースローやアーリーオフェンス (EO) 後のオフェンスがセットアップした状態でのディフェンスであり，マンツーマンやエリアを守るドロップバック，ゾーンなどさまざまなシステムがある。試合では状況に応じて複数のシステムを併用するが，マンツーマンを基本としたシステム構築がディフェンス力向上の近道となる。

[マンツーマンディフェンス]

マンツーマンディフェンスといってもさまざまな考え方があるが，ここでいうマンツーマンとは，ノーファウルでのマンツーマンプレスディフェンスのことを指す。ノーファウルプレスは，体の小さい日本人が世界に勝利するために完成を目指すべきシステムである。

マンツーマンはドロップバックなどのゾーンでみられる曖昧さがないので成功・失敗の原因が明確になり，選手は言い訳ができない。また，個人スキルがシビアに求められるマンツーマンでの勝利は選手の自信となり，結果として練習プログラム作成もシンプルになり質の向上につながる。さまざまなディフェンスシステムがあるが「魔法の杖」のような完璧なシステムは存在せず，世界と戦うには小手先の技術，戦術も通用しない。マンツーマンは成果が目にみえるまで時間を要し，習得するにはコーチと選手には強い根気が必要となるが，反復練習により着実にレベルアップできるものでもある。同時に練習過程で個人やチーム課題も浮き彫りになり，結果として世界との距離がみえてくる。

ノーファウルプレスはバスケットボールではディナイディフェンス（Deny：クローズドスタンスとも呼ばれる）というパスレーンを遮断するシステムとほとんど同じ考え方である。パスレーンへのポジショニングはドライブで裏をつかれるリスクが高まるが，GKのいないスピードのあるバスケットボールのシステムがGKのいるスピードの遅い水球で機能しないはずはない。

オフェンス側の②③④のゴールから遠いポジションからのドライブや回し込みにはディフェンス側の❶❺のカバーリング，チェンジマークでの対応も可能であるし，①⑤のドライブはシューティングレンジ[*4]の悪いポジションでディフェンダーを背負った状態での難しいシュートとなるのでリスクはそれほど大きくない。そもそもオフザボールプレーヤーに抜かれても，ボール保持者が容易にパスされないようにプレッシャ

(注4) シューティングレンジ：シュートが決まる確率の高い範囲。

ーをかけ，他の FP のパスレーンを守っていればアシストパスはないのでチェンジマークやカバーリングの必要はない。問題は抜かれることではなくパスされることなのである。

インラインに入られても構わないという考え方は，セオリー無視と思われるが，悪いシューティングレンジからのシュート確率や GK のディフェンダー的役割を考慮すればインターセプトやダブルチームなどが増えディフェンスの幅が広がり，機動力を用いた攻撃的なディフェンスが可能となる。さらに他のフィールドプレーヤー（FP）のヘルプやカバーリングを考慮すると，ドライブや回し込みでインサイドに抜けてきたプレーヤーのシュートはそれほど怖くないと考えることができる。多少の失点を覚悟して悪い条件下のシュートは敢えて打たせると考えるのである。むしろ，セオリーとされるインラインディフェンスやドロップバック時に放たれるスタンディングでの強力なミドルシュートの方がよほど脅威なのである。

これまで，「オフェンスプレーヤーをインラインに入れない」「ミドルシュートはハンドアップでシュートコースを防ぐ」という「インラインの原則」がディフェンスの大原則とされてきた。しかし「ゴールを守るのではなく，パスレーンを遮断する」「インに入られた状態のシュートは決定的なピンチではない」「シュートミスやパスミスしたと同時に抜け出すことが可能なディフェンスポジションであるため，毎回カウンターアタックでアウトナンバーが作り出せる」というようにリスクに対する視点を変える必要がある。ノーファウルプレスはリスキーなシステムではあるが，ノーリスクで戦うことは不可能であり，リスクのないディフェンスシステムは存在しない。同じリスクを負うならば「肉を切らせて骨を断つ」と発想転換することが世界と戦う条件であり，オリンピックでのメダル獲得のための唯一無二の考え方である。

水球はオーディナリーファウルという特異なルールがあるために，必要のないケースでのファウルが頻繁にみられる。水球では当たり前とされているこのようなプレーは，他の球技に例えるとプレーせずに相手のジャージをつかんで押さえつける卑劣な行為と大差はない。ポジショニングもせず，攻撃時間も考えず闇雲にファウルするだけではディフェンス技術向上も望めない。

ファウルは1回につき約3秒の実質攻撃時間を相手に与えることとなり，加えてフリースローシュートやアシストパスなどの選択権も与え，さらには休息時間とゆとり感を献上することにもなる。安易なファウルは相手に簡単なプレーをプレゼントすることと同じであるということを知らなければならない。さらには，スピーディーな動きを止めるプレーは観客がみていても面白くなく，水球がメジャーにならない最大の要因とも考えられる。フェアプレーを第一に考えない競技には発展はないの

である。

●マンツーマンディフェンス成功のポイント

1) ボール保持者に対してはノーファウルでウィークサイド (weak side)*5からプレッシャーをかける。回り込まれることを恐れずにストロークを使い，執拗にかつファウルしないように丁寧にアタックし，簡単にパスさせないようにチェックする。

2) 安易なファウルですばやくフリースロー (FT) をされることや，プレッシャーのない状態での自由なパス展開を許すとノーファウルプレスは機能しない。

3) オフェンス側の③にサイドチェンジのパスをさせないように，ディフェンス側の❸は常にパスレーンを遮断するポジショニングをする。③はポイントガードとしての役割があり，パス展開の要となる。パスレーン遮断で逆サイドやセンターフォワード (CF) へのパスを防ぐことが重要である。

4) 右サイド (①②) にボールがある場合は，左サイド (④⑤) にパスさせないポジショニングを取る。左サイドは泳ぎながら切れ上がりパスを受けようとするので，ディフェンダーは切れ上がらせないポジショニングでマークする。クロスに対するディフェンスも同様で，⑤を切れ上がらせなければクロスはかからない。

5) マークばかりをみるのではなく，常にボールポジションを確認する。ボールポジションが把握できないと無駄なファウルによるエクスク

(注5) ウィークサイド (weak side)：ボール保持者の利き腕側のことを指す。利き腕側はボールを持っていて相手をブロックできないのでこう呼ばれる。利き腕の逆側をストロングサイドという。ボールサイド側 (同サイド) をストロングサイド，逆サイドをウィークサイドともいう。ディフェンスでノーマークがいるサイドもウィークサイドと呼ばれる。

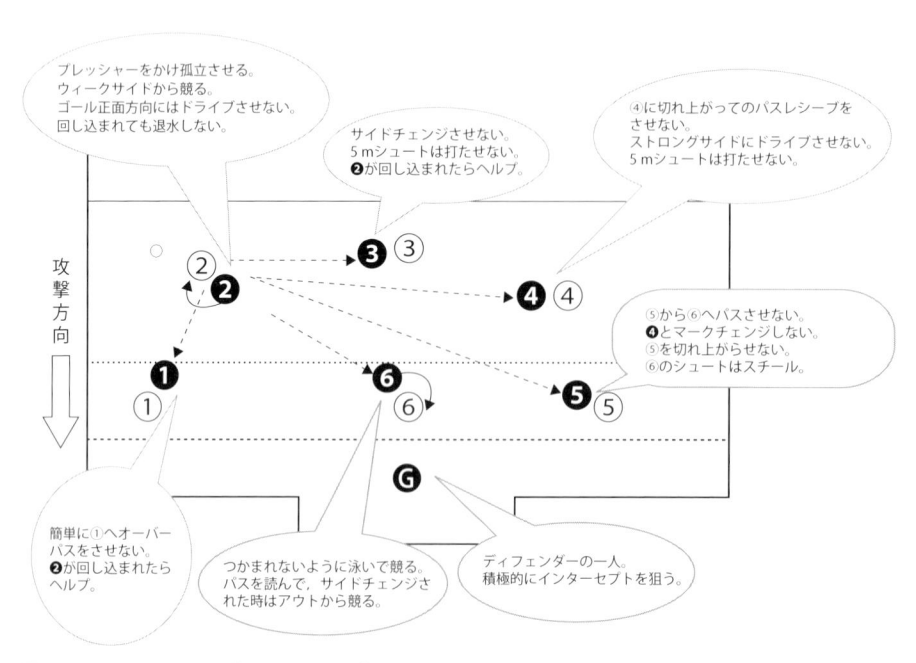

図4-3-4 マンツーマンディフェンスのポイント

リュージョン（退水：EX）のリスクが高まる。マーク側にある手で相手に触れて動きを察知する。

6) ❶❺はアウトマーク。①⑤にパスが通ると⑥を守れなくなるので，重要なディフェンスとなる。オーバーパスを常に頭に入れておかなければならない。③→⑤，③→①のパスはさせない。③でファウルした時も同様のポジショニングで対応する。

7) ❷❹は①→②，⑤→④のパスはさせないポジショニングをする。

8) ②が右利きという状況下でのボール保持者のアタックについては，次のように対応する。

・シュート圏内かつゴール正面側に回し込まれるとリスクが高まるので，②がゴール正面（ポストから約2m線上より内側）7m以内のドライブゾーン（図4-3-5）にマークがいる時はストロングサイド（左腕側）からチェックし，孤立させるようにプレッシャーをかけ，③や左サイドにパス展開させないようにする。

・回し込まれても，ゴール正面へ入れないように壁をつくるイメージで泳ぎながらインサイドマークする。アウトからのアタックや，掴んで退水しないように細心の注意を払う（図4-3-6）。

・左利きのプレーヤーの場合は回し込まれてもドライブゾーンに向かうのは難しいので，回し込ませるくらいの気持ちでウィークサイドから強くプレッシャーをかける。

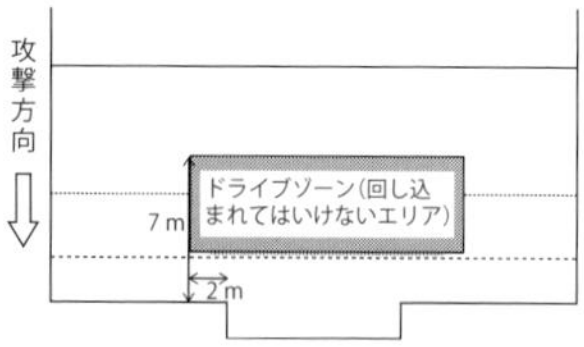

図4-3-5　ドライブゾーン

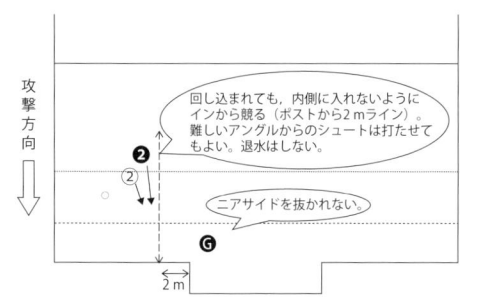

9) ②がボール保持者で回し込まれた時の対応については，次のように対応する。

・❶❸がカバーしインターセプトを狙う。

・ドライブゾーン側に回し込まれた時は，センターバック（CB）もカバーに入る。

・CBがカバーした時は❺がセンターフォワード（CF）をマークし，❹が⑤をマークする（図4-3-7）。

10) ②④にドライブされ裏をつかれても，❶❺はチェンジマークせず，①，⑤にパスが通らないように間合いを詰める。ドライバーにパ

図4-3-6　回し込まれた場合のディフェンスのポイント（インサイドマーク）

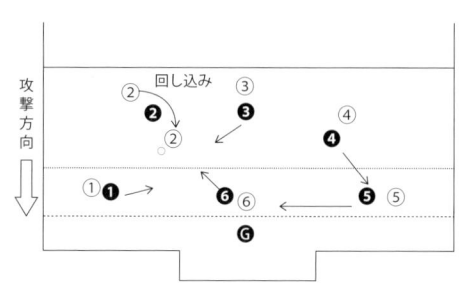

図4-3-7　回し込まれた場合のディフェンスのポイント（チェンジマーク）

(注6)ワンサイドカット：ドライバーに対するディフェンス技術でドライブ方向を限定させるために一方のサイドを故意に広く取りポジショニングすること。

スが出た瞬間にダブルチームに行き，インターセプトを狙う。GKもインターセプトを狙う。

11) 回し込みでインサイドを取られてもマークを背負った状態でのシュートは難しい上に外周のヘルプもあるので，最後まで根気よくチェックする。

12) ❶〜❺はワンサイドカット*6ポジショニングでディフェンスしているのでドライブ方向が予測でき，多少出遅れても自分のマークを見失うことはない。パスカットを狙い止まるとマークとの距離が開きオーバーパスをされるので，バックストロークとフットワークも使いマークとの間合いを詰め，体を寄せてチェックする。

13) CBは体の回転やストロークを駆使し，CFのアウトマークにポジショニングする。CFは激しいポジショニングを余儀なくされ体力消耗が激しい上にGKやFPに注目され常にインターセプトを狙われるので，シュートは簡単ではない。CFを無失点に抑えるのは困難だが，ターンオーバーやシュートミスが多発するポジションでもあるので積極的に競り合う。

14) CFが5mラインより高くポジショニングした時はGKとダブルチームができないので，無理にアウトマークをせずにインサイドマークに変えて，❷❸❹のいずれかを下げる。5mからのCFのシュートは打たせても問題ない。

15) コーナースロー時のポジショニングについては，次のように対応する。
・❷❹は①→②，⑤→④のパスレーンではなく，③にパスさせないポジションで②④をチェックする。パスレーンに入ると，②と③の距離が近くなるので，ストロングサイドからプレッシャーをかけ，②をサイドライン近くで孤立させ，②と③を遠ざける（図4-3-8）。
・CBはボールサイドにポジショニングする。
・コーナースロー後，❶は①にリターンパスさせないように間合いを詰める。

16) ファウル判定された時はフリースロー（FT）の妨害に注意しなければならないが，FT動作後にボール保持している時はすぐにチェックする。

17) 外周のパス回数が多くなるほど，ディフェンスは難しくなる。セットでは相手に5回以上パスさせないくらいの気持ちでポジショニングする。

18) ②③④が攻め上がってこない時やシュート圏外に広くポジショニングした時はGKからのパスは狙い，ボール保持した時にはプレッシャーをかけるが，パスが前線に出てボールラインより❷❸❹

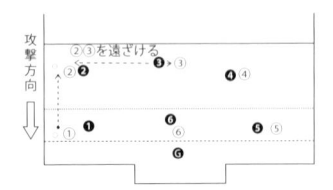

図4-3-8 コーナースロー時のディフェンスのポイント（ストロングサイドからのプレッシャー）

が後方になった場合はシュート圏外の②③④はマークせず，CFを孤立させないようにすばやく帰陣する。帰陣したらCBはインマークに変える。

19) 18)と同様のケースで，①⑤がCFにパスするために5mラインより後方で止まった場合も❶❺とCBはインマークに変える。アウトマークのままだと，①⑤にオーバーパスされCFに決定的なパスをされる。

20) FTシュートは打たせない。FTシュート狙いのドライブに対しては❸が下がりパスさせない。

● ファウルするケース

ノーファウルが前提であるが，状況に応じファウルを選択するケースもある。ファウルのケースは意思統一されていないとプレーに迷いが生じディフェンスが機能しなくなるので，しっかりと約束事を決める。以下に挙げる例のすべてがファウルケースという訳ではない。

1) オーバータイム直前にフリースロー（FT）シュートリスクのないボール保持者に対しファウルして抜け出すケース。
2) 試合残り時間が少ないビハインド時など時計を止めたいケース。
3) ノーファウルでプレッシャーがかけられない時や有効なパスをされそうな時にやむを得ずファウルして展開を遅らせるケース。
4) ゴール近くでノーマークを作られた時にファウルで相手のスピードや流れを断ち切るケース。
5) CFに左サイドを取られ，⑤がボール保持した時はノーファウルではCFにパスされるので，ファウルしてドロップするケース。
6) CAディフェンス時に5m線内でスピードを止める時にファウルするケース。
7) FTシュートがない5m線内でファウルし，CFやドライバーへのインターセプトを狙わせるケース。
8) ゴールキーパー（GK），センターバック（CB）の指示があるケース。
9) 駆け引きのためのシステムチェンジや試合展開が悪く流れを変えたいケース。

● マンツーマンディフェンスのメリット

1) 小柄な日本人の不得意なスタンディングでの勝負を少なくする。
2) プレーヤーの役割と責任が明確になる。
3) インラインにこだわらないポジショニングにより，カウンターアタック（CA）の出現率が飛躍的に高まる。マンツーマンはディフェンスだけのシステムでなくCAとセットで考えることで威力が上がる。
4) CAの脅威により，相手の攻撃意欲が低下する。
5) 受け身になりがちなディフェンス局面で，攻撃意識をもつことによりチーム全体の積極性と攻撃リズムが高まる。

6)ボール保持者に対する執拗なプレッシャーにより，相手が強いストレスを感じる。

●マンツーマンディフェンスのデメリット
1)センターバック(CB)の退水やセンターフォワード(CF)からの失点リスクが高まる。
2)ゾーンに比べると体力的負担が大きい。
3)シュート圏内か圏外かの見極めが難しい。
4)高い集中力が求められるので，ジュニア期からトレーニングを積まないと習得に時間がかかる。
5)個人能力が求められるので，ディフェンス意識の低いプレーヤーが一人でもいると機能しない。
6)相手チームより明らかに泳力やスタミナが劣る場合は適さない。

[ドロップバックディフェンス]
　強力なセンターフォワード(CF)のディフェンスは困難であるため，❶〜❺のフィールドプレーヤー(FP)の中の数名がゴール前に下がるゾーンディフェンスことをドロップバックといい，多くのチームが用いているオーソドックスシステムである。❷❸❹か❶❷❸の3人もしくは❷❸か❶❷の2人がドロップする（ゴール前に下がる）のが一般的である。基本的に2人以上が同時にドロップする必要はないので，連携が重要となる。

　ドロップバックは効果的ではあるが，それだけで守り切ることは難しい。このシステムはCFからの失点やエクスクリュージョン（退水：EX）のリスクを減らし，時間を稼ぐことが目的なので，オフェンスの形，CBのポジショニング状況によりマンツーマンと併用することが望ましい。

●ドロップバックディフェンスのポイント
1)ボール保持者にフリーでシュートさせないように，ボール保持者にはハンドアップで間合いを詰めるかスイムアタックでプレッシャーをかける。ゾーンであるが動きは止めてはならない。シュート圏内かの見極めが重要である。
2)CBはCFをサイドマークしてドロップさせるプレーヤーを限定する。アウトマークができればマンツーマンに移行する。ミドルシュートに対するハンドアップを忘れない。
3)CFにパスされた時はドロップしているプレーヤーがインターセプトを狙い，切れ上がりのシュートをケアする。CBはドロップサイドの逆側にまわし込まれないようにする。
4)❷がゴール前に下がった時に❸が②③のギャップに入り牽制することがあるが，❸は②へアタックしないのが原則となる。アタックすると②→③へアシスト時に③に対するハンドアップがなくなり，ゴ

ール正面からのミドルシュートを許すことになる。

5) CBがCFに押し込まれ支配されている時は，ドロップしているプレーヤーはCBがポジショニングして体勢を作るための時間を稼ぐためにステイする。

6) ②③がゴール前にスペースを作るために大きく開いた時は，❷は②について行かずゴール前にドロップする（図4-3-9）。

7) クリアリングドライブ*7 に対しては，ドロップしているプレーヤーはドライブについていかずステイし，サイドのディフェンスに引き渡す。

8) ドライブされた時はフリーで有効なアシストをされないために，ボール保持者は早めにチェックする。

9) CB以外のプレーヤーがゴール前にミスマッチした時は，トライアングルでのチェンジマークを使う（図4-3-10）。

（注7）クリアリング：ドロップバックしているFPをゴール前スペースから引き出すためにドロップされたFP（多くはポジション③か②）がポスト方向にドライブすること。

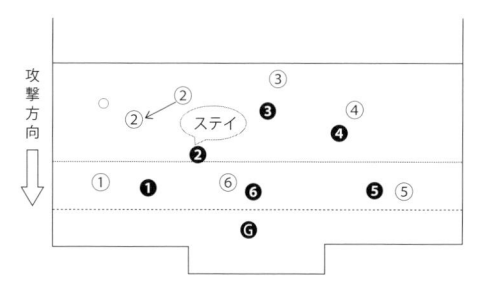

図4-3-9 ドロップバックディフェンスのポイント（ステイ）

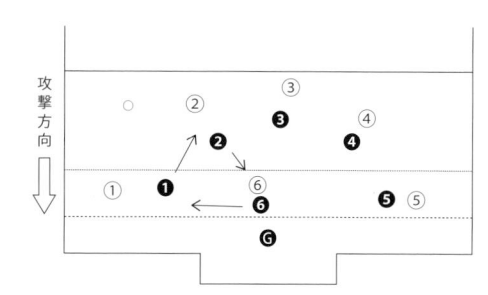

図4-3-10 ドロップバックディフェンスのポイント（トライアングルでのチェンジマーク）

● ドロップバックディフェンスのメリット

1) センターバック（CB）の負担を軽減することができる。
2) 体格差のあるFPとのコンタクトを少なくすることができる。
3) 組織的にディフェンスするので，マンツーマンより体力消耗が少ない。
4) 優秀なGKがいる場合や相手チームにシュート能力の低いプレーヤーがいる時は効果的である（国際試合においてはシュート能力が低いプレーヤーはいないので国内の場合に限る）。

● ドロップバックのデメリット

1) ゾーンディフェンスのためギャップ*8 が生じ，ディフェンスが曖昧になることがある。個人の役割が不明瞭になることでのリスクが高まる。
2) ミドルシュートの失点が増える。フリーでミドルシュートが打てるので，相手にストレスなくプレーされる。
3) オフェンスにボールコントロールされるため，受け身になる。

（注8）ギャップ（gap）：ディフェンスプレーヤーとディフェンスプレーヤーの間（各FPの持ち場の間）。

4) CAでアウトナンバーを作るのが難しい。
5) CAのリスクが少ないので積極的な攻撃を許すことになる。
6) 優れたGKがいないと機能しない。

4 オフェンスのコーチング

センターからの攻撃と退水以外のケースにおいて，オフェンスは攻防転換を起点としカウンターアタック（CA），アーリーオフェンス（EO），セットオフェンス（SO）の順で推移される。諸外国に比べ体格の劣る日本人選手は特徴であるスピードを生かしたCAとEOを軸とするオフェンスを構築し，SOでもセンターフォワード（CF）だけに頼らずフィールドプレーヤー（FP）全員が機動力を駆使して攻めなければチャンスメイクは難しい。スピードを生かすには，フロントコートオフェンスだけではなくフィールドをフルに使う必要がある。CA直後もディフェンスが構える前にEOを仕掛けて，シュートクロック20秒以内までにシュートシーンを作り出すようなスピーディーな展開を常にイメージしなければならない。

①カウンターアタックの考え方とコーチングの実際

カウンターアタックは，攻防転換でアウトナンバー（数的有利）を作り出す速攻のことで，世界と戦うための主軸を担う基本戦術である。バスケットボールのファストブレイク（fast break）と同義で最大の目的はアウトナンバーでの得点だが，得点に結びつかなくてもすばやくフロントコートに攻め上がることで，オフェンス時間を確保できる利点や，シューターに心理的プレッシャーをかけることで攻撃を消極的にさせるという効果がある。ボクシングに例えると，ジャブの役割を担うなどの数多くのメリットがある。

●カウンターアタックのポイント

1) リードブレイク（LB）を早く決定して，右前方にパスする。

CAの成功はLBのFPの動きが決めるといっても過言ではない。CAで最前線をリードして攻撃することをLBといい，サッカーのウイングプレーヤー（水球でもウイングとも呼ばれる），バスケットボールではリードマンと同じ役割を担う。

右サイドのLBの役割が特に重要で，GKや中継からリードパス[9]を受け，自らがドリブルシュートを狙うか，マークを自分に引きつけるかを判断する。左サイドのLBは右サイドにパスできない時にボールをフロントコートへ早く進めるためにGKからパス中継して右サイドにパスすることや，フロントコート奥深くまで攻め込みライン2を押し上げる役割がある。

特に，右サイドFPの役割は重要であり，次のように考える。

・右LBに早くパス展開することがCAの成功の鍵となるので，攻

（注9）リードパス：CAで前線を泳いでいるFPの前方へのパス。

防転換後クイックオープン*10 し，GK からのパスを受けること
を考え，中継か前線を泳ぐかをすばやく状況判断する。クイック
オープンし前方にパスした後はすぐゴールへ向かい攻撃参加する。
・マークが近くにいる時はサイドライン近くを泳ぎマークを引きつ
　け，いつでもパスレシーブできるようにする。
・スピードを維持したまま 2 m まで攻め込む。アシストだけを考
　えるのではなく自らがゴールに向かう意識をもつ。強気にゴール
　に向かわなければディフェンダーを引きつけることができないの
　で，逆サイドや後方のチャンスは生かせなくなる。
・ディフェンダーにチェックされドリブルでゴールに向かえない時
　は，ディフェンスとぎりぎりの距離を保ちながら前線へ攻め込み，
　インサイドのチャンスを生かすことを考える。
・アタックやフェイントを受けても慌てずに，ディフェンダーや
　GK を引きつけるためのプレーアクションをして最終局面で 2-1
　を作ることを考える。
・ファウルされた時の FT はすばやく処理する。フロントコートで
　は早くシュートシーンまで詰める。
・後方のノーマークを見落とさないよう注意する。
・アシスト後カバーリングを忘れない。

2）13 秒でシュート圏内に入り 4-2 のラインを作る。
　アウトナンバーを作り出す最大のチャンスとなる攻防転換前後に神
経を研ぎ澄ませる。攻防転換後はトップスピードで攻め上がり，
4-2 ライン（図 4-3-2）を作り 13 秒でシュート圏内に入る。ライン
1 の左サイドの FP は 5 m 付近で止まらず，ライン 2 のノーマーク
を潰さないように 2 m まで入る。

3）アウトナンバーを生かすパス展開を考える。
　1-0 や 2-1 などイージーな CA 以外では，早い時点でノーマーク
FP にパスしない方がいい。ノーマーク FP がボールを保持すると
アタックやフェイントにより状況判断が難しくなり，スピードが落
ちることとなり，結果としてパス回数を増やしアウトナンバーを潰
すケースが多くなる。ノーマークのままシュートできても GK と 1
対 1 となり得点確率は上がらないので，早い段階ではマークがいる
FP にパスして，その FP がディフェンダーと GK を引きつけた後
に効果的なアシストすることで確率を高める。

4）FT 処理は早く。
　ファウルでオフェンスの流れを止めることが CA ディフェンスセオ
リーのひとつとなっている。その時の FT 処理が遅れるとディフェ
ンスに考える時間を与えて CA が生かせなくなる。ファウルされる
ことなくパス展開し攻めることが理想だが，ファウルされても FT

（注10）クイックオープン：
CA で GK からのパスを受け
るために攻防転換後にすば
やく開くこと。

処理を早くすることでスピードダウンの影響を最小限に抑えることができる。

5）詰めのテンポアップを意識する。

フロントコートのボール処理や判断速度を上げてシュート局面まで詰める意識をもつと，ディフェンダーが構える前に優位に攻め込むことが可能となる。逆にトップスピードで泳いでも最終局面でテンポダウンすると有効な最終局面は作り出せない。

6）ライン2でノーマークの時の動きについては次のように考える。

後方から抜けてきてもライン2で止まるとアウトナンバーを潰すので2mまで入る。ライン1のプレーヤーは逆サイドへ移動しスペースを作る（図4-3-11）。

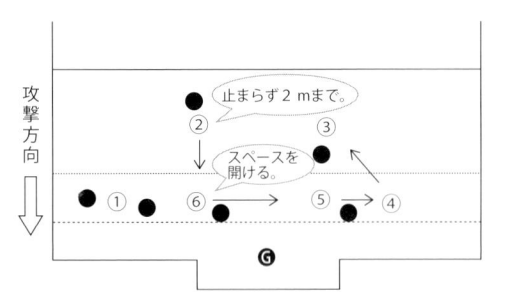

図4-3-11　カウンターアタック時のオフェンスのポイント

（注11）アンブレラ：SOでCFを中心に外周のFPが半円形にポジショニングすること。ゴールからみた形が傘のようになることからアンブレラと呼ばれる。

②アーリーオフェンスの考え方とコーチングの実際

カウンターアタック（CA）の流れを止めずに，4-2からアンブレラに移行せずにドライブやポスティングですばやく攻め込むことをアーリーオフェンス（EO）という。EOの名を知らないコーチはいないが，国内試合においてEOを使いオフェンス構築しているチームは数少なく，CA後にセットバランスを重視しアンブレラ[11]を作り，SOに移行しているチームが多い。つまり，セットバランスを作るためだけに貴重な攻撃時間を10秒近く無駄に使ってオフェンスしているのである。バスケットボールでは「アイソレーション（isolation：孤立，分離）」というバランスを故意に崩しプレーヤーを孤立させて1on1を仕掛けるシステムがあるが，バランスを崩し攻撃の幅を広げることも可能なのでセットバランスはオフェンスの優先項目ではないということを知らなければならない。

スピード水球実践には，シュートクロック30秒間を十分に使いチャンスメイクするという考え方は捨て，早い時間帯にシュートシーンを作り躊躇せず攻め込むという考えが重要となる。大型センターフォワード（CF）を有しない日本にとって，SOで得点することは容易なことではない。すなわちSO重視では世界に勝てないのである。EOはわずか7秒ほどの短い攻撃だが，ディフェンスが構える前に先手を取ることができるので大きなダメージを与えることができる極めて有効な戦術となる。

● アーリーオフェンスのポイント

1）ファウルやフリースロー（FT）に合わせてドライブするのではなく，ドライバーが自らの判断で先に動きチャンスメイクする。ボール保持者はファウルされないようにボール処理し，ドライバーにパスすることが基本となる。日本では審判のホイッスルに合わせてドライ

ブすることが一般的であり，現在もその考え方が主流であるが，これはデッドタイム (dead time) 内のファウル (double dead time fouls) がエクスクリュージョン（退水：EX）となる過去のルール下での思考である。当時のルール下ではEXを狙うためにファウルに合わせて動くことは理にかなっているが，現行ルールでは無意味である。むしろ，FTのタイミングに合わせるドライブは予測されるだけでなく，レフリー判定のタイミングで影響を受ける。レフリーにゲームをコントロールされる恐れもあり，安定したチーム力が発揮できなくなるのである。

2) 早めにストロングサイド*5 へドライブする。ディフェンダーにとってCA直後のストロングサイドドライブは厄介なので，EX誘発につながる。クリアリングの役割も果たすので，左サイドに1on1のスペースを作り出すこともできる。1on1はルール上，オフェンス有利なのでチャンスとなる。

3) クロス*12 を使う。ディフェンダーがスタンディングで構える前の状態でのクロスは成功しやすい。

4) ポスティングも有効に使う。CA直後はミスマッチが生まれるのでCFを待たずに，ライン1のFPがポスティングし，EXを狙う。ポスティングしたサイドにすばやくパス展開する。

(注12) クロス：オフェンスプレーヤーが他の味方オフェンスプレーヤーのディフェンダーをブロックし，ノーマークを作り出す技術。バスケットボールのスクリーンと同義でありバリエーションは多数ある。

③ **セットオフェンスの考え方とコーチングの実際**

セットオフェンスでは，カウンターアタック (CA) やアーリーオフェンス (EO) と同様のコンセプトで機動力を使って攻撃を組み立てるが，ディフェンスに構えられた状態で組織的にディフェンスされるためEXを狙うことを考える。SOではセンターフォワード (CF) は特に重要な役割を果たすが，CFだけに頼らずFP全員で攻撃する意識をもたなければならない。ドライブ中にボール保持者とドライバー以外のFPはなにもしていないケースやCFへのパスしか考えていないことが多々みられるが，CF，ポスティング，ドライブ，ミドルシュートなどあらゆる可能性を考えなければ，攻撃が単調になりディフェンスの壁を切り崩すことはできない。

● **セットオフェンスのポイント**

1) シュート圏内であれば，ミドルシュートは躊躇せず打つ。シュートクロック残り時間に関係なく，シュート圏内であればシュートする気持ちを常にもつ。ミドルシュートの脅威がないとドロップバックされゴール前にスペースがなくなり，CFやドライブを生かせなくなる。

2) CFがポジショニングしているサイドのFPは，すばやくパスレシーブするように動く。

3) 攻撃時間が残り少なくなるとカバーリングを考えて，②③④が自陣

に帰ることがあるが，これは攻撃権放棄と同じことである。残り数秒でも1プレーでFTシュートやEX誘発など勝敗を決するビッグプレーをすることが可能なのでラスト1秒までプレーしなければならない。1試合の攻撃回数が40～50回あることを考慮すると，ラストプレーの放棄の総数は相当な数になる。カバーリングは大事だが，そもそもカバーリングとは積極的な攻撃のための保険のようなものである。攻撃権放棄と同義ではないので混同してはならない。

4) ①はポスティングのチャンスがない時は奥にとどまらずに，4m付近まで戻り右サイドにスペースを作る。移動することで右サイドへパス展開しやすくなり，同時にカバーリングの役割も果たす。

5) プレスディフェンスされCFのポジショニングが厳しい時，CFは左サイド（右サイドにサウスポーがいる場合は右サイドでもいい）にポジショニングする。サイドチェンジのためのパス展開には③④⑤（①②③）の動きが重要となる。

6) センタースロー後にセットアップに10秒以上使い，シュートクロック前半はパスをまわしているだけということが多くみられる。CFを待つだけでなく，ドライブやクロスでセットディフェンスを切り崩してからCFが入るなどのバリエーションをもち，オフェンス構築する。失点後の再開では連続失点をしないようにシンプルに攻めるが消極的になりすぎると，相手を勢い付けるので強気でオフェンスする。

7) ⑥は④，⑤のドライブ時はポスト右方向に動き，ゴール前にドライブスペース作る。

8) ④がドライブで裏をついて❺にチェンジマークされたら，⑤は上がるのではなくインサイドに入りパスを受ける。④はゴール前方向へ行き2-1を作る。⑥は右に移動しスペースを作る。②がドライブして❶にチェンジマークされた時の①の動きも同様である（図4-3-12）。

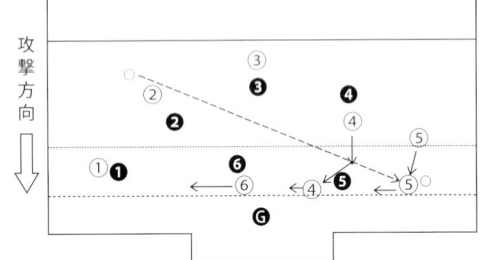

図4-3-12　セットオフェンスのポイント

④タイムアウトの考え方とコーチングの実際

タイムアウトは試合の流れを変える重要局面であり，ゲームの見所のひとつでもある。コーチの采配力が問われるので，日頃からあらゆるシチュエーションを想定し，準備を怠ってはならない。

代表的なケースは攻防転換時EX（トランジションファウル）であるが，カウンターアタック（CA）の出現状況や時間，得点差などを考慮した上での判断が必要となる。また，タイムアウトは相手にも時間と休息を与えることや，EX決定率はそれほど高くないということも判断材料となるので，"EX=タイムアウト"という機械的な判断やタイムアウト権利への固執は禁物である。

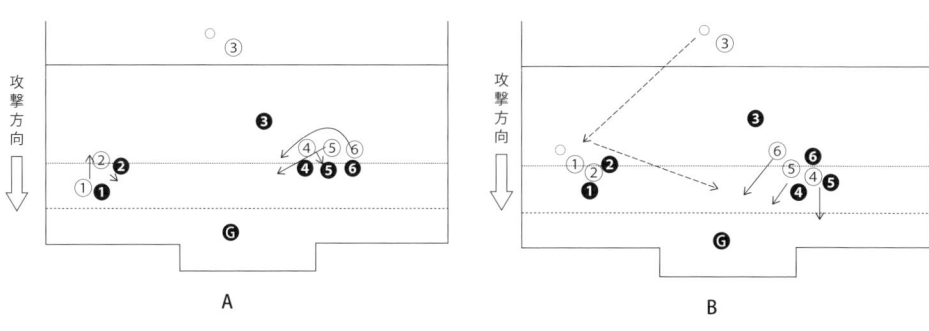

図4-3-13 タイムアウトシステム（2-3での動き）

● タイムアウトのポイント
1) ラリーに持ち込みたい時，ゲーム展開がよい時は取らない。
2) トランジションファウルでもすぐには取らず，アウトナンバーの有無などの状況を判断する。安易なタイムアウトは数的優位を潰す。
3) タイムアウト後の再開はセットプレーなのでシステムをもつ。

● タイムアウトシステム例
1) 2-3システムでは，次のように対応する（図4-3-13A，B）。
 ・右サイドでクロスをかけ，①か②がセンターからパスを受ける。
 ・左ポスト5mに3人が並び，④が❺をブロックしクロスする。
 ・⑥が⑤の外側を並行して泳ぎゴール前のスペースへドライブする。⑤と⑥の間にディフェンダーを入れない。④はブロック後インサイドに入る。
 ・①は⑥もしくはインサイドの④⑤にアシストする。
 ・③は①へパス後，シュート圏内まで上がりインサイドでチャンスメイクできなかった時にパスを受けミドルシュートする。
2) 2-3-1システムでは，次のように対応する（図4-3-14）。
 ・GKがセンターからパスする以外は2-3システムと同じ動きである。③がセンター方向に上がりミドルシュートを狙えるポジションへ上がる。
3) 2-1-2-1システムでは，次のように対応する（図4-3-15）。

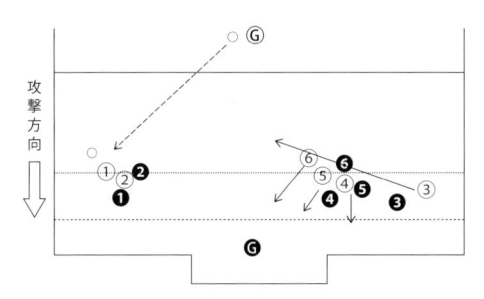

図4-3-14 タイムアウトシステム（2-3-1での動き） 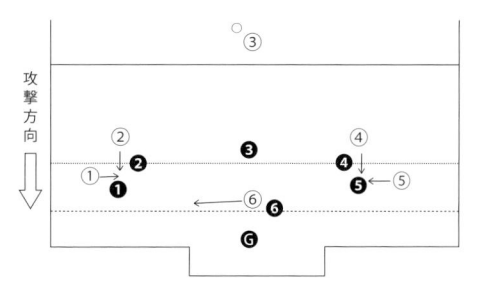　　**図4-3-15** タイムアウトシステム（2-1-2-1での動き）

- ①②がクロスをかけ，⑥が右サイドへ動き，それぞれが③からパスを受ける動きをする。
- ④⑤がクロスでチャンスメイクする。

5 エクスクリュージョンのコーチング

　試合展開にもよるが，エクスクリュージョン（退水：EX）は1試合両チーム合わせて20回前後発生し，その攻防が勝敗を決める重要局面となる。決定率50％以下では拮抗した試合で勝利することは難しいが，国際試合では20％以下となることも少なくなく，体の大きな外国人に対するEXオフェンスは簡単ではない。

　強豪国のディフェンスはパワープレー感じさせないほど強固であり，EX攻防は日本の最重要課題であるが，国内では簡単に得点できるため，臨場感ある練習は難しく，コーチも重要視していないことが多い。練習はシステムチェックがメインとなりリラックスムードで行われがちだが，現実味のないシステム練習は試合では役に立たないので，緊張感を高め集中して行われなければならない。

　また，EX判定は試合での試合の中のひとつの過程に過ぎないということをコーチや選手達は理解しなければならない。いうまでもないがEX数は勝敗に関係なく，得点数のみが勝敗を決めるのである。EX判定で一喜一憂するのではなく，判定後の攻防こそが重要だということを再認識して練習に取り組まなければ技術向上は望めない。

①オフェンスの考え方とコーチングの実際

　パワープレー攻撃時間が20秒間保証されているのでさまざまなシステムが考案されてきたが，完璧なシステムはないので依存しすぎないよう注意する。結局はフリーとなる外周FPの①～④のシュート力が決め手となるので常にシュートを打つ気持ちでいなければ，ディフェンダーを動かすこともできずインサイドのチャンスも作れない。

● EXオフェンスのポイント

1) 退水直後に大きなチャンスがあるので，シュートを躊躇しない。20秒間パスを回せばチャンスになるという考えは国際試合では通用しないことは，これまでの日本水球の歴史が証明しているし，20秒終盤でパスミス，ハンドリングミスをするとシュートを打てずに終わるリスクもある。EX判定直後のファーストパスがアシストになるケースもあるので，パス3回以内にシュートするくらいの意識でパワープレーの最初から積極的に攻める。
2) ①～④はシュートミスを恐れない。
3) パスする時は肘の位置を耳より高く上げ，手首を返さずフェイクモーションを維持した状態でのスナップパスを使う。大きなパスモーションやスピードのないパスではゾーンを崩せない。

4) ②,③はB, Cを引き出すために移動を使い強くフェイクする。Eのポジションによりどのサイドに展開するかを判断する。①②⑥と③④⑤をトライアングルとして考え，3-2になっているトライアングルにパスする（図4-3-16）。

5) ①がボールを保持したまま2mを切った時は⑤は斜め前方に入り，⑥は上がる。⑥は⑤にパスができなかった時に中に動き①からのパスを受ける動きをする。

6) 3-3シフトでは例えば，次のように対応する。

・右シフト（反時計回り）の一例：
①が2m線内に入るか，②がボールを保持したまま右方向へ移動し，③はゴール正面に移動する。この時点で②の同サイドへのシュートと③のシュートを狙う。②が①からパスを受けた時はワンタッチシュートを狙う。シュートできなくても，④が③方向もしくは⑤が③方向に上がり，③からパスを受けることができる。

・左シフト（時計回り）の一例：
右シフトの反対方向へ移動する。①がサウスポーの時や④へのプレッシャーが強い時に有効となる。⑥がサウスポーの時は③→⑥のパスもある。

②ディフェンスの考え方とコーチングの実際

EXディフェンスはゾーンディフェンスとなるため，オフェンスの移動やパスによって必要以上に動かされてはならず，ディフェンスエリアを意識しゴールを守ることが前提となる。シュートを打たせないのではなく，確率の低い場所からシュートを打たせると考える。ゾーンではあるがボール保持者に対しては極力フリーでシュートさせないようにプレッシャーをかけなければならない。

最も重要なことは，オフェンスシステムとディフェンス陣形からパス展開を予測することであり，パスが飛んでいる間にストロークとフットワークを使い，パスキャッチされた時には対応できるポジションに移動を終えていなければならない。パスキャッチされてから移動していては間に合わない。ボール保持者に近いFPのハンドアップは静止状態ではなく間合いをすばやく詰めプレッシャーをかけ，シュートアングルをせばめなければならない。⑤⑥はフリーにしてはならないが，1人少ないので2人のディフェンダーが同時に1人をマークしないようにする。特にA, E, Dは声を掛け合い，連携して動きをコントロールする。EXオフェンスバリエーションは無限にあるのでディフェンスのすべてを示すことはできないが，根本的な考え方としては「相手のやりたいことをさせない」である。例えば，④にシュートさせるシステムに対しては④以外からシュートを打たせるディフェンスするのである。たとえ失点しても相手にリズムをつかませないことが試合では重要となるのである。

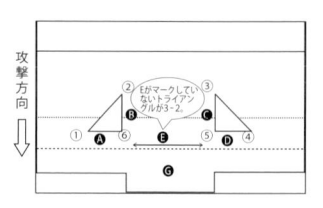

図4-3-16 EXオフェンスでのポイント

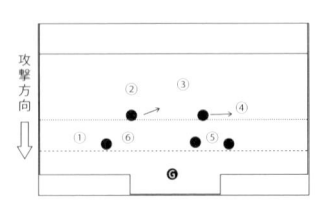

図4-3-17 EXディフェンスのポイント

● EXディフェンスのポイント

1) ⑤⑥を絶対にノーマークにしない。④を意識しすぎて、⑤がフリーになることがあるので要注意である。
2) ③がゴール正面に移動した時は早めにチェックする。ゴール正面からのシュートは打たせない。
3) ④が③方向へ移動しステイした時はCがチェックする（図4-3-17）。
4) 危険度の高い順位は「⑤（⑥）＞ゴール正面③ or ②＞④（左利き①）＞②」である。
5) Eの基本ポジションは次のように考える。
　Eの動きは特に重要なので、ディフェンス力のある背の高いFPを配置することが望ましい。①②ボール時は⑥、③④ボールが時は⑤にマークする。②③ボール時はラインを上げハンドアップしアングルをせばめる。①が2mを切った時は⑤、②が右シフトした時は⑤にマークし、③が左シフトした時は⑥をマークする。
6) Aの基本ポジションは次のように考える。
　①ボール時はハンドアップで間合い詰める。①が2mラインを切ったら⑥にマークしパスレーンに入る。①がシュートを狙い中に入ってきたらプレッシャーをかける。②ボール時は①へ詰める。②が右シフトした時は同サイドのハンドアップ。③ボール時は⑥をマーク。④ボール時は⑤だが④→①にスピードパスをさせないパスレーンに入るのでラインを下げない。
7) Bの基本ポジションは次のように考える。
　①ボール時は⑥の切れ上がりをケアして下がる。②ボール時はハンドアップで間合いを詰める。②が右シフトしたらエリアを意識し付いて行かずに③がゴール正面に来た時に牽制できるポジションを取る。左シフトで①が②方向へ上がりステイしたらアタックする。③ボール時は③→①のパスレーンに入る。④ボール時は②をマーク。
8) Cの基本ポジションは次のように考える。
　基本的にはBとほぼ変わらないが右シフト時の③→⑤の切れ上がりシュートに注意する。④が上がってステイしたときはフリーにせず早めにチェックする。
9) Dのポジションは次のように考える。
　とにかく⑤をフリーにしない。④にシューターいるので④方向へ行きがちになるが、⑤のマークが最優先である。⑤が⑥方向へ入ったら深追いせずEにマークさせ、Dは④をチェック。⑤が切れ上がった時もCを呼ぶ。

［大本洋嗣］

水球のトレーニング

SECTION 4

1 水球の競技特性

　水球は，2m以上の水深がある足のつかないプールで行われ，短い距離を泳ぐスプリントダッシュ力に加え，約1時間の試合を戦い抜くスタミナを要する。そのうえで，ボールゲームとしての技術を要求されるスポーツである。

　また，水中での激しい身体接触が多いことから「水中の格闘技」と称されることが多く，数あるスポーツの中でも1試合あたりのエネルギー消費量が最も大きいとも言われるほど過酷な競技である。そのため，水球では，パスやシュートなど球技としての技術面や戦術面でのトレーニングに加え，試合を遂行するために必要な泳力や筋力の強化など鍛錬を必要とする。

2 トレーニングの時期と目的

　スポーツ心理学者であり，スポーツを通したポジティブなユースの育成について長年研究しているコーテ（Côté）は，スポーツ参加の目的や，スポーツを実施している年代によって共通点を見出し，タイプ分けを行っている。スポーツ参加の発育発達モデル（Developmental Model of Sport Participation：DMSP）も，このような観点から提案され，このDMSPとスポーツ参加の目的を合わせ，年代ごとにタイプ分けを行っている（表4-4-1）。

表4-4-1　トレーニングの時期に応じたスポーツ参加の目的の分類

sampling years 導入期	Participation coaches for children 子どもを対象とした参加型スポーツ
recreational years レクリエーション期	Participation coaches for adolescents 10代の若者を対象とした参加型スポーツ
specialising years 専門期	Performance coaches for young adolescents 10代の若者を対象としたパフォーマンス向上目的
investment years 投資期	Performance coaches for older adolescents and adults 思春期後期と大人を対象としたパフォーマンス向上目的

（出典：Côté, 2010 を筆者が日本語訳を追加）

表4-4-1で示されているように，導入期(sampling years)の水球を始めたばかりの子どもたちと，投資期(investment years)のパフォーマンス向上を目的にした選手とでは，スポーツに取り組む参加の目的が違うため，トレーニング内容も異なる。年齢や目的，性別などが異なれば，考慮すべき事柄が当然異なる。水球のトレーニングを行うにあたり，対象となる選手たちがどのような目的で行っているのかを把握し，成長過程に合わせて適切なトレーニングを行う必要がある。対象者のコンテクスト[※1]を無視したトレーニングは，過度なトレーニングによるスポーツ障害(オーバーユース・シンドローム)，燃え尽き症候群(バーンアウト・シンドローム)，競技からの早期の引退(ドロップアウト)などを引き起こす原因になることもあるため，注意を払わなければならない。

　水球は，巻き足や蹴り脚といった水中での特殊技術が必要なことや，ボールを片手で扱わなければならないことなどから，水球を行ったことがない者にとって，「初心者には楽しめないスポーツ」というイメージが強いかもしれない。もちろんエキスパートになるためには，多くの鍛練が必要であるのは間違いないが，ルールを簡易化するなどの工夫をすれば，初心者でも十分に楽しめるスポーツである。例えば，未経験者が水球を始めようとする場合，導入として日本水泳連盟公認のアクアゲームという水球を簡易化したスポーツを行うのも1つの方法である(p.293を参照)。アクアゲームは，足が底につくプールで，ボールを両手で持ってもよいというルールで行われるため，誰にでも簡単に楽しむことができる。

　一方，投資期(investment years)のアスリートは，「試合に勝ちたい」「代表チームに選ばれたい」「オリンピックで活躍したい」といったモチベーションでスポーツを行っていることが多く，パフォーマンス向上を目的にしている。このようなアスリートには，どのようなトレーニングが必要なのだろうか。エキスパートに焦点をあてた研究では，スポーツや音楽など，さまざまな領域でエキスパートに達するまで10年間を要するということが言われている。しかし，10年の時をただなんとなくトレーニングをして過ごすだけでは，エキスパートにはなれない。エキスパートになるかどうかは，同じ10年間のトレーニングで，質の高い集中的訓練(Deliberate Practice)ができているかが重要となる。同じ時間をかけたとしても，人によってパフォーマンスに差が出てくるのは，単なる反復トレーニングになっているのではなく，パフォーマンス向上を目的とし科学的・合理的で高度に構造化されたトレーニングができているかどうかが大きくかかわってくる。またトレーニングは，選手の習熟度に合わせて課題が調整され，繰り返し行うことと同時にパフォーマンス遂行を注意深くモニターすることによって適切なフィードバックが与えられながら行われなければならない。したがって，質の高い集

[※1] コンテクスト(Context)には，年齢，性別，ニーズ，地域性，文化的背景，得られる予算，活動の場所，活動の時間など，さまざまな側面がある。

中的訓練（Deliberate Practice）を行うためには，チームの現状を把握し，目標に向けてのトレーニングの難易度の設定を細かくチューニングして行う必要がある。ここで紹介するトレーニング例は，強度の設定を行うことでどの年代にも活用できる内容であるが，主に投資期のパフォーマンス向上を目的としたメニューとなっている。

3 目標となる大会

　水球の国際大会は，夏季オリンピック（4年ごと），世界選手権（2年ごと），ユニバーシアード（2年ごと），ワールドリーグ，アジア大会（4年ごと），アジア選手権（4年ごと），世界ジュニア選手権（2年ごと），世界ユース選手権，（2年ごと），などがある。

　一方，国内大会は，ジュニアオリンピック春季大会，ジュニアオリンピック夏季大会，日本高等学校選手権（インターハイ），国民体育大会，全日本ユース水球競技選手権大会（桃太郎カップ），日本学生選手権（インターカレッジ），日本選手権などがある。

　水球競技における最も大きな国際大会はオリンピックであるが，日本代表チームは1984年（昭和59年）のロサンゼルスオリンピック以降，2012年ロンドンオリンピックまで7大会連続で出場権を逃している。日本代表チームとして最大の目標となる大会は，いうまでもなくオリンピックである。次に大きな国際大会が世界選手権で2年に1度開催されている。4年に1度の，アジア大会，アジア選手権が世界選手権の予選を兼ねることが多く，アジアの上位2ヵ国が世界選手権の出場権を得ることができる。この世界選手権には，2001年の福岡大会で地元枠として日本は初めて参加することができており，2003年のバルセロナ大会で初めてアジア予選を突破し自力での出場を果たしている。また，国際水泳連盟（Federation International de. Natation：FINA）が定める水球における国際大会の年齢区分は，ユース（18歳以下），ジュニア（20歳以下），シニア（21歳〜）と分けられており，それぞれカテゴリー別に世界選手権などの国際大会が開かれている。日本水泳連盟も，世界基準の年齢区分に合わせて，カテゴリー別の強化をし，世界大会への派遣を積極的に行っている。

　一方，国内における最も大きな大会は日本選手権であり，この大会は年齢に制限がなく，トーナメント方式で予選を勝ち抜いた全8チームが戦う，まさに日本一を決める大会である。近年，社会人チームや大学チームだけでなく，高校生チームもトーナメントを勝ち上がり上位入賞を果たしている。そのほかの国内主要大会は，日本学生選手権（インターカレッジ）や日本高等学校選手権（インターハイ），国民体育大会，ジュニアオリンピックなどがあるが，基本的にトレーニング母体を中学，高校，大学に置くチームが多く，年度単位で目標となる大会に向けてトレ

ーニング計画が組まれることになる。

4 ピリオダイゼーション（期分け）を用いたトレーニング計画

　選手の競技力を高いレベルに引き上げるためには，目標となる大会に向けて，トレーニング計画を綿密に構成する必要があり，時期に応じてトレーニングの要素やそれらの量，強度，頻度などを変化させる必要がある。そこで，ピリオダイゼーション（期分け）を用いてトレーニング計画を立てることで，目的や方向性を明確にする。まずは，長期的目標，中期的目標，短期的目標をしっかりと設定し，その目標達成のために年間計画を立てていく。国内の環境を考えると，年間を通して水球ができるプールを所有しているチームは少ない。トレーニング環境の問題や，国内の大きな大会が夏季に行われることが多いことなどから，必然的に冬季のトレーニングというのは，泳力強化や筋力強化といった，基礎体力作りに時間が割かれる割合が多くなる（表4-4-2）。単調になりがちな基礎トレーニングもしっかりと目標を設定し，トレーニングの目的や意図を明確にすることで，選手のモチベーションを維持することができ，効果的なトレーニングにつながる。シーズンに入ると，オフシーズンに培われた基礎体力をベースに，戦術トレーニングや，技術トレーニングに多くの時間を割くことができる。

　このように，年間計画を立てる時には，目標となる大会，トレーニング環境，時期，コンテクストなどを考慮しながら，トレーニングを段階に分割するピリオダイゼーション（期分け）の概念に基づいて立てられるべきである。ただし，シーズン中に入り戦術・技術トレーニングだけになり，基礎体力トレーニングを怠ると，目標とする大会で，高いパフォーマンスを発揮することができなくなる可能性もある。そのため，例えば体力強化を目的としスイムやフットワークトレーニングなどの基礎トレーニングを中心に行う鍛練期を1週間，戦術理解・判断力向上を目的としゲーム形式のトレーニングを中心としたゲーム期を2週間，これを1サイクルとして，目標となる大会に向けて3サイクル行うなど，シーズン中であっても細かく期分けをしてトレーニングに変化をつけることも目標となる試合で高いパフォーマンスを発揮するための1つの方法である。

表4-4-2　年間トレーニングの時間の比率

11月	12月	1月	2月	3月	4月	5月	6月	7月	8月	9月	10月
オフシーズン				プレシーズン		シーズン					

基礎体力トレーニング

戦術・技術トレーニング

5 水球の基礎トレーニング

①スイムトレーニング

　試合を遂行するために必要不可欠な能力として泳力が挙げられる。どれほどすばらしい戦術があり高いテクニックを身につけていたとしても，それを発揮できるだけの泳持久力と泳パワーがなければ高いパフォーマンスにはつながらない。水球の試合は8分×4ピリオドで行われ，それぞれピリオド間の休憩は，2分，5分，2分となっている。1ピリオドでの攻撃回数は各チームにつき12〜18回程度で，両チームの攻撃回数を合わせると1ピリオドでの攻防は30回程度となる。この間，フィールドプレーヤーは20m程度の距離を繰り返し泳ぐことになる。フィールドプレーヤーの1試合における総移動距離は1,500〜2,000m程度で，このような状況の中行われる水球の運動強度について，試合の約91%もの時間，心拍数は155〜195拍/分の範囲にあり，平均すると170±10拍/分であったことが報告されている。一番長い距離を泳ぐのに用いられた泳速度は1.2〜1.4m/秒で100mに換算すると70秒〜80秒で泳ぐ速度となり，最高速度は2.4m〜2.7m/秒に達すると報告がされており，瞬間的に25mを10秒以内で泳ぐ泳速度とされている。

　そのため，スイムトレーニングでは，試合時間，試合中の運動強度，泳距離，泳速度を考慮して，1試合4ピリオドを戦い抜く泳持久力と，カウンターアタック時に必要な泳パワーを鍛えるためのメニューを組み立てる必要がある。ただし，国際大会や国内大会では，リーグ戦やトーナメントなどさまざまな形式で行われることがあり，大会によっては連戦が1週間以上も続くことや，1日に2試合行われるということもある。そのため，スイムトレーニングでは，目標となる大会がどのような形式でどれくらいの期間行われるのかに配慮し，1試合を戦いきる泳力強化に加え，連戦を戦い抜く基礎体力の獲得を目的に行うことも必要である。

　実際の試合中のオフェンス(OF)時には相手を引き離す泳スピードが必要で，ディフェンス(DF)時には相手のマークについていく泳スピードが必要になる。試合状況によって泳ぎのスピードも変化するため，変化に対応できる能力を有していなければならない。そのため，スイムトレーニングでは，同じ距離を泳ぐ中でも，サークルを制限するなどして，泳ぎのスピードをコントロールできるようにするトレーニングも行うべきである。また，スイムトレーニングでより負荷をかけて行うために，個人メドレーをメニューに加えるなどクロール以外の種目も行うのもよい。ここでは，オフシーズンおよびシーズンのスイムトレーニングの例を紹介する（表4-4-3, 4, 5）。

表4-4-3 投資期シーズンオフのスイムトレーニングの一例（その1）

	MENU				CYCLE	DISTANCE			TIME
W-Up	100	×	4	Fr	0:01:30		400	m	0:06:00
	100	×	4	IM	0:01:40		400	m	0:06:40
MAIN I	1500	×	3		0:22:00		4500		1:06:00
Form	200	×	4	Pull	0:03:00		800	m	0:12:00
	100	×	6	Kick	0:02:00		600	m	0:12:00
MAIN II	200	×	4		0:04:00	Dash	800	m	0:16:00
	100	×	4		0:02:00	Dash	400	m	0:08:00
	50	×	8		0:00:40	All Out	400	m	0:05:20
DOWN	200	×	1		0:05:00		200	m	0:05:00
						TOTAL	8500	m	2:17:00

表4-4-4 投資期シーズンオフのスイムトレーニングの一例（その2）

	MENU				CYCLE	DISTANCE			TIME
W-Up	100	×	8		0:01:30		800	m	0:12:00
MAIN I	400	×	5		0:05:30	4分40秒in	2000	m	0:27:30
	200	×	10		0:02:45	2分15秒in	2000	m	0:27:30
Form	100	×	8	Pull	0:01:30		800	m	0:12:00
	50	×	12	Kick	0:01:00		600	m	0:12:00
MAIN II	100	×	3		0:04:00	Dash	300	m	0:12:00
	50	×	6		0:02:00	Dash	300	m	0:12:00
	25	×	8		0:00:25	All Out	200	m	0:03:20
Down	200	×	1		0:05:00		200	m	0:05:00
						TOTAL	7200	m	2:03:20

表4-4-5 投資期シーズンのスイムトレーニングの一例（その3）

	MENU				CYCLE	DISTANCE			TIME
W-Up	800	×	1	SKPS	0:12:00		800	m	0:12:00
MAIN I	100	×	5		0:01:15		500	m	0:06:15
	100	×	5		0:01:10		500	m	0:05:50
	100	×	5		0:01:07		500	m	0:05:35
	100	×	5	IM	0:01:20		500	m	0:06:40
	50	×	12	Kick	0:01:00		600	m	0:12:00
MAIN II	50	×	3	4set	0:00:40	All Out	600	m	0:08:00
	set	rest			0:04:00		0	m	0:16:00
Down	400	×	1		0:10:00		400	m	0:10:00
						TOTAL	4400	m	1:22:20

②フットワーク

競技を遂行するにあたり，泳力と同じくらい重要になってくる能力が，フットワークである。水球は，巻き足や蹴り脚，スカーリングといった技術を使い身体が沈まないように構える。競泳のようにスタートブロックや壁を蹴って泳ぎの初速を得るのではなく，出足やあおり足といった技術を使い，水を蹴ることで泳ぎの初速を得る。試合中は，巻き足や蹴り脚で垂直姿勢を維持している運動と出足やあおり足で初速を得て水平姿勢で泳ぐ運動を繰り返す。水球でいうフットワークは，陸上の競技でいう，飛ぶ，立つ，踏み込む，という動作に当てはまり，水球のパフォーマンス発揮のすべての動作には，必ずフットワークの動作が含まれる。フットワークのトレーニングには，メディシンボールを使ったもの（表4-4-6），バーベルプレートを使ったもの，自重を使った飛びつきやウォーク[※2]（表4-4-7）などさまざまなトレーニング方法が考えられる。

[※2] ウォークとは，ボールを保持し垂直姿勢を維持したまま，巻き足や蹴り脚，スカーリングなどのフットワーク技術で移動することである。ウォークをするときに重要なポイントは，ボールを高い位置で保持し，上半身をできるだけ高く水面から出し，スピーディーに移動をすることである。移動する方向は，前だけでなく，後ろ，右，左，斜めなどあらゆる方向に移動する技術を身につけると，試合中のパスやシュート，ドリブル，ドライブなどへの移行がスムーズにできるようになる。

表4-4-6　メディシンボール（MB）を使ったフットワークトレーニング例

- 2人1組で5 kgMBを両手パスしながら20 m移動（バリエーションとして回転，両手フェイク，上にジャンプ，蹴り脚，巻き足，横移動，前後移動など）
- 2人1組でサイドに5 kgMBを投げてキャッチし，態勢を立て直し投げ返す
- 2人1組で5 kgMBを10往復パスした後10回飛びつき，これを数セット繰り返す
- 5 kgMBを両手で高く飛びついたところにパスを出し，沈まないように耐える（図4-4-1）

表4-4-7　ウォークトレーニング

- ウォークの基本姿勢を保ちフェイクをしながら前向きに移動（図4-4-2）
- 引き足を使いフェイクしながら後ろ向きに移動
- 基本姿勢からボールを顔の前に突き出し前に移動して，再び基本姿勢に戻る（図4-4-3）
- ボールを左右の手で持ち替えながら移動

図4-4-1　メディシンボールを使ったフットワークトレーニングの一例

図4-4-2　ウォークトレーニングの基本姿勢

図4-4-3　ウォークトレーニングの一例

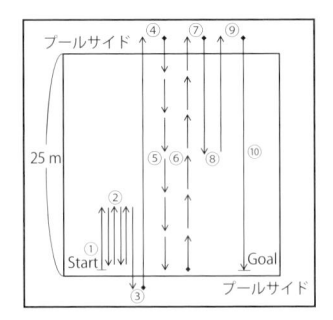

図4-4-4　パワースイムの一例
図中の数字は，次のとおり．
①5 kgMBを両手で10往復対面パス，②5 m間を3往復ダッシュ，③腕立て伏せ10回，④5 kgMBを10回両手で地面に叩きつける，⑤5 kgMBを両手で前方に投げながら進む，⑥5 kgMBを両手で後方に投げながら進む，⑦5 kgMBを持ちスクワット，⑧すばやく飛びつき10回，⑨腹筋10回，⑩オールアウト
※MB＝メディシンボール

③フットワークや筋力トレーニングを交えた複合的スイムトレーニング

　水球の試合では，水面に平行の姿勢でプレーする状況と，水面に垂直の姿勢でプレーする状況が繰り返されるため，フットワークを交えたスイムトレーニングを行う必要がある．例えば，2人組で5 kgのメディシンボールを10回両手パスした後に20 mダッシュで泳ぎ，再び5 kgのメディシンボールで10回両手パスを繰り返すなど，垂直姿勢で下肢にも負荷を与え心拍数の上がった状態で，どれだけ速いスピードで泳ぐことができるか，というトレーニングを行う．ほかにも，飛びつきや2人組での押し合い，蹴り脚バタフライ，蹴り脚クロールなど，いろいろな種目を組み込み工夫してメニューを作成すると単調なトレーニングになることなく選手のモチベーションの維持にもつながる．

　水中では，レスリングのように相手とつかみあう局面が多々ある．つかまれてもそれを振りほどいて泳ぎ，押されても簡単に沈まないようにフットワークで絶える．試合中は，全身に負荷がかかった状態でのダッシュ力が求められる．そのため，筋力トレーニングとスイムトレーニングを交えたパワースイムもトレーニング効果が期待できる（図4-4-4）．

④パストレーニング

　水球はボールゲームスポーツで，1つのボールをチーム全員でパスをつなぎ，ゴールを目指す．ゴール型の競技では，どうしても迫力のあるシュートシーンばかりが注目されがちであるが，よいシュートの前には必ずよいパスがある．高いシュート技術をもった選手でも，パスの精度が低いと，得点に結びつけることができないこともある．シュートを決めることができるか否かの重要なカギを握っているのが，パスの技術である．

　試合では，ボールを要求している選手がどのタイミングでどのようなパスを欲しがっているかを判断し，そこへ正確なパスを出すことが求められる．パストレーニングでは多種多様なパスを自在に投げられる技術を獲得するため，人数やボールのリリースポイント（図4-4-5），投球フォームなどに変化をつけてトレーニングを行う．表4-4-8のように，同じ人数でパストレーニングを行う場合でも，パスの種類を変化させて行うことで，実際の試合のさまざまな状況に対応できるパス技術を習得

図4-4-5　さまざまなリリースポイント
（左からサイドスロー，ノーマルスロー，頭の左側からスロー）

表4-4-8　パストレーニングのバリエーション例（3人1組で行う場合）

- ストレートパスとループパスを交互に行う
- キャッチ直後にフェイクを数回行う
- バウンドパス
- キャッチ直後に回転してパスをする（時計回り反時計回り）
- ワンタッチでクイックパス
- リターンパス
- ロングパス（15〜20 m 間隔）
- リリースポイントを変化させてパス（図4-4-5）
- タップパス（2〜3 m 間隔）
- ボール2個でパス
- ウエイトベルトを巻き下肢に負荷をかけた状態でパス

することができる。

⑤シュートトレーニング

　水球は，相手チームより多くの得点を取ることが勝利の条件であるため，個々のシュート能力が試合の勝敗を大きく左右する。シュート能力を構成する要素として，コントロール，スピード，タイミングの3つが挙げられる。まずは，狙ったコースにシュートできる正確なボールコントロールが求められる。コントロールに加えてシュートスピードも重要になる。水球はキーパーがゴールを守っているため，ゴールキーパーの能力が高くなればなるほど，よいコースにスピードの速いシュートができたとしても，得点できる確率は低くなる。そのため，ゴールキーパーとのタイミングをはずしたシュートが重要になる。この3つの能力を伸ばしていくことが高いシュート能力につながる。さらに，投球フォームやフェイクのリズム，リリースポイント（図4-4-5）に変化をつけ，ゴールキーパーの予測の裏をつくシュートができるようになるとシュート能力はより一層高くなる。試合でゴールを決めるためには，ゴールキーパーとの駆け引きも必要になってくるため，シュートトレーニングを行う際は，必ずゴールキーパーが構えた状態で行う。

　実際の試合でのシュートシーンを考えると，ゴールキーパーと1対1でのシュート，DFのハンドアップがあるシュート，パスを受けてから

のワンタッチシュート，5mフリースローシュートなどさまざまなシチュエーションが考えられる。シュートトレーニングでは，実際の試合で起こり得る状況を想定していろいろな種類のものに取り組む必要がある。トレーニング効率を上げるため少人数のグループに分け，できるだけ待ち時間が長くなりすぎないように配慮するべきである。あらゆる状況にも対応できるように，15分×4setといった形で複数種目のシュートトレーニングを組み合わせて行うとよい（表4-4-9）。垂直姿勢でプレーする割合が多く，ゴールに背を向けて構えてシュートを打つポジションであるフローターは，フィールドプレーヤーとは異なるシュートトレーニングも必要になる（表4-4-10）。

表4-4-9 シュートトレーニングの種類

- フリーシュート
- ドリブルシュート
- 動いてパスを受けてからのシュート
- 2人1組で泳ぎながらパスをつなぎシュート（二線）
- 3点にパッサーを置き3方向からパスを受けてシュート
- マークをつけて5mフリースローシュート
- 退水ゾーンの右サイド（左サイド）でハンドアップをつけてシュート
- ゾーンディフェンスを想定したハンドアップをつけたシュート
- ウエイトベルトを巻き下肢に負荷をかけた状態でシュート

表4-4-10 フローターのシュートトレーニング

- クイックで連続シュート（10本）
- ゴール前スタートで5mダッシュ→2回飛びつき→ダッシュで戻る（3回で1セット。重りベルト有り）→3秒ディフェンスの選手（DF）に乗ってもらい巻き足で耐える→5本シュート
- ポスト間泳いで移動→ポジション取り→シュート→反対のポストまで同様に移動→シュート（3回で1セット）
- ポスト間DFに押さえてもらい，巻き足で移動→シュート→反対のポストまで同様に移動→シュート（3回で1セット）
- 5kgメディシンボールを利き手と逆で持ってポスト間移動→シュート→反対ポストまで同様に移動→シュート（4～6回）
- DFはフローターの後ろを移動6往復→DFアウトマークに出る→フローターポジション取り→シュート（4～6本）（パスはポジションをとってもすぐに出さない）
- DFはアウトに出ようとする→フローターはDFをブロックしてポジション取り→シュート（4～6本）（DFはアウトに出られるなら出る）
- アニマル（3～5本）

⑥ゲーム形式のトレーニング

　ゲーム形式のトレーニングは，最も重要なトレーニングであり，より多くの時間が割かれるべきである。水球は，サッカーやラグビー，バスケットボールのような侵略型ゲーム（invasion game）に分類され，オープンスキル系の種目である。オープンスキル系のスポーツである水球では，時々刻々と変わる戦況に適したスキルを選択し，実行に移していかなくてはならない。同じく侵略型ゲームのバスケットボールについてカリフォルニア大学ロサンゼルス校（UCLA）で監督を長年務め多くの功

績を残したウッデン（Wooden）は「バスケットボールはサイズと力強さのゲームではなく，スキル，タイミング，ポジションのゲームである。あなたがどのくらい背が高いかではなく，どのくらい高くプレーするのかだ。あなたがどのくらい高く跳べるかではなく，いつ，どこで跳ぶのかということだ」と述べ，身長やジャンプ力だけでなく，そのリソースをいかに上手く用いることが大切なのかを指摘している。水球も同様に上手くプレーするというのは，正しい瞬間に正しい行動を取ることであり，その一連の行動を試合全体で効率的かつ一貫して行うことを意味する。状況を適切に判断し，適切な意志決定を行い，適切な行動を取る能力が重要である。

近年，新しいスポーツの教授法として注目されているのがGame SenseやPlay Practice，Tactical Approachである。これらの教授法は，Teaching Games for Understanding：TGfUの考え方に大きな影響を受けており，ゲームを通してスキルを獲得していくという考え方に基づき，常に戦術的な要素を伴った状況判断とスキル遂行が要求される。ここでは代表的なTGfUのモデル（Bunker & Thorpe, 1982）を紹介する（図4-4-6）。

図4-4-6に示された6つのステージを通して学習者，すなわち選手がルールを学び，ゲームに関連する戦術やスキルを自ら探求することができるように，最初は簡単なゲームから始め，ゲームを修正しながらレベルを徐々に引き上げていく。常に戦術的な要素が入っており，選手は状況判断を伴うスキル発揮を行わなくてはならないため，より実際のゲームに近い状況でのスキル発揮のトレーニングが可能になると考えられている。

また，これらの教授法の特徴的な点は，教えたい知識やスキルを指導者が教えて答えを出すのではなく，選手に問いかけ（Questioning）をすることで選手たちが考え自ら答えを導き出すというところにある。ゲームのルールだけでなく，フィールドの広さやボールの重さ，ボールの大きさ，選手の人数を変更するなど，練習のバリエーションは無限大で，さまざまなアプローチ方法が考えられる。

このような概念で考えられた水球のゲーム形式のトレーニングメニューの例を次に紹介する。

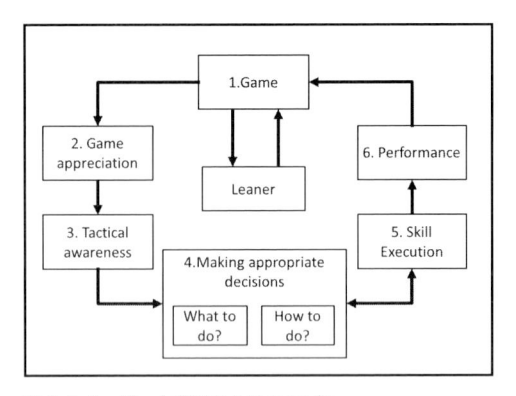

図4-4-6　ゲーム教授のためのモデル
（出典：Bunker & Thorpe, 1982より引用）

1. Game（ゲーム形式）：学習者の発達段階や経験に合わせてゲームを修正する．ゲームの修正には，学習者のプレーにおける課題を考慮して，プレーのルールやエリア，道具，人数など調整する．
2. Game appreciation（ゲームの理解）：学習者は，修正されたゲーム形式のトレーニングを通して基本的なゲームのルールを理解する．
3. Tactical awareness（戦術的気づき）：学習者は修正されながら行われるゲームを通して重要な戦術および戦略を識別することを始め，ゲームの本質を学ぶ．
4. Making appropriate decisions（適切な意思決定）：設定したゲームでプレーすることは，学習者がなにをするか，どのようにするかの意思決定の練習をする機会となる．このとき指導者は問いかけ（Questioning）をすることにより学習者の適切な意思決定を支援する．
5. Skill execution（スキル実行）：学習者はゲームの中で技術的なスキルや戦術の理解を高めていくステージ．どのような状況で技術的なスキルを発揮するかを学習する．4と5は繰り返す．
6. Performance（パフォーマンス）：学習者は，これまでの成果を実際の試合やより高度なゲームで試す．指導者は，学習者のパフォーマンスから学びの結果を観察する．このパフォーマンスを元に新しいサイクルの参考にする．

メニュー例1

練習名	グリッドゲーム1（チーム）	日付	
ねらい	オフェンス（OP）：スペースの有効な使い方を身につける パスワークを高める		
	ディフェンス（DF）：パスラインに入りボールを奪えるポジショニングを身につける		
環境	ボール：1つ，フィールド：10m×10m程度，人数：6〜20名		

説明

2チームに分かれ，決められたフィールド内を自由に泳ぎ回りボールを回してパスをつなぐ。開始はニュートラルの位置にボールを落とし，ボールをとったチームがボールを回す。慣れてきたら，"ドライパスを使わず必ず水面にパスをする"，"ボールを水につけないドライパスのみでパスをつなぐ"，"パスを受けた相手へのリターンパスを禁止する"，などルールを限定して難易度を調整する。

図解

※スペースに泳ぐ

10m

10m

ポイント

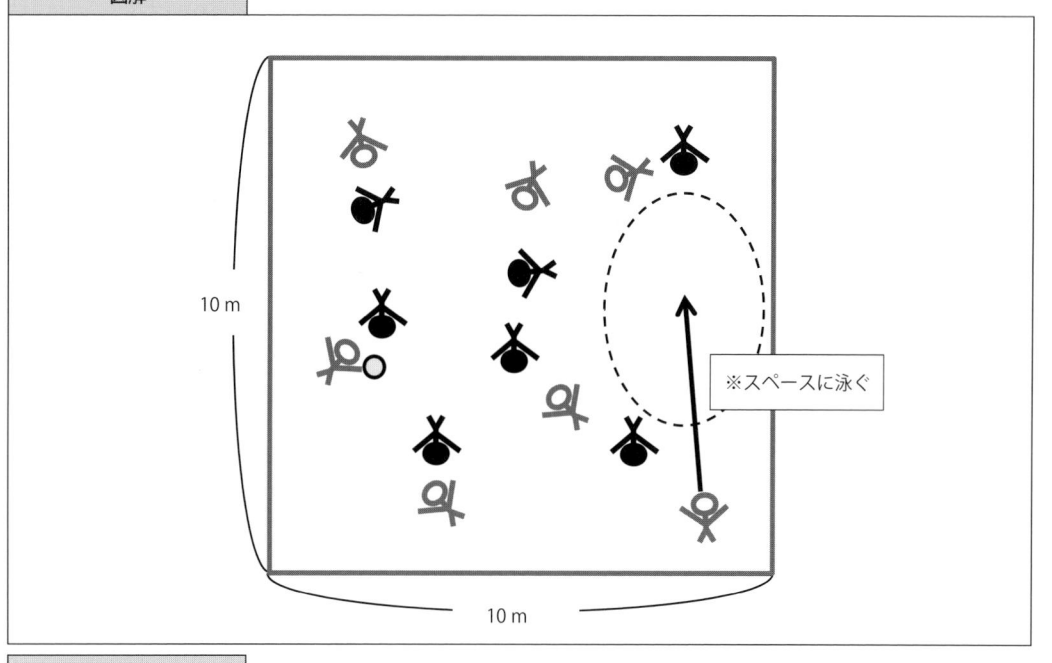

- 攻守が切り替わった時のすばやい動き出しを意識する
- 空いているスペースをみつけ，そこへ泳ぎパスをもらう
- オフザボールの動きによってどのようなDFの反応があるのかをみる
- スペースを有効に使い，DFにボールを奪われないよう考えて動く
- パスをもらう前に次に投げるところを探す
- 複数の選手がボールをもらう動きをしてパスの選択肢を増やす
- DFは常にボールとOFの位置を把握しパスラインにポジショニングをする
- パスミスを誘発するようなアタックでプレッシャーをかける

メニュー例2

練習名	グリッドゲーム2（個人）	日付	
ねらい	オフェンス（OF）：ボールキープ力を高める ディフェンス（DF）：ボールを奪う能力を高める		
環境	ボール：人数の半分程度，フィールド：10 m×10 m，人数 4～20 名		

説明

決められたフィールド内で自由に泳ぎボールをキープする。フィールド内にいる自分以外の選手はすべて敵になる個人戦。ボールを保持している者は時間内ボールを奪われないようキープする。ボールを保持していない者は，保持している者からボールを奪いにいく。ボール保持者はどこからでも狙われるので視野を広げ状況判断する必要があり，キープ力も重要になる。時間を 120 秒間など決め，その時間内でボールを奪い合う。バリエーションとして，1人1球ボールを保持し，自分のボールをキープしながら相手のボールを奪い行くというルールで行うのも良い。"ボールを水につけずにキープしなければならない"などルールを限定して難易度を調整する。

図解

（10 m×10 m のフィールド図）

ポイント

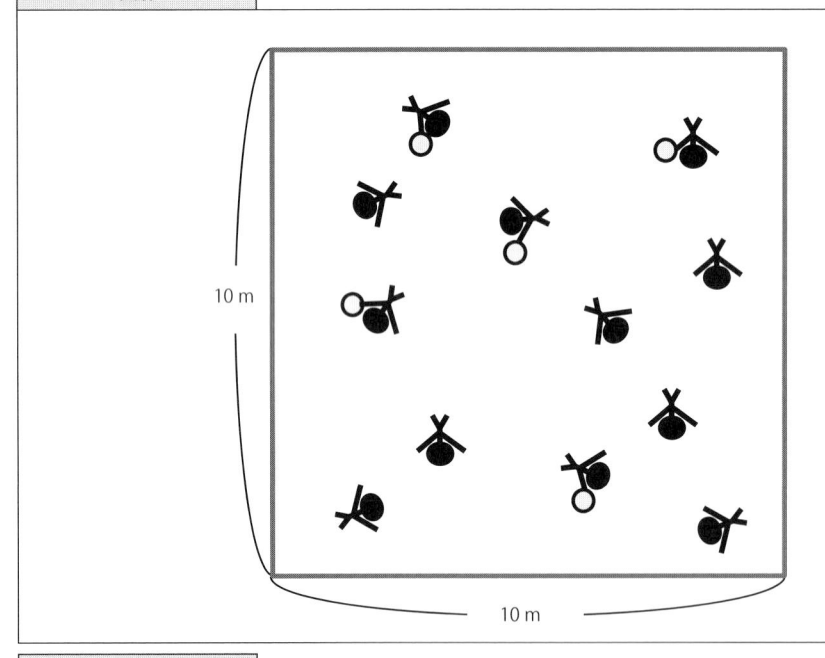

・状況をすばやく判断しスペースを有効に使う
・ウォークを使いボールをキープしながら前後左右に移動する
・ボール保持者はドリブルやまわしこみ，リターンなどで相手をかわす
・ボールを保持していない者は誰でもいいので，とにかくボールを奪いにいく
・フットワークを使い体ではなくボールにアタックすることを意識する

メニュー例3

練習名	オールコート1対1	日付	
ねらい	オフェンス（OF）：ボールを持った状態からの1対1の突破力を身につける ディフェンス（DF）：1対1のDFの強化 カウンターアタックの基本		
環境	フィールド：オールコート or ハーフコート 人数：2人～20人		

説明

センターラインから1対1を行い，パスはそれ以外の選手が出す。DFは守ったら攻撃できオールコートで行う場合は反対のゴールに攻め，ハーフコートで行う場合は，両選手がセンターラインまで戻り同じゴールに攻める。ゴールが決まるまで繰り返される。勝者同士，敗者同士でペアを組むなど，相手を入れ替えながら行うことで同じレベルの者同士が対戦することができる。2対2，3対3などで行うのもよい。

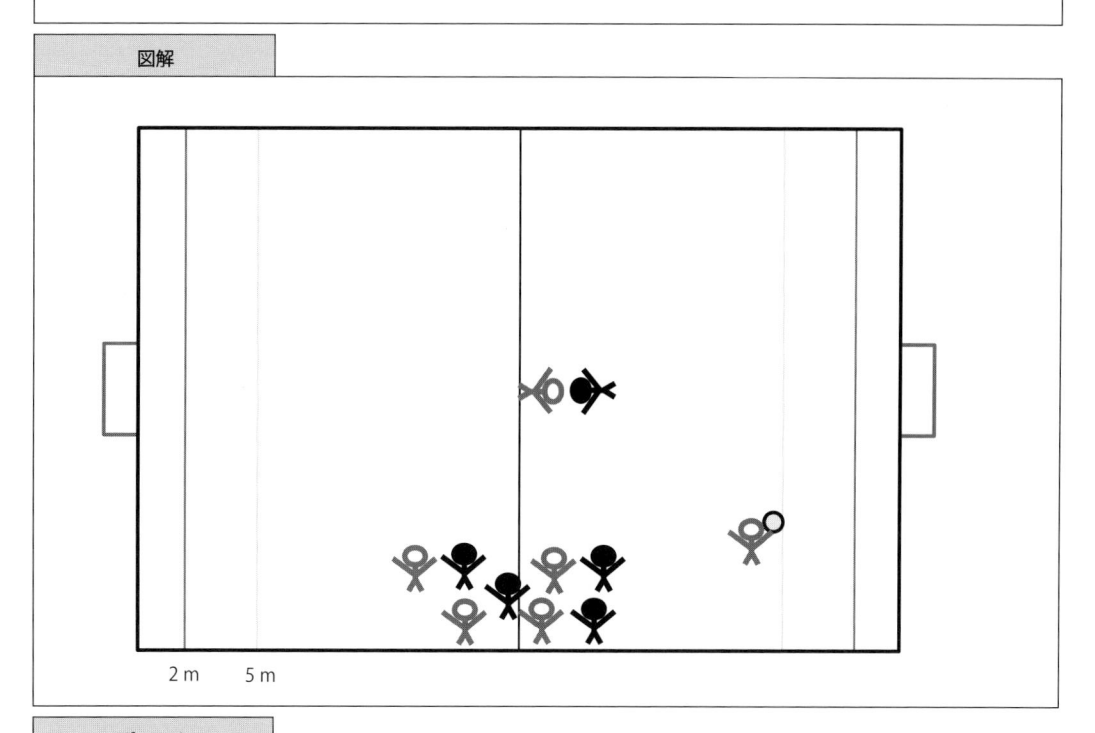

図解

2m　5m

ポイント

・簡単にフリースローをもらいにいかずボールを持ってからの力強いシュート力を鍛える
・無謀なシュートを打つとカウンターを出され決定的なチャンスを相手に与えてしまうことになる
・1回でシュートが決まらなくても，守ったらまたチャンスが来る
・1対1で抜かれないことが，試合中でのカウンターカバーの基本となる
・DFはOFに無理な態勢でシュートを打たせカウンターを狙う

メニュー例4

練習名	段階的カウンターアタック	日付	
ねらい	オフェンス（OF）：カウンターアタック中のオフザボールの動き ディフェンス（DF）：カウンターアタック中のポジショニング		
環境	ボール1つ　フィールド：オールコート　人数：8〜14人		

説明

6人で1グループを作りOF3人DF3人になる。グループを2つ作り，グループAが3対2で数的優位になる隊列を組み1回目の笛でスタートし3対2のカウンターでゴールを目指す。2回目の笛でグループBがスタートする。Aグループと合流し6対5のカウンターとなる。ボールはゴールキーパーからもらう。バリエーションとして，4人で1グループを作り2対1のカウンターを3グループに分けてスタートさせるのもよい。

図解

ポイント

・少人数のカウンターは必ず成功させる
・Aグループは2回目の笛でBグループと合流するため，抜けてくる選手を活かせるようスペースを作る
・オフザボールの動きがポイントになる
・DFは数的不利な状態でどのようなポジショニングをするべきなのかを考える
・状況判断力が求められる

メニュー例5

練習名	アルティメット攻防	日付	
ねらい	オフェンス（OF）：フットワークを使った敏捷性を高める ディフェンス（DF）：パスラインに入る DF のポジショニング		
環境	ボール1つ　フィールド：オールコート or ハーフコート　人数：8〜14人		

説明

ボール保持者への身体へのアタックは禁止。ボールを持った選手はドリブル禁止。というアルティメットに似たルールで水球を行う。OF はドリブルができないため，パスでボールを運びシュートにつなげる。DF はボールを奪うため，自分のマークの選手とボールの位置を把握し，パスラインに入りパスカットを狙う。"シュートはワンタッチシュートのみ"，"パスはドライパスのみ"，"ボールを保持できる時間は 3 秒以内" などルールを限定して難易度を調整する。図解はハーフコートだが，オールコートで行うのもよい。

図解

※パスライン

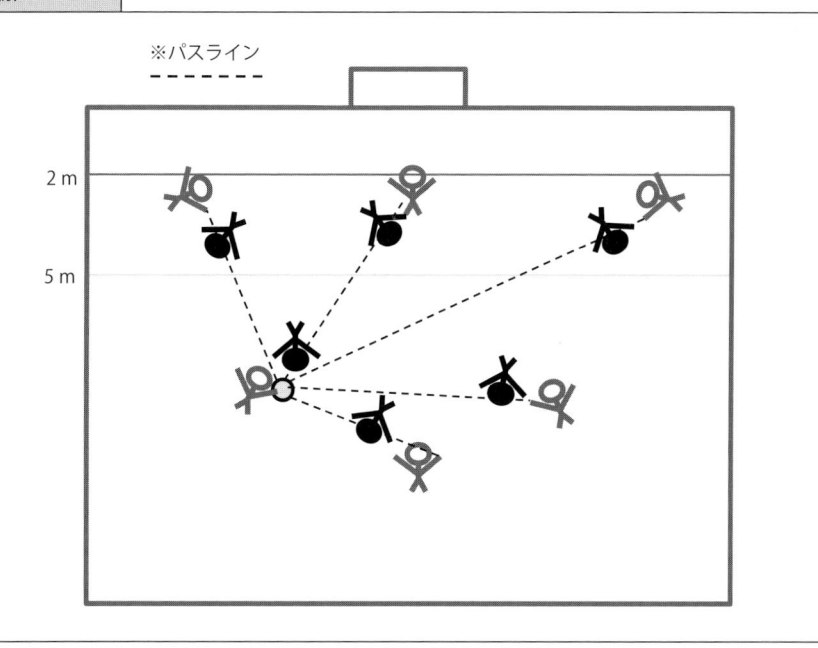

2 m

5 m

ポイント

・ボールを持った選手のマークは，ハンドアップでシュートコースやパスコースを限定することで，次にボールを受ける選手のマークがパスカットできるように促す
・スペースにパスを出し味方を動かすことも考える
・OF は泳ぎに緩急つける，急に方向転換するなど工夫し DF を離しパスをつなぐ
・DF はボールの位置と自分のマークの位置を常に把握しパスラインに入るポジショニングをする

メニュー例6

練習名	ラリーゲーム1	日付	
ねらい	ラリーが続く中での総合的な攻防トレーニング		
環境	ボール1つ　フィールド：オールコート　人数：8〜14人		

説明

実際のゲームでは実力が拮抗する相手と戦った場合，簡単に得点を決めることができず，ラリーが続くことが多い。トレーニングでもこの試合に近い状況を作り出すため，15分〜20分程度の決められた時間，得点が入ってもそのままラリーを続け，実際の試合に近い負荷のかかった状態でも得点を取れる攻撃力と，粘り強く守る防御力を鍛える。バリエーションとして，"2連続得点できればセンターラインから再開する"，"得点したチームはもう一度攻撃できる"，"常に6人対5人で行う"，"オーバータイムを25秒にする"などのルールで行うのもよい。

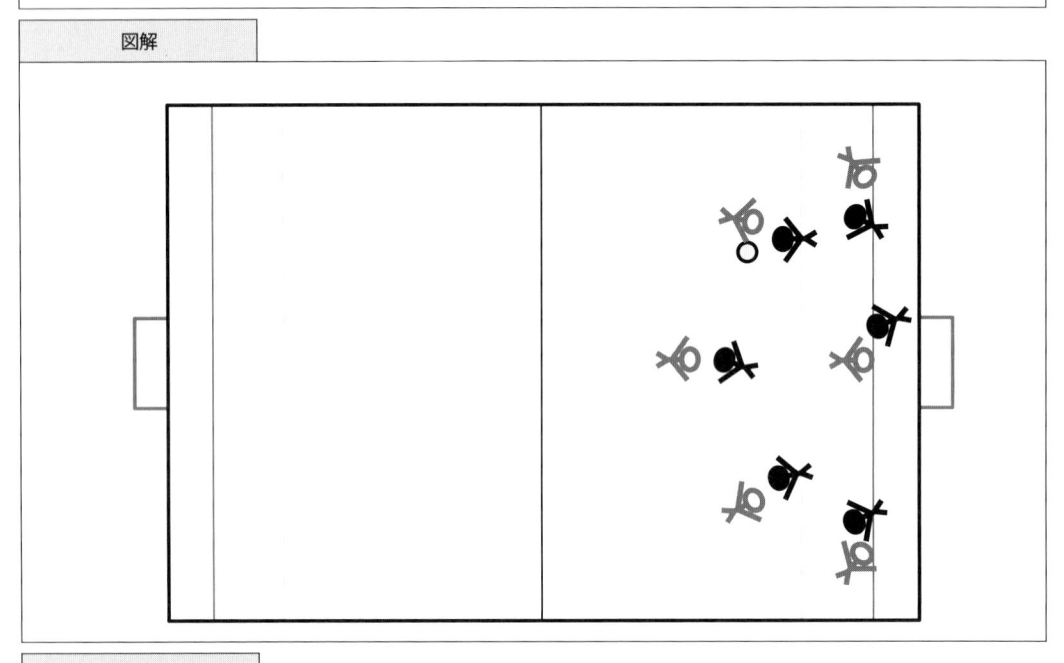

図解

ポイント

- リードブレイクでボールを先行させる
- ラリーが続き身体に負荷がかかった状態で正確なパスやシュートを決める
- 負荷がかかった状態で的確な状況判断とすばやい意思決定をする
- OF・DFともに雑なプレーをしない
- カウンターアタックが決まらない場合，2次攻撃につなげ早い展開を心掛ける
- クロス，スクリーン，ドライブを積極的に使う
- 6対5で行う場合，5人チームは1人多い状態で守られる前に少ない人数でのカウンターアタックで得点を目指す

メニュー例7

練習名	ラリーゲーム2	日付	
ねらい	すばやい攻防の切りかえし 攻撃力強化		
環境	ボール1つ　フィールド：オールコート　人数：8〜14人		

説明

得点が入ってもそのまま攻防を続けるが，得点したチームはシュートを決めたゴールと反対のゴールに再び攻撃をする。連続して得点を取り続ける限りDFをすることはない。これを15分から20分程度の決められた時間で行い，すばやい攻防の切り返しと攻撃力を鍛える。オーバータイムを25秒にするなど通常よりも短くすることで，より速く攻撃を展開しなければならなくなり，スピーディーな攻防トレーニングができる。"フィールドの広さを狭くする"，"人数を少なくする"など環境を変更して行うことで，攻撃回数が増え，より多くのシュートシーンを作り出すことが可能になる。"パスの回数を限定する"，"パスはドライパスのみ"などルールを限定して難易度を調整する。

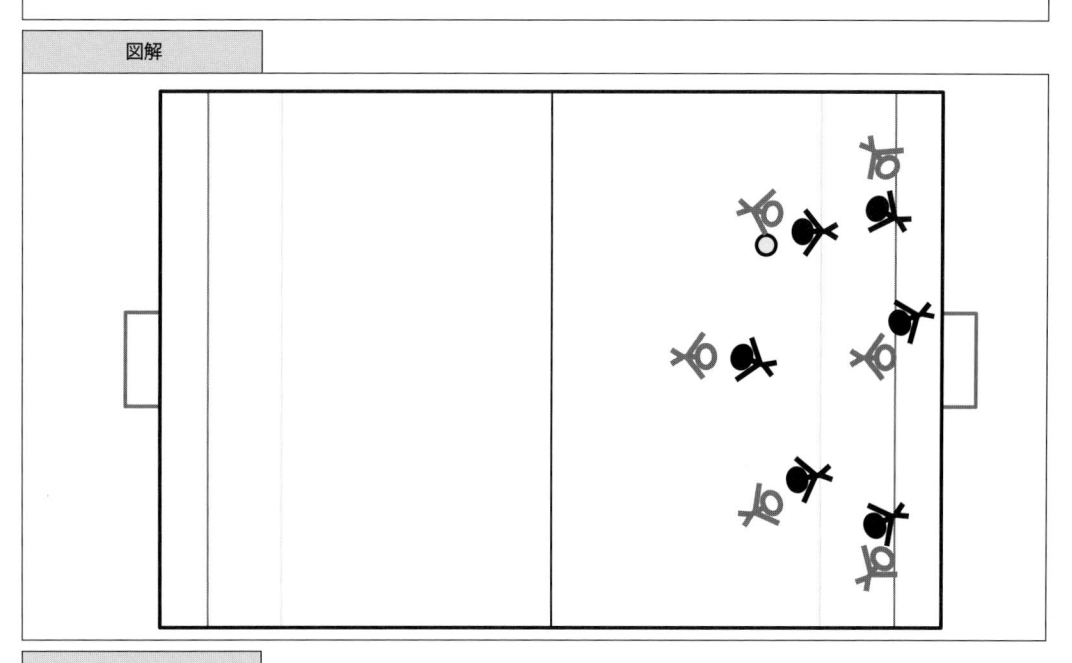

図解

ポイント

- OFがシュートして決まれば再びOFになるため，カウンターアタックへの攻防転換が求められ，決まらなければすぐにDFに戻らなければならない。DFはシュートされて，決まらなければカウンターアタックをかける必要があり，決まれば再びDFに戻らなければならない。どちらにしてもシュートと同時に，全員のすばやい攻防の切りかえしが求められる。
- シュートと同時にカウンターアタックを仕掛ける判断力を磨く

⑦ウエイトトレーニング

　ウエイトトレーニングは，選手の発育発達を考慮し，導入の時期を見定めなければならないが，選手として成熟してくると欠かせないトレーニングの1つになる。水球選手がウエイトトレーニングを行う目的の1つに，障害の予防が挙げられる。前述したように水球競技で高いパフォーマンスを発揮するためにはタフなトレーニングが求められる。水球選手は，投げる，泳ぐ，の動作を頻繁に繰り返すことから特に肩関節の痛みを訴える選手が多い。このような痛みでトレーニングを継続することができなくなることを防ぐためにも，ウエイトトレーニングでフィジカルを鍛える必要がある。

　また，世界の選手と戦っていくためには，筋肥大を目的としたウエイトトレーニングも必要であると考えられる。2011年上海で行われた世界選手権に出場した日本代表チームの平均身長をみると，上位入賞国との体格の差は歴然としている（図4-4-7）。より速いゲームのスピード感を求め，2013年にルール改正が行われ，体格が大きく力が強い選手だけが有利になるルールではなくなった訳だが，やはり体格の差は，相手と組み合った時の精神的なプレッシャーにも関係してくる。日本人は，世界の選手に比べると体格で劣ってしまうことは否めないが，ウエイトレーニングによって筋肉を大きくし，対等に戦うフィジカルを獲得することは十分に可能である。また，筋肥大は最大筋力を向上させるため，力や速度の面でパフォーマンス向上も期待できる。そうすることで，小手先だけの技術に頼るだけでなく，力強いプレーもできるようになり，プレーの選択肢の幅が大きく広がる。スイムトレーニング同様，オフシーズンでの基礎体力作りとして，ウエイトトレーニングでの体作りが重要になる。

［塩田義法］

［参考文献］
1）大本洋嗣．（1996）『基礎から実践まで水球マニュアル』株式会社ベースボール・マガジン
2）高木英樹．（2008）『水球競技の体力科学』
3）Côté, J.（2010）『Athlete development and coaching』
4）Hohmann, A. & Frase, R.（1992）「Analysis of swimming speed and energy metabolism in competition water polo games.」: MacLaren, D., Reilly, T. & Lees, A. ed. 『Swimming science Ⅵ: Biomechanics and Medicine in Swimming』pp.313-319. E & FN Spon.
5）Light, R.（2012）『Game Sense. Pedagogy for performance, participation and enjoyment.』Routledge.
6）Wooden, J.（2003）『They call me coach』6. McGraw-Hill.

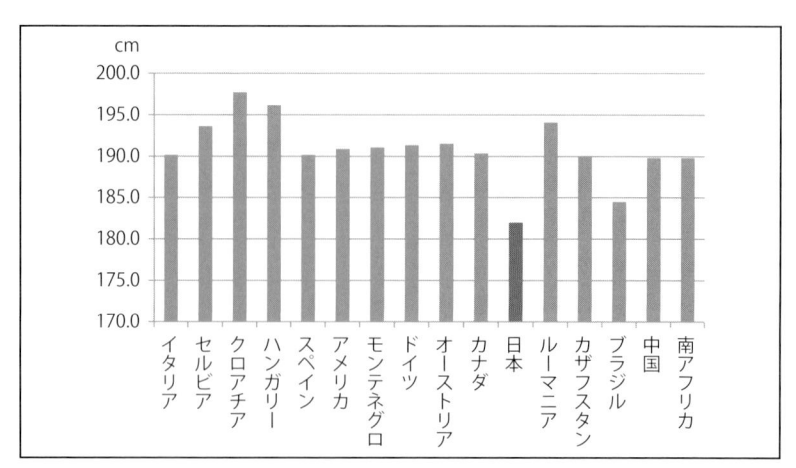

図4-4-7　2011年上海世界選手権に出場したチームの平均身長 cm（左から高順位）

6 ゴールキーパーのトレーニング

　ゴールキーパー（以下，GK）は，他のフィールドプレーヤーとは違い，ゴールマウスを守ることが最大の仕事である。GKはゴールマウス内すべてのエリアを守れる身体能力が必要である。そのためには体の大きさと巻足で得られる高さと持続時間，これに時間軸を加味し，シュートを予測する思考とすばやく反応する反射能力がセービング力となる。また，時には7人目のディフェンダーとしてパスカットやスチールも大きな役割となる。さらに第1パスを投じ，攻撃の起点になることも忘れてはいけない。終始ゴール前で守備を行うため，高い瞬発力と酸素負債能力が必要である。

　主な運動形態は巻足による垂直姿勢であり，巻足の浮力，飛びつきによる垂直方向のジャンプ力，ゴールポスト間の移動力，ゴール前などに飛び出すダッシュ力，第1パスを投げる遠投能力が必要である。さらに，守備の要となる思考力やコミュニケーション力，プレッシャーに打ち勝つ精神力などを養う必要もある。

①技術面
［巻足のトレーニング］

　巻足は，立ち泳ぎともいわれ，体を垂直にした姿勢で泳ぐ技術である。立ち泳ぎには，平足を垂直方向に蹴る動作に似た『蹴り足』と，足で左右交互に踏む『踏み足』，足を交互に回旋させる『巻足』に分類される。巻足はフィールダーとも共通の技術である。GKの場合，味方チームが攻めている間やシュートシーンが近づかない限りは，この巻足の垂直姿勢で状況を判断する。より効率的な動作が，疲労せずに冷静な判断をするための基礎となる。

　特にGKは巻足をしている時間が長いので，脚関節のより広い可動域をもつことが有効で，特に足関節と股関節が重要である。足関節は背屈角度の大きいことが巻足の下方蹴り出しのキャッチ動作に効果的である。また，よく「膝が柔らかい」との表現を耳にするが，膝の可動域は解剖学的には限られており，自由度の大きい股関節の外転・外旋動作が柔軟な動きを作り出す。柔軟な股関節・足関節は腰痛・膝痛・足首痛の障害予防につながる。

　GKにおける巻足の技術は，シューターのリズムに合わせて飛び上がり，時には十分に蹴りきることができなくても飛び上がる必要がある。そのために，膝を水面近くの高い位置に保ったまま巻足を行えるよう股関節外転位の柔軟性を高める必要がある。

［スカーリングのトレーニング］

　スカーリングは，立ち泳ぎの際に体を支え，シュートシーンで構え，飛びつきで上半身を起こす役割をする。通常は大きく左右に効率よく水

をとらえるが，シュート場面では小さくシューターに合わせて動かす必要がある。しかし，腕はボールをセービングするために使用しなければならず，スカーリングから水面へ抜く動作はすばやく，スムーズでなければならない。

　若いGKによくみられるが，シューターのフェイクに合わせて飛べない場合は，スカーリングに頼り過ぎている場合が多い。

[飛びつきのトレーニング]
　飛びつきは，シュートに備える『構え』と『飛び上がり』の2つの動作からなる。飛び上がりは，その後の浮いた状態を維持し，連続移動や飛びつきを行うための動作も含まれる。

●構え（フローティング）
　近年ボールのグリップ力が上がったため，シューターのフェイク能力が向上した。そのため，GKは，文字通りシューターのフェイクに惑わされず，放たれたボールに反応する必要がある。そのためのGKの構えには数種類ある。

　ⅰ）腰上げスタイル
　　　最も一般的な構えで，腰を曲げ，膝・足を水面近くで巻足を行い，飛び上がる準備を整えたスタイル。比較的体の小さいGKが使用することが多い。
　　　○長所：最高到達点までの飛び上がりが早く，すばやく反応できる。
　　　○短所：スカーリングの負荷が大きく，フェイクに惑わされ，腕の抜きが遅くなる。飛び上がりの動作が大きく，セービングに割ける時間が短い。

　ⅱ）垂直スタイル
　　　腰を延ばし，股関節を伸ばしたような巻足で構える。体の大きなGKが使用することが多く，比較的至近距離のシュートや，シュート角度の狭いところでのセービングに適している。
　　　○長所：スカーリングへの負担が小さく，手の抜きが速い。セービングに割ける時間が長い。
　　　○短所：最高到達点が低く，体の大きさに左右される。

　ⅲ）リラックス・スタイル
　　　巻足とスカーリングをそれほど激しく行わず，腰を上げた状態で構える。フィールダーの出足の構えに近い。シュートのタイミングに合わせ，巻足や蹴り足を駆使して上半身を持ち上げ，飛び上がる。シュートフェイクに惑わされることが少ないが，GKの反射能力や経験値が必要となる。
　　　○長所：最高到達点が高く，腕の抜きも速い。
　　　○短所：自分の予想しないシュートに弱く，GKの能力に大きく寄与する。比較的至近距離のシュートに弱い。

これらのスタイルは，場面やシュートの角度，距離によって使い分ける必要がある。また構えに合わせて，スカーリングの種類もセービングに適した方法でトレーニングする必要がある。
　トレーニング方法としては，普通の飛びつきと，スカーリングに頼った飛びつき，スカーリングをほとんど使わない飛びつきなどを繰り返し，スカーリングの負担や大きさを変え，自分が適した構えを習得することが重要である。下記を繰り返し，自分の適性を体感するとよい。
・スカーリングを全く使わずに飛びつきをする。
・スカーリングを全力で使って，上体を浮かせてから，飛びつく。
・自分にあったスカーリングの量を考えて，飛びつく。

●飛び上がり
　GKの飛びつきは，シューターに合わせて飛び上がる必要がある。ただし，最高点でシュートセーブをする必要はなく，シュートを止めることができれば，高く飛び上がる必要はない。また飛びつきはいつも高さをイメージすることが多いが，どれだけすばやく，目的の場所に到達できるかも重要である。高く飛び上がるために大きく沈み込んでは，ボールはゴールラインを割ってしまう。ジュニア期のトレーニングでは，高く飛びつくトレーニングも必要であるが，シュートに合わせていかに速く・長く空中にとどまるかが重要となる。そのため，GKの飛びつきには，飛び上がりとともに，飛びついた後に股関節を広げ，空中にとどまる技術も必要となる。蹴り足で飛びつくと，両足が揃ってしまい，水中深く体が沈んでしまう。巻足か踏み足を駆使し，沈み始めてからも，腰部を水面近くに保つなど，すばやく連続して飛びつけるような構えをとることが重要である。

ⅰ）飛びつきのトレーニング
　　飛びつきの練習方法は，回数を決めて飛びつく方法が一般的である。その際ゴールマウスがなくとも，コーナーの位置を意識して飛びつくことが重要である。また，2人1組で，1人が飛びつきを，もう1人が支持者となり，構えた状態から，指差しで方向を決めて飛びつくことも有効である。

・ジャンプ：
　　上方や右上，左上，右下，左下といったゴールマウスに沿った飛びつきを一般的には行う。
　　　○ポイント：いつも同じ方向に飛びつくのではなく，方向を変えること。毎回ゴール中央に戻り，構えを作る。ウエイトベルトなどの負荷は腰痛の原因となるため，重量は1〜3kg程度にとどめる。
　　　（ア）上→右上→左上→右下→左下の5回飛びつきを1セットとし，2セット

(イ)左下→右下→右上→左上→上の5回飛びつきを1セットとし，2セット
(ウ)右下→左上を1セットとし，5セット
(エ)左下→右上を1セットとし，5セット
(オ)ゴールマウスの中央に位置し，上方に飛びつき，バーを両手タッチの後，左右のコーナーに体を伸ばす。連続10回程度。
(カ)手を伸ばしゴールマウスの右ポストに触れる位置でジャンプし，両手でバーにタッチ。構えに戻ったあと，同じく左ポストに触れる位置に移動し，ジャンプし，両手でバーにタッチ。これを10回繰り返す。

・セットディフェンスや退水ゾーンを想定したジャンプ：
オフェンスがアンブレラに位置し，パスを回されたように想定してからジャンプを行う。
○ポイント：構えを作りながら，パスと同時にシューターのインラインにすばやく位置すること。
(ア)セットオフェンスのパスを回されたイメージから左右飛びつき
　ⅰ)②→③→④以下のようにパスを回されたイメージから左右飛びつき
　ⅱ)④→③→②
(イ)退水ゾーンの以下のようにパスを回された後，いずれかからシュートされたと想定して左右飛びつき。パス回しやシュートをイメージして飛びつく。
　ⅰ)アンブレラでパス回しをしてからシュート：①→②→③→④，④→③→②→①
　ⅱ)アンブレラでクロスオーバーのパスからシュート：①→③，③→①，②→④，④→②，①→④，④→①
　ⅲ)ポストからのシュート：①→⑤，①→⑥，②→④→⑤，②→④→⑥，②→⑥　など

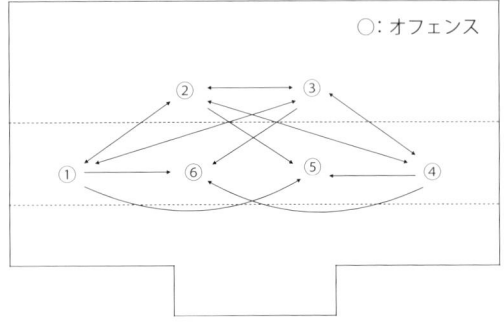

図4-4-8　退水ゾーンのパス回し

ⅱ）浮上のトレーニング

退水ゾーン①④がボールを持った場面，センターフォアードや退水ゾーン⑤⑥のゴール至近距離からのシュート場面では，体を浮かして構え，腕を上げ，コースを塞ぐようにセービングする。そのために飛びつきだけではなく，体を浮かすトレーニングも必要である。

・重り支重：

重量は年代・レベルによって適宜変更する。

（ア）5 kg 支重を 30 秒間 10 セット→巻足のフォーミング

（イ）10 kg 支重を 20 秒間 10 セット→巻足の基本的なトレーニング

（ウ）15 kg 支重を 15 秒間 10 セット→巻足の回転数を挙げる

（エ）両手で重りを持ち，支重で 10 秒→重りを持ったまま両手を上げて 10 秒→そのまま肩・胸まで水面上に出すように上がって 5 秒

・メディシンボール（以下，MB）による支重：

（ア）30 秒間 5 kg の MB を両手で持って差し上げる

（イ）プールサイドから MB を投げ落とし，GK はジャンプしてキャッチ→水中に MB を落とさないように支え，再び浮上し，プールサイドの補助者に投げ返す。キャッチではすばやく巻足を行い，水中に沈まないようにし，投げ返す時はけり足の力をボールに伝えるようにする。

・バータッチ：

（ア）ポスト前に位置し，前向きに両手でバーをタッチしながら前進する。同じく，右向き，左向きに移動する。

（イ）バーの真下に位置し，できるだけ体を高く浮かせた状態から，腕を水から抜き，バーをタッチする。これをできるだけすばやく 10 秒続ける。

[移動のトレーニング]

GK の移動は，ゴールポスト間を移動する横移動と，飛び上がった後，シュートのコースに合わせて移動する横とびがある。またセンターフォアードへのパスをカットしたり，ディフェンダーを振り切って GK と 1 対 1 に対する際の飛び出しなどの移動も考えられる。飛び出しについては他のフィールダーと同じく，出足からのダッシュを伴うものであり，GK にも必要とされる能力である。

●横移動

横移動は，シューターやボールに合わせてポスト間を扇状に移動する。比較的体が小さく，対するシューターの能力が高ければ，扇の半径は大きく，十分に反応する時間が取れれば，半径は小さくなる。体の小さな GK は，ゴールマウスの四隅にシュートされることを嫌い，ニア

サイドに対するセービングエリアを広くとり，シュートを誘う。また優れたシューターに対しても，より前に構えることにより，同じくセービングエリアを広くする。バウンドシュートに対してはテニスのライジングの要領でセービングする。シューターとの距離が近くなる分，反応にかける時間が短くなり，フェイクなどで後手になる短所もある。また両ポストの近くでは，前に出過ぎると，ループシュートを打たれやすくなるため，GKはシュートアングルの狭いところでも，ポストより前に出ることは避けた方がよい。万一，前に出る場合は，シューターへのアタックやボールスチール，パスカットを戦略に入れるべきである。

● 横飛びつき

横飛びつきは，飛びつきながら左右に移動する方法で，大きく2つの方法がある。

1つめは，ゴールマウスの四隅に向かってセービングする腕を伸ばし，反対の手は水を押して，横飛びの距離を伸ばす方法である。高校生以上のGKでは，ゴールの中央からゴールマウスの四隅に横飛びできる能力が必要である。しかし，セービングで横飛びを使用する場合，GKはシュートコースを予見している。そのため，予想を裏切られた場合，シュートに反応できずにゴールインする。逆にシューターはGKの位置取りからコースが空いているとしても，安易にシュートを狙うべきではない。GKの位置どりや構え，フェイクに対する反応，キャッチからリリースまでの時間を考慮してボールは放たれるべきである。

2つ目は，GKがシューターのフォロースルーに合わせて，上体を上げ，上半身が水面上に上がったあと，シュートコースに合わせて腕を伸ばす方法である。

シュートの多くはこの方法でセービングされる。そのためGKは，シューターのボールがリリースされるポイントとゴールマウスの中央を結んだライン上に位置し，シュートコースが左右どちらに振られても

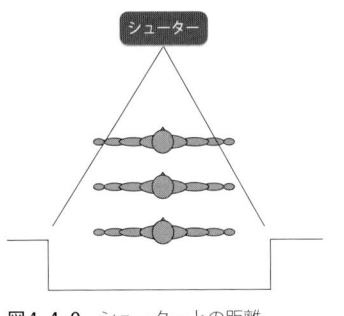

図4-4-9　シューターとの距離　　　図4-4-10　横移動

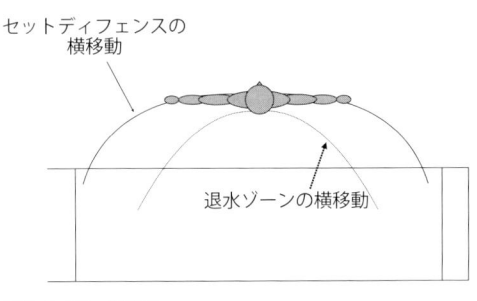

セービングできるように構える。GKの思考は，リリースポイントからゴールマウスの四隅に放たれるシュートを予見しており，最も遠いシュートに対処する準備をしている。そのため，バウンドシュートや顔の回り，脇下などのシュートがGKの弱点となる。シューターはこのGKのウィークポイントをよく理解した上で，シュートを行う必要がある。シュートはバーやポストを狙うのではなく，GKを抜くものだと考えた方がよい。

● 前後移動（飛び出しとループシュートのセービング）

GKにも泳ぎは必要である。センターフォアードへのパスカットや，1-0，2-1の速攻でのトップの選手へのパスカットやスチールなどで多用する。また前方への飛び出しとともに，後ろへのループシュートへの対応は表裏一体であり，合わせてトレーニングしたい。

i) 前方への飛び出し

(ア) 飛びつきの構えから，5mダッシュ。
(イ) 1回飛びつきから着水後すぐ，出足で1〜3mのダッシュ。
(ウ) 出足の構えの後方からボールを投げ入れる。ボールが視野に入ったら，ダッシュでボールをとる。

ii) ループシュート

(ア) 出足の構えから，後方へループシュートのセービングで移動。25m間に繰り返す。
(イ) ゴールマウスで①や⑤の位置に構えて，ループシュートを想定し，後方へジャンプ。
(ウ) ①からのループシュートの場合，大きく移動できる場合は，右肩・右足を後方に引き，その右足と右手を支えに，左手でボールをセービングする。⑤の場合は逆となる。
(エ) ①・⑤からのシュートに，すでに腕を抜いて構えてしまった場合は，高く飛び，後ろに倒れながらもループシュートをセービングする。

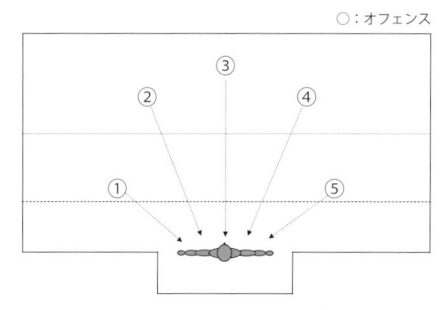

図4-4-11　シューターのボールとゴール中央のシュートライン

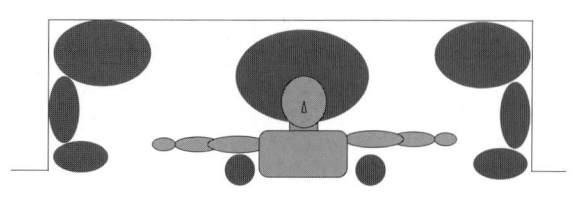

図4-4-12　ゴールキーパーの弱点

（オ）シューター役に同サイドとループシュートの打ってもらう約束練習で，繰り返しセービングする。
　　　（カ）構えた状態から，陸上の補助者の方を向いて構える。補助者からボールを落としてもらう。ボールを前方に落とした時はダッシュでボールを拾い，後方にループで出された時は（エ）の要領でセービングする。

[ボールセービングのトレーニング]
　シュートはGKの弱点に飛んでくる。そのため，ゴールマウスの四隅と，顔の回り，脇下，またはバウンド，ループシュートに対するセービング方法をトレーニングする必要がある。

●指先のセービング
　指先にかかったボールがゴールインするかコーナーになるかは一般的に握力によるといわれるが定かではない。ただし，突き指や脱臼などの傷害も多く，指を鍛えておくことが必要である。

●腕のセービング
　腕でのセービングが最も一般的である。サッカーで言うトラッピングと同じで，前腕でセーブしたボールがコーナースローにならないよう自身の手の届く範囲に落とす技術が必要である。力の弱いGKは強いシュートに弾かれないように腕を振ってボールにあてるような動作が散見される。これは野球のバッターでいう大振りであり，セービングの確率を下げるので極力控える。ボールに軽く当てるようなイメージだが，腕の重量があれば，軽く筋肉に力を入れれば，強く弾かれてもゴールインすることはない。
　また，上半身が浮き上がり，続いて腕が上がってくるタイミングでは，バウンドシュートや脇下へのシュートが放たれることが多い。上がってきた腕を下ろしてセービングすることは困難である。一度水面上に表れた腕を，そのまま水面を滑らせるように前方に送り出し，バウンドのライジングを狙う方法や，あらかじめ脇を空けシューターに狙わせ，腕を振り下ろすことが有効である。シューターはGKの腕を水面上に挙げさせるため，フェイクや高い打点からのシュートを試みる。その際に一緒に高く飛び上がってしまうと，前述のようにセービングできる時間が限られてしまう。
　さらに，顔横のシュートを手や前腕で止めようとしても脇下と同様，一度抜いてしまった腕では間に合わない。理想的には顔面でのセービングとなるが，反射運動を制御することはかなり困難である。そこで，水平に上がった腕を内旋し，肩甲骨から挙げるようにすると，その肩も上がり，シュートコースが狭まる。
　さらに両手を抜いて構えたGKの頭上は最後まで手の届かない「ウィンドウシュート」と呼ばれ，シュートとしても高等技術である。これ

に対するにはシューターの予想以上のスピードで飛び上がり，頭上とバーの間にボールが通る幅をなくすか，肘を曲げ最短距離で，腕でセーブするか，反射を押さえ，頭で止めるか，非常に難しいセービングとなる。

ハンドボールなどでは，GKの頭部周辺へのシュートはルール上禁止されている。他の競技のGKも，防具などで守られているため，イヤーガードだけで守られた水球のGKにとって，そのセービングは水球の醍醐味ともいえる。

[パスのトレーニング]

男子で30m，女子で25mの遠投能力は最低限必要である。30m投げられれば，1-0の速攻で，ゴールキーパーの飛び出しに対して，少なくともシュートを狙うことができる。またルール上，ピリオド終了時に放たれたボールは，そのボールが前方への運動が止まらない限り，ピリオド終了にはならないので，常に狙ってほしい。また30mをコントロールして投げるためには，1割〜2割程度は最大遠投距離の余裕をもちたい。そのため35m程度の遠投能力を身につけたい。

次にGKのパスはフィールダーが受け取りやすいことが最も重要であり，ディフェンダーにマークされている時は手元にジャストパスを，速攻がでている時はオフェンスのスピードを殺さないように，大きく前方に落とす必要がある。

フォームは，肘を伸ばし，フォロースルーの方向にボールがリリースされるように投げると，味方選手がスローイングでパスを予測し易くなる。バックスピンをかけると，ボールの軌道が安定するが，水面で滑りやすい危険もある。ボールを高い軌道で投げると水面で止まる。

② **体力面**

[瞬発力・持久力のトレーニング]

GKに必要な体力は，無酸素運動能力とともに酸素負債能力となる。ただし，陸上競技の跳躍や投てきのような瞬発的能力ではなく，巻足のような繰り返し動作が約1時間続くため，そのトレーニングは特異となる。ボールに対する反応などは他競技のGKと同様である。そのため，トレーナビリティーを考慮し，瞬発力のある選手に有酸素運動や酸素負債能力を習得するようトレーニングすることが有利となる。

近年，田畑プロトコルのように30秒間エルゴメーターを高負荷，高スピードでトレーニングし，10秒程度の短いインターバルで，6〜8セット行い，高い乳酸蓄積状態を作ることが瞬発力も持久力も高めることが知られている。以下にその一例を示す。

○田畑プロトコル

　（ア）スクワットジャンプ10回（10秒）→3mダッシュ4本（10秒）→指
　　差し飛びつき10回（10秒）→10秒 Rest×8セット

(イ)15 kg 支重巻足 Max（10秒）→チューブつき飛びつき前進（10秒）→巻足チューブ引き 10回（10秒）→10秒 Rest×8セット

[筋力のトレーニング]

●体幹

　GK には強い体幹が必要である。自由に腕を動かし，巻足にぶれないため，また構えから上半身を水面上に持ち上げるためにも必要となる。さらには，ボクサーのように，みぞおちにボールが当たることもあり，体幹を鍛える必要がある。頭部を支え，時には頭部へのシュートに負けないように，ラグビー選手のような僧帽筋や胸鎖乳突筋を備えることが理想である。現実的には水球のシュートは時速 100 km を超えることはほとんどなく，他競技ほど強い筋力は必要ない。近年注目されている腹横筋などのドローインは GK にも重要である。

●脚

　GK はその仕事の大半を巻足で行う。巻足は技術的な要素も大きいが，スクワットやジャンプ力による要素も大切である。大臀筋や大腿四頭筋，腓腹筋，ヒラメ筋など脚を伸展させる筋力は重要である。また股関節の屈曲にかかわる筋肉やハムストリング，前頸骨筋の持久性も重要となる。巻足の最も引きつけた際に，股関節と膝関節，足首の屈曲が最大になる。巻足の回転数を挙げるためには，この引きつけがすばやくできなければ，高さの維持ができない。特に陸上ではトレーニングしづらい脚の引きつけを意識してトレーニングする必要がある。

●腕

　飛び上がるために重い腕は必要ないと筋肉をつけない GK もみられる。しかし，シュートに負けないセービングのために筋力は必要である。GK は腕につながる大胸筋のほか，怪我の多い逆肘には強い上腕二頭筋が必要である。世界的にみれば，上半身をしなやかに動かせる細腕の GK も多いが，中にはセンターフォアードと見違えるほどの体格の持ち主も少なくない。

[柔軟性と身体操作のトレーニング]

　巻足は，体幹と股関節，足関節の柔軟性が必要である。特に股関節の開脚の他，外転，内外の回旋はパフォーマンスの向上と障害予防に大切となる。関節可動域が大きいことが，パフォーマンス向上に表れづらいため，あまり重要視されていない。可動域を広くし，身体のコントロールは重要である。思い通りに体が動くことは，特にジュニア期からトレーニングが必要である。筋力や体格によるパフォーマンスの向上は，遺伝的な才能や青年期には大きな糧となるが，体格に劣る日本人が国際大会で通じるには，幼少期にさまざまなトレーニングすることが望ましい。

③**気力・戦略**
[自信・自尊心のトレーニング]
　GKは孤独である。失点にかかわる責任の一端を担い，また自身のミスがチームの失点に直結する。また得点ができないため，ミスを埋め合わせることは，防御することでしか生まれない。そのため，自分と自身のチーム，相手のチームの力量を見極めた現状を冷静に分析し，自分の役割とチームへの貢献を考え，防御を考えながらも，決して自身を失わないような自尊心が必要である。自尊心とは主に自己肯定感によるところが大きく，失敗による反省や叱咤激励より，成功体験により育まれる。指導者はミスを指摘しても，決してミスを責めてはいけない。ミスを責めることで，若いGKは自尊心を失い，ミスをしないことを優先するようになる。リスクを犯さない見返りに，成長を止めてしまう可能性がある。

[リスクマネージメントのトレーニング]
　GKは常に失点のリスクに曝されている。それらのリスクを分析し，許容できるリスクと許容できないリスクを観察し，許容できないリスクには準備を整えることが，想定外を少なくする。
　　(ア)オーバーフローリスク：情報は大切だが，情報が多すぎると返って動けなくなる。
　　(イ)予想リスク：自分の予想と大きくずれが生じた状況が起こると動けなくなる。
　　(ウ)生体リスク：反射神経の限界や身体の大きさのような遺伝的要素など，トレーニングでの改善は難しい。
　　(エ)スピードリスク：展開やスピード・テンポにより，思考スピードや予測が追いつかない状態。「落着けばできるのに…」「あがってしまって」など。
　　(オ)モチベーションリスク：自分の目標が失われ，やる気が出ない状況。欲求の強過ぎたり，逆に簡単すぎるとモチベーションを保てない。
　GKは特に(ア)(イ)(エ)のリスクに注意することが大切である。

[戦略のトレーニング]
　GKは瞬時に，戦略を組み立てる必要がある。剣道では「先の先」という言葉がある。「先の先」とは，「先手必勝」より前，相手の「先手より先に手を打つ」という言葉である。GKは防御が主な役割であるが，相手の戦術をそのまま受け入れてしまえば，多くのゴールが決まってしまう。経験を積めば，相手の攻撃方法やシュートを予見し，その準備を行えるようになる。ここで危険なのは「ヤマをはる」ということである。「ヤマ」はあくまでも傾向であり，その対策は必要である。しかし必ずそこにシュートが飛んでくる訳ではなく，ある確率をもって，シュート

が来る可能性が高いだけであり，予想である。なかには予想を超えた予知のように先に動いてしまうGKがいるが，これは危険な行為である。特に練習では，いつも相対するチームメイトのシュートを受けていれば，潜在的にシュートコースは予見できてしまう。しかし，試合は普段シュートを受けられない敵チームからのシュートであり，自身の予想をある程度押さえながら，セービングできるよう思考を整える必要がある。GKは他のポジションより確率により行動することが多い。「ニアサイドのシュートが70％，ループシュートが30％」のような可能性を絞る思考である。100％対0％のギャンブルではない。

[精神力のトレーニング]

　ゴールマウスを守る立場は，他のフィールダーにはない責任感が必要とされ，精神面のトレーニングが必要となる。

　GKにとってシュートを打たれることは得点される可能性があり，ディフェンスがシュートを打たれなければ得点されることはほとんどない。また逆に，速攻や退水ゾーンのように相手が数的優位な状態であれば失点する可能性は高くなる。さらに1-0や2-1のような速攻であれば，セービングできる可能性は非常に低くなる。相手オフェンスが高いパフォーマンスを示したり，味方ディフェンスのミスなど，得点の原因はさまざまである。しかし，得点はボールがボールマウスに囲まれた面を必ず通過する。どのような状況になってもGKは瞬時にセービングのために戦術を立て，あるいは反射的にセービングを試みる。GKにはその責任感と行動が必要であり，引いては，その態度に味方陣からの信頼が生まれる。「どうせ止まらない」といってGKがあきらめてしまえば，どんなシュートも止まらない。

　また，どのような状況においても「フィールダーの方が運動負荷は高く，冷静な判断力は落ちている」と考え，冷静な戦略を練る必要がある。なかには，不得意なシューターやポイントゲッターに連続して得点を取られることもある。そのような不利な状況になっても，モチベーションを保ち，失点をひきずらない良い意味での無責任さも大切である。たとえ失点してもあきらめず，次のセービングにつなげる精神力が必要である。

［南　隆尚］

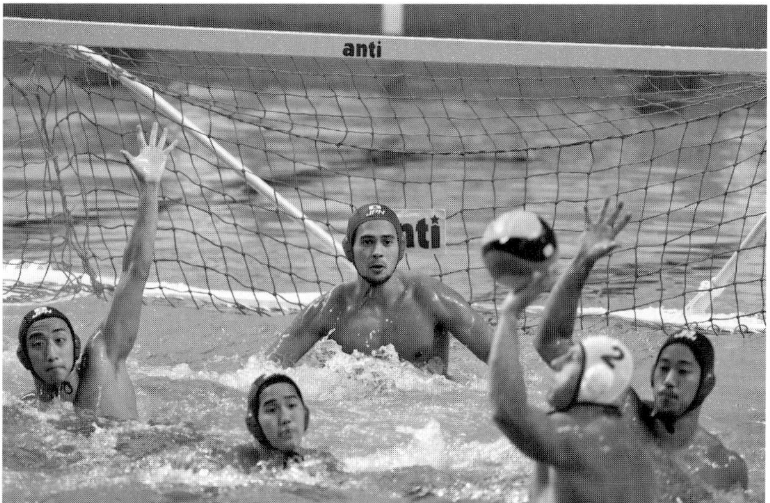
anti
anti

水球選手の
コンディショニング

SECTION
5

1 水球選手に発生しやすい傷害

①投球障害肩

　投球障害肩は，投球によって生じる肩の障害の総称である[1]。水球は泳動作だけでなく，投動作において肩関節に大きなストレスが加わる。またコンタクトスポーツであるため，常に自由に動けるわけではなく，相手選手やゲーム状況によっては肩関節へのストレスが大きくなる投動作をせざるを得ないこともある。

　野球などの投動作では，下肢で地面を蹴り，得られた反力を骨盤，脊柱に伝達する。そして骨盤，脊柱が大きく回旋して，肩甲骨面が投球方向に向くことで，肩甲上腕関節に加わるストレスが軽減される。しかし水球では，足が接地していないため，下肢の力発揮による反力を得にくく，骨盤や脊柱の回旋動作も行いにくい。これにより，肩甲骨面が投球方向に向く程度が減少し，セカンドプレーンにおける肩内旋運動が運動の主体となりやすく，肩関節へのストレスが増大する。このとき，肩関節前方には伸張ストレス[1]が，後方には圧縮ストレスが加わる[2]。肘を伸ばした状態で腕を振ると，上腕二頭筋長頭腱が伸張して損傷することもある。

　相手選手のハンドアップを抜けるためのシュートでは，肩の外転角度が大きくなった状態（腕を大きく挙げた状態）でシュートを撃つ場合もあり，肩関節インピンジメント症候群を引き起こす動きとなる。

　以上より，肩甲骨を含む肩関節，骨盤を含む体幹，股関節をコンディショニングし，肩関節まわりに負担の少ないシュートフォームを繰り返し行えるような状態を作ることが大切である。

②肘および手指の関節外傷（靭帯損傷）

　上肢の関節外傷は水球競技に特徴的な外傷といえる。例えばキーパーがシュートを止めるときに，ボールが強く手に当たって肘が外反強制され，肘内側側副靭帯が損傷する。フィールダー（フィールドプレーヤー）の場合，相手選手との強いコンタクトプレーによって肘が逆に極められて受傷することもある。またハンドアップなどで相手シュートを防

ぐ際に，ボールが強く指先に当たることで手指の靭帯が損傷する。

③腰痛

画像検査などから損傷した組織が明らかで，それに由来する腰痛を特異的腰痛と呼び，そうではないタイプを非特異的腰痛という[3]。

この非特異的腰痛では，上記したように損傷組織が画像検査などから特定できず，原因も筋肉，靭帯，関節包，椎間板など様々である。筋疲労や微細損傷の蓄積によって発生するタイプも多い。筋疲労は腰部の筋力不足でも生じるが，連動する胸郭や股関節の動きが少ないことで，それを補うために腰部が過度に動かざるを得ないため，結果腰部の筋が酷使されることで生じることも考えられる。また胸郭や股関節の柔軟性や操作技術が低いと，代償として腰部に大きな運動が求められることで微細損傷が生じるとも考えられる。

2 水球選手の傷害への対応

① RICE 処置

傷害を受傷した際に共通する対応方法は，RICE 処置である（p.140 の「②物理療法の目的と方法」の項を参照）。

②テーピング

テーピングを上肢に貼ることでシュート感覚などが変化してしまうため，テープを好まない選手もいる。実施するときは相談する必要がある。

[投球障害肩]

腕を挙げたときに痛みが出る場合（肩関節インピンジメント症候群など）では，肩関節外転をサポートするキネシオテープが有効である（図4-5-1）。

腕を後方に振るときに肩前方が痛む場合（腱板疎部損傷など）では，肩関節水平内転（脇を90°にして身体前方に閉じる動き）をサポートするキネシオテープが有効である。

[研究問題]
・肩関節以外で，投球障害肩に影響を与える身体部位を述べよ。

[理解度チェック]
・肩関節以外の身体部位が，投球障害肩に影響を与える理由を述べよ。

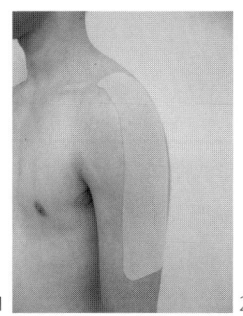

図4-5-1 テーピング
（1 外転サポートテープ，2 水平内転サポートテープ）

[研究問題]
・投動作では，肩甲骨面が投球方向に向いた方が肩関節へのストレスが少ない。どうすればそのような投球フォームになるか，他の身体部位と関連づけて述べよ。

[理解度チェック]
・肩関節インピンジメント症候群とはなにか説明せよ。

[肘や手指の関節外傷（靭帯損傷）]

　肘内側側副靭帯損傷および手指の靭帯損傷のテーピングは，通常の方法に準じた方法でよい。いずれも損傷靭帯を保護するテープを強く貼る。また，テープはがれを防止するため，耐水性のあるテープを用いたり最後のラッピングを工夫（テープ裏面の糊面同士を合わせて処置する等）したりする必要がある。

[エクササイズ]

　RICEやテーピングは試合中でも実施することができる。エクササイズでの対応は試合終了後であれば有効だが，急性期の場合エクササイズは適さないことがほとんどである。ただし慢性的な腰痛の場合はエクササイズが有効となることもある。また，傷害への対応と予防は，重複することが多いため次項にて記述する。

3 水球選手の傷害予防

　投球障害肩では肩の可動域，筋力，肩甲骨を含む肩関節のモビリティやスタビリティ，また操作技術といった機能だけでなく，体幹や股関節におけるそれらの機能も重要である。また慢性的な腰痛では体幹の機能だけでなく，肩関節や股関節の機能も重要である。

　投球時，体幹上部である胸郭や肩関節（上肢），さらに股関節（下肢）が大きく動く。それらの連結部である体幹下部・腰部は，それらの動きに影響を受ける。すなわち胸郭や肩関節，さらに股関節の動きが少ない場合，腰部の動きで補わなければならない。それがストレスとして疲労が蓄積することで，腰部に慢性的な筋疲労を起こし，あるいは関節構成体に微細損傷を与えることとなって腰痛に発展することが考えられる。または，股関節や腰部，胸郭の動きが少ない場合，肩関節の動きで補うこととなって，同様に肩の障害へ発展する。

　投動作に限らず，泳動作も全身運動であるため，その中で酷使される肩や腰に痛みが生じやすく，全身運動ゆえに互いの機能が影響を与え合うのである。したがって，肩の痛みにも腰の痛みにも共通する傷害予防コンディショニング方法が多く，種目はオーバーラップする。そこでここでは，投球障害肩や腰痛という整形外科的問題で区分せずに，各機能，各部位で区分して，それらを高めるコンディショニング方法を解説する。特にここでは，投球時の体幹上部や肩関節，および股関節の連動の改善といった，水球特有の投動作に内容を絞って，代表的なエクササイズを解説する。

①柔軟性のコンディショニング

　次に紹介する種目は，反動を使わずにゆっくり動作して，フィニッシュポジションで保持するのが基本である。呼吸を止めず，張りを感じるが痛みが強くない範囲で動作する。キープする時間は，軽いほぐし，拘

縮の除去など目的によって異なるが，最低限10秒，じっくり伸ばす場合は30～60秒程度とする。

[肩関節（肩甲骨含む）]

　肩関節は投動作の主要な関節である。他部位との連動も重要だが，まずこの肩関節の柔軟性を高く保つことが重要である（図4-5-2）。

図4-5-2　肩関節　柔軟性のコンディショニング
（1　外転：肩関節構成体〔下方〕・大円筋など，2　内旋：肩関節構成体〔後方〕・外旋筋群）

- **外転（肩関節構成体〔下方〕，大円筋など）**：脇の下にストレッチポールやバスタオルを丸めたものを押し当てて，肩甲骨の動きを抑えることで，肩関節そのものや単関節筋である大円筋を伸ばす。圧迫によるマッサージ効果もある。
- **内旋（肩関節構成体〔後方〕，外旋筋群）**：投球では強く大きい肩内旋運動が生じるため関節包などが強く伸張され炎症を起こす。また伸張性収縮によって動作にブレーキをかける外旋筋群も炎症を起こし，拘縮する。そのため内旋方向にストレッチし，可動域を確保することが重要である。壁際に対して真横に立ち，脇が90°開くように腕を挙げる，肘を90°曲げて，前腕が壁につく方向に倒す。

[胸郭]

　水球選手には，胸郭のマルアライメントである円背を呈する選手が多い。したがって胸郭を伸展させ，ストレスのかかりにくい動作を行う上で基本となる良い姿勢を作ることが重要である。また，投動作では胸郭が大きく伸展，回旋する。胸郭の伸展，回旋可動域が少ないと，肩関節の内旋で補うことで肩関節へのストレスが大きくなるため，これら種目群は重要である（図4-5-3）。

- **伸展**：立位で手を壁について，胸を下に落とすようにしてストレッチする。肩関節へのストレスを軽減するため，手は閉じて壁につくようにする。

図4-5-3 胸郭 柔軟性のコンディショニング
（1 伸展，2 伸展：ベンチ台を用いて強度を増す別法，3 伸展＋回旋：大胸筋とともに伸ばす方法，4 伸展＋回旋：小胸筋や前鋸筋とともに伸ばす方法）

- **伸展（ベンチ台を用いて強度を増す別法）**：ベンチ台に仰向けになり，上背部をベンチ台の末端に当てて，ベンチ台をつかむ。そのままお尻を落とすようにして胸を伸展する。肘を締めてベンチ台を持つようにする。
- **伸展＋回旋（大胸筋とともに伸ばす方法）**：壁際に立って，腕を挙げて壁に手をつけ，身体を捻る。この時にもう一方の手で肋骨側面・後面を持ち，前に引き出すようにする。
- **伸展＋回旋（小胸筋や前鋸筋とともに伸ばす方法）**：上記種目と同様に行う。腕を脇腹のあたりに位置させて壁に手をつける点のみ異なる。

[腰部]

腰部は痛みが発生しやすい部位であり，関節固定が重要視されることがある。しかし生理的な可動範囲を保って動ける状態にしておかなければ，パフォーマンス低下につながる（図4-5-4）。

- **屈曲＋回旋**：仰向けになり，両膝を胸に引き付ける。（写真の場合）左に両膝を倒して，骨盤から下を左に捻る。上になっている右脚の脚

図4-5-4 腰部　柔軟性のコンディショニング
（1　屈曲＋回旋，2　伸展＋回旋）

を引き付け，さらに左手で殿部を引き付けて強く伸ばす。
●伸展＋回旋：身体を大きく反らし，最後に捻る。

[股関節]

投動作では全身運動の基点となる関節で，また巻き脚動作においては動作中常に大きく動く重要な関節といえる。そもそも可動範囲が大きいが，膝を引き上げきれない，内側に捻りきれないといった可動域制限が生じやすい。股関節そのものが損傷することは少ないが，股関節の柔軟性低下が腰部や肩関節にまで悪影響を及ぼすことがあるので，柔らかい状態に保つことが重要である（図4-5-5）。

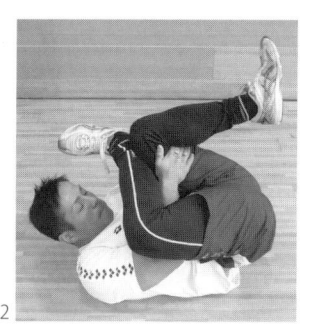

図4-5-5 股関節　柔軟性のコンディショニング
（1　内旋：股関節外旋筋群，2　屈曲＋外旋：梨状筋，3　伸展＋回旋：腸腰筋，4　前面・側面軟部組織のほぐし）

- **内旋（股関節外旋筋群）**：体育座りで腕を後ろについて身体を支えた姿勢から，一方の膝を内側に倒して，もう一方の踵で膝上から下に押し付けるようにする。お尻が上がらないようにすることがポイントである。
- **屈曲＋外旋（梨状筋）**：仰向けで脚を浅く組み，下の脚（写真では左脚）を引き付ける。
- **伸展＋回旋（腸腰筋）**：片膝立ちから前脚を立てる。体重を前（写真では左足）にかけて股関節を伸展し，この状態から大きく捻って反る（写真では左に）ことで，腸腰筋に加えて，体幹前面・側面を伸ばす。
- **前面・側面軟部組織のほぐし**：太ももの付け根の前面から側面の筋肉や皮下脂肪をセルフマッサージでほぐす。膝を引き上げやすくなる。ストレッチに前に実施するとストレッチの効果が高まる。

② **筋力のコンディショニング**

次の種目群は，10～30回×1～3セット程度行うのが基本である。すべての可動範囲を，反動を使わず丁寧に動作するとよい。

［肩関節（深部）］

肩甲骨の関節窩に上腕骨頭がはまり込んで動作することが傷害対策として重要だが，肩関節はそもそも不安定であり，上腕骨頭が偏位した状態で動作して痛みにつながることが問題となる。次の種目群は，関節窩に上腕骨頭を押し付けて安定させる役割をもつローテーターカフを強化する種目である（図4-5-6）。

- **外転**：腕を真横から30～45°程度前に閉じ，45°程度まで腕を上に挙げる。いかり肩のように，肩全体が挙上しないように気をつける。
- **外旋（1st プレーン）**：上腕を体側につけ，肘を90°に曲げる。前腕が外側に開くように腕を外に捻る。
- **内旋（1st プレーン）**：上腕を体側につけ，肘を90°に曲げる。前腕が内側に閉じるように腕を内に捻る。
- **外旋（2nd プレーン）**：腕を真横に90°挙げ，肘を90°に曲げる。前腕が立つように腕を後ろに捻る。
- **内旋（2nd プレーン）**：腕を真横に90°挙げ，肘を90°に曲げる。前腕が倒れるように腕を前に捻る。

図4-5-6 肩関節（深部）筋力のコンディショニング
（1・2 外転，3・4 外旋：1st プレーン，5・6 内旋：1st プレーン，7・8 外旋：2nd プレーン，9・10 内旋：2nd プレーン）

[肩関節（肩甲骨周囲）]

　肩関節の動きは，上腕の動きとして視認されるが，実際には根元で肩甲骨が大きく動いている。腕の根元たる肩甲骨の動きが少ない場合，腕（上腕骨）の動きを大きくすることで動きを補い，そのため肩関節（肩甲上腕関節）に大きなストレスが加わる。したがって肩甲骨を大きく動かせるよう，肩甲骨周囲筋群をコンディショニングすることが重要である（図4-5-7）。

- 肩甲骨内転（僧帽筋中部・下部）：前へならえのように前方に上げた腕を，後方に開く。このとき胸を大きく開いて張って，肩甲骨を寄せるようにする。
- 肩甲骨外転（小胸筋，前鋸筋）：腕を真っ直ぐにして，前方に突き出すようにする。背中を丸めるようにして行う。
- 肩甲骨外転（ダンベルで片側のみ行う方法）：仰向けになってダンベルを持った腕を垂直に立てる。天上に向かって突き出すように根元から腕を突き出す。

図4-5-7　肩関節（肩甲骨周囲）筋力のコンディショニング
（1・2　肩甲骨内転：僧帽筋中部・下部，3・4　肩甲骨外転：小胸筋・前鋸筋，5・6　肩甲骨外転：ダンベルで片側のみ行う方法）

[肩関節＋胸郭]

これらの種目は，肩関節と胸郭の筋力に関するコンディショニングに分類したが，肩関節と胸郭の連動という，「動き」を引き出すコンディショニングにもなる（図4-5-8）。

- **肩甲骨内転下制＋胸郭伸展**：うつ伏せになり，腕を前方に伸ばす。まず手を天井に近づけるように腕を根元から持ち上げる。その後，胸を地面から離すように伸展させる。腰を反らせすぎるのではなく，胸郭を伸展させるようにする。
- **肩甲骨内転下制＋胸郭伸展回旋（片側のみで行う方法）**：上記種目を片側のみで行うことで，回旋の動作が生じる。
- **肩甲骨内転下制＋胸郭伸展（チューブで行う方法）**：チューブがあればうつ伏せになれない場所でも行うことができる。
- **肩関節外旋＋胸郭伸展**：上記した外旋（2nd プレーン）に，胸郭の伸展（反り）を加える。

図4-5-8　肩関節＋胸郭　筋力のコンディショニング
（1　肩甲骨内転下制＋胸郭伸展，2　肩甲骨内転下制＋胸郭伸展回旋：片側のみで行う方法，3・4　肩甲骨内転下制＋胸郭伸展：チューブで行う方法，5・6　肩関節外旋＋胸郭伸展）

[股関節]

上記したように，投動作，巻き脚動作で重要な役割を果たす。股関節が果たすべき役割を果たさなければ，腰部や肩関節への負担が増す。大きな可動域を強く，速く動けるようになることが重要である（図4-5-9）。

- ●外旋（自重）：横向けに寝て，下の脚の膝を90°に曲げ，下腿が立つように太ももを外側に捻る。投動作や巻き脚動作では，股関節は3次元的な複雑な運動を起こす。捻る動きも含まれており，これは捻る動きに特化した種目である。また股関節は肩関節ほど不安定な関節ではないが，内外旋の筋力によって関節の安定性を高める目的もある。
- ●内旋（自重）：横向けに寝て，上の脚の膝を90°に曲げ，下腿が立つように太ももを内側に捻る。
- ●外旋（チューブ）：チューブで行うことで強度の調節がしやすくなる。
- ●内旋（チューブ）：同上。
- ●屈曲：しっかりと胸を張るように体重を前にかけて，骨盤を前傾させて座る。その状態から膝を引き上げる。可動域は正常な者でも少ないが，この最終可動域で膝を引き上げることができるようにする。

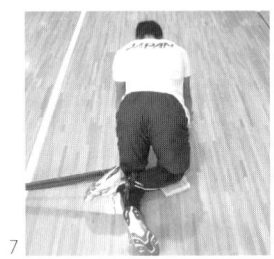

図4-5-9 股関節 筋力のコンディショニング
（1・2 外旋：自重，3・4 内旋：自重，5・6 外旋：チューブ，7・8 内旋：チューブ，9・10 屈曲，11 屈曲＋外転，12・13 股関節伸展：うつ伏せ）

- **屈曲＋外転**：上記エクササイズと同様の姿勢で，膝を開いたポジションから引き上げる。
- **股関節伸展（うつ伏せ）**：うつ伏せになって，脚の根元から上方に上げるようにする。このとき腰が反ったり，捻ることがないように股関節のみの運動で行う。大殿筋を強化し，また股関節の動きを最大限引き出す目的で行う。股関節を腰部と分離して動かすことを学習する種目でもある。

[腰部＋股関節]

　これらの種目は，腰部と股関節の筋力に関するコンディショニングになるが，特に強いコンタクトに対して腰部を固めることを学習する目的で行う。10～30秒保持，1～3セット程度行う（図4-5-10）。

- **ブリッジ（プレートレジスタンス）**：両前腕，両爪先を接地し，身体を持ち上げて一直線にする。この際，腰部にプレートを乗せて行う。自重以上の負荷に耐えることで，強いコンタクトプレーの準備となる。
- **ブリッジ（マニュアルレジスタンス）**：上記同様の目的で行う。パートナーの徒手抵抗のため，負荷の調節が容易である。

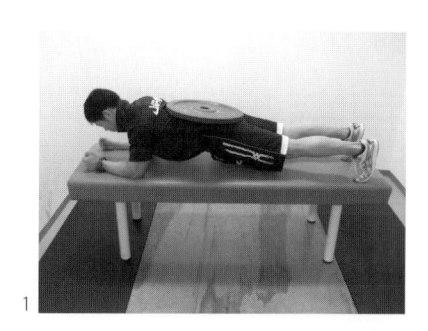

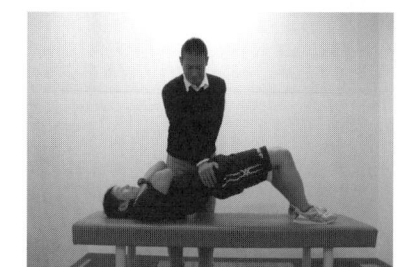

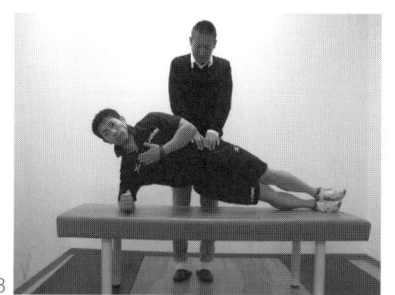

図4-5-10 腰部＋股関節　筋力のコンディショニング
（1　ブリッジ：プレートレジスタンス，2・3　ブリッジ：マニュアルレジスタンス）

③動作のコンディショニング

　次の種目群は，10～30回×1～3セット程度行うのが基本である。すべての可動範囲を丁寧に動作するとよい。実際には筋力のコンディショニング種目と互いにオーバーラップするので，厳密に区分しなくてもよい。

[肩関節・胸郭]

　これらの種目は，肩関節と胸郭の連動を引き出す種目である（図4-5-11）。

- **チェストアップ**：腕を内側に捻り，肩（肩甲骨）を前に出し，背中を丸める。次に腕を外に開きながら胸郭を持ち上げて張る。
- **ウィンギングエクササイズ**：肘を曲げた状態（前腕を立てた状態）で手背同士がつくように背中を丸めて肩（肩甲骨）を前に出す。次に，反対に腕を開いて胸を張って手掌が外に向くようにする。その胸を張った状態のままで，腕が耳の横か後ろを通るようにバンザイをする。
- **肘肩前回し**：投球動作のように脚を前後に開いて立ち，脚を後ろに引いた方の腕（写真では右）で，大きな円を描くように肘と肩を大きく前に回す。胸が一度大きく開いて，次に背中が丸まる。
- **肘肩後回し**：上記種目を後回しで行う。引いた方の脚（写真では左）と反対の腕を大きく動かす。

図4-5-11 肩関節・胸郭 動作のコンディショニング
（1・2 チェストアップ，3・4・5 ウィンギングエクササイズ，6・7・8 肘肩前回し，9・10・11 肘肩後回し）

[腰部・股関節]

　これらの種目は、腰部と股関節の連動を引き出す種目である。反対に、股関節と腰部の動きを分離することが難しい場合もあるので、股関節のみを動かす種目もある（図4-5-12）。

- ●ペルビックチルト前後：お尻を突き出すようにして腰から背中全体が反るようにする。このとき骨盤の前傾が強まる。次にお尻を戻すようにして、腰から背中全体を丸めるようにする。このとき骨盤は後傾していく。
- ●ペルビックチルト左右：左右どちらか一方のお尻を上げるようにして、上げた方に向かって体幹を横に曲げる。
- ●股関節伸展（フロントブリッジ）：股関節を腰部と分離して動かす種目である。フロントブリッジで体幹に力を入れた状態で股関節のみの運動を行うことを学習する。

図4-5-12　腰部・股関節　動作のコンディショニング
（1・2　ペルビックチルト前後，3・4　ペルビックチルト左右，5・6　股関節伸展：フロントブリッジ）

4 水球選手の競技力向上のためのコンディショニング

　水球選手に特徴的な，投球パフォーマンス向上のためのコンディショニングに絞って解説する。ここも傷害対策エクササイズ，予防エクササイズとオーバーラップするため，上記で紹介していないもので代表的なエクササイズを解説する。10回×3セットが基本となるが，目的や時期によって調整される。

①身体前面の筋群強化

　腕を前に振り下ろす運動は，投球動作に近い。腕を前に振り下ろす動きのウエイトトレーニングは，プルオーバーが代表的である。プルオーバー，およびそのバリエーション，また類似種目を紹介する（図4-5-13）。

- バーベルプルオーバー：肩幅かそれ以下でバーベルを握る。ベンチプレス台に直交するように仰向けとなり，天井を向く。胸が大きく開くように頭上にバーベルを降ろしていく。肘で円を描くようにバーベルを目線まで戻す。最大筋力の養成に有効である。
- ダンベルプルオーバー：ダンベルを両手で持って，上記同様に行う。最大筋力の養成に有効である。
- ケーブルプルオーバー：ケーブルマシンでも同様の種目が可能である。最大筋力の養成に有効である。
- ワンハンドダンベルプルオーバー：片手で行うことで体幹の回旋筋力発揮が必要となり，実際の投球動作に近くなる。最大筋力の養成に有効である。
- メディシンボールスロー　バランスボール：バランスボール上で仰向けになり，メディシンボールを前方に投げるようにして行うプルオーバーの類似種目。爆発的パワー養成に有効である。腹筋群への刺激も高まる。
- メディシンボールスローダウン：立位で，大きく振りかぶって反動をつけて，メディシンボールを地面に叩きつける類似種目。爆発的パワー養成に有効である。腹筋群への刺激も高まる。

【研究問題】
・腰痛の原因の一つである筋疲労や微細損傷の蓄積が生じやすくなる原因を述べよ。

【理解度チェック】
・身体前面を強化して投球パフォーマンスを向上させる種目を述べよ。

【参考文献】
1) 宮下浩二．(2007)「投球障害肩へのアスレティックリハビリテーション」日本体育協会　編『公認アスレティックトレーナー専門科目テキスト　第7巻　アスレティックリハビリテーション』pp.144-153．日本体育協会．
2) 三幡輝久．(2011)「internal impingementの解剖学的分析」宗田大編『復帰を目指すスポーツ整形外科』p.75．メジカルビュー社．
3) van Tulder MW, Assendelft WJ, Koes BW, Bouter LM. (1997)「Spinal radiographic findings and nonspecific low back pain.」『A systematic review of observational studies, Spine』22：427-434．

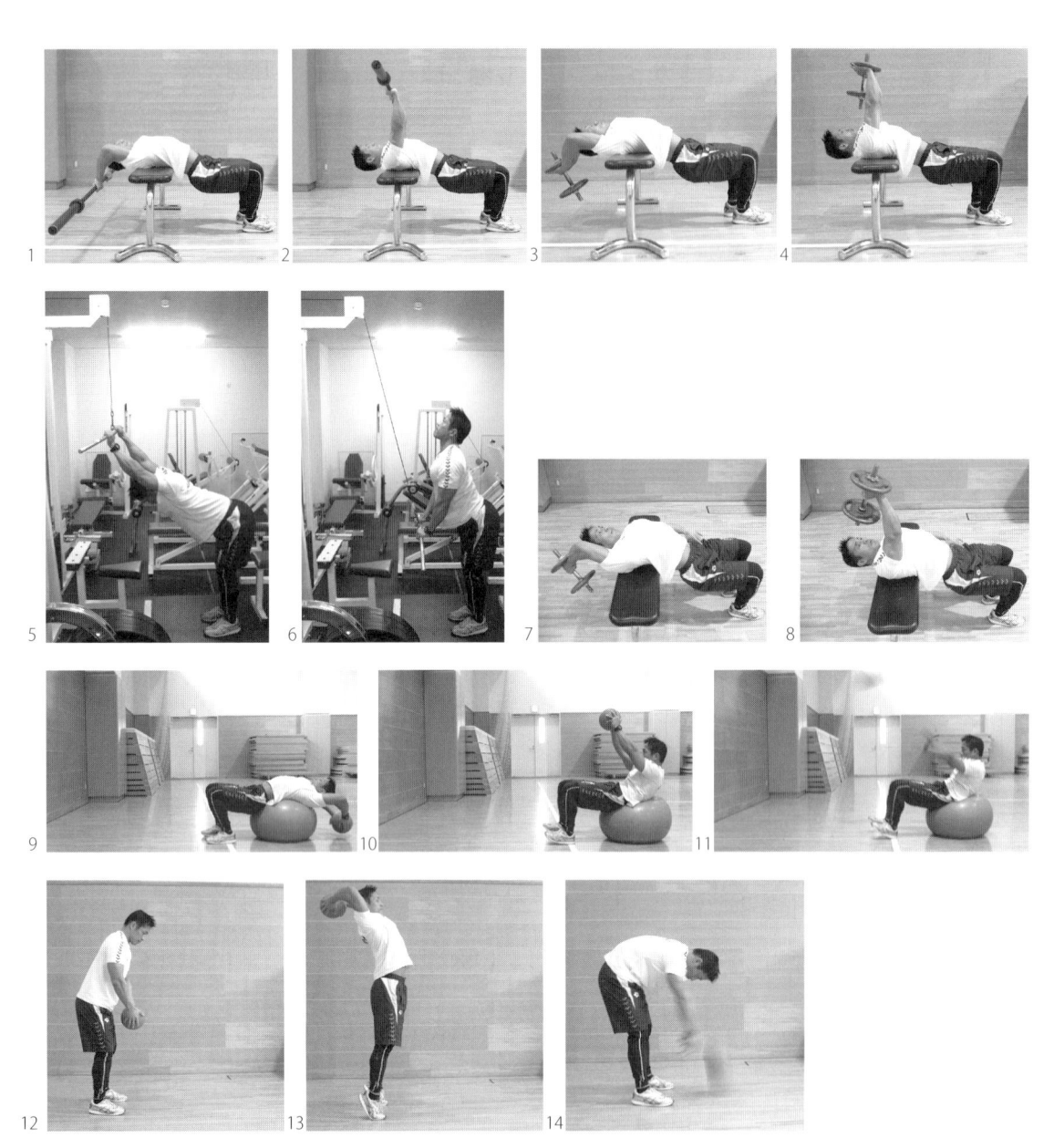

図4-5-13　身体前面の筋群強化
（1・2　バーベルプルオーバー，3・4　ダンベルプルオーバー，5・6　ケーブルプルオーバー，7・8　ワンハンドダンベルプルオーバー，9・10・11　メディシンボールスロー　バランスボール，12・13・14　メディシンボールスローダウン）

②身体後面の筋群強化

投動作の主動筋である身体前面の強化に目が向くことが多いが、動作初期に後方に身体を反らせつつ腕を引く必要がある。この動作が強ければ前方に投げるための反動が強く得られるため重要である（図4-5-14）。

- **スナッチ**：オリンピックの重量挙げ種目である。両腕を真横に90°に開いたときの両肘間の幅でバーベルを握る。デッドリフトの要領で立ち上がるが、上方にジャンプをするように爆発的に動作する。その勢いのままバーベルを頭上に持ち上げ、浅いスクワットをするようにバーベルの下にもぐり込んでキャッチする。腕で引き上げるのではなく、下肢と体幹の伸展によってバーベルを爆発的に挙上する。爆発的パワー養成に有効である。肩に問題がある場合はクリーンを行う。
- **ワンハンドダンベルスナッチ**：ダンベルを片手で持って、上記スナッチを行う。体幹の回旋筋力発揮が必要となり、また投動作に近くなる。

図4-5-14 身体後面の筋群強化
（1・2・3 スナッチ，4・5・6 ワンハンドダンベルスナッチ）

［岡田　隆，大里洋志］

第5章 シンクロナイズドスイミング

SECTION 1. シンクロナイズドスイミング競技概説
SECTION 2. シンクロナイズドスイミングの科学
SECTION 3. シンクロナイズドスイミングのコーチング
SECTION 4. シンクロナイズドスイミングのトレーニング
SECTION 5. シンクロナイズドスイミング選手のコンディショニング

シンクロナイズドスイミング競技概説

1 シンクロナイズドスイミングとは

　シンクロナイズドスイミングは，音楽と泳者相互の同時性を基にした採点競技である。伴奏音楽を使用するルーティンと基本の技を競うフィギュアがある。ルーティンには定められたエレメンツ（規定要素）を入れて行うテクニカルルーティンと自由に構成するフリールーティン，さらに総合力が試されるフリーコンビネーション，またハイライトルーティンがある。一方，フィギュアは国際水泳連盟（Fédération Internationale de Natation：FINA）により約200種類あるフィギュアの中から4年ごとに定められたものの中から4種類を1人ずつ行う。各フィギュアにはそれぞれ難しさの度合いに応じた難易率が決められており，各採点にこの難易率をかけて一定の計算方式に従い得点となる。現在では，フィギュアはジュニアや年齢別の大会のみで行われている。

2 シンクロナイズドスイミングの歴史

　1920年代にヨーロッパで行われていたフローティングに各種の泳法を組み合わせて泳ぐアーティスティックスイミングと呼ばれていたマスゲーム風の群泳が起源といわれ，レクリエーションスポーツとして行われていた。それがカナダを経てアメリカへ渡り，1934年に水中バレエとして行われていた水中ショーが，競技化される段階で採点のポイントを同調性においたところからシンクロナイズドスイミング（以下，シンクロ）と命名され，1941年にルールが制定された。

　1956年の第16回メルボルンオリンピック時のFINA総会においてシンクロが正式種目として承認され，FINAシンクロ委員会が発足した。日本は，アメリカ，オランダ，ドイツ，フランス，カナダ，インド，エジプト，スペインとともに構成メンバーに加わった。やがて国際競技規則が制定され，採点の統一見解など国際大会開催のための準備が進められ，1973（昭和48）年に第1回世界選手権大会開催の運びとなった。最初の国際大会に参加したのは14ヵ国で，アメリカはスピードとパワーで，カナダはスピードと芸術性で個性的な演技をみせ，日本は最少の4名で出場しながらも各種目で3位入賞を果たし，アメリカ・カナダ・日本の3強国時代の幕開けとなる意義深い大会となった。

　競技としてのシンクロが初めて日本に紹介されたのは，1954（昭和29）年7月30日にノーマ・オルセン夫人率いる全米選手権優勝チームがアメリカ軍慰問のため来日し，東京・神宮プールでエキシビションを行った時である。それ以前に楽水群像（大阪・浜寺水練学校）や音楽水泳（東京・府立第六高女）と呼ばれた群泳が各水泳大会等で公開演技を行っていた。日本水泳連盟の白山源三郎，松澤一鶴，串田正夫，高橋清彦らの熱意と努力，および初来日後4年間にわたり毎年日本を訪れ交歓競技会等を行ったオルセン夫人の尽力により，日本のシンクロは急速に発展していった。1956（昭和31）年には日本

水泳連盟にシンクロ委員会が新設され，同主催による初の講習会が東京YWCAプールにおいて112名の参加により盛大に開催された。翌1957（昭和32）年，日本水泳連盟はシンクロのルールを制定し，8月4日東京・目白プールで第1回日本選手権シンクロ競技を開催，東京ウォータースプライツ，浜寺水練学校，浜名湾遊泳協会，二階堂クラブの4チーム34名が参加した。その後，日本選手権は毎年開催されている。

3 競技

シンクロのイベント（種目）には，ソロ（1人），デュエット（2人），チーム（4～8人），フリーコンビネーション（8～10人）およびハイライトルーティン（8～10人）がある。また，セッション（競技）には，フィギュア競技とテクニカルルーティン，フリールーティン，さらにフリーコンビネーション，ハイライトルーティンがある。テクニカルルーティン，フリールーティンにはそれぞれ，ソロ・デュエット・チームがある。

フィギュア競技は，白のスイムキャップと黒の水着と定められており，ゴーグルの着用も認められている。選手の個人名はアナウンスされず出場順の番号のみコールされ，できるだけ先入観を排し技を見極められるようになっている。

競技会は通常，テクニカルルーティンとフリールーティン，あるいはフィギュアとフリールーティンの合計で競われる。なお，フリーコンビネーションとハイライトルーティンは独立した種目である。競技会では，各審判員は10点満点で採点し，最高と最低を除き残りの平均点を決められた計算式により算出する。最終得点（2競技の合計）は200点満点である。

国際大会は，4年ごとに行われるオリンピック大会，1994（平成6）年より正式種目となったアジア大会，さらには2年ごとに行われる世界選手権大会がある。世界選手権大会では1973（昭和48）年の第1回ベオグラード大会から正式種目として行われ，日本は銅メダルを獲得している。2001（平成13）年の福岡大会ではデュエットで念願の金メダルに輝いた。1979（昭和54）年からはワールドカップ，ジュニア世界選手権大会など，毎年大きな国際競技会が開催されている。

国内大会は，5月のゴールデンウイークに日本選手権兼ジャパンオープンが行われ毎年デュエットの世界のトップ10ヵ国を招待し国際大会として行い，国際的にも審判員の質の高さなどが評価されている。このほか，1989（平成元）年からはチャレンジカップ，1978（昭和53）年からは全国JOCジュニアオリンピックカップが始まり，年齢別の全国大会として定着している。また，国民体育大会（以下，国体）へは1981（昭和56）年第36回びわこ国体からデュエットが公開競技として行われ，1990（平成2）年の第45回福岡国体から正式種目となり全国へ普及の加速度を上げた。

一方，国際審判員は4年に一度，全世界数箇所で開催されるジャッジスクールを受講し，テストにパスした者のみ登録される。進化し続けているテクニックの現状を知り，ルールを熟知していなければ審判員として活動ができないのは当然のことである。

図5-1-1 FINA世界水泳選手権大会・バルセロナ2013での演技

4 施設・用具

　ルーティン競技用のプールは縦25m，横12mの広さで，そのうち12m×12mは水深3m以上なければならない。残りの水域の水深は2m以上あればよい。また，フィギュア競技用のプールは縦10m，横3mの水域が2箇所あり，水深は片方が2.5m以上，もう一方が3m以上なければならない。ただし，オリンピックや世界選手権大会では若干ルールが異なる。近年，国内の主要な大会は最深部3mから3.5mの可動床の50mプールの30m位置にコースロープを張り，競技を実施することが多い。

　また，シンクロ競技に不可欠な用具に水中スピーカーを含む音響装置がある。大会規模や競技会場が大きくなるに伴い，通常の練習用機材では良質な音質や広い音域，十分な音量が得にくい。また，ルーティンの構成が極限まで細かいリズムをカウントし動作するようになると，水中と空気中の音速のわずかな誤差も気になる。これを調整する専門知識や機材が必要になり，国内主要大会では専門業者に委託する場合が多い。さらに，入力装置を含む一連のリザルトシステム（得点等計算システム）も同様に専門業者に委託している。

　このように，大きな競技会の開催準備には人的確保のほかにプール，音響，リザルトシステムの手配は欠かせない。もちろんこれに伴い，スポンサーやテレビ中継を含むメディアの協力も不可欠である。しかし，通常の地域の大会や予選会であれば，プールに常設してある音響装置を使い，得点計算はPCを用いて簡易にエクセルなどの表計算ソフトを用いて入力することもできる。

　このほかに，シンクロ独自の用具にはノーズクリップがある。また，ルーティン競技ではスイムキャップを用いず水着や音楽に合わせた髪飾りを着ける。フィギュア競技ではフィギュアの開始の位置を示す位置指示板と採点板，さらには旗かホイッスルが必要である。

5 オリンピックとシンクロナイズドスイミング

　オリンピックでは1984（昭和59）年の第23回ロサンゼル大会から正式種目となり，ソロ，デュエットが行われた。この時はフィギュア競技とフリールーティン競技で行われ，日本は両種目とも銅メダルを獲得した。続く1988（昭和63）年の第24回ソウル大会，1992（平成4）年の第25回バルセロナ大会でも同様の競技種目，競技方法ですべて銅メダルを獲得した。1996（平成8）年の第26回アトランタ大会からチームのみがテクニカルルーティンとフリールーティンで行われ，4回連続の銅メダルを獲得した。この年までアメリカ・カナダ・日本の3強国時代が続いた。2000（平成12）年の第27回シドニー大会からチームに加え再びデュエットが復活し，ロシアがトップに君臨，2位に日本，3位はデュエットでフランス，チームでカナダが入った。2004（平成16）年の第28回アテネ大会では同様にデュエットとチームが行われ，ロシア，日本に続き，久々にアメリカが3位に返り咲いた。

　そして，2008（平成20）年の第29回北京大会では，デュエット，チームともに前回のアテネ大会の頃から台頭してきたスペインが2位につけ，日本は地元開催で湧く中国と3位争いをする展開となった。日本はデュエットでは3位となりメダルを死守できたが，チームでは残念ながら中国にその座を奪われた。2012（平成24）年の第30回ロンドン大会では，シンクロがオリンピック種目に採用されてから7大会連続メダル獲得の記録が途切れ，日本は初のメダル"0"に終わった。次の2016（平成28）年のリオ大会，2020年の東京大会へ向けて新たな強化体制作りが進んでいる。

6 競技者育成プログラム

　日本水泳連盟シンクロ委員会は，2000（平成12）年度より日本オリンピック委員会（JOC）の「一貫指導システム構築のためのモデル事業」の対象に選ばれ，国際大会においてトップ水準で戦う能力を有する競技者の育成を目標としたエリート教育対象競技者（旧一貫指導対象競技者）を広く全国の小学生に求め，2001（平成13）年度よりオーディションを年1回実施してきた。2004（平成16）年度に第1期生が15歳を迎え，この選手たちに対するエリート教育が終了し，翌2005（平成17）年度にはナショナルジュニアチームに上位の成績で選出された者もおり，成果を上げている。その後，各ナショナルチームに選考されるようになり，2012（平成24）年のロンドンオリンピックの代表チームの約半数を占めるまでになった。また，このユース世代でのエリート選手の中から選抜し，13～15歳の国際大会への派遣も実施している。

　一方，発育・発達段階に即した最適な基本技術を段階的に習得できるように2005（平成17）年度から実施したのが「シンクロバッジテスト」である。全国どの地域においても初期段階から長期的展望に立って一貫した指導理念のもと最適なカリキュラムで指導を実施することにより，有望選手の発掘や指導技術の向上も図ることができ，また地域格差がなくなり，日本のシンクロ全体のレベル向上につながっている。現在では，バッジテスト取得が国内主要競技会や選考会への出場要件となっている。また，強化だけではなく，年齢，性別を超えた多くのシンクロ愛好者たちにシンクロ技術の向上の目的・目標設定ができることにより，生涯スポーツとしての普及が図れる側面も併せもっている。

［市橋晴江］

シンクロナイズドスイミングの科学

SECTION 2

1 シンクロナイズドスイミングの力学
―スカーリングとエッグビーターキックの原理―

①推進力と推進技術

シンクロは，常に身体の一部を水上に出して表現動作をする運動である。水面上に出た部分の重さは荷重負荷（浮力の減少分）となるため，この荷重負荷を支えるためにはなんらかの技術を使って上方への推進力を発揮する必要がある（図5-2-1）。その技術がスカーリングやエッグビーターキック（立ち泳ぎ）などの推進技術である。もちろん，水上に高く身体を上げようとすればするほど，あるいは速く移動しようとすればするほど大きな推進力を必要とする。スカーリングやエッグビーターキックで発揮される上方への持続的な推進力は，揚力と呼ばれる力の貢献が大きい。シンクロの基本姿勢時の水上荷重負荷（平均身長160 cm，体重53 kgの場合）は，バレーレッグ姿勢78 N，バレーレッグダブル姿勢（大腿1/2）：72 N，フィッシュテイル姿勢78 N，垂直姿勢（膝）：38 N，（大腿1/2）：56 N，（大腿1/3）：92 N，立ち泳ぎ（肩）：86 N，（胸の中央）：157 Nである[1]。

②迎角（げいかく）

スカーリングでの手のひらの傾き，エッグビーターキックでの足の裏の傾きを迎角という。迎角の角度によって揚力の大きさを大きくしたり小さくしたりできる。

図5-2-2のように一定の方向に流れる水の中に，角度をつけないで板を置くと，水の流れと板が平行になっているので，板に働く力は，水の抵抗だけである（ゼロ揚力）。しかし，板を流れに対し上向きに傾ける（迎角）と，板の上下で水圧の差が生じ，板を上に持ち上げようとする力が働く（図5-2-3）。これが揚力の原理である。

つまり，スカーリングは，適度な角度をつけて水をかくことが重要である。角度をつけないで平らのままで動かしても揚力は発生しないが，逆に角度をつけすぎると抵抗が大きくなりすぎて失速し，揚力を得られない。

[荷重負荷]
水上に身体の一部を出した時には，水上に出した部分の体積分の浮力が減少する。水上に出た部分は浮力の減少分になり，荷重負荷となる。

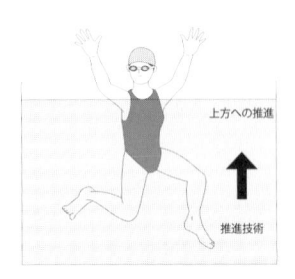

図5-2-1 荷重負荷

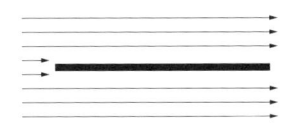

図5-2-2 ゼロ揚力

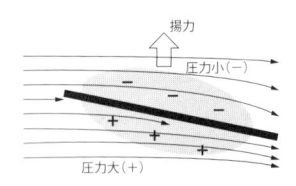

図5-2-3 過度な迎角をつけると揚力が発生する

③非定常揚力

　スカーリングとエッグビーターキックの推力発生の原理は流体力学を応用して説明できる。スカーリングのように短い周期で迎角が変化するような運動では，飛行機の翼などとは異なる非定常な揚力が発生する。スカーリングの手の軌跡は横8の字といわれているが，負荷が増大すると手先は図5-2-4のようにへちまを斜めにしたような形を描き，手首は縦幅の狭い横8の字を描く[2]。エッグビーターキックの足首の軌跡は斜め楕円を描く（図5-2-5）[3]。どちらも適度な迎角を保ち，渦をうまくとらえることで手部または足部の表側と裏側の圧力差を増大させ，揚力を発生させている（図5-2-6）。圧力分布測定法によるスカーリング時に鉛直上方へ働く手部流体力は，上向き水平姿勢でのフラットスカル時1サイクルで片手約18 N，垂直姿勢でのサポートスカル時1サイクルで片手約33 Nと推定される[4]。

④形態と身体組成

　これまでの研究から，シンクロ選手は日本人の同年齢一般女子よりも身長が高く，下肢長の割合が長いことが報告されている[5), 6]。しかし，世界上位国の平均身長は日本代表選手のそれよりも4～5 cm高い。2012年のロンドンオリンピックの公式情報によると，ロシアチームの平均身長は172.1 cm，中国170.4 cm，スペイン170.8 cm，カナダ170.8 cm，日本166.7 cmであった。また，同年の日本チームの平均体重は56.0±4.7 kg，平均体脂肪率（空気置換法）は18.8±2.7%であった[7]。

　演技中，水面下の身体部位にかかる浮力が大きいほど必要とされる上方への推進力は小さくなる。よって，水上に出る身体部分は長く細く，常時水中にある身体部分は体積が大きい方が有利である。大きな浮力を得るということだけを考えれば，胴体の体積が大きく，四肢が長く細いことが望ましい。しかし，スカーリングやエッグビーターキックによって大きな力を発揮するには，体幹，肩周辺，股関節周辺の筋力が重要である。したがって，体幹と四肢の付け根は相応に筋が発達し，四肢の先端は細く長い体型が理想的である。

　他方，身体組成に目を向ければ，唯一比重が1より小さい脂肪組織の多い方が水に浮きやすい。浮きやすさを考えれば，体幹部の体積が大きく体脂肪が多いことが望ましいが，空気の約800倍の密度を有する水中で，身体をすばやく移動し身体の向きや姿勢の変換をすばやく行うには，筋力，筋パワーが不可欠であり，余分な脂肪はおもりになって動きの邪魔になる。ただし，体温よりも低い水温（約27～29℃）での長時間のトレーニングに耐えるためには，最低限の体脂肪が必要であることから，ハードトレーニングを積んでも他の持久系スポーツ選手に比べておのずと体脂肪が備わっているのもシンクロ選手の特徴である[7]。

［本間三和子・伊藤浩志］

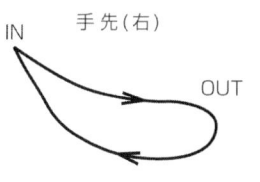

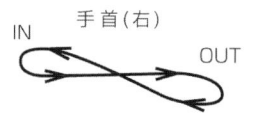

図5-2-4　上向き水平姿勢でのスカーリングの手と手首の軌跡

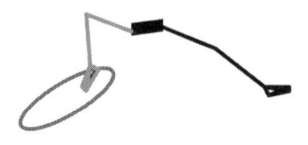

図5-2-5　エッグビーターキックの足首の軌跡

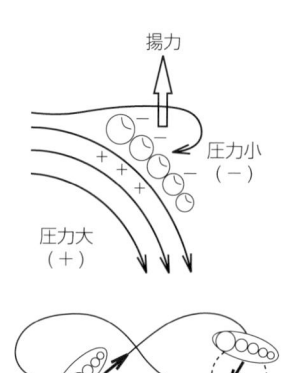

図5-2-6　スカーリングにおける揚力の発生の仕組み
手のひらで渦をとらえ，手のひら側（＋）と甲側（－）の圧力差を大きくすることによって揚力を生む。

［研究問題］
・スカーリングやエッグビーターキックで発揮される上方への持続的な推進力は，主としてなんと呼ばれる力によって生み出されるか。
・迎角とはなにか，またそれはどのような働きがあるのか。

2 シンクロナイズドスイミングの生理学

①運動時間とエネルギー代謝

　シンクロ競技の運動時間は，フィギュア約10秒〜1分，テクニカルルーティン約2〜3分，フリールーティンは2分30秒〜4分30秒である。エネルギー供給機構からみると，有酸素性エネルギーおよび無酸素性解糖系エネルギーの両方を最大限発揮して行う運動である。そして，その持続的な運動中に，ブーストやロケットなどの大きなパワーを要する動作を間欠的に行うスポーツである。代表選手の中には，筋収縮速度が速く反応が敏感でパワーのあるタイプの選手と，筋収縮速度が遅くじわっと力を出せるタイプの選手がいる。前者は単発的ですばやいシャープな動きは得意だが，後者は垂直姿勢で中心軸を崩さず長く立っていられるような基本動作が得意である。いずれも重要な要素であるため，総合的には持久的，瞬発的の両方のタイプの出力がバランスよく発揮できることが望まれる[7]。

②止息と潜水性徐脈

　ルーティンでは全演技時間の約50〜60%が止息状態での運動である[8]。一回に潜る時間は最大で約20秒，多くはおおむね5〜15秒くらいだが[9]，経験的に10秒を超えると非常に生体への負担度が大きい。息をこらえながらの運動を繰り返して最後まで泳ぎ切るには，高い心肺機能，呼吸循環機能，呼吸調整能力が求められる。

　止息によってトレーニング中および演技中に潜水性徐脈が起こることも知られている[10],[11]。徐脈とは心拍数が低下する現象のことである。一般的に運動中は運動強度に応じて心拍数が増減するが，シンクロでは強度の高い運動中であってもある程度の時間（約15秒）以上の止息を伴うと心拍数が低下することがある。徐脈の程度は個人差があり，同じ運動を行っても徐脈の程度が小さい者もいれば，演技中に40〜60拍/分にまで低下した例もある。図5-2-7は2名の一流選手のハイポキシックトレーニング中の心拍数の変化を示したものである[11]。実線で示した選手は止息時に心拍数の低下を示している。

③筋形態

　図5-2-8は，あるナショナルチーム選手の腹部ヤコビーライン断面のMRI画像である。上図は移行期を終え，トレーニングを開始した直後の一般的準備期（10月），下図は8ヵ月後の試合期直前（6月）の専門的準備期の断面図である。白くみえるのが脂肪組織，灰色が筋，骨組織，内蔵等である。トレーニング開始時には皮下脂肪が厚いが，シーズン最中にはトレーニングによって筋が発達し，皮下脂肪が薄くなっているのがわかる。また，筋形態の結果からシンクロ選手は他の競技種目の選手に比べて腹筋の発達が顕著であるといわれている[12]。

[理解度チェック]
・水上に身体の一部を出したときには，水上に出した部分の体積分の浮力が減少する。水上に出た部分は浮力の減少分になり，荷重負荷となる。
・スカーリングは，手のひらに適切な角度をつけて水をかくことが重要である。

[理解度チェック]
・止息によってトレーニング中および演技中に潜水性徐脈が起こることがある。
・トレーニングによって筋が発達する。

[研究問題]
・シンクロの運動は，どのようなエネルギー代謝からなるか。

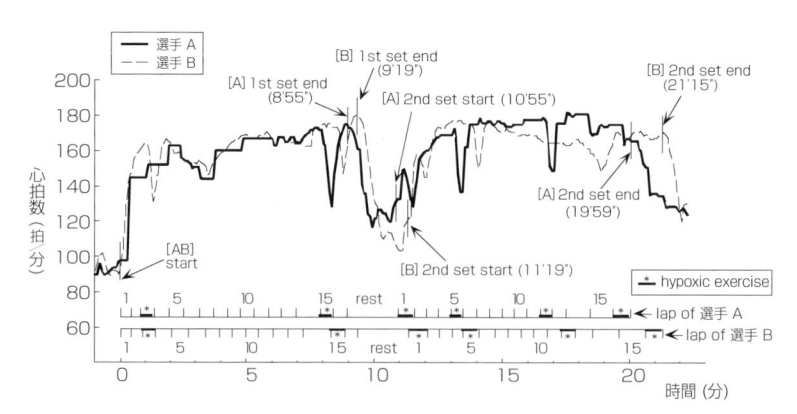

図5-2-7 ハイポキシックルーティンドリル中の心拍数応答

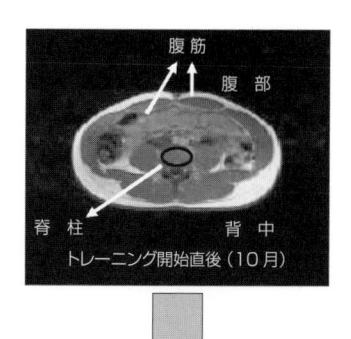

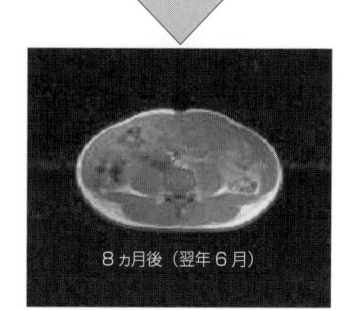

図5-2-8 シンクロ選手（ナショナルチーム）の腹部ヤコビーライン断面のMRI画像
（資料提供：国立スポーツ科学センター）

［本間三和子・伊藤浩志］

3 シンクロナイズドスイミングの栄養学—食事と栄養補給—

①食事の基本

シンクロ競技は，比較的練習時間が長いために1日の消費エネルギーが高い。また，高さやスピードを出すために必要な筋肉，浮力を維持するための体脂肪がバランスよくついた身体作りが必要である。このような競技特性を踏まえて，シンクロ選手の食事では次の3点が重要なポイントとなる。

● 1日3食＋必要に応じて補食をとる

練習で消費したエネルギー量を食事摂取で補うため，毎食しっかり食べ，必要に応じて練習前後などに補食をとる。補食＝お菓子ではない。スナック菓子やチョコレート，甘い炭酸飲料等は，脂質や糖質が多い割に他の栄養素が少ない。また，お菓子を食べ過ぎるとお腹が膨れて食事がとれなくなるので，なるべくとらないようにする。

● 食事の栄養バランスを整える

食事の基本の形（主食，主菜，副菜，汁物，乳製品，果物）をなるべく毎食揃えるようにする。また，好き嫌いを減らし，いろいろなものを食べることで栄養バランスが整いやすい。

● 練習後はすぐに食事・補食をとる

練習で枯渇したエネルギーの補給や，トレーニングで使った筋肉の再合成のために，練習後はなるべく早いタイミングで食事または補食で栄養補給する。

②1日の食事と補食のタイミング

多くのシンクロ選手は，平日，学校のあと練習に通っている。図5-2-9は，ある選手の1日のスケジュールである。もし昼食から夕食までの間，なにも補給しなければ約9～10時間もの間が空くことになる。

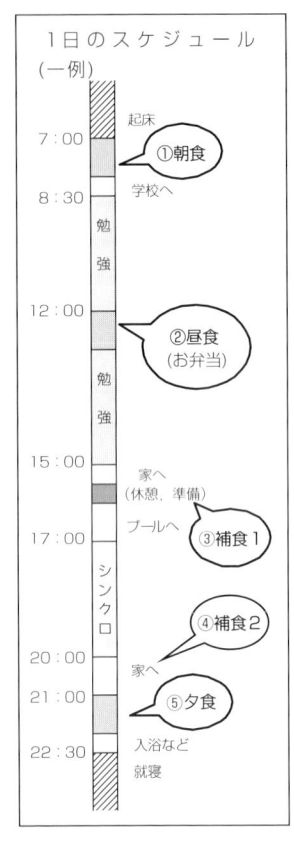

```
1日のスケジュール
  (一例)
          起床
 7:00   ①朝食
        学校へ
 8:30
        勉強
12:00   ②昼食
        (お弁当)
        勉強
15:00   家へ
        (休憩,準備)
        プールへ
17:00   ③補食1
        シンクロ
        ④補食2
20:00   家へ
21:00   ⑤夕食
22:30   入浴など
        就寝
```

図5-2-9 1日のスケジュール

これでは，エネルギーが不足し，集中して練習に取り組めず，トレーニング効果を上げることは難しい。そこで，練習に行く前に補食をとるようにするとよい。この時の補食(図5-2-9の"補食1")は，消化がよく，すぐにエネルギー源となるような糖質の豊富な食品(バナナ，オレンジジュース，あんまん等)が好ましい。

また，練習場所と家が遠く，練習が終わってすぐに夕食がとれない場合には，帰宅途中で補食をとるようにする。補食(図5-2-9の"補食2")では練習で枯渇した筋グリコーゲンを補う炭水化物や，筋の再合成に必要なタンパク質を含む食品(おにぎり，サンドイッチ，肉まん，チーズ，牛乳等)を摂取するとよい。"補食2"をとった場合，夕食では食事の基本の形のうち，補食でとれなかったもの(主菜，副菜，乳製品，果物等)を中心に摂取すればよい。ただし，脂質が多い食事は消化が悪くなるため，とりすぎないようにする。

③貧血予防のための食事

運動選手は比較的鉄不足になりやすく，特に女子選手は月経により鉄分が多く失われる。鉄分は全身に酸素を運ぶ血液中のヘモグロビンという物質の材料で，ヘモグロビンの量が減ると全身持久力が低下し，いわゆる"スタミナ切れ"の状態になる。ヘモグロビンの材料となる鉄分を多く含む食事(レバー，赤身肉，マグロ，ひじき，あさり，納豆，ほうれんそうなど)を積極的にとるとよい。また鉄分は，タンパク質，ビタミンCと一緒にとることで吸収率が良くなる。

④シンクロのトレーニングに応じた食事アドバイス

基本的には「しっかり食べる」ことが大切であり，食事の基本の形(主食，主菜，副菜，汁物，乳製品，果物)を意識しながら摂取するとよい。シンクロ選手(ナショナル代表)の通常練習時の食事例を図5-20-10に示す。トレーニング内容や体調の変化に応じて食事を工夫してみると，さらに効果的である。

図5-2-10 シンクロ選手の自宅での食事例
(写真提供：管理栄養士・花谷遊雲子)

●競泳練習で長い距離を泳いだ時や，基本練習を長時間行った時
　長時間にわたる持久的トレーニングを行った場合，筋肉や肝臓に貯蔵されたエネルギー源であるグリコーゲンが枯渇してしまう。普段より炭水化物（ご飯，パン，麺，いも類など）を多く含む食事で，消耗したグリコーゲンを再補給する。

●ブーストやロケット，競泳のダッシュなど瞬発的なパワーを多く使った時
　短時間に大きな力を発揮するようなトレーニングを行った場合，一時的に筋肉がダメージを受ける。その後速やかに筋肉の材料となるタンパク質を十分に補給すれば，より強い筋肉が再合成される。タンパク質は体重50kgの選手なら1日に100g程度が目安といわれている。

●合宿や集中練習などで練習量が多く，とにかく疲れてしまった時
　練習後，すばやくエネルギー補給することが大切である。補食としては100％オレンジジュース，バナナ，おにぎり，エナジーゼリー等がよい。補食とお菓子は異なっており，補食は1日3食の食事でとり切れなかった栄養をとる目的で摂取するが，お菓子は嗜好品である。どうしてもお菓子を食べたい場合は，練習も食事もしっかりできた上で，上限（目安として1日150kcal程度まで）を決めてとるとよい。

[笹原千穂子・花谷遊雲子]

4 シンクロナイズドスイミングの心理学

①身体を通した自己との対話

　シンクロが他の競技と大きく異なることとして，自身のパフォーマンスを選手本人が即座に視覚的に確認できないことがある。シンクロ選手は，コーチによる言語的かつ即時のフィードバックにより，自身の身体感覚に働きかけ修正を施す。すなわち，選手自身の身体との対話が重要となってくる。この"身体との対話"は，アスリートの心理的発達に影響を与える[13]。

②心理的発達

　心理的発達の課題として，例えば思春期では"自分作りのはじまり"が挙げられる。それまでは無条件に受け入れ同一化してきた周囲の大人の考えに対して一度距離を置き，自分の内面から出てきたものを取り込んで再構築していく。そして，続く青年期では，"自分はどのような人間なのか"を問うことでアイデンティティーを構築する。いずれの時期にせよ，心理的課題に対しては，そのものに直接的働き掛けるのでなく，最もコミットしている営み，すなわちシンクロ体験を通じて心の課題は達成されるのである。当然ながら，身体活動が基本となるため，"自身の身体をどのように体験するか"が重要になってくる。

[理解度チェック]
・鉄分は，タンパク質，ビタミンCと一緒にとることで吸収率がアップする。

[研究問題]
・食事の基本を3つ挙げよ。

[参考文献]
1) 横山愛実．(2013)「シンクロナイズドスイミング選手の浮力と基本姿勢時の水上荷重負荷との関係」筑波大学体育専門学群平成24年度卒業論文．
2) 本間三和子 ほか．(2007)「シンクロナイズドスイミングにおける荷重負荷の違いによるフラットスカル動作の比較」『トレーニング科学』19 (2)：137-148．
3) 本間三和子．(2009)「シンクロナイズドスイミングにおけるエッグビーターキック（巻き足）の技術指導ポイント―三次元解析をもとに」野村武男 編著．『水泳パフォーマンスの最新理論』pp.145-153．筑波大学出版会
4) 川合結万．(2014)「シンクロナイズドスイミングにおけるスカーリング動作時の手部流体力の測定」『筑波大学大学院体育系修士研究論文集』36：369-372．
5) Chiaki Tanaka. et al (2004)「Reference charts of body proportion for Japanese girls and boys.」『Ann. Hum. Biol.』31 (6)：681-689．
6) 田中千晶 ほか．(2004)「小学生シンクロナイズドスイミング選手における身長およびプロポーションの特徴」『水泳水中運動科学』7：35-40．

③心理的発達の妨げ

　心理的発達の妨げの1つとして，周囲の大人の過剰なかかわりが挙げられる。コーチからの指示をただ取り入れるだけで，そこに選手の主体が置かれていないと自己形成は果たされない。特に，身体能力やセンスのよい選手は，指導者の指示どおりに身体を動かせば求められるパフォーマンスを遂行できる。そのため，大人側からすると"才能のある選手"と捉えられ，さらに要求水準が高くなる。一方の選手側としては，さほどの試行錯誤のないまま競技を行うことができるため，自分自身に対する気づき体験が乏しくなる。心理相談の中で，怪我をしたある成人選手は次のように述べた。

　「怪我をして初めて自分の足に力が入っていることに気づいた。それまではコーチから『力が入っていない』といわれて，そうなんだって思っていた」。

　このエピソードからでも，いわゆるエリートコースで育つことの影の部分が感じ取られるだろう。

④個々の心理的発達に応じた見守り

　心の発達には個人差があり，早熟晩熟の幅は大きい。年齢の割には大人びている，あるいは幼いなどの印象を現場にいるコーチは常々感じていると思われる。いずれにせよシンクロを通じて成長する選手の内面に触れることができ，それを見守ることのできる位置にいるのがコーチである。彼女らのパフォーマンス体験をじっくりと味わい，彼女らが身体を通じて表現してくるメッセージを受け取ることが必要である。それを可能にすることの1つとして，コーチ自身の選手に対する見方がどのようなものであるかを考えることが有効である[14]。

[武田大輔]

7) 本間三和子.（2014）「シンクロナイズド・スイミングにおける身体組成のとらえ方」『体育の科学』64-3：194-198.
8) 本間三和子.（1997）「シンクロナイズドスイミングにおけるフリールーティンの演技構成に関する研究-1996アトランタオリンピック出場チームにおける構成要素の配置とフェイスインタイムの比率から—」『筑波大学運動学研究』13：9-20.
9) Fujishima, H. and Homma, M.（2014）「The BMS」（Book of Proceedings）
10) 本間三和子.（1994）「シンクロナイズドスイミング競技のトレーニング中の心拍数」『筑波大学運動学研究』10：87-97.
11) 本間三和子，高橋伍郎.（1999）「シンクロナイズド・スイミングの止息を伴う運動時の心拍数応答」『トレーニング科学』11-1：27-38.
12) 財団法人日本水泳連盟シンクロ委員会科学技術部.（2003）「体力測定結果」『2001-2002年度活動報告及び研究成果報告』：42-81.
13) 江田香織 ほか.（2012）「アスリートの自己形成における競技体験の内在化を促進する対話的競技体験」『スポーツ心理学研究』39：111-127.
14) 武田大輔.（2009）「子どものスポーツにおける感情表現に含まれるメッセージ」『体育の科学』59(2)：87-91.

シンクロナイズドスイミングのコーチング

SECTION 3

1 選手発掘のポイント

わが国は1984（昭和59）年のロサンゼルスオリンピックでシンクロが正式採用されてから，2008（平成20）年の北京オリンピックまでメダルを獲得している。近年，世界各国（特にヨーロッパ勢）の競技力が高まり，各国の競技力の差がなくなってきた。そのような情勢の中，わが国が常にメダル争いにかかわっていくためには，選手の発掘・育成が急務の課題となる。

シンクロのような芸術スポーツにおいては，豊かなる表現力や恵まれた体型が競技成績に影響するため，シンクロ選手としての資質をもった選手を早急に発掘し，育成していくことがきわめて重要である。そこで，シンクロ委員会では2001（平成13）年よりJOCゴールドプランのもと，競技者育成プログラムの構築に取り組み，一貫指導プログラムよる選手の発掘・育成を開始した。また，2009年（平成22年）からtoto事業の一環としてユース期（小学6年～中学3年）でのタレント発掘とその特別強化に力を注いでいる。全国8ブロックからブロックセレクションにて「バンビテスト」（表5-3-1）を実施して選考された選手を集め，さらに脚質やプロポーションテストなどの選考（表5-3-2）を実施し，「魅力ある選手」（表5-3-3）の資質を備えたユースエリート選手を若干名選考している。

ユース期での発掘ポイントとして最も重要視されているのは，体格・脚質である。シンクロは美を競う競技であるため，仮にまったく同じ技量をもつ選手がいた場合，体格と脚質の優れた選手の方が伸びやかで存在感があり，有利となる。日本人よりも大柄な海外選手と大会で競い合うためには，大柄な選手の方が最初から引けをとらない演技ができるのではないかと考えられる。とりわけ長育（身長の発育の意）においては先天的な要素が強いため，将来身長が伸びる可能性が高いこと，四肢が長いこと，均整のとれたプロポーションをしていること，甲の伸びた脚質をしていることなどはユース期における選手発掘の重要ポイントである。他方，体力面はトレーニングの過程で身につけられる要素が多い。

表5-3-1 バンビテスト

項目	実施種目	チェック内容
柔軟	スプリット（右・左）	股が床につくこと
	つま先伸ばし	床から5cm未満
シンクロ技術	立ち泳ぎ（両手上げ）	あごを水面につけ，30秒保持
	垂直姿勢	膝を水面上に出し，5秒保持
	バレーレッグ	太もも半分以上の高さで，5秒保持
泳力	200m個人メドレー	3分未満
基礎体力	シットアップ30秒	25回以上
	腕立て伏せ	10回以上
	立ち幅跳び	160cm以上

表5-3-2 ユースエリートセレクション内容

項目	実施種目	秒数	チェック内容
脚線美	クレーン　横向き（右・左）	各5秒	膝，甲の伸びやかさ
	倒立　正面・横向き	各5秒	膝，甲の伸びやかさ
	陸上・直立での身体バランス	30秒程度	手足の長さ，バランス
シンクロ技術	倒立　横向き	5秒保持	ユース期で必要なシンクロ技量
	立ち泳ぎ　前後左右	各5秒	
	バレーレッグ	10m	
	水中スプリット（左右）	各10秒	柔軟性
ルーティン力	課題ルーティン	1分半程度	スピード，水映え

表5-3-3 タレント発掘のねらいとする「魅力ある選手」とは

項目	特徴
体格・脚質	容姿（プロポーション）がよい つま先・甲の美しさ 脚の美しさ（膝が伸びる，両脚の内側がつく）
体力・調整力	柔軟性（可動域が広い） スピード（泳力） パワー（スピード・高さ・表情） スタミナ 複合的な運動能力・調整力がある しなやかな動き（バレエ的な動き） 筋力や動きに弾力性がある（弾む） 鮮やかな身のこなし すばやい動き，切れのよい動き 水中での運動感覚がよい
芸術性	表情が豊か 存在感

その中でも基礎運動能力・柔軟性・およびリズム感や筋や動きの弾力性といった調整力はユース期に備えておくべき要素として重要視されている。
[滝田理砂子]

2 シンクロナイズドスイミングの基本技術

シンクロは，スポーツであるとともにその演技には芸術性が求められているため，シンクロのトレーニングを始める前に次のような経験があることが望ましい。そして，そのことがトレーニング効果をより高められることとなる。

・バランスのとれた動きをするための陸上運動
・水中で自由に動くための泳ぎ（競泳4種目・日本泳法）
・豊かな表現力と身体の柔軟性を高めるためのバレエやダンス
・リズム感・感性を養うために音楽に親しむ

①競泳4種目の習得

シンクロ本来の豊かな表現力，泳者同士の同調性，高度な技術力，さらにパワーとスピード，高さが求められるこの競技は泳力強化が競技力の土台になっており，正しいフォームを身につけ筋力，心肺機能を高めていくことが大切である。競泳は4種目（クロール・平泳ぎ・背泳ぎ・バタフライ）の習得を中心に飛び込み，ターン・タッチなど正しいものを身につけることが大切である。

初心者のうちは身体の中心作り，効率のよい泳法，呼吸法などを学び年齢と身体の発達に応じて泳力を上げる努力をさせていく。中級の段階では短・中距離でのインターバルトレーニングで常にコンスタントにスピードを出せるトレーニングや呼吸制限に耐えられる心肺機能強化のためのプログラム等を必須強化として実施し続けていく。

②シンクロナイズドスイミングの基本の泳ぎ

競泳力の習得により泳ぎの基本技術は身につけるが，さらに多彩な動作，美しい泳ぎ，泳者相互が並ぶ，形を作る，同時性を高める等の技術を習得するための独自の基本泳ぎがある。

[顔上げクロール]
（顔は上げる，手は伸ばす場合と肘を曲げる場合がある）

〔顔〕顔は水面高く上げ，首をできるだけ伸ばす，目線はできるだけ斜め高い所へ視線をつける。

〔手〕右手スタートの時は左手を前方に伸ばして右手は後方へ親指を上に向けて用意させる

〔脚〕上体が立つため，脚は水面よりやや下げ，膝を柔らかく比較的大きなキックを打つ。

〔効果〕身体を保持し続ける力がつく，中心軸を保つ力もできる。最もパワーがいる泳法なので上級選手の強化に使われる。

[背泳ぎ]
　（手ののばし方，曲げ方，振りを付けたりして手拍子，音楽，泳者同士が合わせることを訓練できる）
〔顔〕顔は特別指示がないかぎり，軽くあごをひいて上をみる。
〔手〕右手から合わせて泳ぎ出す場合は右手でプールサイドを持って用意，左手は進行方向へまっすぐ伸ばして用意する。水面上をリカバリーする掌は小指を上にして耳をこするようにまっすぐに挙げて小指から入れる。小指が入る時リズムをとるが肘を曲げたり，手首を回したり途中で止めたりといろいろ工夫して形を作りながら泳ぐこともルーティンの基礎練習によい。
〔脚〕腰は水面近くにあるが，脚は水しぶきが水面に出ないように水面下を膝，足首をしなやかにリズミカルに蹴る。

[平泳ぎ]
　（顔を上げて泳ぐ，顔はリズムに合わせ横を向いたり振ったりする）
〔顔〕スタートは顔の前で両手を揃えスタートする。
　　　顔は首を伸ばし前をみる。目線は常に斜め上につけていた方が首筋が美しい。リズムに合わせながら首を左右に振ったりすることもある。
〔手〕競泳での泳法より，顔を上げ上体を高く保持するため，かき手はやや肘で体を支え平面的にかく。
〔脚〕上体の立て方により足の位置，かきの大きさは変わるが競泳での泳法よりやや広めにかく。

[サイドキック]
　（水面に横体で浮いた形でサイドキック・上体は横向きで立てサイドキック）
〔身体〕横向きの一直線，顔は水面上または首を上げ，両目を出す。
〔脚〕腰から大きく前後に均等でしなやかなキックをする。
〔手〕手は体側線上を水平に引っ張りながら，または水面に直角に上げながら。どちらも肩の付け根から長く引っ張り抜くようにする。

[立ち泳ぎ]
　（上体はできるだけ水上高く保持する）
〔身体〕椅子に姿勢よく腰かけた形を作り，腹背筋で上体を引き上げる感じを作る。
〔脚〕両脚は120°前後に開き，膝を腰よりやや前方に引き上げ踵を尻の下に置く。動きは膝から下を内から外へ回転させる。この時，足の指が底を向かないように注意し，足の裏で水を捉え足首のスナップを効かせ左右交互に動かし続ける。同方向だけでなく，後方向き，前方向き，左右横進みも行っておく。
〔手〕練習の最初は，体側に手を置き身体をできるだけ高く保持できる

3．シンクロナイズドスイミングのコーチング　399

よう掌でスカーリングをするとよいが，完成度を高めるためには，手を水面上に上げる（手首だけ，肘まで，両手を高く上げる，手の振りを付ける）。

［潜水］
　（水中をすばやく移動するため）
〔泳ぎ方〕クロール泳法は大きくしなやかなキックを打つ。
　　　　　ブレストキック型：一蹴り一かきで一気に進む。
　　　　　ミックス型：ブレストキックで一蹴り一かき後にクロール型，手繰り足（あおり足）なども加えて縦横無尽に動けるすばやい水中移動の方法を身につける。

［横泳ぎ］
　日本泳法の技術を学び，手繰り足（あおり足）を使い横体ですばやく進める練習をする。足は上体の方に引きつけた後，水を両脚ではさみ蹴る。手は胸の前で構え，進行方向の手は水を押さえ伸ばした後に水を掻きながら戻す。もう一方の手は腿までしっかりかき納め，元の位置まで戻す。

［キック・プル（キックプル・オーバー）］
　正面を向き横泳ぎのリズムのとり方で泳ぐ。正面向きで胸の前で両手を構え，片手を進行方向前へ抜出し，片手平泳ぎの要領で鋭くかき進む。
　片手を後方肩の上へ抜き手の要領でかくのがキックプル・オーバー。
　胸の前で両手を構え左右へ伸ばしながら，脚は進行方向の水を手繰り寄せ横向きの状態で進む。この泳ぎはサイドキックプルという。

③**リズム泳ぎ**
　リズム泳ぎは前述の基本泳ぎを組み合わせ，手拍子，音楽等リズムに合わせて泳いだり複数人と列や形を作り合わせて泳ぐことをいう。リズムへの合わせ方，人との合せ方を学ぶものでリズミカルにそして楽しそうに，泳ぎはもとより姿勢のとり方，目線，表情の作り方などシンクロのルーティンの第一歩を学ぶことができる。

［コーディネーションスイム］
　リズム水泳は単一の泳ぎを丁寧にリズムや人に合わせて泳ぐことをいうが，コーディネーションスイムは異種類の泳ぎをいくつか組み合わせて泳ぐことをいい，ルーティントレーニングの初歩を学ぶために不可欠のトレーニングである。異なった動作，リズムの変化を合わせるため，正確に陸上で覚えてから水中練習に入る習慣をつけるのも大切なことである。通称ランドリル（後掲あり）という。

〈組合せのポイント〉
　・一種類の泳法を一定のリズムで泳ぐ。
　・一定のリズムを使って泳法の数を増やしていく。
　・首振り（左右，前後），手の振りをつけ，表現の仕方を覚える。

・泳ぎに強弱をつけ，泳ぐ方向にも変化をつける。
・泳ぎながら隊形に変化を付ける。
・リズムのとり方に変化を付ける。

[リズム泳ぎ・コーディネーションスイムの音楽]

　泳者が乗りやすい曲，明るく楽しくリズムがとりやすいものがよく，初めは8カウントで一連の動作が終われるものが泳ぎやすい。音楽の選択は行進曲，フォーダンス曲，クラシック等々のカウントのとりやすいものがよい。

[ランドリル]

　英語でLand drillと綴るが伴奏音楽のカウントをとり，全員タイミングで音と動作を一致させるトレーニングのことをいう。音楽とカウント，カウントとすべての動作のタイミングが一致するよう合わせる。ただ合わせるだけではなく，顔の動き，視線，手先の動きまで徹底的に合わせることを目的に陸上で行う。フィギュアは手に置き換えて動作の細部まで合わせる。作品ができあがると，水中練習と同じくらいの時間をかけ身体が自然に動くようになるまで実施する。

④スカーリング

　スカーリングはシンクロの基本技術の中で最も基本的で重要な技術である。スカーリング動作は手のひらでプールの底に向かって水を押さえながら，身体の中心から外側にそして外側から中心に向かって水をかく連続的な腕の動作である。各種のスカーリングがあるが，これらを目的に応じて使用することにより，身体を水面に浮かせたり，水中に沈めたり，水面や水中であらゆる方向に回転させたり，頭を下にして水面上に身体を高く押し上げたりすることができる。また，腕の動かす位置や方向，手首の角度によって進行方向，スピード，身体の高さ等を変化させることができる。

　シンクロのルーティン中で採点上大きな役割を果たすフィギュアおよびそれらの一部分は，スカーリングなくしては語れない。言い換えればシンクロの上達は，スカーリングの上達ともいえる。スカーリング効果をより高めるには，浮くための身体的コンディションを高めておかなければならない。

[スカーリング上達のポイント]

　水面上によく身体を浮かせる。図5-3-1を参考にして陸上で身体のストレッチや筋肉の締め方等を練習することが大切である。

●**手首の位置と角度**(図5-3-2)

・手首の位置，角度によって身体の進行方向に変化をつけ，身体の水面上への上昇や水中への下降，そして推進力の増強を図ることができる。
・フラット：静止する時に使用。手首指先が一直線上になる。

[ポイント]

・同調性を高め，水上にできるだけ身体を持ち上げるために，シンクロの基本の泳ぎには手・脚・リズムの取り方等が決められている。
・リズム泳ぎは，シンクロのトレーニングには不可欠のものである。
・リズム泳ぎの選曲には，まずカウントしやすいものを選ぶ。

[研究課題]

・シンクロの基本の泳ぎの重要性について考えてみよう。
・リズム泳ぎの意義とはなにか。

図5-3-1　スカーリング姿勢

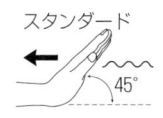

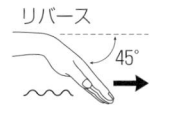

フラット

スタンダード　45°

リバース　45°

〜 印は水の動く方向

図5-3-2　手首の角度

・スタンダード：図5-3-2の矢印の方向に進行したい時に使用。手首から指先を45°上方に上げる。指先，手のひらで水を押すようにしてかく。
・リバース：図5-3-2の矢印の方向に進行したい時に使用。手首から指先を約45°下方に下げる。指先で少し前方の水をつかむようにしてかく。

[スカーリング動作の基本姿勢]

●上向き水平姿勢（図5-3-3）
・顔，胸，腹，腿，足先を水面上に乗せ，一直線上に浮く。
・両足を揃えて，甲・足先を伸ばす。
・両肩は力を抜いて軽く背中の方へ引き，頭頂・両耳を完全に水中につける。

●下向き水平姿勢（図5-3-4）
・両足を揃えて，身体は下向きで水平。
・頭・背の上部・尻・踵は水面上に乗せ，一直線上で浮く。
・顔は水上・水中どちらでもよいが，水中につける場合は両肩を水中に沈めない。

●頭を下にした垂直姿勢（図5-3-5）
・身体は，頭を下にして両脚を揃え，水面に垂直に伸ばす。
・あごを軽く引き，頭，腰，足首を一直線上に保つ。
・肘の位置は，上体の厚みの中に入っている方がよい。

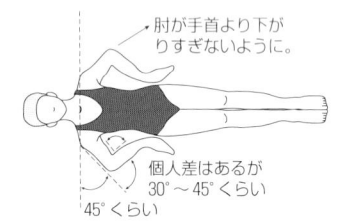

図5-3-3　上向き水平姿勢
肘が手首より下がりすぎないように。
個人差はあるが30°～45°くらい
45°くらい
肘は軽く外側に張り，手の位置は腰の横で水面より20cmぐらい下で動かす。

図5-3-4　下向き水平姿勢（静止）
あごを引きすぎると肩・背中が水面に出すぎて腰・尻が水面下に沈む。
視線
視線
手首をしっかり反らせて，手のひらがプール底を常に向いていること。手のかく位置は胸の位置あたりが一般的。

図5-3-5　頭を下にした姿勢

●基本姿勢とスカーリング
・静止のスカーリングでは，手首の角度はフラットにする。
・推進のスカーリングでは，手首の角度は変化する。
・身体を支持するためのサポートスカーリングでは，フロントパイク姿勢，タック姿勢，フィッシュテール姿勢，ナイト姿勢，スプリット姿勢，クレーン姿勢，垂直ベントニー姿勢，ナイトバリアント姿勢，サイドフィッシュテール姿勢，垂直姿勢などがある（表5-3-4，図5-3-6～9）。

[ポイント]
・スカーリングは手の位置，手首の角度によって身体の進行方向が異なる。
・フィギュアは基本姿勢と基本動作によって構成される。
・フィギュアの上達にはスカーリングの上達が不可欠である。

表5-3-4 推進のためのスカーリング

	姿勢	手の位置	手首の角度	進行方向
エール (ヘッドファースト)	上向き水平姿勢	腰の横	スタンダード	頭の方向
スネール (フットファースト)	上向き水平姿勢	腰の横	リバース	足先の方向
トーピード	上向き水平姿勢	頭上	スタンダード	足先の方向
リバーストーピード	上向き水平姿勢	頭上	リバース	頭の方向
カヌー	下向き水平姿勢	肩から胸の間	スタンダード	頭の方向
*ロシアンスカーリング	下向き水平姿勢	顔斜め前方下	リバース	上体斜め下へ前進し，頭はプール底
*パドルスカーリング	下向き水平姿勢	顔斜め前方下	リバースの変形	上体斜め下へ前進し，頭はプール底

＊印のスカーリングは下向き水平姿勢からフロントパイク姿勢になるために使用されることが多い。パドルスカーリング指導以前にロシアンスカーリングの指導をしておくと，パドルスカーリングへの導入が容易である。

フロントパイク姿勢 　　　　　　ナイト姿勢 　　　　　　スプリット姿勢

クレーン姿勢 　　　　　　垂直ベントニー姿勢 　　　　　　垂直姿勢

図5-3-6　頭を下にした姿勢（垂直姿勢のバリエーションも含む）

スカーリングをつけた練習では、ベントニー→クレーン→垂直の順に練習をするとバランスがとりやすい。

図5-3-8 ベントニー姿勢、クレーン姿勢
ベントニー・クレーン姿勢は上げている脚のラインや下の脚の角度が歪みやすいので、コーチはあらゆる角度から確認すべきである。

図5-3-7 スカーリングをつけた練習

- 壁・床を利用してボディラインを作る。
- 腕の位置・角度・可動範囲をチェックし、スカーリングの動きを体感する。
- 能力に応じて負荷（おもり）をかけてもよい。

図5-3-9 壁・床を利用したトレーニング

⑤フィギュア

フィギュアとはシンクロの基本の型のことである。フィギュアは数種の基本姿勢を基本動作（スカーリング）でつないで型を作る。これらの基本姿勢・基本動作を無理なく滑らかに正確にできるようになることが，フィギュアの上達である。現在，国際水泳連盟（FINA）のシンクロルールでは191種類のフィギュアが公認され，各フィギュアには難しさの度合いに応じて難易率（1.1～3.5）が掛けられている。これら191のフィギュアは4つのグループに分けられ，FINAの開催するジュニアの競技会で使用されている。また年齢区分ごとに決められているフィギュアは4年ごとに組み替えられることになっている。

各国のルール事情はさまざまで，アメリカ・カナダのように独自の自国ルールとFINAルールの2本立てもあれば，すべてFINAルールとおりもある。日本は基本的にはFINAルールだが，国内大会のレベルに応じて一部改定をして実施している。

[基本姿勢]

現在，FINAでは19の基本姿勢が公認されている。詳細は日本水泳連盟「シンクロナイズドスイミング競技規則」を確認してほしい。

[基本動作]

基本姿勢と同様，14の基本動作が規定されている。詳細は同様に競技規則を確認してほしい。

[初心者のフィギュアトレーニング]

現行競技規則に掲載されているフィギュアは競技会のためのものであるから，初心者に適したものは少ない。初心者にフィギュアを指導する場合，スカーリングの練習を兼ねたものやルーティンに使えるような推進力を利用したものから始めるとよい。

また，バッジテストのステージ1から順に練習していくことで，シンクロの基本を習得できるようなプログラムとなっている（「シンクロバッジテスト　ハンドブック」を参照）。

[初心者に適したフィギュア]

●ウォーキング

上向き水平姿勢で始まり，片足を伸ばしたもう一方の脚の内側に沿って膝を胸の方に引きながら，膝を水面上に持ち上げベントニー姿勢になる。次に，引き上げた足先を伸ばした脚の内側に沿って伸ばし合わせる。もう片方の脚も同じ動作を繰り返し上向き水平姿勢になる（図5-3-11）。

表5-3-5　FINAルールによる制限時間

	フリールーティン	テクニカルルーティン
ソロ	2分30秒	2分00秒
デュエット	3分00秒	2分20秒
チーム	4分00秒	2分50秒
フリーコンビネーション	4分30秒	
ハイライトルーティン	2分30秒	

表5-3-6　年齢区分のある国内競技会

	12歳以下	13～15歳	16～18歳
ソロ	2分	2分15秒	2分30秒
デュエット	2分30秒	2分45秒	3分
チーム	3分	3分30秒	4分

図5-3-10　ロンドンオリンピックでの演技

図5-3-11　ウォーキング

●タブ
　上向き水平姿勢で始まり，膝を腿が水面に直角なるまで胸の方に引く。この時，顔・足の甲・すねは水面上に保ち，水面上を1回転する。両脚を伸ばし上向き水平姿勢になる（図5-3-12）。

図5-3-12　タブ

●オイスター（バックパイク姿勢）
　上向き水平姿勢から腰・尻を水面下にシャープに曲げ（落とし）身体を沈めるのと同時に，両脚を垂直に上げ水面下に沈む（図5-3-13）。

図5-3-13　オイスター

●サマソールフロントタック
　下向き水平姿勢からタック姿勢になり，水面近くで前方に1回転し両足を伸ばしながら下向き水平姿勢になる。初心者には下向き水平姿勢を保つことは難しいので，平泳ぎから始めるとよい（図5-3-14）。

図5-3-14　サマソールフロントタック

●サマソールバックタック
　上向き水平姿勢から膝とつま先を浮かしたままでタック姿勢になり，水面近くで後方に1回転し両足を伸ばしながら上向き水平姿勢になる。（「競技規則」フィギュア番号310参照）（図5-3-15）

図5-3-15　サマソールバックタック

●ロッグロール
　上向きまたは下向き水平姿勢から始める。両手を頭上に耳をはさむようにして伸ばし，半回転または1回転する。回転中キックはしない。

［プランク（2～3人で実施）］

2人で実施する場合，2人は上向き水平姿勢になり1人が頭上の人の足を持ち自分の方に引っ張る。その時引っ張られた人は水中を後方に移動して位置を交代する（図5-3-16）。

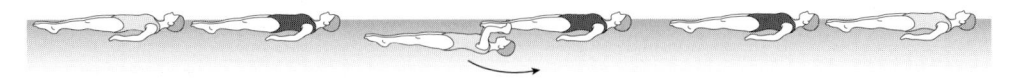

図5-3-16　プランク

［競技会に向けたトレーニング］

まず「シンクロ競技規則」をよく読んでいただきたい。すべてのフィギュアは基本姿勢と基本動作が組み合わされてできている。基本的フィギュアはそれらが少なく難易率も低い。掲載されている図解はあくまで参考程度だが，その中で基本姿勢にあたるものを選び出し，それぞれの基本姿勢になにが求められているかを知ることが重要である。

そして，基本姿勢のトレーニングを繰り返しその姿勢が保持できるようになれば，それを含むフィギュアに取りかかるとよい。複数の基本姿勢が含まれている場合でも，それらをつないでいるのはすべて各種のスカーリングである。言い換えれば，フィギュアの上達とスカーリングの上達は密接な関係にあるといえる。

図5-3-17　バレーレッグシングル
バレーレッグ系フィギュアでうまくできないのは，b，c，dの部分。水面上に膝・脚を持ち上げるため，腹・背筋の締めが悪いと腰が水面下に下がり，脚が水面上に高く保持できない。この点を指導前に十分理解させる。

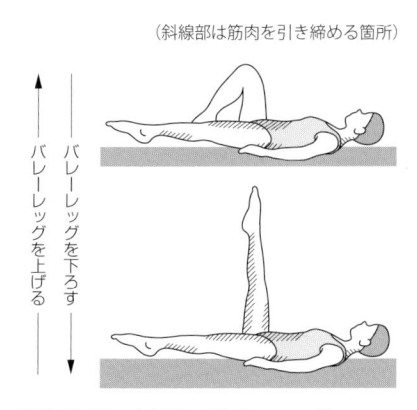

図5-3-18　床を使ってトレーニング
伸ばした脚・頭は床から2～3cm持ち上げて保持。

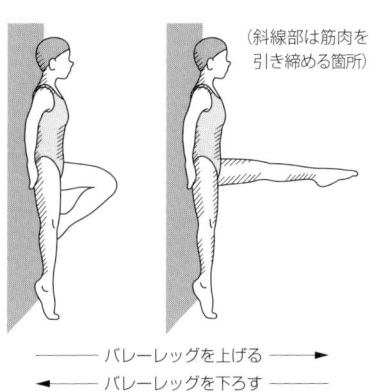

図5-3-19　壁を使ってトレーニング
頭・肩・背・腰・ふくらはぎ，できればかかとを壁につけ背伸びをして，身体を引っぱる。

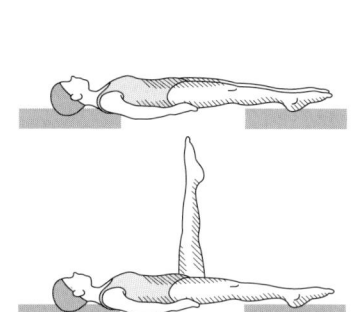

図5-3-20　離れた床でトレーニング

● 陸上でのトレーニング

　フィギュアの上達には，まず陸上でそのフィギュアの基本姿勢の型を覚え，身体のどの部分の筋肉をストレッチさせるか，どの部分を縮めたり，丸めたり，力を入れたりすればよいのかを知ることが必要である。このトレーニングを十分にしておくと，水中での指導もしやすくなり，十分なトレーニングを効果も期待できる。ここでは一例として［101バレーレッグシングル1.6］(p.407の図5-3-17)のトレーニング法（p.407の図5-3-18〜20）を紹介する。

　プールサイドに片足を掛け，上向き水平姿勢を徹底的にチェックし，身体の中心軸を教え，歪みの矯正，身体の締め，ストレッチを覚えさせる。指導時には上下，左右の側面からチェックする（図5-3-21のA，B）。次に片方の手でプールサイドを持ち，もう一方はスカーリングをする（同図のC）。

● 補助具を利用したトレーニング

　陸上やプールサイドのトレーニングで身体バランスがとれるようになったら補助具を利用したトレーニングをする。身体を十分にストレッチさせて浮かせることができない場合，正しいスカーリングや基本姿勢ができなくなるので，沈む部分に浮くための補助具をつけると効果的なトレーニングをすることができる。補助具は身近なものを利用すればよい（図5-3-22）。

[研究課題]
・身体の動きを自由に変化させるためには，どのようなスカーリングを使用すればよいか。
・初心者にフィギュアを指導するには，どのようなことから導入すればよいか。
・どのような場合に，どのような補助具を利用すればよいか。

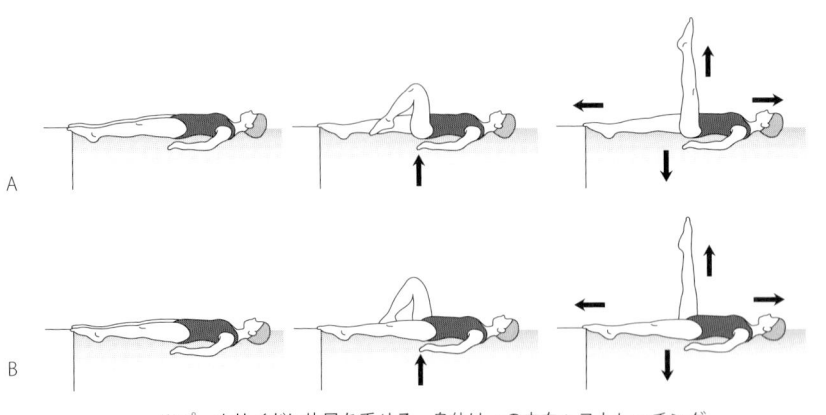

※プールサイドに片足を乗せる　身体は→の方向へストレッチング

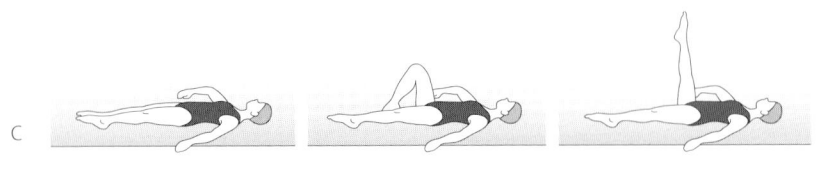

※プールサイドを片方の手で持ち，反対の手はスカーリング

図5-3-21　プールサイドを使ったトレーニング

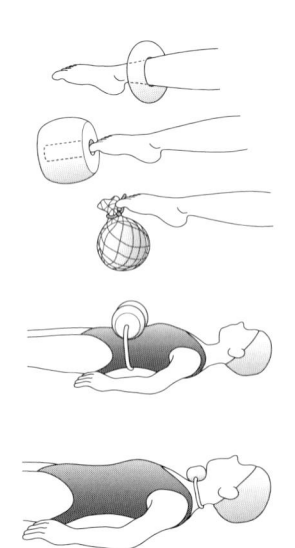

図5-3-22　補助具の例

⑥ルーティン

　シンクロといわれてまず思い浮かべるのは，水中で音楽に合わせて手や脚を動かし，水中に潜ったり飛び上がったり，たくさんの人が隊形を次々に変化させながら泳ぐことであろう。これをルーティンという。ルーティンはすでに述べたような，シンクロ基本泳法，スカーリング，フィギュア等の各要素を，伴奏音楽のメロディー，リズム，フィーリング等に合わせた身体の動きを加えて構成されたもので，競技会ではソロ（1人），デュエット（2人），チーム（4～8人），フリーコンビネーション（8～10人）とハイライトルーティン（8～10人）という5つのイベントがある（「競技規則」SS13ルーティンセッションを参照）。

　シンクロはすべての演技が同調性を高めるように構成されており，同調性はシンクロにとって非常に重要な採点のポイントになっているが，各種の技の正確さ，難しさ，そして美しさを競う芸術的な要素までも含まれている。

　各プログラムには演技時間が規定されており，演技の開始は陸上（陸上動作は10秒以内），水中いずれも認められているが，演技の終了は水中でなければならない。また，演技中に陸上に上がり再度入水することも認められていない。詳細は「シンクロ競技規則」を参照してほしい。これらの点を除けば，フリールーティンでは演技構成について自由な演技ができる。しかし，テクニカルルーティンとハイライトルーティンでは規定要素が決められ，各種制約がある。どんなに高度なレベルの内容のルーティンであっても，使用曲に違和感があれば感激も薄れ，良い内容のルーティンではなくなる。使用曲の選択の良し悪しは，選手の魅力を生かすか殺すかの重要なポイントとなる。

[音楽の選択]

　現在競技会ではいろいろな音楽が使用されている。1曲で構成されたもの，複数曲で構成されたものとさまざまであるが，聞いていて曲想に違和感のある使用曲が意外に多い。使用したい曲を次々つないでも，良いルーティン曲はできないことを知っておいていただきたい。

　曲を構成する時に，まず考えなければならないのは選手の泳力・能力である。ドラマティックで曲想の大きなものであっても，選手の演技が稚拙な場合は曲に追いかけられ，飲み込まれてしまったような感じを与えてしまう。また，スピードのある曲に乗り遅れるとか，リズムの変化に対応できずにずれてしまう等は，選手本来の能力以下に評価されてしまうことも十分考えられる。次に，音楽の使用目的を考えなくてはならない。ソロには非常に適していると考えられる曲でも，デュエットやチームにはカウントがつけにくく同調させるのには困難な曲もあれば，逆にアップテンポでリズムにあまり変化がないような曲では，1人で演技しても曲の面白さやスピード感を十分に発揮できないで，選手の能力を

効果的に活かすことができない場合もある。デュエット，チームでは，使用曲の初めから終わりまでカウントがつけられる。水中でも水面上でも，曲のつなぎ目で無音のところまでつけられたカウントに合わせて，選手たちは演技をしている。

●選曲のポイント

　まず，選手の能力に適した曲を選択することが大切である。どのようにすばらしい曲であっても，その曲に適した内容の演技ができなければ，選曲の意味はなくなる。初心者レベルで競技会に出場しなければ，ソロで2分，デュエットで2分30秒，チームで3分前後で十分であろう。同じ初心者レベルでも年少者の場合はもう少し短くしてもよい。しかし初心者でも競技会に出場する場合は，無理を承知でそれぞれ指定された制限時間内で使用曲を作成しなければならない。

・ルーティン制限時間

　オリンピック・世界選手権・ワールドカップ・日本選手権・チャレンジカップは，すべてFINAルールで競技会が開催されている。ジュニアオリンピック・国民体育大会では年齢区分でそれぞれ制限時間が決められている。

・初心者のための選曲

　p.401の「リズム泳ぎ・コーディネーションスイムの音楽」を参照してほしい。

・中級者のための選曲

　このレベルになると基本技術，それらの応用もかなり程度の高いものに挑戦することも可能になるから，選曲の幅も大きくなる。演技構成に奥行と幅を持たせるためにも，リズムの変化するもの，ドラマティックでスケール感の大きなものを選曲することにより，演技を個性的なものにすることができる。

・上級者のための選曲

　スケール感のあるクラシック，シンセサイザー，合唱，ポップス，ジャズ等あらゆるジャンルから選曲し，選手の個性の枠を広げ，新しい技術の開発に挑戦することができる。上級者ともなれば日々進化させながら半年以上そのルーティンを演技し続けるため，選曲に際してコーチ，選手双方が十分に意見を交わすことが必要である。コミュニケーションがとれていると，使用曲の一部変更や，イメージチェンジのためのルーティンの総入れ替えもスムーズにでき，レベルアップできる。

●使用曲の編集

　シンクロ音楽の編集は，専門家に依頼することは難しく，コーチが自ら行っているのが実情である。そのためか，不自然に編集された音楽が多く聴かれる。音楽編集のポイントは「どのような感じのルーティンを

作るか」「ハイライト（山場）をいくつにするか」「どのようなタイプのハイライトにするか（フロート，リフト，ジャンプ，フィギュアコンビネーション，手の動作等）」「陸上動作の時間」「後半をどのようなもの（スピードがある・押しの強い曲）するか」などで，それを考えておくと選曲・編集がとても早くできる。複数の曲を使って編集する場合には，高度な編集技術が必要になる。編集時に曲のつなぎに無理がなく，音量・音質のレベルを調整すると，違和感のない編集ができる。

[ルーティンの構成]

　ルーティンの構成が先か選曲が先かは一概にはいえない。しかし，一般的にはどのようなルーティン構成にするかをあらかじめ考えておく方が，選曲しやすいだろう。次に，選手の得意なもの，美しくみえるもの（頭や脚からのブーストアップ，フィギュア力を強調するハイブリッドフィギュア，手の動作）を研究し，ルーティンの出だしに使って選手をアピールすることが大切である。特に個人の能力が評価されるソロにとっては効果的である。

●振り付けについて

- まず，使用曲を何度もよく聴き，曲の特徴（スケール感・音の強弱・リズムの変化・曲想の変化等）をつかみ，頭の中で歌えるようにする。
- 選曲をする時にあらかじめ考えていたテーマを曲想に合わせてどのように表現するか（スピード感・流動感・ボリューム感・手脚の動作・フィギュアの難度等）を考える。
- 同じような動作や難しいフィギュアばかりでなく，いろいろ変化する動作の高低やスピード，組合せに変化のあるフィギュア（多様性），オリジナルで目新しく印象深い動作（創造性）を考える。
- 選手の泳力やスタミナもよく考えて，後半部分でパワーダウンしないことも重要である。
- デュエットやチームにおいては，同調性を高められるような動作を選ぶことも大切で，そのためには音楽に必ずカウントをつける。音楽によってカウントの速さは異なる。スローな曲に必ずしもスローなカウントをつけるとはかぎらない。
- 次の動作に移り変わっていく時に流動感・スピード感を損なわない，いつも同じような沈み，浮き上がり方をしないことも大切である。
- プールの利用の仕方も，ルーティンの善し悪しに影響する。広いプール内の1箇所（プールの中央，右，左側のみ）を行き来するような構成では審判員にアピールできない。また，身体・顔の向きが左右どちらかに偏りすぎているのもよくない。ルーティンは常に動き続けることが求められているから，フィギュア実施中でも移動しプール内を最大限利用するよう心掛ける。

●チームルーティンの隊形変化

　チーム演技の魅力と楽しみは，なんといっても次々と変わっていく隊形変化である。変化の仕方は，水中で変化するもの，水面上で泳ぎながら隊形変化していくものが一般的である。隊形変化する時にはスピードを上げて移動する者，控えて移動しない者といろいろであるが，各自がよく理解し，泳力を調整しなければ，クリアでコンパクトな隊形はできあがらない。特に最近のルーティンは，スピードが求められ展開が非常に速くなってきているので，隊形変化も瞬時に行われるようになってきている。デュエットでも2人の位置関係が変化していくのがみられる。

●ルーティンのトレーニング

　ルーティン構成がほぼ完成すると，次にどのような方法でトレーニングをすればよいかを考えてみる。

・陸上トレーニング（ランドリル）

　「陸上でできないものは水中では絶対にできない」とよくいわれる。それは陸上でのトレーニングがどれほど重要なものであるかということである。

　まず，選手は何度も繰り返して使用曲を聴き，曲の特徴を十分につかむ。次に，ルーティンにつけられたカウントを曲に合わせて何度も声を出してカウントする。曲の途中からでもすぐにカウントがかけられるようにならなければならない。そして，ルーティン動作（手や顔の角度・方向・高低・難度の高いフィギュアの部分練習等），泳ぎをカウントに合わせて正確に覚える。また，リフトやジャンプのタイミングをカウントに合わせ，カウントにも強弱をつける。さらに，隊形（パターン）の変化，パターン中の自分の位置を正確に覚え，縦，横，斜めの自分の並ぶ相手も確認する。

・水中トレーニング

　まず，陸上で覚えた動作を水中で何度もやってみて，身体のこなしを習得する。次に2人1組になり，新しいテクニックや先に述べた動作がカウントや指示どおりに行われているかチェックする。次に，チームの場合，2人，4人と次第に数を増やしながら，各自が習得した動作，フィギュアを複数人でやってみて，無理がないかどうか，同調させることができるかを確かめる。特にパターン変化，リフトの時に水中移動に無理がないかを確認することが大切である。

　そして，部分的な練習でカウントや使用曲に合わせられるようになると，次に曲をいくつかのパートに区切って練習する。次に，この時に各人の泳ぎのスピードやパターンの大きさを調整し，ルーティンの動きや方向を確認する。次にルーティンの区切った練習が一通りできると，次に初めから終わりまでの通し練習になる。

［ポイント］
・シンクロの基本技術を応用発展させ音楽と組み合わせて構成されたものをルーティンという。
・FINAで公認されているイベントは，ソロ，デュエット，チーム，フリーコンビネーション，ハイライトルーティンの5種目である。
・ルーティンにはそれぞれ制限時間がある。
・使用曲，ルーティンにはすべてカウントがつけられ，選手はカウントに合わせて演技をする（デュエット，チーム，フリーコンビネーション，ハイライトルーティン）。
・シンクロにとってランドリルは不可欠なものである。

［研究課題］
・シンクロ音楽の選択について，ポイントを挙げて説明せよ。
・ルーティンに対して音楽の果たす役割を述べよ。
・ルーティンの振り付けのポイントを述べよ。
・ルーティントレーニングの順序とポイントを述べよ。
・ランドリルの意義を述べよ。

・ルーティンの見直し

ルーティンの通し練習がある程度のレベルまで達した時が1回目の見直しの時期である。次の6つのポイントを確認してみるとよい。
1) ルーティン構成が計画どおりになっているか（ハイライトの効果，スタートや終わり方にアピール性はあるか）。
2) スタミナの配分に問題はないか（後半のパワーダウン）。
3) 同じような動作を繰り返して使っていないか。
4) パターン変化やリフトに無理，無駄がないか。
5) スピード感，流動感はあるか。
6) プール水域をうまく使っているか。

これらのポイントは，ビデオを使って何度も検証しなければ気づかないことも多い。選手もビデオで各自の演技をチェックして，指示どおりできているかを確認することは非常に重要である。

日々の練習前に必ずランドリルを義務づけておくと，自然に身体が音楽に同調するようになり動作にも余裕が出てくる。その結果水中動作も余裕をもってできるので，無理と思えたことが簡単になり，さらに間が空きすぎておかしく感じる箇所も発見できる。この時期に再度ルーティンの見直しを図る。このように少しずつルーティン全体の難度を上げていくことを繰り返せば，ルーティンは無理なくレベルアップしていく。最近，ビデオの普及でチームの能力以上の演技もみられたりもするが，ルーティン構成や選手育成に逆効果を及ぼすこともを忘れないでほしい。

[石山加壽美]

[参考文献]
1) 日本水泳連盟 編．(1993)『水泳コーチ教本 第2版』大修館書店
2) 日本水泳連盟シンクロ委員会．(2004)「シンクロナイズドスイミング競技者育成プログラム」『一貫指導教本』
3) 日本水泳連盟 (2014)『シンクロ競技規則』
4) Offcial Synchronized-Swimminng Handbook(us)
5) 2001〜2002 US Synchro-nizedSwimming Offcial Rules
6) 日本水泳連盟シンクロ委員会．(2003)『シンクロナイズドスイミングジャッジの手引き』
7) 日本水泳連盟シンクロ委員会．(1990)『シンクロナイズドスイミングジャッジの手引き』
8) 日本水泳連盟シンクロ委員会．(2014)『シンクロバッジテスト ハンドブック for STAGE1〜STAGE6』

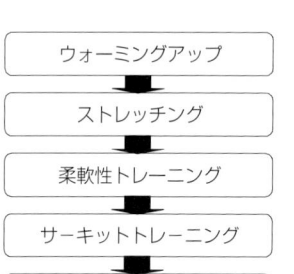

3 シンクロナイズドスイミングの基本体力

① ジュニア期の陸上トレーニング

ジュニア期の陸上トレーニングは，基礎体力の獲得を最大の目的とし，動きづくり〈巧みさ〉と持久力〈ねばり強さ〉の向上に主眼を置いたトレーニングを行う。図5-3-23は陸上トレーニングの一例の流れである。最初にウォーミングアップとして体操などを行い，軽いジャンプやジョグで身体を暖める。

また，ストレッチングは，筋，関節，腱の柔軟性の向上および疲労した筋の伸展，障害予防等を目的として行う（表5-3-7）。トレーニングの最初と最後の両方に必要である。そしてシンクロの重要なトレーニング課題である柔軟性のトレーニング，次に自重を利用したサーキットトレーニングを2〜3セット，再びストレッチングを行い，終了する。

なお，初級者用（ベーシック）と中級者用のサーキットトレーニングのねらいと方法，留意点を表5-3-8，9に，構成例を図5-3-24，25に示す。どちらも体幹，上肢，下肢の運動をローテーションさせて組み合わせるのが基本である。

```
ウォーミングアップ
    ↓
ストレッチング
    ↓
柔軟性トレーニング
    ↓
サーキットトレーニング
    ↓
ストレッチング
```

時間：1回 約40〜60分
頻度：準備期は週2〜3回程度

図5-3-23 陸上トレーニングの流れ

表5-3-7　ストレッチングのねらいと方法

> ねらい：筋，関節，腱の柔軟性の向上，疲労した筋の伸展，障害の予防。
> 手　段：静的ストレッチング。
> 方　法：自分の力で関節をのばせるところまでのばし数秒間停止する。
> 　　　　全体の時間は最低15分，時間があれば30分。
> 留意点：呼吸を止めず，リラックスして行う。
> 　　　　伸展されている筋肉に意識をする。

表5-3-8　サーキットトレーニングのねらいと方法

> ねらい：全身持久力と筋力の向上，抗重力運動，多関節運動，動きのキレとなめらかさ。
> 手　段：10種類の運動で構成（図5-3-24，5-3-25参照）。
> 方　法：2～3セット連続。

表5-3-9　サーキットトレーニングの留意点

> ・それぞれの運動，およびセット間は休まず行う。
> ・脚，腹・背筋，肩の3種類を繰り返す。
> ・全身持久力を増やすためには，20～30分やり続けることが望ましいので，慣れてきたら，それぞれの運動の回数を増やしていくこと。

[研究問題]
・ジュニア期の陸上トレーニングの流れの具体例を考えよ。
・ストレッチングのねらいと方法を述べよ。
・柔軟性を高めるためのトレーニングにはどのようなものが考えられるか。

②ロシア体操トレーニング

　このほか中・上級者以上には，動きづくりのためにロシア体操も有効である。ロシア体操はロシアチームが行っている陸上トレーニングをアレンジしたもので，シンクロ特有の大きな可動域でのすばやい動きに対応させた運動からなる。このトレーニングを有効に生かす前提として，大筋群（体幹や股関節周辺の大きな筋）が発達していなければならない。一例を図5-3-26に示す。　　　　　　　　　　　　　　　　［本間三和子］

A 初級者向け（ベーシック）

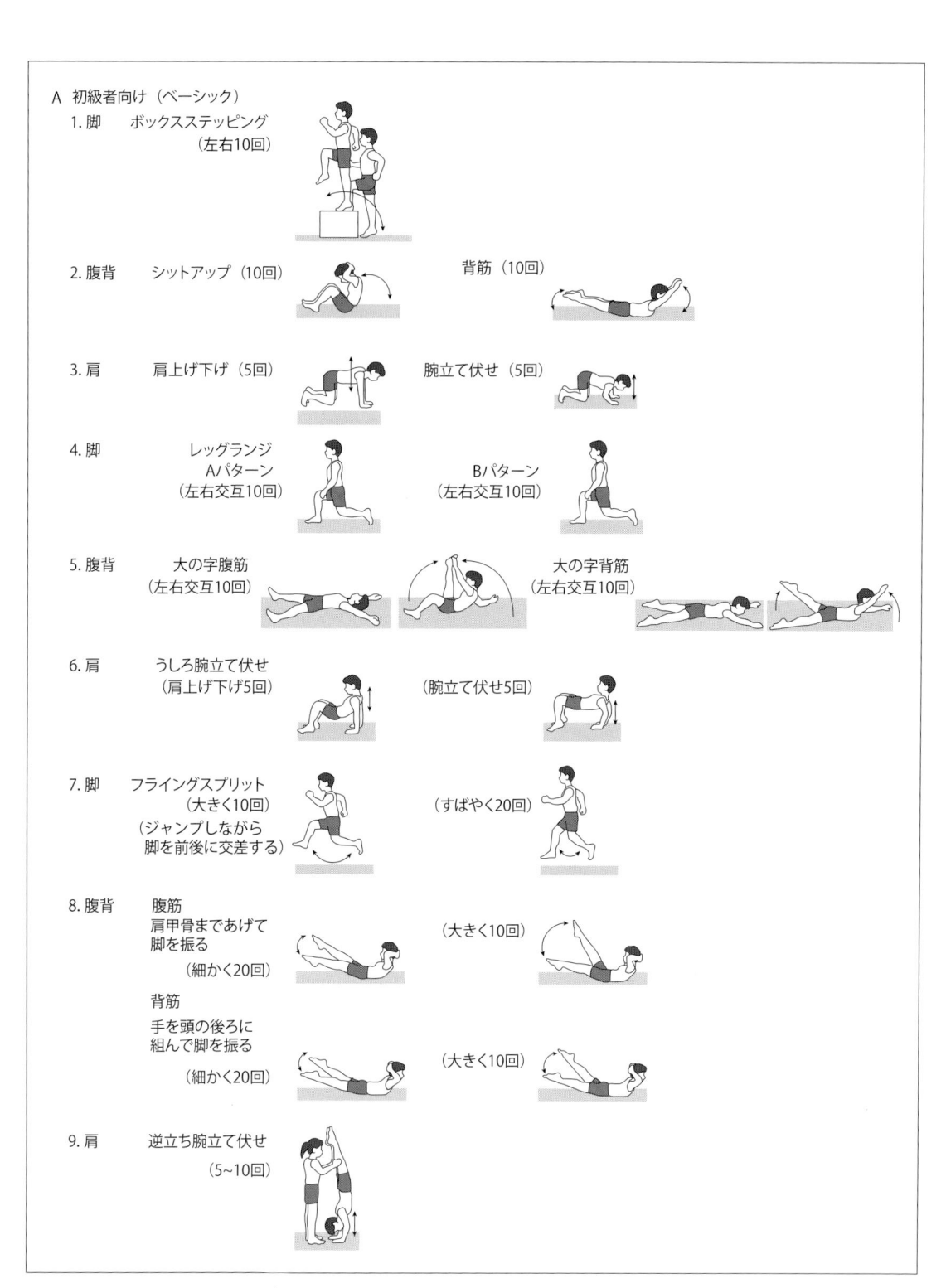

1. 脚　　ボックスステッピング
　　　　　　（左右10回）

2. 腹背　シットアップ（10回）　　　　背筋（10回）

3. 肩　　肩上げ下げ（5回）　　　　　腕立て伏せ（5回）

4. 脚　　レッグランジ
　　　　　Aパターン　　　　　　　　Bパターン
　　　　　（左右交互10回）　　　　　（左右交互10回）

5. 腹背　大の字腹筋　　　　　　　　大の字背筋
　　　　　（左右交互10回）　　　　　（左右交互10回）

6. 肩　　うしろ腕立て伏せ
　　　　　（肩上げ下げ5回）　　　　　（腕立て伏せ5回）

7. 脚　　フライングスプリット
　　　　　（大きく10回）　　　　　　（すばやく20回）
　　　　　（ジャンプしながら
　　　　　　脚を前後に交差する）

8. 腹背　腹筋
　　　　　肩甲骨まであげて
　　　　　脚を振る
　　　　　　（細かく20回）　　　　　（大きく10回）

　　　　　背筋
　　　　　手を頭の後ろに
　　　　　組んで脚を振る
　　　　　　（細かく20回）　　　　　（大きく10回）

9. 肩　　逆立ち腕立て伏せ
　　　　　（5〜10回）

図5-3-24　サーキットトレーニング　例1　初級者向け（ベーシック）

B 中級者向け
1. 脚　ラテラルボックスジャンプ
　　　　（左右交互20回）

2. 腹背　V字腹筋（10回）

　　背筋　（脚振り上げ　左右交互10回）
　　　　　（手脚振り　　左右交互10回）

3. 肩　逆立ち腕立て伏せ
　　　（肩上げ下げ5回）
　　　（腕立て伏せ5回）

4. 脚　バービー腕立てジャンプ
　　　（6カウント×4回）

5. 腹背
　（回転タッチ腹筋左右交互10回）　　　　　　（回転タッチ背筋左右交互10回）

6. 肩　腕立てジャンプ（5回）

7. 脚　フロアタッチジャンプ（10回）

サーキットトレーニングの留意点
- それぞれの運動，およびセット間は，休まずに続けて行う。
- 脚，腹・背筋，肩の3種類を繰り返す。
- 全身持久力を増すためには，20～30分やり続けることが望ましいので，慣れてきたら，それぞれの運動の回数を増やしていくこと。

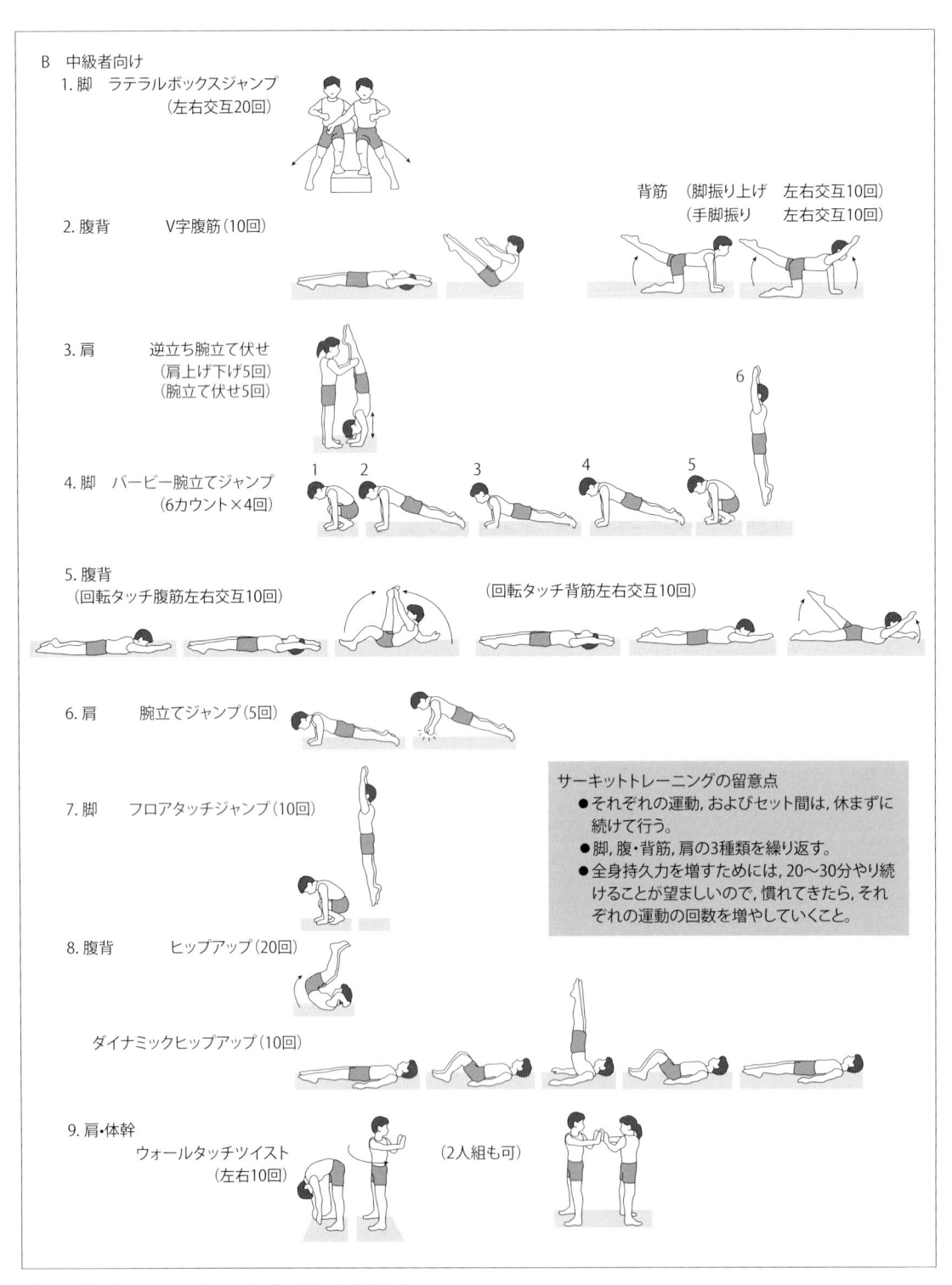

8. 腹背　ヒップアップ（20回）

　　ダイナミックヒップアップ（10回）

9. 肩・体幹
　　ウォールタッチツイスト
　　　（左右10回）　　　（2人組も可）

図5-3-25　サーキットトレーニング　例2　中級者向け

1. 上向き
   ①ダブルバレーレッグ姿勢で30呼間キープ
   ②上向きで脚振り上げ(20回)
   ③スプリット→上体を前に倒す→上体を後ろに反らす
2. 下向き
   四つんばいになり,後ろ向きで脚振り上げ(左右20回)
3. 横向き
   ①横向きで脚振り上げ(20回)
   ②足首をフレックスにし片足を90°まで上げ,前に倒す→戻す(15回)
   ③膝と甲の向きを変えずに上げ下げ(20回)
   ④ストレッチ

   ＊以上を1セットとして左右行う

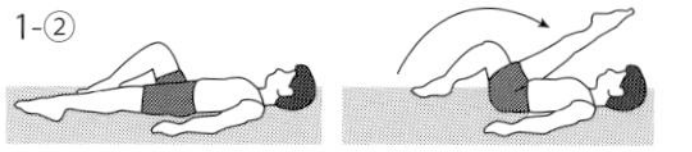

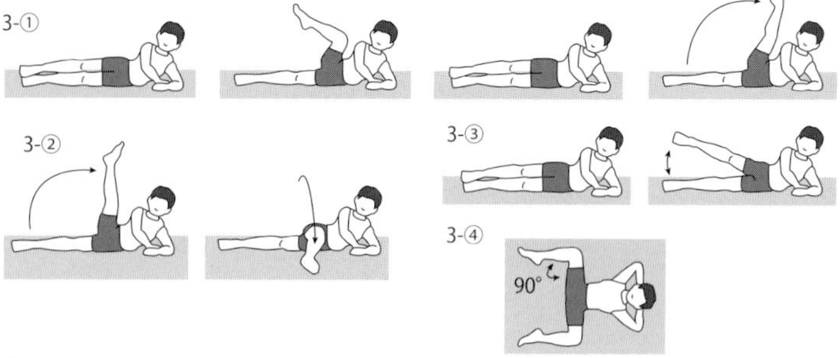

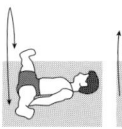

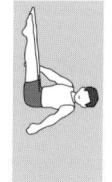

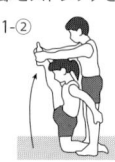

4. キャットバック(8回)
   四つんばいになり,肩甲骨を動かす　1〜4アップ　5〜8ダウン
5. ブリッジ(10回)
   膝をついて行う
6. 股関節
   ①ダブルバレーレッグ姿勢から,両足開→閉(ゆっくり10回　はやく10回)
   ②ストレッチ
   6-③両足を開いた状態で膝から下を曲げ伸ばし(ゆっくり8回　はやく8回)
   6-④横向きのダブルバレーレッグ姿勢から片足を開き,反対の足をあとから合わせる(8回) 
7. 上体反らし(ゆっくり8回　はやく8回)
   うつ伏せになり上体を起こす
8. 足を開いて座り上体を前に倒してストレッチ
   足を開いて座り上体を左右に倒す(左右8回)
   足を開いて座り上体を前に倒す→戻す(8回)
9. 前屈から足が垂直になるまで上げる(16回)
   →前屈ストレッチ→足が垂直になるまで上げキープ
   →膝を床につけストレッチ→前屈ストレッチ
10. バーでストレッチ 
    ①片足をバーにのせ上体を前にバウンドさせる(8回→キープ)
    ②足の裏をバーにつけ股関節をストレッチさせる(バウンド8回→キープ)
11. スプリット 
    ①前の足を台にのせる
    ②2人組でストレッチ
12. バーを持って足の振り上げ　前後左右(各10回)
13. チャイニーズスプリット(横開脚)になり上体を起こす→戻す(8回)

図5-3-26　ロシア体操の例

4 国内大会に向けたコーチング

①目標設定
[目標設定とは]

　選手の年齢・技術レベルによって目標設定が異なる。目指している大会が選手にとってどのような意義があるのかを考え，選手各々にできるだけ大会目標設定をし，その目標の意味を理解できるように伝える。具体的には大会を目標にすると考えやすい。また，大きな大会だけを目標設定するのではなく，日頃の練習内での目標を設定したりするなど，身近な目標を設定し，1つ1つ目標をクリアしていくことの大切さを実感させることも必要である。コーチと選手の間で目標を共有することが重要である。

[年齢に応じた目標設定]

　10歳以下では，それぞれの地域での大会が目標となる。

　11～12歳では，毎年8月に行われるジュニアオリンピックが目標となる。それに向けて，地方大会を通過点とし，年間を通した基礎泳力・基礎フィギュア力・ルーティン力を高めていくことになる。

　13～15歳では，11～12歳とは異なり，出場できる全国大会が多くなる。シーズン初めに行われる全国ソロ＆デュエット大会がこの年代の最初の全国大会であるため，1つの目標として設定する。また，中学生からは日本選手権に出場できるようになるため，地方予選を通過し，日本選手権に出場することを最大の目標とし，夏に行われるチャレンジカップ・ジュニアオリンピックなどが目標となる。それぞれの大会で，出場種目が異なり，また，出場する選手のレベルも異なるため，大会ごとの目標を立てていくことが重要である。

　16～18歳になると，ジュニアナショナルチームへの挑戦ができる年齢となる。そのため，選考会に向けてのトライアルが目標となる。その選考会をクリアした選手は，ジュニアナショナルチームとしてのトレーニングも始まる。また，国内大会としては，日本選手権・チャレンジカップ・国民体育大会が目標となる。そして，18歳以上（シニア）の選手は，ナショナルAチーム，ナショナルBチームなどのトライアルが目標となり，選考会を経て日本代表に選ばれた選手の目標は国際大会となる。国内大会としては，日本選手権・チャレンジカップが目標となる。また，大学生は2009（平成21）年から行われている学生シンクロ選手権が目標となる。

②技術習得

　各年代で習得する技術は，16～18歳までのジュニアの選手とそれ以上のシニアの選手とでは大きく異なってくる。なぜならジュニアの大会ではフィギュア競技が行われるが，シニアの大会（オリンピック・世界

選手権など)では，テクニカルルーティンが行われるからである。

そこで，ジュニアの年代までは，基礎泳力・基礎の泳ぎ・スカーリング技術・基本姿勢・フィギュア・ルーティンの表現力・身のこなしを徹底的に身につけなければならない。1つの技術を身につけるためには反復練習が必須となり，大変時間が掛かるものである。そのため，小学生から段階的にトレーニングをする必要がある。

それらを身につけた上で，シニアの選手となってからは，現在主流になっているスピードのある，変化の多いシンクロに対応できる技術を習得しなくてはならない。現在のシンクロは技術だけでなく，身のこなし・技術のつなぎ等もスピーディーになってきている。そのため，基礎力が身についていない選手ではまったく対応できないのが現状である。どのようなトレーニングでも同じだが，一長一短では習得できないため，地道に継続していくことが重要である。

③自信をつける
[ゴールをイメージさせる]

大会で日頃の成果を出すためには，選手に「自信」をもたせなければならない。大会で練習時の力を出せれば，100点だと考える。自信をつけるには，どれだけのもの(質)をどれだけ(量)練習してきたかが大切となる。最後の最後に選手を支えるのは，その選手がどのくらいの量の練習をしてきたか，どのくらいの質の練習を行ってきたかということになる。そこで，まず選手本人に自分のゴールをイメージさせることから始めるとよい。例えば「自分はこんな演技をするんだ」「こんな順位をとるんだ」「こんな点数をとるんだ」といったイメージをしっかりもたせる。ゴールのイメージはコーチがもつだけではなく，選手と共有することが大切である。それにより，選手がトレーニング内容の意味などを理解でき，よりゴールに近づくようなイメージをしやすくなる。

[練習から自信を与える]

次に，ゴールに向かっていくための練習の中身が大切となる。日頃のトレーニングから自分が苦手なものを克服するために労力を惜しまず，努力し続けることである。そこで克服できたものに対しては，最大の評価を与え，「自分はできるんだ」という自信を与えることが大切である。

ただ「がんばりましょう」というだけでは，コーチの役割は果たしたことにならない。コーチはトレーニング内容を考えるだけでなく，選手への言葉掛けにも注意しなくてはならない。コーチの一言で選手に自信を与えることもあり，またその逆もありえる。選手個々の特性をしっかりと把握し，適切な言葉掛けをすることも重要である。シンクロでは，チームとしての目標がある一方で，8人の目標がそれぞれあり，選手の能力に合わせて，多様な目標がある。それらが集まったのがチームなのである。それに向けた練習を大切にし，その中で選手個々の自信を育む

ことが大切となる。

④栄養・体調管理
[栄養と体調の関係]
　栄養と体調の管理は切っても切れない関係にある。特に栄養面に関しては，現代は飽食の時代であり，コンビニエンスストア等でなんでも手軽に買える時代であるため，幼い時期から栄養面にも安心をもたせるよう，保護者への栄養指導などが必要となる。スポーツ選手は体が資本なのである。自分の子どもはスポーツをやっているのだという自覚を保護者にもってもらい，家庭で栄養バランスをきちんと考えた食事を提供してもらいたい。それをいかにサポートしていくかが大切である。

[体調と体重の関係]
　体調管理のすべてのバロメーターは体重（筋肉と体脂肪の割合）にある。選手の体調は最も体重に現れやすい。痩せてきたり太ってきたりということに指導者は一番目を向けるべきである。シンクロは，他の種目と異なり，芸術性を高めるために特に技術・パワーが求められ，さらに同時性を高めるために長い時間の練習が必要となる。そのため，より多くのエネルギーが必要になってくる。選手の体重の増減にはメンタル面もかかわっていることもありえるため，より一層の注意が必要である。

⑤オーバートレーニングへの配慮
　大会の出場するためのルーティン作成は，半年〜3ヵ月前くらいから行う。大会の1ヵ月前頃からはルーティンの追い込み時期に入る。ソロ，デュエット，チームなど多様な種目での練習が必要となるため，練習量が増え，オーバートレーニングになることがある。体重減少，不眠，筋肉痛，頭痛，下痢，めまい，自信喪失，生理不順，腱鞘炎などの症状が現れやすく，また疲労からくる不注意により選手同士が接触し，怪我をする場合もある。コーチは選手個々のレベルや体力なども考慮し，トレーニングの質と量を考えなければならない。また，常に選手の状況を把握し，普段と異なるところがないかをチェックしなければならない。

⑥練習量と休日
[小学生までの練習量]
　シンクロの技術は，教えれば教えるほど伸びる。しかし，水中という特別な環境下で身体を酷使することは，選手の成長という観点からすると，考えなければならないことが多い。
　まず，小学生までの身体ができあがっていない選手に対しては，水中トレーニングだけにならないよう，体操（タンブリング）・クラシックバレエ・ダンス・トランポリン等，陸上でさまざまな運動刺激を与えるとよい。それにより，正しい姿勢やバランスをとることを覚え，また骨の成長を促すような刺激にもなる。また，成長過程であるこの時期に柔軟トレーニングを多く行うことにより，可動域が広がり，中学生以上に

なった時に筋肉がつき，柔軟性が低下しやすい年代になっても，シンクロに必要な柔軟性を著しく損なうことはなくなる。水中での運動が主となるシンクロの特徴を考慮し，無重力の運動ばかりとなって成長の障害とならないように，さまざまな練習をバランスよく組み入れる必要がある。

[中学生からの練習量]

中学生以上では，学校での授業があるため，練習以外のことに時間を多くとられてしまう。そのため，バーンアウトしやすくなる。その点を考慮して，練習量を考えていかなければならない。大会直前のトレーニングとしては，水中練習・バレエやダンス・陸上トレーニング等で週5～6日行う。そして，それ以外では，1日は完全オフとするのが適当である。これも，選手個々の目標・体力・技術レベル等に応じて，設定する必要がある。

なお，授業のない夏休みや冬休みの時期には，より多くの練習時間をとることができる。また，中学生以上となると，学校のテストや受験などもあるため，学校とシンクロの両立を考える必要がある。

[滝田理砂子]

5 国内での大会中のコーチング

①綿密なスケジュールの作成

[大会当日を考えたスケジュール]

国内の大会は，対象の選手によって実施種目が異なるため，大会によってスケジュールやトレーニング内容が変わってくる。シンクロの種目は，フィギュアとルーティンの2つに分かれ，その中でもテクニカル，フリールーティンでの，ソロ，デュエット，チームがあり，それ以外にフリーコンビネーション，2014（平成26年）年からはハイライトルーティンが新たに加わる。そのため，多忙なスケジュールとなり，選手が種目ごとに切り換え，集中できるように配慮し，練習の順番などを組み立てる必要がある。出場種目が多くなる選手には，混乱しないように，コーチが整理して選手に伝え，指導していかなければならない。

また，大会の中での流れにも気を配る必要がある。最初の種目での出来映えが良ければ，最後の種目までよい流れに乗って大会を過ごすことができる。しかし，最初の種目で出来が悪かった場合，選手の気持ちの立て直しや練習の組み立てをやり直す必要がある場合もある。大会日程に合わせて選手個々に練習スケジュールを組むこともコーチの重要な役目である。

[起床時間・食事時間・出発時間とその間の過ごし方]

自分の泳ぐ時間の3時間以上前には起床させ，うたた寝ができない状況を作り上げる。意識が寝ていなくても，筋肉が寝てしまうと動ける身

体に戻すまでにかなりの時間が必要となる。筋肉が寝てしまっていては、最良のパフォーマンスは発揮することはできない。

また、食事の時間や大会会場に出発する時間は、各選手のスケジュールに合わせる。会場に慣れさせるため、あるいは気持ちを高めるために、仲間の応援をするために早く集合させることもある。

②心理面での諸注意
[緊張対策]

個々に異なる種目に出場するため、チームとしてまとまらず、気持ちがバラバラになりやすい。また、大会の独特な雰囲気に飲まれてしまい、過度な緊張により、練習してきたことが発揮できないことがある。そのため、公開練習の段階で、大会のロケーションになじませることが大切になる。試合本番のシミュレーションをしっかり頭と体に刻みこんでおき、試合の時には普段どおりの演技、普段以上の演技ができるように導く必要がある。大会前のクラブ練習時に大会を想定した練習を行っておくことも、効果的である。

[戦う気持ち]

シンクロ競技は、ソロ、デュエット、チーム（以上は各々にテクニカル・フリーがある）、フリーコンビネーション、ハイライトルーティンと異なる種目が続く。良い結果はよいが、悪い結果は終わったこととして忘れ、次に向かう気持ちを作ることが大切である。頭を切り替えて、次の演技に向けて、前を向ける状況にもっていく。また、演技中が途中であきらめたり、投げ出したりしないように指導する。最後の最後まで試合を捨てない心理状況を作ることが大切である。大会は、結果が分からないから行うのであり、途中で負けているとも考えるようなことはさせない。常に戦う姿勢を出させるように選手をもっていくこと、そして選手の最高のパフォーマンスを出させることが大切である。

③栄養と体調の管理

国内大会では長くても5日間ですべての日程が終わる。そのため、栄養も体調もすべて大会でのスケジュールに合わせて調整し、1つ1つの演技にいかに集中させていくかが大切になる。栄養補給などのタイミングにも気をつけ、どのタイミングで何を摂取すべきかなどの指導も重要となる。

［滝田理砂子］

6 国際大会に向けたコーチング

①ナショナルチームの編成

国際大会に向けては、代表選手選考会で選手が選考され、強化合宿を経て、選考会によって選ばれた選手でナショナルチームを編成する。

［吉田美保］

②競技会前の大会の利用・大会の傾向と流れをつかむ

　そのシーズンのメインとなる大きな大会の前に，ヨーロッパやアメリカなどの国で行われる大会に出場しさまざまなことをチェックし，メインに向けての強化に役立てていくことはコーチングをしていく上で非常に重要である。特に，代表選手に経験の少ない新人が多い場合には，海外の大会に出場するチャンスを多くもつことで経験を積ませ，競技会の場を踏ませることによって心身を強くするという目的も果たすことができる。

　また，メイン大会の前に海外の大会に出すことで，そこまでに一度ルーティーンを仕上げなければならず，選手・コーチにとってトレーニングを計画的に効率よく行い，士気を高めていくこともできる。第1段階の仕上げとしての形を作り，それを海外の審判にみてもらい採点されることで自分たちの作品の評価もわかり，自分たちがみせようとしていたことが合っていたかなど多くの課題を得ることもできる。具体的には，みせ場のものをきちんとみせられたか，特にアクロバティック動作などを本番で失敗なくこなせたか。完遂度，同時性などをいつもの練習通りにできたか。大会本番で自分たちが表そうとしていたテーマや雰囲気などを効果的なプレゼンテーションで伝えることができたかなど，多くのチェックポイントがある。海外の審判の目から自分たちの演技がどうみえたのかを，帯同した日本の審判とコーチ，選手のみんなで分析し反省し，次につなげていくことは非常に大切である。

　そして，大会を1つ乗り越えることにより，コーチと選手，また選手間の信頼も深まりさらに強いチームワークでメイン大会に向かっていくことができる。

　以上のように強化に役立てるだけではなく，他の国の演技をみることで，傾向や流れをつかむこともできる。

　最近の演技の傾向は，よりスピーディーで動きが速くなり，選手が水中にいる時間がほとんどないほど常に水の上で演技し続ける密度の濃いルーティーンが主流になりつつある。そのような流れであることも，海外の大会に出場し他国を観察してこそ知ることができる。常に上位を保っている国がどのような内容の作品を出してきているかなどは，今後のシンクロの主流を知るうえでしっかりとチェックしていかなければならない。

　また，ルール改正後などは新しいエレメンツをどのように解釈してどのようにみせているかをチェックすることも大変重要である。エレメンツの解釈は国や地域によって違うことも時にはあり，新しいエレメンツの各国の取り組み方やそれを審判がどう評価しているのかをしっかり検証して，世界の流れから遅れていったり，間違っていかないようにしていかなければならない。

最後に，その大会に出場しそこでよい演技をみせ，よい成績をとり，日本の印象をよくしてそのシーズンをスタートさせることは対外的にも自分たち選手団にとっても，なによりも重要なことである。世界の審判に良い印象を与えて期待をされること，そしてよい成績でスタートして選手・コーチが自信をもつことは，そのシーズンのメインの大会に大きな影響を与えることは忘れてはならない。　　　　　　　　　　［花牟礼雅美］

③栄養と体調の管理

　国際大会，例えば世界選手権では7日間，あるいはそれ以上の日数になる。そのため，プールが使用できない期間は陸上でのトレーニングを入れて体調を管理していく。いつでも最高のパフォーマンスを出せる身体作りをしていく必要がある。

　さらに，ソロ，デュエット，チーム，フリーコンビネーション，ハイライトルーティンといった出場する種目に合わせ，選手個々のコンディション作りを考える必要もある。ソロ，デュエットを通して，身体を酷使してきた選手とチーム種目だけに出場する選手とではコンディション作りは異なるものである。

　また，近年，シンクロにおいても心肺機能の強化のためや高地での試合のために低酸素トレーニングが取り入れられるようになってきた。国際大会に向けて，コーチも，低酸素トレーニングの効果や選手のベストパフォーマンスを引き出す調整の仕方を学ばなければならない。

［吉田美保］

7 海外遠征中のコーチング

①情報収集

［テーマの設定］

　情報収集はここ数年で大きく発展してきている。遠征先の人たちに対してテーマや演目をマーケティング調査することもある。大会が開催される国の文化，風土に合わせ，演技のイメージを固めることもある。テーマの設定の際には，世界的に今，なにがウケるのかなどにもコーチは配慮しなければならない。

［会場で映える演技づくり］

　大会会場の情報も大切な要素となる。例えば，試合会場内の壁の色やプールの水の色，さらにアウトドアプールの会場ならば演技時間の太陽の向きなども考慮に入れる必要がある。なぜなら，最も映える演技のみせ方やコスチュームの色はライバルチームに勝つために重要な事柄である。

　競技会にかかわる情報を徹底的に収集し，それらを演技のすべてに活かすのが現在の情報収集である。　　　　　　　　　　　　　　［吉田美保］

②現地協力者の確保

　大会開催地のさまざまな情報を事前に把握しておくことは，大会をスムーズにこなすためにはとても重要なことであろう。

　事前にコーチが現地に足を運び，大会会場や練習会場，宿泊施設などを下見することができればベストである。それができたとしてもできなかったとしても現地協力者がいればこれほど心強いことはない。

　現地に住んでいる方や留学している方など，知り合いを調べてお願いし，まずは事前に様々な情報を得ておくことが大切である。これまでに大会開催国の日本人会の方に協力をお願いし，さまざまなサポートをしていただいたこともある。

　現地の気候，宿泊施設についてなどがわかれば，事前に対策をしておくことができる。また，現地で補食などの買い物をすることも多いので，宿泊施設や大会会場の周りにどのようなお店があるか，何時頃まで買い物できるかなどは重宝する情報である。大会期間が長期にわたる場合など，日曜日にはどこのお店も空いていないといったようなこともあり，現地に住む方ならではの情報を得られれば遠征を進める上でとても助かる。

　世界選手権やオリンピックなど大きな大会では，会場への入場に制限があるので，現地協力者が選手団と常に行動をともにできるとは限らないが，行動をともにできる大会ならば言葉の面やいろいろな場面でサポートを受けることも可能になる。

　なお，現地協力者は日本人とはかぎらない。2012年のロンドンオリンピック前にドイツで合宿をした際にはドイツ水泳連盟の方が宿泊先から練習場までの送迎から選手団につきっきりで事細かにサポートしてくださり，とても快適に合宿を行うことができた。

　しかし，必ずしも現地協力者をみつけられるとはかぎらないので，事前にコーチがインターネットで調べたり，旅行会社などの協力を得て情報を集めたりしておくことも大切であろう。　　　　　　　［花牟礼雅美］

③トレーニング施設の確保

　オリンピックや世界選手権など大会期間が長くなると，競技会サイド（運営側）が用意してくれている練習会場だけでは練習時間が足りなくなり，新たに他の練習場の確保が必要になる。また，オリンピックでは開催国付近の国で直前合宿を行い，時差調整をして現地入りする場合も多い。さらに，一度選手村に入ってから他の練習場に移って練習し，再び現地に戻るというケースもある。

　このようなケースに対応すべく，練習会場を自力で探して準備しておく国は多くある。そのため，オリンピックでは早期に開催国付近の練習できる場所を探しておくことが大切である。一方，世界選手権は期間が長く，チームのみに出場する選手は出番のない日が続くこともあるため，

そのような選手がしっかり練習するために日本だけが使用できるプールを確保しておくと，落ち着いて大会期間を過ごすことができるのでよい。

なお，練習場を準備する場合は，事前にコーチが下見をしてプールの状況や使い勝手を確認しておければそれがベストである。実際に音楽をかけての練習がどのようにできるのかなどをよく確かめ，効率のよい練習ができるように準備することが大切である。

シンクロの大会は現地に行かないと公式練習時間がわからないことが多いので，他の練習場を準備することは実際難しいことが多いのだが，公式練習場は他の国と一緒で音楽をかけられる時間もとても短いため日本だけの練習場を確保できれば，余裕をもつことができる。しかし，必ずしも練習場が確保できるとは限らないので，確保できなかった場合のことも考えておかなければならない。その際は，競技会サイドが用意してくれているプールの時間設定の中で一番効率よく練習できるよう工夫する。コーチは自身が練習時間が少ないことで焦ってしまったりしないよう，落ち着いて選手に向き合うことがとても大切である。

［花牟礼雅美］

8 シーズンオフ中のコーチング

①反省と次年度の計画

シンクロでは，9月に行われる国民体育大会と学生シンクロ競技大会（マーメイドカップ）がシーズン最後の大会となり，その後，約1ヵ月がオフとなる。この期間は，前のシーズンの反省をし，次年度の目標（大会やナショナルチーム選考など）を設定することが大切である。心身を大会の緊張から解放し，リラックスして休養する期間として重要である。また，一度リフレッシュし，頭をクリアにして，新たな目標を設定することも大切となる。

その一方で，シンクロは細かいところにも注意を向けることが多いので，この期間に基本的な身体づくりを再度行うことも大切になる。シンクロで酷使してきた身体をリコンディショニングさせるためにも，バレエやダンスなどで異なる運動刺激を与えることはよい。

②学習や視察

シンクロは採点競技のため，コーチの見識の高さと判断力を養う必要がある。この期間にできるだけ広い範囲で学習することがよい。より高度な知識を得るために医・科学について勉強したり，他のスポーツ種目の指導者との交流を深めたりすることも大切なことである。選手が年々成長し，力をつけるのと同様に，コーチも常に自分自身の能力を伸ばす努力が大切である。次年度のルーティン作成のために，新体操やダンス・舞台などを鑑賞することにより，新しい振付のヒントを得ることができる。また，コーチが審判の勉強をすることも重要である。審判がど

のように演技を採点しているかを理解することにより，次年度の選手の目標やトレーニング内容をより明確に設定することができる．

③休養
　休養は次年度のシーズンへのエネルギーになる．そのため，水中での激しい練習を行わない期間に，シーズン中にはできないことをやっておくとよい．

[芸術鑑賞（舞台・音楽）]
　観客のサイドに身を置くことによって，新たな発見につながる．観客に表現するとはどういうものなのか，どのように表現をすることが効果的なのかなど客観的に感じることが重要である．これらは表現力を高めるだけでなく，気分転換の機会にもなる．

[シンクロナイズドスイミング以外のスポーツを楽しむ]
　休養ではあるが，次年度のシーズンに向けた準備段階でもあるため，ストレッチングをしたり，他のスポーツをしたりして身体を動かしておくことも大切である．シーズン中は練習時間が長く酷使しているため，異なる刺激を与えることがその後の成長につながる．そのため，シンクロを目的に行うトレーニング（他の人と合わせたりなど）ではなく，競争的要素を取り入れたり，シーズン中にはできないことを行う．

[シンクロナイズドスイミング以外のスポーツから学ぶ]
　バレエやダンス等のシンクロ以外のスポーツは気分転換になるだけでなく，シンクロでは得られない身体感覚を身につけることができる良い機会となる．例えば，バレエのレッスンを受けることで，柔軟性や身体表現の基本やバリエーションを学ぶことができる．

④栄養と体調の管理
　シーズンオフは，激しい練習がないため，栄養と体調の管理，特に体重の管理については十分すぎるほど注意する．一度体調を崩すと，後戻りしてからシーズンを迎えることになるため，最初から出遅れることになる．そのため，次年度のシーズンをよりよい状態で迎えるためにも，栄養と体調を管理しておく．

　　　　　　　　　　　　　　　　　　　　　　　　　[滝田理砂子]

シンクロナイズドスイミングのトレーニング

SECTION 4

1 シンクロナイズドスイミングの競技力

①ルールの変遷

　1994年にテクニカルルーティンが導入され，1996年からジュニアを除くすべてのFINA競技会はテクニカルルーティンとフリールーティンの2つのプログラムで実施されるようになった。2001年にはチームフリールーティンの制限時間が5分から4分に一気に短縮され，従来，中間部分に取り入れられていたスローパートがほとんどみられなくなり，4分間に数多くの高難度の技を盛り込んだ非常に展開の速い演技構成に変化した。また同年，テクニカルルーティンの規定要素にリフト動作が加えられ，フリールーティンとテクニカルルーティンの両方にアクロバティックな動作が求められるようになった。2013年には，アクロバティック動作を主に構成するハイライトルーティンが新種目に追加され，リフト，ジャンプ，スロー動作（図5-4-1）の開発と高難度化は加速的に進んでいる。

②シンクロナイズドスイミング選手に必要な競技力

　シンクロ選手に特に重要と思われる競技力，すなわちトレーニング課

図5-4-1　ウクライナのスロー演技
ロンドンオリンピック予選大会で最も高いジャンプ動作を行ったウクライナのスロー演技。

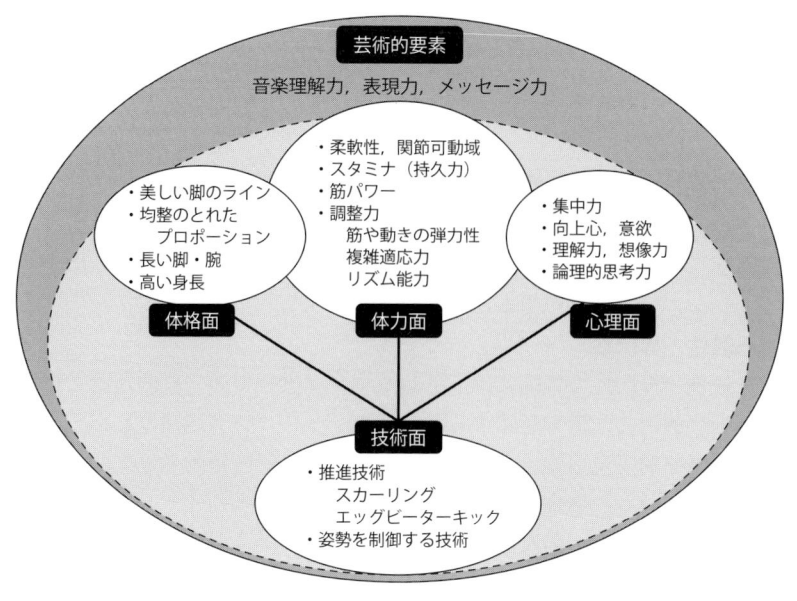

図5-4-2 シンクロ選手に必要な競技力

題を図5-4-2に示した。演技遂行の基礎をなす技術面では，スカーリング，エッグビーターキックの推進技術，および水中で姿勢を制御する基本技術が重要である。体格面では，高い身長，均整のとれたプロポーション，丸くて厚い体幹，美しい脚のライン，長く細い四肢の先端を有していることが有利である。ただし，長育的な要素は先天的な影響が大きいので，トレーニングによって改善するのが難しいものもある。体力面では，個々のスキルを遂行するのに必要な柔軟性（関節可動域），筋パワー，4分の演技を泳ぎ切るスタミナなどである。エッグビーターキックやキックを用いた腕の表現では，肩甲骨から大きく動かし上半身すべてを使うダンス的な動作が，そしてストロークにおいては方向変換や高さの変動を伴ったすばやい動作が求められる。また，シンクロの基本姿勢や基本動作に腰背部の過伸展，肩の過度の屈曲，股関節の大きな屈曲・伸展を要するものが多い。支持が不安定で，かつ浮力や抵抗がある水中環境下で，これらの姿勢や動作を遂行するには股関節・肩関節の柔軟性に加えて体幹と腰回りの強い筋力・筋パワーが不可欠である。さらに，動きの大きさ，しなやかさ，ばねのある筋や動きの弾力性，複雑適応力およびリズム能力などの調整力が重要である。心理面では，集中力，向上心，意欲がなくては競技力の向上はあり得ない。そして上位選手になっていくには，論理的思考力とイメージを描いて遂行する想像力が必要不可欠である。そして，これらの必須の競技力に加えて，音楽理解力，表現力，メッセージ力といった芸術的能力が求められる。

［理解度チェック］
・シンクロ選手の競技力は，技術面，体格面，体力面，心理面に加えて，芸術的要素が重要である。

2 トレーニングの基本原則

トレーニングを考えるにあたって、次のような原則を踏まえなければならない。

①個別性および意欲・意識性

トレーニングは個人の能力や特徴を考慮して、内容や方法を考えなければならない。トレーニングの目的を理解し、集中して行うことによってトレーニング効果が高まる。

②一般性・専門性

一般性・専門性の原則とは、トレーニング過程での一般的運動と専門的運動の適切な配置を意味する。年間のトレーニング周期においては、身体の多面的、全面的土台づくりのために、一般的運動を優先的に利用する十分な長さの準備期が配置される。次いで、より専門競技に近い一般的運動を用いる中間段階を経て専門的運動を多く取り入れる試合期を迎えることとなる。

③連続性・逐次性

トレーニングは負荷（運動）と回復（休息）を繰り返すことによって、トレーニング効果が着実に上がっていく。トレーニングは体力レベルを向上させる反面、身体的、精神的な疲労をもたらす。計画的に休息をとると一時的に体力レベルがトレーニング前より高いところに到達する。これを超過回復という（図5-4-3）。

図5-4-4はトレーニングの負荷内容の配列の仕方に関する一般原則である。週間トレーニングあるいは1日のトレーニングにおいて、まず

[理解度チェック]
・トレーニングは、個別性および意欲・意識性、一般性・専門性、連続性・逐次性、漸進性の原則をふまえて計画、実施しなければならない。

[研究問題]
・トレーニングの連続性・逐次性の原則とはどういうものか。

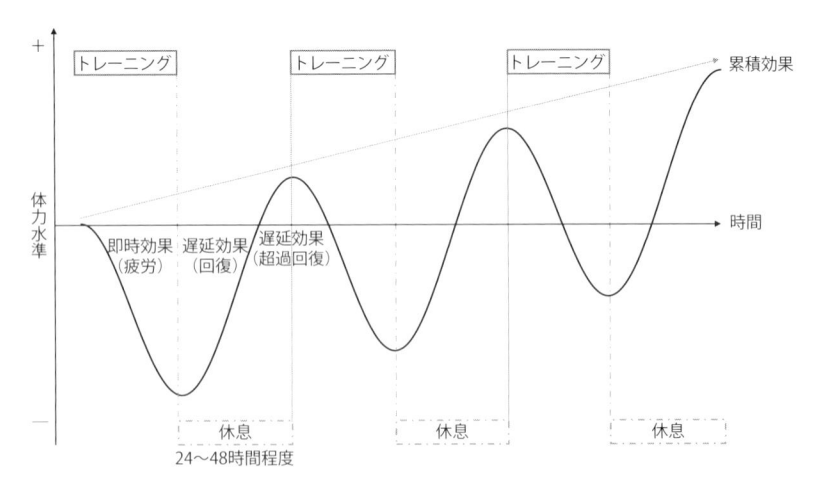

図5-4-3　トレーニングによる即時効果と休息による遅延効果
トレーニングにより即時効果（疲労）を生じ、休息により遅延効果（回復および超過回復）を生じる。適切なタイミングによるトレーニングと休息の組み合わせにより累積効果を得ることができる。

技術・スピード系の運動を行い，次に筋力・スピード持久系，そして全身持久系，最後に回復系と，トレーニング負荷の強度面を強⇒弱に変化させていくことがトレーニング効果を上げるうえで重要である。

④漸進性

最高のパフォーマンスに到達するためには，あるレベルに達するに伴い，次第に負荷（強度・量）と課題（難易度）を増大させていかなければならない。

3 トレーニング計画

①期分け

期分けとは，その年の主要競技会に向けてピーキングを最適に行うために，身体の適応過程を最も効率よく推移させるように年間計画をいくつかのトレーニング期（目的）に分類する方法である。身体の発達周期性を考慮した場合，年間トレーニングを実施するトレーニング手段（運動）の性質（一般的，専門的）によって区分することで，より効率的で合理的なトレーニングを展開することができる。

負荷（運動）と回復の繰り返しからなる週単位のトレーニング周期がいくつかまとまって数ヵ月から年間の期分けがなされる。トレーニング周期は「準備期」「試合期」「移行期」に分けることができ，さらに準備期は，一般性，専門性の配分の違いから，「一般的準備期」「専門的準備期」に区分される。通常，年間でターゲットとなる主要競技会の数に応じて1〜3周期のトレーニング周期を形成する。

②年間の期分け

［準備期］

この期では，技術・体力・心理・戦術のすべての面において，形態的・機能的基礎を発達させる。一般に，このトレーニング期の主な目的は一般的体力の獲得と向上である。しかし，シンクロのような技術とコーディネーションの完成が重要な役割を占めるスポーツでは，技術的要素のトレーニングも行わなければならない。そして，準備期の最後までには，ルーティンの大枠ができあがっていなければならない。この期間には専門的トレーニングへの適応の基礎を作るためにトレーニング量の増大が不可欠である。

● 一般的準備期

この期間の目的は，一般的体力を発達させること，基礎的技術を改善すること，基本戦術計画を発展させることである。その中でも最も重要な目的は，今後のトレーニングとパフォーマンスを助長するような体力の水準を上げることである。しかしながら，技術とコーディネーションの完成が重要なシンクロでは，基本技術（基本姿勢，基本動作）や推進技術（スカーリング，エッグビーターキック）のトレーニングもこの時

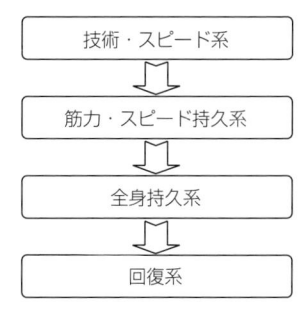

図5-4-4 逐次性
負荷内容の配列の仕方に関する一般原則である。

技術・スピード系
↓
筋力・スピード持久系
↓
全身持久系
↓
回復系

期に徹底して行わなければならない。

一般的準備期のトレーニング量が不十分な場合は，パフォーマンス向上の不足，試合期を通してのパフォーマンスの一貫性の欠乏，およびその年の最後の試合でのパフォーマンス低下の原因となる。

●専門的準備期

この期の主要な目標のひとつは，技術の向上と完成である。トレーニングの内容はより特定されるが，トレーニング量はまだ多い。すべての運動は高い質を維持（高強度）し，最大のトレーニング効果を得られるようにするべきである。この期の後半に，量は強度の増加に伴って漸進的に減少する。また，この期の最後までには，ルーティンの大枠ができあがっていなければならない。

[試合期]

この期の主要な課題はすべてのトレーニング要素の完成（仕上げ）である。試合期の目的は，シンクロの専門技術（フィギュア，ルーティン）の完成，準備期に築いた体力的，技術的，心理的水準の維持，試合経験の蓄積と戦術的能力の向上である。試合期にはトレーニング量が減ると同時に，強度がいっそう高まる。競技会を想定したトレーニングを行い，パフォーマンスの安定性，一貫性を保つ。重要試合の数週間前（通常約2週間前）からはトレーニングの量と強度を段階的に減らし，選手の全機能の回復を促進させる。

[移行期]

競技者およびコーチの両方にとって，次のシーズンの開始前に身体的，心理的に休息しリフレッシュすることは不可欠である。またコーチにとっては，前シーズンの評価，分析を行い，次シーズンの計画を練るために非常に重要な期間である。移行期の主要な目標は神経性の疲労の除去で，一般的体力の良好な水準を維持しながら，心理的休息，リラクセーションにより回復を促進することである。移行期は通常3〜4週間の間であるが，5週間を超えてはならない。この期間は，水中に入る必要はないが1週間に数回は低強度な運動でのトレーニングをすべきである。

[理解度チェック]
・年間の期分けは，準備期，試合期，移行期に分けられ，準備期はさらに一般的準備期と専門的準備期に分けられる。

[研究問題]
・準備期の目的と留意点を述べよ。

4 トレーニングの構成

①トレーニング計画のための準備

トレーニングは，計画を実行し，身体的適応がなされているかどうかを評価し，修正を加え実行するというサイクルが繰り返される（図5-4-5）。トレーニング計画を立案するには，まず，次に挙げるような情報収集や分析，準備が必要である。

[競技会カレンダー]

期分けの設定と年間計画に欠かせない情報である。選手またはチームは，主要競技会で心身が最高水準に到達するようトレーニングを計画す

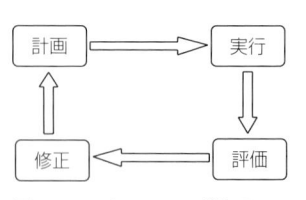

図5-4-5 トレーニング計画のサイクル

る。主要競技会以外の競技会は選手の準備水準を評価するために用いられる。

[チーム/選手の情報収集と過去の分析]

　年齢，身長，体重，学校，試験システム等，選手の特性情報の収集を行う。そして，翌シーズンのパフォーマンスの目標を設定するために，前シーズンを徹底的に分析しなければならない。過去の分析を行うことは，新しい目的を設定するだけでなく，将来の進歩とパフォーマンスを予測するための基本となる。チームの弱点，強化に時間がかかると思われる要素およびシンクロに重要な領域を優先してトレーニングを計画する。

[パフォーマンスの予測]

　主要競技会までの過程で到達するパフォーマンスを予測することは重要である。目標とする大会に必要な標準得点をクリアするためには，もしくは目標得点に達するには，いつまでに何をどこまで改善しなければならないかを分析する。そして，必要な技術トレーニングと構成（振り付け）を考えなければならない。

②シンクロにおけるトレーニング構成モデル

[年間トレーニング計画]

　競技会カレンダーからターゲットとする競技会を設定し，それに向けて最適な準備を行うためにトレーニング計画を立案する。最適な準備とするためには，トレーニング内容を一般から専門へ，量的負荷から強度的負荷へと変化させるべきである。ここでは，チャレンジカップ，ジュニアオリンピックを最重要競技会，日本選手権をそれに準ずる競技会とした場合を例に，年間トレーニング計画の立て方を紹介する（表5-4-1）。日本選手権，ジュニアオリンピックが開催される4月後半から9月までを試合期，前年の10月から3月までを準備期と位置付ける。準備期前半の一般的準備期では基礎体力の向上，基本技術の習得が主課題となり，トレーニング負荷は量的に増大させる（反復練習の積極的採用）べきである。準備期後半はシンクロ特有の体力向上やフィギュア，ルーティンで必要となる技術の習熟を目指す専門的準備期となる。専門的準備期ではトレーニング量だけでなく，強度面も増大させる（技の高さ・速さを重視）べきである。試合期は，ルーティンやフィギュア練習が中心的課題となり，トレーニング負荷も量的には抑え，強度面を最大化する必要がある。主要大会が間隔を置いて開催されるため，短期間の休養と専門的準備期的な性質を持つ強化期間を設け，体力，技術の両面が試合期を通して維持，向上されるよう努める。

　こうしたトレーニング内容や負荷（量，強度）の年間を通した大きな変化はマクロ周期と呼ばれる。しかしながら，実際のトレーニング実施に対しては内容が大まか過ぎるため，通常は1ヵ月単位（メゾ周期），1週間単位（ミクロ周期）でのトレーニング計画を作成する。メゾ周期，

表5-4-1 トレーニングの年間計画の例

月	競技会カレンダー	期分け	トレーニングの目的	トレーニング内容
10		一般的準備期／準備期	基礎体力の向上 基本技術の見直し	【トレーニング量の増大】 スタミナ強化，シンクロ基本トレーニング，基本技術のドリル
11	地方予選			
12		専門的準備期／準備期	専門体力の向上 技術の習得	【トレーニング量・強度ともに最大化】 フィギュア力の向上，規定要素のドリル，ルーティンの泳ぎ込み パワー強化の筋力トレーニング ※ルーティン作り開始
1	ナショナルトライアル 13-15SD			
2			ルーティンの完成 専門体力の向上	【トレーニング強度の増大】 ルーティンの泳ぎ込み，規定要素のドリル スピード，スピード持久力を意識した筋力トレーニング ※ルーティンの見直し
3				
4	地方予選	試合期	最高パフォーマンス発揮	心身両面での競技会への準備（慣らす） 規定要素，ルーティンの技術的完成を目指す 日本選手権に向けて最終調整
5	**日本選手権**			
6			体力の再強化 技術の習熟	短期間の休養によるリフレッシュ 試合期後半へ向けてオールラウンドな体力の再強化 フィギュア，ルーティンの技術面の再調整
7	地方予選			
8	チャレンジカップ ジュニアオリンピック		最高パフォーマンス発揮	フィギュア，ルーティンの技術的完成を目指す **シーズン最重要競技会に向けての最終調整**
9		移行期	心身のリフレッシュ 次シーズンの下地作り	完全休養2週間 週2～3回の軽いトレーニング 他のスポーツ種目も積極的に採用する

ミクロ周期のトレーニング計画作成においてはマクロ周期における課題を反映させつつ，選手の状態を見極めながらトレーニング負荷（量的，強度的）を変化させることが重要である。

[トレーニングの評価の過程]

　トレーニング計画を立案する際，トレーニング課題を明確にするための体力的・技術的能力の評価，分析が必要である。また，トレーニング期間中，体力的・技術的に目標に達しているかどうかという身体的適応性を評価するコントロールテスト（表5-4-2）と基準が必要である。テスト項目はシンクロの競技力を反映するものとし，項目数は最大4～8に制限する。例えば，最大筋力テスト，スピードスイムテスト，基本技術（バレーレッグ，垂直姿勢ほか）などがある。コントロールテストは，準備期前，準備期の途中，試合期前の年3回程度行う。

5 トレーニングの方法と運動の分類

　表5-4-3は，シンクロで通常行われているトレーニングを挙げ，そ

[理解度チェック]
・期分けの基礎は，競技会カレンダーである。

[研究問題]
・年間の主要競技会をもとにトレーニング期分けを計画せよ。

表5-4-2 各年代のナショナルチームクラスの選手によるコントロールテストの測定結果

項目名（単位）		ユース（14歳以下）		ジュニア（18歳以下）		シニア（19歳以上）	
年齢	（歳）	13.5 ± 1.08	(10)	16.4 ± 0.91	(47)	21.0 ± 1.56	(17)
身長	(cm)	159.4 ± 4.11	(10)	163.0 ± 4.40	(91)	165.8 ± 4.31	(61)
体重	(Kg)	48.3 ± 2.80	(10)	52.6 ± 3.69	(91)	55.2 ± 4.09	(61)
体脂肪率	(%)	22.5 ± 1.98	(6)	19.1 ± 3.62	(37)	19.4 ± 2.53	(52)
ボディ・ブースト	(cm)	115.3 ± 6.84	(10)	122.3 ± 7.47	(91)	124.8 ± 7.66	(61)
レッグ・ブースト	(cm)	114.1 ± 5.17	(10)	118.9 ± 6.01	(91)	121.7 ± 5.79	(61)
4 Kg負荷付きエッグビーター*	（秒）	14.6 ± 9.18	(7)	18.1 ± 8.92	(69)	20.5 ± 10.52	(33)
2 Kg負荷付き垂直姿勢**	（秒）	2.2 ± 3.54	(7)	9.5 ± 6.02	(69)	17.1 ± 6.16	(33)
水中スプリット・右	(cm)	14.3 ± 8.79	(10)	9.5 ± 6.92	(91)	6.8 ± 5.64	(61)
水中スプリット・左	(cm)	24.5 ± 11.66	(10)	15.2 ± 7.62	(91)	12.6 ± 7.77	(61)
25 mフリー・10レペティション・平均	（秒）	15.1 ± 0.30	(6)	14.5 ± 0.57	(23)	14.5 ± 0.42	(14)
400 mフリー	（秒）	317.5 ± 6.45	(10)	304.1 ± 13.19	(85)	286.7 ± 8.33	(32)

（各値に示されたカッコ内の数字はデータ数である）

*4 Kg負荷付きエッグビーター：腰に4 kgのおもりを付け，両腕を上げ，あごを引いた姿勢で立ち泳ぎを行う。水面からバストトップ（ジュニアは脇）が出る高さからスタートし，あごが水面につくまで立ち泳ぎを継続する。
**2 Kg負荷付き垂直姿勢：腰に2 kgのおもりを付け，垂直姿勢を行う。テーブルポジションで水面直下にセットし，水面から大腿部の遠位端側1/3の位置が出る高さからスタートする。膝関節中心が沈んだ時点を終了とする。

の目的，運動および実施方法をまとめたものである。シンクロではトレーニングを実施する環境の違いによって，水中トレーニングと陸上トレーニングを区別している。ほとんどのトレーニングは量と強度の比率によって，体力強化を主目的としたトレーニングにもなり，技術習熟を主目的としたトレーニングにもなる。一般的に，低強度＋多量のトレーニングは体力強化的になり，高強度＋少量のトレーニングでは技術習熟的な目的になる。

[理解度チェック]
・ほとんどのトレーニングは量と強度の比率によって，体力強化を主目的としたトレーニングにもなり，技術習熟を主目的としたトレーニングにもなる。

6 フィギュアとルーティンの技術トレーニングの方法例

①フィギュア〈アイビスの場合〉

フィギュアの技術トレーニングの方法例を，アイビスを例にとって示した。目的によって練習方法を使い分け，効率的なトレーニングを行う。

[全習法]
ひとつのフィギュア全体を通して行う練習方法（図5-4-6）。
試合条件での通し練習によって，全体の技術の熟練度と安定性を高める。エネルギー配分の調整や，全体の流れ，まとまり，コントロールなどをチェックする。

[分習法]
フィギュアをパート（部分）に分けて局面的に行う練習法（図5-4-7）。
フィギュアを基本姿勢や基本動作の区切りのよいところでいくつかのパートに分け，パートごとに取り出して練習する。例えば，上向き水平姿勢からバレーレッ

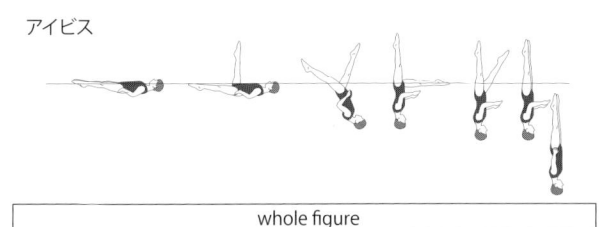

アイビス

whole figure

図5-4-6 フィギュアトレーニング：全習法

表5-4-3 シンクロのトレーニングの方法と運動の分類

	トレーニング名称	目的*		トレーニング運動（例）	トレーニング方法
水中トレーニング	スピードスイム	一般的体力の強化	閾値持久 耐乳酸/乳酸生成 パワー 呼吸循環, 持久	4泳法（キック, プル, スイム） 潜水 ほか	持続法, インターバルトレーニング ATトレーニング レペティショントレーニング ディセンディングスイム パワートレーニング ハイポキシックトレーニング ほか
	シンクロスイム	専門的体力の強化 専門的技術の習熟		ヘッドアップブレスト ヘッドアップフロントクロール キックプル キックプルキックオーバー	反復トレーニング（移動）
	推進技術	専門的体力の強化 専門的技術の習熟		スカーリング キック エッグビーターキック ブースト	反復トレーニング（静止, 移動）
	ルーティンセット	専門的体力の強化 専門的技術の習熟		推進技術, シンクロスイム, フィギュア, 規定要素等の組み合わせ	反復トレーニング（移動）
	柔軟系ワークアウト	専門的体力の強化 専門的技術の習熟		サイドスプリット, スプリット, 体前屈 ウォークアウト	壁ストレッチ 反復トレーニング（移動）
	ボディコントロール	専門的技術の習熟		基本姿勢（バレーレッグ, スプリット, 垂直 ほか） 基本動作（スラスト, ツイスト, フィッシュティルジョイント, 沈み込み ほか）	反復トレーニング （静止, スカルなし, バルーン使用, 壁利用）
	基本姿勢 ＋スカーリング	専門的技術の習熟		エール, バレーレッグほか クレーン姿勢, 垂直ベントニー姿勢 ほか	反復トレーニング（静止, 移動）
	基本動作	専門的技術の習熟		バレーレッグを上げる ウォークアウト フィッシュティルジョイント ほか	反復トレーニング（静止, 移動）
	フィギュア	専門的技術の習熟	後半の強化・習熟 後半の強化	各種フィギュア テクニカル規定要素	全習法 分習法 漸増分習法 リバース漸増分習法 負荷軽減法 負荷増加法
	ルーティン	専門的体力の強化 専門的技術の習熟		テクニカルルーティン フリールーティン フリーコンビネーション ハイライトルーティン	全習法 分習的全習法 分習法 漸増分習法 リバース漸増分習法 強化的全習法 負荷増加法
その他の陸上トレーニング	ランドリル	専門的技術の習熟			
	芸術性のトレーニング	一般的・専門的技術の習熟			バレエ, ダンスのレッスン 芸術鑑賞
	体操系トレーニング	一般的・専門的技術の習熟		体操競技 マット運動 トランポリン	
	メンタルトレーニング	専門的技術の習熟			イメージトレーニングなど
陸上トレーニング	柔軟性トレーニング	一般的・専門的体力の強化		股関節（スプリット, サイドスプリット） 腰背部（体前屈, ブリッジ） 肩関節・肩甲骨（肩回し, キャットバック） 足関節（甲伸ばし）	ストレッチング 自重負荷法 PNF法
	サーキットトレーニング	一般的体力の強化		上肢, 体幹, 下肢の運動の組み合わせ	サーキットトレーニング 約10種類を2〜3セット
	筋力トレーニング	一般的体力の強化		上肢（腕立て伏せ, ラットプルダウン, スカーリング動作 ほか） 体幹（腹筋運動, 背筋運動, V字腹筋ほか） 下肢（スクワット, ランジ ほか）	反復法, 自重負荷法, 過負荷法
	マットトレーニング	一般的体力の強化 動きの滑らかさ, 動きやすさのチェック		股関節 ほか	アウフバウトレーニング
	メディシンボールエクササイズ	一般的体力の強化 体幹と下肢の強化 全身の運動の協調		アンダーハンドスロー（背筋運動, 全身） オーバーハンドスロー（腹筋運動） サイドスロー（腹斜筋）	メディシンボールエクササイズ シニア2kg, ジュニア1kgを使用

*トレーニングの目的は, 低強度＋多量のトレーニングでは体力強化的になり, 高強度＋少量のトレーニングでは技術習熟的になる.

グ姿勢になるパート，バレーレッグ姿勢からフィッシュテイル姿勢になるパートなどに分け，パートごとにそれぞれの部分の技術を熟練させる。

[漸増分習法]

フィギュアを最初のパートから順にパートを増やし，全習につなげていく練習法（図5-4-8）。

例えば，最初のパートの「上向き水平姿勢からバレーレッグ姿勢になる」までを練習したあと，次のパートを加えて「上向き水平姿勢からフィッシュテイル姿勢になる」ところまでを練習するというように，課題を増やしながら，熟練度を高める方法である。

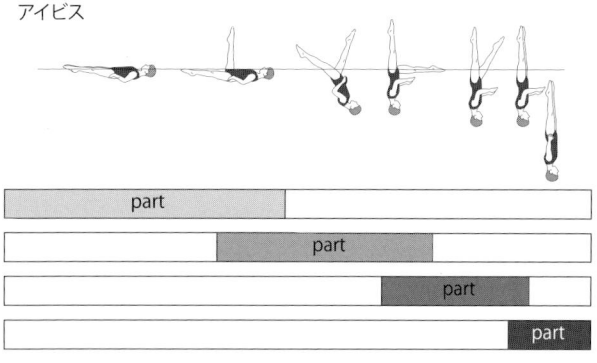

図5-4-7 フィギュアトレーニング：分習法

[リバース漸増分習法]

漸増分習法を逆の順序で行う（図5-4-9）。フィギュアを最後のパートから順に前のパートを増やしていき，全習につなげていく練習法。特にフィギュアの後半の強化と習熟に重点を置いた練習法。

最後のパートの「垂直沈み込み動作」を練習したあと，次は「フィッシュテイル姿勢から垂直姿勢になる」部分を付け足して「フィッシュテイル姿勢から垂直沈み込み」までを練習，さらにその前の部分の「バレーレッグ姿勢からフィッシュテイル姿勢になる」部分を足して「バレーレッグ姿勢から垂直沈み込み」まで，というように逆の順序で課題を増やし熟練させていく練習方法。最初の部分から行う漸増分習法では，後半部分の習熟，強化が不十分になることが多いため，逆から漸増することによって後半の習熟を図る。

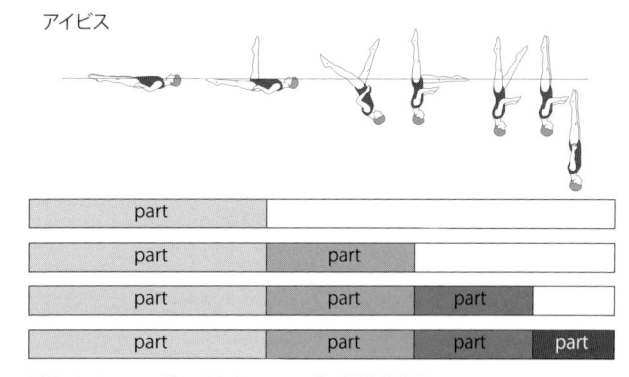

図5-4-8 フィギュアトレーニング：漸増分習法

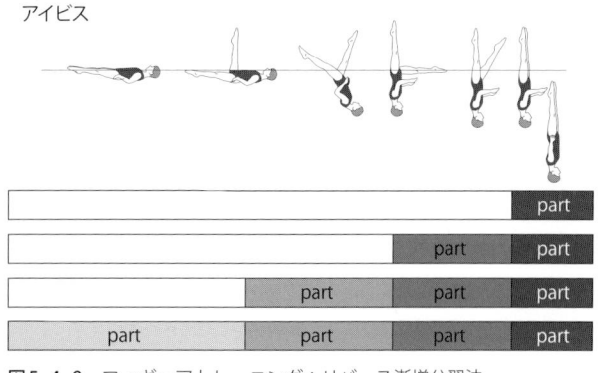

図5-4-9 フィギュアトレーニング：リバース漸増分習法

[負荷軽減法]

バルーン（浮力体）を利用し，最高の高さや最適姿勢の感覚を養い，ボディコントロール力を培う（図5-4-10）。また，指導者による直接補助で，最大スピード，最高の高さの感覚を養う。例えば，スラスト動作で，指導者が選手の両足を持って水上に引き上げるトレーニングがこれ

4. シンクロナイズドスイミングのトレーニング

にあたる。

[負荷増加法]

1～1.5kgのおもりを腰や足首につけてトレーニングする。おもりはチューブで腰からぶら下げたり、腰紐にバランスよく縫い付けたり、足首に巻いたりして使用する。外的負荷を超過的に増大してトレーニングを行い、スカーリングの強化や身体制御能力の強化を図る。

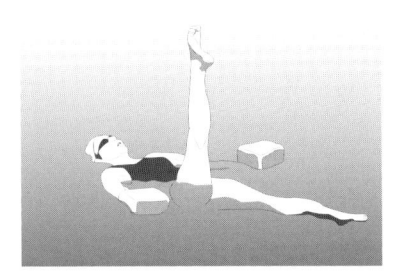

図5-4-10 負荷軽減法 バルーン(浮力体)の利用例

②ルーティン

ルーティンのトレーニング方法例として、チーム4分間を通して練習する方法と、5つのパートに分けて練習する方法を図5-4-11に示した。

[全習法]

ルーティン全体を通して行う練習方法。試合条件での通し練習で、エネルギー配分の調整能力を高め、全体の熟練度、完成度を向上させる。

[強調的全習法]

ルーティン全体を通して行うが、部分を重視して行い、他は流して行う方法。試合直前のウォームアップ等で利用される。通し練習の中で、特に重視する部分(または要素)に集中し、完成度を上げる。

[分習法]

ルーティンをパート(部分)に分けて局面的に行う練習法。ルーティンを音楽や動作の区切りのよいところでいくつかのパートに分け、それぞれのパートを熟練させる。

[漸増分習法]

ルーティンを最初のパートから順にパートを増やして、全習につなげていく練習法。最初のパートを練習したあと、最初のパートから2番目のパートまでを練習するというように、パートを漸増しながら技術の熟練度と安定性を高める。

[リバース漸増分習法]

漸増分習法を逆の順序で行う。ルーティンを最後のパートから順に前のパートを増やしていき、全習につなげていく練習法。ルーティンの後半の強化と習熟に重点を置いた練習法。ラストパートを練習したあと、その前のパートを加えるというように、パートを漸増しながら、特に後半パートの熟練度を向上させる。

[強化的全習法]

ルーティンの通しをインターバル形式で行う、体力強化を主な目的とした練習法。例えば4分間のチームフリールーティンを60秒の休息をはさんで3回繰り返す。この場合、隊形は作らず、個々に全力で泳ぐ。ルーティンを泳ぎ切るスタミナやパワー等の専門的体力の強化を図る。

[負荷増加法]

ルーティンの演技時間を長くしたり、おもりを用いて負荷をかけて行う練習法。例えば、4分間のチームフリールーティンに1分間の最後の

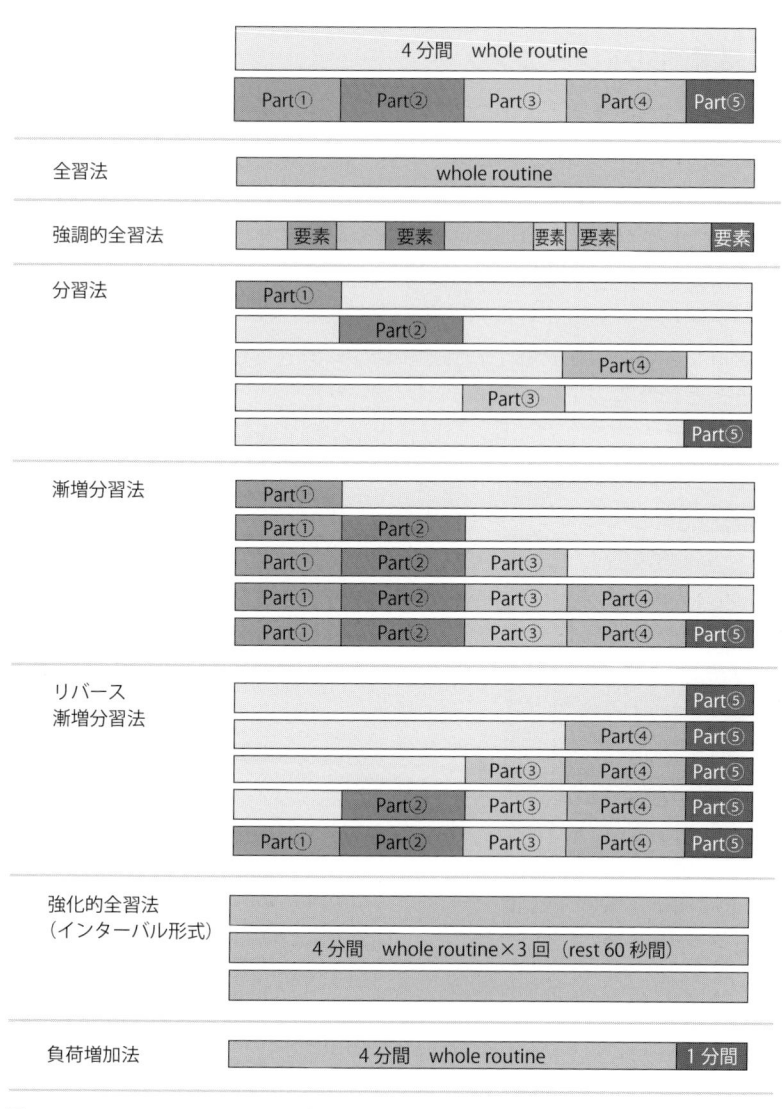

図5-4-11 ルーティントレーニング

パートの曲を足して5分間の曲を作り，5分間のルーティン練習を行う．また，1〜1.5 kgのおもりを腰につけたり，水着を2枚重ねて着用したり，半袖やタイツを着用して負荷をかけ，分習法や全習法などのトレーニングを行う．おもりは100〜200 g程度の平たいものを腰紐にバランスよく縫い付けて使用する．試合条件よりも負荷を増大させ，専門的体力の強化，および技術的熟練度と安定性を高めることを目的とする．

[理解度チェック]
・芸術性のトレーニングのねらいは，身体全体を用いて，いかに音楽を理解し演じるか，いかに他を魅了し自分の世界に引き込むか，という能力を高めることである。

[研究問題]
・芸術性を高めるにはどのような方法があるか。

7 芸術性のトレーニング

　アーティスティックインプレッションおよびインプレッションの採点の中で，「構成」は演技の価値を決定する要素であり，コーチの能力によるところが大きい。一方，「音楽の解釈」および「プレゼンテーション」に関しては，どのように表現するか，情感をどのように伝えるかという選手の能力によるところが大きい。それゆえ，選手にとっての芸術性のトレーニングは，いかに音楽のもつストーリー性や情感を理解し表現するか，いかに他を魅了し自分の世界に引き込むか，という能力を高めることになる。

　競技水準が高くなるに従って，喜怒哀楽を使い分け，内面から湧き出る情感を全体でアピールするコミュニケーション力が求められる。世界トップレベルでは，身体のコアから全身をくまなく用いたメッセージ力，そして特にソロでは，演技を意のままに操り，みる人の心をつかむカリスマ性，その選手にしか演じることのできない強烈な個性が求められる。

　これらの表現力を身につけるためには，ダンスやバレエのレッスン（図5-4-12）に加えて，演劇やミュージカル等の芸術鑑賞を通して感性を高めることが重要である。また日常においても小さなことに心をとどめ，心を動かす習慣が重要である。そしてコアから表現できるようになるには，感性だけでなく高い筋力と広い可動域を有することが不可欠である。芸術性を身につけることで，1つ1つの動きに生命が吹き込まれ，説得力と躍動感のある演技が可能になる。

図5-4-12　ダンスレッスン

図5-4-13　シンクロのパフォーマンス向上のためのからだづくり
（出典：本間三和子（2000）「シンクロナイズドスイミングオリンピック日本代表選手の体組成とからだづくり」『体育の科学』12：985-991）

8 陸上（体力）トレーニング

①体力トレーニングの意義と目的
　シンクロのトレーニングにおいて通常「陸上トレーニング」といえば，陸の上で行う体力トレーニングを指す。シンクロは水中下での運動であるため，オーバーロード（過負荷）をかけてトレーニングすることが難しい。それゆえ，シンクロのパフォーマンスを向上させるためのからだづくりは，自重や負荷を用いた陸上トレーニングで，動きづくりや筋力強化を図る必要がある。特に小・中学生のジュニア期では，陸上で抗重力運動を行い，中心軸のしっかりしたからだを作ることが大切である。また，柔軟性はシンクロの重要な競技力であるため，ジュニア期から可動域を大きくするトレーニングを取り入れるのがよい。

　図5-4-13に示すように，シンクロのパフォーマンス向上のためのからだづくりは3つの目的：①故障しないため，および水中トレーニング効果を得るためのからだづくり，②動きのためのからだづくり，③みせるためのからだづくり，がある[1]。最も重要な目的は，故障しないための頑丈なからだづくりと水中トレーニング効果を得るための基礎体力の獲得および専門体力の向上である。体力トレーニングにおいても，期分けに沿って計画し，水中トレーニングの量と強度とのバランスを考えながら進める。

9 成長期におけるトレーニング

①長い目で選手を育成する
　多くのシンクロ選手は，3歳～6歳から水泳を開始し，7歳～10歳の間にシンクロを開始している[2]。2012年のロンドンオリンピックの日本代表選手の平均年齢は約23.5歳で，多くが15年以上の競技歴を有する。したがって，トレーニングにおいては，19～20歳頃にピークが訪れ，その後も長く第一線で活躍できるように，長い目で選手を育成しなければならない。あまり早い時期からの専門化トレーニングやオーバートレーニングは，身体の発育を阻害し，心理的なバーンアウト（燃え尽き症候群）を招くおそれがあるので十分な注意が必要である。

②発育・発達に応じたトレーニング
　成長期における子どもの指導で最も重要なことは，1人1人の選手に目を向け，段階を追って指導していくことである。身体の器官や機能は，別々に発達していく。成長期はアンバランスな状態にあり，20歳前後でバランスのとれた完成期を迎える。そのため，各年代には最も吸収しやすい課題というものがあり，その課題を適切な方法と強度で行うことが合理的なトレーニングにつながる。子どもに大人と同じトレーニングを課しても効果がないばかりか害を招くだけである。

［理解度チェック］
・シンクロのパフォーマンス向上のためのからだづくりの目的は，①故障しないため，水中トレーニング効果を得るためのからだづくり，②動きのためのからだづくり，③みせるためのからだづくり，の3つがある。

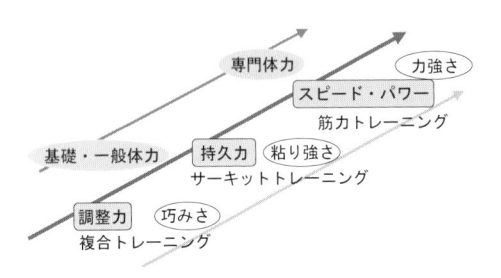

図5-4-14　発育・発達に即した体力トレーニングの段階的指導

[理解度チェック]
・小学生期は巧みさ，中学生期はねばり強さ，高校生期は力強さが最も良く発達する時期といわれている。
・ジュニア期の陸上トレーニングは，基礎体力の獲得を最大目的とし，動きづくり〈巧みさ〉と持久力〈ねばり強さ〉の向上に主眼を置く。
・1人1人の選手に目を向け，段階的に指導することが重要である。
・各年代には最も吸収しやすい課題があり，その課題を適切な方法と強度で行うことが合理的なトレーニングにつながる。

[研究問題]
・年代別の発育発達の特徴をまとめよ。
・年代別にみた指導上の留意点をまとめよ。

[参考文献]
1) 本間三和子 (2000)．「シンクロナイズドスイミングオリンピック日本代表選手の体組成とからだづくり」『体育の科学』12：985-991．
2) 本間三和子ほか (2004)．「シンクロナイズドスイミング選手のトレーニングと障害について」『第8回日本水泳科学研究会講演論文集』：30-33．

　成長期の発達の特徴として，小学生期は〈巧みさ〉，中学生期は〈ねばり強さ〉，ほぼ身体ができあがる高校生期は〈力強さ〉が最も良く発達する時期といわれている。身体の発達の特徴と個人差を考慮し，トレーニングの内容を考えなければならない（図5-4-14）。

③年代別のトレーニング

[5～8歳（プレゴールデンエイジ）]
・重点ポイント：楽しむ，基本的な運動動作の習得，バランス感覚

　5歳から8歳までは，著しく神経系が発達する時期で，基本運動（走る，跳ぶ，投げるなど）をしっかりと身につけさせ，多様な動きを経験させるのがよいといわれている。この時期は，神経回路がさまざまに張りめぐらされ，その神経回路に刺激を与えて，いろいろな動きに対応，そして状況判断能力も向上していく。特に幼児期は巧緻性やバランス感覚などが発達するので，さまざまなスポーツを遊び感覚で体験させることが重要である。

[9～12歳（ゴールデンエイジ）]
・重点ポイント：身のこなし，巧みさ，すばしっこさ

　9歳から12歳までの時期は，神経系の発達がほぼ完成に近づく頃である。ゴールデンエイジと呼ばれ，いろいろな動きや身のこなしを身につけるのに一番適した年代といわれている。今までの運動経験の上に，さらに専門的なスポーツ種目の技術が構築されていくときである。

　この時期には，シンクロにおけるあらゆるスキル（実戦的な技術）を習得させることが重要である。数多くの種類のテクニックを身につけるためには，みてマネをするということがとても大切である。上手な選手のマネをしたり，コーチのフォームをしっかり目に焼きつけさせて練習するのがよい。

[13～15歳（ポストゴールデンエイジ）]
・重点ポイント：持久力，ねばり強さ

　13歳頃以降の時期は，発育のラストスパートの時期である。身長が最も伸び，骨格そして筋肉そして内臓も発達する時期である。中学生の時期は主に一般型の呼吸・循環器系の発育が盛んになるので，持久力向上がより効果的に発達できる時期である。トレーニングでは持久力をつけることを主眼におき，有酸素運動をたくさん取り入れ，ねばり強さをつける。発育の速度が遅くなってくると，筋力のトレーニングに適した時期となる。

　さらに，この時期は，今まで身につけた技術をより実践的なものへとトレーニングしていくことが重要である。より戦術を考えた，試合に使える技術を練習すべきである。したがって，この時期までには，シンク

表5-4-4 年代別にみた発育発達の特徴およびシンクロにおける指導上の留意点

	(1) 年代別にみた発育発達の特徴		(2) 年代別の指導上の留意点（体力および技術トレーニング）
5〜8歳頃	・5〜8歳頃はプレゴールデンエイジと呼ばれ、神経系の発達が著しい年代で、さまざまな神経回路が形成されていく。 ・発達する神経回路にさまざまな刺激を与え、その回路を張りめぐらせること、すなわち、多種多様な動きを経験させる。	5〜8歳頃	・基本運動（走る、跳ぶ、投げる、泳ぐなど）をしっかりと身につけさせる。 ・水中、陸上の両方において、遊びの中でさまざまな運動を経験させる。運動経験は多様である方が望ましい。 ・水遊びを通して、水の特性（抵抗・浮力・水圧）に慣れる。 ・いろいろな遊びを経験させ、「水中で動くのが楽しい」「シンクロが好き」という状態で次のステージへと送り出す。
9〜12歳頃	・9〜12歳頃はゴールデンエイジと呼ばれ、神経系の発達がほぼ完成に近づく時期である。 ・あらゆる動きを短時間で習得することができるのもこの時期である。	9〜12歳頃	・シンクロのあらゆるスキル（基本技術）を習得させる。 ・正しい技術の指導が重要である。 ・良いデモンストレーションをみせることが重要である。 ・神経筋の協調活動を高めることにより、「切れのよい動き」や「すばやい動き」などが可能となるため、この時期にコーディネーション能力（調整力/全身協調性）を高める運動を取り入れる。
13〜15歳頃	・13歳〜15歳頃はポストゴールデンエイジと呼ばれ、発育および身体諸器官の発達が最も著しい時期である。呼吸・循環系に発達がみられた後、筋・骨格系に大きな発達がみられる時期である。 ・骨格や筋肉の発達は、生殖型の大きな発達による著しいホルモンの分泌に起因している。このように骨が急速に成長する時期には、関節を介した骨格筋が引き伸ばされた形になるので、身体の柔軟性が低下することがある。 ・また、骨格の急激な成長により、身体の支点・力点・作用点が狂い、今までできていた技術が一時的にできなくなったりすることがある。 ・これまで身につけてきた技術を、より速く、より力強く発揮することができるようになる。	12〜13歳頃	・実戦的な技術、試合で使える技術を高める。 ・同じ年齢でも発育発達の個人差がかなり大きいので、個人に見合った内容を指導する。 ・持久力のトレーニングを取り入れる。
		14〜15歳頃	・技術発揮の安定性を向上させ、質を高める。 ・過負荷の体力トレーニングは避ける。 ・選手個々の個人差を考慮する。 ・発育の速度が遅くなってきたら、筋力トレーニングを始める。
15〜16歳以降	・ポストゴールデンエイジを終え、自立のための準備期に入る。 ・それまでに習得した基本技術を実践的に発揮できるようになり、さらに個性を発揮できるようになる。	16歳以降	・技術の正確性を高め、パワー系のトレーニングを取り入れる。 ・技術の完成を目指す。 ・高負荷のもとでも技術をこなせるようにする。 ・複合的なトレーニングを行う。

ロでのすべての基本技術は習得させておくことが必要である。理性的に物事を考えることができるようになり、自分の個性をしっかりと発揮できるよう、指導していくことも重要である。

④シンクロナイズドスイミングのトレーニングの年代別留意点

表5-4-4は、年代別にみた発育発達の特徴と、シンクロにおけるトレーニングの留意点をまとめたものである。

［本間三和子・伊藤浩志］

シンクロナイズドスイミング選手のコンディショニング

SECTION 5

　シンクロナイズドスイミング（以下，シンクロ）は，水深3m以上のプール内（陸上動作10秒を含む）で音楽に合わせて演技し，技の完成度，同調性，芸術的な表現力，演技構成などで得点を競うスポーツである。競技種目はソロ（1名），デュエット（2名），チーム（8名），フリーコンビネーション（10名）などがあり，オリンピックではデュエットとチーム種目が採用されている。それぞれ，テクニカルルーティン（2〜2分50秒）とフリールーティン（3〜4分）の2プログラムが実施されている。

　一方，ジュニアの年代では，テクニカルルーティンに替わり，フィギュア競技とフリールーティンで競われる。定位置でのデザイン，コントロールを競うフィギュアでは，姿勢とトランジションの正確さ，ユニフォームモーションが重視され，ルーティンとは運動様式が異なるため，試合時のコンディショニングにはシニア年代とは違ったものが求められる。

■1 シンクロナイズドスイミング選手に発生しやすい傷害

　シンクロは水中競技であり，常に不安定環境下での動作を強いられる。合わせて演技の完成度，音楽および競技者同士との同調性が求められるため，基礎および反復練習を長時間行う。そのため，上肢と下肢の連結部となる「腰部」，スカーリングや上肢の演技の軸となる「肩」，巻き足やブースアップで負荷のかかる「膝」に傷害が集中する。また，競技特性として，足関節底屈位でつま先を揃えた状態での演技が多いため，足関節底屈および足趾屈筋群の傷害，そして右下肢を前にした前後開脚のスプリットやバレーレッグ，ナイト姿勢（図5-5-1）などの演技が多いため，右股関節の傷害が多い。

　半谷らは，一流水泳競技選手（競泳，飛込，水球，シンクロ）のスポーツ外傷・障害調査を行い，シンクロでは肩甲帯部（27.1%），腰背部（13.1%），膝関節部（13.1%）の順に傷害が多かったと報告している。このうち，肩甲帯部では肩関節腱板炎・損傷（24.1%），上腕二頭筋長頭炎（17.2%）の順に多く，腰背部では腰椎椎間板症・変性（28.6%），非特異的腰痛（21.4%），膝関節部は膝蓋骨周囲炎および棚障害が同率（21.4%）

で多かったと述べている[1]。

　大金は，シンクロの競技期間中における疲労・疼痛発生部位の調査を行っている[2]。この調査の疲労・疼痛発生部位の総数は136件であり，肩・肩甲帯32件，腰部26件，大腿部13件，背部12件，上腕部11件，膝部8件，股関節8件の順で訴えが多かった。このうち，疼痛の訴えは，腰部12件，肩・肩甲帯9件，膝部7件の順となり，半谷らの外傷・障害調査の好発部位に類似している（図5-5-2）。

　シンクロは，オーバーユースによる障害の多い競技とされるが，下肢のすばやい動きや切り返し動作が多く，大腿部の肉離れ（内転筋，内側ハムストリング）も少なくない。また，隣接する競技者同士の距離が短いと難易度の評価が高くなるため，一流選手になるほど，試合期では競技者同士の接触による打撲，骨折（特に足趾，手指）などの外傷が多くなる[3]。

図5-5-1　シンクロナイズドスイミングに特徴的な動作
上：ロケットスプリット，
下：ナイト姿勢。

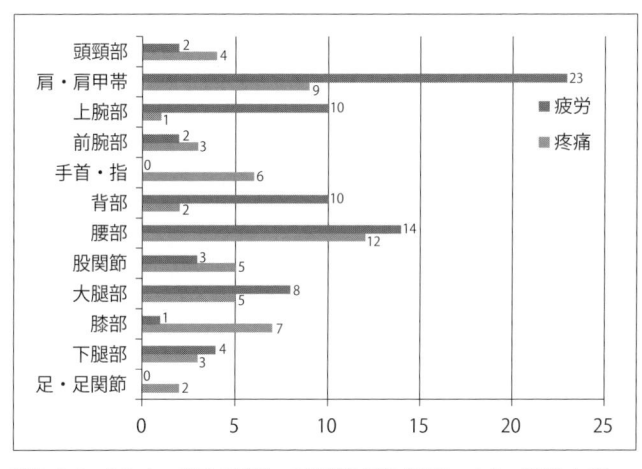

図5-5-2　シンクロ選手の疲労・疼痛発生部位（出典：大金，2013より）

①腰部の痛み（いわゆる腰痛症）

　シンクロでは上半身が水面上にあるときはエッグビーターキックと呼ばれる巻き足により，下半身が水面上（垂直姿勢，倒立姿勢）にあるときはスカーリングにより浮力を得ている。つまり，水中での動きが継続されつつ，水面上では安定した演技がなされなければならない。そのため，腰部には上肢と下肢を連動する役割と，上肢と下肢の動きを分断するための固定力が常に要求される。合わせて競技特性上，体幹および股関節の屈曲，伸展動作が頻回であり，腰部傷害が多いと考えられる。

②肩関節周囲の痛み

　シンクロにおける上肢の使用は，1) 水中の移動および浮力の獲得（スカーリング），2) 演技，3) リフト動作（図5-5-3）の3つに集約される。1) では上肢の下垂位から挙上位に至るあらゆる角度で肩関節内・外旋

図5-5-3　リフト動作
ジャンパーを手で跳ね上げる2段目と2段目を支え上げる水中の3段目。

が繰り返される。2)では演技構成上，肘伸展位での肩関節屈曲・伸展動作が多い。3)では人を持ち上げたり，支えたりする動作がある。このように肩へのストレスが多様であり，複合的に肩の傷害をきたす者が少なくない。

③膝関節周囲の痛み

シンクロにおける下肢の使用は，1)水中の移動および浮力の獲得（エッグビーターキック），2)演技，3)ブースト動作（ウィップキック）の3つに集約される。1)では股関節外転位で，股関節，膝関節ともに内・外旋が繰り返される。2)では演技構成上，非常に速い膝関節屈曲・伸展動作が多い。3)では水中から自身が高く跳び上がる，また人を持ち上げたりする動作であり，瞬間的に大きな力が膝にかかる。このように膝へのストレスも多様であり，複合的に膝の傷害をきたす者が少なくない。

2 シンクロナイズドスイミング選手の傷害への対応

シンクロ選手の傷害への対応は，他競技と変わることはないが，水中競技がゆえに，陸上では無理の利かない大腿部の挫傷（肉離れ・打撲）や足関節捻挫があっても，練習を継続する場合がある。結果，治癒期間の遷延や重症化を招くこともある。これは，指導者に無理に練習をさせられているのではなく，選手が怪我の事実を言い出せない心理状況や，水中では痛みが軽減し，ある程度動けることに起因する。いずれにしても，早期発見，早期治療が重要であり，ケガに対してRICE処置など救急処置ができる環境を整えることが肝要である。必要であれば医療機関を受診し，傷害の状態の把握と治療方針の確認を行う。これにより，傷害の原因を理解し，治療と同時に再発予防などのトレーニングを行うことが可能となる。

3 シンクロナイズドスイミング選手の傷害予防

①傷害予防の考え方

腰痛の予防およびパフォーマンスの向上には腹筋群と股関節周囲筋群による体幹の安定と，体幹を軸とした上半身と下半身の連動が重要となる。また，肩関節周囲の傷害予防には肩甲上腕関節のみならず，肩甲骨・胸郭も含めた肩関節複合体での可動性が必要である。体幹の固定が十分得ないと，上肢（肩関節）の動きは不安定かつ，過剰でストレスのかかる動きが強いられる。逆に胸郭を含めた肩の可動性低下は腰部へのストレスとなる[4]。膝関節周囲の傷害予防においても，体幹の固定が不可欠となる。下肢の水面上でのダイナミックですばやい動きや水中動作では，基軸となる体幹が安定しなければ，膝周囲の軟部組織（筋・腱・靱帯など）へのストレスは増大する。また，水中移動の際のエッグビー

ターキックやウィップキックでは，常に膝と股関節に回旋ストレスが加わるため，関節周囲の柔軟性と筋力が重要となる。

上記，肩・腰・膝の傷害はお互いに関連をもち，動きの上では体幹と上肢の連携，体幹と下肢の連携が傷害予防の軸となる。ここでは，ストレッチングに着目し紹介する。

②傷害予防のためのストレッチング

[股関節屈筋群・伸筋群のストレッチング]（図5-5-4）
- 股関節の柔軟性は体幹固定に大きくかかわる。
- シンクロでは右脚を前方に，左脚を後方にした前後開脚動作が多く，股関節伸展および外旋で左右差が生じることが多い。
- また，股関節屈曲時に詰まり感を訴えることが多いため，股関節屈筋群のストレッチと伸展筋群の機能改善が重要となる。

[胸郭のストレッチング]（図5-5-5）
- 胸郭の可動性の改善は腰痛および肩関節障害の予防とパフォーマンスに好影響を与える。
- 胸椎の伸展および肩甲骨の内転を意識して行う。

図5-5-4 股関節屈筋群・伸筋群のストレッチング
1：右股関節屈筋群のストレッチング，2：左股関節伸筋群のストレッチング。いずれも左踵部にストレッチポールを置き，同時に膝の過伸展を行っている。

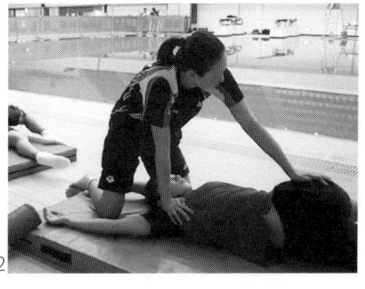

図5-5-5 胸郭のストレッチング
1：ストレッチポールを脊柱に沿わせ前胸部をパートナーストレッチ，2：上肢挙上および体幹回旋により側胸部をストレッチ。

[体幹と上肢・下肢の連結部分のストレッチング]（図5-5-6）
- 水中では体幹を固定し上肢・下肢を動かすことが主であり，体幹の可動性低下が生じることが多い。

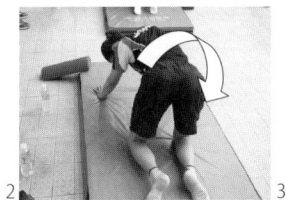

図5-5-6 体幹と上肢・下肢の連結部分のストレッチング
1：肘伸展位保持しながらCat & Dog，2・3：次いで肩・骨盤の位置は変化させずに体幹を右方向，左方向へまわす。

- Cat & Dog にて肩甲骨の外転・上方回旋および内転・下方回旋を行う。
- 体幹を回旋させ側胸部，側腹部の動的ストレッチを意識する。

4 シンクロナイズドスイミング選手の競技力向上のためのコンディショニング

　競技力向上のためのコンディショニング（トレーニング）には，基本動作能力や傷害予防のためのトレーニングと重複したものが多い。これは基本的なトレーニングがいかに重要で，競技パフォーマンスに直結するかを表している。

　競技力向上のためのトレーニングの流れは，最初に肩，胸郭，脊柱，股関節の柔軟性を獲得，次いで肩および肩甲帯，体幹，股関節それぞれの筋機能訓練を行った後，上肢・下肢・体幹の連動した動きを伴うトレーニングを行う。その際，トレーニングは簡単なものから，バランスボールなど不安定環境下で行うなど，運動の難易度，強度を上げながら進めていく。そして最後に，徐々にシンクロ特有の動きを含めた，ダイナミックで速い動きを伴ったトレーニングに進めていく。

　ここでは，以下のトレーニングを紹介する。

[腰痛予防に重要な腹筋群による体幹固定を行いながら，連動する上・下肢筋群のトレーニング]（図5-5-7）

図5-5-7　腹部を引き込んだ状態（ドローイン）での基本トレーニング
1：腹部引き込みを行いつつ下肢の上下運動，2：腹部引き込みを行いつつ側臥位での両脚挙上，3：腹部引き込みを行いつつ左股関節伸展，右上肢挙上，4：腹部引き込みを行いつつ片脚ブリッヂ＆外転，5：スタビライゼーション Elbow-toe 変化形，6：スタビライゼーション Shoulder-toe 変化形．

［前述のトレーニングが習熟した後，シンクロ特有の動きを含めた上肢・下肢・体幹の動きを伴うトレーニング］（図5-5-8）

図5-5-8 シンクロの動きを伴う外傷予防トレーニング
1：不安定環境下で体幹固定＆下肢動作。ゴム製の輪を足先でコントロールし回す，2：側臥位で体幹固定＆下肢動作。ゴム製の輪を足先でコントロールし回す，3・4：バランスボールレッグカール（片脚），5・6：しゃくとりむし。上肢・下肢・体幹の連動による倒立姿勢への移行。

[参考文献]
1) 半谷美香, 金岡恒治 ほか. (2010)「一流水泳競技選手のスポーツ外傷・障害の実態－国立スポーツ科学センタースポーツクリニック受診者の解析－」『日本整形外科スポーツ医学会雑誌』30(3)：161-166.
2) 大金ユリカ. (2013)「日本選手権トレーナーサービス活動報告」『2011-2012年度活動報告及び研究成果報告』公益財団法人日本水泳連盟シンクロ委員会科学技術部：105-111.
3) 加藤知生. (2009)「シンクロナイズドスイミング日本代表における傷害特性」『理学療法学』36(Suppl-2)：395.
4) 加藤知生, 小泉圭介. (2012)「外傷・障害予防を目的とした動きづくり⑦泳動作」小林寛和編.『アスリートのリハビリテーションとリコンディショニング 下巻』. pp.140-146. 文光堂

[シンクロ選手の苦手とする動きのトレーニング]（図5-5-9，10）

シンクロ選手は前胸部の可動性が少なく，スクワットやジャンプ系の動作を不得手とする選手が多い。

図5-5-9 胸椎と胸郭の可動性改善訓練
1：スティックを持ちバランスボールに下腹部をあてる，2：体幹伸展。腰椎フラットで胸椎伸展を意識する，3：胸椎での回旋を意識し前胸部から側胸部の動きを意識。左右差を確認する。

図5-5-10 ボールリフト
四股の構えから素早く直立位になると同時に，メディシンボールを頭上に持ち上げる。下肢・体幹・上肢の連動を意識し，特に殿筋，広背筋，僧帽筋によるボール拳上を意識する。

［大金ユリカ，加藤知生］

第 6 章

コーチの役割と安全管理

SECTION 1. 水泳コーチの役割
SECTION 2. 水泳コーチに必要な法律の基礎知識
SECTION 3. 水泳プールの管理
SECTION 4. 応急手当と緊急体制

水泳コーチの役割

SECTION 1

1 コーチの心得

1. 水泳競技の現状を把握する

わが国の水泳競技を取り巻く環境は、1964（昭和39）年の東京オリンピック以降大きく様変わりした。全国各地に室内プールができたことにより、水泳が夏季だけのシーズンスポーツから年間を通して泳ぐオールシーズンスポーツとなり、また幼児期から老年期まで水泳を楽しむ生涯スポーツとなった。このことにより、水泳が社会に定着し、国民の健康増進に寄与するとともに競技力の向上をもたらすこととなった。

幼児や小学校低学年から水泳を始める子どもが増え、小学生時代からの年齢別大会が活発になったことによって水泳競技の底辺が広がり、ジュニア選手の育成が充実をみせている。戦後最高の成績を挙げたアテネオリンピック（2004年）の競泳日本代表選手は、その全員が0歳から5歳までに水泳を始めている。神経系の発達はおよそ11歳までといわれており、低年齢からの取り組みが水と泳ぎに対する対応能力を高め、より高度な技術習得を可能にし、またその後のトレーニングの積み重ねにより、より高い記録を生み出せるようになったと考えられる。

水泳競技はパワースポーツである。欧米人に較べて体格・体力ともに劣る日本人は、技術に活路を見出さなければならない。それゆえに低年齢からの水泳は日本の競技力の向上には欠かせない要因となっている。低年齢期で培われた対応能力の高さにより優れた技術を生み出し、体格と体力で勝る欧米選手のパワーを上回る技量を身につけなければならない。

もとより競技力の向上は、選手の才能と努力によるところが大きい。しかし、その才能と努力を引き出すのはコーチである。ましてや水泳を始めて、頂点に到達するのに20年を要する時代である。コーチの指導なくして選手の成長はありえないのである。

世界レベルの大会において活躍する日本選手は、近年少なくない。その選手たちに共通することは、体格差のある中でも気負うことなく培ってきた技術力を武器として勝負しているという点である。いうなれば、日本人の最も好む戦い方である「柔よく剛を制す」の形である。このような形で勝負ができるようになった背景には、日本人の体格・体力に合わせた方法で指導し、技術力を磨いてきたコーチの指導力が大きな原動力となっていることを理解しておかなければならない。

高度成長期におけるスイミングスクールは、急激に全国的な展開を図り、低年齢から社会人になるまで競技を続けられる環境づくりと、加えてコーチの育成にも力を注いできた。その結果、選手はもちろんコーチの数も増え、コーチ同士の勝負といった環境をもつくり、それぞれが切磋琢磨するといった状況が、近年の選手の活躍を担ってきたといえるだろう。

日本の水泳は、「水泳ニッポン」と言わしめた、世界的にみてもすばらしい伝統がある。その伝統が今復活をみせようとしている。アテネ

オリンピックでの活躍は，体格・体力的に劣る日本人が「技術を武器に勝負できる」ということを広くアピールすることができた。この結果が本物であるということを今後証明するためにも，これからの勝負で勝ち続けなくてはならないことはいうまでもない。

したがってコーチは，現状の維持だけではなく，より強い選手の育成を今後も継続していかなくてはならないのである。このようなことから考えても，コーチの役割は多岐にわたり，その重要度はさらに高まっているといえるのである。

2. 選手個々の成長の違いを見分ける

競技力の向上は，将来性豊な選手の発掘と育成によってなされるものである。ただし，発掘された選手の能力が最大限発揮される時期については，それぞれ成長のスピードやその過程により違いがある。

低年齢から水泳に親しみ，競技者としての長い競技生活を送っていく中では，成長の度合い，つまり発達・発育に差があることをしっかりと見極めることは非常に大きな意味をもつ。このことは，個人のパフォーマンスをどの時期に最大限引き上げるかといったピークの予測や，どの時期にどのような対応をしていくかなどといったコーチのプランニングにも大きな影響を与えているからである。

例えば，体格・体力的な面でみると，親の身長や祖父母の身長などから成長の度合いを予測するとか，その家庭環境などから運動を行う素地があるかをみるなどは，それぞれの選手の将来的な創造や発掘といった面においても有効な情報になりえるのである。

このようにさまざまな角度から情報を得て，その情報をしっかりと分析し，成長の違いを把握するといった手段は，選手の発掘・育成に不可欠な要素であり，確実に行っていかなければならないものである。

したがってコーチは，多くの情報を得たら，広い視野に立ってそれらを分析し，将来性豊かな選手の発掘にあたるとともに，選手個々の成長度合いを把握して，その選手の成長に合わせて，その都度適した対応を講じなくてはならない。成長の違いを見分けることは，選手育成におけるキーポイントともいえるのである。

3. 競技生活が長期間となることに留意する

近年における水泳の競技生活は，トレーニング環境や生活環境の充実などから長期間にわたって続けることができる状況にある。また，低年齢から水に親しむことによって水に対する対応能力が向上し，またさまざまなトレーニングを行うことによって厳しい練習にも耐えられる強い身体と精神力を獲得したことで，長期間にわたった競技生活が可能になり，寿命の長い選手の育成を図る要因となった。

このように選手が長期間にわたって競技を行える状況にあるということを，まずコーチはしっかりと理解することが大切である。またそれは，単に水泳の選手を育てるということだけではなく，人間として成長していく過程をも経ているということを理解し，人間を育てるといったことを基本的な考えとしなくてはならない。そこで，水泳の結果を求めるための長期にわたった計画作成が必要となるが，当然ながらその計画の中には，水泳のレベルアップと人間的な面でのレベルアップの両側面を捉えて，じっくりと選手育成を図るということを忘れずに盛り込まなくてはならない。競技生活が長期間となるということは，常にバランス感覚をもち，人間としての成長はもちろん，より良い選手の育成に留意するということが必要なのである。

4. 目標を高く持ち，コーチ自身の資質の向上に努める

戦後最高の成績を収めたアテネオリンピックをみてもわかるように，現在の日本の競技レベルは，世界に引けをとらない種目が増えている。これは，選手の身体的な能力や技術レベルの向上，または意識レベルの向上などが大きな要因

1. 水泳コーチの役割 | 453

となっていると考えられる。加えて，コーチの指導力の向上も大きく影響しているといえる。体格・体力で劣る日本人が勝つためにはなにが必要かということを追求し，日本人に合ったトレーニングを実践してきた結果が，世界と対等な勝負ができる種目を増やしてきたのである。しかし，それは，すべての種目においていえることではなく，まだ本当の意味での世界と対等な勝負ができるといったことではない。すべての種目で勝負できる選手の育成が図れてこそ，本当の意味での世界レベルの競技力があるといえるのである。したがってコーチは，さらに日本全体の競技力を上げるべく選手育成に力を注がなくてはならない。

今後もさらに世界に通用する日本選手を育成していくためには，コーチの資質向上が必要な条件となる。「停滞は衰退」などともいわれるが，現状に満足することなく，継続して強い選手を育成するために，まず，コーチ自身が自信をもつこと，可能な限りの高い目標をもつこと，選手に大きな影響を与えることのできる人間であることなど，多くの要素を満たしていく必要がある。また，コーチは，目標達成のためにさまざまな情報や知識を吸収し，それを自分のものとすることができるように努力して，人間的に魅力のあるコーチをめざし，自らの資質向上のために自己啓発に努めなくてはならない。「人間的な成長なくして選手としての成長なし」と言われるように，コーチもまずは尊敬される人間としての努力を惜しんではいけない。

5. ドーピング撲滅と暴力の根絶

コーチはアンチ・ドーピング活動に協力し，選手への啓蒙に努め，トップクラスの選手にはすでに義務化されているドーピング検査への対応を指導する。

また，スポーツの現場における暴力行為の根絶に努める。

2 コーチの役割

1. チーム（組織）の目標と自らの役割を自覚する

水泳は個人のスポーツではあるが，練習環境においては集団で行うことがほとんどである。また，最近では，個人の能力をよりいっそう高めるために，選手の周りの環境を整え，選手が十分に練習に取り組めるようなサポートの整った強いチームを作ることも1つのスタイルとなっている。

では，チームの中でのコーチのなすべきことはなんであろうか。

まず，自らの役割を自覚し，チームとしての明確な目標の作成，その目標達成のための効果的なシステムづくり，さらにチームに属するすべてのものに対しての意識レベルでの意思統一，今，なにをしなければならないのかをしっかりと把握・理解させるための環境整備など，非常に多くのことを積極的に行う必要がある。

現在スイミングスクールや学校などのチームの強化システムでは，1人のコーチが1人の選手を長期にわたって指導するといった状況をつくることは難しい。そのため，選手を確実に育成していくには，1人のコーチだけでなく所属するコーチすべてが連携し，協力していかなくてはならない。これらがスムーズに行われるためには，各コーチがその役割を自覚し，自分に与えられている状況を理解することが求められる。選手のためにできることをするなど，選手育成をシステマティックに行うといった意識と姿勢がなくてはいけない。ましてやチームという意識を強く考えた場合では，各コーチ間で，そのシステムの中でチームとして選手全体をみる総務的な役，選手個人のトレーニングや健康管理などをみる実務的な役というように，それぞれがチーム内の役割を理解して，目標に向かっての良い環境づくりとサポーター的な意思をもつことが必要となる。

2. 選手が水泳競技を長期間継続するように動機づけをする

　現在の子どもたちが興味をもつスポーツというと，野球やサッカーといった，ゲーム性があり，プロ選手という将来のあるスポーツ種目が挙げられるだろう。では，彼ら彼女らにとって水泳はどうだろうか。幼少からスイミングスクールに通う子どもは非常に多く，まず，強い身体をつくるために水泳を習わせるといった理由から，さまざまなスポーツをするための導入的な種目として水泳を捉えていると考えられる。また見方を変えれば，幼少の頃より多くの人が水泳を習うという状況は，水泳競技を継続させる動機づけがしっかりとなされれば，長期間継続させる下地があるともいえるのではないだろうか。この状況を活用して，水泳を長く継続させていくために，記録や大会に挑戦する楽しさや練習を通して得られる楽しさなど，水泳競技を行うことの楽しさをしっかりと伝えなくてはならない。また，常に目標を設定して，自然な状態で動機づけがなされる環境づくりとアクションが必要である。

　コーチは，普段から，選手とのコミュニケーションを十分に図り，細部にわたってチェック・把握ができる状況をつくっておき，その都度的確な動機づけのアクションがなされるように留意する必要がある。

3. 将来有望な選手の発掘と育成に努める

　永続的に強い選手を育成するためには，最適なトレーニングを施していくことはもちろんであるが，それ以外にも選手のさまざまなデータの収集や分析，それらのデータの蓄積などが必要である。これらのデータをもとに，まず有望選手の条件を模索し，多くの水泳選手の中からその条件に合った選手を発掘できるようにシステムをつくることや，発掘のためのネットワークを構築することなどを行っていくことが，将来有望な選手を育成できるかに大きな意味をもつ。また，スピーディーな情報収集や，システマティックな選手強化システムの構築も重要な要素となる。

　選手の発掘と育成のほかに，コーチの育成もしっかりと図らなければならない。発掘と育成は，データを活用するだけでは十分ではない。コーチの経験と力も大きな影響があるからである。したがって，将来有望な選手の発掘と育成は，システムづくりとコーチづくりと考え，しっかりと目を届かせておかなくてはならない。

4. 全国レベルから国際レベルへと選手の強化に努める

　現在の日本の競泳レベルは，ジュニアの段階ではかなり高いレベルをもっていると言えよう。ただし，その高いレベルのまま順調に選手が育っているかというとそう言い切れない状況でもある。しかし，世界と対等に勝負ができる種目も増えており，これは，日本の競泳が時間を経て世界に通用する選手の育成が図れているということの証拠であるともいえる。

　選手が国際レベルへと成長していく過程では，肌で感じる多くの経験が必要となる。最近では，十分とはいえないものの，ジュニアの段階から国際的な経験を積める環境が整ってきている。経験が実を育てるというが，肌で感じる経験については，今後もできる限り多く行えるようにし，多くの選手たちに機会を与えていくことが必要となる。これらの経験ができる環境づくりは，今後さらに重要なポイントとなるであろう。

　コーチは，「水泳ニッポン」という言葉を再度アピールするために，日本国内の勝負だけでなく，世界を視野に入れた感覚をもって，タイムリーな情報収集を行い，国際レベルの感覚で常に勝負をするといった気概をもち，大きく強い心を持った選手の育成にあたっていくことが必要なのである。

　　　　　　　　　　　　　　　〔青木　剛・榎本　仁〕

水泳コーチに必要な法律の基礎知識

SECTION 2

表6-2-1 競技別の医療給付件数

	活動内容	件数	比率
1	サッカー	39,300	22.6%
2	軟式・硬式・ソフトボール	28,186	16.2%
3	バレーボール	28,093	16.1%
4	バスケットボール	17,926	10.3%
5	柔道	5,726	3.3%
6	空手道	4,685	2.7%
7	バドミントン	4,514	2.6%
8	ラグビー	3,677	2.1%
9	体操競技・新体操	2,829	1.6%
10	ドッジボール	2,762	1.6%
11	剣道	2,112	1.2%
12	その他	34,039	19.6%
	(内水泳)	262	0.2%
	合計	174,111	

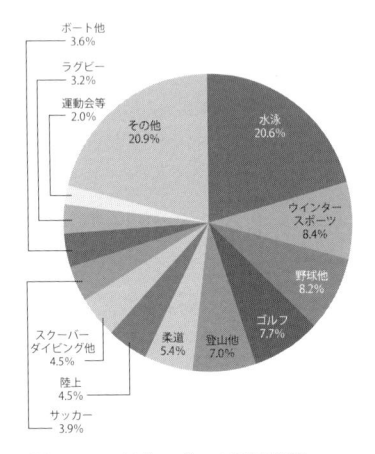

図6-2-1 競技スポーツ事故判例

水泳コーチに必要な法律知識としては，1) 水泳での事故の予防，2)「殴る，蹴る，突き飛ばすなどの身体的制裁，言葉や態度による人格の否定，脅迫，威圧，いじめや嫌がらせ，さらに，セクシュアルハラスメントなど」許されない行為の予防，3) スポーツ団体からの制裁などの不利益に対する仲裁手続などがある。

ここでは，水泳コーチが知っておくべき法律知識として上記3点について解説する。

1 水泳での事故予防

①どのような事故を予防するのか

公益財団法人スポーツ安全協会が運営するスポーツ安全保険の2012年度の水泳競技における保険加入者数は161,671人であるが，保険給付事故は262件にとどまる。水泳競技の傷害発生率は0.16%（全加入者平均1.89%）であり，競技別にみると事故発生数・事故発生率の低い競技の1つであり，事故が発生しにくいという点では，安全なスポーツといえる（表6-2-1）。

一方，2013年12月までに公刊集に掲載されたスポーツ事故判例（一部未掲載を含む）を集約すると，536事件（刑事24件，保険関係7件，民事損害賠償505件）あり，競技別に整理可能な441事件の中で水泳関係の事故判例は91件あり，全体の約5分の1を占める（図6-2-1）。

スポーツ事故に対する対策を立てる時に，スポーツに事故は不可避であるという意見とスポーツ事故0（ゼロ）をめざすべきであるという意見が対立する時がある。この対立は，〈スポーツ事故を0（ゼロ）にするか否か〉という問題の立て方が間違っているために生じる。正しくは，〈スポーツに参加する人が許容していない，紛争となる事故を0（ゼロ）にする〉である。

サッカーのプレー中に転んで捻挫をしたり挫傷を負ったりすることは，サッカーをする以上は避けられないし，サッカーをしようとする者はこのような傷害を負うことを許容してプレーしている。しかし，サッカーゴールが転倒し，その下敷きになって傷害を負うことを許容してプレー

する者はいない。後者の事故は，予防しなければならないし，事故を皆無にすることは可能である。スポーツ事故をこのように二分化して，予防しなければならない事故，言い換えれば紛争となる事故を0（ゼロ）にすることを目指さなければならない。紛争となる事故は，スポーツに内在する危険でも，当事者が不可避な危険と考えていない場合である。水泳では溺れて死亡する，あるいは競泳のスタートなどの飛び込みで水底に頭を衝突させて頸椎・頸髄損傷による四肢麻痺などの重度後遺障害を負うことを許容して水泳をする者はいない。

許容されていない重大事故が生じるとその原因と補償をめぐって深刻な紛争となる。当事者が許容していない事故を防止することがスポーツ指導者にとっての課題であり，水泳関係の訴訟事件数が他の競技よりも多いことは，水泳指導者および水泳施設（主としてプール）管理者の適切な対応が遅れていることを示している。

判例となっている水泳事故90件[1]は，表6-2-2のとおり分類できる。飛び込み事故と溺水事故の防止措置をとることができれば，法的紛争となる水泳事故の約90％を予防できる。

判決を時系列に検討すると，溺水事故が次第に減少しているのに対し，飛び込み事故は1980年代以降増加し，1990年代にピークを迎え，その後減少している（表6-2-3）。しかしながら，いずれの事故態様も類似の重大事故は未だ発生し続けており，過去の失敗に学び同じ態様の事故を繰り返さないことが重要な課題となっている。

表6-2-2 判例の分類

		事故が生じた場所			
		プール	海・川など	その他	合計
事故態様	溺水	24 (36%)	19 (86%)	0	43 (48%)
	飛び込み	34 (51%)	3 (14%)	0	37 (41%)
	その他	9 (13%)	0 (0%)	1	10 (11%)
	合計	67 (74%)	22 (24%)	1	90

表6-2-3 年代別事故判例

事故類型		〜1969年	1970年代	1980年代	1990年代	2000年代	2010年〜	合計
溺水	泳者自身の溺水	6	8	7	3	6	2	32
	幼児・児童の転落溺水	2	4	1	0	0	0	7
	排水口への吸い込まれ	0	1	2	1	0	0	4
	計	8	13	10	4	6	2	43
飛び込み事故		3	2	8	18	4	2	37
その他の事故	急性死	0	2	1	0	0	0	3
	衝突	0	0	0	2	0	0	2
	その他	0	0	1	3	1	0	5
合計		11	17	20	27	11	4	90

そこで，判例上の事故事例から，事故が生じる要因，指導者として，またプール管理者として事故を防止するために必要な措置について，溺水事故，飛び込み事故，その他の事故と事故類型ごとに説明する。

②溺水事故を予防するための施設の選択と指導上の配慮

溺水事故判決は，43件の事故について判決がある（表6-2-4，うち1件は，民事・刑事の両判決がある）。

[溺水とプールの設置・保存の瑕疵]

●水深の深いプールでの溺水とプールの設置・保存の瑕疵

民法第717条第1項は，「土地の工作物の設置又は保存に瑕疵があることによって他人に損害を生じたときは，その工作物の占有者は，被害者に対してその損害を賠償する責任を負う」と定めている。

「設置又は保存に瑕疵」があることとは，その物が通常有すべき安全性を欠いていることとされ，絶対的安全性（どんな場合でも事故が生じない安全性）は必要ないが，通常の使用を前提として安全性が確保されることが求められる（最高裁1970年8月20日判決[2]）。「通常有すべき安全性」の判断基準は，「構造，用途，場所的環境及び利用状況等諸般の事情を考慮したうえ，通常予想される危険の発生を防止するに足りると認められる程度のものを必要とし，かつ，これをもって足りる」（最高裁1981年7月16日判決[3]）とされている。

プールでの溺水事故について，水深が深いとの点で設置または保存に瑕疵があると争われた事件において，未熟者が危険な状況に出た時にはただちに適切な処置がとられる態勢がとられている以上，最深部が2.7mのプールであってもただちに瑕疵があるとはいえないとされた（No.2）。

●水深の変化が大きなプールでの溺水とプールの設置・保存の瑕疵

プールの水深の変化が大きいプールでは，浅い部分でプール底に足がつく状態でも深みに入ると足が立たず溺水する場合がある。愛媛県丹原町立T小学校の事件（No.4）では，中学校に設置されたプールをT小学校と共用していた。このプールは，幅1.28m，傾斜約30°の帯状斜面で深浅2つの部分に分けられていた。深部の水深が約1.40m，浅部の水深が約1.0mであった。水深が変わるあたりで小学校6年生が溺死した。「深い部分の水深1.40mといえば，普通の小学6年生の身長をこえる深さであるから，本件プールの深部は泳ぎが達者であるとも思われない小学6年生以下の児童にとっては危険な場所といわなければならない。従って，当初からそのような児童をも利用対象として設置された本件プールを管理するに当たっては，彼らに深部と浅部の境界を認識させ，深部は危険であるからこれに近寄らないよう周知徹底させる手段を講ずべき」であり，「小学生を泳がせる際には，遊泳中彼らが誤って深部に赴くことを防止するに足る方法（例えば境界水面にロープを張り渡すな

表6-2-4 溺水事故判例

No.		審級	裁判所	裁決年月日	被災者 年齢	技量	事故時	場所	事件名 事故の概要	責任 指導者	責任 施設	過失相殺	出典	備考
1			横浜地裁	1951/2/27	高2男	?	レク	海	波浪が高くて救助船出船拒否による責任否定	−	×		下民集2-3	
2			宇都宮地裁	1954/4/5	小5男	?	レク	プール	県営運動場の競技用プール(水深1.95m)で溺死。監視員の責任肯定	○	○	有	判時28	
3			東京地裁	1964/10/27	大2男	×	レク	プール	東京YMCA事件水泳講習会参加者の講習後の自由水泳中の溺死	○	×	90%	判時407	
4			松山地裁 西条支部	1965/4/21	小6女	○	レク	プール	愛媛県立丹原町立T小学校事件 水が混濁したプール内での溺死	−	○	0%	下民集16-4	
5			津地裁	1966/4/15	中学女	?	学校下	海	津市H中学校中河原海岸溺死事件水泳指導中の澪筋での集団溺死	○		0%	判時446	刑事事件では無罪
6			横浜地裁 横須賀支部	1969/6/20	高校生相当男	?	学校下	池	自衛隊少年工科学校(高校に相当)における武装しての渡河訓練での13名が溺死。有罪	○	−		刑裁月報1-6	
7			岡山地裁	1969/12/10	5歳男	?	−	プール	岡山市営プール事件 プールでの幼児の溺死	○		55%	判時590	
8			大阪地裁	1971/7/14	高1男	?	学校下	海	大阪府立T高校臨海学校水泳指導中の深みでの溺死	○			判時649	
9			東京地裁	1972/1/25	成人男	?	業務	海	自衛隊支笏湖レンジャー訓練事件 着装水泳訓練中の集団溺死	○			判時665	
10			東京地裁	1972/8/8	小5男	?	学校下	海	区立小学校の臨海学校の水深80cm程度の場所における遊泳訓練実施中の溺死	×	○		下民集23-5～8	
11	1		大阪地裁	1972/11/15	小1男	?	レク	プール	大阪郵政レクレーションプール事件 大人用プールでの幼児の溺死。監視員の配置が不十分であり瑕疵を肯定	−	○	40%	訟務月報18-12	
	2		大阪高裁	1974/11/28						−	○	60%	判時773	
12			福岡地裁 小倉支部	1972/12/28	7歳男	?	レク	プール	大人用プールでの幼児の溺死。監視員の責任肯定。	−	○	?	判タ302	
13			福岡地裁	1973/1/30	中2男	?	レク	川	川で溺死した事故ついて河川管理者の責任を否定	−	×		判時706	
14			京都地裁	1973/7/12	中1男	?	学校下	プール	宇治市立N中学校 排水口の蓋がずれていたため吸い込まれ溺死	−	○	60%	判時755	
15	1		富山地裁	1974/3/29	大2男	?	学校下	海	富山大学教育学部臨海水泳実習事件水泳指導中の溺死	×			判時754	
	2		名古屋高裁 金沢支部	1977/9/28						−	○	0%		
16	1		福岡地裁 直方支部	1975/5/14	5歳男	?	レク	プール	大人から泳ぐことのできない幼児まで入場の対象としていたプールでの	−	○	?		
	2		福岡高裁	1975/12/25						−	○	70%	判タ334	
17			広島地裁	1977/12/22	小2男	?	レク	プール	大竹市民水泳プール事件 大人用の水深の深いプールに入って溺死	−	○	60%	判時889	
18			札幌地裁	1978/6/23	男・中3	○	学校下	海	広島町立S中事件 臨海学校事件水泳指導中の溺死(遊泳区域の深みの見落とし)	○		0%	判時915	
19			神戸地裁	1978/6/29	小3男	?	レク	海	海水浴場として利用されていた海岸を波浪により急激な深みで溺死		○	63%	判時931	
20			京都地裁	1979/1/19	中3男	?	学校下	湖	京都市立Y中・近江舞子浜事件水泳中の溺死	○			判時925	
21			東京地裁	1980/1/31	8歳女	?	レク	海	海水浴場の監視人は水難者の救助義務はあるが常に遊泳者を監視して水難の危険にさらされている者を発見すべき義務を否定	×			判時956	
22			大阪地裁	1981/2/25	高1男	◎	−	プール	大阪市立I工業高校 蓋のない排水口に足を引き込まれて溺死	−	○	70%	判タ449	
23			福岡地裁	1984/8/9	3歳女	?	レク	プール	福岡市「母と幼児の水泳教室」事件 同行幼児のプール転落溺死	−	○	60%	判時1149	
24			札幌地裁	1985/7/26	小6男	?	レク	海	少年剣道会の旅行会で海で遊泳中に溺死した事故につき、指導者の責任肯定認	○		80%	判時1184	
25			横浜地裁	1986/2/28	6歳女	?	レク	プール	河川敷のプールへの取水口から吸い込まれ死亡	−	○		判時1194	
26			大阪地裁	1986/4/17	大2男	?	レク	海	大学のサークルでの溺死事故について大学の責任否定	−	×		判タ621	
27			大阪地裁	1986/5/9	高2男	?	レク	海(専用ビーチ)	ホテルの専用ビーチのように管理していた海岸でホテルの宿泊客が溺死	−	○	30%	判タ620	
28			大阪地裁	1987/3/9	3歳男	?	学校下	プール	M学園A幼稚園事件プールでの水遊び中の溺死	○		0%	判時1256	
29			札幌地裁	1988/6/23	中3男	?	学校下	海	臨海水泳指導中深みのある場所を看過した過失を肯定	○		0%	判時915	
30			神戸地裁	1988/12/13	24歳男	?	業務	海	神戸市体育実技講習会事件 水泳講習中の溺死	×			判時1323	
31			神戸地裁	1990/7/18	中2男	?	学校下	プール	神戸市立H中学校事件 プールでの水泳のタイム測定中の溺死	×			判時1370	
32	1		京都地裁	1991/2/22	59歳男	◎	レク	海	トライアスロン競技会に参加した競技者がその水泳競技中に溺死	×				
	2		大阪高裁	1991/10/16						×			判タ777	
33	1		横浜地裁	1992/3/5	高2男	×	学校下	プール	神奈川県立I養護学校事件プールでの水泳指導中の溺死	○		0%	判時1451	
	2		東京高裁	1994/11/29						○		0%	判時1516	
34			富山地判	1994/10/6	30歳男		SS	プール	スイミングクラブの会員が監視体制の不十分なプールで溺死		○	0%	判時1544	
35			静岡地裁 沼津支部	1998/9/30	小5男	?	学校下	プール	西伊豆町立N小学校 排水口の蓋がずれていたため吸い込まれ溺死	−	○	20%	判時1678	
36	1		札幌地裁	2000/1/25	高1男	?	レク	プール	水泳授業中にもがく様子なく溺水	×			判時1774	
	2		札幌高裁	2001/1/16						×			判時1774	
37			大阪地裁	2001/3/26	高2女	?	学校下	プール	大阪教育大学付属高校事件潜水記録更新の授業中の溺水	○			判時1072	
38			東京地裁	2002/3/27	小1女	?	学校下	プール	杉並区立T小学校事件 121人の合同授業で自由水泳中に溺死	○		0%	判例マスタ	
39			長崎地裁	2002/10/18	4歳女	?	レク	プール	ホテルのプールで溺死。監視員の配置がないことについて過失肯定。	−	○	40%	裁判所Webサイト	
40	1		不明	2003/	小5男	?	学校下	プール	学校の水泳クラブ活動で25mプールで、6列で前者が半分泳いだところで次者が泳ぎ出す練習中の溺水	?	?	?	裁判所Webサイト	
	2		福岡高裁	2006/7/27		×				○	−	30%		
41			名古屋地裁 岡崎支部	2005/6/24	中2男	◎	SS		スイミングスクールで200m個人メドレーのタイムを計測する進級テスト中に生じた溺死		○		判時1934	過失は肯定、突然死として因果関係否定
			名古屋高裁	2006/6/27							○		判タ1234	溺死であるが救護義務違反を否定
42			横浜地裁	2011/5/13	高3男	?	学校下	海	修学旅行先の島で離岸流に流され死亡。認容 過失相殺4割	○		40%	判時2120	
43			名古屋地裁	2012/1/27	44歳男	?		プール	温水プールで溺れてその後肺炎で死亡。救命措置を尽くした	×			判時2142	

(注)
1「技量」欄の◎印は水泳部員など熟練者、○印は水泳を得意とする者、×印は水泳の未熟者、?印は水泳の技量不明者。
2「事故時の状況」欄の「レク」はレクレーション中、「学校下」は学校下、幼稚園の水遊び、課外活動を含む、「SS」はスイミングスクール。「−」はプールへの転落事故など泳ぎ以外の目的中。
3「責任」欄、「過失相殺」欄の−印は主張も表示もないことを示し、*印は主張はあるも判示がないことを示す。
4 スキューバーダイビング関係の溺水は除いた。

ど）を講じておくべきこともまた当然の要請といわなければならない」と判示した。杉並区立T小学校水泳授業中の溺水事故は，水深差が50cmあったプールでの事故であり，児童が深い部分に行かないようにする措置を講じることなく，監視も不十分であるとして教師の過失を認めた（No.38）。

海などでも遊泳区域に指摘した海域の深みを見落としていたために発生した溺水事故（No.8, 18, 19, 29），海流の流れの速い澪筋・離岸流を看過した溺水事故（No.5, 42）がある。

●排水口などでの吸い込まれ事故とプールの設置・保存の瑕疵

循環浄化装置のプール内の水取り入れ口（排水口）に蓋がないため，手や足が引き込まれると，循環浄化装置を停止しないままでは，大人が2人がかりでも引き離せず溺水事故が生じる。また，プールの排水口に蓋があっても，排水口がプールと接続する部分の面積が小さいと，排水口の中に吸い込まれることはないが，そこを人の臀部や背中で全部ふさいでしまうと大きな吸引力が加わり動くことができず，溺水事故が生じる。排水口の蓋の有無だけではなく，構造の点検も必要である。流れるプールやウォータースライダーでも水の吸い込み口には同様の問題があり，流量が多い分通常のプールの循環浄化装置より吸引力が強く，危険性が高まる。これらの構造上の問題による事故は，通常有すべき安全性に欠けていると判断されている（No.14, 22, 25, 35）。

[プールの監視員・指導者としての監視・救護義務]

溺水者の救護にあたっては，呼吸停止後40～60秒で意識が不明になり，さらに4～5分経つと脳細胞に不可逆的（元に戻らない）損傷が進行するため，溺水後4分以内に心肺蘇生が実施されることが必要であり，「ジャスト・フォー・ミニッツ」といわれている[4]。指導者やプールの監視者は，利用者を監視し，溺水事故を予防するために，1) 利用対象外の者の利用を規制し，2) 利用者を監視して溺水者を早期に発見し，3) 適確な救急救命措置を講じることが求められている。

まったく監視を行っていなかった事例では，ホテルのプールに監視者を配置していなかったために4歳の幼児が溺死した事件でホテルの責任を認めている（No.39）。

また，溺死の研究が進み，「泳げる人が溺れる」ケースが注目されている。ノーパニック症候群（水中での呼吸飢餓感のない意識喪失）などが指摘されており，泳力の高い者だけに利用させているプールであっても，監視態勢も救護態勢もまったくないケースではプールの管理に過失があるとされる。1986年の世界マスターズ選手権では，苦しそうな様子なく溺れた選手がいた。すみやかな救助で一命をとりとめた[5]。2002年8月のパンパシフィック選手権では1人の選手がプールサイドで意識喪失して倒れ，決勝を棄権した。「意識喪失発作，過呼吸症候群」と診

断されたが，水中で発作が起き，監視者もいなければトップスイマーでさえ溺水することとなる。「泳げる人」「十分立てる深さ」であっても常に監視が必要である。

●本来の利用対象者以外の者がプールに入らないように監視する義務

　プールの監視員は，当該プールの利用対象者以外の者がプールを利用したり，転落したりしないように監視する義務がある。県営運動場の水深1.95mのプールで小学校5年生が溺死した事件で，監視員の責任を肯定した事案がある(No.2)。同様に大人を対象としたプールに年少者が入ったり転落した事故で監視員の責任を肯定している事案がある(No.7, 11, 12, 16, 17, 23)。

　大阪郵政レクレーションプール事件(No.11)は，大人用プールでの幼児の溺死事故であるが，大人用プールと小人用プールとの間には柵などの障壁はなく，監視員は大学生のアルバイト1名のみであり，30分に1回くらいプールを巡回して見回るほかには，なんら監視はしていなかった事案である。裁判所は，「プールはその利用者の身体上の故障，水泳の未熟あるいは水泳不能者の転落などが原因となり水死する危険を伴うものであり，特に本件プールは大人用と小人用プールが併設され，その間に柵などによる往来の遮断設備がないのであるから，年少者の利用による事故の発生が考えられるところである。したがってプール利用者自身がかかる事故が発生しないよう注意する義務があり，年少者単独の利用が許されず同伴者に年少者の監督義務があるにしても，プールの利用について右の危険が伴う以上，プールの設置者はその利用の安全を確保するための設備，手段，例えば大人用と小人用プールの間に柵などの障壁を設置するとか，監視人を配置するなどの方法を講じていないかぎり，プールとして通常備えるべき安全性に欠け，その設置，管理に瑕疵があるというべきである」と判断している。スイミングスクールに参加する社会人が子どもを連れてきている場合などにも注意が必要である(No.23)。

　使用に供されていないプールでも同様の義務が肯定される。プールへの幼児転落溺死事故では，「本件プールのフェンスの高さは1.66mないし1.87mで，忍び返しなどは設けられておらず，北側フェンスの上には一条の有刺鉄線が張られていたが，その一部は破損していたのであり，フェンスの金網は一辺の長さ約5cmの菱形をなしていて，幼児でもこれを手がかり足がかりとしてよじのぼれば容易に乗り越えられる構造」であることをもって管理の瑕疵を肯定した[6]。同種事件は，プールの入口が施錠されていなかった[7]，プールを囲うフェンスに破れ目があった事案[8]，鉄パイプ製の扉が取り付けられていたが鉄パイプの間隔が幼児がすり抜けられる状態であった事案[9]がある。

2. 水泳コーチに必要な法律の基礎知識 | 461

●利用者を監視して溺水者を発見し,救護する義務

　障がい児学校でプールの指導中,浮力のあるヘルパーを使ったが,使用方法が誤っていたために,顔が水中に没していたが,これに気がつかず,溺死するに至った事案(No.33)がある。正しい指導方法を知っておくこと,十分な監視を行うことが必要である。

　足の立つところでの事故としては,1時間に1回程度の巡回監視しかしていなかった水深1.1～1.2mの会員制スイミングクラブで30歳男性が溺死した事故について,監視体制の不備を理由に施設管理者の責任を肯定している(No.34)。水深が50～60cmのきわめて浅いプールといえども,十分な監視態勢をとらないまま3歳児(身長90cm)に利用させる場合には事故が生じる危険性はきわめて高いとして責任を肯定している(No.28)。2000年3月には,民間のスイミングクラブの水深1mのプールで8歳の児童が溺れていることに気がつかずに死亡させたとして日本のトップスイマーのコーチをしていたクラブ長とコーチが業務上過失致死容疑で書類送検され,同年10月にはコーチが起訴された(クラブ長は不起訴)。練習中の注意深い監視と練習後の点呼確認をしないなど安全管理を怠ったと判断された。

　息継ぎをしない泳ぎや潜水練習などは,呼吸飢餓感のない溺水につながる危険があるので特に注意が必要である(No.37,43)。

　一方,溺死には至ったが,監視義務を尽くしており迅速な救急救命措置が講じられたとした監視者・指導者の責任を否定した事案がある(No.31,36,41,43)。

[海や湖での監視員・指導者としての監視・救護義務]

　海水浴場での監視員の義務は,救難者を発見した際の救護義務だけであり,利用者すべてが溺れているか否かを監視する義務は否定されている(No.18)[10]。一方,引率者がいる場合(No.10,20,24,30),トライアスロン競技でのオープンウォータースイムの場合(No.32)では監視義務を肯定している。海水浴には危険な自然の海岸ではあるが,ホテルが専用ビーチのように管理している場合には,高校2年生が溺れた事故について,監視員がいないことを理由にホテルの責任を肯定した(No.27)。

　監視義務を尽くしても溺死する場合もあり,「さほど海水を飲むこともなく水没し,喉頭痙攣あるいは突然の心臓停止を生じ,水没から概ね三分以内に救助され」「救助直後から人工呼吸等の措置を受け」たとの認定のもとに救助・救命措置義務を尽くしたと判断した(No.32,同旨No.30)[11]。

　一方で,監視が不十分だった事案(No.24),適切な位置に監視員と救命具が配置されていなかったために救助できなかったとして責任を肯定した事案がある(No.15)。

[着衣泳などにおける溺水防止]

　近時，溺水を防止するために着衣泳を試みている例が増加している。通常の着衣泳における事故判例は存しないが，自衛隊の訓練中の溺死事例がある。

　自衛隊レンジャー訓練において，隊員18名が，作業帽，作業服上下（夏期のため下着は薄いもの1枚くらいであった），半長靴，弾帯（布製），弾帯吊り（布製）および水筒を装着したままの状態で，岸から46m沖合から湖中に飛び込み，湖岸に向かって泳ぎ出したが，10名くらいの隊員が溺れ出し，4名は救助が間に合わず溺死した事案について，溺れた場合に救助できる態勢を整えておかなかった過失を肯定した（No.9，類似事案 No.6）。

　着衣泳の目的は，溺れずに浮かび続けることが目的である。着衣を着て一定の距離を泳ぐという訓練は特殊な状況下であるが，着衣による水の抵抗の増大があるため，たとえ，水着で十分な泳力がある者であっても，着衣したままの泳法について習熟していなければ泳ぐことは困難であり，十分な監視態勢と救助体制を整備しておくことが必要である。

③飛び込み事故を予防するための施設の選択と指導上の配慮

[スタート台がありながらスタート台直下の水深が十分でないプールが普及した歴史]

　浅いプールに高いところから飛び込めば水底に衝突する事故が生じることは誰でもわかる。問題はどの程度の水深のところにどの程度の高さのスタート台からスタートさせれば安全なのかという点についての知識を習得しておくことが必要である。

　日本のプールでは，スタート台直下の水深が最も浅く，その水深は1～1.3m程度で，スタート台が備えられたプールが多くみられる。この原因は，かつての文部省のプールの規格にあった。

　「昭和の初期につくられた競泳プールには2mにも及ぶ深いプールもあるが，戦後から1960年ごろまでにつくられたプールでは，日本水泳連盟の公認規定の1.0m，FINA（国際水泳連盟）規定の5フィート（1.5m）を考慮して，最浅水深を1.5m程度にとるのが普通とされていた[12]」が，文部省は，全国の小中学校にプールを普及させるために，1966年「水泳プールの建設と管理の手びき」（以下「手びき」という）を刊行し，次のとおり記述した[13]。

　1) 従前の1.5～2mの水深のプールについて，一般公開をするプールでは，管理上深すぎるとの非難もあった。
　2) 最近では，FINA（国際水泳連盟）規定が3フィート（0.9m）以上とするように改められ，日本水泳連盟の規定を満足するとともに，公式試合や一般公開における実際上の経験を考慮して，1.3m程度が多く採用されるようになった。

表6-2-5 文部省「手びき」における水深・スタート台の基準

プールの使用目的		最浅水深	～	最深水深
幼児用		0.3 m	～	0.8 m
学校用	小学校用	0.8 m	～	1.1 m
	中学校用	0.8 m	～	1.4 m
	高校・大学用	1.2 m	～	1.6 m
競泳用		1.3 m	～	1.8 m

スタート台の高さ	
一般	30 cm ～ 75 cm
小中学校用	40 cm
競泳用	60 cm

(出典：文部省(1966年)『水泳プールの建設と管理の手びき』より作成)

3) 小中学校プールで，公認プールにならって最浅水深を1m以上にとることがあるが，これでは深すぎて事故の原因ともなるので，日本水泳連盟では「小中学校標準プール」に関する規定を設けて，最浅水深を80cmとするように勧めている。

4) 使用目的に応じて，適当と思われる水深を挙げれば，次のとおりである(表6-2-5)。

手びきが刊行された1966年当時は，十分な水深があるプールが多く，競泳でのスタート台やプールサイドからの飛び込みスタートにおいて水底に衝突する事故は稀であった。手びきでは，溺水事故の予防の視点はあったが，スタート台やプールサイドからの競泳でのスタートとしての飛び込みにおいて水底に衝突する事故防止の視点は欠落していた。

そのために，上記のようにプールの水深を浅くする一方，小中学校プールでも40cm程度の高さのスタート台を設置することを勧めた[14]。

スタート台からの飛び込み事故防止の上では，スタート台付近を最も深くすることが安全である。そのため，手びきが刊行される前には，プールのスタート台付近を最も深くする構造が採用されていた(図6-2-2：ABCA′B′C′の構造)。しかるに，「手びき」では，スタート台付近を深い構造とすると不等沈下しやすいため，不等沈下を防ぎやすいという経済性を優先し，スタート台付近を最も浅くし，プール中央を最も深くするという形状のプール(図6-2-2。Dの構造)を推奨した[15]。

以上のような経過で，日本の学校プールは飛び込み事故の危険性の高い構造で建設が進められ，他の民間・公共機関のプールも同様の構造の

プールの断面

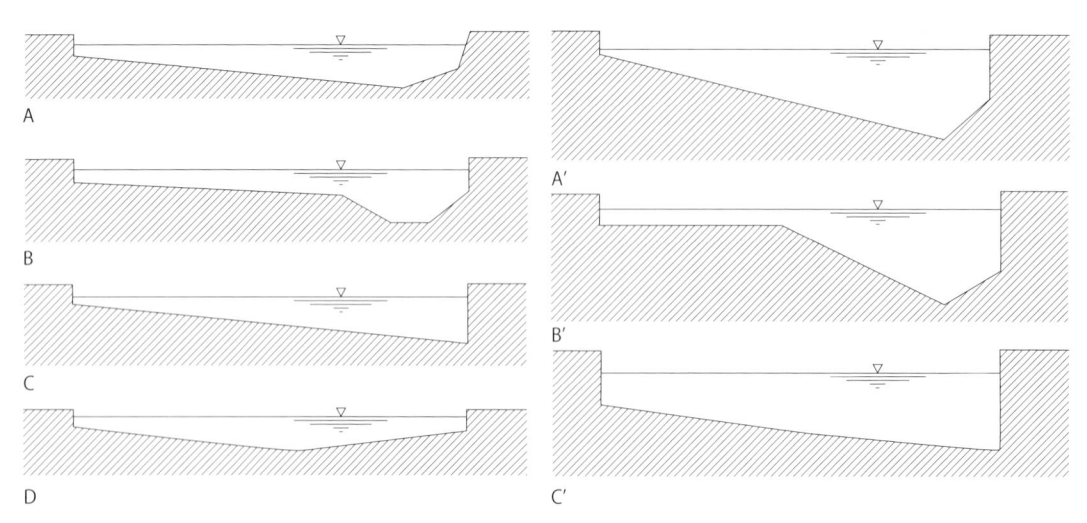

図6-2-2 文部省「手びき」のプール構造
(出典：文部省(1966)『水泳プールの建設と管理の手びき』真珠社．p59.)

プールとして建設が行われてきたという歴史がある。なお，文部省は，1982年頃からは文部省「手びき」に基づいては指導をせず，日本水泳連盟の公認規則などを参考に安全な水深とするようにと指導をしていると説明している[16]。

[日本水泳連盟の公認規則の変遷]

手びきに基づき，水深が浅いにもかかわらずスタート台が設置されたプールが普及したことを背景に，1970年頃からプールでの飛び込み事故が増加した。学校管理下における水泳の飛び込み事故件数は1986年度から1990年度までの5年間で46件発生している。そのうち死亡事故は2件，身体に後遺症として障害の残る事故は44件となっており，平均すれば，毎年約9件の事故が発生した[17]。

スポーツ医学研究者は，1975年頃から，飛び込み事故の防止のためのプールの構造・規格の改善を求めてきた。一般に飛び込んだ時のスピードが減速するには，水深が3～3.6mは要するとされ，身長の2倍よりも水深の浅いところでは飛び込むべきではない，あるいは1.3m以下の場所では競技中を除き，飛び込みは原則的に禁止すべきであるなどの提言がなされている[18]。「1981年6月に福岡で開催された第7回整形外科スポーツ医学会において，スポーツによる頚椎・頚髄損傷について熱心に討議されました。特に，水泳の飛び込みによる頚椎・頚髄損傷の症例は，この研究会で発表されたものだけで57例を数え，その発生機転と予防対策の検討が必要であることが改めて認識されました[19]」とあるように，第7回整形外科スポーツ医学研究会（1981年）においても「プールの水深をもっと深くすべきだ」という意見が強く出された。

日本水泳連盟は，公認規則でプールの規格を定めている。公認規則は，競技会における記録を公認するために必要な条件を定めることを目的とするが，スタート事故が多発している現状，スポーツ医学研究者の指摘を踏まえて，1979年以降の公認規則改定で順次プールの規格を改定し，水深の浅いプールでのスタートを規制してきた。1992年の公認規則改定では，スタート台前方5mまでの水深が1.2m未満の場合はスタート台の設置を禁止し，2001年の公認規則改定では，さらに規制を強化し，スタート台前方6mまでの水深が1.35m未満の場合はスタート台の設置を禁止した。

日本水泳連盟は，公認規則改定の理由について次のとおり説明している。「今回の『プール公認規則』の改正により国際水泳連盟の規則改正に従って，スタート側前方の水深が1.2m（1992年当時の公認規則による規制）未満のプールではスタート台の設置が認められなくなったことに奇異の念を抱かれた向きも少なからずあったと思われるが，実のところこうした考えはアメリカにもあって，水深1.6m以下のプールではプール・サイドからの飛び込みを禁止しているのが一般的のようである」

「水深1.2mは決して安全の基準ではない。しかし，水深2.7m[20]以上のプールを規則で強制することは，余りにも現実離れしているための妥協に過ぎない」とし，公認規則の規格は，「絶対的な安全基準ではなく」「競技会を開催する上での『当面の画一的な最低基準』[21]」である。これは，2001年改正後の公認規則の解説としても妥当である。

施設の安全性は，利用者の特性との関係で決まる。事故の防止は，施設の安全性と利用者の技術により確保されるものである。サーカスで用いられるような高所での綱渡りや空中ブランコは，これを行える技術を有する者のみが使用するのであれば安全性に欠けることはないが，技量を問わず誰にでも利用させたのでは，危険な施設を放置したとして施設の管理の瑕疵（民法717条，国家賠償法2条）が肯定されることになる。

[到達水深に関する研究と到達水深が深くなる要因]

スタート台から飛び出して入水するまでの時間はわずかである。初心者がスタートを学ぼうとしている場合のみならず，熟練者であっても，練習のブランクがあったりして久しぶりのスタート練習であったり，普段の練習と異なるプールでのスタート練習であるとか，さらに良いスタートをめざして，スタート方法を変更しようとした場合などに，到達水深が浅いスタートを完璧に行えず，さまざまな要因が複合して到達水深が深くなる場合がある。

到達水深が深くなる要因は，一般的には，スタート台に近いところへの入水など入水角度が大きくなることが指摘される。しかし，遠いところへの入水をさせようと，「高く遠くへ」と強く意識させた場合には，空中で高い位置から急角度で入水する結果となることもある。腰の伸展や両腕の振り上げが遅れ，腰部が曲がったまま入水する，あるいは両腕が頭上方向に振り上げ切れず身体の前方にあるまま入水すると，前転する方向に回転力が働き，到達水深が深くなる。

到達水深については研究者の報告がある[22]。兵庫県立加古川北高校スタート事故訴訟控訴審判決（表6-2-6のNo.19-2）は，「一般の大学生はもとより，小・中学生であっても水面上30ないし70cmのプールから逆飛び込みをする際，入水角度が45度以上であり，しかも，入水後手首を後屈させる等の調整をしなければ，水深深度は本件プールの深さを越える1.5m以上にも及び，したがって，急角度の飛び込み，入水の際の手首の前屈，腕の脱力など，飛び込み方法の如何によっては，頭部が容易にプールのそこに達することが認められる」と判示し，その証拠として一審被告兵庫県が提出した筑波大学野村武男助教授（当時）が行った実験を録画したビデオテープを摘示している。

この実験では，水面上35cmのスタート地点からのスタートの到達水深を測定している。小学生が「普段行うスタート」をした場合の頭部の到達水深は，腹打ちといわれる全身が同時に入水するというスタートが

表6-2-6　飛び込みの事故判例

No.	審級番号	裁判所	裁決年月日	被災者 年齢	被災者 技量	事故時	場所	水深	入水地点	責任 指導者	責任 施設	過失相殺	出典	備考
1	1	東京地裁	1953/11/21	小3男	?	課外授業	海	1.00 m	台2 m	−	×	−	判時584	
1	2	東京高裁	1954/9/15							−	○	有り	高民集7-11	過失相殺割合不明
2		大津地裁	1966/9/24	成人男	?	レク	プール		飛込板1 m	○	○	50%	判時473	飛込んだ者と泳者との衝突。泳者が原告
3		大阪地裁	1969/11/27	成人女	?	レク	プール	1.00 m	台35 cm	−	×	−	判時584	
4		京都地判	1975/11/20	27歳男	?	レク	海	1.20 m	台1.8 m	−	×	−	訟務月報21-13	
5		大阪地裁	1979/1/26	中2男	○	レク	プール	1.00 m	プールサイド	−	×	−	判タ384	
6		大津地裁	1980/8/6	20歳男	○	レク	湖	1.30 m	台70 cm	−	×	−	訟務月報26-12	沖合66 mの水上ステージ
7	1	横浜地裁	1982/7/16	中3男	◎	授業	プール	1.20 m	台20 cm	○	*	0%	判時1057	
7	2	東京高裁	1984/5/30							○	*	0%	判時1119	
7	3	最高裁	1987/2/6							○	*	0%	判時1232	
8		神戸地姫路支裁	1983/6/27	中2女	?	授業	プール	1.00 m	プールサイド	×	−	−	未掲載	
9		大分地裁	1985/2/20	小6男	○	授業	プール	0.80 m	プールサイド	○	−	0%	判時1153	
10		大阪地裁	1986/6/20	小6男	◎	授業	プール	0.90 m	台35 cm	○	×	−	判時1215	
11		徳島地裁	1988/1/27	高3男	?	注	プール	1.10 m	プールサイド	×	×	−	判例地方自治47	
12		宮崎地裁	1988/5/30	中2男	×	授業	プール	1.10 m	台45 cm	○	−	0%	判時1296	
13		福岡地裁	1988/12/27	高1男	○	授業	プール	1.30 m	台55 cm	○	×	60%	判時1310	
14	1	大阪地裁	1990/12/21	中3男	×	授業	プール	1.10 m	台55 cm	×	×	−	未掲載	
14	2	大阪高裁	1992/7/24							○	*	30%	判時1439	
15		仙台地裁	1991/3/12	高2男	◎	SS	プール	1.20 m	台? cm	○	−	−	未掲載	
16		山口地岩国支裁	1991/8/26	小6男	○	授業	プール	1.00 m	台? cm	○	*	25%	判タ779	
17		津地四日市支裁	1991/10/11	中2男	○	授業	プール	1.10 m	台50 cm	○	−	40%	未掲載	
18		横浜地裁	1992/3/9	中3男	○	部活	プール	1.10 m	台58 cm	○	−	20%	判タ791	
19	1	神戸地裁	1993/2/19	高1男	×	授業	プール	1.40 m	台49 cm	○	−	20%	判タ822	
19	2	大阪高裁	1994/11/24							○	−	30%	判時1533	
20		宇都宮地裁	1993/3/25	高2男	×	授業	プール	1.36 m	台49 cm	×	×	−	未掲載	控訴審で1億円を超える和解
21		東京地裁	1993/3/31	高1男	?	レク	プール	1.10 m	プールサイド	−	×	−	未掲載	流れるプール
22		浦和地裁	1993/4/23	高2男	○	部活	プール	1.00 m	台47 cm	○	−	20%	判タ825	
23		水戸地土浦支裁	1993/6/9	中3男	○	授業	プール	1.10 m	台47 cm	○	−	0%	未掲載	
24		大阪地裁	1995/2/20	高3男	○	授業	プール	1.10 m	台40 cm	○	−	0%	判タ875	
25		浦和地裁	1996/2/9	高2男	○	授業	プール	1.20 m	台26 cm	○	−	50%	判例地方自治163	魚雷式飛び込み
26		広島地裁	1997/3/31	小6男	○	授業	プール	0.90 m	台40 cm	○	−	50%	判時1632	
27		神戸地裁	1998/2/27	中2男	○	部活	プール	1.07 m	台61 cm		○	50%	判時1667	
28		金沢地裁	1998/3/13	中3男	×	授業	プール	1.10 m	台40 cm	○	−	0%	判時1667	
29		大阪地裁	1999/2/15	29歳男	○	レク	プール	1.10 m	プールサイド	×	○	−	判時1694	流れるプール
30		奈良地裁葛城支部	1999/8/20	23歳男	×	SS	プール	1.10 m	台45 cm	−	○	0%	判時1729	スイミングスクール
31		松山地裁	1999/8/27	小6女	○	授業	プール	1.28 m	プールサイド	○	−	40%	判時1729	スイミングスクール
32		東京地裁	2000/9/26	51女	◎	SS	プール	−	−	○	−	30%	判例マスター	泳いでいる人との衝突
33		東京地裁	2001/5/30	中1男	○	部活	プール	1.10 m	台45 cm	○	*	0%	判タ1071	フラフープの輪をくぐっての飛び込み
34		東京地裁八王子支	2003/7/30	高1男	○	授業	プール	1.20 m	台40 cm	○	−	0%	判時1834	
35		東京地裁	2004/1/13	高2男	×	部活	プール	不明	台高さ不明	○	−	40%	判タ1164	水泳部員であるが技量未熟
36		大分地裁	2011/3/30	高3男	?	授業	プール	1.20 m	台0.6〜0.65 m	○	−	70%	裁判所Web	助走を付けての飛び込み
37	1	岐阜地裁多治見支	2012/2/9	中3男	○	レク	プール	1.00 m	プールサイド	×	−	−	判時2147	流れるプール, 飛び込み禁止の表示有り
37	2	名古屋高裁	2012/10/4							×	−	−	判時2177	

(注)
1「技量」欄の◎印は水泳部員など熟練者、○印は水泳を得意とする者、×印は水泳の未熟者、?印は水泳の技量不明者。
2「事故時の状況」欄の「レク」はレクレーション中、「授業」は授業中、「部活」は水泳部活動中、「SS」はスイミングスクール。
3 No7は、高校サッカー部の練習の帰途に小学校のプールで泳ぎ事故が発生した事件である。
4「責任」欄、「過失相殺」欄の−印は主張も表示もないことを示し、*印は主張はあるも裁判がないことを示す。

多く，到達水深は浅い児童が多いが，個人差は大きく，入水地点が近い場合や上級者と思われる被験者は到達水深が深く，最大到達水深が160 cm という児童がいる。一般大学生は，到達水深の個人差は小さくなるも，最大到達水深130 cm という学生がいる。大学水泳部員の場合には個人差はさらに小さくなるが（70 cm～150 cm），平均到達水深は103 cm と対象群の中で最も深くなる。大学水泳部員を対象にスタート台35 cm の高さからさまざまな条件を与えてスタートをさせると，「普段行うスタート」より到達水深は深くなる（図6-2-3）。手首を平の方向に曲げる手首前屈は，潜る方向に力が働き到達水深が深くなる条件である。この場合には，到達水深は平均でも 200 cm を超え，最も到達水深の深い者では 330 cm にも及ぶ。到達水深は浅くなるはずの条件（手首後屈）であっても平均到達水深は 131 cm となり，普通のスタートに比べて平均30％も到達水深が深くなり，最も到達水深が深い者は230 cm となった[23]。

[判例上必要とされているプールの水深]

飛び込み事故37件の判決の概要は表6-2-6のとおりである。

飛び込み事故判例の事例では，スタートを習得していない者のみならず，水泳部員などの熟練者も相当数ある。スタート台を飛び出してから入水し浮上動作まではごく短い時間であり，熟練者であっても，スタート動作にミスが生じた場合これを回復する措置を取ることが困難であることを肝に銘じておくことが必要である。

飛び込み事故において水深が浅すぎるとして施設の瑕疵を認めている判例の中で，泳者が水泳部員などの熟練者である事故（No.22，27）については，水泳の熟練者が使用する場合であっても安全性に欠けると判断されているわけであるから，同様の施設においてスタートを行うことについては，とりわけ慎重な検討が必要である。

[競技者を対象とした安全な水深]

競泳競技に参加するような熟練者を対象とした安全水深の基準は，上

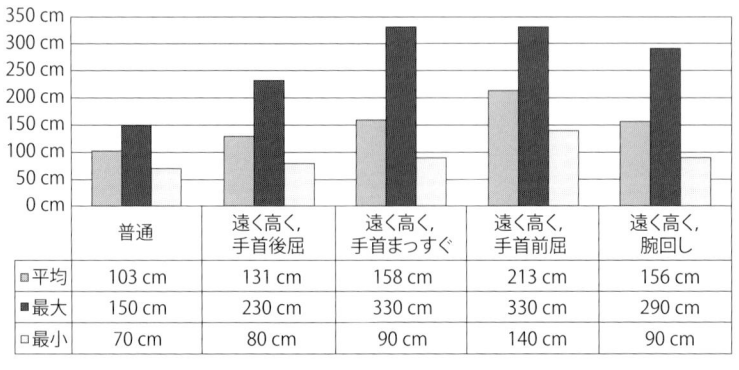

	普通	遠く高く，手首後屈	遠く高く，手首まっすぐ	遠く高く，手首前屈	遠く高く，腕回し
平均	103 cm	131 cm	158 cm	213 cm	156 cm
最大	150 cm	230 cm	330 cm	330 cm	290 cm
最小	70 cm	80 cm	90 cm	140 cm	90 cm

図6-2-3 到達水深（大学水泳部員に条件を与えた場合）

記公認規則の最低基準1.35 mの水深が基本的な基準となる。アメリカやオーストラリアにおいては，飛び込みを習得している者を対象としたスタート台やプールサイドからのスタートをする際の最低水深を1.5 m（5 ft）としている（表6-2-7）。

しかしながら，日本の屋内水泳プールで十分な水深をもつ施設は少ない。いくつかの県においては，スタート台前方6 mの最浅水深が1.35 m以上ある屋内プールが1つもない現状がある。スタート台前方6 mの最浅水深が1.35 m以上ある屋内プールがない地域あるいは少ない地域では，屋外プールが使用できる時期を除くと，プール公認規則に合致する屋内プールが存在しないために公式競技会が開催できないという問題が生じた[24]。また，公認記録までは求めないレベルの競技会についても，最浅水深が1.35 m未満のところで競技会を開催することについて躊躇せざるをえない事態となり，競技会の開催が困難になるという問題が生じた。

一方，競技会に参加する選手の多くは，日常的に練習に使用している屋内プールの水深は浅いが，熟練した指導者のもとで水底に衝突をすることを回避できる能力を習得しているという実態もあった。

そこで，日本水泳連盟施設用具委員会は，2005年7月，「プール水深とスタート台の高さに関するガイドライン」（表6-2-8）を示した。これは，「必ずしも十分な水深がないプール施設での事故発生の危険性を，適切・合理的な飛び込みスタート方法（到達水深が深くならないで速やかに泳ぎにつなげる飛び込みスタート）によって回避できる」ことを根拠としており，「本ガイドラインに即さない施設の利用法や適切・合理的な飛び込みスタートができない泳者の利用により飛び込み事故が生じた場合には，施設の管理者や指導者の法律上の責任が問われる場合があることに留意が必要である」とした。

表6-2-8 プール水深とスタート台の高さに関するガイドライン

水深	スタート台の高さ（水面上）
1.00〜1.10 m 未満	0.25 m±0.05 m
1.10〜1.20 m 未満	0.30 m±0.05 m
1.20〜1.35 m 未満	0.35 m±0.05 m

（出典：日本水泳連盟，2005）

表6-2-7 アメリカの水深

団体名	スタート台下	スタート台	水深が深くなりだす場所までの距離
ARC（アメリカ赤十字）	5' after dive is learned ; 9' when learning	5'	16'
YMCA	5' after dive is learned ; 9' when learning	5'	16'6"
NCAA（全米大学体育協会）		7'（4' 未満は×）	16'6"
NFHSA（全米高校連合協会）		4'	
CNCA（全米水上競技協力委員会会議）	5'	5'	20'

（出典：De Mers，1994） （単位はフィート）

[スタートを習得していない者に対するスタート指導における安全な水深]

　2008年改訂の学習指導要領は，小学校5・6年生において，「泳ぎにつなげる水中からのスタートを指導する[25]」とされた。中学校においては「スタートについては，安全の確保が重要となることから，『水中からのスタート』を取り上げることとした[26]」とされている。小中学校に普及しているプールの構造では，プールサイドあるいはスタート台からのスタートの指導を安全に行うことが困難であることを前提とした学習指導要領となった。

　高校においては，2009年改訂の学習指導要領は，「スタートの指導については，事故防止の観点からプールの構造等に配慮し，プールサイド等から段階的に指導し，生徒の技能の程度に応じて次第に高い位置からのスタートへ発展させるなどの配慮を行い安全を十分に確保することが大切である。また，今回の中学校の改訂では，事故防止の観点から，スタートは，『水中からのスタート』を示している。そのため，飛び込みによるスタートやリレーの際の引継ぎは，高等学校において初めて経験することとなるため，この点を十分に踏まえ，生徒の技能の程度や水泳の実施時間によっては，水中からのスタートを継続するなど，一層段階的に指導することが大切である[27]」とされている。

　中学校までの部活動などの課外活動や高校の授業などで，どのような構造のプールであればスタート台からの飛び込みを許すべきかについては具体的なガイドラインは示されていない。しかし，1993年には，文部省体育局長が国会において次のとおり答弁している[28]。

　「文部省といたしましては，学校施設を整備するに当たりまして目安といたしまして学校施設整備指針を示しておりますけれども，この中でプールの『水深については，適切な深さとし，急激に変化しないよう計画するとともに，見やすい位置に水深を表示すること。』としているわけでございます。実際のプールの建設に際しましては，水深につきましてこの申し上げました指針に留意するとともに，日本水泳連盟が定めておりますプールの公認規則，これを参考にして整備するように指導してまいりたいと考えております。ちなみにこのプール公認規則によりますと，先ほどもちょっとお触れになりましたけれども，現在小中学校のプールの水深につきましては80センチ以上というふうになっておりますけれども，飛び込み時の事故防止などの見地から小中学校のプールにあっても水深を1メートル以上にすることが望ましいというふうにされているところでございます。さらに，プールサイドから5メートルまでの水深が1.2メートル未満[29]であるときにはスタート台から飛び込むというふうなことがないように，逆に言いますと，そういうときには危険

でございますのでスタート台を設置してはならないというふうなことも指針として示されておりますので，こういうことを参考にして指導してまいりたいと考えております」。

授業において児童・生徒に水泳のスタートを教えることについての，指導方法およびプールの構造規格に関する文部科学省の知見は上記のとおりである。

安全性を考える時には，事故が生じないよう余裕をもって安全性を確保する。重量物を持ち上げるのに当該重量を少しでも超えれば切断するようなぎりぎりの条件のロープは使用しない。実際には，切断荷重の数分の1を安全荷重として使用の限界としている。ちなみに，厚生労働省が定めるクレーン等安全規則においてはワイヤーロープの安全係数は6以上と定められている。

このような安全のための「余裕」は，産業界に特有なものではない。アメリカにおける水泳指導書においては，スタートを教える際には，"エラーマージン"（error margin）を前提として，完璧なスタートをできなかった場合でも水底に衝突しない水深を示している（図6-2-4）。オーストラリア水泳指導者評議会も同様な視点から初心者を対象とした安全水深を示している（図6-2-5）。アメリカ赤十字やYMCAでは，スタートを習得している人を対象とした安全水深について1.5 m（5ft）とするも，スタートを習得する過程における安全水深は2.7 m（9ft）を推奨水深としている（表6-2-7）。

日本において出版をされている水泳指導書の中には2 mの水深を確保した上で練習することを勧める翻訳書[30]などもあるが，安全な水深について言及をしている図書は少ない。「水泳医・科学シンポジューム」（1992年）において，水泳指導書30冊を検討した結果，溺水に言及する指導書が83％あるのに対し，スタート事故による頸髄損傷に言及している指導書は17％しかないと報告されている[31]。

[安全を確保するための指導上の注意]

スタートにおける飛び込み事故防止のためには，指導上の注意も必要である。水底に衝突をしないためには，飛び込みは，通常の飛び込みにおいて安全が確保されている水深と構造のプールでのみ行う。水底への衝突事故の防止の点では水深の確認が必要である。「プール水深とスタート台の高さに関するガイドライン」においても「必ず自分自身の身体で水深を確認」させるとしている。

次に，泳者自身が，到達水深が深くなるスタートを回避し，水底への衝突，他の泳者との衝突の危険を回避することが求められる。川崎Ｉスイミングクラブスタート事故（No.32）は，上級者コースに属していた会員が日本マスターズ水泳協会競技会に参加するためにコーチの指導下にスタート練習をしていたところ，反対側から同じコースを泳いで来た泳

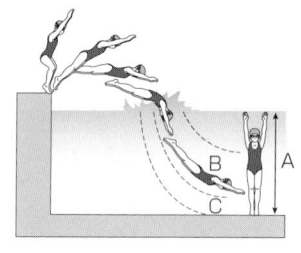

図6-2-4 アメリカにおけるスタートのエラーマージン
A：安全のための最低基準の水深
B：飛び込んだ後の望ましい水中での移動範囲
C：ミスをした際の安全のための余裕水深
（出典：Mervyn L. Palmer（1980）『Science of Teaching Swimming.』より）

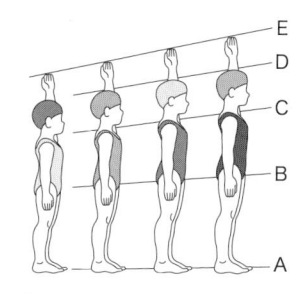

図6-2-5 オーストラリアにおける安全水深の基準
・プールサイドに腰かけた状態からのスタートでは，Cの身長と同じ水深。
・プールサイドでかがんだ姿勢からのスタートでは，Eの手を上にあげて指先までの水深。
（出典：森浩寿（2002）「諸外国におけるプール水深基準の検討」『季刊教育法』p135より）

者と衝突をした事件である（同一コースで泳者を往復させる方法でプールを使用）。

中野区立中学校の水泳部員の飛び込み事故（No.33）は、スタート台直下の水深が1.1mのプールで45cmの高さのスタート台上から、スタート台前方約2mの位置にスタート台と同程度の高さに支持した直径65cmのフラフープの輪をくぐるように飛び込む練習を行った際に生じた事故である。このような練習方法は、3年生の水泳部員がスイミングスクールで教えられ、学校で試みたということである。

すでに、過去の訴訟において同様の指導方法の安全性が問われている。1988年に福岡市立T中学校において生じた水泳部員の飛び込み事故は、水泳部の練習で入水地点の水面にフラフープの輪を浮かべ、そこをめがけてスタートをさせた事故[32]であるし、広島市立H小学校スタート事故（No.26）は、広島市の水泳大会の選手強化練習中、スタート台前方の空中に水道ホースを渡し、それを越えるようにスタートをさせる練習を行った直後に生じている事故である。

スタート台前方にデッキブラシを差し出す、スタート台前方の水中に生徒を立たせてこれを越えるように入水させるなど、スタート台前方の一定の距離に水面から一定の高さで設置された障害物を越えて入水することを強制する指導方法は、上級者を対象とするものとしてはパイクスタートの指導方法として紹介され（図6-2-6）、初心者を対象としたものとしては、入水地点を遠くにするための指導方法として紹介されている（図6-2-7）。初心者を対象として紹介している指導書では、「飛び込みに関しては、水深を確認した上で、初心者は必ず指導者のもと、正しい方法で練習をする配慮が必要です」と注意を促している。棒を使用して練習する場合には、1) スタート台は使用しないこと、2) 空中に差し出した棒は単なる目標であって、泳者がスタートをした後はすぐに下方に下ろすようにすること、3) スタート後の入水角度が深くなる可能性があるため、水深が約2m以上あるプールで行うことが解説され、棒の位置は、容易に越えることができる程度に図解されている。

スタート台前方に障害物を置くと、障害物の位置がスタート地点から遠く、しかも高くなるほど、スタート台からの飛び出しが高い位置をめざし、高い位置から急角度で入水することになる。これは、まさにパイクスタートの目標としているところであり、到達水深が深くなる要因を含んでいる。初心者を対象とする場合には、前記のような留意事項を厳守する必要がある。

④ 溺水・飛び込み以外の水泳事故を予防するための配慮

溺水・飛び込み以外の水泳事故判例の概要は表6-2-9のとおりである。

プール内での衝突事故（No.5, 9）の防止が必要である。プールに同時に大勢の利用者を入れると溺水時の監視が困難になるだけでなく、利用

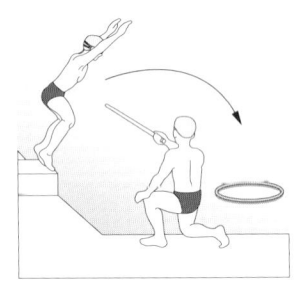

図6-2-6　パイクスタートの練習例
（出典：浅見俊雄他（1984）『現代スポーツ体系第14巻・競技、飛び込み、水泳、シンクロナイズドスイミング、日本泳法』講談社．p42より）

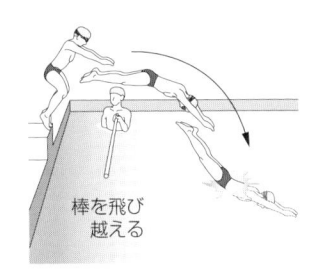

図6-2-7　スタートにおける入水地点を遠くにするための指導法
（出典：末光智広（1991）『シリーズ絵で見るスポーツ⑭・スイミング』ベースボール・マガジン社．p60より）

表6-2-9 水泳事故判例（その他）

No.		裁判所	裁決年月日	被災者 年齢	被災者 技量	事故時	場所	事件名事故の概要	責任 指導者	責任 施設	過失相殺	出典	備考
1		千葉地裁	1974/11/28	中3男	?	授業	プール	千葉市立M中学校事件水泳授業中の急性心不全死	×	–		判時320	救命措置義務違反が争点
2		千葉地裁	1979/1/17	小?	?	授業	プール	小学校の授業中で遊泳中の脳内出血死				未掲載	
3	1	大阪地裁岸和田支部	1983/9/27	高2男	?	SS	プール	市営プールにおかれていた水泳クラブタイム所有の測定用電気時計漏電死について市の責任を否定	×	–			クラブ所有の時計からの漏電
	2	大阪高裁	1985/6/26	高2男	?	SS	プール		–	×		判時1176	
4		浦和地裁	1985/7/19	39歳女	×	SS	プール	「泳げない人の水泳教室」において、主婦が急性心不全で死亡	–	×		判時1167	
5		横浜地裁	1991/1/28	高2女	?	レク	プール	レクリエーション施設内のプールで反対側から泳いできた男性と衝突して外傷性頸部症候群の傷害	×	–		判時1387	
6		東京地裁	1991/3/5	7歳女	?	SS	プール	Tスイミングクラブの水泳教室で、5歳の受講生が7歳の受講生のゴーグルを引っ張って離したため、失明	○		0%	判タ758	
7		大阪地裁	1996/1/25	22歳男	◎	SS	プール	Yスイミングクラブの水泳教室で15名の受講生を1人の講師で指導していたところ、誤って飛び出した受講生の手が当たって視力低下	○		50%	判タ916	講師が使用者であるYスイミングクラブに対して請求
8		東京地裁	1997/2/13	55歳男	?	SS	廊下	Dスポーツクラブ事件プールからロッカールームに行く途中の廊下の水濡れによる転倒負傷事故		○	40%	判時1176	
9		千葉地裁佐倉支部	1999/12/6	小4女	?	授業	プール	成田市立N小の授業中15、6mの幅に17名を同時に泳がせたところ児童同士が衝突し外傷性頸部動脈内膜損傷による脳梗塞死	○		0%	判時1724	
10		神戸地裁明石支部	2003/3/26	小5男	?	学校	プール	学校における行事としてのプール清掃作業でハイクロンGの水溶液でやけど様の傷害	○		0%	判タ1212	

者どうしの衝突事故の危険性が高まる。コースロープを張り，泳げる水域を明示して，一方通行とする措置が必要である。

また，プールサイドは，水に濡れ滑りやすくなっているため，転倒事故が予想される。利用者が児童・生徒の場合，高齢者の場合には，転倒をしやすいため，プールサイドで走ったりしていた場合には，これを制止する管理方法が必要である。本来，身体を拭いてから移動することを期待されている場所である廊下や更衣室については，施設管理者は，床面が濡れていない状態に保たなければならない（No.8）。転倒事故防止のために更衣室に設置されていたすのこを，清掃に邪魔になるとして倉庫にしまってしまったため，床が水で濡れて滑りやすくなり児童が転倒するという事故も生じている。

加えて，プールサイドで電気製品を使用する場合には，漏電などの事故（No.3）に注意をし，絶縁が十分であることおよびアースを取っていることを確認する。

子どもの場合には，好奇心が旺盛であるにもかかわらず危険の認識力が十分でないため，この点の配慮も必要である（No.6）。

2 スポーツ界における暴力の根絶

①スポーツ界における暴力の実態

大阪桜宮高校で監督から暴力を受けたバスケットボール部員が自殺した事件を契機に運動部活動中の指導者の暴力・暴言・威圧・脅迫・無視・セクシャルハラスメント・パワーハラスメントなどの問題（以下，これらを総称して「暴力」という）が大きな問題となった。

日本オリンピック委員会（JOC）は，日本代表候補選手および指導者6,909人を対象としたアンケート調査を行い，3,255件の回答（回答率47.1％）を得て，その結果を2013年3月19日公表した[33]。アンケート結

果は，「何らかの形で暴力等を認識していた」と回答した選手が459名（25.5％），指導者が424名（29.1％）と，それぞれ4分の1を超え，「競技活動の際に暴力行為を含むパワーハラスメント，セクシャルハラスメントを受けたことがある」と回答した選手は，206名（11.5％）にのぼった。

文部科学省は，2013年8月，2012年度の全国の学校での体罰実態調査の結果を明らかにした。6,721件の暴力等があり，中学・高校での暴力等が5,077件と全体の76％を占めており，その中で部活動中の暴力等が2,021件・40％，運動場・体育館で生じている暴力等は2,100件・41％と運動部活動中の暴力等が，全体の4割程度を占めていると推測される。

笹川スポーツ財団の調査[34]では，2013年は2012年に比して，運動部活動中に指導者から暴力を受けた生徒は減少している（図6-2-8）。しかし，これだけ社会的に大きな問題となっているにもかかわらず，未だ暴力を行っているスポーツ指導者が少なからず存在していることは，異常な事態である。スポーツ指導者の中には，「強い選手を育てるには愛のムチは必要だ」「暴力がダメだなどというのは今だけ」「しばらくすれば元に戻る」などと発言をしている人もおり，暴力の減少は，一時的でしかない可能性がある。

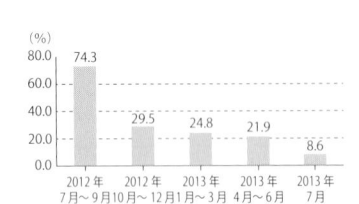

図6-2-8 指導者から暴力を受けた時期（運動部：n＝105）
（出典：笹川スポーツ財団（2013）「部活・サークル活動に関する調査」より http://www.ssf.or.jp/research/sldata/data_club_01.html）

②スポーツ指導で愛のムチは許されているのか

暴力は，刑法で処罰の対象となる行為であり，民事上も違法とされている。スポーツ界でも，「日本体育協会及び加盟団体における倫理に関するガイドライン」（2004年）は，直接的暴力のみならず，「暴力行為（直接的暴力，暴言，脅迫，威圧等）」を厳に禁じている。同様に，日本体育協会・日本オリンピック委員会・日本障がい者スポーツ協会・全国高等学校体育連盟・日本中学校体育連盟の5団体が2013年4月に採択した「スポーツ界における暴力行為根絶宣言」は，「殴る，蹴る，突き飛ばすなどの身体的制裁，言葉や態度による人格の否定，脅迫，威圧，いじめや嫌がらせ，さらに，セクシャルハラスメントなど」を根絶の対象とする暴力行為としている。

にもかかわらず，スポーツ界では，禁じられている暴力が繰り返されている。この原因を突き詰めて，対策を講じることが必要である。水泳だけは例外ということはない。水泳指導者の1人1人がどうして暴力が生じるかについて原因を知り，対策を実行することが必要である。

③スポーツ指導者の暴力の4パターン

スポーツ指導において暴力が行使された原因を，指導者の側から類型化すると4つのパターンに大別できる（表6-2-10）。この4つのパターンの中で，「感情爆発型」と「暴力好き型」が誤っていることは，多くを語らずとも指導者に理解を得られる。「感情爆発型」は，教育，仕事の上でも問題とされており，アンガーマネジメントとして自らの怒りを

表6-2-10 指導者の暴力の4パターン

確信犯型	暴力をふるうことを有益で必要だと信じている。
指導方法わからず型	暴力をふるうことはダメとわかっていても，手を上げる以外の指導方法を知らない。
感情爆発型	暴力をふるうことはダメとわかっていても，感情のコントロールを失って手を上げる。
暴力好き型	自分のウップンばらしやストレス解消。暴力をふるうことを楽しむ。

コントロールするための手法がさまざま紹介されている。

　問題は,「確信犯型」「指導方法わからず型」である。「確信犯型」は積極的に暴力を有効な指導方法と考えており,「指導方法わからず型」も消極的にではあるが,暴力を有効な指導方法の1つとしている点で共通している。この2つのパターンは,〈強い選手・チームを育てるには愛のムチが有効だ〉という認識が基礎となっている。スポーツにおいて勝利をめざすことがその本質的要素の1つである以上,基礎にある〈強い選手・チームを育てるには愛のムチが有効だ〉という認識を維持したままでは,スポーツでの暴力は根絶できない。

④暴力の根絶に成功しなかった原因

　これまでもスポーツにおける暴力をなくすための取り組みがなかったわけではない。しかし,大きなうねりにはならなかった。「スポーツ界における暴力行為根絶宣言」は,「これまで,我が国のスポーツ界において,暴力を根絶しようとする取組が行われなかったわけではない。しかし,それらの取組が十分であったとは言い難い。本宣言は,これまでの強い反省に立ち,我が国のスポーツ界が抱えてきた暴力の事実を直視し,強固な意志を持って,いかなる暴力とも決別する決意を示すものです」と宣言し,従前の暴力根絶のためのスポーツ界の取り組みが十分でなかったことを率直に認め,今後の取り組みを強化することを目指している。

　これまでどうして暴力をなくすための取り組みで勝利を得られなかったのだろうか。その理由は,第1にスポーツにおける暴力を肯定する人々が多数派であるという点に,第2に暴力をなくすための取り組みにおいて,指導者が暴力に頼る原因を正しく把握していなかったという点での弱点にあった。

⑤暴力を支持する広範な人々の存在

　スポーツにおける暴力を肯定する人々=暴力が競技力を向上させると考える人々は,スポーツをするアスリートの中でも,指導者の中でも,また,保護者やスポーツを支える市民の中でも多数を占めている。

　新聞社が,2013年5月,3大学の協力を得て運動部所属の510人にアンケートしたところ,体罰はあっていいかとの問に対して,「そう思う」「どちらかと言えばそう思う」は57～73%あり,体罰の影響(複数回答可)については,「気持ちが引き締まった」(60%),「指導者が本当に自分のことを考えていると感じた」(46%)と肯定的な回答が多く寄せられ,「スポーツを教える側になったとして体罰を使うか」の問いに対して,「使うと思う」「時と場合によって使うと思う」は45～54%を占めている[35]。

　このようなアスリートがスポーツ界指導において暴力を容認している現状を変えない限り,暴力を容認する指導者は再生産されていく。

「あるとき，気を抜いた練習をとがめられて，ボコボコに殴られた。『殴る監督の目に涙があった。それをみたとき，私はこの監督について行く決心をした[36]』」と，暴力が競技力向上のために「有益」であるという認識が指導者の中には根強く存在する。

保護者の中でも，〈強い選手・チームを育てるには愛のムチが有効だ〉との意見は少なくない。

暴力を肯定する人々に共通するのは，自ら暴力を受けて育ってきた「勝ち組」の誤った成功体験が基礎にある。暴力による服従で選手を育てる方法では，真に強い選手・チームを育てることはできず，同時に多くのスポーツ嫌いを生み出す。桑田真澄さんは「殴られるのが嫌で，野球を辞めた仲間を何人も見ました。スポーツ界にとって大きな損失です」と述べている[37]。

暴力に頼らない指導は，科学的な根拠に基づいた指導方法を，選手とのコミュニケーションを確立して「選手自身が自ら考え，理解し，実行する」指導である。指導者が，選手自らが理解して自主的に活動する過程は，命令して「ハイ」と言わせるよりは時間がかかるかもしれない。しかし，その過程で，暴力がいやで途中でスポーツ嫌いとなって辞めていく人はいない。

1996年から4大会連続で夏季オリンピック大会に出場し，2008年の北京大会では男子400mリレーで銅メダルを獲得した朝原宣治さんは，中学まではハンドボールの選手だった。全国大会にも出場する実力を有していた。しかし，高校に進学後は，ハンドボールから離れ，陸上部に入部した。その動機を次のとおり語っている。「中学のハンドボール部では，試合でミスがあると，先生から頭を小突かれました。練習中に水を飲めないのもきつかった。隠れて飲んだのがばれると，うさぎ跳びをやらされました。ハードな練習を3年間続け，全国大会にも出て自信がつきました。ただ，やり方に違和感がありました。僕には合わない，と。だから高校では自由な雰囲気の陸上部を選びました。それからは，自分で練習法を考え，試していくスタイルになりましたね[38]」。朝原さんは，陸上競技でスポーツを継続し，日本全体のスポーツ界としては，優れた人材を失うことはなかったが，暴力による指導，非科学的な指導により，ハンドボールという競技としては逸材を失ったといえるだろう。

誤った「成功体験」をもっている選手・指導者・保護者に，正しい指導方法を示す作業が必要である。

⑥暴力の原因は勝利主義ではない

スポーツにおける暴力が蔓延する原因として，「勝利主義」「競技志向」を指摘する人が少なくない。スポーツの弊害として「勝利至上主義」，過度の「競技志向」に原因する問題があり，これらが是正されるべきという点は正しいが，スポーツ指導における暴力の原因という点で

「勝利主義」「競技志向」を指摘する立場は，実は，〈強い選手・チームを育てるには愛のムチが有効だ〉という暴力を肯定する人々と同じ，誤った立場に立っている。〈強い選手・チームを育てるには愛のムチが有効だ〉という誤りをさらに増幅するという要因として「勝利主義」「競技志向」が影響を与えてはいるが，「勝利主義」「競技志向」が暴力の主原因ではない。

　この暴力の原因に対する誤った認識が，これまでスポーツ界における暴力をなくすための取り組みで十分な成功を治めなかった要因の1つである。

　暴力の原因を「勝利主義」「競技志向」ととらえることは，暴力による強制と服従では，真に競技力の高い強い選手・チームを育てることはできないことを，アスリート自身，指導者，そして保護者などのスポーツを支援する人々のすべてに理解してもらう取り組みにおいて，無益であるだけでなく，克服すべき対象を覆い隠してしまうという点で有害であった。

　スポーツ界において暴力が許されないのは，スポーツの理念にある。「禁止されているから許されない」という上からの押しつけでは暴力の根絶はできない。1人1人のアスリート・指導者・保護者が，暴力に頼る指導では強い選手・強いチームを作れないことを理解する取り組みが必要である。

⑦スポーツ界は本当に暴力とたたかってきたのか？

　前橋地方裁判所は，2012年2月17日，県立高校の女子バレーボール部元監督の部員への暴力を認めて，群馬県に慰謝料など143万円の支払いを命じる判決を言い渡した。

　判決は，部活動の顧問である元監督が部員に対して，他の部員やその保護者等の面前で，複数回にわたり，ときには竹刀まで用いた暴行をした事実，部員が，中学校在学中から，ジュニアオリンピック群馬県代表選手などに選出されるほどのバレーボールの実力を有していたにもかかわらず，本件暴行が一因となって，バレーボール部を退部し，神経性食思不振症，うつ状態，心因反応および不眠症と診断され，登校できなくなり，ひいては転学するに至った事実を認めた。

　群馬県および元監督は，元監督が部員を竹刀や平手で叩いたことなどは認めたものの，違法性を否定した。「長年にわたり部員の保護者の面前においても，平手や竹刀で叩いて指導を行ってきたが，部員やその保護者から苦情はなかった。したがって，被害者である部員およびその保護者の黙示の承諾があり，違法性が阻却される」。これが群馬県の訴訟における主張だった。

　桜宮高校でバスケットボール部員が自殺した年に判決言い渡しがあった裁判で，群馬県が堂々と暴力を正当だと主張したのが現実である。

スポーツ界における暴力行為根絶宣言は，スポーツにおいては暴力が許されるものでないことを宣言しているだけでなく，同時に，スポーツの場に暴力が生じやすいために，常に暴力をなくすためのたたかいが必要であることを示している。
　暴力をなくすためには，日本水泳連盟をはじめ各地の水泳連盟，スイミングクラブ，学校などにおける役員，指導者および選手が水泳指導において，第1に，暴力を許さない態度を明確にし，第2に，暴力を許さないとの毅然とした行動をすること，第3に，暴力に頼ろうとする指導者への指導方法の啓発活動，第4に，暴力を隠蔽しない対応である。

⑧暴力に頼らない指導のためになにが必要か

　水泳関係者が，暴力に毅然とした対応をとることで，指導者が「確信犯型」となることを防ぎ，かつ，指導者に対する適切な啓発活動を通じて，暴力に頼らず競技力の向上ができるように，「指導方法わからず型」から脱却させることである。
　優れた指導者は，暴力では選手の競技力を高めることはできない，「選手自身に考えさせる」指導が大事だという声を上げている。元プロ野球選手の桑田真澄さんは，野球で三振した子を殴って叱るとなんとかバットにボールを当てようと，スイングが縮こまってしまいますので，「タイミングが合ってないよ。他の選手のプレーをみて勉強してごらん」と，前向きの形で指導するのが本当の指導だといっている。オリンピック柔道の金メダリスト古賀稔彦さんは，今の日本柔道界のトップには，「選手みずから考えて柔道する力が足りない，これが世界の強豪との違いだ」といい，「たたく，体罰からは生まれない」と指摘している。
　2012年夏の高校野球選手権大会優勝校前橋育英高校監督の荒井直樹監督は次のとおり語る[39]。「ミスが起きて監督が改善策を示した際，選手が「はい」の返事で終わるようでは進歩はない。順番待ちなど寸暇を惜しんで努力することが成功への一本道との指導をしている。空き時間を無為に過ごさせないのは，選手に考える癖をつけさせる狙いもある。頭と体をフルに使って打球方向の勘を養った選手たちには，もはや試合で守備位置を細かく指示する必要はない。監督がああだ，こうだとやると選手はロボットになってしまう。指示待ちの人間はつくりたくない」。
　2011年高校選手権で全国優勝の兵庫県滝川第二高校のサッカー部監督栫裕保監督は，教師と生徒という主従関係ではなく，共に勝利を目指すチームメートだということを確認するために1人1人の生徒と握手してから練習をはじめ，生徒みずからが考えて動く「自主性」を尊重した指導をしている。栫監督は，「指導者が力で従わせる必要はない。子どもたちは楽しいから勝ちたくなるし，頑張りたくなる[40]」と語る。
　競泳日本代表ヘッドコーチ平井伯昌さんは，「中学の時は水泳部でしたが，先輩に指導されると，いつも『なんでですか』と聞き返していま

した。反抗するつもりは全くなくて，ただ，なぜ，そういう練習をしなくてはいけないのか，それがどう役立つのか，納得してやりたかったんです。でも，先輩からは『なんでですか禁止令』を出されてしまいました[41]」と中学時代のエピソードを語っている。「なんでですか」という選手の疑問に答えられる指導が今求められている。

3 スポーツ仲裁

①スポーツ仲裁とは

スポーツ仲裁とは，スポーツに関する法およびルールの透明性を高め，健全なスポーツの発展に寄与するため，公正中立の地位を有する仲裁人をもって構成されるスポーツ仲裁パネルの仲裁により，スポーツ競技またはその運営をめぐる紛争を，迅速に解決することを目的とした紛争解決手続である。

日本においては，2003年，日本スポーツ仲裁機構（Japan Sports Arbitration Agency。以下，JSAA）が設立されてスポーツ仲裁がなされている。JSAAは，2013年度までに相談を含めて全275件を取り扱い，31件の仲裁判断（うち4件がドーピング）が出されている（表6-2-11）。水泳については，水球ワールドリーグ2013アジアオセアニアラウンド男子日本代表選手選考をめぐって代表選手とならなかった選手の1人がJSAAに仲裁を申し立てた緊急仲裁事件において，選手選考に違法はないとの仲裁判断が出されている（JSAA-AP-2013-003）。

仲裁を申し立てることができるのは，「競技者等」（3条）であり，具体的には，競技者のみならず，監督，競技支援要員，およびそれらの者

表6-2-11 日本スポーツ仲裁機構が2003年から2013年度まで取り扱った事案数

年度	AP：スポーツ仲裁規則				DP：ドーピング紛争に関するスポーツ仲裁規則			SP：特定仲裁合意に基づくスポーツ仲裁規則				MP：特定調停合意に基づくスポーツ調停（和解あっせん）規則					他の解決手段を利用する／した事案	その他の相談事案	取扱事案総数
	仲裁申立受理事案数			仲裁不応諾事案数	仲裁申立受理事案数		仲裁申立取下事案数	仲裁申立受理事案数			仲裁不応諾事案数	調停申立受理事案数				調停不応諾事案数			
	仲裁判断数	仲裁申立取下事案数			仲裁判断数	仲裁申立取下事案数			仲裁判断数	仲裁申立取下事案数		和解成立事案数	調停不調事案数	調停取下事案数					
2003	3	3	0	2													2	5	12
2004	2	2	0	1				0	0	0	0						1	8	12
2005	2	1	1	0				0	0	0	0						4	9	15
2006	1	1	0	0				0	0	0	0	0	0	0	0	0	2	8	11
2007	0	0	0	2				0	0	0	0	1	0	1	0	1	3	6	13
2008	1	1	2	2	2	2	0	0	0	0	0	0	0	0	0	0	1	18	25
2009	2	2	0	0	0	0	0	0	0	0	0	2	0	2	0	0	1	19	25
2010	5	3	2	0				0	0	0	0	0	0	0	0	0	1	17	23
2011	3	3	0	2				0	0	0	0	0	0	0	0	0	0	18	23
2012	4	3	1	1				0	0	0	1	1	0	1	0	1	1	37	45
2013	24	8	16	3				0	0	0	1	1	1	0	1	1	2	39	71
合計	47	27	20	11	4	4	0	0	0	0	2	5	3	1	1	5	17	184	275

の属する団体である。競技者等が，日本水泳連盟およびその傘下の団体から制裁を受けるなどの不利益処分を受けた場合，代表選考などが不公正であると主張して，団体の決定の取り消しを求めることができる。

スポーツ基本法は，「スポーツ団体は，スポーツに関する紛争について，迅速かつ適正な解決に努めるものとする」（第5条第3項）と定めており，日本水泳連盟は，スポーツ基本法を遵守し，JSAAによるスポーツ仲裁の目的に賛同して，JSAAに対する仲裁の申立がある場合には自動的に仲裁に応じることとしている。

仲裁申立料金は5万円＋消費税であり，競技者等の負担が過重にならないように配慮されている。

JSAAが「事態の緊急性又は事案の性質に鑑み極めて迅速に紛争を解決する必要があると判断したとき」は緊急仲裁手続による解決ができ，この場合には，特に迅速な審理が図られる。水球の事案では，申立から7日後には審問が行われ，即日判断が下されている。

仲裁申立は，原則として，競技者等が申立ての対象となっている競技団体の決定を知った日から6ヵ月以内になされなければならない（スポーツ仲裁規則第13条）。

仲裁パネルは，「法的紛争については，適用されるべき法」に従い，その余は「競技団体の規則その他のルール及び法の一般原則」に従って仲裁判断を行う（同第43条）。仲裁判断の対象，判断方法および判断基準については，過去の仲裁判断（JSAA-AP-2003-001，同2003-003）では，「国内スポーツ連盟については，その運営に一定の自律性が認められ，その限度において仲裁機関は国内スポーツ連盟の決定を尊重しなければならない」として，仲裁機関としては，次の4つの場合にスポーツ団体の決定を取り消すことができるとしている。

1) 国内スポーツ連盟の決定がその制定した規則に違反している場合
2) 規則には違反していないが著しく合理性を欠く場合
3) 決定に至る手続に瑕疵がある場合
4) 規則自体が法秩序に違反しまたは著しく合理性を欠く場合

②ドーピング検査で陽性とされた場合の不服申立手続

日本アンチ・ドーピング機構（JADA）でドーピング違反とされた場合は，日本ドーピング規律防止パネルにおいて審理され，その審理に不服がある場合も日本スポーツ仲裁機構の仲裁を受けることができる。

この手続においては通常の仲裁手続ではなく，ドーピング紛争に関するスポーツ仲裁規則が適用される。

③特定調停合意に基づくスポーツ調停

JSAAは，「スポーツに関する紛争についての当事者間の話し合いの場に調停人が臨席し，公平な第三者として助言等を適宜することによって，当事者が円満な和解に迅速に至るようあっせんする手続」として特

定調停合意に基づくスポーツ調停制度も用意している。

　公平な第三者の助言で円満に解決を図ろうとする制度である。

　特定調停合意に基づくスポーツ調停（あっせん）規則に基づき運用される。

　いずれの手続も JSAA のホームページ上で開示されている。

［日本スポーツ仲裁機構］
http://www.jsaa.jp

［参考文献］
1) 溺水判例 No.5 の事故は，民事事件判決と刑事事件判決がある．
2) 最高裁民事判例集 24-9.
3) 判例時報 1016.
4) 日本水泳連盟医・科学委員会．日本水泳ドクター会議 編著．（1993）『水死事故 _ そのメカニズムと予防対策』p.77. ブックハウス HD
5) 同上．pp.73-76.
6) 最高裁 1981 年 7 月 16 日．判例時報 1016.
7) 東京地裁 1968 年 9 月 10 日判決．判例マスター．結論は棄却であるが．前記最高裁法理からは認容される事案である．
8) 福岡地裁小倉支部 1973 年 7 月 30 日判決．判例タイムズ 283.
9) 神戸地裁尼崎支部 1973 年 7 月 30 日判決．判例時報 737.
10) No.1 は，救護義務を否定している事案である．60 年以上前の事案であり，現在も同じ結論となるかは疑問である．
11) No.10 の事案も注意義務を尽くしたと判断されているが，他の判例と比較すると異なった判断と考えられ，結論については疑問である．
12) 文部省．（1966）『水泳プールの建設と管理の手びき』p.16. 真珠社
13) 同上．pp.16-17.
14) 同上．p.59.
15) 同上．pp.58-59.
16) 望月浩一郎．（1995）「スポーツ障害・事故の法律的側面の現状と課題」『日本スポーツ法学会年報』：84.
17) 1993 年 4 月 12 日参議院決算委員会（第 126 国会）議事録　http://kokkai.ndl.go.jp
18) 長谷川斉外．（1982）「スポーツによる脊髄損傷」『臨床整形外科』17-2：120-122.
19) 武藤芳照．（1982）『水泳の医学』p.120. ブックハウス HD
20)「水面上 0.75 m の高さから，成年男子あるいはそれに近い体格の人間が，任意な（あるいは乱暴な）姿勢で飛び込んで頭部や頸部を傷めないですむ水深をコンピューターを使ったシミュレーションで調べたところ，その深さはほぼ 2.7 m 前後であった」（財団法人日本水泳連盟公認規則．1992 年）．
21) 日本水泳連盟．（1993）「浅いプールでの飛び込み事故予防に関する見解の全て」『月刊水泳』198：16-18.
22) 土方幹夫．（1978）「水泳事故の検討 II - 初心者の安全なスタートについて」『新潟大学教育学部高田分校研究紀要 23』：64-65；武藤芳照．（1989）『水泳の医学 II』p.124. ブックハウス HD
23) 望月浩一郎．（1995）「スポーツ障害・事故の法律的側面の現状と課題」『日本スポーツ法学会年報』：72-74.
24) 公認プールでないと公式競技会が開催できない．「この規則において公認プールとは，本連盟の「競技会および海外交流規則」に定める公式競技会又は公認競技会に使用する競技場として本連盟が適格と認め公認したプールをいう」（プール公認規則第 2 条）
25) 文部科学省．（2008）『小学校学習指導要領解説体育編』pp.82-83.（小学校では 2011 年 4 月から全面実施）
26) 文部科学省．（2008）『中学校学習指導要領解説保健体育編』pp.71-77.（2012 年 4 月から全面実施）
27) 文部科学省．（2009）『高等学校学習指導要領解説保健体育編・体育編』p.59.（2013 年 4 月から年次進行で段階的に適用される）
28) 1993 年 4 月 12 日参議院決算委員会（第 126 国会）議事録　http://kokkai.ndl.go.jp

29) 1993年当時の日本水泳連盟プール公認規則。2001年に改正され，現在は，スタート台前方6mの水深は．1.35m以上となっている。
30) シャロン・デービス．(1993)『土・日で覚える水泳』(野村武男 監修) p.77．同朋舎出版
31) 松本高明は，「水泳医・科学シンポジューム(1992[平成4]年)」において，水泳指導書約30冊を検討し，溺水に言及する指導書が83%あるのに対し，スタート事故による頸髄損傷に言及している指導書は17%しかないと報告している。
32) 一審において訴訟上の和解で解決。朝日新聞1992年9月11日付。
33) 2013年3月19日付朝日新聞他各紙。
34) http://www.ssf.or.jp/research/sldata/data_club_01.html
35) 朝日新聞2013年3月19日付。
36) 日本経済新聞2008年8月15日付。浜田昭八氏は誤った成功体験として紹介している。
37) 朝日新聞2013年1月23日付。
38) 読売新聞2013年2月6日付。
39) 日経新聞2013年10月7日付。
40) NHK2013年2月12日。
41) 毎日新聞2014年2月17日付。

［望月浩一郎］

水泳プールの管理

SECTION 3

　一般的に管理というと「管理主義」という言葉から想像されるように堅い感じがある。確かに，事故・傷害防止上の安全・衛生管理，そして，施設・用具の美化・保守管理を考えると管理者は，施設の利用について消極的や保守的な姿勢を取りやすいものである。しかし，よい管理の例では，その建物が古くとも，毎日激しい練習をし清掃の行き届いた床は磨き抜かれて黒光りをしている道場のような状態が「管理」といってよい。施設や用具は使用すれば壊れ，痛むものであり，また，使わなくても劣化する場合もある。それらを大切に扱い，十分に使い，施設や用具の寿命をまっとうさせることが管理の考え方といえる。

1 プールの種類

　プールの種類は管理上から，大きく屋外プールと屋内プールに分けられる。また，設置者から，学校のプールも含む公営プールとスポーツクラブなどの民間プール，そして，使用目的からレジャー用プール，競技用プール（競泳，飛び込み，水球など），そして今後の普及が考えられる歩行用の健康・リハビリプールがある。このように多くのプールの種類があっても使用目的の違うプールの管理には大きな差はないが，屋外プールと屋内プールではその管理上の留意点が大きく異なってくる。例えば，プールサイドの掃除をとっても，屋内プールでは利用後に水撒きブラッシングを行うが，屋外プールでは夜間に土埃や鳥の糞などが持ち込まれる関係から利用直前に行うことが合理的である。このほかにも屋内プールでは1年を通して人が居るわけで，防火・防煙シャッターの設置義務など管理棟内にはさまざまな留意点がある。以下，ここでは，屋内プールを中心として述べていく。

2 プールの施設

　屋内プールには併設された管理エリアがあり，効率的な管理からみると現状に問題があることも多いが，設計・建設上で止む得ない場合もある。しかし，補修や改修時に直せることもあるので通常から問題点を挙げておく必要がある。

図6-3-1 排水口の鉄格子はボルトでとめる

①プール本体

　不浸透性材料を用い，プール側壁・底面は滑らない素材でつくる。排水口，循環取水口には，ボルトなどで固定した堅固な鉄格子を付ける（図6-3-1）。最近は水深調節の面から便利な可動床が増えてきている。しかし，床の可動時に事故も報告されているので十分に注意しなければならない。現状では水深調節台を出し入れしているプールがほとんどである。この台を水中に長期間沈めていると台の下の水が澱み，不衛生になることもある。そして，ロープでつないで使う場合には接続のロープをしっかり固定し側面板を使用しないと足指などがはさまったり，台の下にふざけて潜ったりして思わぬ大事故となることがあるので要注意である。

②プールサイド

　スタート台も含めて凹凸は少ない方がよい。スタート台も取り外しができる方が管理上よい。そして，利用者がみやすい所に水深を明示する。また，プールサイドは水に濡れても滑らない材質がよく，スリップ防止用のカーペットなどはごみや垢が溜まりやすく衛生上から留意しなければならない。オーバーフロー水をプール水として再利用する場合には，外に出た汚水がプール内に戻らないように別な排水溝を設置しなければならない。補給水を節減しようとしてオーバーフローより水位が下がり水深が浅くなると，飛び込み事故の可能性が高くなる。また，屋内プール内は非常に音響が悪いので，吸音性の壁面素材であると音が反響しなくてよい。加えて，その素材が断熱効果の高いものであればさらによい。そして，空調設備については炭酸ガス濃度0.1％以下という基準があり，窓開けなどで簡単に換気できるようにしておく必要がある。

③エントランスロームと受け付け管理スペース

　管理室は更衣室への利用者を確認しやすく，管理者の人数などを考えて監視室，救護室と一体となったような位置取りがよい。事務・管理室はパソコンなどの電気器具も多いのでプールサイドへの扉は湿気の遮断も考慮すべきであろう。理想的には館内の空調，照明，シャワーなどの一括管理ができることで人力，電気，水道，重油の節減につながる。隣接した監視室はプール全面が見渡せるようにプールに面した窓は広くとり，プールをみながらの放送ができるとよい。

　また，救護室には救急用品を置いたり，一時的に横になって休めるようにベッドを設置し，ベッドの下には心肺蘇生で用いる救急機材などをすぐに使用できるように置くとよい。また，出入り口は担架で搬出入できるように広くする方がよい。

④ラウンジ

　エントランスルームとラウンジはつながっている場合も多いが，プールサイドへの荷物・機材の搬入も可能なように広い出入り口が必要であ

る。そして，管理スペースとして共有し，見学者用の濡れていないトイレがあるとよい。また，乳児を連れた保護者も見学をすることに考慮しベビーベッドなどがあると，一時的に寝かせたり，オムツを変えたりできるので便利である

⑤更衣室

壁際は通路や更衣用ブースなどを設置し，結露からロッカーの腐食を守るために，ロッカー同士を背中合わせにするとロッカーが長持ちする（図6-3-2）。トイレや通路などを間に設置することで，更衣室からシャワー室をできるだけ離れさせると更衣室内に水を持ち込まなくてよい。掃除で水を蒔くこともあり床面は防水加工をしておく必要がある。また，水はけが良いように施工する。

図6-3-2 ロッカーは壁から離して

⑥シャワールーム

シャワーは一定の時間で自動的に止まるものが水の節約になってよい。そして，温水（貯湯）タンク使用の場合は予想人数に対して少し余裕が必要である。

⑦トイレ（管理スペース，プールサイド）

トイレは掃除の際に水が流せるように床面は防水加工をする。大便器数は女子40名に1個，男子小便器は60名に1個が目安である。洋式トイレが望ましく，可能であれば洗浄できる温水洗浄便座が衛生上よい。そして，押し戸用の扉はトイレサンダルが邪魔しないように床から10〜20 cmくらい切っておいた方が便利である。

⑧倉庫

倉庫は用具・用品が多いので少し広めに管理スペース，プールサイドの両方に必要である。出入り口にはキャスターなどを使用するために扉レールの段差をなくす。また，扉は「引き違い扉」の方が使いやすい。倉庫内は湿気が充満しやすいので換気扇を設置する。冬季には若干の暖房が入ると理想的であるが，外壁との間に断熱材を必ず入れ，できるだけ結露を防止する。基本的にプールサイドで使用するすべての用具を収納できるように考えていた方がよい。

⑨全体

プールサイドからトイレ，更衣室，ラウンジの間には扉か，厚手のビニールなどで空気の流れを遮断するようにカーテンをすると暖房効果，防湿効果が上がる（図6-3-3）。また，各エリアにうがいや洗面・洗眼ができる設備が必要である。

日本では稀だが，ヨーロッパでは男女共有の更衣室がある。1つの部屋に更衣ブースが部屋の両サイドに設置され，一方は男子用，他方は女子用と区別はあるが，更衣ブースの外に間仕切りのない男女共用の更衣室もある。時間により男女の比率が大きく違う場合など，利用効率や管理面から考えると良い試みと思われ，今後検討の余地はある。

図6-3-3 カーテンの防湿効果は大きい

3 水質管理

①プール水の衛生基準

多くの人々が利用するという公共施設でのプール水の水質管理は，人が水を媒体として直接的あるいは間接的な交流をもつために管理者が遵守しなければならない衛生基準が設けられている。

このようなプール水の衛生基準としては，一般プールを対象とした厚生労働省通知によるものと，学校プールを対象とした文科省通知や薬学会の判定基準などがある。これらの衛生基準は，感染症を防止するということが基本となっているが，最近ではよりよい遊泳環境を提供するという考え方のもとに，より積極的な対応が求められるようになってきている。

②水質基準

●水素イオン濃度（pH値：5.8〜8.6）

定められるプール水の水素イオン濃度は，pH値5.8以上8.6以下でなければならない。これは水道法に定められる上水道水の基準と同じである。

pHの科学的表示は0〜14で，7が中性である。pH値が7より低い水は酸性であり，低すぎると酸による腐食性が強くなって，施設の金属部分を傷めたり，遊泳者の目や耳，鼻，喉などに刺激を与える。反対にpH値が高すぎるとアルカリ性であり水が濁るとともに殺菌力が低下する。理想的なpH値は人間の体液に近い7.4〜7.6である。

●濁度（透明度：2度を超えない）

濁度計によって測定するが，2002（平成14）年度から濁度が「2度を超えない」となった。一般的にプール水底の白線が明確にみえる場合は3度以下といわれ，以前は「3度以下を保つ」という基準であった（図6-3-4）。透明度が低くなると沈んでいる溺者の発見が遅れたり，泳者同士が衝突したりする可能性が高くなるのでみた目の美しさばかりではなく，泳者の事故を防ぐ安全上からも重要なことである。

図6-3-4 プールの水の濁度（透明度）

●過マンガン酸カリウム（$KMnO_4$）消費量（12 mg/l を超えない）

過マンガン酸カリウム消費量とは，人体に付着した汗や垢，分泌物や小便・糞便のほか，空気中から飛来落下した汚染物などの酸化されやすい有機物質によって消費される過マンガン酸カリウムの量のことで，遊泳者が増えるほど持ち込まれる汚染物質も多くなり，過マンガン酸カリウムの消費量も増大する。しかし，足洗い場やシャワーなどで入場者の衛生管理を徹底することによって，過マンガン酸カリウム消費量を低下させることができる。

●遊離残留塩素濃度（0.4 mg/l 以上）

遊離残留塩素濃度とは，水中に入ってくるバクテリアや細菌などの有

機物をコントロールする分子状塩素，次亜塩素酸，次亜塩素酸イオンの測定量のことである。プール水に注入された塩素は，遊泳者のもたらす汚染物質を分解し，消毒することによって消耗するが，また，日光にさらされても減少する。こうした後に残っているのが残留塩素である。この遊離残留塩素濃度は 0.1〜0.2 mg/l でも効果を発揮するが，遊泳者が多い場合や屋外プールでの好天時には塩素の消耗が多くなるので安全率を見込んで 0.4 mg/l 以上に保つように指導されている。逆に塩素濃度が高すぎると目や皮膚，粘膜などへの刺激が増大するので，上限としては 1.0 mg/l 以下であることが望ましいとされている。いずれにしても，プールの中のすべての場所で，常に上記の基準を保っていなくてはならないので管理者は注意が必要である。

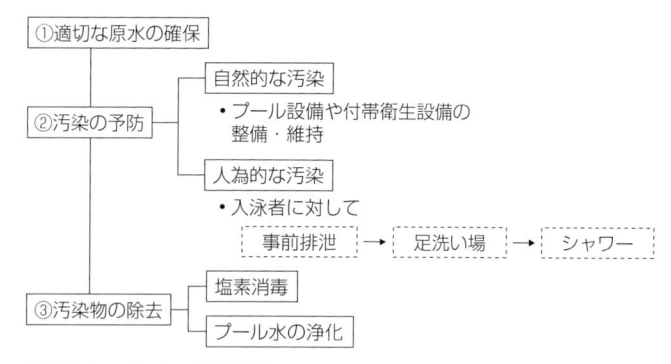

図6-3-5 プールの水質管理

塩素消毒に代えて二酸化塩素により消毒を行う場合には，二酸化塩素濃度は 0.1 mg/l 以上 0.4 mg/l 以下であること，また，亜塩素酸濃度は 1.2 mg/l 以下であることとされている。

● 大腸菌群（50 ml 中に検出されてはならない）

大腸菌群は温血動物の腸管内に常在している菌であり，プール水の腸内容物（便）による汚染の重要な指標となる。大腸菌群は細菌の中でも塩素に対する抵抗性の高い菌であるため，大腸菌群の殺菌が行われている場合は，他の一般細菌群も殺菌されていると考えてよい。

● 一般細菌群（1 ml 中に 200 CFU*を超えない）

この一般細菌群も水質汚染の指標となり，特に気泡槽のように加温する場合にはレジオネラ属菌の検査もする必要がある。レジオネラ属菌の基準は 10 CFU/100 ml であるが基本的に検出されてはならない。
（* CFU：Colony Forming Unit）

● その他の基準

文科省通達による学校プールの基準では前述のほかに，総トリハロメタン濃度が 0.2 mg/l 以下があり，この総トリハロメタン濃度が高くなると発癌性が高くなるとされている。また，日本薬学判定基準では，プールに藻などの発生を防止するために硫酸銅（銅イオン）の添加をする場合は 1.5 mg/l を超えないことが望ましいと示されている。この濃度で遊泳者の眼や粘膜への刺激がなく殺藻効果は十分に期待できる。藻の発生については残留塩素濃度を基準以上維持することでも防げるものである。

［金井茂夫］

［理解度チェック］
・管理の考え方とはなにか。
・屋外と屋内プールの管理の相違はなにか。
・よい管理はなんの節減になるか。
・水質管理の目的を挙げよ。

［研究課題］
・男女共有の更衣室があるがその場合の問題点を考えよ。
・太陽の光・熱・紫外線を利用する環境にやさしい管理を考えよ。
・塩素系消毒以外の殺菌消毒の方法を考えよ。
・補給水がよりよくプール内に回る給水口の高さを考えよ。
・飛び込み事故防止とプール水底清掃によい構造を考えよ。

［参考文献］
1) 日本水泳連盟．(2005)『水泳コーチ教本』pp. 447-482．大修館書店
2) 日本水泳連盟．(2012)『水泳指導教本』pp.49-55．大修館書店
3) 厚生労働省．(2007)「遊泳用プールの衛生基準」(厚生労働省 http://www.mhlw.go.jp 2014年10月1日)

応急手当と緊急体制

SECTION 4

　水泳コーチが指導対象とする競技者あるいは競技者を目指す人々の多くは若年層である。コーチにとっても，選手本人や保護者にとっても，記録向上が水泳活動における大きな目標であることに異論はないと思うが，その前提として「安全」の確保がなされていることが必要不可欠となる。競技会で良い成績を取るためなら多少の傷害（障害）発生はいとわないと考える者はいないと信じている。他方，選手，競技者に溺水等の事故はありえない，と考える関係者はゼロではない。さすがに，2012年からは，日本水泳連盟公式・公認の大会・競技会では競技役員構成の中に「ライフガード」を必置することとなり，競技関係者の間での認識不足は少なくなってきたが，真に「選手といえども水泳事故は起こりうる」という認識をすべての関係者で共有できるように願いたい。

　ここでは，大学をはじめ学校やスイミングクラブ等で水泳コーチの役割を担っている方々には自分自身はもちろんのこと，所属組織が果たすべき責任を，安全管理という面から理解してもらいたい。

1 水泳事故と事故防止

①水の事故と水泳事故

　四面を海に囲まれ，かつ河川の数が多いわが国にとって，みそぎ，護身，魚釣り，魚取り，貝採り，水浴など目的は違っていても，水辺活動は昔から多くの国民に愛されてきている。そして，泳ぎはそれ自体が水辺活動の1つであるとともに，他方では多岐にわたる水辺活動を安心して行うための要件としても欠かせないものであり，泳げることが，いざという時の自己保全技術となり得る，という意義をもっている。

　警察庁は，毎年わが国で発生した水難事故を統計としてまとめているが，それによると，2012（平成24）年中（1月～12月）の水難事故は，発生数1,448件，死者・行方不明者（以下，死者）782名，救助された者（以下，被救助者）932名となっている（表6-4-1）。死者と被救助者を合わせたものを事故者と呼び，死者数を事故者数で除すると致死率が出るが，2012年の致死率は45.6％となっている。致死率を1976年からのおよそ35年間の経年でみてみると，1978年の59.9％が最高で，2009年

表6-4-1　わが国の水難状況
（平成24年中）

①発生件数	1,448件
②死者・行方不明者	782名
（死者：770　行方不明者：12）	
③救助された者	932名
（負傷者：324　無事救出：608）	
④致死率	45.6％

（出典：警察庁生活安全局地域課作成資料より）

の44.7%が最低となっている。この間，その数字は多少の変動を続けてきているため一概に低下傾向にあるとは言い難いが，致死率は約5割ととらえられる。水の事故における大きな特徴はここにあり，一度事故が起こるとその半分は死につながるという事実である。つまりこのことは，水の事故による犠牲者を減らすためには，事故そのものの発生を食い止めることが必要であることを示している。

次に，その内訳を行為別にみた時の水泳事故であるが，2012年は，発生件数207件，死者88名，被救助者171名となっており，水の事故全体のうちで水泳事故が占める割合は，発生件数で14.3%，死者数で11.3%となっている（図6-4-1）。そして，その致死率は34.0%である（表6-4-2）。

さすがに，水着という水面・水中で動きやすい服装（状態）であることと，水の中に入って泳ぐ，遊ぶという明確な動機や心構えをもっていることから，水の事故全体の致死率に比して小さい数値になってはいるものの，3割強が死につながることは厳然たる事実である。また，死に至らなかったにしても，重い後遺症を負ってその後の人生を歩まざるをえないこともある。

水泳中の重大事故の主なものとして，水泳の技術不足等に起因する溺水，内因性疾患（脳血管疾患，心疾患）に起因する溺水，台上スタートの失敗による頚椎（髄）損傷，吸（排）水口に身体の一部を吸い込まれての窒息などが挙げられる。

②事故防止への取り組み

事故防止を実現させるために必要不可欠なことは，事故から学ぶという姿勢を持つことである。一度発生した事故をあたかも無かったかのように元に戻すことはできない。そうであるならば，発生してしまった事故を（言葉は乱暴であるが）骨までしゃぶり尽くすつもりで分析してみることである。それは，事故発生の背景にどのような問題があったのかを考え，どうすればそれを防ぐことができたのか，そこから事故防止に向けた具体的取り組みへつなげていくことである。

事故により後遺症を負った本人・家族や命を失った人の家族が，異口同音に訴えることの1つは「2度と同じ事故を起こさないでほしい」ということである。

前述した水泳事故207件のすべてがコーチ等関係者の目に触れるわけではない。したがって，多くの水泳事故を認識しようとするならば，日頃から自分自身のアンテナを高くしておくための努力が求められることになる。

新聞報道，インターネット，水泳関係誌，判例等から水泳事故をピックアップし，その事故の内容をじっくりと噛みしめてみると，事故発生の要因を次の3つに絞り込むことができる。それは，1）活動の場，2）

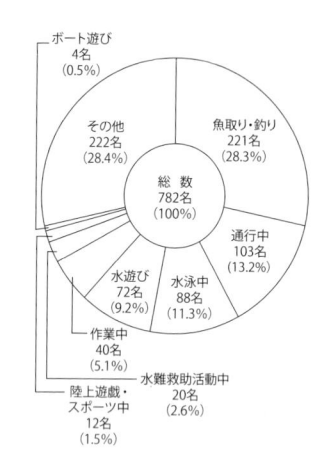

図6-4-1　行為別水死者数（平成24年中）

表6-4-2　行為別致死率（平成24年中）

水泳	34.0%
ボート遊び	3.8%
水遊び	30.4%
魚釣り・魚とり	52.7%
通行中	59.2%
作業中	66.7%
水難救助活動中	48.8%
陸上遊戯・スポーツ中	31.6%

（出典：警察庁生活安全局地域課作成資料より）

活動にかかわる人の健康状態，3)活動にかかわる人の行動，である。
　まず，1)の「活動の場」については，オープンウォーターやハイダイビングにおける競技は別として，それ以外の水泳競技はプールで行われているのが現状である。さきほどから参考にしている警察庁資料によれば，プールでの事故発生は17件，死者は4名，被救助者14名となっている。厳密にいうと，この数字を水泳事故とクロスさせる方法がないので，すべてが水泳中なのかどうか，それも競技中なのかどうかについては特定できないが，水泳を行うのに最も相応しいように整備されているプールでも事故は起きているのだという視点で，事故防止を考えていくことが必要である。なお，便宜上，ここでは水泳事故という語句を使っているが，この言葉の響きはどうしても溺水を想起させてしまうので，実態としては，水泳活動中の事故という広い概念でとらえることが望ましい。
　それでは，プールという活動の場がどのような状態であると，事故発生につながりやすいのかをみてみよう。
　　ⅰ　水に関して：水温（低過ぎる，高過ぎる），水質（不十分な滅菌，低い透明度）
　　ⅱ　プール本体：水深（深すぎる，浅すぎる），水底（ざらざらしている，つるつるしている）
　　ⅲ　備品：コースロープ（破損している，緩んでいる）
　　ⅳ　プールサイド：床が滑る

　水温が水泳活動に適した範囲からはずれていると，不安感や生理機能の低下，早期の疲労蓄積などが生じ，事故発生誘因となる可能性が出てくる。また，水の透明度が劣ってくると，練習中に他の泳者や壁と衝突することも考えられる。水深が深すぎれば，溺水の可能性が高まり，かつ，いざという時の救助活動にも影響が及ぶ。浅すぎれば，台上スタートに際してのリスクが大きくなる。
　コースロープについては，緩みがなくても起こり得ることではあるが，1コースに複数の泳者が入っての練習を行う時に，（泳法にもよるが）リカバリーの手指がフロートの隙間に入り，その結果，手指の捻挫・骨折・脱臼等のけがを負うことがある。水底がざらざらし過ぎていると，立ったり歩いたりする際に足の指先や裏等に傷を負う可能性が出てくる。つるつるし過ぎれば，台上スタートに失敗したと思った時に手で耐えることが難しくなる。このことに関しては，実際にアメリカにおいてPL（製造物責任）法違反として訴訟が起こされたことがある。
　次に，2)の「活動にかかわる人の健康状態」については，競技者にしてもコーチにしても，その日の心身のコンディションが悪い場合には，そのことが事故発生要因となりうる。練習の負荷への耐性や判断力，危

[ポイント]
・「水の事故」の致死率は，およそ50%である。
・事故を防止するためには，事故から学ぶ姿勢をもつことが大切である。
・事故発生の要因は，1)活動の場，2)活動にかかわる人の健康状態，3)活動にかかわる人の行動にまとめられる。

[研究問題]
・自分が活動をしている地域（都道府県）の「水の事故」と「水泳事故」の実態を把握せよ（警視庁，各道府県警察本部に照会するとよい）。
・水泳中の事故の主なものを列挙せよ。
・事故で障害を負った本人・家族，命を失った人の家族が異口同音に求めるものはなにか。
・プールという水泳活動の場がどのような状態だと事故が発生しやすいのか。

[理解度チェック]
・「水の事故」発生を行為別にみたとき，最も多いものはなにか。
・水泳事故の致死率は，およそ何割か？
・水の事故による水死者のうち，水泳に起因する事故での死者はどれくらいの割合を占めるか？
・プールの水温が水泳活動に適した範囲から外れる（低すぎる，高すぎる）と，泳者にどのような影響が生じるか。

険回避能力，指導や指示に影響を及ぼすからである。

　最後に，3)の「活動にかかわる人の行動」としては，競技者個々人のもつ体力やスキルと乖離した練習が事故や傷害発生の一要因となる。このことは，水泳コーチ作成の練習メニュー内容，指示という視点と，競技者による練習の実行という視点の2つでとらえることが欠かせない。事故防止を視野に入れた指導計画が競技者の力やモラール（士気）にマッチングしていないと，集中力の欠如が起こりうる。コーチが立てる指導計画には，数年・1年・半年・1ヵ月等の長期・中期・短期というスパンがあるが，最も身近なものである日々の練習計画についてもおろそかにしてはならない。

　医療におけるインフォームド・コンセント同様に，コーチによる説明責任とコーチと競技者双方の合意のもとに練習が進んでいくことが望ましい。

　また，プールという水泳場そのものに定められているルール，コーチが競技者に求める練習上のルールの遵守も大切にされなくてはならない。ルールがもつ意味は複数あるが，その1つに，その場に居る者全員の安全を図るためという意味がある。決して，軽視することのないよう認識しておく必要がある。

2 救命手当と応急手当

①心肺蘇生（CPR）とAEDを用いた除細動

　前項に記した事故防止への努力を払ったとしても，人間がかかわることに絶対大丈夫ということはない。現実に事故は起きている。したがって，どのように注意を払っても事故は起きる可能性はゼロとはならない，と考えておくことも大切なことである。

　そこで，次に考えるべきことは，起きてしまった時にどうやって被害の最小化を図るかであり，その1つが，救命可能な時間内での救命手当実施である。もちろん，すべての水泳事故に救命手当が必要となるわけではない。しかしながら，事故によって傷病者が出て，それが救命手当の対象者であった場合には，救急車要請，現場到着，救急隊員による救命処置では手遅れになることが十分に想定される。総務省消防庁が2013年11月に発行した資料（「救急・救助の現況」2012年実績）によれば，事故覚知から救急車の現場到着までの所要時間は，全国580万余件にもなる全救急出動平均で8.3分となっている。また，全国の救急隊が搬送した心肺停止傷病者127,866名のうち，救急隊到着時すでに家族等により救命手当が実施されていた場合と，実施されていなかった場合とを1ヵ月後生存率で比較してみると，前者6.4％，後者5.3％と1.1ポイントの差が出ている。このことから，水泳コーチには，万が一のために救命手当の1つである「心肺蘇生とAEDを用いた除細動」を理解し，その

[CPR]
Cardio Pulmonary Resuscitation

[AED]
Automated External Defibrillator

手技を身に付けておくことが求められるのである。

ここからの記述については，現行のスタンダードな救命手当実施に直接関係するものではないものの，筆者としてはその変遷を残しておくことの意義を重視するゆえのことと理解願いたい。

世界の救急蘇生をリードしてきたアメリカ心臓協会（AHA）は，それまでの独自路線から国際蘇生連絡委員会（ILCOR）との協働によるガイドライン G2000 を 2000 年に発表し，2005 年からは ILCOR が前面に出る形でコンセンサス CoSTR2005 を世界中に発表するようになり，2010年発表の CoSTR2010 も同じ流れの延長線上に置かれた。各国の関係医学会はそのコンセンサスを受けて，自国に相応しいガイドラインを作成しており，わが国においては日本蘇生協議会（以下，JRC）と日本救急医療財団（以下，財団）が共同で日本版 G2010 を作成，さらに一般市民に対する普及用として財団心肺蘇生法委員会監修による「救急蘇生法の指針 2010」が発刊された。日水連もこれらに基づいた内容で水泳関係者への普及を進めてきている。

この G2010 に記載されている内容には，一般市民が行うことのできるものと医師による心血管治療との双方が盛り込まれているが，この教本では，前者に限定した「心肺蘇生と AED を用いた除細動」で記載を進めていく。

なお，G2000 では，AED を用いた除細動を一般市民が行うこと（PAD）を強く推奨していたが，当時のわが国の社会は，除細動は医療関係者のみに許されるべきという，従来どおりの姿勢を崩さなかった。したがって，G2000 に則った国内標準としての「救急蘇生法の指針」では，一般市民による除細動の採用は見送られた。しかし，その後の社会状況から，厚生労働省は「非医療従事者による自動体外式除細動器（AED）の使用のあり方検討会」を設置，2003（平成 15）年 11 月から翌 2004（平成 16）年 5 月までに 4 回の検討会を開催し，同年 7 月に報告書を公表した。ここに，わが国においても，いくつかの条件付ながら，非医療従事者（一般市民）が AED を用いて除細動を実施することへの道が開かれたのである。

[救命の連鎖]

内因性，外因性にかかわらず心停止に陥った傷病者にとって重要なことは，できるだけ早く救急医療の流れに乗せてもらい，救命の可能性を少しでも高めてもらうことである。傷病者を救急医療の流れに乗せるということは，その発生を知った時点で単に救急車要請をすれば足りることではなく，生命の維持を図りながら救急隊に引き継ぐことを意味する。

救命の連鎖とは，心停止者の救命率を向上させるための社会全体の連携を象徴的に表現したもので，図 6-4-2 は ILCOR 監修で作成されたものであるが，オリジナルはアメリカ心臓協会（AHA）が提唱を続けてき

[AHA]
American Heart Association

[ILCOR]
International Liaison Committee on Resuscitation

[CoSTR]
Consensus on cardiopulmonary Resuscitation and Emergency Cardiovascular Care Science With Treatment Recommendations

[PAD]
Public Access Defibrillation

図6-4-2　救命の連鎖

たものである。1) 心停止の予防，2) 心停止の早期認識と通報，3) 一次救命処置，4) 二次救命処置と心拍再開後の集中治療，という救命に必要不可欠な4つの行動を鎖の輪に例え，それらの輪が強固につながっている様子を示している。ここで重要なことは，どこかに弱い部分があるとその連鎖が途切れてしまい，救急医療の流れに乗せることができずに救命の可能性が低くなってしまうことから，1つ1つの輪が確実に成立するように対応しなければならないことである。1)から3)までは非医療従事者である一般市民ができること，4)だけが医療従事者が行うことである。それぞれが果たすべき役割をきちんと果たすことが心停止を未然に防ぎ，心停止からの救命を実現することにつながるのである。

[心肺蘇生]

●手当の対象

　心肺蘇生の対象となるのは，意識障害者，呼吸停止者，心停止者である。水泳中に起きた事故で生じる心停止には，心疾患そのものに起因するものと，溺水等により呼吸停止から心停止に推移していくものとがあるが，心肺蘇生の実施に関しては，原因が問題になるのではなく，結果としての傷病者の状態によるのである。

●手当の実際

　手当の手順は次のとおりである（図6-4-3）。

　i　周囲の状況を調べる（二次事故の可能性を判断する）。
　ii　傷病者の反応（意識）を調べる（有無の確認）⇒反応なし。
　iii　協力者を呼ぶ。119番通報と自動体外式除細動器（AED）を持ってきてくれるよう依頼する。
　iv　呼吸の確認を行う（胸腹部の動きや聞こえる音から普段どおりの呼吸をしているかを判断する）⇒普段どおりの呼吸なし。
　v　胸の真中に手を置き，胸骨圧迫を開始する（少なくとも5cmの深さ，少なくとも1分間に100回のテンポで30回圧迫する）。
　vi　気道確保を行う（頭部後屈あご先挙上法）。
　vii　人工呼吸開始（呼気吹き込み法，1秒かけて吹き込む×2回連続）。

❶ 周囲の状況の観察
　二次事故防止のため，現場の周囲の状況を調べる

↓

❷ 反応（意識）の有無を確認
・反応（意識）の有無を調べる

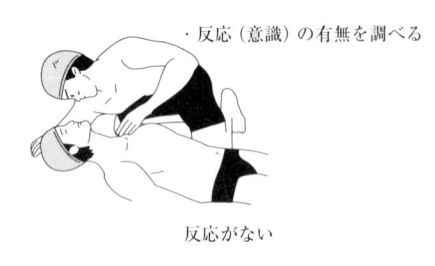

反応がない

↓

❸ 協力者を求める
・協力者を呼ぶ
・119番通報とAED要請

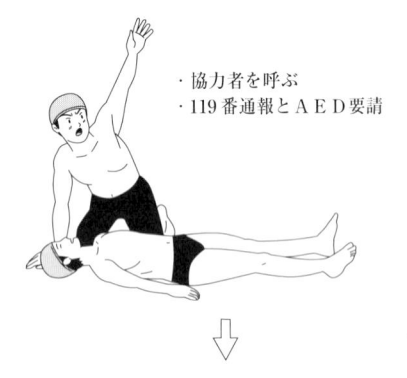

↓

❹ 呼吸の確認
・普段どおりの呼吸をしているかを調べる

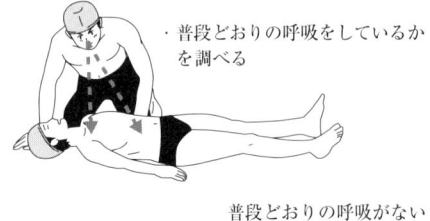

普段どおりの呼吸がない
↳ ❺へ

❺ 胸骨圧迫（心臓マッサージ）

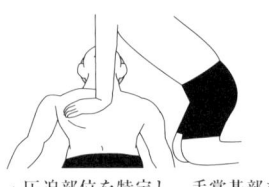

圧迫部位は胸の真ん中

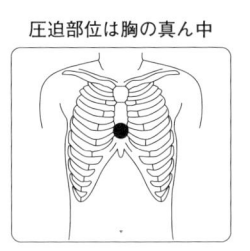

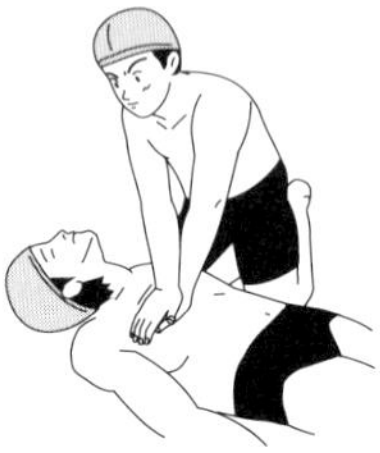

・圧迫部位を特定し，手掌基部を置く

・胸骨圧迫を開始
・30回圧迫する

↓

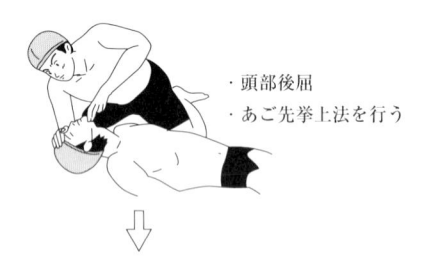

❻ 気道確保
・頭部後屈
・あご先挙上法を行う

↓

❼ 人工呼吸
・人工呼吸を開始
・2回連続して吹き込む

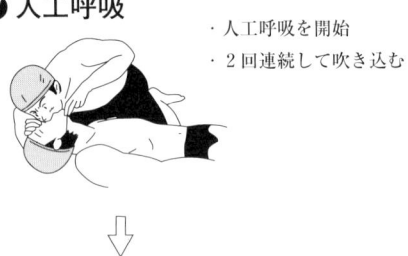

↓

❽ 胸骨圧迫と人工呼吸の組み合わせ
・以降は胸骨圧迫30回→気道確保→人工呼吸2回を繰り返す

❾ 中止の判断
・胸骨圧迫を拒否するなど，目的のある動作が出現したら，手当をいったん中止する

図6-4-3　心肺蘇生の手順

viii 前記v～viiを繰り返し行う（拒否するような動作が発現するか，救急隊が到着するまで）。

※溺水者の心機能停止は呼吸ができないことから生じる（呼吸原性）ことが多いため，胸骨圧迫に入った後，圧迫30回を待たずしてできるだけ早く人工呼吸に移っていくこと，あるいは人工呼吸から入っていくことは理に適っている。

[AEDを用いた除細動]

前記手当の実際において，意識の有無確認の結果，意識なしと判断した時点でAEDを持ってきてくれるように要請した。そして，AEDが救助者（水泳コーチ）の手許に届いたら，次のような手順でAEDの操作を開始する（図6-4-4）。

　i 協力者に心肺蘇生を交代してもらう。協力者が心肺蘇生の実施方法を知らない場合には，救助者は心肺蘇生を中断して，AEDの操作に取り掛かる。

　ii AEDを傷病者の近くに置いてケースを開け，電源を入れる（機種によっては，ボタンを押して電源を入れるものと蓋を開けると電源が入るものとがある）。

　iii 協力者による心肺蘇生を中断してもらい，傷病者の衣服あるいは上半身が水着で覆われている場合には，それを脱がすかハサミ等で切り肌を露出させる。

　iv 胸が濡れていたら，タオル等で水を拭き取る。

　v 電極パッドを取り出し，それを傷病者の胸部に貼りつける（パッドの絵のとおりに1枚を右前胸部：鎖骨の下に，もう1枚を左側胸部：脇の下から5～8cm腰寄りのところに貼りつける）。

　vi AEDが解析を始めるので，解析中に誰も傷病者に触れないよう指示を出し，注意を促す。

　vii 解析後，音声指示が出る。指示は，1)「除細動が必要です。ショックボタンを押してください」。あるいは，2)「除細動は不要です。ただちに胸骨圧迫から心肺蘇生を再開してください」。

　viii 前項1)あるいは2)の音声指示に従った行動をとる。1)についても，ショックボタンを押して電気ショックが実施された後の音声指示に従い，胸骨圧迫から心肺蘇生を実施する。

　ix 救急隊の到着時点で，彼らにその後の対応を引き継ぐことになるが，その間のことを救急隊に報告することも大切である。

　　また，救急隊に引き継ぐ際も，傷病者に装着したAEDの電極パッドははずしてはならない。

②**応急手当の基本**

応急手当を実施する目的は，「悪化の防止」にある。前述したように意識障害や呼吸停止，心停止など直接生命にかかわる傷病の場合には，

❶ AEDの電源を入れる

① AEDを傷病者（溺者）の頭部横・左側に置き，AED操作の準備を行う。

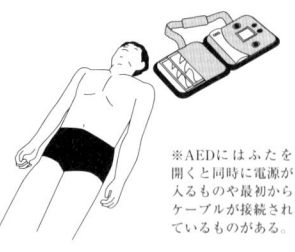

※AEDにはふたを開くと同時に電源が入るものや最初からケーブルが接続されているものがある。

② 電源を入れる。
③ 電極パッドの準備をする。

❷ 電極パッドの貼り付けと心電図の解析

① 電極パッドを傷病者の肌に直接貼り付けるため，衣服を脱がす。その間も胸骨圧迫を継続する。
② 電極パッドを貼り付ける。ケーブルを本体の差込口に入れる。心肺蘇生を中断してもらう。
③ AEDが解析を開始する。

❸ 除細動の指示と電気ショック

AEDから除細動実施の音声指示が出る。
（除細動不要の場合は❹へ）

① 傷病者から離れるよう指示をする。
② 誰も傷病者に触れていないことを確認したうえで，ショックボタン（除細動ボタン）を押す。

❹ 心肺蘇生の再開

① ただちに胸骨圧迫から心肺蘇生を再開。胸骨圧迫の圧迫部位を特定する。

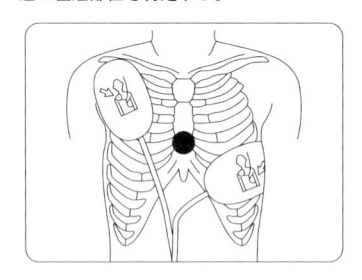

② 圧迫部位（胸の真ん中）に手掌基部を置く。
③ 胸骨圧迫を開始（30回）。
④ 人工呼吸を開始（2回）。

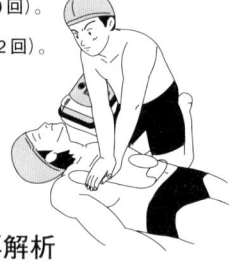

❺ AEDによる再解析

① 心肺蘇生再開2分後にAEDが再び解析を開始するので心肺蘇生を中断し，周囲の人に対して傷病者から離れるように指示が出る。
② AEDが除細動必要との音声指示を出したら，❸に戻る。以降繰り返す。
③ AEDが除細動不要との音声指示を出したら，胸骨圧迫から心肺蘇生を再開しながら救急車を待つ。このとき，電極パッドを傷病者（溺者）からはずさないこと。また，AEDの電源を切らないこと。

※AEDにプログラムされているガイドラインの違い等によりAEDの指示する手順がこの手順と異なる場合は，AEDの指示に従う。

❻ 除細動と心肺蘇生の継続

救急隊員の指示があるまで，心肺蘇生を引き続き行う。

※心肺蘇生実施中のどの時点であっても，AEDが届いたところで，AED操作に着手する。協力者には心肺蘇生の交代を依頼し，胸骨圧迫の中断を避ける。その間，救助者は，AEDの電源を入れ，電極パッドの準備を行い，パッドを肌に直接貼りつけたところで，心肺蘇生の中断を指示する。

図6-4-4　心肺蘇生とAEDを用いた除細動の手順

悪化の防止イコール救命となり，それ以外の傷病でも，適切な応急手当の実施が，苦痛の軽減・不安感の除去・治癒までの期間短縮等につながる。水泳コーチが，傷病を負った競技者に応急手当を実施する際に留意すべきことは，あくまでも医師に引き継ぐまでの間に必要な「急場の手当」をするという認識を持つことである。そして，応急手当の実施にあたっては，次のことを守る必要がある。

[救助者が守るべきこと]
  i 二次事故を起こさない。
  ii 死の判断を下さない（これは医師の役目）。
  iii 原則として，医薬品を使わない。
  iv 手当の後は，必ず医師の診療を受けさせる。

[手当の手順]
以下に手当の手順を列記するが，必ずしもこの順番で行うことが唯一という意味ではない。実際の現場では，臨機応変に一連の流れが展開されることがある。
  i 事故発生を知ったら，他のスタッフにもそのことを知らせる（情報共有⇒より良い応急手当の実施等）。
  ii 救急車を要請する（119番通報）。
  iii あらかじめ定めていた医療機関へ連絡を取る。
  iv 家族や関係先への連絡を行う。
  v 傷病者への接近，接触に先立って周囲の状況を調べる。
  vi 救助者の安全が担保されたら，傷病者に近づきその状態を調べる。調べるために，みる・はなしかける・きく・ふれるなど，救助者の感覚を駆使して，異常な点を洗い出す。
  vii 傷病者の状態に沿った応急手当の計画を立てる。
  viii 応急手当に必要な衛生材料や資材を調達する。
  ix 手当を実施する。
  x 救急隊や医療機関への引き継ぎを行う。
  xi 記録を取る。

[共通の手当と個別の手当]
手当には，すべての傷病者に行うべき手当と傷病に応じて行う手当との2種類がある。前者を「共通の手当」，後者を「個別の手当」と呼ぶ。

●共通の手当
  i 体位：体位とは，傷病者をどのように寝かせておくべきかということである。
   ・傷病者は，原則として水平位とする（仰向け水平位，うつ伏せ水平位，横向き水平位）。その原則を頭に入れておきながら，意識の有無による場合分けをする。
   ・意識がある場合には，傷病者に聞きながら，傷病者が望む体位に

してあげればよい。例えば，傷病者本人が壁に寄りかかって座っていたいと望めば，無理に寝かせる必要はない。次の段階として，顔色によって高低をつける。顔色が赤い場合には上半身を高くし，蒼白な場合には足の方を高くする。

・意識がない場合には，あごや首の筋肉の緊張が緩むことによる舌根沈下から起こる気道閉塞を避ける必要があるため，横向きか，うつ伏せの体位にする。

ⅱ 保温：傷病者は，血液循環の悪化により体温維持を図ることが難しくなる。そして，体温低下がさらに血液循環の悪化を進行させ，全身状態を悪くさせていく。そこで，傷病者に対しては毛布等を用いて全身を包むことによる体温保持が必要となる。これが保温であり，熱中症を除いてすべての傷病者に必要な手当である。

ⅲ 緊縛を解く：身体を締め付けているものを緩めることである。

ⅳ 勇気づけ：傷病者の不安感を少しでも減少させることである。そのためには，適切な言葉掛けやてきぱきとした手当が必要とされる。また，傷病者本人が流した血液や吐物をみせないように処理することも大切である。

ⅴ 環境整備：外界から加わる傷病者への刺激を軽減させることであり，次のような配慮が必要である。

・適度な照明：健康な時にはちょうどよい明るさも，傷病を負うと強く感じることが多い。したがって，屋外では日陰に移し，屋内では消灯するなど，照度を落とす必要がある。

・適度な音量：静けさの確保が必要であるが，音がまったくない状態ではなく，多少の音が耳に入る程度の環境が望ましい。

・適度な温度：寒さや暑さの調整が必要である。多くの場合，傷病者は寒さを訴えるため，保温等も含めた配慮が求められる。

・換気：室内の場合には，新鮮な空気を供給できるよう外気を取り込む。また，花や化粧品の匂い，悪臭を防ぐことも必要となる。

・他人の視線からの遮蔽：他の人からの視線から傷病者を守ることが必要である。

●個別の手当
○寸刻を争って手当すべき傷病

傷病には，ただちに手当を施さないと手遅れになるものと，手当までに多少の空白時間があっても生命には影響を及ぼすほどではないものとがある（もちろん，後者であっても手当に着手するまでの時間が短い方が，悪化の程度は少なくてすむ）。

救助者としては，前項「②応急手当の基本」の「手当の手順　ⅵ」で傷病者への調査・観察を進める中で，ただちに手当を施さないといけない傷病か否かの判断を下す必要がある。そして，判断の結果が手当を急

ぐべきものであれば，ただちに手当開始ということになる。寸刻を争って手当すべき傷病とその手当を次に挙げる。

- i 　**大出血**：大出血は動脈性の出血をさし，動脈は比較的血管が太く，流速も速い（勢いも強い）ので，寸刻を争って止血する必要がある。止血の方法は，傷口にガーゼ，ハンカチ，タオル等を当てて圧迫を加える（直接圧迫法），傷口よりも心臓寄りの動脈（止血点）を救助者の手・指で圧迫する（間接圧迫法），また，傷口（患部）が四肢であれば，そこを心臓よりも高い位置に置くことで出血の抑制を図る（患部の高挙），等である。
- ii 　**心停止**
- iii 　**呼吸停止**
- iv 　**意識障害**

これら ii 〜 iv に対する手当は前出した「心肺蘇生」を参照のこと。

- v 　**広範囲熱傷**：広範囲熱傷とは，全身の20％以上（面積）に熱傷を負った場合をさす。熱傷の危険性は感染と保温である。手当の基本は，きれいな水で冷やすことであるが，受傷面積が広い場合には，ショックを起こすことが多いため，冷やすことと全身の保温を併用することが必要となる。例えば，誤って高温のシャワーを浴びてしまった場合には，すぐに水道水を（静かに）全身にかけて表面の熱を取り，次に清潔なシーツ等で全身を包み，その上から毛布等で保温する。医療機関への引き継ぎをできるだけ早く行う。また，広範囲熱傷には，酸素吸入が行われることが多いことから，応急手当の一環としての気道確保のために頭部後屈を行う。なお，子どもと高齢者の場合には全身の10％以上の熱傷を広範囲ととらえること。
- vi 　**中毒**：中毒を起こす原因物質には，ガス，液体が揮発したもの，化学薬品，食物等多様なものがある。ここでは，食べたり，飲んだりして起こるものに限っての手当を記す。

　手当を決める分岐点は，傷病者の意識の有無である。意識がある場合には，水を飲ませて胃の内容物を吐かせる。それを何度か繰り返し，吐物が水様になってくるまで続ける。その後は，保温等共通の手当を行ってできる限り早く医療機関へ引継ぎをしていく。

○その他の傷病

- i 　**頸椎・頸髄損傷**：台上スタートの失敗で，頭部や前額部をプールの底にぶつけることがある。プールサイドからの位置（比較的近い），水深（比較的浅い），目撃情報，傷病者本人の訴え等が手掛かりとなる。救助に際しては，傷病者の頸部動揺を避けるために，静かに入水，静かに接近する。仰向けであれば，その状態で全身が動かないように固定する。うつ伏せであれば，頭・頸・上半身がねじれないように注意して水面をうまく利用して仰向けに返す。

[ポイント]
・消防（119番）に救急車の要請をしてから，救急車が現場に着くまで平均して8分以上かかる。
・救命の連鎖とは，心停止者の救命率を向上させるために必要な社会全体の連携の重要性を象徴している。
・心肺蘇生の対象は，意識障害，呼吸停止，心停止である。
・心肺蘇生は，気道確保，人工呼吸，心マッサージから構成されている。
・現在，AEDを用いた除細動は，一定の条件下で一般市民も行えるようになっている。
・応急手当の目的は，悪化防止である。
・傷病には，寸刻を争って行うべきものとそれ以外のものがある。

[研究問題]
・救急車要請のための電話連絡（119番通報）をイメージしてみよう。
・心肺蘇生の手順を整理しておこう。
・意識障害者の当面の危険性について述べよ。
・応急手当を実施する際に救助者が守るべきことを列挙せよ。
・台上スタートの失敗により頸椎・頸髄損傷を起こした疑いのある泳者を救助する際の最重要事項はなにか。

[理解度チェック]
・救命の連鎖における最初の輪はなにか。
・傷病者の体位としての原則はなにか。

救助者の手・腕を使いながら固定を継続し，他のスタッフが脊柱ボードやすのこ板を傷病者の身体の下に差し入れてくれるのを待つ。傷病者を確実にボード等に乗せた上で，三角巾やタオル等で傷病者をボードに固定し，プールサイド間際まで水面を移動し，陸上に上げる。

ii 熱中症：屋外と屋内にかかわらず，暑熱環境下での活動中にめまい，頭痛，不快感，吐き気，痙攣，意識障害等が発現した時は熱中症の可能性が高い。なお，暑熱環境下でなくても湿度が高い場合には，同様の症状が出ることがある（この場合の体温は高くはない）。手当としては，ただちに活動を止め，可能な限り早く環境を変える必要がある。風通しの良い日陰，涼しい室内などへの移動もその一例である。体温が高い場合には，傷病者の衣服を脱がし身体へ風を送る，濡れタオルで身体を拭く，氷の調達ができれば氷をビニール袋にいれタオルにくるむ，あるいは氷を直接タオルにくるみ，表在性の動脈があるところに当てる（頭部，脇の下，足の付け根）。
傷病者に意識があれば，飲み物を与えることも考える。

iii 突き指：背泳ぎや横泳ぎのタッチ時に，プールの壁に手指をぶつけることがある。また，他の泳者の身体に当たったり，コースロープにぶつけることでも起こる。傷病の内容は，捻挫・脱臼・骨折・腱の伸張や断裂が考えられる。症状は，痛みや腫れ，皮膚の変色，機能障害などである。練習を中止して，水で濡らしたタオルやビニール袋に氷水を入れたものなどで冷湿布を行う。併せて，患部の安静が必要である。固定を必要とする場合もある。

iv 痙攣：これは，筋肉の収縮過剰によって起こり，水泳関係者は「つった」という表現をすることが多い。脚や足の指をつることが多く，痛みと硬直が症状である。練習を中止し，痛い部分の筋肉が伸びるように力を加える。温湿布も効果がある。ただ，いったん症状が収まっても，練習再開により，再度同じ部位をつることが多いので，その点は承知しておく必要がある。

v 頭部打撲：他の泳者との衝突や背泳ぎ・横泳ぎにおける壁への衝突，プールサイドでの転倒によって起こる。こぶの有無は，重傷度判別の指標とはならない。意識の状態把握には，神経を使う必要がある。意識障害は，頭を打った直後に発現するとは限らないため，頭部打撲の際には，外見にかかわらず，全身の安静と共通な手当・必要な個別手当（頭皮にきずがあり，出血があれば，止血を行う）を行い，医療機関に受診させる。

vi 鼻出血：鼻に他の泳者の手がぶつかるなど，直接的な力が加わった時だけでなく，その時の気温や水温，気圧，本人の体調などに

より出血することがある。練習を中止し，椅子に腰掛けるなど座位をとり，鼻翼をつまむ。会話を禁止し，鼻の周囲を冷やす。上を向くと，出血した血液が喉の方に廻り呼吸がしづらくなるため，前を向いていた方がよい。

3 緊急体制

①スイミングリスクマネジメント

　水泳コーチの大半は，それぞれが高校や大学といった学校やスイミングクラブ等の営業体，つまり組織に所属をしている。

　水泳の事故を防ぐ，あるいは発生後の損失を最小限に抑えるためには，コーチ個々人の努力だけでは不十分である。組織あげての取り組みが不可欠であり，それがゆえのリスクマネジメントである。

　今でこそ，わが国でも，リスクマネジメントという語句が社会に溶け込んできているが，この考え方が出てきたのはそれほど前ではない。医療事故が顕在化してきた15年程前である。当時，危機感を感じた病院がメディカルリスクマネジメントという考え方で，医療事故発生を防ぐために組織立った取り組みに着手し始めて以来である。

　リスクマネジメントの原点は，単に事故発生の防止や発生後の被害最小化ということではなく，組織がその属する社会における社会責任として，組織が提供できるサービスの質を向上させながら，それを安定的に，継続して行っていくことにある。スイミングクラブを例に取れば，競技者を育成したり，子どもの健全発達や中高年齢者の健康増進のための具体的手段として水泳指導を行う。しかも，その内容については常に向上を図っていくことである。これが，その組織としてのサービスを通じた社会的責任といえる。当然のこととして，それは継続して行われなくてはならない。仮に，その組織に事故が起きれば，その対応に忙殺されたり，顧客や社会からの信頼を失い，本来業務を通じての社会的責任を果たすことができなくなる。そういった事態を回避する，リスクをコントロールするのがリスクマネジメントである。

　1998年11月に邦訳出版されたイギリスの専門書『医療事故』（C. ヴィンセントほか）は，医療事故の個人要因だけでなく，医療組織の要因及び環境要因の分析を行っている。そして，医療関係者に事故の責任を問うという姿勢ではなく，医療事故の予防のために個人，組織，制度のすべてについて改善すべき点を考察するという姿勢を貫いている。

　医療事故防止の視点を水泳にも，との考えから，コーチ・監視員・他のスタッフを対象に安全・安心に焦点を当てた教育・訓練プログラムを実施することはもちろん，組織全体としてそれに徹底的に取り組むことが重要である。

②インシデントアクシデントレポートの活用

水泳コーチが競技者やその候補者，予備軍を指導する現場で起きた出来事，それは実際に人が傷つくレベルもあるだろうし，そこまでには至らなかったというレベルもあるだろう。通常，前者をアクシデント，後者をインシデントと呼ぶ。前述したように，事故防止達成のために事故事例を検証する必要がある。しかし，もっと先手を取って事故防止を図るためには，事故にまでは至らなかったが，ヒヤリとしたりハッとした事例レベルで問題点を洗い出すことが求められる。

労働（産業）災害研究の中で引用されることの多い「ハインリッヒ（米国）の法則」によれば，1件の重大災害（死亡・重傷）が発生する背景に，29件の軽傷事故と300件のヒヤリ・ハッとがあるという。つまり，生命を左右するような重大事故には，予兆としての小さな出来事が重ねて起こっていると考えればよい。事故を小さい芽のうちに摘み取っておくという心構えをもつことが重要である。

インシデントアクシデントレポート（図6-4-5）は，その取り組みの基礎資料になるものである。このレポートは，水泳コーチをはじめスタッフ個々人が体験をした事実を記録することになるが，それを自分限りで保有するわけではなく，組織の共有財産として活用するためのものである。前項で述べたように，リスクマネジメントは組織として取り組む問題であるため，いわば各人の不注意等で起きた事実を顕にした「インシデントアクシデントレポート」を上司や同僚の目に曝すことが不可欠となる。したがって，この取り組みを実のあるものにするための前提条件は，レポートを提出した者を責めないという約束である。この部分が組織のトップによって担保されない場合には，レポートの作成・提出はほとんどなされないと考えるべきである。

1人の水泳コーチが現役の間に出合うであろうヒヤリ・ハッと事例は，それほど多くはない。それを補完するのが，同僚や他施設のコーチの体験である。事例を検証していくことが擬似体験となり，どのようなところに事故発生の芽があるのかということがみえてくる。そして，そのことから必要な取り組みを個別具体的に導き，実効の上がる事故防止策を図っていくことが可能になるのである。

③緊急時の行動

いかに事故防止の手立てを尽くしたとしても，事故の発生を皆無にすることはきわめて難しい。そこで，心構えとして，事故は起こるという前提で水泳コーチとしての活動を行っていくことが必要である。重要なことは，起きた事故の影響，被害を最小に食い止めることである。

それでは，事故による影響の最小化にはなにをしなければならないのかを考え，理解をしてみよう。

　ⅰ　**事故の覚知**：コーチ自らが目撃する。当該競技者からの訴え。他

[ポイント]
・リスクマネジメントは，組織がその属する社会に対して行うサービスを継続的にしかも質などを向上させながら実施していくために必要である。
・リスクマネジメントを実効あるものにするには，組織全体での取り組みが不可欠である。
・インシデントアクシデントレポートを導入・活用する前提には，その提出者にペナルティを与えないという組織としての約束が必要である。
・事故を知ったスタッフが最初にすることは，他のスタッフにそのことを伝えることである（情報を共有し，十分な体制で救助活動などにあたるため）。

[研究問題]
・水泳コーチだけでなく，受付や事務，清掃などのすべてのスタッフにリスクマネジメントにかかわってもらう計画を立ててみよう。
・インシデントアクシデントレポートのフォームを作成せよ。
・インシデントアクシデントレポートがいくつか集まったら，スタッフミーティングを開催し，情報の共有，問題点の洗い出し，発生予防策を作成してみよう。

[理解度チェック]
・事故が発生したとき，他の競技者（メンバー）をどのように扱えばよいか述べよ。
・事故が発生したときに記録を取っておくことが必要な理由を記せ。

平成　　年　　月　　日

報告者氏名		担当部署		現在の部署での経験年数	
会員(事故者)氏名		年齢		性別	クラス
発生日時	平成　　年　　月　　日(　) 　時　　分頃					
発生場所					
対応開始日時	平成　　年　　月　　日(　) 　時　　分頃					
上司への一報日時	平成　　年　　月　　日(　) 　時　　分頃					
事故内容と対応状況					
事故・問題等の発生原因：　　□環境　　□健康状態(心身)→誰の?(会員・報告者本人) 　　　　　　　　　　　　　　□行動→誰の?(　　　　　　) 記載例) 1ヵ月程前にコーチが1名辞めたが,それ以来補充がないため,指導の担当コマ数が増え,心身ともに参っていた。本日一番のコマでメンバーが溺れたが,自分自身(報告者本人)がボーッとしていたせいか,他のメンバーの知らせでやっと異常事態に気づいた次第である。					
対応後の会員の状況					
今後どのようにしたら,同種の事故・問題等発生を未然に防げると考えるか。					

図6-4-5　インシデントアクシデントレポート

　　の競技者からの知らせ。
　ii **情報の共有化**：他のスタッフに事故発生とその時点での情報を知らせる。1人よりも2人,3人と役割分担を図りやすい人数で,起きた事故に対応することが被害の最小化実現の確実性を高めることになる。
　iii **手当の実施**：事故によって生じた傷病者の救命や悪化防止が最優先。

- iv **他の競技者の取り扱い**：できるだけ多くのスタッフを事故対応に振り向ける必要性や他の競技者への影響を考えた時，練習の中断・中止を視野に入れておく必要がある。
- v **連絡・通報**：消防，提携医療機関，家族，その他関係者（機関）への連絡・通報を行い，傷病者を救急医療の流れに乗せるとともに善後策をとる。
- vi **記録**：事故とその前後に係る事実を客観的に記録しておく。この記録は，傷病者の診療に役立つことはもちろん，責任問題，以後の事故防止策にも大きな影響を及ぼすことを認識しておくこと。
- vii ここで述べた事項については，具体的なマニュアルにした上で定期的な訓練を続けていかなければならない。そして，その中で見直し，修正を行いながら，より進化した安全管理体制を作り上げていくことが求められる。

以上，水泳コーチや所属の組織，他のスタッフが競技者を育成していく中で取り組むべき「応急手当と緊急体制」について述べたが，安全管理や事故防止への経費投入を後回しにする組織は多いのが現状である。しかし，リスク・マネジメントやクライシス・マネジメント，コーポレイト・ソーシャル・レスポンシビリティ（企業の社会的責任）などの考え方が当たり前になっている現在，危機回避・危険防止に要するコストを考えていくことが，社会から受ける評価の高低を左右することになるだろう。

[三井俊介]

[引用・参考文献]
1) 石川芳雄（1960）『日本水泳史』米山 弘発行. 13-30.
2) 警察庁生活安全局地域課（2013）「平成24年中の水難状況」
3) 総務省消防庁救急救助課（2013）「平成25年版救急・救助の現況」
4) 日本救急医療財団心肺蘇生法委員会（2012）『改訂4版 救急蘇生法の指針 2010（医療従事者用）』
5) 日本救急医療財団心肺蘇生法委員会（2011）『改訂4版救急蘇生法の指針 2010（市民用・解説編）』
6) 日本赤十字社（2012）『赤十字救急法基礎講習教本（第3版）』
7) 日本赤十字社（2012）『赤十字幼児安全法講習教本（第2版）』
8) 日本赤十字社（2013）『赤十字救急法講習教本（第9版）』

資料編

水泳指導者関係資料

SECTION 1. 指導者制度
SECTION 2. 国際水泳連盟・日本水泳連盟の機構
SECTION 3. 水泳における事故と補償
SECTION 4. 日本水泳連盟　加盟団体一覧

1. 指導者制度

1 スポーツ指導者制度

　国民のスポーツ振興と競技力向上をはかり，各競技スポーツ指導者の資質と指導力を高めるためと，また指導活動の促進と指導体制を確立させることを目的として，（公財）日本体育協会と競技団体とが一体となって「（公財）日本体育協会公認スポーツ指導者制度」を確立した。
　2000年9月に文部科学省が策定した「スポーツ振興基本計画」，さらに2001年1月に（公財）日本体育協会が策定した「21世紀の国民スポーツ振興方策」により生涯スポーツ社会の実現に向けて各種の事業が推進されている。そして，2005年度をもって文部科学大臣事業認定制度が廃止されることを受け，2005年4月1日から新しい「公認スポーツ指導者制度」による指導者の養成事業が開始された。

2 スポーツ指導者の種別

①スポーツリーダー
②競技別指導者
　（1）指導員　（2）上級指導員　（3）コーチ
　（4）上級コーチ　（5）教師　（6）上級教師
③スポーツドクター
④アスレティックトレーナー
⑤フィットネストレーナー
⑥スポーツプログラマー
⑦ジュニアスポーツ指導員

3 競技別指導者の養成事業

　（公財）日本体育協会と（公財）日本水泳連盟が双方の協力のもと養成する[2]②の競技別指導者は次のとおりとなっている。

　（1）水泳指導員
　（2）水泳上級指導員
　（3）水泳コーチ
　（4）水泳上級コーチ
　（5）水泳教師
　（6）水泳上級教師

　これら資格の講習会は，共通科目講習会を（公財）日本体育協会が，専門科目講習会を（公財）日本水泳連盟がそれぞれ実施し，（1）(2)を地域指導者委員会，（3）(4)を競技力向上コーチ委員会，（5）(6)を商業施設教師委員会で担当し事業を行っている。

4 公認水泳コーチ規定

公認水泳コーチ・上級コーチ規定
[総　則]
第1条（目的）
　日本水泳界の競技力を向上し，世界の水泳界をリードする競技者を発掘・育成・指導するためには，その指導者もまた世界トップレベルの技量・人格の持ち主であることが求められる。本規定はかかる指導者が輩出することを期するとともに水泳指導者の社会的地位の向上を図ることを目的とする。
第2条（公認水泳コーチの種類）
　本連盟が公認する水泳コーチ（以下コーチ）は，各競技種目（競泳・飛込・水球・シンクロ）とも，コーチ，上級コーチの二種類とする。
1. コーチ
　科学的・合理的な水泳指導理論を身につけており，競技者の発掘・育成・指導に当たることのできる能力を備えたものであることを本連盟が公認したコーチをいう。
　またジュニア遠征派遣コーチは，この資格が必要となる。

2. 上級コーチ
　豊かな実戦経験あるいは優秀競技者・チーム等の育成実績をもち，かつ高度な専門知識・技量・指導力を有し日本を代表する競技者の育成・指導の経験を有するとともに，人格・識見とも優れた日本を代表するコーチとして本連盟が公認したコーチをいう。
　またジュニア遠征派遣ヘッドコーチおよびナショナルチーム遠征派遣コーチは，この資格が必要となる。

第3条（コーチ受講資格および資格取得と免除規定）

　4月1日現在満20歳以上で，（公財）日本体育協会が行う共通科目講習会，（公財）日本水泳連盟が行う専門科目講習会を受講し，検定試験およびレポート審査に合格した場合にコーチの資格を取得することができる。
　専門科目講習の免除および免除適応校については，別に定めるものとする。

第4条（上級コーチ受講資格および資格取得と免除規定）

　4月1日現在満25歳以上で，コーチ資格を有するものが，各競技種目ごとに定めた基準を充たす競技者・チーム等を育成し，（公財）日本水泳連盟が行う資格審査会に合格後，（公財）日本体育協会が行う受講者審査および共通科目講習会，（公財）日本水泳連盟が行う専門科目講習会を受講し検定試験およびレポート審査に合格した場合に上級コーチへ昇格することができる。ただし，4年以内に講習会を受講しないものは受講資格を取り消すものとする。
　専門科目講習の免除については，別に定めるものとする。

第5条（研修の義務）

1. 本連盟に登録しているコーチは，毎年本連盟が主催するコーチ研修会に出席しなければならない。
2. 4月1日現在満60歳に達したコーチは，研修の義務を免除する。（要申請）ただし，コーチ登録後，5年未満のものは除く。
3. 妊娠中または，産後2年を経過しない女性コーチは，研修の義務を免除する。（要申請）
4. 海外に在住するコーチは，研修の義務を免除する。（要申請）
5. コーチ・上級コーチ資格を有するものが，コーチ研修会および養成講習会の講師を務めた場合，その年のコーチ・上級コーチ研修会研修の義務を免除する。

第6条（登録）

1. コーチ・上級コーチとして資格を認められたものは，本連盟に公認コーチとして登録することができる。
2. 複数の資格を有するものは，その複数の資格を登録しなければならない。
3. 登録は，すべて所属する（公財）日本体育協会を通して行わなければならない。
4. 登録・再登録については別に定める。
5. 登録後，申請書内容に変更（改姓，転居，勤務先変更等）が生じた場合は，速やかに（公財）日本体育協会と（公財）日本水泳連盟および所属加盟団体へそれぞれ所定用紙で連絡しなければならない。

第7条（登録の更新）

　登録年より4年毎に登録の更新をしなければならない。

第8条（資格の取り消し）

1. 本連盟公認コーチとしての名誉を傷つける行為があった場合。
2. 登録更新の手続きをしなかった場合。
3. 毎年行うコーチ研修会への出席を怠った場合。

第9条（細則・附則）

　この規定実施のための細則は別に定める。

第10条（施行）

　この規定は1979年（昭和54年）4月1日から施行する。
　この規定は1983年（昭和58年）4月1日に改正する。

この規定は1984年（昭和59年）5月24日に改正する。

この規定は1986年（昭和61年）2月16日に改正する。

この規定は1988年（昭和63年）4月1日に改正する。

この規定は1989年（平成元年）4月1日に改正する。

この規定は1991年（平成3年）4月1日に改正する。

この規定は1992年（平成4年）4月1日に改正する。

この規定は2000年（平成12年）2月25日に改正する。

この規定は2005年（平成17年）4月1日に改正する。

この規定は2009年（平成21年）4月1日に改正する。

この規定は2010年（平成22年）4月1日に改正する。

この規定は2011年（平成23年）4月1日に改正する。

この規定は2012年（平成24年）4月1日に改正する。

この規定は2013年（平成25年）4月1日に改正する。

この規定は2014年（平成26年）4月1日に改正する。

公認水泳コーチ・上級コーチ規定実施細則

Ⅰ．競泳コーチ規定実施細則

1. 規定　第3条（コーチ受講資格および資格取得と免除規定）
 (1) 受講資格
   4月1日現在　20歳以上で『基礎水泳指導員』資格を有するもの。
 (2) 専門科目講習会，学科試験およびレポート審査
   ①専門科目講習会の内容
     表1の通りとする。
   ②検定試験
     A．全科目を実施。
     B．問題は各講義2問とする。
   ③レポート審査
     A．全科目を実施。
     B．問題は各講義1問とする。
   ④免除規定
     別紙上級コーチ昇格基準同様，主要競技会決勝8位以内で基準記録を突破した競技者を育成したもの，および（公財）日本水泳連盟主催の指定した強化合宿に指導者として全日程参加したものに対し，指導理論12ｈ，現場実習8ｈ，合計20ｈを免除する。
     なお，育成実績については本連盟制定のコーチ実務報告書に所要事項を記入し，本連盟競技力向上コーチ委員会に送付する。
 (3) 期日・会場
   評議員会で決定次第，本連盟ホームページに掲載公開する。

2. 規定　第4条（上級コーチ受講資格および資格取得と免除規定）
 (1) 受講資格
   ①4月1日現在25歳以上で，コーチ資格を有し資格審査会に合格しているもの。
     なお，本連盟が制定した基準記録および順位については，表2の通りとする。
   ②順位と記録
     主要競技会決勝8位以内・基準記録（2011年度ランキング30位）突破。

表1　競泳コーチ：専門科目講習会の内容

科目		内容		時間 集合	時間 通信	時間 合計
基礎理論	水泳競技概説	水泳競技の特性と歴史・組織・プールの規格・競技会各種目別競技規則と専門的な知識		2	2	4
基礎理論	トレーニング科学	バイオメカニクス	水泳の力学　2	6	2	8
基礎理論	トレーニング科学	バイオメカニクス	各種目の力学　2	6	2	8
基礎理論	トレーニング科学	水泳の生理学　2		6	2	8
基礎理論	心理学	水泳の心理学とメンタルトレーニング		4	2	6
基礎理論	メディカルコンディショニング	栄養学	選手育成に必要な栄養学　2	8	6	14
基礎理論	メディカルコンディショニング	医学	水泳の医学　2	8	6	14
基礎理論	メディカルコンディショニング	トレーナー	競泳に必要な障害対処法　4	8	6	14
指導理論	トレーニング法	競泳選手育成に必要なトレーニング 各種トレーニングの紹介		4	8	20
指導理論	コーチング法	4泳法の指導重要ポイント・レースの戦法と分析 ストローク技術習得と改善のためのドリル紹介		8	8	20
実技	現場実習	トレーニング法の実践		4	−	4
実技	現場実習	コーチング法の実践		4	−	4
計				40	20	60

　　※基準記録の見直しは，4年毎に行うものとする。
③主要競技会とは下記に定めるものをいう。
　A．日本選手権
　B．日本選手権25m（ジャパンオープン25m）
　C．ジャパンオープン50m
　D．国民体育大会
　E．日本学生選手権
　F．日本高等学校選手権
　G．全国中学校選抜大会
　H．全国JOCジュニアオリンピックカップ夏季大会
　I．全国JOCジュニアオリンピックカップ春季大会
　J．④項の国際大会および選考会
④国際競技会とは下記に定めるものをいう。
　A．オリンピック
　B．アジア大会
　C．世界選手権
　D．パンパシフィック選手権
　E．ユニバーシアード
　F．FINAワールドカップ
　G．アジア選手権
　H．プレオリンピック
　I．上記に準ずる国際競技会
⑤前頁①・②の条件を充たしたものは，本連盟制定のコーチ実務報告書に所要事項を記入し，本連盟競技力向上コーチ委員会に送付。確認後，本連盟資格審査会に提出する。
　資格審査会合格者には（公財）日本体育協会による受講者審査の後，上級コーチ受講資格を与える。
(2)専門科目講習会，学科試験およびレポート審査
①専門科目講習会の内容
　表3の通りとする。
②検定試験
　A．全科目を実施。
　B．問題は各講義2問とする。
③レポート審査

表2 競泳上級コーチ昇格認定基準記録・順位
2011年度長水路ランキング30位適用
(2013年度〜2016年度)

		日本水泳連盟主要競技会決勝8位以内	
		男 子	女 子
FR	50 m	23-39	26-23
	100 m	50-89	56-86
	200 m	1-51-02	2-02-88
	400 m	3-55-18	4-17-70
	800/1500 m	15-44-02	8-52-22
BA	50 m	26-71	29-75
	100 m	56-69	1-02-81
	200 m	2-03-59	2-14-23
BR	50 m	29-02	32-94
	100 m	1-02-58	1-10-46
	200 m	2-14-78	2-30-30
FLY	50 m	24-96	28-00
	100 m	53-96	1-01-16
	200 m	2-00-40	2-13-66
IM	200 m	2-04-01	2-17-02
	400 m	4-24-53	4-50-35

表3 競泳上級コーチ：専門科目講習会の内容

	科 目	内 容	時間 集合	通信	合計
基礎理論	競技情報・分析	国内・国際大会の競技情報を紹介し内容を分析	2	2	4
	ナショナルレベルにおける心理学	ナショナルレベルの選手育成に必要な心理学	2	2	4
	メディカルコンディショニング	医学・トレーナーの知識(最前線)	4	4	8
	トレーニング科学	最先端の専門的科学	4	4	8
指導理論	コーチング法	ナショナルコーチによる指導技術の紹介と習得	4	4	8
実技	現場実習	トレーニング法の実践	2	2	4
		コーチング法の実践	2	2	4
	計		20	20	40

A．全科目を実施。
B．問題は各講義1問とする。
④免除規定
(1)受講資格に定める，③主要競技会A〜Fの競技会決勝3位以内の競技者を育成したもの，および④国際競技会代表(日本開催のワールドカップ除く)となる競技者を育成したものに対し，指導理論4h，現場実習4h，合計8hと通信20hを免除する。なお，育成実績については資格審査会に提出されたコーチ実務報告書を参考とする。

(3)期日・会場
　評議員会で決定次第，本連盟ホームページ

に掲載公開する。

3. 規定　第5条（研修の義務）

研修会規定は下記の通りとする。

(1) 目的

公認コーチ規定第5条にもとづき開催されるもので，日本水泳界の競技力を向上し，世界の水泳界をリードする競技者を発掘・育成・指導するためには，その指導者もまた世界をリードする技量・人格の持ち主であることが求められる。また指導者の社会的地位の向上を図ることを目的として研修を義務づけるものである。

(2) 研修企画会

研修の企画，運営のための水泳コーチ研修企画会を設け，競技力向上コーチ委員長，研修に関連のある各委員会の代表で構成する。

(3) 開催日程および代替について

①開催について

コーチ研修会は年10回以上開催する。また上級コーチ研修会は年2回開催する。

②研修会の代替について

前①項にやむを得ない事情で参加できない場合は，下記の代替を認める。

A．コーチ

原則的に代替は認めない。

B．上級コーチ

本連盟主催の主要競技会および国際競技会を観戦し，そのレポートを（原稿用紙800字以内手書き）を指定期日までに提出した場合。ただし，2年連続でのレポートによる代替は認めない。

※主要競技会・国際競技会とは規定細則第4条(1)③④参照

③研修内容および参加費

開催要項の決定次第，本連盟ホームページに掲載公開する。

また，コーチ・上級コーチ資格保持者には別途通知する。

(4) 義務不履行について

年1回の研修会への出席を怠ったものは，資格を取り消されるものとする。ただし，欠席したもので，審査の結果やむを得ない理由であったと認められたものは，次年度の研修会に参加することとレポート提出を条件に，1年間資格の喪失を猶予する。以上の条件を充たさない場合，自動的に資格を喪失する。

4. 規定　第6条（登録）

(1) 第1項　コーチ登録に必要な手続きは下記の通りとする。

①本連盟の専門科目合格者は，（公財）日本体育協会の実施する共通科目修了後に，（公財）日本体育協会より送付される申請者カードに必要事項を記入の上，指定期日内に（公財）日本体育協会へ送付する。

②登録料は（公財）日本体育協会の指示する方法で送付する。

(2) 第1項　上級コーチ登録に必要な手続きは下記の通りとする。

前規定①，②に準ずる。

5. 規定　第7条（登録の更新）

(1) 資格は4年ごとに更新登録をしなければならない。（認定は4月1日・10月1日）

(2) 登録の更新に必要な手続きは下記の通りとする。

①（公財）日本体育協会より送付される申請カードに必要事項を記入の上，指定期日内に（公財）日本体育協会へ送付する。

②登録料は（公財）日本体育協会の指示する方法で送付する。

(3) 登録料等については，前規定4.に準ずる。

6. 規定　第8条（施行）

(1) この規定は2005年（平成17年）4月1日から施行する。

(2) この規定は2009年（平成21年）4月1日から施行する。

(3) この規定は2010年（平成22年）4月1日に改正する。

(4) この規定は2011年（平成23年）4月1日に改正する。

(5) この規定は2012年（平成24年）4月1日に改正する。

(6) この規定は2013年（平成25年）4月1日に改正する。

(7) この規定は2014年（平成26年）4月1日に改正する。

Ⅱ．飛込コーチ規定実施細則

1. 規定　第3条（コーチ受講資格および資格取得と免除規定）

(1) 受講資格

4月1日現在　20歳以上で『基礎水泳指導員』資格を有するもの。

公認・公式競技会に出場経験のないものは，公認飛込進級テスト1級の認定者であること。（申請時に認定証のコピーを添付する）

(2) 専門科目講習会，学科試験およびレポート審査

①専門科目講習会の内容

表1の通りとする。

②検定試験

　A．全科目を実施。

　B．問題は各講義2問とする。

③レポート審査

　A．全科目を実施。

　B．問題は各講義1問とする。

④免除規定

別紙上級コーチ昇格基準同様，日本選手権・国際大会派遣選手選考会・室内選抜飛込競技大会決勝8位以内（1mは3位以内）で基準点を突破した競技者を育成したもの，および（公財）日本水泳連盟主催の

表1　飛込コーチ：専門科目講習会の内容

科目		内容			時間		
					集合	通信	合計
基礎理論	水泳競技概説	水泳競技の特性と歴史・組織・プールの規格・競技会各種目別競技規則と専門的な知識			2	2	4
	トレーニング科学	バイオメカニクス	水泳の力学	2	6	2	8
			各種目の力学	2			
		水泳の生理学		2			
	心理学	水泳の心理学とメンタルトレーニング			4	2	6
	メディカルコンディショニング	栄養学	選手育成に必要な栄養学	2	8	6	14
		医学	水泳の医学	2			
		トレーナー	飛込選手に必要な傷害対処法	4			
指導理論	トレーニング法	飛込選手育成に必要なトレーニング 各種トレーニングの紹介			4	8	20
	コーチング法	飛込技術指導法のポイント 飛込基本技術の習得と改善法			8		
実技	現場実習	トレーニング法の実践			4	－	4
		コーチング法の実践			4	－	4
計					40	20	60

指定した強化合宿に指導者として全日程参加したものに対し，指導理論12h，現場実習8h，合計20hを免除する。
なお，育成実績については本連盟制定のコーチ実務報告書に所要事項を記入し，本連盟競技力向上コーチ委員会に送付する。

(3) 期日・会場
評議員会で決定次第，本連盟ホームページに掲載公開する。

2. 規定　第4条（上級コーチ受講資格および資格取得と免除規定）

(1) 受講資格
①4月1日現在　25歳以上で，コーチ資格を有し資格審査会に合格しているもの。
なお，本連盟が制定した規準点数および順位については，表2の通りとする。

表2　飛込上級コーチ昇格認定基準点・順位
2009年～2012年の平均点を参考とする
（2013年度～2016年度）

	男子			女子		
種目	1m	3m	高飛込	1m	3m	高飛込
点数	290	315	290	210	215	220

②順位と基準点数
日本選手権・国際大会派遣選手選考会・室内選抜飛込競技大会決勝8位以内で基準点を突破した競技者を育成。ただし1mは3位以内とする。
※昇格基準の見直しは，4年毎に行うものとする。

③国際競技会とは下記に定めるものをいう。
A．オリンピック
B．アジア大会
C．世界選手権
D．プレオリンピック
E．ユニバーシアード
F．FINAワールドカップ
G．アジア選手権
H．上記に準ずる国際競技会

④前項①・②の条件を充たしたものは，本連盟制定のコーチ実務報告書に所要事項を記入し，本連盟競技力向上コーチ委員会に送付。確認後，本連盟資格審査会に提出する。
資格審査会合格者には（公財）日本体育協会による受講者審査の後，上級コーチ受講資格を与える。

(2) 専門科目講習会，学科試験およびレポート審査
①専門科目講習会の内容
表3の通りとする。
②検定試験
A．全科目を実施。
B．問題は各講義2問とする。
③レポート審査
A．全科目を実施。
B．問題は各講義1問とする。
④免除規定
(1)受講資格に定める，②日本選手権・室内選抜飛込競技会3位以内（1mは優勝）および③国際競技会代表となる競技者を育成したものに対し，指導理論4h，現場実習4h，合計8hと通信20hを免除する。
なお，育成実績については資格審査会に提出されたコーチ実務報告書を参考とすることができる。

(3) 期日・会場
評議員会で決定次第，本連盟ホームページに掲載公開する。

3. 規定　第5条（研修の義務）

研修会規定は下記の通りとする。

(1) 目的
公認コーチ規定第5条にもとづき開催されるもので，日本水泳界の競技力を向上し，世界の水泳界をリードする競技者を発掘・育

表3　飛込上級コーチ：専門科目講習会の内容

科目		内容	時間		
			集合	通信	合計
基礎理論	競技情報・分析	国内・国際大会の競技情報を紹介し内容を分析	2	2	4
	ナショナルレベルにおける心理学	ナショナルレベルの選手育成に必要な心理学	2	2	4
	メディカルコンディショニング	医学・トレーナーの知識（最前線）	4	4	8
	トレーニング科学	最先端の専門的科学	4	4	8
指導理論	コーチング法	ナショナルコーチによる指導技術の紹介と習得	4	4	8
実技	現場実習	トレーニング法の実践	2	2	4
		コーチング法の実践	2	2	4
計			20	20	40

成・指導するためには，その指導者もまた世界をリードする技量・人格の持ち主であることが求められる。また指導者の社会的地位の向上を図ることを目的として研修を義務づけるものである。

(2) 研修企画会

　研修の企画，運営のための水泳コーチ研修企画会を設け，競技力向上コーチ委員長，研修に関連のある各委員会の代表で構成する。

(3) 開催日程および代替について

　①開催について

　　コーチ研修会は年10回以上開催する。また上級コーチ研修会は年2回開催する。

　②研修会の代替について

　　前①項にやむを得ない事情で参加できない場合は，下記の代替を認める。

　　A．コーチ

　　　原則的に代替は認めない。

　　B．上級コーチ

　　　本連盟主催の全国大会および国際大会を観戦し，そのレポートを（原稿用紙800字以上手書き）を指定期日までに提出した場合。ただし，2年連続でのレポートによる代替は認めない。

　　＊主要競技会・国際競技会とは規定細則第4条(1)③④参照

　③研修内容および参加費

　　開催要項の決定次第，本連盟ホームページに掲載公表する。

　　また，コーチ資格保持者には別途通知する。

(4) 義務不履行について

　年1回の研修会への出席を怠ったものは，資格を取り消されるものとする。ただし，欠席したもので，審査の結果やむを得ない理由であったと認められたものは，次年度の研修会に参加することとレポート提出を条件に，1年間資格の喪失を猶予する。以上の条件を充たさない場合，自動的に資格を喪失する。

4．規定　第6条（登録）

(1) 第1項　コーチ登録に必要な手続きは下記の通りとする。

　①本連盟の専門科目合格者は，（公財）日本体育協会の実施する共通科目修了後に，（公財）日本体育協会より送付される申請者カードに必要事項を記入の上，指定期

日内に（財）日本体育協会へ送付する。
②登録料は（公財）日本体育協会の指示する方法で送付する。
(2)第1項　上級コーチ登録に必要な手続きは下記の通りとする。
前規定①，②に準ずる。

5．規定　第7条（登録の更新）

(1)資格は4年ごとに更新登録をしなければならない。（認定は4月1日・10月1日）
(2)登録の更新に必要な手続きは下記の通りとする。
　①（公財）日本体育協会より送付される申請カードに必要事項を記入の上，指定期日内に（公財）日本体育協会へ送付する。
　②登録料は（公財）日本体育協会の指示する方法で送付する。
(3)登録料等については，前規定4．(3)に準ずる。

6．規定　第8条（施行）

(1)この規定は2005年（平成17年）4月1日から施行する。
(2)この規定は2009年（平成21年）4月1日から施行する。
(3)この規定は2010年（平成22年）4月1日に改正する。
(4)この規定は2011年（平成23年）4月1日に改正する。
(5)この規定は2012年（平成24年）4月1日に改正する。
(6)この規定は2013年（平成25年）4月1日に改正する。
(7)この規定は2014年（平成26年）4月1日に改正する。

Ⅲ．水球コーチ規定実施細則

1．規定　第3条（コーチ受講資格および資格取得と免除規定）

(1)受講資格
　4月1日現在　20歳以上で『基礎水泳指導員』資格を有するもの。
(2)専門科目講習会，学科試験およびレポート審査
　①専門科目講習会の内容
　　表1の通りとする。
　②検定試験
　　A．全科目を実施。
　　B．問題は各講義2問とする。
　③レポート審査
　　A．全科目を実施。
　　B．問題は各講義1問とする。
　④免除規定
　　別紙上級コーチ昇格基準同様，主要全国競技会第8位以内のチームを育成したもの，および（公財）日本水泳連盟主催の指定した強化合宿に指導者として全日程参加したものに対し，指導理論12h，現場実習8h，合計20hを免除する。
　　なお，育成実績については本連盟制定のコーチ実務報告書に所要事項を記入し，本連盟競技力向上コーチ委員会に送付する。
(3)期日・会場
　評議員会で決定次第，本連盟ホームページに掲載公表する。

2．規定　第4条（上級コーチ受講資格および資格取得と免除規定）

(1)受講資格
　①4月1日現在　25歳以上で，コーチ資格を有し資格審査会に合格しているもの。なお，本連盟が制定した基準については，表2の通りとする。

表1 水球コーチ：専門科目講習会の内容

科目		内容		時間 集合	通信	合計
基礎理論	水泳競技概説	水泳競技の特性と歴史・組織・プールの規格・競技会各種目別競技規則と専門的な知識		2	2	4
	トレーニング科学	バイオメカニクス	水泳の力学 2	6	2	8
			各種目の力学 2			
		水泳の生理学	2			
	心理学	水泳の心理学とメンタルトレーニング		4	2	6
	メディカルコンディショニング	栄養学	選手育成に必要な栄養学 2	8	6	14
		医学	水泳の医学 2			
		トレーナー	水球に必要な障害予防と対処法 4			
指導理論	トレーニング法	水球選手に必要な体力向上法Ⅰ（陸上トレーニング）水球選手に必要な体力向上法Ⅱ（水中トレーニング）		4	8	20
	コーチング法	水球競技の指導重要ポイントⅠ（基礎技術・応用技術）水球競技の指導重要ポイントⅡ（基礎戦術・応用戦術）		8		
実技	現場実習	トレーニング法の実践		4	−	4
		コーチング法の実践		4	−	4
計				40	20	60

表2 水球上級コーチ昇格認定基準

以下に定める本連盟主催の全国大会	全国大会ベスト8及び国際大会日本代表選手育成

②全国大会とは下記に定めるものをいう。
　A．日本選手権
　B．国民体育大会
　C．日本学生選手権
　D．日本高等学校選手権
　E．全国JOCジュニアオリンピックカップ夏季大会
　F．全国JOCジュニアオリンピックカップ春季大会
　G．全日本ユース選手権（桃太郎カップ）
③国際競技会とは下記に定めるものをいう。
　A．オリンピック
　B．アジア大会
　C．世界選手権
　D．ユニバーシアード
　E．FINAワールドカップ
　F．アジア選手権
　G．ワールドリーグ
　H．上記に準ずる国際競技会
④前項①の条件を充たしたものは，本連盟制定のコーチ実務報告書に所要事項を記入し，本連盟競技力向上コーチ委員会に送付。確認後，本連盟資格審査会に提出する。
　資格審査会合格者には（公財）日本体育協会による受講者審査の後，上級コーチ受講資格を与える。
(2)専門科目講習会，学科試験およびレポート審査
①専門科目講習会の内容
　表3の通りとする。
②検定試験
　A．全科目を実施。
　B．問題は各講義2問とする。
③レポート審査
　A．全科目を実施。
　B．問題は各講義1問とする。
④免除規定
　(1)受講資格に定める，②主要競技会A〜

表3 水球上級コーチ：専門科目講習会の内容

科目		内容	時間		
			集合	通信	合計
基礎理論	競技情報・分析	国内・国際大会の競技情報を紹介し内容を分析	2	2	4
	ナショナルレベルにおける心理学	ナショナルレベルの選手育成に必要な心理学	2	2	4
	メディカルコンディショニング	医学・トレーナーの知識（最前線）	4	4	8
	トレーニング科学	最先端の専門的科学	4	4	8
指導理論	コーチング法	ナショナルコーチによる指導技術の紹介と習得	4	4	8
実技	現場実習	トレーニング法の実践	2	2	4
		コーチング法の実践	2	2	4
計			20	20	40

Gの競技会第4位以内のチームを育成したもの，および③国際競技会代表となる競技者を育成したものに対し，指導理論4h，現場実習4h，合計8hと通信20hを免除する。

なお，育成実績については資格審査会に提出されたコーチ実務報告書を参考とする。

(3) 期日・会場

評議員会で決定次第，本連盟ホームページに掲載公表する。

3. 規定　第5条（研修の義務）

研修会規定は下記の通りとする。

(1) 目的

公認コーチ規定第5条にもとづき開催されるもので，日本水泳界の競技力を向上し，世界の水泳界をリードする競技者を発掘・育成・指導するためには，その指導者もまた世界をリードする技量・人格の持ち主であることが求められる。また指導者の社会的地位の向上を図ることを目的として研修を義務づけるものである。

(2) 研修企画会

研修の企画，運営のための水泳コーチ研修企画会を設け，競技力向上コーチ委員長，研修に関連のある各委員会の代表で構成する。

(3) 開催日程および代替について

① 開催について

コーチ研修会は年10回以上開催する。また上級コーチ研修会は年2回開催する。

② 研修会の代替について

前①項にやむを得ない事情で参加できない場合は，下記の代替を認める。

A．コーチ

原則的に代替は認めない。

B．上級コーチ

本連盟主催の主要競技会および国際競技会を観戦し，そのレポートを（原稿用紙800字以内手書き）を指定期日までに提出した場合。ただし，2年連続でのレポートによる代替は認めない。

※主要競技会・国際競技会とは規定細則第4条(1)②③参照

③ 研修内容および参加費

開催要項の決定次第，本連盟ホームページに掲載公表する。

また，コーチ・上級コーチ資格保持者には別途通知する。

(4)義務不履行について

年1回の研修会への出席を怠ったものは，資格を取り消されるものとする。ただし，欠席したもので，審査の結果やむを得ない理由であったと認められたものは，次年度の研修会に参加することとレポート提出を条件に，1年間資格の喪失を猶予する。以上の条件を充たさない場合，自動的に資格を喪失する。

4．規定　第6条（登録）

(1)第1項　コーチ登録に必要な手続きは下記の通りとする。

　①本連盟の専門科目合格者は，（公財）日本体育協会の実施する共通科目修了後に，（公財）日本体育協会より送付される申請者カードに必要事項を記入の上，指定期日内に（公財）日本体育協会へ送付する。

　②登録料は（公財）日本体育協会の指示する方法で送付する。

(2)第1項　上級コーチ登録に必要な手続きは下記の通りとする。

　前規定①，②に準ずる。

5．規定　第7条（登録の更新）

(1)資格は4年ごとに更新登録をしなければならない。（認定は4月1日・10月1日）

(2)登録の更新に必要な手続きは下記の通りとする。

　①（公財）日本体育協会より送付される申請カードに必要事項を記入の上，指定期日内に（公財）日本体育協会へ送付する。

　②登録料は（公財）日本体育協会の指示する方法で送付する。

(3)登録料等については，前規定4．に準ずる。

6．規定　第8条（施行）

(1)この規定は2005年（平成17年）4月1日から施行する。

(2)この規定は2009年（平成21年）4月1日から施行する。

(3)この規定は2010年（平成22年）4月1日に改正する。

(4)この規定は2011年（平成23年）4月1日に改正する。

(5)この規定は2012年（平成24年）4月1日に改正する。

(6)この規定は2013年（平成25年）4月1日に改正する。

(7)この規定は2014年（平成26年）4月1日に改正する。

Ⅳ．シンクロコーチ規定実施細則

1．規定　第3条（コーチ受講資格および資格取得と免除規定）

(1)受講資格

　4月1日現在　20歳以上で『基礎水泳指導員』資格を有するもの。

(2)専門科目講習会，学科試験およびレポート審査

　①専門科目講習会の内容

　　表1の通りとする。

　②検定試験

　　A．全科目を実施。

　　B．問題は各講義2問とする。

　③レポート審査

　　A．全科目を実施。

　　B．問題は各講義1問とする。

　④免除規定

　　別紙上級コーチ昇格認定基準に定める競技者を育成したもの，および（公財）日本水泳連盟主催の指定した強化合宿に指導者として全日程参加したものに対し，指導理論12h，現場実習8h，合計20hを免除する。

表1　シンクロコーチ：専門科目講習会の内容

科目		内容			時間		
					集合	通信	合計
基礎理論	水泳競技概説	水泳競技の特性と歴史・組織・プールの規格・競技会各種目別競技規則と専門的な知識			2	2	4
	トレーニング科学	バイオメカニクス	水泳の力学	2	6	2	8
			各種目の力学	2			
		水泳の生理学		2			
	心理学	水泳の心理学とメンタルトレーニング			4	2	6
	メディカルコンディショニング	栄養学	選手育成に必要な栄養学	2	8	6	14
		医学	水泳の医学	2			
		トレーナー	シンクロに必要な障害対処法	4			
指導理論	トレーニング法	シンクロ選手育成に必要なトレーニング各種トレーニングの目的，方法，種類			4	8	20
	コーチング法	シンクロの初級・中級技術と指導重要ポイントフィギュアトレーニングとルーティンの演出・上達法			8		
実技	現場実習	トレーニング法の実践			4	−	4
		コーチング法の実践			4	−	4
計					40	20	60

　なお，育成実績については本連盟制定のコーチ実務報告書に所要事項を記入し，本連盟競技力向上コーチ委員会に送付する。

(3) 期日・会場

　評議員会で決定次第，本連盟ホームページに掲載公表する。

2. 規定　第4条（上級コーチ受講資格および資格取得と免除規定）

(1) 受講資格

　① 4月1日現在　25歳以上で，コーチ資格を有し資格審査会に合格しているもの。

　なお，本連盟が制定した基準は，表2の競技者を育成した者とする。

　ただし，当該選手を2年以上継続して指導したものでなければならない。

表2　シンクロ上級コーチ昇格認定基準

②に定める本連盟主催の競技会最終結果12位までの選手および③に定める国際競技会代表選手を育成したもの

　② 全国大会とは下記に定めるものをいう。

　　A．日本選手権

　　B．日本シンクロチャレンジカップ

　③ 国際競技会とは下記に定めるものをいう。

　　A．オリンピック

　　B．アジア大会

　　C．世界選手権

　　D．FINA ワールドカップ

　　E．プレオリンピック

　　F．上記に準ずる国際競技会

　④ 前項①の条件を充たしたものは，本連盟制定のコーチ実務報告書に所要事項を記入し，本連盟競技力向上コーチ委員会に送付。確認後，本連盟資格審査会に提出する。

　資格審査会合格者には（公財）日本体育協会による受講者審査の後，上級コーチ受講資格を与える。

(2) 専門科目講習会，学科試験およびレポート審査

　① 専門科目講習会の内容

　　表3の通りとする。

　② 検定試験

表3 シンクロ上級コーチ：専門科目講習会の内容

科　目		内　容	時間		
			集合	通信	合計
基礎理論	競技情報・分析	国内・国際大会の競技情報を紹介し内容を分析	2	2	4
	ナショナルレベルにおける心理学	ナショナルレベルの選手育成に必要な心理学	2	2	4
	メディカルコンディショニング	医学・トレーナーの知識（最前線）	4	4	8
	トレーニング科学	最先端の専門的科学	4	4	8
指導理論	コーチング法	ナショナルコーチによる指導技術の紹介と習得	4	4	8
実技	現場実習	トレーニング法の実践	2	2	4
		コーチング法の実践	2	2	4
計			20	20	40

　　A．全科目を実施。
　　B．問題は各講義2問とする。
③レポート審査
　　A．全科目を実施。
　　B．問題は各講義1問とする。
④免除規定
　　(1)受講資格に定める，②全国大会A，Bの競技会決勝3位以内の競技者を育成したもの，および③国際競技会代表となる競技者を育成したものに対し，指導理論4h，現場実習4h，合計8hと通信20hを免除する。
　　なお，育成実績については資格審査会に提出されたコーチ実務報告書を参考とする。
(3)期日・会場
　　評議員会で決定次第，本連盟ホームページに掲載公表する。

3. 規定　第5条（研修の義務）
　　研修会規定は下記の通りとする。
(1)目的
　　公認コーチ規定第5条にもとづき開催されるもので，日本水泳界の競技力を向上し，世界の水泳界をリードする競技者を発掘・育成・指導するためには，その指導者もまた世界をリードする技量・人格の持ち主であることが求められる。また指導者の社会的地位の向上を図ることを目的として研修を義務づけるものである。
(2)研修企画会
　　研修の企画，運営のための水泳コーチ研修企画会を設け，競技力向上コーチ委員長，研修に関連のある各委員会の代表で構成する。
(3)開催日程および代替について
　①開催について
　　コーチ研修会は年10回以上開催する。また上級コーチ研修会は年2回開催する。
　②研修会の代替について
　　前①項にやむを得ない事情で参加できない場合は，下記の代替を認める。
　　A．コーチ
　　　原則的に代替は認めない。
　　B．上級コーチ
　　　本連盟主催の全国大会および国際大会を観戦し，そのレポートを（原稿用紙800字以内手書き）を指定期日までに提出した場合。ただし，2年連続でのレポートによる代替は認めない。
　※全国大会・国際大会とは規定細則第4条

(1)②③参照
③研修内容および参加費
開催要項の決定次第，本連盟ホームページに掲載公表する。
また，コーチ・上級コーチ資格保持者には別途通知する。
(4)義務不履行について
年1回の研修会への出席を怠ったものは，資格を取り消されるものとする。ただし，欠席したもので，審査の結果やむを得ない理由であったと認められたものは，次年度の研修会に参加することとレポート提出を条件に，1年間資格の喪失を猶予する。以上の条件を充たさない場合，自動的に資格を喪失する。

4. 規定　第6条（登録）
(1)第1項　コーチ登録に必要な手続きは下記の通りとする。
①本連盟の専門科目合格者は，（公財）日本体育協会の実施する共通科目修了後に，（公財）日本体育協会より送付される申請者カードに必要事項を記入の上，指定期日内に（公財）日本体育協会へ送付する。
②登録料は（公財）日本体育協会の指示する方法で送付する。
(2)第1項　上級コーチ登録に必要な手続きは下記の通りとする。
前規定①，②に準ずる。

5. 規定　第7条（登録の更新）
(1)資格は4年ごとに更新登録をしなければならない。（認定は4月1日・10月1日）
(2)登録の更新に必要な手続きは下記の通りとする。
①（公財）日本体育協会より送付される申請カードに必要事項を記入の上，指定期日内に（公財）日本体育協会へ送付する。
②登録料は（公財）日本体育協会の指示する方法で送付する。
(3)登録料等については，前規定4.に準ずる。

6. 規定　第8条（施行）
(1)この規定は2005年（平成17年）4月1日から施行する。
(2)この規定は2009年（平成21年）4月1日から施行する。
(3)この規定は2010年（平成22年）4月1日に改正する。
(4)この規定は2011年（平成23年）4月1日に改正する。
(5)この規定は2012年（平成24年）4月1日に改正する。
(6)この規定は2013年（平成25年）4月1日に改正する。
(7)この規定は2014年（平成26年）4月1日に改正する。

5 公認基礎水泳指導員制度

（公財）日本水泳連盟では，公認水泳指導員（以下，水泳指導員）資格の専門科目にあたる，公認基礎水泳指導員（以下，基礎指導員）の養成を実施している。
　基礎指導員資格は，公認水泳コーチ（以下，コーチ）資格を取得するための基礎資格であり，コーチを志す者は，基礎指導員資格取得後，コーチ養成講習会，検定試験合格によりコーチ資格を取得できる。

6 公認基礎水泳指導員規則

第一章　総則
第1条（目的）
　この規則は，（公財）日本水泳連盟（以下，本連盟）が国民の生涯スポーツとしての水泳の普及と発展に努め，水の事故防止に寄与する基礎水泳指導員に関する講習，検定についての基準を定めるとともに，その資質の保持と向上を図ることを目的とする。

第2条（指導員の資格）

この規則に定める基礎水泳指導員検定試験（以下，検定試験）に合格・登録することにより，本連盟会長から資格が授与される。

本資格は，（公財）日本体育協会（以下，日体協）公認スポーツ指導者制度に基づく資格（公認水泳指導員・公認水泳コーチ）の専門科目に相当するものとして認定され，当該資格取得の際に同科目の新規受講・受験は免除される。

第3条（指導員の資質）

基礎水泳指導員は，常に深い教養と高い品性の陶冶に努めるとともに，公認水泳指導の知識および技能の向上に努めなければならない。

第4条（指導員の役割）

本連盟または本連盟の都道府県水泳連盟・協会（以下，加盟団体）あるいは，公共団体もしくはその機関等が主催または主管する水泳事業に協力するとともに，地域スポーツクラブやスポーツ教室等において基礎的指導に当たる。

第二章　講習および検定試験

第5条（講習・検定試験の科目及び内容）

講習および検定試験は，本連盟の定めた科目および，別表1-1，1-2，1-3，3，4に定める。

第6条（受講・受験の資格）

受講・受験の資格は，検定試験当日満18歳以上の者とする。ただし，高等学校（専門学校を含む。）最終学年における17歳の者も特例として認める。なお，登録は満18歳に至るまで保留する。

第7条（講習・検定試験の日程の公表）

基礎水泳指導員の養成講習・検定試験の日程等については，加盟団体が本連盟に提出し，年度行事または事業計画と併せて公開する。

第8条（講習・検定試験の実施）

講習・検定試験は本連盟または加盟団体が設置する指導員講習・検定試験実施委員会（以下，検定委員会）が実施する。

第9条（受講・受験の出願・検定試験の免除）

受講・検定試験の免除については別に定める免除規程に従って手続きをする。

第10条（受講・受験の許可）

受講・受験の許可は，当該検定委員会が決定する。講習・受験を許可された者は，所定の手続きを行わなければならない。

第11条（受講・受験の費用）

本連盟の定めによる。ただし，加盟団体の実情により変更される場合がある。

第三章　検定委員会

第12条（検定委員の委嘱）

検定委員は，公認水泳上級指導員および学識経験者（加盟団体の会長，副会長，理事長，地域指導者委員長）から加盟団体ごとに本連盟が委嘱する。なお，任期は2年とする。

第13条（検定委員会の任務）

検定委員会の任務は，次の通りとする。
(1) 講習・検定試験の企画・運営・合否の判定および合格通知書の発送等に関する事項
(2) 講習・検定試験等の実施報告書の提出（提出期限は，実施後2ヵ月以内とする。）

第14条（講習会の履修および検定試験の合否判定基準）

講習会のすべて出席するものとし，所定の学科・実技科目を履修しなければならない。検定試験の合否判定基準は，別表3に定める。

第四章　登　録

第15条（登録申請）

合格者は，加盟団体の指示に従って登録申請を行う。

第16条（資格証の交付）

本連盟会長から加盟団体を通じて資格証が交付される。

第17条（資格の有効期限）

有効期限は，登録年度を含め4年間とし，4年

目の3月31日までとする。

第18条（登録の更新およびその要件）

登録の更新は，4年ごとに資格証に記載されている登録加盟団体へ申請して行う。ただし，4年間の有効期限内に1回以上，本連盟が定める義務研修を受けなければならない。

第19条（資格証記載事項の変更）

資格証記載事項に変更の届けがあった場合は，登録団体に届けさせる。所定の様式を本人に送り，速やかに登録加盟団体を通して届けなければならない。

なお，登録加盟団体を変更する場合は，所定の用紙により現・新，両方の加盟団体に提出させる。

第20条（登録料等）

登録料，更新登録料および資格証再交付手数料等は別に定める。

第21条（資格の喪失）

次の各項のいずれかに該当する者は，その資格を失い，登録が抹消される。

(1) 登録後，検定試験等における不正が判明した場合
(2) 登録の更新申請を怠った場合
(3) 指導員としての名誉を傷つけた場合
(4) その他本連盟および加盟団体の規程等に違反し，指導員としてふさわしくない言動があった場合

附則

1　公認水泳指導員専門科目合格者のうち，基礎水泳指導員への登録を希望する者にあっては，本規則第四章の規定に基づき登録することができる。

2　この規則は，平成17年4月1日施行
　　　　　　　　平成24年4月1日改正

別表1-1（講習科目および時間数）

学科 科目名	時間数（自習）	実技 科目名	時間数（自習）
水泳と生活・歴史 水泳の科学 水泳指導者・水泳指導法 水泳の管理と安全対策 競泳競技規則と審判法	1 (2) 時間 2 (0) 2 (1) 1 (3) 1 (0)	基礎および実践技術 (4泳法，潜行) 日本泳法（横泳ぎ） 個人・集団の指導実習 現場における心肺蘇生	15 (0) 時間 3 (0) 3 (2) 4 (0)
計	集合7時間，自習6時間　計13時間		集合25時間，自習2時間　計27時間
合計	9科目　集合32時間　自習8時間　合計40時間		

注1．家庭学習については，レポートの提出とする。

別表1-2（検定試験の内容）

学　科	時間数	実　技
水泳の生活・歴史 水泳の科学 水泳指導者・水泳指導法 水泳の管理と安全対策 競泳競技規則と審判法	合計2.5時間	100m個人メドレー 日本泳法（横泳ぎ） 潜行 心肺蘇生
他にレポート		

別表1-3（実技検定試験の基準）

種目別	内容
100 m個人メドレー	1. 制限タイムで泳ぐこと。 　男子：1分40秒00以内，女子：1分50秒00以内（いずれも35歳までとし36歳以上は1歳につき1秒制限を緩和する。） 2. 模範となる泳ぎであること。 3. 競泳競技規則の違反は認めない。さらに，次の場合も不合格とする。 　(1)競泳競技規則違反とまではいえないが，まぎらわしい泳ぎ 　(2)バタフライキック以外のキックをした場合 　(3)自由形をクロール泳法以外で泳いだ時
日本泳法（横泳ぎ）	1. 20 mを12あおり以内（出発は，壁・水底を蹴らないで，仰向け浮きから）で泳ぐ（先手はかいてよい）。 2. 次の場合は不合格とする。 　(1)横体が崩れた場合（45°以上傾いた場合） 　(2)顔が完全に水没した場合 　(3)逆あおり，カエル足を使用した場合 　(4)手が常に水上に出る場合 　(5)スカーリングを使用した場合
潜行	1. 平浮きの姿勢から潜入し，男子20 m，女子15 mを完全に潜行する。 2. 水中の泳形は自由。
心肺蘇生	2分30秒間で行う。

注1. 100 m個人メドレーの基本制限タイムは35歳まで（36歳からは1歳につき1秒加算）
注2. 採点　60点以上が合格＝〇　59点以下を不合格＝×とし，各種目1つでも×があれば不合格とする。
注3. 身体に障碍をもった受験者に対しての判定にあたっては，その障碍が本人の不利にならないように配慮する。

別表3（検定試験の合格基準）

学科	各科目は100点法で評価し，60点以上を合格とする。
実技	各種目は次表の基準に基づいて判定する。100点法で評価し，60点以上を合格とする。

別表4（面接の方法および内容）

人物に対する事項	水泳に関する事項	評価
態度 言語 品性 教養 健康	熱意 研究心 資格取得の目的 水泳指導の基本的考え方 心身の健康状態	それぞれの項目に対し，充分発言を聴取し，総合的に判定する。 A・B ── 合格 C ── 不合格

2. 国際水泳連盟・(公財) 日本水泳連盟の機構

1 国際水泳連盟 (FINA)

(沿革)

　FINAは，1908年のロンドン・オリンピック大会の際，世界のアマチュア水泳を統轄する組織として発足した。日本がFINAの加盟国として初めてFINA総会に参加したのは，1924年パリ・オリンピック大会のときであり，加盟団体は日本体育協会であった。同年，日本では，水泳の全国的統轄団体である大日本水上競技連盟が創立された。1928年，日本体育協会に代わって水泳連盟がFINAに加盟をした。太平洋戦争勃発以来，日本はFINAから資格停止処分を受けた。1949年，日本オリンピック委員会 (JOC) のオリンピック復帰活動により国際オリンピック委員会 (IOC) は，各国国内競技団体 (NSF) に日本の復帰を勧告し，再び復帰したのは1949年6月である。

(目的)

　FINAの目的は，FINA憲章に29項目にわたって規定されている。その主なものは，以下の通りである。

- 競泳，飛込，水球，シンクロナイズドスイミング，オープンウォータースイミング，マスターズ，ならびに水上競技の発展を全世界を通じて促進，奨励すること。
- その手段として，水泳の指導方法，トレーニング方法，科学的原則などを定期的に研究・普及させること。
- 競泳，飛込，水球，シンクロナイズドスイミング，オープンウォータースイミング，ならびにその他水上競技の競技運営のための規則，世界記録の樹立・承認に関する規程を立案・採択し，全世界を通じて統一させること。
- FINAの加盟団体が提訴した国際的または国内的紛争について裁定を下すこと。

(事業)

　主な事業としては，以下の通りである。

- オリンピック大会，世界選手権，地域選手権ならびにFINAの加盟団体の間で行なわれる他のすべての競技における競技規則を統一する。
- 世界選手権および，競泳，飛込，水球，シンクロナイズドスイミング，オープンウォータースイミング，マスターズのFINA主催の競技会を運営する。
- オリンピック全競技を統轄するIOCが，各競技の技術的な運営をまかせている国際競技連盟 (ISF・International Sports Federation) の一つとして，オリンピック大会の水泳競技を実施する。
- 水泳関係の指導法，トレーニング法，科学的原則の研究・普及の一助として，医事委員会を設け，トレーニングプログラムについての効果に関する明確な科学的評価のもと，成績の向上を図る手段として，多岐にわたる分野について世界的規模の研究を組織・実践し，健康増進，身体発育，傷病の予防等についての助言を行う。
- オリンピックまたは，国際競技の標準装置，競技用プールの仕様等について，調査，研究，勧告を行う。
- 各競技の国際審判ジャッジを承認する。

(組織)

　総会はFINAの役員および各加盟団体より正式に委任を受けた代表 (各2名) で組織され，少なくとも4年に1回開催される。加盟団体とは，FINAに加入している国の内部で競泳，飛込，水

FINAの組織図
- 競泳委員会
- 飛込委員会
- 水球委員会
- シンクロ委員会
- オープンウォーター委員会
- マスターズ委員会
- 医事委員会
- 施設委員会
- アスリート委員会
- メディア委員会
- NF関係委員会
- 倫理委員会
- 水着承認委員会

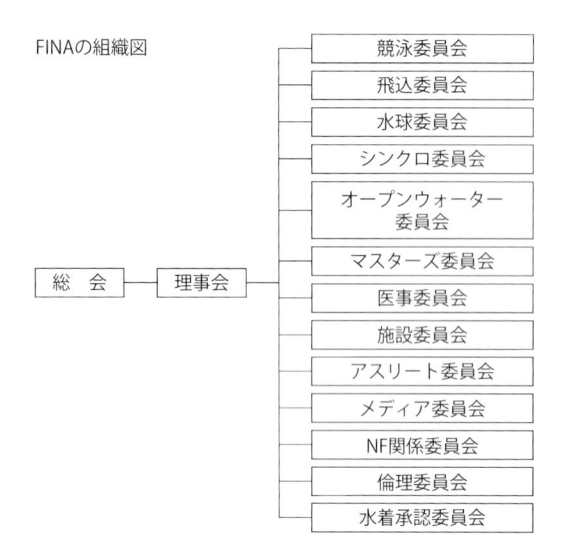

総会―理事会

球，シンクロナイズドスイミング，オープンウォータースイミング，マスターズ，医事を統轄している団体を意味する。総会においては，活動報告，会計報告，憲章・規則の変更，改正，理事・役員の選出などが行われ，事実上すべての事項に関する決定権を有している。

理事会は，定期総会において選出された加盟団体の代表者またはその所属する加盟団体の推薦者から選出されたメンバーで構成され，一般規則の法則化および解釈，世界記録の承認，紛争の仲裁，国際審判ジャッジの承認，その他，FINAの通常の業務の処理と運営を行う。

13の専門委員会は，異なった加盟国の最大15名のメンバーで構成し，理事会において指名される。これら13の委員会は各専門分野の規則についての解釈・判定を行うほか，理事会，総会より提出される事項を検討，決定する。

2 （公財）日本水泳連盟（JASF）

(沿革)

1921年，全国各大学対抗競技大会が行われ，翌年9月に，全国学生間における水上競技の発展を図ることを目的として，全国学生水上競技連盟が結成された。1924年，この学生連盟が日本水泳の統轄団体創立に動き，各地の水泳団体に，大日本水泳協会設立趣意書を発送し，水泳の全国的統轄団体の創立を呼びかけた。同年10月31日，明治神宮大会に各地から集まった代表により大日本水上競技連盟が発足した。1925年3月30日，大日本水上競技連盟は（財）日本体育協会に加盟した。FINA加盟（1928年）に伴い1929年，連盟の組織の改造や，FINA規則による国内規則の改正が行われた。また名称を日本水上競技連盟（NSR・Nippon Suizyokyogi Renmei）に改めた。この時，独立した存在であった学生連盟も統合して日本学生水上競技連盟を結成し，日本水上競技連盟に加盟した。

1939年，第二次大戦勃発。敗戦後，（財）日本体育協会再編成の動きなどに伴い，1945年10月31日，日本水泳連盟と名称を改め再発足した。翌年には，府県ごとの加盟団体の編成も進み傘下に加わった。学生水上部門も日本水泳連盟に学生部会とし組織内に統合され，一元下に運営する体制に至った。1949年6月15日にはFINAに復帰した。1974年に財団法人となり，（財）日本水泳連盟となる。2013年に内閣府より公益財団法人として認可され（公財）日本水泳連盟となる。

(目的)

（公財）日本水泳連盟は，日本の水泳界を統轄し，代表する団体として，水泳および水泳競技（競泳，飛込，水球，シンクロナイズドスイミング，オープンウォータースイミング，日本泳法）の健全な普及と発展を図り，それによって国民の心身の健全な発達に寄与することを目的としている。つまり日水連は，国際的には，FINA

の加盟団体として，国内的には（公財）日本体育協会および（公財）日本オリンピック委員会の加盟団体として，水泳の発展を目指している。

(事業)

主な事業としては，以下の通りである。
- 水泳および水泳競技に関する日本選手権大会その他の競技会を開催する。
- 水泳および水泳競技に関する技術の調査・研究を行う。
- 水泳および水泳競技に関する講習会を開催し，指導者を養成する。
- 水泳および水泳競技に関する地域グループの育成。
- 国際大会への選手・役員の選考および派遣，外国からの選手等の招聘を行う。
- FINAの競技規則に基づき，競泳，飛込，水球，シンクロナイズドスイミングおよびオープンウォータースイミングの競技規則を制定する。
- 競技役員養成およびその資格認定。施設・設備・器具等の検定並びに公認・推薦を行う。
- 日本記録の公認，日本における世界記録の公認をFINAに申請する。
- FINAに対して日本の水泳界を代表して加盟する。
- （公財）日本体育協会および（公財）日本オリンピック委員会に対して水泳界を代表して加盟する。
- わが国古来の伝統的な泳法の研究ならびにその保存および紹介をする。
- 水泳および水泳競技に関する機関誌ならびに刊行物を発行する。
- その他この法人の目的達成に必要な事業を行う。

(組織)

公益財団法人であり，組織は（公財）日本水泳連盟組織図の通りである。

評議員会は70名以上80名以内の評議員により構成される。評議員は評議員選定委員会において，理事会および評議員会が推薦する者の中から選出する。評議員会は毎年2回以上会長によって招集され，定款に定める事項のほか，事業計画・報告の収支予算・決算，基本財産についての事項，借入金・義務負担および権利の放棄についての事項，その他この法人の業務に関する重要事項で理事会において必要と認めた事項を審議する。

理事会は23名以上26名以内（会長1名，副会長2名以内，専務理事1名，常務理事5名以内を含む）の理事で構成され，理事および監事（2名または3名）は評議員会で選出される。理事会は毎年3回以上会長によって招集され，日水連の業務について議決し執行する。また日常の業務は理事会の議決に基づき常務理事が処理する。

会長・副会長・専務理事・常務理事は理事の互選により選出される。会長は，副会長・専務理事の補佐のもとに法人の業務を総理し，法人を代表（代表理事）する。

このほか日水連は，①競技力向上，②競技，③指導者養成，④総務，⑤生涯スポーツ・普及の5つの部門を設けている。そしてこれらの部門の中に組織図にみられるような20の専門委員会が置かれている。専門委員会および特別委員会の運営は理事会の議決に基づいて行われる。

(加盟団体)

（公財）日本水泳連盟のと加盟団体は，各都道府県を代表する水泳連盟・協会および全国組織としての（一社）日本マスターズ水泳協会，（一社）日本スイミングクラブ協会，日本障がい者水泳協会で構成される。各加盟団体は，それぞれの都道府県において日水連の目的に則った活動を行っている。また，都道府県の水泳連盟・協会の下には各市区町村の連盟が組織されている。

水泳界の組織図（2014.10.1現在）

```
                    ┌─────────────────────────┐
                    │ 国際水泳連盟（FINA）      │
                    │ アジア水泳連盟（AASF）   │
                    └─────────────────────────┘
                              ↑
        ┌──────────────────┐    ┌──────────────────┐
        │ 日 本 水 泳 連 盟 │ ➡ │ 日本体育協会・JOC │
        └──────────────────┘    └──────────────────┘
                              ↑
        ┌──────────────────┐    ┌──────────────────┐
        │ 都道府県水泳連盟・協会 │ ➡ │ 都道府県体育協会  │
        └──────────────────┘    └──────────────────┘
                              ↑
        ┌──────────────────┐    ┌──────────────────┐
        │ 市区町村水泳連盟・協会 │ ➡ │ 市区町村体育協会  │
        └──────────────────┘    └──────────────────┘
```
※矢印は加盟を表わす

公益財団法人　日本水泳連盟　組織図（2014.4.1）

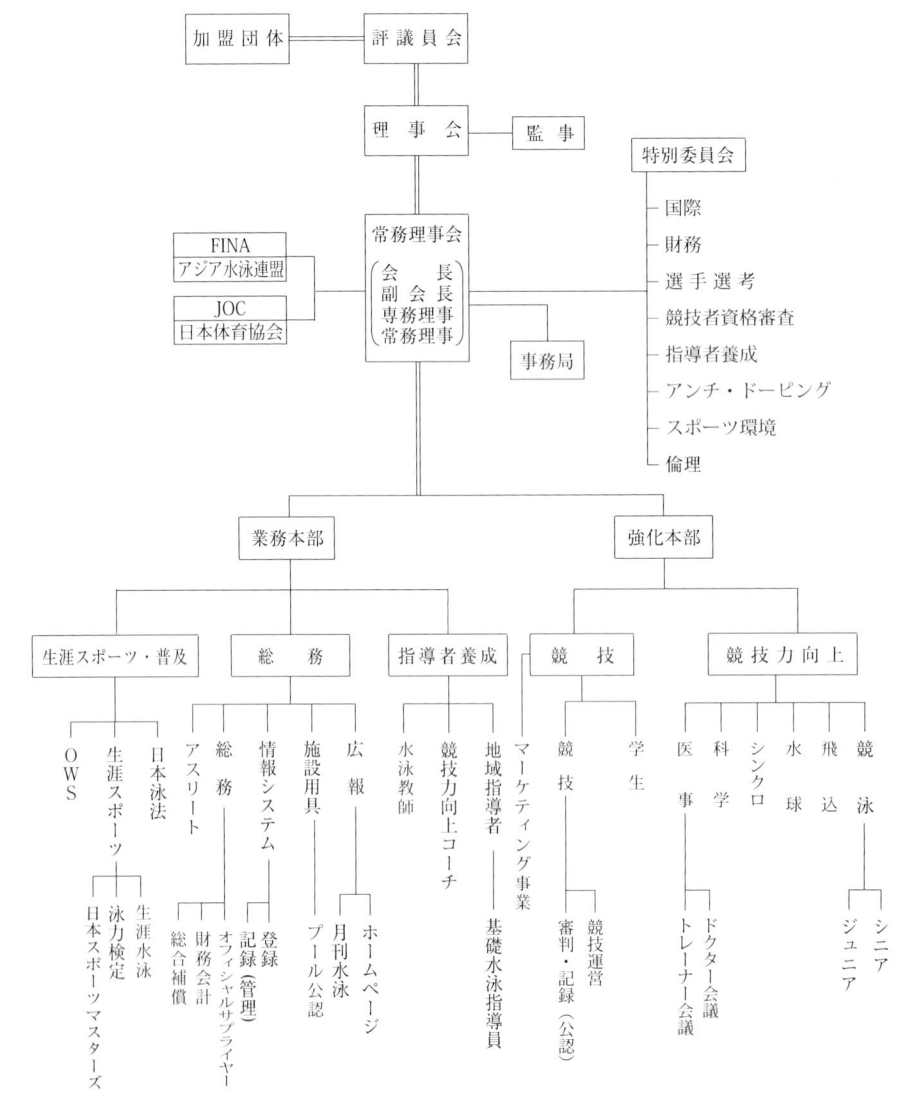

評議員会 — 加盟団体

理事会 — 監事

特別委員会
- 国際
- 財務
- 選手選考
- 競技者資格審査
- 指導者養成
- アンチ・ドーピング
- スポーツ環境
- 倫理

常務理事会（会長／副会長／専務理事／常務理事）
- FINA／アジア水泳連盟
- JOC／日本体育協会
- 事務局

業務本部
- 生涯スポーツ・普及
  - OWS
  - 生涯スポーツ
    - 生涯水泳
    - 泳力検定
    - 日本スポーツマスターズ
  - 日本泳法
  - アスリート
- 総務
  - 総務
    - 総合補償
    - 財務会計
    - オフィシャルサプライヤー
    - 登録（管理）
  - 情報システム
  - 施設用具
    - プール公認
    - 月刊水泳
    - ホームページ
  - 広報
- 指導者養成
  - 水泳教師
  - 競技力向上コーチ
  - 地域指導員
  - 基礎水泳指導員

強化本部
- 競技
  - マーケティング事業
  - 競技
    - 競技運営
    - 審判・記録（公認）
  - 学生
- 競技力向上
  - 医事
    - ドクター会議
    - トレーナー会議
  - 科学
  - シンクロ
  - 水球
  - 飛込
  - 競泳
    - シニア
    - ジュニア

3. 水泳における事故と補償

1 事故と補償

　精一杯身体を動かすスポーツは，常に事故と隣り合わせである。指導者や選手・愛好者は，スポーツを行う上で安全の確保や怪我のない運動を心掛けていかねばならないが，もしも不測の事故が起きた際には，最大限の処置や事後の対応をしなければならない。事故後に補償問題が起きた場合は誠意ある対応が最も重要であるが，事前に救済制度として設けられている保険制度等へ加入しておくことも大切である。

2 事故時の対応

①最初に行うべきこと
○被害者の救済（応急処置，医療機関への搬送等）
○事故状況の確認（正確な事実の把握，情報の一元管理が重要）
○関係者への連絡（主催者，被害者側，警察等官公署，保険会社等）
　＊特にマスコミ対応に配慮する必要あり。

②被害者側との交渉
○権利侵害の発生の確認と損害の発生の確認
・傷害：治療費用，休業損害，慰謝料等
・後遺障害：治療費用，逸失利益，慰謝料，自宅改造費等
・死亡：逸失利益，慰謝料，葬儀費用等
・物的損害：修理費用，代車費用（自動車の場合）等
○責任の所在の確認
・従業員および指導者（使用者・監督者）等の過失の有無
　判断要素：地位，経験，能力，指導体制，指導方法，指導内容等
・施設・設備そのものの瑕疵または保守・管理の不備等の有無
・被害者の過失の有無
　判断要素：年齢，経験，能力等
○過失割合（加害者と被害者の負担割合）の決定
○損害賠償額の決定：
　自己の過失割合に応じて損害額を負担する
○示談：
　損害保険を使う場合には必ず事前に保険会社と相談する
○被害側への賠償金の支払い：
　金銭賠償が原則

③判例等の動向
○施設側（指導者等）の注意義務を強く求める傾向にある
○従業員の過失が認められれば，使用者責任が強く求められる

3 主要保険制度

①日本水泳連盟総合補償制度
　（公財）日本水泳連盟加盟クラブの経営者・指導者が所有・使用・管理するプール等のスポーツ施設内で起こった賠償事故やクラブ会員・ビジターの傷害事故を広く補償する制度。

・加盟クラブ（施設管理者）が管理上や指導上の過失によってクラブ会員・ビジターへの法律上の損害賠償責任を負った場合の補償（本連盟が主催・後援する対外試合中の賠償事故も含む）
・クラブ会員・ビジターの傷害事故に対する見舞金
・施設の被災事故時の対応費用
・往復途上の傷害事故に対する見舞金

掛金年間1名100〜500円で，対人事故1名3億円，1事故5億円，対物事故500万円〜3億円

限度の補償となる。

②独立行政法人日本スポーツ振興センターの災害共済給付制度

災害共済給付制度は，経費については国が事務費のほとんどを運営費交付金として負担し，災害共済給付の原資となる財源は，国の補助金と学校の設置者および保護者が共済掛金として一定の割合（義務教育諸学校の例ではほぼ折半）で負担するものである。したがって，この意味から，災害共済給付制度は国，学校の設置者，保護者の三者による互助共済制度の性格を有するものであるということができ，損害賠償制度や補償制度等とは異なる他に類をみない制度であるということができる。

また，災害共済給付制度は，学校の管理下における児童生徒等の災害について災害共済給付を行うことによって，学校教育の円滑な実施に資することを目的とするものである。

③その他の保険
- （公財）スポーツ安全協会のスポーツ安全保険（傷害保険・賠償責任保険・突然死葬祭費用保険等）
- （公財）日本体育協会の公認スポーツ指導者総合保険制度など

他種多様なスポーツ関係の保険制度があるが，各種スポーツに適した保険に入ることが望ましい。

4．(公財)日本水泳連盟 加盟団体一覧

No.	加盟団体名	〒	住　所	電話・Fax 番号
	(公財)日本水泳連盟	〒160-0013	東京都新宿区霞ヶ丘町4-2 JAPAN SPORT OLYMPIC SQUARE 8階	Tel 03(6812)9061　Fax 03(6812)9062
1	(一財)北海道水泳連盟	〒062-0905	札幌市豊平区豊平5条11-1-1 北海道立総合体育センター内	Tel 011(820)1684　Fax 011(820)1685
2	(一社)青森県水泳連盟	〒038-0042	青森市新城字山田587-282 木村聖士様方	Tel 090(2364)4082　Fax 017(787)0618
3	(一社)岩手県水泳連盟	〒020-0866	盛岡市本宮5-1-11 熊さんビル3階	Tel 019(681)7155　Fax 019(681)7156
4	(一財)宮城県水泳連盟	〒981-0122	宮城郡利府町菅谷字舘40-1 宮城県総合運動公園総合プール内	Tel 022(356)1298　Fax 022(356)1298
5	(一社)秋田県水泳連盟	〒010-0065	秋田市茨島4-3-36 秋田アスレティッククラブ内	Tel 018(866)8371　Fax 018(866)8371
6	(一社)山形県水泳連盟	〒990-2412	山形市松山2-11-30 山形県スポーツ会館内	Tel 090(8251)6463　Fax 023(622)4373
7	(一社)福島県水泳連盟	〒960-1101	福島市大森字本町14	Tel 024(573)6253　Fax 024(573)6253
8	(一社)茨城県水泳連盟	〒310-0005	水戸市水府町1476	Tel 029(353)6607　Fax 029(353)6698
9	栃木県水泳連盟	〒321-0982	宇都宮市御幸ヶ原町31 みゆきがはらSS内	Tel 028(663)6611　Fax 028(663)6559
10	(一社)群馬県水泳連盟	〒370-3501	北群馬郡榛東村長岡277-2 安藤学様方	Tel 050(3555)8346　Fax 0279(55)5662
11	(一社)埼玉県水泳連盟	〒332-0034	川口市並木4-14-2 ハイツアメニティー105	Tel 048(251)0999　Fax 048(251)0999
12	(一社)千葉県水泳連盟	〒275-0011	習志野市大久保1-29-21-207	Tel 047(427)7078　Fax 047(767)5166
13	(公財)東京都水泳協会	〒150-0012	渋谷区広尾1-3-18 広尾オフィスビル8階	Tel 03(5422)6147　Fax 03(5422)6241
14	(一社)神奈川県水泳連盟	〒251-0043	藤沢市辻堂元町3-2-18-2B	Tel 0466(33)6732　Fax 0466(33)6742
15	(一社)山梨県水泳連盟	〒400-0073	甲府市湯村3-13-6 フィッツスポーツクラブ甲府内	Tel 055(253)0451　Fax 055(253)0136
16	(一社)長野県水泳連盟	〒380-8546	長野市大字南長野657番地	Tel 026(232)0888　Fax 026(232)0888
17	(一財)新潟県水泳連盟	〒940-0826	長岡市長倉町1338 ダイエープロビスフェニックスプール内	Tel 0258(37)7985　Fax 0258(84)7958
18	(一社)富山県水泳連盟	〒930-0982	富山市荒川4-1-70 富山市民プール内	Tel 076(491)1445　Fax 076(491)1034

No.	加盟団体名	〒	住　　所	電話・Fax 番号
19	(一社)石川県水泳協会	〒920-2501	白山市白峰ハ111 山下浩雅様方	Tel 076(214)6645　Fax 076(259)2079
20	(一財)福井県水泳連盟	〒915-0882	越前市上太田町29-15-1 カワイ株式会社内	Tel 0778(22)0255　Fax 0778(22)0260
21	(一社)静岡県水泳連盟	〒422-8067	静岡市駿河区南町5-25 才茂ビル2階	Tel 054(283)6758　Fax 054(280)1340
22	(一社)愛知水泳連盟	〒464-0067	名古屋市千種区池下1-11-21 サンコート池下3階	Tel 052(757)5057　Fax 052(757)5056
23	(一社)三重県水泳連盟	〒511-0839	桑名市大字安永1040 桑名サンプラザ101号室	Tel 0594(24)5222　Fax 0594(84)5224
24	(一社)岐阜県水泳連盟	〒502-0816	岐阜市道三町18 コーポヤジマ102号室	Tel 058(215)1007　Fax 058(215)1008
25	(一社)滋賀県水泳連盟	〒520-0802	大津市馬場2-6-13 T.H.51ビル303	Tel 080(8911)9795
26	(一社)京都水泳協会	〒601-8047	京都市南区東九条下殿田町70 京都府スポーツセンター内	Tel 075(692)3237　Fax 075(692)3237
27	(一財)大阪水泳協会	〒547-0011	大阪市平野区長吉出戸4-5-16 大阪水泳学校内	Tel 06(6115)6653　Fax 06(6790)0050
28	(一社)兵庫県水泳連盟	〒653-0842	神戸市長田区水笠通3-4-22	Tel 078(641)1204　Fax 078(641)1305
29	(一社)奈良県水泳連盟	〒632-0016	天理市川原城町769番地 カンパネルラ402号室	Tel 0743(62)8484　Fax 0743(62)8484
30	(一社)和歌山県水泳連盟	〒640-0115	和歌山市つつじヶ丘6-6-2	Tel 080(7825)9659　Fax 073(403)2488
31	(一財)鳥取県水泳連盟	〒680-0847	鳥取市天神町50-3 鳥取県営鳥取屋内プール内	Tel 0857(27)7441　Fax 0857(27)7441
32	(一財)島根県水泳連盟	〒690-0826	松江市学園南1-18-8	Tel 0852(26)5767　Fax 0852(26)2687
33	NPO法人 岡山県水泳連盟	〒711-0921	倉敷市児島駅前1-100 ナイカイ第1ビル7階	Tel 086(474)4621　Fax 086(474)4622
34	(一財)広島県水泳連盟	〒733-0003	広島市西区三篠町1-8-5	Tel 082(836)5400　Fax 082(836)5405
35	(一財)山口県水泳連盟	〒753-0076	山口市泉都町10-21 泉都町ハイツ	Tel 083(932)2110　Fax 083(932)2133
36	(一社)香川県水泳協会	〒761-1701	高松市香川町大野268-1 松本彰様方	Tel 087(888)2283　Fax 087(888)2283
37	(一社)徳島県水泳連盟	〒770-0006	徳島市北矢三町2丁目1-1 徳島県立徳島科学技術高等学校内	Tel 088(631)4185　Fax 088(631)1110
38	(一社)愛媛県水泳連盟	〒794-0062	今治市馬越町1-5-27 早川浩二様方	Tel 070(5686)7962　Fax 0898(34)0866
39	(一社)高知県水泳連盟	〒780-8014	高知市塩屋崎町1-1-10 土佐中・高等学校内	Tel 088(832)3392　Fax 088(832)3392
40	(一社)福岡県水泳連盟	〒812-0852	福岡市博多区東平尾公園2-1-3 県立総合プール内	Tel 092(623)5367　Fax 092(623)5382
41	(一社)佐賀県水泳連盟	〒841-0205	三養基郡基山町けやき台1-13-2 古村昭文様方	Tel 0942(92)4237　Fax 0942(92)1222

No.	加盟団体名	〒	住　所	電話・Fax 番号
42	(一社) 長崎県水泳連盟	〒856-0806	大村市富の原2-318 ウォーターメイツスイムクラブ長崎内	Tel 0957(56)8861　Fax 0957(56)8862
43	(一社) 熊本県水泳協会	〒861-8045	熊本市東区小山2-24-86 本田幸範様方	Tel 096(389)2917　Fax 096(389)2917
44	(一社) 大分県水泳連盟	〒870-0936	大分市岩田町1-1-19 コープ野村203 竹中昭子様方	Tel 090(2710)7506　Fax 097(515)8967
45	(一財) 宮崎県水泳連盟	〒880-2112	宮崎市大字小松162-4 ケイビル301号	Tel 0985(82)8377　Fax 0985(82)8377
46	(一社) 鹿児島県水泳連盟	〒890-0063	鹿児島市鴨池2-30-8 老人福祉会館4階	Tel 099(206)7234　Fax 099(821)0069
47	(一社) 沖縄県水泳連盟	〒901-2134	浦添市港川2-11-8 沖縄スイミングスクール内	Tel 098(873)0310　Fax 098(878)1060
48	学生(委) 関東支部	〒160-0013	新宿区霞ヶ丘町4番2号 JAPAN SPORT OLYMPIC SQURE 8階	Tel 03(6812)9061　Fax 03(6812)9062
49	学生(委) 中部支部	〒444-0076	岡崎市井田町4-114 酒井宏昌様方	Tel 0564(25)6810　Fax 0564(25)6810
50	学生(委) 関西支部	〒547-0011	大阪市平野区長吉出戸4-5-16 大阪水泳学校長吉校内	Tel 06(6136)6330　Fax 06(6136)6330
51	学生(委) 中国四国支部	〒731-3195	広島市安佐南区大塚東1-1-1 広島修道大学キャリアセンター 妹尾章孝様気付	Tel 082(848)2121　Fax 082(830)1318
52	学生(委) 九州支部	〒862-8680	熊本市中央区大江2-5-1 熊本学園大学社会福祉学部 府内勇希様気付	Tel 096(364)8356　Fax 096(364)8356
53	学生(委) 北部支部	〒984-0053	仙台市若林区連坊小路53 石田伸彦様方	
60	(一社) 日本スイミングクラブ協会	〒101-0061	千代田区三崎町2-20-7 水道橋西口会館5階	Tel 03(3511)1552　Fax 03(3511)1554
61	(一社) 日本マスターズ水泳協会	〒112-0004	文京区後楽1-2-9 エー・ゼットキュウビル4階	Tel 03(6240)0323　Fax 03(6240)0353
62	(一社) 日本パラ水泳連盟	〒174-0063	板橋区前野町1丁目6-6 1階	Tel 03(5944)1749

(2023年3月現在)

水泳コーチ教本　第3版
©Japan Swimming Federation 1993, 2005, 2014　　NDC785／x, 533 p ／24 cm

初　版第1刷	1993年10月10日
第2版第1刷	2005年12月20日
第3版第1刷	2014年11月10日
第2刷	2023年 4 月20日

編者 ─── 公益財団法人日本水泳連盟
発行者 ─── 鈴木一行
発行所 ─── 株式会社大修館書店
　　　　　〒113-8541　東京都文京区湯島2-1-1
　　　　　電話03-3868-2651（販売部）　03-3868-2299（編集部）
　　　　　振替00190-7-40504
　　　　　[出版情報] https://www.taishukan.co.jp

装丁・本文デザイン ─── 島内泰弘デザイン室
イラスト ─── 阿部彰彦
カバー写真 ─── フォート・キシモト, AP／アフロ
写真提供 ─── フォート・キシモト, アフロ
印刷所 ─── 壮光舎印刷
製本所 ─── プロケード

ISBN978-4-469-26765-5　Printed in Japan
Ⓡ本書のコピー，スキャン，デジタル化等の無断複製は著作権法上での例外を除き禁じられています。本書を代行業者等の第三者に依頼してスキャンやデジタル化することは，たとえ個人や家庭内での利用であっても著作権法上認められておりません。